L'Officiel des

prénoms

ÉDITION 2012

L'Officiel des

prénoms

ÉDITION
2012

STÉPHANIE RAPOPORT

FIRST
Editions

60, rue Mazarine, 75006 Paris
Tél. : 01 45 49 60 00
Fax : 01 45 49 60 01
Courriel : firstinfo@efirst.com
Internet : www.editionfirst.fr

ISBN : 978-2-7540-3006-9
Dépôt légal : septembre 2011
Imprimé en France

Correction : Anne-Lise Martin
Couverture & Mise en page : ReskatoЯ

Sommaire

Repères

Prénoms féminins

Prénoms masculins

Introduction

Le choix du prénom d'un enfant est l'une des premières grandes responsabilités que doivent assumer les parents. Ceux-ci le font souvent avec enthousiasme, mais non sans mal... Et pour cause !
Jamais le prénom n'a été autant utilisé pour désigner l'individu, qu'il soit à l'école, au travail, ou dans un cadre plus privé. Détaché du nom patronymique, le prénom introduit un contexte plus amical et chaleureux dans lequel la personne se reconnaît et s'identifie socialement. Le choix des parents n'en est que plus décisif. Or, dans le même temps, le stock des prénoms recensés n'a jamais été aussi vaste (le répertoire national compte sept fois plus de prénoms aujourd'hui qu'il y a un siècle), et la législation aussi accommodante. Les parents ont littéralement... l'embarras du choix ! Certains n'hésitent pas à tester leurs idées de prénoms sur les forums de sites Internet comme celui de MeilleursPrenoms.com.

En onze ans, MeilleursPrenoms.com a considérablement évolué en fonction des demandes des parents. Leurs commentaires ont permis au site de s'adapter à leurs besoins et de mieux répondre à leurs attentes. Aujourd'hui, *L'Officiel des prénoms* poursuit le même objectif. Tout comme le site, ce guide est fondé sur une approche interactive et statistique. Il s'intéresse aux prénoms les plus répandus comme à ceux qui ne font qu'émerger.

1) Ce que ce livre vous propose :

Un guide de référence sur plus de 12 000 prénoms du monde (dont 10 000 sont réellement portés en France)

Vous trouverez dans cet ouvrage une sélection de plus de 12 000 prénoms accompagnés de leur étymologie. Dans leur grande majorité, ces prénoms sont d'origine latine, sémitique (hébraïque et arabe), germanique ou grecque. Ils constituent la base de la grande famille des prénoms « français ». Cependant, ces vingt dernières années, le patrimoine des prénoms s'est enrichi de nouvelles sonorités. L'immigration a largement contribué à cet enrichissement. C'est ainsi que l'on trouve en France une nouvelle gamme de prénoms aux accents italiens, slaves, scandinaves ou russes, des consonances d'origine celte ou irlandaise, et des prénoms arabes ou anglophones. Ce livre se veut le témoin actif de cette diversité.

À la recherche de nouvelles sonorités en France et ailleurs

Le désir d'exotisme de nombreux parents favorise également l'émergence de prénoms aux consonances nouvelles. C'est la raison pour laquelle des prénoms provenant de contrées lointaines ont été inclus dans la sélection. On découvrira donc des prénoms japonais, tahitiens, arméniens, chinois, vietnamiens, hindous, perses, et bien d'autres encore qui ne sont pas toujours usités en France mais qui font déjà parler d'eux ailleurs.

On peut également apprécier la grande diversité des prénoms recensés dans l'Hexagone. Il suffit de se pencher sur les prénoms de nos régions : la spécificité de leurs consonances témoigne de la richesse et de la diversité culturelle de la France. Certains d'entre eux connaissent une vogue sans précédent (voir l'encadré consacré aux prénoms régionaux). C'est la raison pour laquelle les prénoms d'origine alsacienne, basque, bretonne, corse, flamande ou occitane sont mis en valeur dans cet ouvrage. Lorsqu'un prénom présente une identité régionale spécifique, cette information est indiquée. Au total, près de 1 000 prénoms régionaux sont répertoriés dans *L'Officiel des prénoms*.

2) En quoi cet ouvrage est-il différent des autres ?

L'approche de ce livre est originale : 10 000 des prénoms qui figurent dans cet ouvrage sont réellement portés en France. Les informations sont fondées sur les données statistiques de l'Insee. Celles-ci incluent les prénoms qui sont enregistrés à l'état civil français et leur fréquence. Afin de constituer la sélection de ce livre, il a fallu rechercher les étymologies des prénoms les plus portés. Puis le champ de sélection a été élargi à ceux qui le sont moins, des prénoms très rares à ceux qui émergent tout juste.

Une sélection de prénoms témoin de l'évolution en cours de milliers de prénoms

Les prénoms sont classés par ordre alphabétique et par genres (féminin d'abord, masculin ensuite). Afin de donner au lecteur un maximum d'informations, la fréquence d'attribution des prénoms a été précisée (voir les méthodes de travail p. 11). Une prévision sur la tendance à venir est également indiquée lorsque cette estimation a pu être réalisée.

Un éventail de prénoms très étendu

Aucune « discrimination » n'a été faite à l'encontre des prénoms rares, que ces derniers soient français ou venus d'ailleurs, qu'ils soient nouveaux, ancestraux ou excentriques. Ces derniers apparaissent aux côtés de prénoms plus répandus et sont indexés de la même manière.

On peut reprocher à cette approche l'absence de tri subjectif qui aurait écarté des prénoms jugés trop anglophones ou originaux. Cependant, l'idée est précisément d'offrir aux lecteurs des informations permettant de répondre à des questions légitimes. Quels sont les prénoms qui sont réellement donnés par les parents d'aujourd'hui ? Ces prénoms sont-ils rares ou répandus ? Quelles perspectives d'évolution sont à anticiper ? Seule une méthode objective permet de rendre compte des choix actuels des parents.

Traitement des dérivés et variantes

Lorsqu'un prénom très commun se décline en de multiples orthographes, les formes les plus rares ont été référencées sous forme de variantes. Ces dernières ne sont pas assorties d'information statistique spécifique, mais le fait qu'elles soient classées ainsi témoigne de leur quasi-inexistence. C'est le cas de Cateline qui apparaît en tant que variante de Catherine parce qu'elle est rarissime.
Notons que le classement de ces variantes a été effectué de manière phonétique. Selon ce principe, Alissia et Licia se trouveront classées avec Alicia plutôt qu'Alice.

Caractérologie

Les prénoms de *L'Officiel des prénoms* ont fait l'objet d'une étude caractérologique. Fondée sur la numérologie, cette analyse permet d'associer à chaque prénom cinq traits de caractères principaux.

Les « zooms » prénoms

Au total, 70 prénoms du moment font l'objet d'un encadré spécial, appelé « zoom prénom ». Les zooms abordent en profondeur l'histoire de ces prénoms. Ils analysent également leur parcours et leur évolution à anticiper pour la France et les pays francophones (Belgique, Suisse, Québec).

1 300 prénoms en fête

Les dernières pages de cet ouvrage recensent les fêtes de plus de 1 300 prénoms. Ces derniers sont classés par ordre alphabétique.

3) Sources statistiques

Les informations concernant l'attribution des prénoms en France (graphiques, fréquences et tendances) sont fondées sur les données statistiques de l'Insee. L'encadré dédié aux prénoms parisiens a été réalisable grâce aux données du site Internet Opendata.paris.fr, publié par la mairie de Paris.

Des données statistiques internationales ont également été utilisées pour analyser l'évolution globale des pratiques d'attribution. Les données se rapportant à l'Angleterre et au pays de Galles proviennent de l'institut national anglais *National Statistics*. Le CSO, *Central Statistics Office*, établit le palmarès des prénoms les plus attribués en Irlande. Le GFDS, *Gesellschaf Für Deutsche Sprache*, fait de même pour l'Allemagne. Aux États-Unis, c'est la *Social Security Administration* qui recense les prénoms les plus plébiscités. Les données relatives à la Finlande émanent du *Våestörekisterikeskus*. Celles se rapportant à la Norvège proviennent du SSB : *Statistik Sentralbyå*. Enfin le palmarès des prénoms suédois est dressé par le SCB, *Statistiska Centralbyrån*.

La carrière des prénoms dans les régions francophones du Canada, de la Belgique et de la Suisse est suivie de près dans cet ouvrage. La Régie des rentes du Québec (www.rrq.gouv.qc.ca) recense les prénoms les plus attribués dans cette région. En Suisse romande, c'est l'OFS, l'Office fédéral suisse de la statistique, qui compile les données. Enfin, l'Institut national de statistique de la Belgique (www.statbel.fgov.be) établit le palmarès des prénoms attribués dans les régions et dans l'ensemble de la Belgique.

4) Méthodes de travail

Les projections

Les prénoms qui figurent dans les palmarès ont fait l'objet d'une étude approfondie et de projections statistiques. Ces projections permettent d'estimer le nombre d'attributions d'un prénom. Elles permettent également d'anticiper la position du prénom dans le palmarès français.

Les graphiques

Les graphiques des zooms prénoms sont fondés sur les dernières données de l'Insee (fichier prénom, édition 2010). Ces données répertorient le nombre d'attributions de chaque prénom pour la période 1900-2009. Par conséquent, les données graphiques correspondant aux années 2010 et 2011 résultent d'une projection statistique.

Notons que l'échelle utilisée diffère selon la spécificité du prénom. Le graphique dédié à Louna commence en 1990 parce que ce jeune prénom n'émerge pas avant cette décennie. Par contraste, celui de Louise remonte aux années 1900 afin de retracer une plus grande partie de son évolution.

Les fréquences d'attribution des prénoms : mode d'emploi

Les prénoms de cet ouvrage sont assortis d'une information détaillée concernant leur fréquence dans l'Hexagone. Celle-ci prend en compte deux informations statistiques : 1) le niveau général de fréquence d'un prénom, et 2) le niveau d'attribution actuel de ce prénom.

1) *Niveau général de fréquence*
Lorsqu'un prénom est attribué en France, une estimation du nombre de personnes vivantes portant ce prénom a été indiquée.

2) *Niveau d'attribution actuel*
Ce niveau d'attribution est déterminé par le nombre de naissances estimé pour 2012 (tableau B). Il permet de connaître le rang correspondant à chaque prénom dans le palmarès français (tableau A).

Prenons deux exemples de prénoms extraits des pages 119 et 539 de ce livre :

Ilona : éclat du soleil (grec). Ce prénom est porté par environ 11 000 personnes en France. Il est **relativement peu attribué** aujourd'hui.

Yves : if (celte). Ce prénom est porté par environ 170 000 personnes en France. Il ne devrait pas être attribué **à plus de 50 bébés en 2012.**

En se référant au tableau ci-dessous, on obtient la précision qu'Ilona figure entre le 201e et le 400e rang du palmarès alors qu'Yves se place en deçà du 1 000e rang.

Tableau A : Mentions décrivant le niveau d'attribution du prénom selon son rang

De 1er à 50e	... figure dans le **top 50** français aujourd'hui.
De 51e à 100e	... figure dans le **top 100** français aujourd'hui.
De 101e à 200e	... figure dans le **top 200** français aujourd'hui.
De 201e à 400e	... est **relativement peu attribué** aujourd'hui.
De 401e à 700e	... est **peu attribué** actuellement.
De 701e à 1 000e	... est **très peu attribué** aujourd'hui.
Au-delà du 1 000e	... ne devrait pas être attribué **à plus de 50 bébés en 2012**.

En consultant le tableau B, on peut déterminer la fourchette d'attribution qui correspond au prénom recherché. Exemple : on peut déduire qu'Ilona sera attribué de 157 à 342 fois en 2012 puisque le rang de ce prénom se situe entre ceux d'Ava et Fantine (voir ci-dessous).

Tableau B : Nombre de naissance estimées pour 2012 selon le rang du prénom

Rang du prénom dans le palmarès féminin 2012	Prénom féminin correspondant au rang indiqué	Nombre de naissances estimées pour 2012	Rang du prénom dans le palmarès masculin français 2012	Prénom masculin correspondant au rang indiqué	Nombre de naissances estimées pour 2012
1er	Emma	6 412	1er	Nathan	7 355
51e	Lana	1 415	51e	Romain	1 574
101e	Lily-Rose	675	101e	Ismaël	767
201e	Ava	342	201e	Leandro	372
401e	Fantine	157	401e	Noan	161
701e	Pia	80	701e	Georges	71
1 001e	Milana	50	1 001e	Séraphin	42

Les tendances des prénoms

Les tendances ont été calculées d'après l'évolution suivie par chaque prénom sur une période de six ans (on compare l'évolution du prénom au cours des trois dernières années par rapport aux trois années précédentes). Si l'on prend l'exemple d'Ava (p. 43), on peut lire que ce prénom est en forte croissance. En se référant au tableau ci-dessous, on conclut que sa progression a été supérieure à 50 % au cours de ces trois dernières années :

Tendance	Signification
En forte croissance	Progression supérieure à 50 %
En croissance modérée	Progression entre 5 et 50 %
Stable	État stationnaire
En décroissance modérée	Diminution entre 5 et 50 %
En forte décroissance	Diminution supérieure à 50 %

Remarques : les mentions concernant les tendances et fréquences s'appliquent toujours à la France sauf dans le cas où un autre pays est spécifié. Les prénoms qui ne montrent pas d'évolution statistiquement significative n'ont pas de tendance indiquée.

5) Informations complémentaires à propos de MeilleursPrenoms.com

MeilleursPrenoms.com est consulté par plus de 300 000 internautes chaque mois. La plupart d'entre eux sont français, mais de nombreux visiteurs belges, canadiens et suisses viennent y puiser leurs inspirations de prénoms.

MeilleursPrenoms.com a été créé en février 2000. Je me suis lancée dans cette aventure avec mon mari après avoir hésité pendant des mois sur le choix des prénoms à donner à nos enfants. Nous habitions alors New York, et nous souhaitions que ces prénoms soient faciles à prononcer en français et en anglais. Cette expérience nous a donné l'envie de réaliser un site qui pourrait aider d'autres parents. Leurs nombreuses lettres de remerciements m'ont encouragée à poursuivre cette démarche. C'est un peu grâce à eux que *L'Officiel des prénoms* existe aujourd'hui et je les en remercie. ■

Prénoms féminins

Abélia : souffle, respiration (hébreu). Ce prénom est porté par moins de 100 personnes en France. Variantes : Abela, Abelie, Abella, Abelle, Abelia, Abellia. Caractérologie : organisation, enthousiasme, pratique, communication, détermination.

Abeline : souffle, respiration (hébreu). Ce prénom est porté par moins de 100 personnes en France. Dans l'Hexagone, Abeline est plus traditionnellement usité au Pays basque. Variantes : Abelina, Abelone. Caractérologie : organisation, résolution, pragmatisme, optimisme, communication.

Abigaël : source de joie (hébreu). Ce prénom est porté par environ 1 000 personnes en France. Il est peu attribué aujourd'hui. Tendance : en forte croissance. Variantes : Aby, Abby, Abygaël, Abygaëlle, Avigaël, Gaïl. Caractérologie : énergie, détermination, innovation, autorité, bonté.

Abigaëlle : source de joie (hébreu). Ce prénom est porté par environ 1 000 personnes en France. Il est peu attribué aujourd'hui. Tendance : en croissance modérée. Caractérologie : résolution, rectitude, humanité, sympathie, rêve.

Abigaïl : source de joie (hébreu). Ce prénom est porté par environ 1 000 personnes en France. Il est peu attribué aujourd'hui. Tendance : en croissance modérée. Caractérologie : indépendance, curiosité, dynamisme, courage, organisation.

Acacia : fleur protectrice du mal (grec). Ce prénom est porté par moins de 100 personnes en France. Caractérologie : humanité, rectitude, générosité, rêve, ouverture d'esprit.

Ada : ornement (hébreu). Ce prénom rare est porté par près de 600 personnes en France. Caractérologie : bienveillance, conscience, paix, sagesse, conseil.

Adama : fait de terre rouge (hébreu). Ce prénom rare est porté par près de 600 personnes en France. Caractérologie : diplomatie, loyauté, réceptivité, sociabilité, bonté.

Adara : feu (hébreu). Caractérologie : sagacité, philosophie, connaissance, spiritualité, originalité.

Adélaïde : de noble lignée (germanique). Cette forme médiévale d'Alice est portée par environ 8 000 personnes en France. Elle est peu attribuée aujourd'hui. Variantes : Adelaida, Adelaig. Caractérologie : énergie, décision, originalité, audace, découverte.

Adèle : noble (germanique). Ce prénom, porté par environ 20 000 Françaises, figure dans le top 100 national. Tendance : stable. Fille du roi Dagobert II, sainte Adèle fonda l'abbaye de Pfazel au VIIe siècle. Adèle de Champagne, troisième épouse de Louis VII, fut reine de France au XIIe siècle. Variantes : Adela, Adélia, Adelise, Adelle. Caractérologie : rêve, humanité, rectitude, tolérance, générosité.

Adélie : noble (germanique). Ce prénom est porté par environ 2 000 personnes en France. Il est peu attribué aujourd'hui. Caractérologie : humanité, rectitude, tolérance, rêve, résolution.

Adelina : noble (germanique). Ce prénom rare est porté par près de 1 000 personnes en France. Caractérologie : ambition, innovation, décision, autorité, énergie.

Adeline : noble (germanique). Ce prénom est porté par environ 50 000 personnes en France. Il est peu attribué aujourd'hui. Variantes : Adelyne, Édeline. Caractérologie : dynamisme, curiosité, indépendance, décision, courage.

Adelphine : noble, loup (germanique). Ce prénom est porté par moins de 100 personnes en France. Variantes : Adelphia, Adelphina, Adolpha. Caractérologie : réussite, sociabilité, réceptivité, diplomatie, action.

Adena : noble, parée de bijoux (grec). Ce prénom est porté par moins de 100 personnes en France. Variantes : Aderia, Adina. Caractérologie : originalité, spiritualité, connaissance, philosophie, sagacité.

Adenora : d'un grand courage (grec). Ce prénom est porté par moins de 100 personnes en France. Prénom breton. Variante : Adenor. Caractérologie : méthode, volonté, détermination, ténacité, fiabilité.

Adira : forte (hébreu). Caractérologie : équilibre, sens des responsabilités, influence, famille, exigence.

Adolphine : noble, loup (germanique). Ce prénom rare est porté par près de 600 personnes en France. Caractérologie : communication, enthousiasme, réalisation, pratique, raisonnement.

Adonie : Seigneur (hébreu). Ce prénom est porté par moins de 100 personnes en France. Variante : Adonia. Caractérologie : habileté, ambition, management, passion, volonté.

Adriana : habitant d'Adria, Italie (grec). Ce prénom est porté par environ 2 000 personnes en France. Il est peu attribué aujourd'hui. Adriana est très répandu dans les pays hispanophones, au Portugal, en Italie et au Pays basque. Variantes : Adria, Adriane, Adrianna, Adrianne, Hadria. Caractérologie : décision, communication, pragmatisme, optimisme, créativité.

Adrienne : habitant d'Adria, Italie (grec). Ce prénom est porté par environ 13 000 personnes en France. Il ne devrait pas être attribué à plus de 50 bébés en 2012. Caractérologie : connaissance, sagacité, originalité, spiritualité, décision.

Aela : forme bretonne d'Ange : messagère (grec). Ce prénom très rare est porté par près de 400 personnes en France. Variantes : Aelle, Aelaïg, Aelig, Aelez. Caractérologie : dynamisme, direction, audace, indépendance, assurance.

Aélia : messagère (grec). Ce prénom très rare est porté par près de 400 personnes en France. Caractérologie : direction, raisonnement, audace, détermination, dynamisme.

Aélys : forme occitane d'Alice : de noble lignée (germanique). Ce prénom très rare est porté par près de 300 personnes en France. Tendance : en forte croissance. Variante : Aelis. Caractérologie : dynamisme, direction, audace, indépendance, détermination.

Aéna : couleur pourpre, aube (grec). Caractérologie : communication, générosité, pratique, adaptation, enthousiasme.

Aenor : forme bretonne d'Éléonore : compassion (grec). Ce prénom très rare est porté par près de 160 personnes en France. Caractérologie : habileté, ambition, passion, décision, force.

Le top 20 féminin en 2012

Afin de vous donner une image plus complète des prénoms les plus attribués en 2012, deux palmarès complémentaires vous sont proposés.

Le premier établit le top 20 des prénoms féminins par ordre décroissant d'attribution. Chaque prénom est considéré comme une entité unique et classé selon sa fréquence d'attribution estimée pour 2012.

Le second fonctionne de la même manière mais il inclut, pour chaque prénom donné (exemple : Lily), la fréquence d'attribution de ses variantes (Lili, Lilly, etc.). En donnant une dimension phonétique au classement qui en résulte, on peut mesurer, dans sa globalité, l'importance des prénoms phares d'aujourd'hui.

Palmarès 1 : chaque prénom est classé selon sa fréquence d'attribution

1. Emma
2. Jade
3. Zoé
4. Chloé
5. Léa
6. Manon
7. Inès
8. Maëlys
9. Louise
10. Lilou
11. Camille
12. Lola
13. Sarah
14. Éva
15. Clara
16. Lina
17. Léna
18. Louna
19. Romane
20. Anaïs

Observations

Emma conserve, cette année encore, sa couronne, mais elle aura bien du mal à résister plus longtemps aux assauts de Jade. En attendant le sacre de cette dernière, les tendances observées l'an passé bouleversent l'ordre établi. Camille et Sarah cèdent quelques places tandis que Clara s'effondre. De leur côté, Manon, Léa et Chloé campent sur leurs positions et tiennent encore en respect les jeunes pousses. Ce qui n'a pas empêché Maëlys et Lilou de progresser, ni Jade de s'élever tout près d'Emma. La preuve que les prénoms neufs ont la cote. Pour autant, c'est dans le registre rétro que la plus grande amplitude est observée. En témoigne Zoé qui s'est placée troisième en gagnant 8 places de classement en un an. Et dire que, non loin d'elle, Louise s'élève déjà dans son sillon…

Dans le bas du tableau, Anaïs et Romane n'espèrent plus tant de réussite. Peinant à garder leurs rangs, elles devraient bientôt rejoindre Océane et Lucie dans le top 30.

…/

Le top 20 féminin en 2012 *(suite)*

Palmarès 2 : la fréquence d'attribution du prénom inclut celle de ses variantes
Dans ce classement, les variantes les plus importantes (uniquement celles dont on peut estimer qu'elles seront attribuées à plus de 500 enfants en 2012) sont indiquées en italique.

21. Emma	26. Léa	31. Manon	36. Louan(n)e, *Lou-Ann(e)*
22. Lilou, *Lylou*	27. Zoé	32. Louise	37. Léna
23. Jade	28. Louna, *Luna*	33. Camille	38. Clara
24. Chloé, *Cloé*	29. Inès	34. Lina, *Lyna*	39. Éva
25. Sarah, *Sara*	30. Maëlys	35. Lola	40. Lily, *Lili*

Observations
Quelle que soit la méthode employée, Emma reste en tête du tableau féminin, mais Jade ne fait plus le poids face aux jumelles Lilou/Lylou. Elles devancent Louna et Sarah qui, sans leurs homonymes, n'auraient jamais rebondi dans le top 10. De son côté, Rose grandit de telle sorte qu'elle pourrait, à elle seule, s'inviter dans ce tableau. Attendra-t-elle la fin de l'année pour en bousculer les rangs ?

Pour plus d'information sur les prénoms ci-dessus, voir les encadrés qui leur ont été consacrés.

Agathe : bonté, gentillesse (grec). Ce prénom, porté par environ 35 000 Françaises, figure dans le top 100 national. Tendance : stable. Pour avoir refusé les avances de Quintien, gouverneur de la Sicile, sainte Agathe fut martyrisée au IIIe siècle. Elle est la patronne des nourrices. Variantes : Agata, Agate, Agatha. Caractérologie : paix, conseil, conscience, sensibilité, bienveillance.

Aglaé : d'une beauté rayonnante (grec). Ce prénom est porté par environ 1 000 personnes en France. Il est très peu attribué aujourd'hui. Dans la mythologie grecque, Aglaé est la plus jeune des trois Grâces tant célébrées par les poètes. Ces divinités symbolisent la beauté, la générosité, la douceur et la sagesse. Variantes : Aglaée, Aglaïa, Aglaïane. Caractérologie : achèvement, ardeur, amitié, stratégie, vitalité.

Agnès : chaste, pure (grec). Ce prénom est porté par environ 98 000 personnes en France. Il est peu attribué aujourd'hui. Jeune Romaine du IVe siècle, Agnès refusa de renier sa foi et se laissa conduire au martyre. Sainte Agnès est la patronne des jardiniers et des fiancés. Variantes : Anessa, Agnela, Enès, Neza. Caractérologie : autonomie, innovation, énergie, autorité, ambition.

Aïcha : celle qui vivra, vitalité (arabe). Ce prénom est porté par environ 12 000 personnes en France. Il est relativement peu attribué aujourd'hui. Fille d'Abou Bakr, Aïcha fut la troisième épouse de Mahomet. Variante :

Aïsha. Caractérologie : ténacité, méthode, fiabilité, sens du devoir, engagement.

Aïda : récompense (arabe), celle qui ornera (hébreu). Ce prénom est porté par environ 3 000 personnes en France. Il est peu attribué aujourd'hui. Tendance : en forte croissance. Caractérologie : exigence, famille, équilibre, influence, sens des responsabilités.

Aïko : enfant de l'amour (japonais). Ce prénom très rare est porté par près de 100 personnes en France. Tendance : en forte croissance. Caractérologie : idéalisme, altruisme, réflexion, dévouement, intégrité.

Aimée : qui est aimée (latin). Ce prénom est porté par environ 13 000 personnes en France. Il ne devrait pas être attribué à plus de 50 bébés en 2012. Variante : Aymée. Caractérologie : conseil, paix, bienveillance, résolution, conscience.

Aimy : travailleuse (germanique). Ce prénom rare est porté par près de 1 000 personnes en France. Tendance : en forte croissance. Variante : Aimie. Caractérologie : pratique, communication, réalisation, adaptation, enthousiasme.

Aina : grâce (espagnol), amour (japonais). Ce prénom très rare est porté par près de 400 personnes en France. Tendance : en forte croissance. Aina est particulièrement en vogue en Espagne. Caractérologie : volonté, philosophie, connaissance, sagacité, originalité.

Ainara : hirondelle (basque). Ce prénom très rare est porté par près de 110 personnes en France. Caractérologie : ambition, passion, habileté, décision, force.

Aines : forme basque d'Agnès : chaste, pure (grec). Ce prénom est porté par moins de 100 personnes en France. Caractérologie : décision, communication, pragmatisme, créativité, optimisme.

Ainhoa : prénom basque qui désigne la Vierge Marie. Ce prénom rare est porté par près de 800 personnes en France. Ainhoa est très en vogue en Espagne. Variantes : Ainoa, Idoia, Idoya. Caractérologie : communication, optimisme, pragmatisme, créativité, décision.

Airelle : se rapporte à l'airelle, un petit arbuste montagnard de la famille des éricacées, et son fruit, une baie comestible de couleur rouge ou noir bleuté. Ce prénom est porté par moins de 100 personnes en France. Variante : Érelle. Caractérologie : réflexion, détermination, humanité, intégrité, générosité.

Aissata : celle qui vivra, vitalité (arabe). Ce prénom est porté par environ 2 000 personnes en France. Il est très peu attribué aujourd'hui. Variantes : Aissa, Aissatou. Caractérologie : philosophie, sagacité, spiritualité, originalité, connaissances.

Aitana : père de tous les Basques (mythologie basque). Ce prénom très rare est porté par près de 100 personnes en France. Caractérologie : audace, direction, indépendance, décision, dynamisme.

Aki : automne (japonais). Caractérologie : créativité, sociabilité, communication, optimisme, pragmatisme.

Akiko : l'enfant de l'automne (japonais). Ce prénom est porté par moins de 100 personnes en France. Caractérologie :

relationnel, intuition, fidélité, adaptabilité, médiation.

Akila : intelligente (arabe). Ce prénom rare est porté par près de 600 personnes en France. Caractérologie : savoir, intelligence, organisation, méditation, indépendance.

Alaia : vertueuse (arabe), bonheur, joie (basque). Ce prénom très rare est porté par près de 190 personnes en France. Caractérologie : bienveillance, sagesse, conseil, paix, conscience.

Alaïs : de noble lignée (germanique). Ce prénom rare est porté par près de 900 personnes en France. Tendance : en forte croissance. Caractérologie : paix, conseil, conscience, sagesse, bienveillance.

Alana : belle, calme (celte). Ce prénom est porté par environ 1 000 personnes en France. Il est peu attribué aujourd'hui. Tendance : en forte croissance. Dans l'Hexagone, Alana est plus traditionnellement usité en Bretagne. Variante : Alanis. Caractérologie : réceptivité, sociabilité, loyauté, diplomatie, bonté.

Alara : reine de tous (germanique). Dans l'Hexagone, Alara est plus traditionnellement usité en Bretagne. Variante : Elara. Caractérologie : conscience, paix, bienveillance, sagesse, conseil.

Alba : blanc (latin). Ce prénom rare est porté par près de 900 personnes en France. Tendance : en croissance modérée. Alba, qui signifie « aube » en espagnol et en italien, est plus particulièrement usité dans les régions du monde où ces langues sont parlées. Alva est sa variante portugaise. Caractérologie : sagacité, originalité, connaissance, spiritualité, organisation.

Albane : blanc (latin). Ce prénom est porté par environ 7 000 personnes en France. Il est relativement peu attribué aujourd'hui. Variantes : Albana, Albanie, Albanna, Albanne, Albannie. Caractérologie : passion, ambition, organisation, force, habileté.

Alberte : noble, brillante (germanique). Ce prénom est porté par environ 6 000 personnes en France. Il ne devrait pas être attribué à plus de 50 bébés en 2012. Variante : Alberta. Caractérologie : idéalisme, intégrité, altruisme, décision, gestion.

Albertine : noble, brillante (germanique). Ce prénom est porté par environ 9 000 personnes en France. Tendance : en forte croissance. Variantes : Albertina, Albéria, Albérie, Aubertine. Caractérologie : découverte, énergie, organisation, résolution, audace.

Albina : blanc (latin). Ce prénom très rare est porté par près de 300 personnes en France. Dans l'Hexagone, Albina est plus traditionnellement usité en Bretagne. Caractérologie : enthousiasme, pratique, communication, gestion, décision.

Albine : blanc (latin). Ce prénom rare est porté par près de 700 personnes en France. Caractérologie : savoir, intelligence, méditation, gestion, décision.

Alda : noble (germanique). Ce prénom très rare est porté par près de 400 personnes en France. Variante : Alderine. Caractérologie : rêve, humanité, ouverture d'esprit, rectitude, générosité.

Aldegonde : noble, guerre (germanique). Ce prénom est porté par moins de 100 personnes en France. Caractérologie : méthode, ténacité, réussite, caractère, fiabilité.

Aldora : cadeau (grec). Caractérologie : bienveillance, conscience, paix, conseil, analyse.

Aléa : noble, admirable (arabe). Ce prénom est porté par moins de 100 personnes en France. Variante : Aleah. Caractérologie : autorité, autonomie, énergie, innovation, ambition.

Aléria : comme un aigle (latin). Aléria est le nom d'une cité antique corse qui fut conquise par les Grecs puis les Romains. C'est aujourd'hui une ville très visitée pour ses vestiges historiques. Caractérologie : direction, décision, audace, indépendance, dynamisme.

Alésia : défense de l'humanité (grec). Ce prénom très rare est porté par près de 160 personnes en France. Caractérologie : intuition, relationnel, médiation, décision, fidélité.

Alessia : défense de l'humanité (grec). Ce prénom est porté par environ 1 000 personnes en France. Il est peu attribué aujourd'hui. Tendance : en forte croissance. Alessia est très répandu en Italie. Caractérologie : communication, pratique, enthousiasme, adaptation, décision.

Alethia : vérité (grec). Caractérologie : médiation, intuition, résolution, relationnel, finesse.

Alexa : défense de l'humanité (grec). Ce prénom est porté par environ 2 000 personnes en France. Il ne devrait pas être attribué à plus de 50 bébés en 2012. Caractérologie : savoir, intelligence, indépendance, méditation, sagesse.

Alexandra : défense de l'humanité (grec). Ce prénom est porté par environ 90 000 personnes en France. Il est relativement peu attribué aujourd'hui. Variantes : Aléandra, Aleksandra, Alessandra, Alexandréa, Alexandria. Variante basque : Xandra. Caractérologie : achèvement, stratégie, caractère, vitalité, logique.

Alexandrine : défense de l'humanité (grec). Ce prénom est porté par environ 8 000 personnes en France. Il ne devrait pas être attribué à plus de 50 bébés en 2012. Caractérologie : habileté, ambition, volonté, analyse, force.

Alexane : contraction d'Alex et d'Anne. Ce prénom est porté par environ 3 000 personnes en France. Il est peu attribué aujourd'hui. Variantes : Alexana, Alexanna, Alexanne. Caractérologie : habileté, ambition, force, passion, management.

Alexia : défense de l'humanité (grec). Ce prénom est porté par environ 34 000 personnes en France. Il figure dans le top 200 national. Tendance : en décroissance modérée. Variantes : Alexe, Alexide, Alexya, Olessia. Caractérologie : savoir, intelligence, méditation, analyse, résolution.

Alexiane : défense de l'humanité (grec). Ce prénom est porté par environ 2 000 personnes en France. Il ne devrait pas être attribué à plus de 50 bébés en 2012. Caractérologie : détermination, habileté, ambition, force, raisonnement.

Alexie : défense de l'humanité (grec). Ce prénom rare est porté par près de 1 000 personnes en France. Caractérologie : intuition, relationnel, raisonnement, médiation, détermination.

Alexine : défense de l'humanité (grec). Ce prénom est porté par environ 1 000 personnes en France. Tendance : stable. Variante : Alexina. Caractérologie : intelligence, décision, savoir, logique, méditation.

Aleyna : éclat du soleil (grec). Ce prénom est porté par environ 2000 personnes en France. Il est peu attribué aujourd'hui. Caractérologie : ténacité, méthode, fiabilité, engagement, bonté.

Alfrèda : noble paix (germanique). Ce prénom est porté par environ 3 000 personnes en France. Il ne devrait pas être attribué à plus de 50 bébés en 2012. Variantes : Alfredine, Frédine, Eldrida. Caractérologie : réceptivité, caractère, sociabilité, diplomatie, logique.

Alia : noble, admirable (arabe), qui monte (hébreu). Ce prénom est porté par environ 2000 personnes en France. Il est peu attribué aujourd'hui. Tendance : en croissance modérée. Variantes : Allia, Aliya, Aliye. Caractérologie : dynamisme, curiosité, courage, indépendance, charisme.

Alice : de noble lignée (germanique). Ce prénom est porté par environ 102 000 personnes en France. Il figure dans le top 50 national. Voir le zoom dédié à Alice. Variantes : Adelice, Aelis, Alis. Caractérologie : communication, pragmatisme, optimisme, résolution, créativité.

Alicia : de noble lignée (germanique). Ce prénom, porté par environ 39000 Françaises, figure dans le top 50 national. Tendance : stable. Alicia est très répandu dans les pays hispanophones. En France, ce prénom est plus traditionnellement usité en Occitanie. Variantes : Allissia, Licia, Lissia. Caractérologie : stratégie, ardeur, achèvement, leadership, vitalité.

Alida : noble (germanique). Ce prénom rare est porté par près de 1 000 personnes en France. Caractérologie : rêve, humanité, ouverture d'esprit, rectitude, générosité.

Aliénor : compassion (grec). Ce prénom est porté par environ 3 000 personnes en France. Il est peu attribué aujourd'hui. Duchesse d'Aquitaine, Aliénor épousa Louis VII et devint reine de France en 1137. Mais l'union s'avéra malheureuse et Aliénor s'empressa d'obtenir son annulation. En épousant en secondes noces Henri Plantagenêt, la belle Aliénor devint reine d'Angleterre le 18 mai 1152. Les plus connus de ses huit enfants sont Richard Cœur de Lion et Jean sans Terre. Caractérologie : logique, diplomatie, sociabilité, décision, réceptivité.

Aliette : de noble lignée (germanique). Ce prénom est porté par environ 3 000 personnes en France. Il ne devrait pas être attribué à plus de 50 bébés en 2012. Caractérologie : organisation, idéalisme, altruisme, détermination, intégrité.

Alima : sage, raisonnable (arabe). Ce prénom rare est porté par près de 600 personnes en France. Caractérologie : réflexion, intégrité, altruisme, idéalisme, dévouement.

Alina : noble (germanique). Ce prénom est porté par environ 1 000 personnes en France. Il est peu attribué aujourd'hui. Tendance : en croissance modérée. Caractérologie : autorité, innovation, énergie, décision, ambition.

Aline : noble (germanique). Ce prénom est porté par environ 72 000 personnes en France. Il est peu attribué aujourd'hui. Variante : Alyne. Caractérologie : dynamisme, courage, curiosité, indépendance, détermination.

ALICE

Fête : 16 décembre

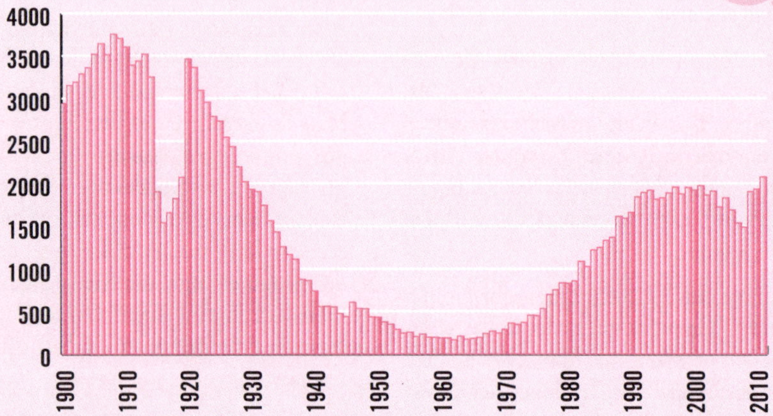

Étymologie : noble par son origine germanique, cet ancien dérivé d'Adélaïde est très attribué en France du Xe au XIIe siècle. Sa faveur est telle que de nombreuses variantes grandissent dans son sillon. Alison, Alis et Alix prennent une ampleur sans précédent, bientôt égalée par celle des formes régionales bretonne (Adelice) et occitane (Aelis). Après une période plus discrète, le roman de Lewis Carroll *Alice au pays des merveilles* contribue à la renaissance d'Alice à la fin du XIXe siècle.

Alice est encore en faveur au début du XXe siècle (elle occupe le 15e rang du classement en 1908), mais ses attributions chutent brutalement à partir de 1920. Sans jamais avoir disparu, Alice reprend une courbe ascendante à la fin du XXe siècle. Elle gravit les échelons du top 30 national et pourrait briller dans les 5 premières attributions parisiennes en 2012.

Son retour est également observé en dehors de l'Hexagone : Alice figure dans les 20 premiers rangs du Québec et monte dans les tops 50 anglais et espagnol (Alicia). Elle talonne Maja en Suède et pourrait bien lui ravir sa couronne.

Issue d'une famille aisée à Remiremont, dans les Vosges, **sainte Alice** se convertit à l'âge de 21 ans et fonda plusieurs pensionnats visant à l'éducation des jeunes filles. Leur fonctionnement perdura des siècles après sa mort, en 1622.

.../

Alice *(suite)*

Personnalités célèbres : Alice Sapritch, actrice française (1916-1990) ; Alice Coltrane, musicienne et compositrice de jazz américaine (1937-2007) ; Alice Munro, femme de lettres canadienne née en 1931 ; Alice Ferney, écrivaine française née en 1967.

Statistiques : Alice est le 41e prénom féminin le plus donné en France depuis le début du XXIe siècle. On peut estimer qu'il sera attribué à une fille sur 188 en 2012.

Aliona : mon Dieu est lumière (hébreu). Ce prénom très rare est porté par près de 150 personnes en France. Caractérologie : analyse, méditation, résolution, intelligence, savoir.

Alison : forme médiévale d'Alice : de noble lignée (germanique). Ce prénom est porté par environ 15 000 personnes en France. Il est peu attribué aujourd'hui. Variante : Alisonne. Caractérologie : détermination, intelligence, raisonnement, savoir, méditation.

Alissa : de noble lignée (germanique). Ce prénom est porté par environ 2 000 personnes en France. Il est peu attribué aujourd'hui. Variante : Alisa. Caractérologie : sagacité, connaissance, spiritualité, philosophie, originalité.

Alissia : de noble lignée (germanique). Ce prénom rare est porté par près de 900 personnes en France. Caractérologie : originalité, connaissance, spiritualité, philosophie, sagacité.

Alisson : de noble lignée (germanique). Ce prénom est porté par environ 4 000 personnes en France. Il ne devrait pas être attribué à plus de 50 bébés en 2012. Variante : Alissone. Caractérologie : force, ambition, résolution, habileté, analyse.

Alix : forme médiévale d'Alice : de noble lignée (germanique). Ce prénom, porté par environ 16 000 Françaises, figure dans le top 200 national. Tendance : stable. Alix figure dans le palmarès dédié aux prénoms mixtes. Voir cet encadré. Caractérologie : innovation, autorité, énergie, logique, ambition.

Alixe : de noble lignée (germanique). Ce prénom rare est porté par près de 500 personnes en France. Variante : Alixen. Caractérologie : paix, bienveillance, conscience, détermination, raisonnement.

Alixia : de noble lignée (germanique). Ce prénom très rare est porté par près de 400 personnes en France. Caractérologie : sociabilité, réceptivité, diplomatie, loyauté, analyse.

Aliya : noble, admirable (arabe). Ce prénom est porté par environ 2 000 personnes en France. Il est relativement peu attribué aujourd'hui. Tendance : en forte croissance. Variantes : Aaliyah, Aliyah, Allya, Aliye. Caractérologie : communication, pragmatisme, optimisme, créativité, sociabilité.

Alizarine : se rapporte à un colorant rouge extrait des racines de garance. Ce colorant était autrefois utilisé pour teindre des textiles. Aujourd'hui, Alizarine prénomme parfois des vins et des terroirs viticoles français. Caractérologie : découverte, détermination, audace, séduction, originalité.

Alizé : de noble lignée (germanique). Cette forme d'Alice se rapporte également au nom du vent qui caresse les îles des Caraïbes. Ce prénom est porté par environ 2 000 personnes en France. Il ne devrait pas être attribué à plus de 50 bébés en 2012. Variantes : Alise, Aliséa, Alisée, Aliza, Alize, Alizia. Caractérologie : achèvement, vitalité, stratégie, ardeur, résolution.

Alizéa : de noble lignée (germanique). Voir Alizé. Ce prénom rare est porté par près de 500 personnes en France. Variante : Aliséa. Caractérologie : idéalisme, détermination, altruisme, intégrité, réflexion.

Alizée : de noble lignée (germanique). Voir Alizé. Ce prénom est porté par environ 11 000 personnes en France. Il est relativement peu attribué aujourd'hui. Caractérologie : persévérance, structure, sécurité, efficacité, détermination.

Allison : de noble lignée (germanique). Ce prénom est porté par environ 5 000 personnes en France. Il ne devrait pas être attribué à plus de 50 bébés en 2012. Variantes : Allisson, Allyson. Caractérologie : détermination, autorité, innovation, énergie, raisonnement.

Allyn : belle, calme (celte). Caractérologie : innovation, autorité, énergie, amitié, ambition.

Alma : nourrissant (latin). Ce prénom est porté par environ 1 000 personnes en France. Il est peu attribué aujourd'hui. Tendance : en forte croissance. Caractérologie : rectitude, rêve, humanité, tolérance, générosité.

Almarine : noble, illustre (gaélique). Caractérologie : audace, dynamisme, direction, résolution, indépendance.

Almeda : ambitieuse (latin). Variante : Almida. Caractérologie : rêve, rectitude, ouverture d'esprit, humanité, générosité.

Almeria : gouverner, travailler (germanique). Caractérologie : dynamisme, indépendance, curiosité, courage, résolution.

Aloïse : très sage (vieil allemand). Ce prénom très rare est porté par près de 400 personnes en France. Variantes : Aloïs, Aloyse, Aloysia. Caractérologie : raisonnement, méditation, intelligence, détermination, savoir.

Aloyse : très sage (vieil allemand). Ce prénom très rare est porté par près de 110 personnes en France. Caractérologie : curiosité, dynamisme, courage, indépendance, sympathie.

Alphanie : se rapporte au patronyme italien Alfani, du latin elephantus (« éléphant »). Variantes : Alphania, Alphéna, Phania. Caractérologie : communication, générosité, amitié, adaptation, action.

Alphonsine : noble, vive (germanique). Ce prénom est porté par environ 4 000 personnes en France. Il ne devrait pas être attribué à plus de 50 bébés en 2012. Variante : Alphie. Caractérologie : découverte, énergie, audace, ressort, analyse.

Althéa : guérisseuse (grec). Ce prénom très rare est porté par près de 300 personnes en France. Caractérologie : diplomatie, sensibilité, réceptivité, sociabilité, organisation.

Alvina : noble et fidèle (germanique). Ce prénom rare est porté par près de 500 personnes en France. Variantes : Alvana, Alvine, Alvira, Alwena. Caractérologie : découverte, énergie, résolution, audace, originalité.

Alya : noble, admirable (arabe), qui monte (hébreu). Ce prénom est porté par environ 2 000 personnes en France. Il est relativement peu attribué aujourd'hui. Tendance : en croissance modérée. Variante : Alyah. Caractérologie : enthousiasme, pratique, adaptation, communication, générosité.

Alycia : de noble lignée (germanique). Ce prénom est porté par environ 4 000 personnes en France. Il est relativement peu attribué aujourd'hui. Caractérologie : équilibre, famille, sens des responsabilités, influence, exigence.

Alyson : de noble lignée (germanique). Ce prénom est porté par environ 2 000 personnes en France. Il est peu attribué aujourd'hui. Variante : Alysone. Caractérologie : curiosité, dynamisme, courage, sympathie, indépendance.

Alyssa : de noble lignée (germanique). Ce prénom est porté par environ 7 000 personnes en France. Il figure dans le top 200 national. Tendance : stable. Caractérologie : dynamisme, indépendance, curiosité, charisme, courage.

Alyssia : de noble lignée (germanique). Ce prénom est porté par environ 3 000 personnes en France. Il est peu attribué aujourd'hui. Caractérologie : découverte, énergie, séduction, audace, originalité.

Alysson : de noble lignée (germanique). Ce prénom est porté par environ 1 000 personnes en France. Il est très peu attribué aujourd'hui. Caractérologie : conscience, paix, bienveillance, amitié, conseil.

Alyzée : de noble lignée (germanique). Voir Alizé. Ce prénom très rare est porté par près de 500 personnes en France. Variantes : Alyséa, Alysée. Caractérologie : intuition, médiation, fidélité, relationnel, cœur.

Ama : mère (basque). Ce prénom est porté par moins de 100 personnes en France. Caractérologie : sens des responsabilités, équilibre, exigence, famille, influence.

Amadia : amour de Dieu (latin). Caractérologie : fidélité, médiation, intuition, relationnel, adaptabilité.

Amaëlle : chef, prince (celte). Ce prénom très rare est porté par près de 400 personnes en France. Caractérologie : efficacité, structure, persévérance, sécurité, honnêteté.

Amaia : fin (basque). Ce prénom rare est porté par près de 800 personnes en France. Tendance : en croissance modérée. Caractérologie : connaissance, spiritualité, sagacité, philosophie, originalité.

Amal : espoir (arabe), travail (hébreu). Ce prénom est porté par environ 3 000 personnes en France. Il ne devrait pas être attribué à plus de 50 bébés en 2012. Caractérologie : réflexion, idéalisme, intégrité, altruisme, dévouement.

Amale : espoir (arabe), forme basque d'Amélie. Ce prénom rare est porté par près de 600 personnes en France. Caractérologie : découverte, originalité, audace, énergie, séduction.

Amalia : travailleuse (germanique). Ce prénom est porté par environ 2 000 personnes en France. Il est peu attribué aujourd'hui. Amalia est répandu dans les pays hispanophones. Aux Pays-Bas, la naissance de Catharina-Amalia (la fille du prince Willem et de Maxima) a donné des ailes à cette composition. Caractérologie : audace, direction, dynamisme, indépendance, assurance.

Amalie : travailleuse (germanique). Ce prénom est porté par moins de 100 personnes en France. Caractérologie : découverte, résolution, énergie, audace, originalité.

Amalys : resplendir (grec). Variante : Amelys. Caractérologie : ambition, force, management, passion, habileté.

Amance : qui est aimée (latin). Ce prénom très rare est porté par près de 130 personnes en France. Caractérologie : ténacité, méthode, fiabilité, engagement, sécurité.

Amanda : qui est aimée (latin). Ce prénom est porté par environ 6 000 personnes en France. Il ne devrait pas être attribué à plus de 50 bébés en 2012. Variante : Manda. Caractérologie : méditation, savoir, indépendance, sagesse, intelligence.

Amandine : qui est aimée (latin). Ce prénom est porté par environ 92 000 personnes en France. Il figure dans le top 100 national. Tendance : en décroissance modérée. Variantes : Amande, Amandyne, Amantine. Caractérologie : méditation, décision, savoir, indépendance, intelligence.

Amane : maternité (basque). Ce prénom est porté par moins de 100 personnes en France. Caractérologie : savoir, intelligence, méditation, sagesse, indépendance.

Amani : qui aspire à quelque chose (arabe). Ce prénom rare est porté par près de 600 personnes en France. Tendance : en forte croissance. Variante : Amany. Caractérologie : relationnel, fidélité, intuition, décision, médiation.

Amanza : qui est aimée (latin). Amanza est plus particulièrement répandu sur l'île de Beauté. Caractérologie : bonté, diplomatie, sociabilité, loyauté, réceptivité.

Amara : Dieu a parlé (hébreu), bâtisseuse (arabe). Ce prénom très rare est porté par près de 400 personnes en France. Variante : Amaria. Caractérologie : savoir, intelligence, méditation, sagesse, indépendance.

Amarande : aimer (latin). Ce prénom très rare est porté par près de 100 personnes en France. Caractérologie : pragmatisme, communication, créativité, décision, optimisme.

Amaranthe : plante ornementale dont le nom vient du latin amaranthus, et du grec anthos (« fleur »). Ce prénom est porté par moins de 100 personnes en France. Amaranthe est fêté avec Fleur, le 5 octobre. Variante : Amarante. Caractérologie : humanité, rectitude, générosité, sensibilité, volonté.

Amaria : Dieu a parlé (hébreu), bâtisseuse (arabe). Ce prénom très rare est porté par près de 400 personnes en France. Caractérologie : sagesse, indépendance, intelligence, savoir, méditation.

Amarine : aimer (latin). Ce prénom est porté par moins de 100 personnes en France. Tendance : en forte croissance. Caractérologie : savoir, analyse, méditation, indépendance, sagesse.

Amaris : promise par Dieu (hébreu). Caractérologie : savoir, intelligence, méditation, sagesse, indépendance.

Amaryllis : resplendir (grec). Ce prénom très rare est porté par près de 200 personnes en France. Amaryllis est fêté avec Fleur, le 5 octobre. Variantes : Amarillis, Amarylise. Caractérologie : relationnel, intuition, médiation, fidélité, réalisation.

Amarynthe : plante ornementale dont le nom vient du latin amaranthus, et du grec anthos

(« fleur »). Amarynthe est fêté avec Fleur, le 5 octobre. Caractérologie : humanité, rectitude, réalisation, sensibilité, volonté.

Amaya : aimée (latin), fin (basque). Ce prénom rare est porté par près de 800 personnes en France. Tendance : en forte croissance. Dans l'Hexagone, Amaya est plus traditionnellement usité au Pays basque. Caractérologie : découverte, énergie, audace, originalité, réalisation.

Ambérine : voir Ambre. Caractérologie : méthode, fiabilité, sécurité, détermination, résolution.

Ambre : se rapporte à l'ambre, substance naturelle utilisée pour faire des bijoux ou des parfums. Ce prénom est également considéré comme une forme féminine d'Ambroise, « immortel » en grec. Ce prénom, porté par environ 28 000 Françaises, figure dans le top 50 national. Voir le zoom dédié à Ambre. Variantes : Ambar, Amber, Ambra. Caractérologie : optimisme, pragmatisme, communication, créativité, détermination.

Ambrine : voir Ambre. Ce prénom est porté par environ 2 000 personnes en France. Il est peu attribué aujourd'hui. Tendance : en croissance modérée. Caractérologie : vitalité, ardeur, achèvement, stratégie, décision.

Ambroisine : voir Ambre. Ce prénom rare est porté par près de 700 personnes en France. Variante : Ambrosine. Caractérologie : conscience, bienveillance, volonté, paix, détermination.

Amel : espoir (arabe). Ce prénom est porté par environ 10 000 personnes en France. Il est relativement peu attribué aujourd'hui. Caractérologie : structure, efficacité, sécurité, persévérance, honnêteté.

Amele : espoir (arabe). Ce prénom très rare est porté par près de 500 personnes en France. Caractérologie : altruisme, intégrité, idéalisme, réflexion, dévouement.

Amélia : travailleuse (germanique). Ce prénom est porté par environ 7 000 personnes en France. Il est relativement peu attribué aujourd'hui. Dans l'Hexagone, Amélia est plus traditionnellement usité en Corse et au Pays basque. Caractérologie : dynamisme, courage, indépendance, résolution, curiosité.

Amélie : travailleuse (germanique). Ce prénom est porté par environ 82 000 personnes en France. Il figure dans le top 200 national. Tendance : en décroissance modérée. Variantes : Amellia, Amélya, Amely, Amelys, Amilia. Caractérologie : réflexion, altruisme, résolution, intégrité, idéalisme.

Ameline : travailleuse (germanique). Ce prénom est porté par environ 2 000 personnes en France. Il ne devrait pas être attribué à plus de 50 bébés en 2012. Variantes : Amelina, Amelyne. Variantes basques et corses : Ameli, Amelia. Caractérologie : originalité, énergie, découverte, résolution, audace.

Amelle : espoir (arabe). Ce prénom est porté par environ 1 000 personnes en France. Caractérologie : enthousiasme, pratique, adaptation, générosité, communication.

Aménis : se rapporte à Améni, pharaon de la XIIIe dynastie égyptienne. Ce prénom est porté par moins de 100 personnes en France. Caractérologie : résolution, connaissance, sagacité, spiritualité, originalité.

Amicie : qui est aimée (latin). Ce prénom très rare est porté par près de 300 personnes en France. Caractérologie : engagement, méthode, fiabilité, ténacité, sens du devoir.

Amina : loyale, digne de confiance (arabe). Ce prénom est porté par environ 9 000 personnes en France. Il figure dans le top 200 national. Tendance : stable. Variante : Amine. Caractérologie : relationnel, intuition, médiation, fidélité, décision.

Aminata : loyale, digne de confiance (arabe). Ce prénom est porté par environ 5 000 personnes en France. Il est relativement peu attribué aujourd'hui. Caractérologie : curiosité, courage, résolution, dynamisme, indépendance.

Amira : discours (hébreu). Ce prénom est porté par environ 4 000 personnes en France. Il est relativement peu attribué aujourd'hui. Caractérologie : paix, bienveillance, conscience, conseil, sagesse.

Amy : qui est aimée (latin). Ce prénom est porté par environ 2 000 personnes en France. Il est relativement peu attribué aujourd'hui. Tendance : en forte croissance. Caractérologie : optimisme, pragmatisme, créativité, communication, réussite.

Ana : grâce (hébreu). Ce prénom est porté par environ 7 000 personnes en France. Il figure dans le top 200 national. Tendance : en croissance modérée. Ana est très répandu dans les pays hispanophones et en Tchécoslovaquie. En France, ce prénom est plus traditionnellement usité au Pays basque. Variantes : Ane, Ani. Caractérologie : connaissance, spiritualité, sagacité, originalité, philosophie.

Anabel : grâce (hébreu). Ce prénom rare est porté par près de 500 personnes en France. Caractérologie : organisation, force, ambition, habileté, passion.

Anabelle : grâce (hébreu). Ce prénom est porté par environ 2 000 personnes en France. Il ne devrait pas être attribué à plus de 50 bébés en 2012. Variante : Anabella. Caractérologie : savoir, intelligence, indépendance, méditation, organisation.

Anaé : contraction d'Anne et Hanaé : grâce (hébreu), fleur (japonais). Ce prénom est porté par environ 3 000 personnes en France. Il figure dans le top 200 national. Tendance : en forte croissance. Variante : Naé. Caractérologie : adaptation, communication, pratique, enthousiasme, générosité.

Anaël : grâce (hébreu). Ce prénom est porté par environ 1 000 personnes en France. Il est très peu attribué aujourd'hui. Variante : Annaël. Caractérologie : équilibre, sens des responsabilités, influence, exigence, famille.

Anaëlle : grâce (hébreu). Ce prénom est porté par environ 19 000 personnes en France. Il figure dans le top 100 national. Tendance : stable. Variantes : Anaële, Enaëlle. Caractérologie : curiosité, dynamisme, indépendance, courage, charisme.

Anaïa : Dieu a répondu (hébreu). Ce prénom est porté par moins de 100 personnes en France. Caractérologie : force, ambition, habileté, résolution, passion.

Anaïg : grâce (hébreu). Ce prénom très rare est porté par près de 140 personnes en France. Cette forme bretonne d'Anne s'orthographie également sans tréma. Variante : Anaik. Caractérologie : découverte, énergie, audace, originalité, résolution.

AMBRE

Fête : 7 décembre

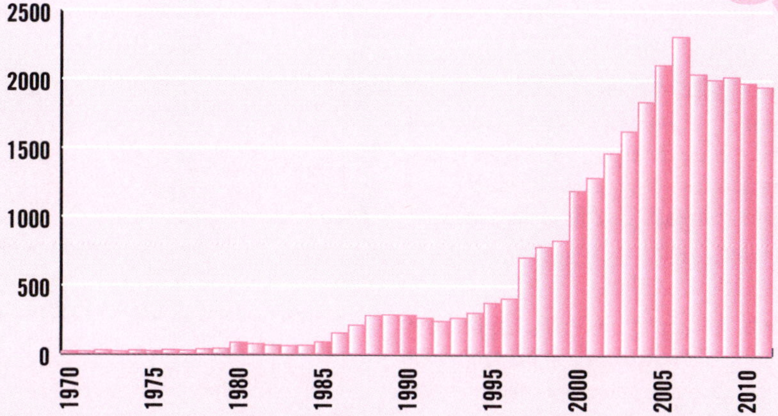

Étymologie : cette forme féminine d'Ambroise tire ses origines du grec *ambrosios*, « immortel ». Ambre se rapporte également à une substance végétale utilisée par l'homme depuis l'aube des temps. La première Ambre de France est née en 1956, mais elle n'a guère fait d'émules avant les années 1990. Elle serait toujours inconnue si la vague des prénoms de la nature n'avait pas croisé son destin. Galvanisée par la gloire de Jade, Ambre a supplanté Océane ; elle s'élève aujourd'hui dans le top 30 français.

En dehors de l'Hexagone, Ambre fait recette en Belgique, mais Amber décline dans les pays anglophones, où elle termine sa carrière. Notons qu'au cours de l'histoire les Latins appelaient l'ambre jaune *succinum* et les Arabes désignaient l'ambre gris *anber*. Cet héritage culturel fait d'Ambre un prénom arabe particulièrement attribué par les couples mixtes.

Saint Ambroise fut l'un des plus grands liturgistes de l'Église. Docteur de l'Église latine, il devint archevêque de Milan au IVe siècle.

Appelé l'or du Nord, l'ambre fut une monnaie d'échange dans la Rome antique et un précieux objet de marchandise pour les Grecs. L'ambre jaune est une résine végétale fossilisée qui est souvent utilisée pour orner des bijoux. Quant à l'ambre gris, il peut être utilisé pour fabriquer de l'encens ou des parfums.

Statistiques : Ambre est le 39e prénom féminin le plus donné en France depuis le début du XXIe siècle. On peut estimer qu'il sera attribué à une fille sur 200 en 2012.

Anaïs : grâce (hébreu). Ce prénom est porté par environ 118 000 personnes en France. Il figure dans le top 50 national. Voir le zoom dédié à Anaïs. Variante : Annaïs. Caractérologie : habileté, ambition, force, passion, détermination.

Anastasia : résurrection (grec). Ce prénom est porté par environ 5 000 personnes en France. Il est peu attribué aujourd'hui. Anastasia est très répandu en Russie. Variantes : Anastassia, Anasthasia. Caractérologie : fiabilité, ténacité, méthode, engagement, décision.

Anastasie : résurrection (grec). Ce prénom est porté par environ 1 000 personnes en France. Tendance : en croissance modérée. Variante : Anasthasie. Caractérologie : vitalité, achèvement, stratégie, décision, ardeur.

Anathilde : contraction d'Anne et Mathilde. Ce prénom est porté par moins de 100 personnes en France. Caractérologie : autorité, innovation, décision, attention, autonomie.

Anatolie : aube, soleil levant (grec). Ce prénom est porté par moins de 100 personnes en France. Variantes : Anatolia, Anatoline. Caractérologie : audace, énergie, découverte, résolution, analyse.

Anaya : frère (basque). Nom de lieu espagnol. Ce prénom très rare est porté par près de 170 personnes en France. Tendance : en forte croissance. Caractérologie : conscience, bienveillance, conseil, paix, sagesse.

Anceline : servante (latin). Ce prénom est porté par moins de 100 personnes en France. Caractérologie : ouverture d'esprit, rêve, décision, humanité, rectitude.

Andréa : force, courage (grec). Ce prénom, porté par environ 29 000 Françaises, figure dans le top 200 national. Tendance : stable. Andréa est en vogue en Espagne. Dans l'Hexagone, ce prénom mixte est plus traditionnellement attribué en Corse et au Pays basque. Variantes : Andréane, Andréanne, Andria, Andreva. Caractérologie : intelligence, savoir, méditation, indépendance, décision.

Andrée : force, courage (grec). Ce prénom est porté par environ 129 000 personnes en France. Il ne devrait pas être attribué à plus de 50 bébés en 2012. Caractérologie : intuition, relationnel, médiation, résolution, fidélité.

Andreia : force, courage (grec). Ce prénom très rare est porté par près de 500 personnes en France. Caractérologie : connaissance, spiritualité, originalité, sagacité, détermination.

Anémone : nom de fleur (grec). Ce prénom très rare est porté par près de 170 personnes en France. Caractérologie : structure, persévérance, sécurité, efficacité, volonté.

Ange : messagère (grec). Ce prénom est porté par environ 2 000 personnes en France. Il ne devrait pas être attribué à plus de 50 bébés en 2012. Variantes : Angie, Angy. Caractérologie : humanité, rectitude, rêve, générosité, tolérance.

Angel : messagère (grec). Ce prénom rare est porté par près de 500 personnes en France. Tendance : en croissance modérée. Caractérologie : optimisme, communication, sympathie, pragmatisme, créativité.

ANAÏS

Fête : 26 juillet

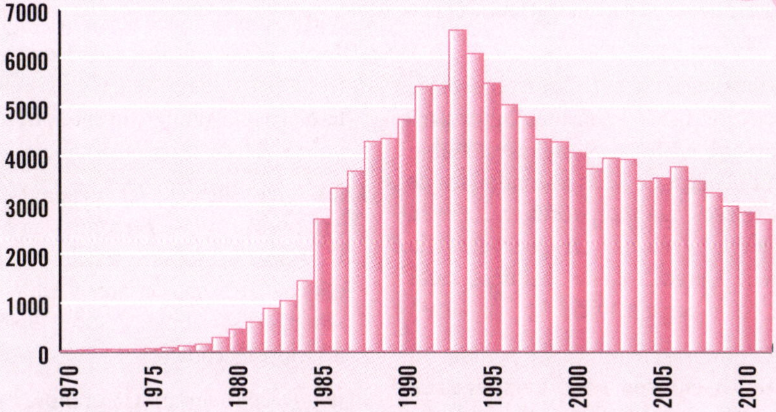

Étymologie : de l'hébreu *hannah*, « grâce ». Peu attribué par le passé, ce dérivé d'Anne est devenu l'un des choix incontournables de ces vingt dernières années. Il fleurit en France dans les années 1980 alors que le parfum du même nom connaît un succès fulgurant. Anaïs atteint très vite son zénith, s'imposant au 4e rang du palmarès en 1993, avant de décliner. Malgré sa remarquable endurance, il est peu probable qu'Anaïs se maintienne dans le top 20 national au-delà de 2012.

Ce prénom n'est pas inconnu dans les pays anglophones, mais sa diffusion y est réduite. Affectionnant davantage les pays francophones, Anaïs s'illustre parmi les 30 premiers choix des parents wallons, suisses romands et québécois. De son côté, Naïs n'ambitionne pas un tel succès, mais cette perle rare poursuit son émergence. Elle devrait cette année prénommer environ 170 petites filles dans l'Hexagone.

Personnalité célèbre : Anaïs Nin (1903-1977), femme de lettres américaine d'origine cubaine, a écrit plusieurs nouvelles et romans. Sa notoriété repose particulièrement sur le journal intime qu'elle tint tout au long de sa vie. La publication de *Journal* permit de documenter les mœurs de la société et l'évolution de la condition féminine après la guerre de 1914-1918.

Statistiques : Anaïs est le 12e prénom féminin le plus donné en France depuis le début du XXIe siècle. On peut estimer qu'il sera attribué à une fille sur 145 en 2012.

Angéla : messagère (grec). Ce prénom est porté par environ 7 000 personnes en France. Il est peu attribué aujourd'hui. Angela est très répandu en Italie. Variante : Angella. Caractérologie : efficacité, structure, persévérance, amitié, sécurité.

Angèle : messagère (grec). Ce prénom, porté par environ 34 000 Françaises, figure dans le top 200 national. Tendance : stable. Sainte Angèle de Merici, fondatrice de l'ordre des Ursulines, vécut en Italie au XVIe siècle. Variantes : Angélia, Angélie, Angelle. Caractérologie : habileté, ambition, cœur, passion, force.

Angelica : messagère (grec). Ce prénom est porté par environ 1 000 personnes en France. Tendance : stable. Caractérologie : sagacité, connaissance, spiritualité, résolution, sympathie.

Angelina : messagère (grec). Ce prénom est porté par environ 17 000 personnes en France. Il figure dans le top 200 national. Tendance : stable. Caractérologie : rectitude, humanité, détermination, amitié, rêve.

Angeline : messagère (grec). Ce prénom est porté par environ 11 000 personnes en France. Il est relativement peu attribué aujourd'hui. Caractérologie : résolution, structure, sécurité, persévérance, sympathie.

Angélique : messagère (grec). Ce prénom est porté par environ 89 000 personnes en France. Il est peu attribué aujourd'hui. Caractérologie : autorité, innovation, action, énergie, cœur.

Angie : messagère (grec). Ce prénom est porté par environ 2 000 personnes en France. Il est peu attribué aujourd'hui. Caractérologie : résolution, humanité, tolérance, rêve, rectitude.

Ania : grâce (hébreu). Ce prénom rare est porté par près de 700 personnes en France. Tendance : en croissance modérée. Ania est très répandu dans les pays slaves. Caractérologie : savoir, intelligence, méditation, indépendance, détermination.

Anick : grâce (hébreu). Ce prénom est porté par environ 3 000 personnes en France. Il ne devrait pas être attribué à plus de 50 bébés en 2012. Variante : Anik. Caractérologie : sociabilité, gestion, diplomatie, décision, réceptivité.

Anie : grâce (hébreu). Ce prénom rare est porté par près de 600 personnes en France. Caractérologie : intuition, médiation, relationnel, fidélité, décision.

Aniela : messagère (grec). Ce prénom très rare est porté par près de 400 personnes en France. Dans l'Hexagone, Aniela est plus traditionnellement usité au Pays basque. Caractérologie : éthique, famille, influence, équilibre, détermination.

Anissa : sociable, sympathique (arabe). Ce prénom est porté par environ 17 000 personnes en France. Il figure dans le top 200 national. Tendance : stable. Variantes : Anicia, Anise, Annissa, Anissia, Anyse, Anysia, Anyssa, Anyssia. Caractérologie : décision, réflexion, altruisme, idéalisme, intégrité.

Anita : grâce (hébreu). Ce prénom est porté par environ 27 000 personnes en France. Il est très peu attribué aujourd'hui. Caractérologie : humanité, rêve, rectitude, détermination, tolérance.

Ann : grâce (hébreu). Ce prénom rare est porté par près de 500 personnes en France. Caractérologie : relationnel, intuition, médiation, fidélité, adaptabilité.

Anna : grâce (hébreu). Ce prénom, porté par environ 57000 Françaises, figure dans le top 50 national. Tendance : stable. Anna est la sainte patronne de la Bretagne, et pourtant, elle y prénomme moins d'enfants que dans le reste de l'Hexagone. Cette forme internationale d'Anne semble indémodable dans les pays slaves et hispanophones. Son succès est grandissant dans les pays anglophones. Anna Ivanovna, impératrice de Russie, illustra ce prénom au XVIIIe siècle. Caractérologie : adaptation, communication, enthousiasme, pratique, générosité.

Annabel : grâce (hébreu). Ce prénom est porté par environ 2 000 personnes en France. Tendance : en croissance modérée. Caractérologie : structure, persévérance, sécurité, organisation, efficacité.

Annabella : grâce (hébreu). Ce prénom rare est porté par près de 600 personnes en France. Caractérologie : ambition, force, organisation, habileté, passion.

Annabelle : grâce (hébreu). Ce prénom est porté par environ 17 000 personnes en France. Il est peu attribué aujourd'hui. Caractérologie : pragmatisme, communication, optimisme, créativité, organisation.

Annaëlle : grâce (hébreu). Ce prénom est porté par environ 4 000 personnes en France. Il est relativement peu attribué aujourd'hui. Cette forme bretonne d'Anne s'orthographie également sans tréma. Caractérologie : innovation, autonomie, énergie, autorité, ambition.

Annaïck : grâce (hébreu). Ce prénom est porté par environ 1 000 personnes en France. Tendance : stable. Caractérologie : habileté, organisation, force, ambition, détermination.

Annaïg : grâce (hébreu). Ce prénom est porté par environ 1 000 personnes en France. Cette forme bretonne d'Anne s'orthographie également sans tréma. Caractérologie : décision, audace, direction, dynamisme, indépendance.

Annalie : contraction d'Anne et Nathalie. Variante : Analie. Caractérologie : résolution, réceptivité, diplomatie, sociabilité, loyauté.

Anne : grâce (hébreu). Ce prénom est porté par environ 287 000 personnes en France. Il est peu attribué aujourd'hui. Plusieurs têtes couronnées illustrèrent ce prénom. Au XVIIe siècle, Anne d'Autriche assura la régence de la France pendant treize ans jusqu'à ce que Louis XIV soit en âge de gouverner. Sainte Anne, épouse de saint Joachim, fut la mère de Marie et la grand-mère de Jésus. Elle est la patronne des menuisiers. Caractérologie : connaissance, sagacité, spiritualité, philosophie, originalité.

Anne-Cécile : forme composée d'Anne et Cécile. Ce prénom est porté par environ 4 000 personnes en France. Il ne devrait pas être attribué à plus de 50 bébés en 2012. Caractérologie : vitalité, achèvement, stratégie, décision, ardeur.

Anne-Charlotte : forme composée d'Anne et Charlotte. Ce prénom est porté par environ 4 000 personnes en France. Il ne devrait pas être attribué à plus de 50 bébés en 2012.

Caractérologie : innovation, énergie, autorité, attention, logique.

Anne-Claire : forme composée d'Anne et Claire. Ce prénom est porté par environ 6 000 personnes en France. Il ne devrait pas être attribué à plus de 50 bébés en 2012. Caractérologie : énergie, innovation, résolution, autorité, ambition.

Anne-Laure : forme composée d'Anne et Laure. Ce prénom est porté par environ 19 000 personnes en France. Il ne devrait pas être attribué à plus de 50 bébés en 2012. Caractérologie : résolution, innovation, autorité, ambition, énergie.

Annelise : contraction d'Anne et Lise. Ce prénom est porté par environ 1 000 personnes en France. Variantes : Anne-Lyse, Annelyse. Caractérologie : intelligence, savoir, méditation, détermination, indépendance.

Anne-Lise : forme composée d'Anne et Lise. Ce prénom est porté par environ 8 000 personnes en France. Il ne devrait pas être attribué à plus de 50 bébés en 2012. Caractérologie : intelligence, savoir, méditation, détermination, indépendance.

Anne-Marie : forme composée d'Anne et Marie. Ce prénom est porté par environ 88 000 personnes en France. Il ne devrait pas être attribué à plus de 50 bébés en 2012. Caractérologie : force, ambition, habileté, passion, détermination.

Anne-Sophie : forme composée d'Anne et Sophie. Ce prénom est porté par environ 30 000 personnes en France. Il ne devrait pas être attribué à plus de 50 bébés en 2012. Caractérologie : intelligence, résolution, méditation, savoir, ressort.

Annette : grâce (hébreu). Ce prénom est porté par environ 26 000 personnes en France. Il ne devrait pas être attribué à plus de 50 bébés en 2012. Caractérologie : intelligence, méditation, indépendance, savoir, sagesse.

Annick : grâce (hébreu). Ce prénom est porté par environ 123 000 personnes en France. Il ne devrait pas être attribué à plus de 50 bébés en 2012. Caractérologie : organisation, résolution, spiritualité, sagacité, connaissance.

Annie : grâce (hébreu). Ce prénom est porté par environ 198 000 personnes en France. Il ne devrait pas être attribué à plus de 50 bébés en 2012. Caractérologie : intelligence, indépendance, savoir, méditation, décision.

Annik : grâce (hébreu). Ce prénom est porté par environ 2 000 personnes en France. Il ne devrait pas être attribué à plus de 50 bébés en 2012. Caractérologie : structure, sécurité, efficacité, décision, persévérance.

Anny : grâce (hébreu). Ce prénom est porté par environ 8 000 personnes en France. Il ne devrait pas être attribué à plus de 50 bébés en 2012. Caractérologie : altruisme, idéalisme, réflexion, dévouement, intégrité.

Anouchka : grâce (hébreu). Ce prénom est porté par environ 1 000 personnes en France. Caractérologie : sensibilité, sociabilité, réceptivité, diplomatie, organisation.

Anouck : grâce (hébreu). Ce prénom est porté par environ 2 000 personnes en France. Il est peu attribué aujourd'hui. Variante : Annouck. Caractérologie : organisation, diplomatie, réceptivité, sociabilité, loyauté.

Anouk : grâce (hébreu). Ce prénom est porté par environ 7 000 personnes en France. Il figure dans le top 200 national. Tendance : stable. Variante : Annouk. Caractérologie : achèvement, vitalité, stratégie, organisation, ardeur.

Anthéa : fleur (grec). Ce prénom est porté par environ 1 000 personnes en France. Tendance : stable. Variante corse : Antea. Caractérologie : sécurité, persévérance, structure, efficacité, attention.

Antinéa : fleur (grec). Ce prénom très rare est porté par près de 140 personnes en France. Variante : Anthinéa. Caractérologie : innovation, énergie, autorité, ambition, détermination.

Antoinette : inestimable (latin), fleur (grec). Ce prénom est porté par environ 36 000 personnes en France. Il ne devrait pas être attribué à plus de 50 bébés en 2012. Caractérologie : équilibre, sens des responsabilités, famille, influence, détermination.

Antonella : inestimable (latin), fleur (grec). Ce prénom est porté par environ 1 000 personnes en France. Tendance : en croissance modérée. Caractérologie : méthode, ténacité, engagement, fiabilité, gestion.

Antonia : inestimable (latin), fleur (grec). Ce prénom est porté par environ 5 000 personnes en France. Il ne devrait pas être attribué à plus de 50 bébés en 2012. Dans l'Hexagone, Antonia est plus traditionnellement usité au Pays basque. Variante : Antonie. Caractérologie : résolution, intuition, relationnel, fidélité, médiation.

Antonina : inestimable (latin), fleur (grec). Ce prénom très rare est porté par près de 400 personnes en France. Caractérologie : méditation, intelligence, savoir, décision, indépendance.

Antonine : inestimable (latin), fleur (grec). Ce prénom est porté par environ 1 000 personnes en France. Tendance : stable. Caractérologie : intuition, médiation, fidélité, relationnel, résolution.

Any : grâce (hébreu). Ce prénom rare est porté par près de 600 personnes en France. Caractérologie : structure, sécurité, persévérance, honnêteté, efficacité.

Anya : grâce (hébreu). Ce prénom rare est porté par près de 700 personnes en France. Tendance : en croissance modérée. Caractérologie : énergie, audace, séduction, originalité, découverte.

Aoife : très belle (irlandais). Ce prénom est porté par moins de 100 personnes en France. Aoife est très en vogue en Irlande. Caractérologie : altruisme, idéalisme, réflexion, intégrité, décision.

Aphrodite : dans la mythologie grecque, Aphrodite est la déesse de l'Amour et de la Beauté. Ce prénom est porté par moins de 100 personnes en France. Caractérologie : équilibre, famille, sensibilité, sens des responsabilités, réalisation.

Apolline : qui vient d'Apollonia (grec). Dans la mythologie grecque, Apolline se rapporte à Apollon, le dieu de la Lumière. Ce prénom, porté par environ 9 000 Françaises, figure dans le top 200 national. Tendance : stable. Variantes : Apoline, Apollonie, Appolonie, Appollonie, Appolonia, Polonia, Polonie. Caractérologie : pragmatisme, optimisme, communication, sympathie, analyse.

Appoline : qui vient d'Apollonia (grec). Ce prénom est porté par environ 1 000 personnes en France. Tendance : stable. Caractérologie : intelligence, méditation, sympathie, savoir, analyse.

April : qui bourgeonne (latin). Ce prénom très rare est porté par près de 400 personnes en France. Caractérologie : relationnel, adaptabilité, médiation, intuition, fidélité.

Araia : nom de rivière (basque). Caractérologie : communication, pragmatisme, créativité, optimisme, sociabilité.

Arana : nid d'oiseau (tahitien). Caractérologie : habileté, ambition, management, passion, détermination.

Arantxa : épine (basque). Ce prénom très rare est porté par près de 110 personnes en France. Caractérologie : spiritualité, détermination, sagacité, connaissance, originalité.

Araxie : de l'Araxe, fleuve arménien (arménien). Caractérologie : fiabilité, méthode, engagement, décision, ténacité.

Arcadia : qui vient d'Arcadie (latin). L'Arcadie est une zone montagneuse du Péloponnèse située en Grèce. Variante : Arcadie. Caractérologie : innovation, énergie, autorité, autonomie, ambition.

Argane : argent (breton). Ce prénom est porté par moins de 100 personnes en France. Caractérologie : énergie, autorité, ambition, innovation, décision.

Argine : lumière (basque). Ce prénom est porté par moins de 100 personnes en France. Variante : Argia. Caractérologie : ouverture d'esprit, humanité, rectitude, générosité, rêve.

Aria : chanson (hébreu). Ce prénom est porté par moins de 100 personnes en France. Caractérologie : intuition, médiation, relationnel, fidélité, adaptabilité.

Ariana : sacré (grec). Ce prénom très rare est porté par près de 300 personnes en France. Tendance : en forte croissance. Variante : Arianna. Caractérologie : stratégie, achèvement, détermination, ardeur, vitalité.

Ariane : sacré (grec). Ce prénom est porté par environ 9 000 personnes en France. Il est très peu attribué aujourd'hui. Variante : Arianne. Caractérologie : communication, enthousiasme, pratique, adaptation, décision.

Aricie : la meilleure (grec). Ce prénom est porté par moins de 100 personnes en France. Princesse de la famille des Pallantides dans la mythologie grecque, Aricie épousa Hippolyte, le fils du roi d'Athènes. Caractérologie : humanité, rectitude, rêve, tolérance, résolution.

Arielle : lionne de Dieu (hébreu). Ce prénom est porté par environ 3 000 personnes en France. Tendance : en croissance modérée. Variante : Ariel. Caractérologie : achèvement, vitalité, ardeur, stratégie, décision.

Arife : juste (arabe). Ce prénom très rare est porté par près de 110 personnes en France. Caractérologie : communication, optimisme, créativité, pragmatisme, décision.

Arima : l'âme (basque). Caractérologie : conscience, bienveillance, paix, conseil, sagesse.

Aristée : le meilleur (grec). Caractérologie : indépendance, curiosité, dynamisme, courage, décision.

Arlène : promesse (irlandais). Ce prénom très rare est porté par près de 400 personnes en France. Variantes : Arlèna, Arlina, Arline.

Caractérologie : indépendance, audace, direction, dynamisme, résolution.

Arlette : promesse (irlandais). Ce prénom est porté par environ 68 000 personnes en France. Il ne devrait pas être attribué à plus de 50 bébés en 2012. Variante : Arletty. Caractérologie : détermination, rêve, rectitude, humanité, organisation.

Armance : forte, armée (germanique). Ce prénom rare est porté par près de 600 personnes en France. Caractérologie : direction, audace, indépendance, dynamisme, détermination.

Armande : forte, armée (germanique). Ce prénom est porté par environ 6 000 personnes en France. Il ne devrait pas être attribué à plus de 50 bébés en 2012. Variante : Armanda. Caractérologie : sociabilité, décision, diplomatie, loyauté, réceptivité.

Armandine : forte, armée (germanique). Ce prénom est porté par environ 2 000 personnes en France. Il ne devrait pas être attribué à plus de 50 bébés en 2012. Variante : Armantine. Caractérologie : sagacité, originalité, connaissance, spiritualité, résolution.

Armelle : prince, ours (celte). Ce prénom est porté par environ 25 000 personnes en France. Il ne devrait pas être attribué à plus de 50 bébés en 2012. Variantes : Armel, Armeline. Caractérologie : pragmatisme, créativité, décision, communication, optimisme.

Artéa : arbre, verdure (basque). Caractérologie : humanité, rectitude, ouverture d'esprit, rêve, détermination.

Arthémise : divine (latin). Ce prénom très rare est porté par près de 110 personnes en France. Artémis, la fille de Zeus et Léto dans la mythologie grecque, est la déesse de la Chasse. Artémis est l'équivalent grec de la déesse romaine Diane. Caractérologie : achèvement, vitalité, stratégie, détermination, sensibilité.

Arthuria : ours (celte). Ce prénom est porté par moins de 100 personnes en France. Variante : Arthurine. Caractérologie : paix, bienveillance, conscience, organisation, conseil.

Arwen : surnommée « Étoile du Soir », Arwen, l'elfe immortelle du Seigneur des Anneaux, a été inventée par Tolkien. Ce prénom rare est porté par près de 1 000 personnes en France. Caractérologie : indépendance, méditation, savoir, intelligence, résolution.

Arzu : ours (celte). Ce prénom très rare est porté par près de 400 personnes en France. Caractérologie : enthousiasme, communication, pratique, générosité, adaptation.

Aseline : jeune âne (latin). Variante : Aselle. Caractérologie : fidélité, relationnel, intuition, médiation, décision.

Asha : espoir (sanskrit). Ce prénom est porté par moins de 100 personnes en France. Caractérologie : médiation, intuition, fidélité, adaptabilité, relationnel.

Ashley : frênes dans un pré (anglais). Ce prénom est porté par environ 3 000 personnes en France. Il est relativement peu attribué aujourd'hui. Ce prénom mixte est très en vogue aux États-Unis. En France, Ashley est plus fréquemment attribué aux filles. Caractérologie : intelligence, méditation, savoir, amitié, indépendance.

Asia : celle qui guérit (arabe), résurrection (grec). Ce prénom très rare est porté par près de 400 personnes en France. Asia, qui se dit « Asie » en français, affirme son existence dans de nombreuses régions du monde, notamment les pays anglophones. Variante : Azia. Caractérologie : pragmatisme, communication, optimisme, créativité, sociabilité.

Asma : sublime, de haut rang (arabe). Ce prénom est porté par environ 5 000 personnes en France. Il figure dans le top 200 national. Tendance : stable. Variante : Smahen. Caractérologie : spiritualité, philosophie, connaissance, sagacité, originalité.

Asmaa : sublime, de haut rang (arabe). Ce prénom est porté par environ 1 000 personnes en France. Variante : Asmae. Caractérologie : passion, management, force, habileté, ambition.

Asna : épineux (hébreu). Ce prénom très rare est porté par près de 110 personnes en France. Caractérologie : ambition, force, passion, habileté, management.

Assetou : don de Dieu (arménien). Ce prénom très rare est porté par près de 300 personnes en France. Caractérologie : gestion, indépendance, audace, direction, dynamisme.

Assia : celle qui guérit (arabe). Ce prénom est porté par environ 10 000 personnes en France. Il figure dans le top 200 national. Tendance : stable. Dans la tradition islamique, Assia est l'épouse du pharaon qui recueillit Moïse du Nil et en fit son fils adoptif. Variantes : Assa, Hassya, Essya. Caractérologie : ténacité, sens du devoir, méthode, fiabilité, engagement.

Assma : sublime, de haut rang (arabe). Ce prénom rare est porté par près de 500 personnes en France. Caractérologie : achèvement, stratégie, ardeur, vitalité, leadership.

Assya : celle qui guérit (arabe). Ce prénom est porté par environ 1 000 personnes en France. Il est peu attribué aujourd'hui. Tendance : en forte croissance. Caractérologie : intuition, relationnel, médiation, fidélité, adaptabilité.

Astrid : divine (scandinave). Ce prénom est porté par environ 16 000 personnes en France. Il est peu attribué aujourd'hui. Ce prénom a été illustré par Astrid, la très populaire reine des Belges au début du XXe siècle. Variante : Astrée. Caractérologie : ambition, force, habileté, management, passion.

Asya : celle qui guérit (arabe), résurrection (grec). Ce prénom rare est porté par près de 700 personnes en France. Tendance : en croissance modérée. Caractérologie : autorité, innovation, énergie, ambition, autonomie.

Atéa : déesse du Firmament (tahitien). Ce prénom est porté par moins de 100 personnes en France. Caractérologie : humanité, rectitude, générosité, rêve, ouverture d'esprit.

Athalie : Dieu est exalté (hébreu). Ce prénom est porté par moins de 100 personnes en France. Variante : Athalia. Variante basque : Atalia. Caractérologie : sociabilité, réceptivité, diplomatie, attention, décision.

Athéna : dans la mythologie grecque, Athéna est la déesse de la Sagesse, des Sciences et des Arts. Ce prénom rare est porté par près de 700 personnes en France. Variantes : Athène, Athénéa, Athina. Caractérologie : finesse, méthode, fiabilité, ténacité, engagement.

Les prénoms féminins les plus portés aujourd'hui

Les prénoms les plus portés en France ne sont pas ceux qui y sont les plus attribués aujourd'hui. Le tableau ci-dessous nous en fait la démonstration. Ces prénoms sont classés par ordre décroissant, du 1er au 50e prénom le plus porté en 2011.
Les dates entre parenthèses indiquent les années record d'attribution de chaque prénom pour la période de 1900 à 2011.

1. Marie (1901)
2. Nathalie (1966)
3. Isabelle (1965)
4. Catherine (1963)
5. Monique (1946)
6. Sylvie (1964)
7. Françoise (1949)
8. Jacqueline (1930)
9. Martine (1954)
10. Anne (1902)
11. Christine (1963)
12. Nicole (1947)
13. Valérie (1969)
14. Sandrine (1971)
15. Jeanne (1900)
16. Sophie (1971)
17. Stéphanie (1974)
18. Véronique (1963)
19. Christiane (1947)
20. Céline (1979)
21. Chantal (1954)
22. Patricia (1961)
23. Hélène (1904)
24. Annie (1947)
25. Brigitte (1959)
26. Julie (1987)
27. Jeannine (1930)
28. Aurélie (1983)
29. Denise (1926)
30. Laurence (1966)
31. Émilie (1980)
32. Michèle (1947)
33. Virginie (1974)
34. Camille (1998)
35. Dominique (1955)
36. Corinne (1963)
37. Yvette (1930)
38. Élodie (1988)
39. Christelle (1972)
40. Léa (2001)
41. Colette (1937)
42. Cécile (1971)
43. Danielle (1947)
44. Caroline (1978)
45. Madeleine (1920)
46. Claudine (1948)
47. Florence (1968)
48. Sarah (2000)
49. Paulette (1921)
50. Suzanne (1920)

Malgré la chute actuelle de ses attributions, **Marie** est le seul prénom féminin qui soit porté par plus d'un million de Françaises. Largement distancés, les prénoms allant de **Nathalie** à **Martine** se placent dans la tranche des 300 000 personnes. Viennent ensuite les prénoms qui, de **Anne** à **Hélène**, sont portés par plus de 200 000 femmes. Au 50e rang, **Suzanne** est porté par environ 140 000 Françaises.

Athénaïs : contraction d'Athéna et d'Anaïs. Ce prénom est porté par environ 2 000 personnes en France. Il est peu attribué aujourd'hui. La plus célèbre des Athénaïs est sans aucun doute la marquise de Montespan. Longtemps favorite de Louis XIV, avec lequel elle eut sept enfants, Athénaïs de Montespan veilla à établir une cour faste, raffinée et dominée par le bel esprit (Molière, La Fontaine). Libre d'esprit, elle choisit d'être appelée par son deuxième prénom, Athénaïs, au détriment du premier (Françoise). Variantes : Athanaïs, Athanasia, Athanase, Athanaïse, Athanasie, Athénaïse. Caractérologie : audace, découverte, décision, attention, énergie.

Atika : noble, pure, d'une grande beauté (arabe). Ce prénom rare est porté par près de 600 personnes en France. Caractérologie : paix, bienveillance, conscience, sagesse, conseil.

Aubane : blanc (latin). Ce prénom rare est porté par près de 600 personnes en France. Variante : Aube. Caractérologie : organisation, achèvement, vitalité, stratégie, ardeur.

Aubeline : blanc (latin). Ce prénom est porté par moins de 100 personnes en France. Caractérologie : organisation, sens des responsabilités, équilibre, famille, détermination.

Aude : richesse (germanique). Ce prénom est porté par environ 31 000 personnes en France. Il est peu attribué aujourd'hui. Variantes : Audélia, Audélie, Audeline, Haude. Variante occitane : Auda. Caractérologie : ténacité, méthode, engagement, fiabilité, sens du devoir.

Audrey : noble, puissante (germanique). Ce prénom est porté par environ 139 000 personnes en France. Il est relativement peu attribué aujourd'hui. Au VIIe siècle, sainte Audrey rompit le mariage royal auquel on l'avait contrainte et fonda l'abbaye d'Ely, en Angleterre. Variantes : Audray, Audrée, Audréane, Audren, Audrena, Audrène, Audrina, Audrine, Audrie, Audry. Caractérologie : relationnel, intuition, cœur, médiation, réussite.

Augusta : vénérable, grande (latin). Ce prénom est porté par environ 6 000 personnes en France. Il ne devrait pas être attribué à plus de 50 bébés en 2012. Caractérologie : idéalisme, réflexion, intégrité, altruisme, gestion.

Augustine : consacré par les augures (latin). Ce prénom est porté par environ 10 000 personnes en France. Il est relativement peu attribué aujourd'hui. Tendance : en forte croissance. Variantes : Agustina, Augustina. Caractérologie : altruisme, idéalisme, intégrité, détermination, bonté.

Aurane : en or (latin). Ce prénom très rare est porté par près de 500 personnes en France. Caractérologie : sens des responsabilités, équilibre, influence, décision, famille.

Aure : en or (latin). Ce prénom très rare est porté par près de 500 personnes en France. Variante : Aura, Auréa. Caractérologie : intégrité, idéalisme, réflexion, détermination, altruisme.

Aurégane : de haute naissance (breton). Ce prénom très rare est porté par près de 130 personnes en France. Variante : Auréggan. Caractérologie : altruisme, idéalisme, intégrité, détermination, bonté.

Aurélia : en or (latin). Ce prénom est porté par environ 17 000 personnes en France. Il est peu attribué aujourd'hui. Variantes : Aurela, Orélia. Caractérologie : détermination, ténacité, fiabilité, méthode, engagement.

Auréliane : en or (latin). Ce prénom très rare est porté par près de 300 personnes en France. Variantes : Aurélienne, Aurelne. Caractérologie : curiosité, dynamisme, indépendance, courage, détermination.

Aurélie : en or (latin). Ce prénom est porté par environ 176 000 personnes en France. Il est peu attribué aujourd'hui. Fille d'Hugues Capet et sœur du roi Robert le Pieux, sainte Aurélie échappa au mariage en se retirant dans un ermitage construit par l'évêque de Ratisbonne (XIe siècle). Variantes :

Aurèle, Aurelle, Aurely, Aurielle, Oriel. Variante bretonne : Aourell. Caractérologie : détermination, ardeur, stratégie, vitalité, achèvement.

Auréline : en or (latin). Ce prénom rare est porté par près de 700 personnes en France. Caractérologie : efficacité, persévérance, structure, sécurité, détermination.

Auria : en or (latin). Ce prénom très rare est porté par près de 180 personnes en France. Dans l'Hexagone, Auria est plus traditionnellement usité au Pays basque. Caractérologie : découverte, audace, séduction, énergie, originalité.

Auriane : en or (latin). Ce prénom est porté par environ 5 000 personnes en France. Il est peu attribué aujourd'hui. Variantes : Auriana, Aurianna, Aurianne. Caractérologie : sens des responsabilités, famille, influence, détermination, équilibre.

Aurora : en or (latin). Dans la mythologie romaine, Aurora est la déesse du Matin. Ce prénom rare est porté par près de 600 personnes en France. Aurora est plus traditionnellement usité au Pays basque. Caractérologie : intuition, relationnel, raisonnement, fidélité, médiation.

Aurore : en or (latin). Voir Aurora. Ce prénom est porté par environ 63 000 personnes en France. Il est relativement peu attribué aujourd'hui. Caractérologie : équilibre, famille, sens des responsabilités, analyse, résolution.

Automne : désigne la saison qui succède à l'été. Né en 1995 dans l'Hexagone, ce nouveau prénom est porté par environ 115 personnes en France. Caractérologie : force, passion, volonté, loyauté, ténacité.

Auxane : hospitalier (grec). Ce prénom rare est porté par près de 800 personnes en France. Tendance : en forte croissance. Variantes : Auxanne, Euxane. Caractérologie : communication, pratique, enthousiasme, adaptation, générosité.

Ava : vie, donner la vie (hébreu). Ce prénom est porté par environ 2 000 personnes en France. Il est relativement peu attribué aujourd'hui. Tendance : en forte croissance. Variantes : Avelina, Aveline. Caractérologie : sagesse, bienveillance, conscience, conseil, paix.

Avara : la plus jeune (sanscrit). Caractérologie : connaissance, sagacité, originalité, philosophie, spiritualité.

Aventine : avènement (latin). Ce prénom est porté par moins de 100 personnes en France. Caractérologie : intégrité, réflexion, altruisme, détermination, sagesse.

Avia : aïeule (latin). Caractérologie : famille, sens des responsabilités, équilibre, influence, exigence.

Avital : rosée (hébreu). Ce prénom très rare est porté par près de 120 personnes en France. Tendance : en forte croissance. Caractérologie : relationnel, intuition, fidélité, médiation, organisation.

Aviva : printemps (hébreu). Ce prénom très rare est porté par près de 140 personnes en France. Caractérologie : direction, audace, dynamisme, indépendance, assurance.

Avril : qui bourgeonne (latin). Ce prénom très rare est porté par près de 500 personnes en France. Caractérologie : achèvement, stratégie, ardeur, vitalité, leadership.

Awa : vie, donner la vie (hébreu). Ce prénom est porté par environ 2 000 personnes en France. Il est peu attribué aujourd'hui. Variante : Ava. Caractérologie : sagacité, connaissance, spiritualité, originalité, philosophie.

Awena : noble amie (irlandais). Ce prénom très rare est porté par près de 400 personnes en France. Dans l'Hexagone, Awena est plus traditionnellement usité en Bretagne. Caractérologie : force, habileté, passion, ambition, management.

Axelle : mon père est paix (hébreu). Ce prénom est porté par environ 21 000 personnes en France. Il figure dans le top 200 national. Tendance : en décroissance modérée. Variantes : Axelane, Axele, Axelia, Axeliane, Axeline, Axella, Axellane. Caractérologie : énergie, audace, découverte, originalité, séduction.

Aya : soie tissée (japonais), vertu (arabe). Ancien prénom biblique masculin (ce dernier signifiait « vautour » en hébreu), Aya renaît dans les communautés musulmanes francophones actuellement. Ce prénom, porté par environ 6 000 Françaises, figure dans le top 100 national. Tendance : en forte croissance. Variante : Ayana. Caractérologie : altruisme, idéalisme, dévouement, réflexion, intégrité.

Ayako : motif damassé (japonais). Caractérologie : passion, habileté, ambition, force, management.

Ayame : iris (japonais). Ce prénom est porté par moins de 100 personnes en France. Caractérologie : intégrité, idéalisme, altruisme, réalisation, réflexion.

Ayla : gazelle (hébreu). Ce prénom rare est porté par près de 500 personnes en France. Tendance : en forte croissance. Caractérologie : pragmatisme, créativité, sociabilité, communication, optimisme.

Aylin : clair de lune (turc). Ce prénom est porté par environ 2 000 personnes en France. Il est peu attribué aujourd'hui. Tendance : en croissance modérée. Variante : Ayline. Caractérologie : amitié, méditation, savoir, détermination, intelligence.

Azélie : sec (grec). Ce prénom très rare est porté par près de 300 personnes en France. Caractérologie : résolution, sécurité, persévérance, structure, efficacité.

Azeline : jeune âne (latin). Ce prénom breton est porté par près de 400 personnes en France. Tendance : en forte croissance. Caractérologie : humanité, rectitude, détermination, ouverture d'esprit, rêve.

Aziliz : forme bretonne de Cécile : aveugle (latin). Ce prénom rare est porté par près de 800 personnes en France. Variantes : Azilis, Azylis. Caractérologie : fidélité, relationnel, adaptabilité, intuition, médiation.

Aziza : aimée, précieuse, puissante (arabe). Ce prénom est porté par environ 2 000 personnes en France. Il ne devrait pas être attribué à plus de 50 bébés en 2012. Variante : Azizée. Caractérologie : ouverture d'esprit, rectitude, humanité, rêve, générosité.

Azora : ciel bleu (perse). Caractérologie : indépendance, intelligence, savoir, méditation, sagesse.

Babette : Dieu est serment (hébreu). Ce prénom très rare est porté par près de 200 personnes en France. Variante basque : Babe. Caractérologie : direction, indépendance, dynamisme, audace, assurance.

Bachra : bonne nouvelle (arabe). Ce prénom est porté par moins de 100 personnes en France. Caractérologie : sens des responsabilités, famille, organisation, influence, équilibre.

Badia : clair, évident (arabe). Ce prénom très rare est porté par près de 300 personnes en France. Caractérologie : ambition, force, habileté, passion, management.

Bahia : belle (arabe). Ce prénom rare est porté par près de 600 personnes en France. Caractérologie : créativité, pragmatisme, communication, optimisme, sociabilité.

Baïa : serment (arabe). Ce prénom est porté par moins de 100 personnes en France. Caractérologie : ténacité, méthode, engagement, fiabilité, sens du devoir.

Bao : protection, précieux (vietnamien). Ce prénom est porté par moins de 100 personnes en France. Caractérologie : rectitude, humanité, générosité, ouverture d'esprit, rêve.

Baptistine : immerger (grec). Ce prénom est porté par environ 1 000 personnes en France. Tendance : stable. Variante : Baptista. Caractérologie : sagacité, spiritualité, connaissance, originalité, détermination.

Barbara : étrangère (grec). Ce prénom est porté par environ 25 000 personnes en France. Il ne devrait pas être attribué à plus de 50 bébés en 2012. Barbara est très répandu dans les pays anglophones et en Italie. Caractérologie : intelligence, savoir, indépendance, méditation, sagesse.

Bathilde : audacieuse, combattante (germanique). Ce prénom très rare est porté par près de 300 personnes en France. Variante : Bathilda. Caractérologie : connaissance, sagacité, sensibilité, spiritualité, détermination.

Baya : noble, distinguée (turc). Ce prénom est porté par environ 1 000 personnes en France. Caractérologie : relationnel, adaptabilité, intuition, médiation, fidélité.

Béatrice : heureuse, qui rend heureuse (latin). Ce prénom est porté par environ 127 000 personnes en France. Il ne devrait pas être attribué à plus de 50 bébés en 2012. Nièce d'une reine de Castille au XVe siècle, sainte Béatrice de Silva quitta la cour et ses prétendants pour fonder une congrégation dédiée à l'Immaculée Conception. Forme diminutive : Béa. Caractérologie : rectitude, humanité, organisation, rêve, détermination.

Beatrix : heureuse, qui rend heureuse (latin). Ce prénom est porté par environ 2 000 personnes en France. Il ne devrait pas être attribué à plus de 50 bébés en 2012. Caractérologie : originalité, connaissance, sagacité, spiritualité, résolution.

Beatriz : heureuse, qui rend heureuse (latin). Ce prénom breton et occitan est porté par près de 500 personnes en France. Tendance : en forte croissance. Caractérologie : intégrité, détermination, altruisme, sensibilité, idéalisme.

Bélinda : belle (espagnol). Ce prénom est porté par environ 4 000 personnes en France. Il ne devrait pas être attribué à plus de

50 bébés en 2012. Variante : Béline. Caractérologie : intuition, médiation, organisation, détermination, relationnel.

Bella : Dieu est serment (hébreu), belle (latin). Ce prénom très rare est porté par près de 400 personnes en France. Variante : Belle. Variantes basques : Bela, Belen. Caractérologie : audace, découverte, énergie, originalité, gestion.

Bénédicte : bénie (latin). Ce prénom est porté par environ 34 000 personnes en France. Il ne devrait pas être attribué à plus de 50 bébés en 2012. Variantes : Benedetta, Benedite, Benita. Variante basque : Benedita. Caractérologie : engagement, ténacité, méthode, fiabilité, sens du devoir.

Benjamine : fils du Sud (hébreu). Ce prénom rare est porté par près de 600 personnes en France. Caractérologie : indépendance, direction, détermination, audace, dynamisme.

Benoîte : bénie (latin). Ce prénom rare est porté par près de 800 personnes en France. Caractérologie : intelligence, indépendance, savoir, sagesse, méditation.

Bérangère : esprit, ours (germanique). Ce prénom est porté par environ 7 000 personnes en France. Il ne devrait pas être attribué à plus de 50 bébés en 2012. Caractérologie : pratique, communication, adaptation, enthousiasme, résolution.

Bérengère : esprit, ours (germanique). Ce prénom est porté par environ 8 000 personnes en France. Il ne devrait pas être attribué à plus de 50 bébés en 2012. Caractérologie : savoir, intelligence, méditation, sagesse, indépendance.

Bérénice : qui apporte la victoire (grec). Ce prénom est porté par environ 9 000 personnes en France. Il est relativement peu attribué aujourd'hui. Variante : Bernice. Caractérologie : méditation, savoir, intelligence, indépendance, sagesse.

Bernadette : force, ours (germanique). Ce prénom est porté par environ 122 000 personnes en France. Il ne devrait pas être attribué à plus de 50 bébés en 2012. Variante : Bernarde. Variante occitane : Bernadeta. Caractérologie : ténacité, fiabilité, méthode, engagement, décision.

Bernardine : force, ours (germanique). Ce prénom rare est porté par près de 600 personnes en France. Caractérologie : altruisme, réflexion, idéalisme, intégrité, résolution.

Bertha : brillante, illustre (germanique). Ce prénom rare est porté par près de 700 personnes en France. Variante basque : Berta. Caractérologie : altruisme, résolution, idéalisme, intégrité, finesse.

Berthe : brillante, illustre (germanique). Ce prénom est porté par environ 20 000 personnes en France. Il ne devrait pas être attribué à plus de 50 bébés en 2012. Reine des Francs et mère de Charlemagne, Berthe de Laon eut une grande influence sur les décisions de son époux Pépin le Bref, puis sur celles de ses fils lorsqu'ils accédèrent au pouvoir. C'est son pied bot qui lui valut le surnom de « Berthe au grand pied ». Caractérologie : persévérance, sécurité, finesse, structure, efficacité.

Bertille : qui brille au combat (germanique). Ce prénom est porté par environ 4 000 personnes en France. Il est relativement peu attribué aujourd'hui. Variantes : Berthilde, Berthille. Caractérologie : médiation, intuition, relationnel, fidélité, adaptabilité.

Bertrande : brillant, corbeau (germanique). Ce prénom très rare est porté par près de 180 personnes en France. Caractérologie : bienveillance, paix, conscience, détermination, conseil.

Béryl : pierre précieuse vert pâle (grec). Ce prénom rare est porté par près de 600 personnes en France. Tendance : en croissance modérée. Caractérologie : stratégie, vitalité, ardeur, achèvement, bonté.

Béthanie : maison de la pauvreté (araméen). Ce prénom très rare est porté par près de 100 personnes en France. Tendance : en forte croissance. Caractérologie : direction, résolution, dynamisme, audace, finesse.

Betsy : Dieu est serment (hébreu). Ce prénom très rare est porté par près de 300 personnes en France. Variantes : Bess, Besse, Bessie, Beth. Caractérologie : ardeur, vitalité, achèvement, stratégie, leadership.

Bettina : Dieu est serment (hébreu). Ce prénom est porté par environ 3 000 personnes en France. Il ne devrait pas être attribué à plus de 50 bébés en 2012. Caractérologie : passion, ambition, force, habileté, décision.

Betty : Dieu est serment (hébreu). Ce prénom est porté par environ 14 000 personnes en France. Il ne devrait pas être attribué à plus de 50 bébés en 2012. Variante : Bettie. Caractérologie : ouverture d'esprit, générosité, rectitude, rêve, humanité.

Beverly : à proximité de castors (anglais). Ce prénom rare est porté par près de 800 personnes en France. Variante : Beverley. Caractérologie : habileté, ambition, passion, force, cœur.

Bianca : clair (germanique). Ce prénom est porté par environ 1 000 personnes en France. Il est très peu attribué aujourd'hui. Tendance : en croissance modérée. Bianca est très répandu en Italie et dans les pays slaves. Variante : Bianka. Caractérologie : pratique, communication, gestion, décision, enthousiasme.

Bienvenue : celle qui est bienvenue (latin). Ce prénom est porté par moins de 100 personnes en France. Caractérologie : philosophie, sagacité, connaissance, originalité, spiritualité.

Blanca : clair (germanique). Ce prénom est porté par moins de 100 personnes en France. Blanca est répandu dans les régions hispanophones. Dans l'Hexagone, ce prénom est plus traditionnellement usité en Occitanie et dans le Pays basque. Variante : Blanka. Caractérologie : organisation, équilibre, famille, éthique, influence.

Blanche : clair (germanique). Ce prénom est porté par environ 14 000 personnes en France. Il est relativement peu attribué aujourd'hui. Deux reines de France ont illustré ce prénom au XIIIe siècle. Blanche de Castille assuma la régence du royaume à la mort de Louis VIII jusqu'à ce que son fils, le futur Saint Louis, soit en âge de gouverner. Blanche de Bourgogne ne régna que quelques mois : elle fut enfermée dans la forteresse de Château-Gaillard pour cause d'infidélité, et son mariage avec le roi Charles IV fut rapidement dissolu. Variante : Blanchette. Caractérologie : humanité, rêve, rectitude, organisation, sensibilité.

Les thématiques dans le vent

Une vague de prénoms courts déferle en France depuis la fin des années 1990. Qu'ils soient anciens, nouveaux, issus du terroir français ou du monde entier, ces choix enrichissent le répertoire collectif de sonorités inédites. Alors que les prénoms d'origine irlandaise ou celte font monter les terminaisons en « an », l'engouement des Français pour les prénoms régionaux est sans précédent. Celui-ci a répandu des sonorités jusqu'alors spécifiques à la Bretagne, au Pays basque ou à l'Occitanie (voir l'encadré sur les prénoms régionaux). Les prénoms fléchissent, mais on note un retour du rétro qui fait renaître Jules et Zoé. La gloire de Gabriel, Noah et Raphaël marque quant à elle un regain d'intérêt pour les prénoms bibliques de l'Ancien Testament.

Les tendances qui influencent la mode des prénoms peuvent être rassemblées autour de plusieurs thématiques. Voici un aperçu des choix qui les composent. Des perles rares qui apparaissent tout juste en France ont été incluses.

Les courts (une à deux syllabes)

Filles : Alix, Ambre, Anna, Ava, Aya, Camille, Charlie, Chloé, Emma, Em(m)y, Éden, Éva, Flora, Inès, Iris, Jade, Julia, Kenza, Lana, Léna, Lila, Lilou, Lily, Loane, Lola, Lou, Louane, Louison, Louna, Lina, Lucie, Luna, Lya, Maya, Mia, Mila, Nina, Nora(h), Nour, Romy, Rose, Sara(h), Sasha, Sofia, Tess, Thaïs, Zélie, Zoé.

Garçons : Aaron, Achille, Adam, Arthur, Clovis, Côme, Éden, Eliott, Ethan, Evan, Gabin, Ilan, Ilyès, Jules, Kenzo, Liam, Lino, Louis, Lucas, Maé, Maël, Mahé, Malo, Marius, Milo, Nathan, Noa, Noah, Noam, Noé, Nolan, Oscar, Pablo, Paul, Rayan, Renan, Romain, Ruben, Ryan, Sacha, Solal, Swan, Tao, Tilio, Victor, Yoan, Yaël.

Les celtes et les irlandais

Filles : Alana, Allyn, Arlene, Armaëlle, Armelle, Brenda, Brianna, Ciara, Clervie, Cliona, Dara, Edna, Éloane, Erin, Érine, Évana, Falone, Fiona, Glenda, Iseult, Isolde, Kacie, Kelly, Kiara, Kyla, Loane, Lou, Louane, Maé, Maëlle, Maëlys, Mahé, Maylis, Nara, Nola, Nuala, Olwen, Orla, Shannon, Tara, Youna.

Garçons : Aidan, Alan, Armel, Arthur, Audren, Awen, Corentin, Darren, Donovan, Douglas, Elouan, Eoghan, Erwan, Evan, Fergus, Gildas, Glenn, Keny, Kerian, Kevin, Killian, Kylian, Kyle, Liam, Loan, Logan, Lou, Maël, Maëlan, Malo, Malone, Malory, Neal, Nolan, Odran, Renan, Ronan, Ryan, Tanguy, Tristan, Youen. .../

Les thématiques dans le vent *(suite)*

Les rétro

Filles : Adèle, Agathe, Aimée, Alice, Angèle, Antoinette, Apolline, Augustine, Blanche, Céleste, Célie, Clarisse, Églantine, Élise, Émilie, Emma, Eugénie, Félicie, Hortense, Irène, Jeanne, Joséphine, Léontine, Léopoldine, Louise, Lucie, Madeleine, Marguerite, Mathilde, Ophélie, Pauline, Rose, Sidonie, Suzanne, Victoria, Victorine, Zélie, Zoé.

Garçons : Alfred, Alphonse, Amédée, Antoine, Aristide, Auguste, Augustin, Barthélémy, Charles, Constant, Cyprien, Émile, Eugène, Félix, Fernand, Ferdinand, Firmin, François, Gustave, Henri, Honoré, Irénée, Isidore, Joseph, Jules, Justin, Léandre, Léon, Léopold, Louis, Lucien, Mathurin, Max, Oscar, Pierre, Théodore, Théophile, Victor, Virgile.

Les médiévaux

Filles : Adélaïde, Adèle, Agathe, Aliénor, Alix, Aloyse, Anne, Bathilde, Béatrice, Beatrix, Berthe, Blanche, Clémence, Clothilde, Colombe, Constance, Éléonore, Elizabeth, Florie, Hélène, Héloïse, Isabeau, Iseult, Isolde, Irène, Jeanne, Jehanne, Mahaut, Margaux, Margot, Marguerite, Mathilde, Mélissande, Pétronille, Yolande.

Garçons : Aloys, Amaury, Ambroise, Amédée, Anastase, Archambault, Arnaud, Arthur, Augustin, Aurèle, Aymeric, Bertrand, Béranger, Clément, Clotaire, Clovis, Édouard, Enguerrand, Étienne, Eudes, Fulbert, Gautier, Geoffroy, Ghislain, Grégoire, Guillaume, Hugues, Léon, Lothaire, Louis, Perceval, Raoul, Robin, Roland, Théobald, Thibaut, Tristan.

Les prénoms de source biblique (Ancien Testament)

Filles : Abigaël, Dana, Daria, Déborah, Dinah, Éden, Élizabeth, Elona, Esther, Ève (Éva), Hannah, Héléa, Ilana, Jessica, Judith, Léa, Liorah, Myriam, Noa, Noémie, Rachel, Rébecca, Ruth, Salomé, Sarah, Sharon, Talia, Yaël, Yona.

Garçons : Aaron, Abel, Adam, Ariel, Benjamin, Dan, Daniel, David, Éden, Élie, Emmanuel, Ethan, Gabriel, Ilan, Isaac, Jacob, Jérémie, Joachim, Jonas, Joseph, Liam, Manoah, Moïse, Nathan, Noa, Noam, Noé, Raphaël, Ruben, Samuel, Simon, Zacharie.

Blandine : caressant, flatteur (latin). Ce prénom est porté par environ 26 000 personnes en France. Il est peu attribué aujourd'hui. Caractérologie : intelligence, méditation, détermination, organisation, savoir.

Bleuenn : fleur blanche (breton). Ce prénom est porté par environ 1 000 personnes en France. Il est très peu attribué aujourd'hui. Selon la tradition du pays bigouden, Bleunienn était la cuisinière de Santez Berc'hed (Brigitte d'Irlande). Une chapelle aurait porté son nom à Peumeurit. Caractérologie : audace, direction, dynamisme, indépendance, assurance.

Bleuette : nom courant du bleuet (latin). Ce prénom rare est porté par près de 500 personnes en France. Variante : Bluette.

Caractérologie : ténacité, engagement, méthode, fiabilité, sens du devoir.

Blondine : caressant, flatteur (latin). Ce prénom très rare est porté par près de 160 personnes en France. Caractérologie : caractère, communication, optimisme, pragmatisme, logique.

Boécia : qui vient de la Boétie (latin). Caractérologie : logique, achèvement, vitalité, stratégie, décision.

Bonnie : belle (écossais/anglais). Ce prénom rare est porté par près de 500 personnes en France. Tendance : en forte croissance. Variante : Bonny. Caractérologie : originalité, énergie, découverte, séduction, audace.

Bouchra : bonne nouvelle (arabe). Ce prénom est porté par environ 2 000 personnes en France. Il est très peu attribué aujourd'hui. Variante : Bosra. Caractérologie : découverte, énergie, audace, organisation, raisonnement.

Brandy : princesse (celte). Ce prénom très rare est porté par près de 170 personnes en France. Caractérologie : innovation, autorité, énergie, détermination, réalisation.

Brenda : prince (celte), épée (scandinave). Ce prénom est porté par environ 4 000 personnes en France. Il ne devrait pas être attribué à plus de 50 bébés en 2012. Dans l'Hexagone, Brenda est plus traditionnellement usité en Bretagne. Variantes : Branda, Brandana, Brendana. Caractérologie : résolution, achèvement, vitalité, stratégie, ardeur.

Brianna : puissance, noblesse, respect (celte). Ce prénom très rare est porté par près de 300 personnes en France. Tendance : en forte croissance. Variantes : Briana, Brianne. Caractérologie : dynamisme, courage, curiosité, indépendance, décision.

Brigitte : force (celte). Ce prénom est porté par environ 195 000 personnes en France. Il ne devrait pas être attribué à plus de 50 bébés en 2012. Au VIe siècle, sainte Brigitte fonda le couvent de Kildare en Irlande. Elle consacra une énergie considérable aux œuvres charitables et devint la patronne de l'Irlande. Une autre sainte du XIVe siècle, Brigitte de Suède, a été désignée comme l'une des trois patronnes de l'Europe. Variantes : Brigit, Brigite, Brigitta, Bridget. Variante bretonne : Berched. Variantes basques : Brigita, Brita. Caractérologie : humanité, rectitude, rêve, générosité, tolérance.

Brina : protection (slave). Caractérologie : ambition, force, habileté, passion, résolution.

Brine : puissance, noblesse, respect (celte). Caractérologie : pragmatisme, communication, créativité, optimisme, sociabilité.

Britney : qui vient de Grande-Bretagne (latin). Ce prénom très rare est porté par près de 300 personnes en France. Cette forme familière de Brittany a été attribuée pour la première fois dans l'Hexagone en 1999. La chanteuse britannique Britney Spears a indéniablement contribué à sa découverte. Caractérologie : communication, pragmatisme, créativité, optimisme, sociabilité.

Brittany : qui vient de Grande-Bretagne (latin). Ce prénom très rare est porté par près de 500 personnes en France. Brittany et ses formes dérivées furent très en vogue dans le monde anglophone au XVIIIe siècle.

Aujourd'hui, Britany (avec un seul « t ») est sur le point de devenir aussi répandu que sa sœur dans l'Hexagone. Variantes : Britanie, Britany, Britanny, Brittanie. Caractérologie : innovation, ambition, autorité, énergie, décision.

Brivela : puissance, respect, prince (celte). Variante : Brivæla. Caractérologie : organisation, paix, bienveillance, conscience, détermination.

Bruna : armure, couleur brune (germanique). Ce prénom occitan est porté par environ 1 000 personnes en France. Il ne devrait pas être attribué à plus de 50 bébés en 2012. Variante : Brunaëlle. Caractérologie : relationnel, intuition, médiation, organisation, détermination.

Brune : armure, couleur brune (germanique). Ce prénom rare est porté par près de 1 000 personnes en France. Tendance : en croissance modérée. Variantes : Brunette, Brunella, Brunelle. Caractérologie : équilibre, exigence, famille, sens des responsabilités, influence.

Brunehilde : armure, couleur brune (germanique). Ce prénom très rare est porté par près de 190 personnes en France. Dans l'Hexagone, Brunehilde est plus traditionnellement usité en Alsace. Variantes : Brunhild, Brunhilde. Caractérologie : ambition, force, habileté, passion, finesse.

C

Caitlin : pure (grec). Ce prénom très rare est porté par près de 300 personnes en France. Caitlin est en vogue en Irlande et dans le pays de Galles. Variantes : Catriona, Caitline, Kaitlin, Riona. Caractérologie : organisation, détermination, audace, énergie, découverte.

Calandra : parc, espace vert (grec). Variante : Calantha. Caractérologie : rêve, humanité, rectitude, ouverture d'esprit, détermination.

Caledonia : se rapporte à un ancien lieu-dit en Grèce. Caractérologie : direction, dynamisme, volonté, audace, analyse.

Calie : qui a une belle voix (grec), énergie (sanscrit). Ce prénom est porté par environ 1 000 personnes en France. Il est relativement peu attribué aujourd'hui. Tendance : en forte croissance. Variantes : Cali, Calia. Caractérologie : détermination, pragmatisme, communication, optimisme, créativité.

Caline : victoire du peuple (grec). Ce prénom très rare est porté par près de 130 personnes en France. Caractérologie : ardeur, achèvement, vitalité, résolution, stratégie.

Callie : qui a une belle voix (grec), énergie (sanscrit). Ce prénom très rare est porté par près de 400 personnes en France. Tendance : en forte croissance. Caractérologie : influence, équilibre, exigence, famille, détermination.

Calliope : fille de Zeus et de Mnémosyne (déesse de la Mémoire), Calliope est la muse de la Poésie épique. Ce prénom est porté par moins de 100 personnes en France. Caractérologie : dynamisme, direction, raisonnement, indépendance, assurance.

CAMILLE

Fête : 14 juillet

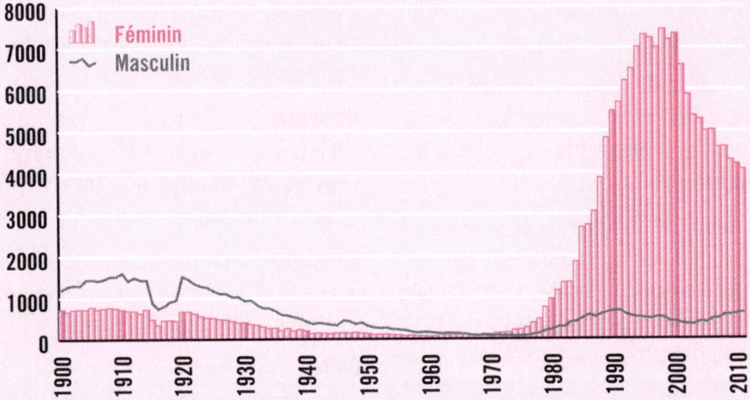

Étymologie : l'étymologie de Camille est obscure, mais on lui attribue généralement une origine étrusque. À Rome, *camillus* était le nom donné au jeune assistant des prêtres pendant les cérémonies. Après deux décennies de gloire française, Camille devrait descendre à la 11e place du palmarès 2012.

Devrions-nous préciser qu'il s'agit du classement féminin ? D'aucuns se le rappellent, Camille est mixte. Ce prénom a même longtemps désigné une majorité de garçons, comme au XIXe siècle et au début du XXe, où Camille était attribué à un tiers de Françaises. Il a fallu attendre le début des années 1960 pour atteindre la parité, puis 1965 pour que la version féminine soit prédominante. En s'imposant dans le top 20 féminin dans les années 1990, Camille entérine son changement de sexe, de sorte qu'aujourd'hui, 87 % des enfants prénommés Camille sont des filles.

À noter : le déclin de ce prénom s'accentue dans les pays francophones, mais Camille se maintient dans les 20 premiers rangs des classements wallon, suisse romand et québécois.

Infirmier au XVIe siècle, **saint Camille** se rendit célèbre en créant l'ordre des Camilliens. Grâce à cet ordre religieux, les conditions de soins prodigués dans les hôpitaux s'améliorèrent. Le pape Léon XIII l'a déclaré protecteur des hôpitaux, des infirmes, des infirmiers et des infirmières.

.../

Camille *(suite)*

Dans l'histoire : journaliste et membre du club des Cordeliers, Camille Desmoulins appela le peuple aux armes le 14 juillet 1789, incitant la foule à se rassembler devant les portes de la Bastille. Cette date charnière de la Révolution est aujourd'hui la Fête nationale française. Accusé de comploter pour rétablir la royauté, il fut guillotiné le même jour que Danton à Paris en 1794.

Dans la littérature : Camille est le prénom choisi par Corneille pour incarner l'héroïne forte et passionnée d'*Horace*. Elle est tantôt une petite fille modèle, tantôt une jeune fille pure et idéalisée dans de nombreux romans de la comtesse de Ségur.

Personnalités célèbres : Camille, compositrice et chanteuse française contemporaine ; Camille Laurens, romancière française.

Statistiques : Camille est le 5e prénom féminin le plus donné en France depuis le début du XXIe siècle. On peut estimer qu'il sera attribué à une fille sur 96 (contre un garçon sur 660) en 2012.

Callista : la plus belle (grec). Ce prénom très rare est porté par près de 400 personnes en France. Variante : Calixte. Caractérologie : découverte, énergie, audace, originalité, organisation.

Calypso : qui dissimule (grec). Ce prénom rare est porté par près de 1 000 personnes en France. Dans l'*Odyssée* d'Homère, la nymphe Calypso, reine d'Ogygie, recueillit Ulysse lorsqu'il fit naufrage sur son île. Éperdument amoureuse du héros, elle tenta de lui faire oublier son royaume (Ithaque) et son épouse (Pénélope). Elle alla jusqu'à lui promettre l'immortalité pourvu qu'il reste auprès d'elle, en vain. Résignée, elle relâcha son prisonnier au bout de sept ans. Variante : Calipso. Caractérologie : ambition, autorité, innovation, énergie, autonomie.

Camélia : jeune assistante de cérémonies (étrusque). Ce prénom est porté par environ 6 000 personnes en France. Il figure dans le top 200 national. Tendance : stable. Variantes : Camélie, Camellia. Caractérologie : ambition, force, passion, habileté, décision.

Caméo : pierres précieuses sculptées, portées comme bijou (latin). Caractérologie : autorité, innovation, ambition, volonté, énergie.

Cameron : nez crochu (écossais). Ce prénom très rare est porté par près de 300 personnes en France. Tendance : en forte croissance. Caractérologie : volonté, raisonnement, équilibre, sens des responsabilités, famille.

Camilia : jeune assistante de cérémonies (étrusque). Ce prénom est porté par environ 1 000 personnes en France. Il est peu attribué aujourd'hui. Variantes : Camila, Camilla, Kamilia. Caractérologie : générosité, communication, pratique, adaptation, enthousiasme.

Camille : jeune assistante de cérémonies (étrusque). Ce prénom est porté par environ 166 000 personnes en France. Il figure dans le top 50 national. Voir le zoom dédié à Camille. Caractérologie : énergie, innovation, ambition, résolution, autorité.

Camillia : jeune assistante de cérémonies (étrusque). Ce prénom très rare est porté par près de 400 personnes en France. Caractérologie : paix, bienveillance, conscience, conseil, sagesse.

Candice : d'un blanc éclatant (latin). Ce prénom est porté par environ 17 000 personnes en France. Il figure dans le top 100 national. Tendance : en décroissance modérée. Variantes : Candyce, Kandys. Caractérologie : pragmatisme, communication, créativité, optimisme, détermination.

Candie : d'un blanc éclatant (latin). Ce prénom très rare est porté par près de 400 personnes en France. Caractérologie : humanité, ouverture d'esprit, rectitude, rêve, décision.

Candy : d'un blanc éclatant (latin). Ce prénom est porté par environ 2 000 personnes en France. Il ne devrait pas être attribué à plus de 50 bébés en 2012. Caractérologie : médiation, relationnel, sympathie, réalisation, intuition.

Cannelle : substance aromatique contenue dans l'écorce du cannelier (français). Ce prénom est porté par environ 1 000 personnes en France. Variante : Canelle. Caractérologie : pratique, adaptation, communication, enthousiasme, générosité.

Cantara : petit pont (arabe). Caractérologie : fiabilité, méthode, résolution, ténacité, organisation.

Capucine : cape, capuchon (latin). Ce prénom est porté par environ 14 000 personnes en France. Il figure dans le top 100 national. Voir le zoom dédié à Capucine. Caractérologie : rêve, rectitude, humanité, cœur, décision.

Cara : chère à quelqu'un (latin). Ce prénom très rare est porté par près de 140 personnes en France. Variantes : Kara, Karah. Caractérologie : énergie, audace, séduction, découverte, originalité.

Carène : pure (grec). Ce prénom très rare est porté par près de 500 personnes en France. Variantes : Caren, Carenne. Caractérologie : ambition, autorité, innovation, énergie, résolution.

Carina : pure (grec). Ce prénom rare est porté par près de 900 personnes en France. Dans l'Hexagone, Carina est plus traditionnellement usité en Corse. Caractérologie : résolution, direction, audace, dynamisme, indépendance.

Carine : pure (grec). Ce prénom est porté par environ 45 000 personnes en France. Il ne devrait pas être attribué à plus de 50 bébés en 2012. Variante : Carin. Caractérologie : décision, dynamisme, curiosité, indépendance, courage.

Carinne : pure (grec). Ce prénom est porté par environ 1 000 personnes en France. Tendance : stable. Caractérologie : audace, direction, indépendance, dynamisme, décision.

CAPUCINE

Fête : 5 octobre

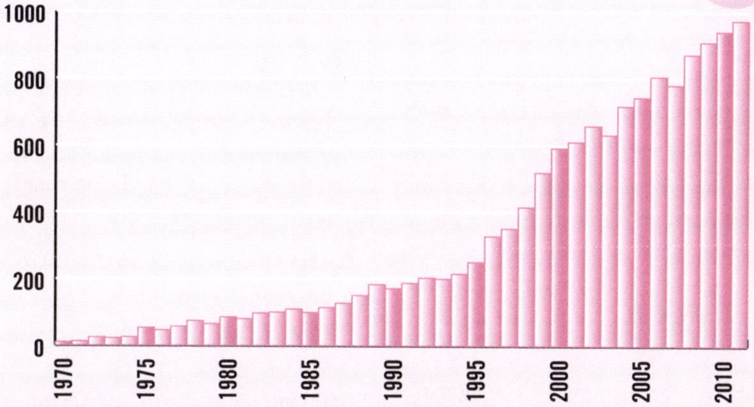

Étymologie : du latin *cappa*, « cape, capuchon ». Originaire des montagnes d'Amérique du Sud, cette plante à feuilles rondes et à fleurs orangées fut remarquée par les conquistadores au XVIe siècle ; elle ne tarda pas à orner de ses couleurs vives les jardins européens. L'éperon de la fleur, qui rappelait l'habit à capuche des moines capucins, est à l'origine de son nom.

Le calendrier révolutionnaire aurait pu placer Capucine aux côtés d'Anémone, de Jasmin ou Valériane, mais son auteur, le poète Fabre d'Églantine, en a jugé autrement. C'est bien plus tard, en 1868, qu'un chansonnier, communard cette fois, la place au cœur d'une comptine populaire, *Dansons la Capucine*. Si son succès ne transforme pas la fleur en prénom, celui de la chanson, encore chantée de nos jours, a transcendé les siècles.

Les premières Capucine voient le jour dans les années 1960, mais ce prénom reste inconnu jusque dans les années 1980, où il prend son envol. Doté d'une croissance vigoureuse, ce nom de fleur a germé à Paris (au 55e rang parisien en 2010) avant de pousser dans l'Hexagone. Il pourrait s'imposer dans le top 70 national en 2012.

Personnalités célèbres : Capucine, née Germaine Lefebvre, actrice française (1928-1990) ; Capucine Ruat, écrivaine française née en 1975.

Sainte Fleur est la patronne de Capucine.

Statistiques : Capucine est le 94e prénom féminin le plus donné en France depuis le début du XXIe siècle. On peut estimer qu'il sera attribué à une fille sur 401 en 2012.

Carla : force (germanique). Ce prénom est porté par environ 24 000 personnes en France. Il est relativement peu attribué aujourd'hui. Après avoir été en faveur dans les années 1990, Carla termine sa carrière dans l'Hexagone. Ce prénom italien y est plus particulièrement répandu en Provence et en Corse. Caractérologie : force, passion, ambition, management, habileté.

Carline : force (germanique). Ce prénom rare est porté par près de 500 personnes en France. Variantes : Carlana, Carlène, Carlia, Carlie. Variante corse : Carlina. Caractérologie : ambition, habileté, force, passion, décision.

Carlotta : force (germanique). Ce prénom très rare est porté par près de 190 personnes en France. Dans l'Hexagone, Carlotta est plus traditionnellement usité en Corse. Caractérologie : humanité, rêve, organisation, rectitude, raisonnement.

Carlyne : force (germanique). Ce prénom très rare est porté par près de 200 personnes en France. Variantes : Carley, Carly, Carlyn. Caractérologie : bienveillance, paix, conscience, sympathie, résolution.

Carmela : vigne divine (hébreu). Ce prénom est porté par environ 1 000 personnes en France. Variantes : Carmélia, Carmella. Caractérologie : vitalité, achèvement, ardeur, détermination, stratégie.

Carmelle : vigne divine (hébreu). Ce prénom très rare est porté par près de 200 personnes en France. Variantes : Carmel, Carmeline. Caractérologie : conseil, bienveillance, paix, conscience, résolution.

Carmen : chanson, hymne (latin). Ce prénom est porté par environ 22 000 personnes en France. Il est peu attribué aujourd'hui. Tendance : en croissance modérée. Carmen est très répandu en Espagne. Variante : Carmina. Caractérologie : idéalisme, détermination, altruisme, réflexion, intégrité.

Carol : force (germanique). Ce prénom est porté par environ 3 000 personnes en France. Il ne devrait pas être attribué à plus de 50 bébés en 2012. Variante : Caroll. Caractérologie : fiabilité, ténacité, engagement, méthode, logique.

Carola : force (germanique). Ce prénom est porté par moins de 100 personnes en France. Caractérologie : audace, découverte, énergie, originalité, analyse.

Carolane : contraction de Carole et Anne. Ce prénom est porté par environ 1 000 personnes en France. Variantes : Carolann, Carolanne, Karolane. Caractérologie : famille, équilibre, sens des responsabilités, détermination, raisonnement.

Carole : force (germanique). Ce prénom est porté par environ 104 000 personnes en France. Il ne devrait pas être attribué à plus de 50 bébés en 2012. Caractérologie : intégrité, détermination, altruisme, idéalisme, raisonnement.

Carole-Anne : forme composée de Carole et Anne. Ce prénom rare est porté par près de 700 personnes en France. Variante : Carol-Ann. Caractérologie : intelligence, raisonnement, méditation, détermination, savoir.

Carolina : force, douceur (germanique). Ce prénom rare est porté par près de 900 personnes en France. Variante : Carolie. Variante basque : Karolina. Caractérologie : résolution, direction, audace, analyse, dynamisme.

Caroline : force, douceur (germanique). Ce prénom est porté par environ 148 000 personnes en France. Il est relativement peu attribué aujourd'hui. Caroline de Hanovre, reine du Danemark, et Caroline de Brunswick, reine d'Angleterre, portèrent ce prénom au XVIIIe siècle. Caractérologie : courage, curiosité, dynamisme, raisonnement, détermination.

Carolyn : force, douceur (germanique). Ce prénom très rare est porté par près de 400 personnes en France. Variante : Carolyne. Caractérologie : finesse, sagacité, amitié, connaissance, raisonnement.

Carry : force, douceur (germanique). Ce prénom est porté par moins de 100 personnes en France. Variantes : Carrie, Cary. Caractérologie : diplomatie, sociabilité, loyauté, réceptivité, bonté.

Cassandra : qui aide les hommes (grec). Ce prénom est porté par environ 22 000 personnes en France. Il figure dans le top 200 national. Tendance : en décroissance modérée. Variantes : Casandra, Cass, Cassendra. Caractérologie : ambition, force, résolution, habileté, passion.

Cassandre : qui aide les hommes (grec). Ce prénom, porté par environ 9 000 Françaises, figure dans le top 200 national. Tendance : stable. Dans la mythologie grecque, Cassandre, la plus belle des filles du roi Priam, avait le don de prophétie. Amoureuse, elle combla Apollon de sa passion, jusqu'au jour où elle fit l'erreur de le rejeter. Pour se venger, Apollon la condamna à ne jamais être crue. C'est ainsi que les Troyens, faisant fi de ses prédictions, ouvrirent les portes de la ville au cheval de bois piégé qui entraîna la destruction de Troie. Caractérologie : communication, optimisme, pragmatisme, créativité, résolution.

Cassidy : se rapporte au patronyme gaélique O'Caiside. Ce prénom rare est porté par près de 700 personnes en France. Variantes : Cassie, Kassidy. Caractérologie : vitalité, achèvement, stratégie, ardeur, réalisation.

Cassie : qui aide les hommes (grec). Voir Cassandre. Ce prénom est porté par environ 2 000 personnes en France. Il est relativement peu attribué aujourd'hui. Tendance : en forte croissance. Variantes : Casia, Cassia, Kasia, Kassia. Caractérologie : intuition, relationnel, fidélité, médiation, résolution.

Cassiopée : large constellation d'étoiles dans la Voie lactée (grec). Ce prénom très rare est porté par près de 500 personnes en France. Caractérologie : réceptivité, sociabilité, sympathie, analyse, diplomatie.

Cassy : qui aide les hommes (grec). Voir Cassandre. Ce prénom est porté par environ 1 000 personnes en France. Il est peu attribué aujourd'hui. Tendance : en forte croissance. Caractérologie : engagement, méthode, ténacité, sens du devoir, fiabilité.

Catalina : pure (grec). Ce prénom rare est porté par près de 500 personnes en France. Dans l'Hexagone, Catalina est plus traditionnellement usité en Occitanie et au Pays basque. Variante : Catalin. Caractérologie : savoir, intelligence, méditation, organisation, résolution.

Catarina : pure (grec). Ce prénom rare est porté par près de 700 personnes en France. Dans l'Hexagone, Catarina est plus traditionnellement usité en Corse et en

Occitanie. Caractérologie : méthode, ténacité, fiabilité, organisation, résolution.

Catharina : pure (grec). Ce prénom très rare est porté par près de 200 personnes en France. Variantes : Caterina, Catharine, Catherina, Catrina. Caractérologie : pragmatisme, optimisme, communication, décision, attention.

Catheline : pure (grec). Ce prénom très rare est porté par près de 300 personnes en France. Variantes : Cateline, Cathel, Cathelle, Cathelyne. Caractérologie : énergie, finesse, audace, découverte, résolution.

Catherine : pure (grec). Ce prénom est porté par environ 360 000 personnes en France. Il ne devrait pas être attribué à plus de 50 bébés en 2012. Patronne de l'Europe, sainte Catherine de Sienne lutta pour la restauration de l'unité de l'Église au XIVe siècle. Elle incita notamment le pape Grégoire à quitter Avignon pour s'installer à Rome. ♦ Au XVIe siècle, Catherine d'Aragon, Catherine Howard et Catherine Parr connurent le destin peu enviable d'épouser le roi d'Angleterre Henri VIII. Le règne de Catherine de Médicis, dont la régence ruina partiellement la France, leur est contemporain. Variante : Caterine. Caractérologie : diplomatie, sociabilité, réceptivité, détermination, sensibilité.

Cathia : pure (grec). Ce prénom est porté par environ 2 000 personnes en France. Il ne devrait pas être attribué à plus de 50 bébés en 2012. Variantes : Catia, Cathya. Caractérologie : organisation, famille, équilibre, sens des responsabilités, influence.

Cathie : pure (grec). Ce prénom est porté par environ 2 000 personnes en France. Il ne devrait pas être attribué à plus de 50 bébés en 2012. Caractérologie : audace, direction, attention, dynamisme, décision.

Cathleen : pure (grec). Ce prénom très rare est porté par près de 200 personnes en France. Caractérologie : courage, curiosité, gestion, dynamisme, attention.

Cathy : pure (grec). Ce prénom est porté par environ 27 000 personnes en France. Il ne devrait pas être attribué à plus de 50 bébés en 2012. Caractérologie : pratique, communication, enthousiasme, adaptation, organisation.

Caty : pure (grec). Ce prénom rare est porté par près de 700 personnes en France. Variantes : Cati, Catie, Catty. Caractérologie : méthode, organisation, fiabilité, engagement, ténacité.

Cayla : couronne (hébreu). Variante : Caïla. Caractérologie : équilibre, famille, sens des responsabilités, influence, exigence.

Cécile : aveugle (latin). Se rapporte également à Caecili, nom d'une famille aristocrate romaine ayant vécu au Ier siècle. Ce prénom est porté par environ 148 000 personnes en France. Il est peu attribué aujourd'hui. Riche Romaine du Ier siècle, sainte Cécile se convertit au christianisme et fit don à l'Église de ses biens. Elle est la patronne des musiciens. Caractérologie : autorité, innovation, ambition, autonomie, énergie.

Cécilia : aveugle (latin). Se rapporte également à Caecili, nom d'une famille aristocrate romaine ayant vécu au Ier siècle. Ce prénom est porté par environ 18 000 personnes en France. Il est peu attribué aujourd'hui. Variante : Cecillia. Caractérologie : résolution, sens des responsabilités, équilibre, famille, influence.

Céléna : lune (grec). Ce prénom rare est porté par près de 900 personnes en France. Tendance : en croissance modérée. Caractérologie : structure, persévérance, sécurité, honnêteté, efficacité.

Céleste : qui se rapporte au ciel (grec). Ce prénom est porté par environ 5 000 personnes en France. Il figure dans le top 200 national. Tendance : en croissance modérée. Celeste est très en vogue en Italie. Caractérologie : éthique, équilibre, influence, gestion, famille.

Célestine : qui se rapporte au ciel (grec). Ce prénom est porté par environ 5 000 personnes en France. Il est relativement peu attribué aujourd'hui. Tendance : en croissance modérée. Caractérologie : résolution, relationnel, intuition, organisation, médiation.

Célia : aveugle (latin). Ce prénom, porté par environ 50 000 Françaises, figure dans le top 50 national. Tendance : stable. Célia est apparu dans les pays anglo-saxons au XIXe siècle. Son essor en France, concomitant au déclin de Cécile, remonte aux années 1980. Variantes : Celya, Selya. Caractérologie : communication, pratique, adaptation, enthousiasme, décision.

Céliane : contraction de Célia et Anne. Ce prénom rare est porté par près de 1 000 personnes en France. Variantes : Céliana, Cyliane. Caractérologie : engagement, ténacité, méthode, fiabilité, décision.

Célie : aveugle (latin). Voir Cécile. Ce prénom rare est porté par près de 1 000 personnes en France. Tendance : en croissance modérée. Caractérologie : sagacité, philosophie, originalité, spiritualité, connaissance.

Célina : lune (grec). Ce prénom est porté par environ 4 000 personnes en France. Il est très peu attribué aujourd'hui. Caractérologie : habileté, force, ambition, détermination, passion.

Céline : lune (grec). Ce prénom est porté par environ 227 000 personnes en France. Il est relativement peu attribué aujourd'hui. Sainte Céline fut la mère de saint Remi, évêque de Reims au Ve siècle. Variantes : Célimène, Célanie, Célenie, Célinic, Celinda, Celynda, Celyne, Ceylin. Variante basque : Ismene. Caractérologie : enthousiasme, pratique, communication, générosité, adaptation.

Cellia : aveugle (latin). Voir Cécile. Ce prénom très rare est porté par près de 200 personnes en France. Caractérologie : bienveillance, paix, conscience, détermination, conseil.

Célya : aveugle (latin). Voir Cécile. Ce prénom est porté par environ 2 000 personnes en France. Il est relativement peu attribué aujourd'hui. Caractérologie : autorité, innovation, énergie, ambition, sympathie.

Cendrine : défense de l'humanité (grec). Ce prénom est porté par environ 3 000 personnes en France. Il ne devrait pas être attribué à plus de 50 bébés en 2012. Caractérologie : rêve, humanité, tolérance, rectitude, générosité.

Cerise : ce prénom issu du calendrier révolutionnaire désigne le fruit du cerisier. Il est porté par près de 900 personnes en France. Tendance : en forte croissance. Caractérologie : énergie, découverte, audace, originalité, décision.

Césarine : tête aux cheveux longs (latin). Ce prénom rare est porté par près de 600 personnes en France. Variantes : Césarie, Cézarine. Caractérologie : intuition, relationnel, médiation, fidélité, détermination.

Ceylan : prénom moderne mixte qui désigne le Sri Lanka. Ce prénom très rare est porté par près de 180 personnes en France. Caractérologie : conseil, conscience, amitié, bienveillance, paix.

Cézanne : origine possible : clown (italien). Ce prénom est porté par moins de 100 personnes en France. Caractérologie : énergie, découverte, audace, séduction, originalité.

Chadia : au chant mélodieux (arabe). Ce prénom rare est porté par près de 1 000 personnes en France. Caractérologie : force, habileté, passion, management, ambition.

Chafia : apaisante, réconfortante (arabe). Ce prénom très rare est porté par près de 300 personnes en France. Caractérologie : innovation, logique, énergie, autorité, ambition.

Chahinez : prénom perse d'origine arabe signifiant : « la préférée ». Ce prénom est porté par environ 1 000 personnes en France. Il est peu attribué aujourd'hui. Tendance : en forte croissance. Variantes : Chahinaz, Chahinaze, Chahines, Chahinese, Chahineze, Chahnez, Chaïna, Chaïnez, Chaïnaze, Chaïnes, Chaïnese, Chaïness, Chaïnesse, Chaïnez, Chaïnese. Caractérologie : sociabilité, décision, diplomatie, loyauté, réceptivité.

Chaïma : d'une grande beauté (arabe). Ce prénom est porté par environ 6 000 personnes en France. Il figure dans le top 200 national. Tendance : stable. Variantes : Chama, Shayma, Sheyma. Caractérologie : achèvement, ardeur, vitalité, stratégie, leadership.

Chaïmaa : d'une grande beauté (arabe). Ce prénom rare est porté par près de 600 personnes en France. Variantes : Chaïmae, Chaymæ. Caractérologie : humanité, rectitude, rêve, ouverture d'esprit, générosité.

Chaïnez : prénom perse d'origine arabe signifiant : « la préférée ». Ce prénom rare est porté par près de 500 personnes en France. Tendance : en croissance modérée. Caractérologie : résolution, optimisme, pragmatisme, communication, créativité.

Chan : arbuste aromatique (cambodgien). Ce prénom est porté par moins de 100 personnes en France. Caractérologie : ambition, management, habileté, passion, force.

Chandra : lune (sanscrit). Ce prénom est porté par moins de 100 personnes en France. Caractérologie : sécurité, structure, persévérance, résolution, efficacité.

Chanel : patronyme devenu prénom. Gabrielle « Coco » Chanel, la fondatrice de la célèbre maison de couture française, et saint Pierre Chanel, un missionnaire parti évangéliser l'île de Futuna au XIXe siècle, ont porté ce nom. Ce prénom est porté par environ 2 000 personnes en France. Il est peu attribué aujourd'hui. Tendance : en croissance modérée. Variantes : Chanael, Chanaelle, Chanele, Channel, Shanel. Caractérologie : sagesse, intelligence, savoir, méditation, indépendance.

Chanelle : voir Chanel. Ce prénom rare est porté par près de 700 personnes en France. Caractérologie : équilibre, influence, famille, sens des responsabilités, exigence.

Chani : rouge (hébreu). Ce prénom très rare est porté par près de 140 personnes en France. Variante : Chany. Caractérologie : ambition, habileté, force, passion, résolution.

Chantal : patronyme devenu prénom. Sainte Jeanne-Françoise de Chantal vécut au XVIIe siècle en France. Elle fonda l'ordre de la Visitation-Sainte-Marie, congrégation destinée aux femmes de santé fragile. Ce prénom est porté par environ 222 000 personnes en France. Il ne devrait pas être attribué à plus de 50 bébés en 2012. Caractérologie : organisation, découverte, audace, énergie, sensibilité.

Chantale : patronyme devenu prénom. Voir Chantal. Ce prénom est porté par environ 4 000 personnes en France. Il ne devrait pas être attribué à plus de 50 bébés en 2012. Caractérologie : autorité, innovation, énergie, finesse, organisation.

Charleen : force (germanique). Ce prénom très rare est porté par près de 200 personnes en France. Caractérologie : pratique, enthousiasme, communication, résolution, adaptation.

Charlène : force (germanique). Ce prénom est porté par environ 32 000 personnes en France. Il est relativement peu attribué aujourd'hui. Variantes : Charlaine, Charleyne. Caractérologie : communication, pragmatisme, optimisme, décision, créativité.

Charlette : force (germanique). Ce prénom est porté par environ 2 000 personnes en France. Il ne devrait pas être attribué à plus de 50 bébés en 2012. Caractérologie : résolution, intuition, relationnel, médiation, finesse.

Charlie : force (germanique). Ce prénom, porté par environ 3 000 Françaises, figure dans le top 100 national. Tendance : en forte croissance. Charlie figure dans le palmarès des prénoms mixtes. Voir l'encadré dédié à ce sujet. Caractérologie : médiation, relationnel, intuition, fidélité, détermination.

Charline : force (germanique). Ce prénom est porté par environ 27 000 personnes en France. Il figure dans le top 100 national. Tendance : stable. Caractérologie : méditation, savoir, indépendance, intelligence, détermination.

Charlotte : force (germanique). Ce prénom, porté par environ 110 000 Françaises, figure dans le top 50 national. Tendance : stable. Épouse de Louis XI, Charlotte de Savoie n'eut guère l'existence dorée d'une reine. Elle donna la vie à sept enfants, mais seuls trois d'entre eux survécurent à leur naissance. Elle se consacra à l'éducation de ces derniers et vécut simplement à Amboise, loin de la cour et de son mari distant. Elle mourut en 1483 à l'âge de 38 ans. Variantes : Charmaine, Lote, Lotte, Lottie. Caractérologie : optimisme, communication, pragmatisme, attention, logique.

Charlyne : force (germanique). Ce prénom est porté par environ 2 000 personnes en France. Il est très peu attribué aujourd'hui. Caractérologie : énergie, audace, cœur, action, découverte.

Chayma : d'une grande beauté (arabe). Ce prénom est porté par environ 1 000 personnes en France. Il est peu attribué aujourd'hui. Tendance : en croissance modérée. Variante : Chaymaa. Caractérologie : sens des responsabilités, famille, réalisation, influence, équilibre.

Cheïma : d'une grande beauté (arabe). Ce prénom rare est porté par près de 800 personnes en France. Variante : Cheyma. Caractérologie : pratique, enthousiasme, communication, adaptation, décision.

Chelsea : port de mer (anglais). Chelsea est aussi le nom d'un quartier branché de la ville de New York. Ce prénom est porté par environ 1 000 personnes en France. Il est très peu attribué aujourd'hui. Variante : Chelsy. Caractérologie : stratégie, achèvement, vitalité, ardeur, leadership.

Chérazade : femme de la haute ville (prénom arabe d'origine perse). Ce prénom très rare est porté par près de 400 personnes en France. Variante : Charazed. Caractérologie : achèvement, stratégie, résolution, vitalité, ardeur.

Chérifa : de haut rang (arabe). Ce prénom est porté par environ 1 000 personnes en France. Tendance : en croissance modérée. Variante : Charifa. Caractérologie : raisonnement, courage, dynamisme, curiosité, détermination.

Cherine : charmante, agréable (arabe, perse). Ce prénom est porté par environ 1 000 personnes en France. Il est peu attribué aujourd'hui. Caractérologie : leadership, achèvement, vitalité, stratégie, ardeur.

Cheryl : cerisier (latin). Ce prénom rare est porté par près de 700 personnes en France. Caractérologie : force, ambition, sympathie, habileté, ressort.

Cheryne : charmante, agréable (arabe, perse). Ce prénom très rare est porté par près de 300 personnes en France. Caractérologie : sens des responsabilités, équilibre, famille, action, cœur.

Chesna : calme (slave). Caractérologie : dynamisme, indépendance, curiosité, courage, charisme.

Cheyenne : langage inintelligible (indien des États-Unis). Ce prénom est porté par environ 2 000 personnes en France. Il ne devrait pas être attribué à plus de 50 bébés en 2012. Variante : Sheyenne. Caractérologie : originalité, sympathie, spiritualité, connaissance, sagacité.

Chiara : illustre (latin). Ce prénom est porté par environ 6 000 personnes en France. Il figure dans le top 200 national. Tendance : stable. Chiara est plus traditionnellement usité en Italie et en Corse. Caractérologie : méthode, ténacité, fiabilité, sens du devoir, engagement.

China : se rapporte au nom du pays (anglais). Variante francophone : Chine. Caractérologie : vitalité, détermination, stratégie, ardeur, achèvement.

Chirine : charmante, agréable (arabe, perse). Ce prénom est porté par environ 1 000 personnes en France. Il est très peu attribué aujourd'hui. Caractérologie : pratique, enthousiasme, communication, adaptation, générosité.

Chloé : jeune pousse (grec). Ce prénom est porté par environ 124 000 personnes en France. Il figure dans le top 50 national. Voir le zoom dédié à Chloé. Variantes : Chloée, Chloélia, Cloélia, Kloé. Caractérologie : savoir, méditation, intelligence, indépendance, sagesse.

Chris : diminutif des prénoms formés avec Chris. Ce prénom très rare est porté par près de 160 personnes en France. Caractérologie : pratique, communication, enthousiasme, adaptation, générosité.

CHLOÉ

Fête : 5 octobre

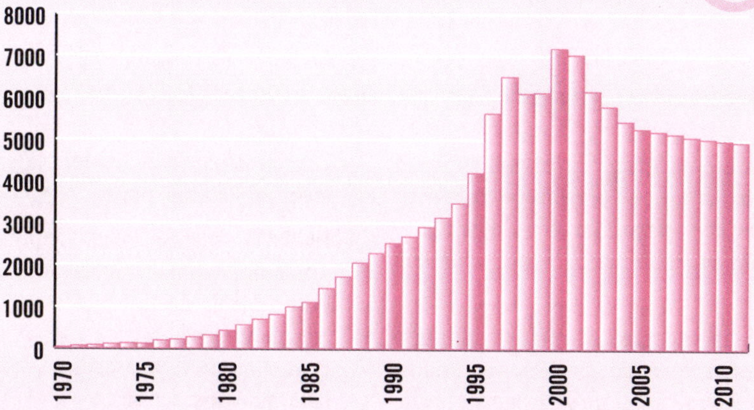

Étymologie : du grec *chloê*, « jeune pousse ». Dans la mythologie grecque, Chloé était l'autre nom de Déméter, la déesse protectrice des Moissons. C'est en son honneur que les Athéniens célébraient la fête des Chloeïa à la fin de chaque hiver. Les parents anglais et américains font renaître ce prénom antique au XIXe siècle, bien avant que Boris Vian l'attribue à l'héroïne de *L'Écume des jours*. En France, le succès posthume de l'œuvre favorise l'apparition des premières Chloé en 1965 et lance la carrière du prénom. Elle atteint son zénith en 2000, où elle brille en 3e position, et se maintient ensuite dans le top 5 national. Une endurance qui devrait la placer devant Léa cette année.

Notons que sa floraison tardive à Paris porte ses fruits en décalage avec la tendance nationale. C'est en 2010 que Chloé a battu ses records en bondissant au 2e rang des prénoms parisiens.

En dehors de l'Hexagone, Chloé figure parmi les 10 premières attributions wallonnes et suisses romandes. Elle est en plein essor au Québec et dans les pays anglophones, notamment en Angleterre où elle a rejoint l'élite. À noter : les variantes Kloé, Cléa et Cléo ont perdu leur *momentum*, mais Cloé se rapproche du top 100 français.

Personnalités célèbres : Chloé Sainte-Marie, chanteuse contemporaine canadienne ; Chloé Delaume, écrivaine française née en 1973.

.../

Chloé *(suite)*

Littérature : Longus, auteur grec du IIe siècle, écrivit *Les Amours de Daphnis et Chloé*. Ce roman retraduit au XIXe siècle inspira Maurice Ravel lorsqu'il composa *Daphnis et Chloé* pour les Ballets russes.

Statistiques : Chloé est le 4e prénom féminin le plus donné en France depuis le début du XXIe siècle. On peut estimer qu'il sera attribué à une fille sur 79 en 2012.

Christa : messie (grec). Ce prénom est porté par environ 1 000 personnes en France. Tendance : stable. Caractérologie : bienveillance, paix, conscience, conseil, organisation.

Christel : messie (grec). Ce prénom est porté par environ 21 000 personnes en France. Il ne devrait pas être attribué à plus de 50 bébés en 2012. Variante : Christal. Caractérologie : méthode, fiabilité, ténacité, décision, attention.

Christèle : messie (grec). Ce prénom est porté par environ 13 000 personnes en France. Il ne devrait pas être attribué à plus de 50 bébés en 2012. Caractérologie : décision, idéalisme, altruisme, intégrité, attention.

Christelle : messie (grec). Ce prénom est porté par environ 154 000 personnes en France. Il ne devrait pas être attribué à plus de 50 bébés en 2012. Caractérologie : pragmatisme, optimisme, communication, détermination, sensibilité.

Christiana : messie (grec). Ce prénom rare est porté par près de 600 personnes en France. Caractérologie : décision, communication, pratique, attention, enthousiasme.

Christiane : messie (grec). Ce prénom est porté par environ 227 000 personnes en France. Il ne devrait pas être attribué à plus de 50 bébés en 2012. Variante : Chrystiane. Caractérologie : méditation, intelligence, savoir, résolution, finesse.

Christianne : messie (grec). Ce prénom est porté par environ 7 000 personnes en France. Il ne devrait pas être attribué à plus de 50 bébés en 2012. Caractérologie : communication, pragmatisme, optimisme, détermination, sensibilité.

Christie : messie (grec). Ce prénom rare est porté par près de 800 personnes en France. Tendance : en croissance modérée. Variantes : Chrislaine, Chrislène, Chryslène, Chrissie, Chrissy, Christy. Caractérologie : innovation, autorité, énergie, détermination, sensibilité.

Christina : messie (grec). Ce prénom est porté par environ 7 000 personnes en France. Il est très peu attribué aujourd'hui. Ce prénom est très répandu en Allemagne. Caractérologie : médiation, intuition, décision, relationnel, attention.

Christine : messie (grec). Ce prénom est porté par environ 271 000 personnes en France. Il ne devrait pas être attribué à plus de 50 bébés en 2012. Une reine de Suède et deux saintes ont illustré ce prénom. Ces saintes auraient été à l'origine de nombreux miracles au XIIIe siècle. Caractérologie : paix, bienveillance, conscience, décision, attention.

Chrystel : messie (grec). Ce prénom est porté par environ 4 000 personnes en France. Il ne devrait pas être attribué à plus de 50 bébés en 2012. Variante : Chrystal. Caractérologie : relationnel, sensibilité, intuition, action, médiation.

Chrystelle : messie (grec). Ce prénom est porté par environ 10 000 personnes en France. Il ne devrait pas être attribué à plus de 50 bébés en 2012. Caractérologie : innovation, autorité, action, énergie, attention.

Ciara : brune (irlandais). Ce prénom rare est porté par près de 500 personnes en France. Tendance : en forte croissance. Ciara est très en vogue en Irlande. Caractérologie : dynamisme, charisme, courage, indépendance, curiosité.

Cilia : aveugle (latin). Se rapporte également à Caecili, nom d'une famille aristocrate romaine ayant vécu au Ier siècle. Ce prénom très rare est porté par près de 300 personnes en France. Caractérologie : sagacité, spiritualité, connaissance, originalité, philosophie.

Cindy : divine (latin). Ce prénom est porté par environ 63 000 personnes en France. Il est très peu attribué aujourd'hui. Variantes : Cindie, Cindel, Cinderella, Cindia, Cinnie. Caractérologie : dynamisme, audace, indépendance, cœur, direction.

Cinthia : divine (latin). Ce prénom est porté par environ 1 000 personnes en France. Variante : Cinthya. Caractérologie : direction, audace, résolution, dynamisme, finesse.

Cladie : boiteuse (latin). Ce prénom est porté par moins de 100 personnes en France. Variante : Clady. Caractérologie : savoir, méditation, intelligence, indépendance, résolution.

Claire : illustre (latin). Ce prénom est porté par environ 137 000 personnes en France. Il est relativement peu attribué aujourd'hui. Avec le soutien de saint François d'Assise, sainte Claire fonda l'ordre des Clarisses au XIIe siècle. Variantes : Claira, Clairette, Clare, Clarie, Clarine, Clarinda. Variante bretonne : Clair. Caractérologie : communication, pragmatisme, créativité, optimisme, résolution.

Claire-Marie : forme composée de Claire et Marie. Ce prénom est porté par environ 1 000 personnes en France. Caractérologie : engagement, méthode, ténacité, décision, fiabilité.

Clara : illustre (latin). Ce prénom, porté par environ 81 000 Françaises, figure dans le top 50 national. Voir le zoom dédié à Clara. Variante occitane : Claramonda. Caractérologie : ambition, passion, force, habileté, management.

Clarence : illustre (latin). Ce prénom rare est porté par près de 700 personnes en France. Caractérologie : sagacité, connaissance, spiritualité, originalité, résolution.

Clarice : illustre (latin). Ce prénom très rare est porté par près de 500 personnes en France. Variantes : Clarie, Clarine. Caractérologie : équilibre, influence, famille, décision, sens des responsabilités.

Clarissa : illustre (latin). Ce prénom très rare est porté par près de 500 personnes en France. Caractérologie : ambition, autorité, innovation, autonomie, énergie.

CLARA

Fête : 11 août

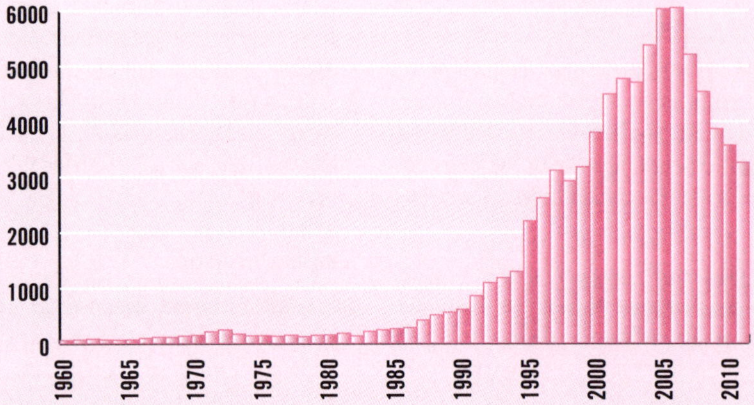

Étymologie : du latin *clarus*, « illustre ». Cette forme italienne de Claire est si répandue en Italie et en Corse qu'on en oublierait presque sa dimension internationale. Or c'est un peu partout qu'elle revient en force. Triomphante dans les pays slaves et scandinaves, Clara décolle dans les pays anglophones, hispanophones et germanophones. Elle n'est pas en reste dans les régions francophones : sur le point de détrôner Léa en Wallonie, Clara confirme son avancée dans le top 30 québécois.

Clara émerge en France dans les années 1980, au moment où Claire termine sa carrière. La vogue des prénoms courts en « a » l'élève de telle sorte qu'elle culmine à la 3e place du classement en 2006. Malgré son repli, Clara reste l'un des premiers choix des parents français.

Personnalité célèbre : Clara Wieck Schumann (1819-1896), pianiste virtuose et compositrice. Épouse de Robert Schumann, elle est sans doute la plus grande pianiste femme du XIXe siècle.

Statistiques : Clara est le 6e prénom féminin le plus donné en France depuis le début du XXIe siècle. On peut estimer qu'il sera attribué à une fille sur 120 en 2012.

Clarisse : illustre (latin). Ce prénom, porté par environ 25 000 Françaises, figure dans le top 200 national. Tendance : stable. Au VIe siècle, sainte Clarisse fonda un monastère dans les Vosges dont elle fut la première abbesse. Variantes : Clarys, Clarysse, Klarissa. Caractérologie : courage, dynamisme, indépendance, curiosité, décision.

Claude : boiteuse (latin). Ce prénom est porté par environ 51 000 personnes en France. Il ne devrait pas être attribué à plus de 50 bébés en 2012. Caractérologie : audace, direction, indépendance, dynamisme, assurance.

Claudette : boiteuse (latin). Ce prénom est porté par environ 42 000 personnes en France. Il ne devrait pas être attribué à plus de 50 bébés en 2012. Variante : Clodette. Caractérologie : autorité, innovation, énergie, ambition, organisation.

Claudia : boiteuse (latin). Ce prénom est porté par environ 14 000 personnes en France. Il est peu attribué aujourd'hui. Caractérologie : conscience, paix, sagesse, conseil, bienveillance.

Claudie : boiteuse (latin). Ce prénom est porté par environ 23 000 personnes en France. Il ne devrait pas être attribué à plus de 50 bébés en 2012. Caractérologie : ambition, innovation, énergie, autorité, décision.

Claudine : boiteuse (latin). Ce prénom est porté par environ 145 000 personnes en France. Il ne devrait pas être attribué à plus de 50 bébés en 2012. Religieuse au XVIIIe siècle, sainte Claudine fut prise dans la tourmente de la Révolution; elle fut décapitée avec ses sœurs du Carmel de Compiègne en 1794. Variantes : Claudelle, Claudiane, Claudina, Clodia, Clodine, Gladie, Klaudia. Variante occitane : Glaudia. Caractérologie : bienveillance, paix, conscience, conseil, résolution.

Claudy : boiteuse (latin). Ce prénom rare est porté par près de 700 personnes en France. Caractérologie : pratique, communication, adaptation, réalisation, enthousiasme.

Cléa : clef (latin). Ce prénom est porté par environ 6 000 personnes en France. Il figure dans le top 200 national. Tendance : stable. Caractérologie : adaptation, communication, pratique, enthousiasme, générosité.

Clélia : clef (latin). Ce prénom est porté par environ 5 000 personnes en France. Il est relativement peu attribué aujourd'hui. Caractérologie : bienveillance, paix, conscience, conseil, résolution.

Clélie : clef (latin). Ce prénom rare est porté par près de 800 personnes en France. Tendance : en croissance modérée. Caractérologie : direction, dynamisme, audace, assurance, indépendance.

Clémence : douceur, bonté (latin). Ce prénom est porté par environ 62 000 personnes en France. Il figure dans le top 50 national. Voir le zoom dédié à Clémence. Caractérologie : paix, conscience, bienveillance, conseil, sagesse.

Clémentine : douceur, bonté (latin). Ce prénom est porté par environ 26 000 personnes en France. Il figure dans le top 200 national. Tendance : stable. Variantes : Clémente, Clemmie. Caractérologie : audace, direction, indépendance, assurance, dynamisme.

Cléo : gloire, célébrité (grec). Ce prénom est porté par environ 3 000 personnes en France. Il est relativement peu attribué aujourd'hui. Variante : Cléonice. Caractérologie : achèvement, leadership, vitalité, stratégie, ardeur.

Cléophée : célébrer (grec). Ce prénom rare est porté par près de 600 personnes en France. Tendance : en forte croissance. Caractérologie : amitié, bienveillance, paix, conseil, conscience.

CLÉMENCE

Fête : 21 mars

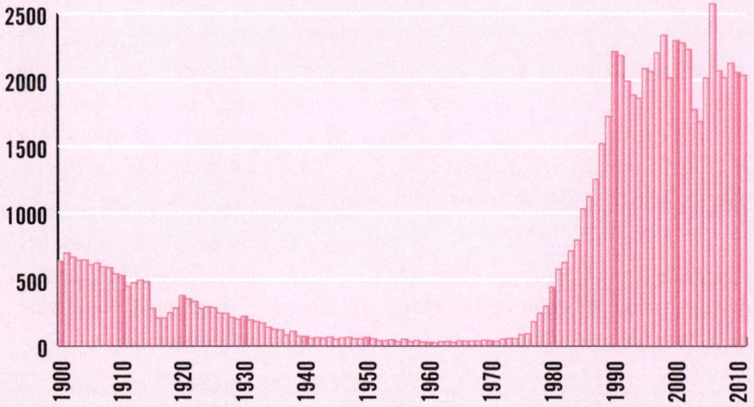

Étymologie : du latin *clemens*, « douceur, bonté ». À l'exception d'une brève envolée au XIXe siècle, la diffusion de Clémence a toujours été modeste. Ou insignifiante, comme dans les années 1950 où elle a failli disparaître des registres d'état civil. Ce qui ne l'a pas empêchée de renaître dans le sillon de Clément. Son envol, singulièrement lent, franchit un cap en 2006 : alors que Clément s'essouffle graduellement, elle bondit avec fracas dans le top 30 français. Elle pourrait rejoindre les 20 premiers rangs des classements parisien et national en 2012.

À l'international, Clémence peine à s'imposer en dehors de l'Hexagone. Contrairement à Lawrence, que l'on recense aux États-Unis, Clémence n'est pas anglophone. Une aubaine pour les amateurs de prénoms français. Au demeurant, son absence des palmarès francophones est surprenante. En attendant mieux, elle se satisfera d'une modeste avancée dans le palmarès wallon.

Notons que Clémentine n'a pas profité de l'essor de sa cousine pour rebondir. Ce prénom ancien, redécouvert dans les années 1990, devrait prénommer moins de 500 Françaises aujourd'hui. Il retrouvera ainsi son niveau d'attribution du début du XXe siècle.

Clémence de Hongrie devint reine de France et de Navarre en épousant Louis X en 1315. Veuve un an plus tard, elle mit au monde un fils, Jean Ier le Posthume, qui ne vécut que quatre jours. Elle se retira de la cour et entra au couvent des Dominicains d'Aix-en-Provence.

.../

Clémence *(suite)*

Veuve du comte de Spanheim au XIIe siècle, **sainte Clémence** se fit religieuse dans un couvent de Trèves, en Allemagne, où elle termina ses jours.

Personnalités célèbres : Clémence Boulouque, romancière française née en 1977 ; Clémence Saint-Preux, chanteuse française née en 1988.

Statistiques : Clémence est le 33e prénom féminin le plus donné en France depuis le début du XXIe siècle. On peut estimer qu'il sera attribué à une fille sur 192 en 2012.

Cléore : gloire, célébrité (grec). Ce prénom est porté par moins de 100 personnes en France. Caractérologie : raisonnement, ténacité, précision, organisation, fiabilité.

Clervie : pierre précieuse, bijou (celte). Ce prénom très rare est porté par près de 200 personnes en France. Dans l'Hexagone, Clervie est plus traditionnellement usité en Bretagne. Caractérologie : sociabilité, réceptivité, loyauté, diplomatie, bonté.

Clio : gloire, célébrité (grec). Dans la mythologie grecque, Clio, fille de Zeus et de Mnémosyne (déesse de la Mémoire), est la muse de l'Histoire. Ce prénom très rare est porté par près de 300 personnes en France. Caractérologie : optimisme, communication, créativité, logique, pragmatisme.

Cliona : dans la légende irlandaise, Cliona est une déesse d'une grande beauté qui s'éprend d'un mortel, Ciabhan, et quitte pour lui la Terre promise. Caractérologie : rectitude, humanité, rêve, logique, décision.

Cloé : jeune pousse (grec). Ce prénom est porté par environ 14 000 personnes en France. Il figure dans le top 200 national. Tendance : stable. Variante : Cloée. Caractérologie : achèvement, vitalité, ardeur, stratégie, leadership.

Clorinde : verdure (grec). Ce prénom est porté par moins de 100 personnes en France. Variantes : Chlora, Chloris, Clorinda, Cloris. Caractérologie : habileté, ambition, force, volonté, raisonnement.

Clothilde : célèbre, combattante (germanique). Ce prénom est porté par environ 5 000 personnes en France. Il est peu attribué aujourd'hui. Caractérologie : finesse, connaissance, sagacité, spiritualité, analyse.

Clotilde : célèbre, combattante (germanique). Ce prénom est porté par environ 17 000 personnes en France. Il est relativement peu attribué aujourd'hui. Peu après avoir épousé Clovis, le roi des Francs, Clotilde convainquit son époux de se convertir avec son armée au christianisme. Clovis fut baptisé par l'évêque de Reims en 496 et devint le premier roi chrétien de France. Dans l'Hexagone, Clotilde est plus traditionnellement usité dans les Flandres. Variante : Clotilda. Caractérologie : force, volonté, ambition, analyse, habileté.

Colette : victoire du peuple (grec). Ce prénom est porté par environ 150 000 personnes en France. Il est très peu attribué aujourd'hui. Tendance : en croissance modérée. Au XIVe siècle, sainte Colette fonda plusieurs couvents et modernisa de nombreux monastères en France et en Allemagne. Elle est la patronne des servantes. Caractérologie : achèvement, stratégie, ardeur, vitalité, leadership.

Coline : victoire du peuple (grec). Ce prénom est porté par environ 18 000 personnes en France. Il figure dans le top 200 national. Tendance : en décroissance modérée. Variantes : Colline, Collyne, Colyne. Caractérologie : méthode, engagement, fiabilité, ténacité, raisonnement.

Colleen : victoire du peuple (grec). Ce prénom est porté par environ 1 000 personnes en France. Il est très peu attribué aujourd'hui. Variante : Coleen. Caractérologie : pragmatisme, communication, créativité, optimisme, sociabilité.

Colombe : colombe (espagnol). Ce prénom est porté par environ 2 000 personnes en France. Il est peu attribué aujourd'hui. Tendance : en croissance modérée. Caractérologie : relationnel, intuition, médiation, volonté, fidélité.

Colombine : colombe (espagnol). Ce prénom très rare est porté par près de 190 personnes en France. Variante corse et occitane : Colomba. Caractérologie : intelligence, méditation, savoir, volonté, raisonnement.

Constance : constante (latin). Ce prénom, porté par environ 16 000 Françaises, figure dans le top 200 national. Tendance : stable. Aussi belle que revêche, Constance d'Arles devint reine de France en épousant Robert II le Pieux en 1003. Mère du futur roi Henri Ier, elle manigança en vain pour que son second fils Robert accède au trône (il devint duc de Bourgogne). Pour sa part, Constance de Castille prit la succession d'Aliénor d'Aquitaine à la tête du royaume en épousant Louis VII en 1154. Variante : Connie. Variante occitane : Constancia. Caractérologie : méthode, engagement, ténacité, fiabilité, gestion.

Constantine : constante (latin). Ce prénom très rare est porté par près de 110 personnes en France. Variante : Constantina. Caractérologie : ambition, force, habileté, décision, logique.

Consuelo : consolation (espagnol). Ce prénom très rare est porté par près de 400 personnes en France. Caractérologie : audace, découverte, énergie, originalité, séduction.

Cora : jeune fille (grec). Ce prénom très rare est porté par près de 500 personnes en France. Caractérologie : direction, audace, dynamisme, analyse, indépendance.

Coralie : jeune fille (grec). Ce prénom est porté par environ 54 000 personnes en France. Il est relativement peu attribué aujourd'hui. Variantes : Coralia, Corélia, Corélie, Koralie. Caractérologie : altruisme, idéalisme, intégrité, décision, logique.

Coraline : jeune fille (grec). Ce prénom est porté par environ 8 000 personnes en France. Il est peu attribué aujourd'hui. Variante : Coralyne. Caractérologie : courage, curiosité, détermination, dynamisme, raisonnement.

Coraly : jeune fille (grec). Ce prénom rare est porté par près de 700 personnes en France. Caractérologie : sociabilité, réceptivité, diplomatie, loyauté, logique.

Corantine : amie (celte). Ce prénom est porté par moins de 100 personnes en France. Caractérologie : rectitude, humanité, rêve, raisonnement, détermination.

Cordélia : cœur (latin). Ce prénom très rare est porté par près de 160 personnes en France. Caractérologie : persévérance, sécurité, analyse, volonté, structure.

Corentine : amie (celte). Ce prénom rare est porté par près de 1 000 personnes en France. Caractérologie : engagement, méthode, ténacité, fiabilité, raisonnement.

Corina : jeune fille (grec). Ce prénom très rare est porté par près de 130 personnes en France. Caractérologie : famille, décision, logique, équilibre, sens des responsabilités.

Corine : jeune fille (grec). Ce prénom est porté par environ 17 000 personnes en France. Il ne devrait pas être attribué à plus de 50 bébés en 2012. Caractérologie : innovation, énergie, autorité, ambition, logique.

Corinne : jeune fille (grec). Ce prénom est porté par environ 160 000 personnes en France. Il ne devrait pas être attribué à plus de 50 bébés en 2012. Variantes : Coria, Corie, Cory, Corianne, Corinna, Corrinne, Korine. Caractérologie : bienveillance, paix, conseil, conscience, logique.

Cornélia : cornue, corneille (latin). Ce prénom très rare est porté par près de 500 personnes en France. Variante : Cornélie. Caractérologie : curiosité, analyse, dynamisme, résolution, courage.

Corrine : jeune fille (grec). Ce prénom rare est porté par près de 700 personnes en France. Caractérologie : autorité, énergie, innovation, logique, ambition.

Cosette : victoire du peuple (grec). Ce prénom est porté par environ 1 000 personnes en France. Tendance : stable. Caractérologie : conscience, conseil, bienveillance, paix, organisation.

Cosima : univers (grec). Ce prénom très rare est porté par près de 120 personnes en France. Variante : Cosma. Caractérologie : famille, raisonnement, influence, équilibre, sens des responsabilités.

Courtney : de la cour (vieil anglais). Ce prénom est porté par moins de 100 personnes en France. Caractérologie : fiabilité, sympathie, méthode, ténacité, analyse.

Cristel : messie (grec). Ce prénom rare est porté par près de 700 personnes en France. Variante : Crystel. Caractérologie : audace, découverte, énergie, détermination, organisation.

Cristelle : messie (grec). Ce prénom est porté par environ 2 000 personnes en France. Il ne devrait pas être attribué à plus de 50 bébés en 2012. Caractérologie : structure, sécurité, persévérance, organisation, détermination.

Cristina : messie (grec). Ce prénom est porté par environ 3 000 personnes en France. Tendance : en croissance modérée. Cristina est répandu dans les pays hispanophones. Caractérologie : pratique, communication, gestion, enthousiasme, décision.

Crystal : messie (grec). Ce prénom est porté par environ 1 000 personnes en France. Il est peu attribué aujourd'hui. Variante : Cristal. Caractérologie : vitalité, achèvement, stratégie, gestion, réalisation.

Cybélia : prophétesse (grec). Ce prénom très rare est porté par près de 300 personnes en France. Caractérologie : communication, pragmatisme, amitié, créativité, sociabilité.

Cylia : aveugle (latin). Voir Cécile. Ce prénom est porté par environ 1 000 personnes en France. Il est très peu attribué aujourd'hui. Variante : Cyliane. Caractérologie : énergie, originalité, séduction, audace, découverte.

Cyndel : divine (latin). Ce prénom très rare est porté par près de 200 personnes en France. Variante : Cyndelle. Caractérologie : ouverture d'esprit, rectitude, humanité, rêve, bonté.

Cyndie : divine (latin). Ce prénom est porté par environ 2 000 personnes en France. Il ne devrait pas être attribué à plus de 50 bébés en 2012. Variantes : Cyndia, Cyndy. Caractérologie : sens des responsabilités, cœur, équilibre, famille, influence.

Cynthia : divine (latin). Ce prénom est porté par environ 22 000 personnes en France. Il est très peu attribué aujourd'hui. Variantes : Cyntia, Synthia. Caractérologie : achèvement, vitalité, stratégie, attention, action.

Cyprienne : qui vient de Chypre (grec). Ce prénom rare est porté par près de 500 personnes en France. Variantes : Cypriane, Cyprielle, Cyprine. Caractérologie : dynamisme, audace, indépendance, direction, sympathie.

Cyra : soleil (perse), seigneur (grec). Variantes : Kira, Kyra. Caractérologie : relationnel, médiation, fidélité, adaptabilité, intuition.

Cyriane : seigneur (grec). Ce prénom très rare est porté par près de 500 personnes en France. Variantes : Cyrianne, Cyrienne, Cyrine, Cyrinne. Caractérologie : communication, enthousiasme, pratique, résolution, sympathie.

Cyrielle : seigneur (grec). Ce prénom est porté par environ 10 000 personnes en France. Il est relativement peu attribué aujourd'hui. Variantes : Cyriel, Cyrièle. Caractérologie : cœur, achèvement, stratégie, ardeur, vitalité.

Cyrille : seigneur (grec). Ce prénom est porté par environ 2 000 personnes en France. Il ne devrait pas être attribué à plus de 50 bébés en 2012. Variantes : Cirila, Cyrilla. Caractérologie : communication, pragmatisme, optimisme, cœur, créativité.

Dagmar : servante de jour (scandinave). Ce prénom est porté par moins de 100 personnes en France. Caractérologie : force, ambition, passion, habileté, réalisation.

Dahlia : rameau en fleurs (hébreu). Ce prénom rare est porté par près de 500 personnes en France. Tendance : en forte croissance. Caractérologie : passion, force, management, ambition, habileté.

Daïna : sagesse, jugement (hébreu). Ce prénom très rare est porté par près de 300 personnes en France. Variante : Daïana. Caractérologie : fidélité, relationnel, médiation, détermination, intuition.

Daisy : fleur (anglais). Ce prénom est porté par environ 4 000 personnes en France. Tendance : en croissance modérée. Caractérologie : méthode, fiabilité, engagement, réussite, ténacité.

Dalia : fleur, vigne (arabe), rameau en fleurs (hébreu). Ce prénom est porté par environ 1 000 personnes en France. Il est peu attribué aujourd'hui. Tendance : en croissance modérée. Variantes : Dalhia, Dalya, Daly. Caractérologie : humanité, rectitude, rêve, générosité, tolérance.

Dalila : guide (arabe), coquette (hébreu). Ce prénom est porté par environ 11 000 personnes en France. Il ne devrait pas être attribué à plus de 50 bébés en 2012. Variante : Dalilah. Caractérologie : adaptation, pratique, enthousiasme, générosité, communication.

Dalla : rameau en fleurs (hébreu). Ce prénom très rare est porté par près de 300 personnes en France. Caractérologie : communication, pragmatisme, optimisme, créativité, sociabilité.

Damaris : mollet (grec). Ce prénom très rare est porté par près de 200 personnes en France. Caractérologie : relationnel, fidélité, médiation, intuition, adaptabilité.

Damia : dompter (grec). Ce prénom très rare est porté par près de 120 personnes en France. Dans la mythologie grecque, Damia est la déesse de la Terre et de la Fertilité. Caractérologie : dynamisme, audace, direction, indépendance, assurance.

Damienne : dompter (grec). Ce prénom rare est porté par près de 600 personnes en France. Variante : Damiane. Caractérologie : intuition, médiation, relationnel, fidélité, résolution.

Dana : Dieu est mon juge (hébreu). Ce prénom est porté par environ 2 000 personnes en France. Il est très peu attribué aujourd'hui. Ce lointain dérivé de Dan est en vogue en Israël et dans les pays anglophones. Variantes : Danaëlle, Danna. Caractérologie : réceptivité, loyauté, sociabilité, diplomatie, bonté.

Danaé : dans la mythologie grecque, Danaé est la mère de Persée. Ce prénom est porté par environ 1 000 personnes en France. Tendance : stable. Variante : Danaée. Caractérologie : connaissance, spiritualité, originalité, sagacité, philosophie.

Dania : Dieu est mon juge (hébreu). Ce prénom rare est porté par près de 700 personnes en France. Variante basque : Dani. Caractérologie : sociabilité, loyauté, diplomatie, décision, réceptivité.

Danica : l'étoile du matin (slave). Ce prénom est porté par moins de 100 personnes en France. Caractérologie : découverte, originalité, résolution, audace, énergie.

Danie : Dieu est mon juge (hébreu). Ce prénom rare est porté par près de 500 personnes en France. Variante : Dannie. Caractérologie : paix, conscience, conseil, bienveillance, détermination.

Daniela : Dieu est mon juge (hébreu). Ce prénom est porté par environ 2 000 personnes en France. Il est très peu attribué aujourd'hui. Caractérologie : direction, audace, indépendance, dynamisme, détermination.

Danièle : Dieu est mon juge (hébreu). Ce prénom est porté par environ 79 000 personnes en France. Il ne devrait pas être attribué à plus de 50 bébés en 2012. Caractérologie : courage, dynamisme, curiosité, indépendance, détermination.

Daniella : Dieu est mon juge (hébreu). Ce prénom est porté par environ 1 000 personnes en France. Tendance : stable. Caractérologie : persévérance, efficacité, sécurité, structure, décision.

Danielle : Dieu est mon juge (hébreu). Ce prénom est porté par environ 148 000 personnes en France. Il ne devrait pas être attribué à plus de 50 bébés en 2012. Caractérologie : achèvement, vitalité, ardeur, stratégie, résolution.

Danny : Dieu est mon juge (hébreu). Ce prénom rare est porté par près de 500 personnes en France. Caractérologie : persévérance, structure, sécurité, efficacité, réalisation.

Dany : Dieu est mon juge (hébreu). Ce prénom est porté par environ 8 000 personnes en France. Il ne devrait pas être attribué à plus de 50 bébés en 2012. Caractérologie : achèvement, vitalité, réussite, stratégie, ardeur.

Daphné : laurier (grec). Ce prénom est porté par environ 7 000 personnes en France. Il est relativement peu attribué aujourd'hui. Dans la mythologie grecque, Daphné se métamorphose en laurier afin d'échapper aux avances incessantes d'Apollon. Ce dernier, la trouvant figée sur les rives du fleuve Pénée, la supplie d'orner sa chevelure de ses rameaux. Une consolation qu'elle lui octroie. Variantes : Dafné, Daphney. Caractérologie : adaptation, communication, pratique, enthousiasme, réussite.

Daphnée : laurier (grec). Ce prénom est porté par environ 2 000 personnes en France. Il est très peu attribué aujourd'hui. Caractérologie : passion, ambition, force, réussite, habileté.

Dara : chêne (celte), perle de sagesse (hébreu). Ce prénom est porté par moins de 100 personnes en France. Caractérologie : bienveillance, conscience, paix, conseil, sagesse.

Daria : instruite, cultivée (arabe), détentrice du bien (grec). Ce prénom rare est porté par près de 600 personnes en France. Tendance : en croissance modérée. Dans l'Hexagone, Daria est plus traditionnellement usité en Corse. Variante : Dari. Caractérologie : bienveillance, conscience, paix, conseil, sagesse.

Darina : détentrice du bien (grec). Ce prénom très rare est porté par près de 300 personnes en France. Variantes : Dariane, Darie, Darine. Caractérologie : sociabilité, réceptivité, loyauté, détermination, diplomatie.

Darlène : tendrement aimée (anglais). Ce prénom très rare est porté par près de 400 personnes en France. Variante : Darline. Caractérologie : décision, curiosité, dynamisme, courage, indépendance.

Davina : aimée, chérie (hébreu). Ce prénom est porté par environ 2 000 personnes en France. Il ne devrait pas être attribué à plus de 50 bébés en 2012. Variante : Davia. Caractérologie : famille, sens des responsabilités, équilibre, influence, décision.

Dawn : aube (anglais). Ce prénom est porté par moins de 100 personnes en France. Caractérologie : influence, équilibre, famille, sens des responsabilités, exigence.

Day : journée (anglais). Caractérologie : optimisme, pragmatisme, créativité, réalisation, communication.

Daya : oiseau (hébreu). Ce prénom est porté par moins de 100 personnes en France. Caractérologie : méthode, ténacité, engagement, réalisation, fiabilité.

Dayana : lumière éclatante (arabe). Ce prénom très rare est porté par près de 500 personnes en France. Variante : Dayane. Caractérologie : énergie, innovation, autorité, réalisation, ambition.

Déa : opinion (hébreu). Ce prénom est porté par moins de 100 personnes en France. Caractérologie : autorité, autonomie, énergie, innovation, ambition.

Déanna : vallée (vieil anglais). Ce prénom est porté par moins de 100 personnes en France. Variantes : Déana, Déanne. Caractérologie : communication, pragmatisme, sociabilité, créativité, optimisme.

Débora : abeille (hébreu). Ce prénom est porté par environ 2 000 personnes en France. Il ne devrait pas être attribué à plus de 50 bébés en 2012. Caractérologie : altruisme, détermination, volonté, idéalisme, intégrité.

Déborah : abeille (hébreu). Ce prénom est porté par environ 30 000 personnes en France. Il est relativement peu attribué aujourd'hui. Prophétesse et juge dans la Bible, Déborah mène les Israélites vers la victoire sur l'armée cananéenne. Sous son égide, le peuple hébreu connaît une période de paix de quarante années. Variantes : Debbie, Devora. Caractérologie : stratégie, vitalité, achèvement, caractère, attention.

Debra : abeille (hébreu). Ce prénom très rare est porté par près de 300 personnes en France. Caractérologie : communication, pratique, adaptation, enthousiasme, résolution.

Délia : fleur, vigne (arabe). Ce prénom est porté par environ 2 000 personnes en France. Il est très peu attribué aujourd'hui. Variantes : Delhia, Dhelia, Delya. Caractérologie : persévérance, structure, sécurité, décision, efficacité.

Delphine : dauphin (latin). Ce prénom est porté par environ 123 000 personnes en France. Il est très peu attribué aujourd'hui. Née dans le Vaucluse en 1280, sainte Delphine épousa Éléazar de Sabran et persuada ce dernier de ne pas consommer leur mariage. Veuve, elle se consacra aux œuvres charitables et termina sa vie dans une grande pauvreté. Variantes : Dauphine, Delfine, Delphe, Delphie, Delphina, Delphy. Variante bretonne et corse : Delfina. Caractérologie : innovation, énergie, action, autorité, cœur.

Delta : nom de la quatrième lettre de l'alphabet grec. Caractérologie : équilibre, sens des responsabilités, famille, influence, organisation.

Les prénoms parisiens

La mairie de Paris a publié la liste des prénoms déclarés à l'état civil entre 2004 et 2010 sur son site internet Opendata.paris.fr. Ci-dessous le classement des 20 prénoms les plus attribués dans la capitale en 2010 :

Filles

1. Louise
2. Chloé
3. Camille
4. Emma
5. Sarah
6. Alice
7. Inès
8. Éva
9. Jeanne
10. Léa
11. Lina
12. Juliette
13. Anna
14. Manon
15. Jade
16. Mathilde
17. Lou
18. Anaïs
19. Clara
20. Charlotte

Garçons

1. Gabriel
2. Arthur
3. Raphaël
4. Adam
5. Louis
6. Alexandre
7. Paul
8. Maxime
9. Victor
10. Lucas
11. Antoine
12. Nathan
13. Sacha
14. Jules
15. Thomas
16. Mohamed
17. Hugo
18. Enzo
19. Samuel
20. Oscar

Commentaires et observations

Si le top 20 des régions ressemble au palmarès national, le millésime parisien est unique en son genre. À commencer par son sommet. Gabriel et Louise règnent sans partage sur la capitale depuis 2007. En devançant Emma et Lucas de plusieurs rangs, ils ne leur laissent aucune chance de les détrôner. De leur côté, Sacha, Lou, Victor, Alice, Oscar et huit autres prénoms brillent à Paris sans avoir jamais figuré dans l'élite nationale. Certaines vedettes françaises s'en trouvent déclassées. Comme Jade et Enzo, relégués dans les derniers rangs du tableau, ou Mathis, qui peine à s'y imposer. Quant à Lilou et Timéo, ils ne figurent même pas dans les 100 premières attributions !

Les Parisiens boudent les prénoms nouveaux et se méfient des innovations. Une attitude qui affecte les sonorités les plus en vogue. Ainsi, les terminaisons d'Ethan et Nolan n'ont guère fait d'émules, pas plus que les désinences en « éo ». Un embargo qui a fait des victimes collatérales : Mathéo n'a peut-être pas percé parce qu'il semblait trop « neuf », mais Léo, avec son côté rétro, n'avait aucune excuse !

La diversité du palmarès parisien, reflet d'une population hétérogène, exclut toute invasion de désinence dominante. En se plaçant seizième alors qu'il pointe au 32e rang des attributions nationales, Mohamed fait valoir l'importance de la communauté musulmane de Paris.

…/

Les prénoms parisiens *(suite)*

Il en va de même pour Samuel, un choix judaïque plus attribué à l'échelle parisienne que nationale. Certains prénoms s'inscrivent dans cette diversité en revendiquant des origines plurielles. C'est le cas d'Adam et Lina, qui confirment l'attrait exercé par leur multiculturalisme (voir les zooms dédiés à ces prénoms). Restent les internationaux Anna, Sarah, Eliott, Victor et Oscar, qui font florès précisément parce qu'ils peuvent être choisis par n'importe quelles familles vivant à Paris.

Le registre classique, moteur d'une innovation toute parisienne, a relancé la carrière française de certains prénoms. Depuis qu'ils ont conquis la ville de Lutèce, Adam, Louis, Arthur, Gabriel, Alice, Jeanne et Louise se propagent dans l'Hexagone. Mais l'influence joue dans les deux sens. Ainsi, Chloé s'est envolée à Paris bien après s'être imposée dans l'élite nationale. Une mécanique qui pourrait bientôt propulser Nathan, Rose et Lily dans le panthéon parisien.

Denise : fille de Dieu (grec). Ce prénom est porté par environ 175 000 personnes en France. Il ne devrait pas être attribué à plus de 50 bébés en 2012. Variantes : Denia, Deniz, Denize, Dionne. Variante occitane : Danisa. Caractérologie : intuition, relationnel, médiation, fidélité, détermination.

Denyse : fille de Dieu (grec). Ce prénom rare est porté par près de 1 000 personnes en France. Caractérologie : rectitude, humanité, ouverture d'esprit, rêve, réussite.

Désirée : désirée (latin). Ce prénom est porté par environ 3 000 personnes en France. Il ne devrait pas être attribué à plus de 50 bébés en 2012. Caractérologie : intuition, relationnel, fidélité, résolution, médiation.

Déva : deva est le terme qui désigne les dieux en sanscrit. Les deva sont une partie intégrante de la culture hindoue. Ce prénom très rare est porté par près de 400 personnes en France. Caractérologie : originalité, séduction, découverte, énergie, audace.

Diana : divine (latin). Ce prénom est porté par environ 7 000 personnes en France. Il est peu attribué aujourd'hui. Diana est particulièrement répandu dans les pays anglophones. Variante : Dianna. Caractérologie : fidélité, intuition, relationnel, médiation, résolution.

Diandra : fleur de Dieu (grec). Ce prénom est porté par moins de 100 personnes en France. Caractérologie : bienveillance, conscience, conseil, résolution, paix.

Diane : divine (latin). Ce prénom est porté par environ 17 000 personnes en France. Il est relativement peu attribué aujourd'hui. Dans la mythologie romaine, Diane est la déesse de la Chasse. Elle est l'équivalent de la déesse grecque Artémis. Variante : Dianne. Caractérologie : éthique, famille, influence, résolution, équilibre.

Dianthe : fleur de Dieu (grec). Caractérologie : spiritualité, connaissance, résolution, finesse, sagacité.

Dilan : mer (gallois). Ce prénom très rare est porté par près de 300 personnes en France. Variante : Dillan, Dilane, Dilhan, Dylane. Caractérologie : méthode, fiabilité, ténacité, engagement, résolution.

Dilara : aimante (turc). Ce prénom est porté par environ 1 000 personnes en France. Caractérologie : idéalisme, altruisme, réflexion, dévouement, intégrité.

Dima : pluie fine (arabe). Ce prénom est porté par moins de 100 personnes en France. Caractérologie : humanité, rêve, rectitude, générosité, ouverture d'esprit.

Dina : celle pour laquelle justice a été faite (hébreu). Ce prénom est porté par environ 4 000 personnes en France. Il est relativement peu attribué aujourd'hui. Tendance : en croissance modérée. Variantes : Dinah, Dinna, Dyna. Caractérologie : direction, indépendance, audace, résolution, dynamisme.

Divine : divine (latin). Ce prénom rare est porté par près de 600 personnes en France. Variantes : Déva, Diva. Caractérologie : ouverture d'esprit, rêve, générosité, humanité, rectitude.

Djamila : d'une grande beauté physique et morale (arabe). Ce prénom est porté par environ 6 000 personnes en France. Il ne devrait pas être attribué à plus de 50 bébés en 2012. Variantes : Djamela, Djamella, Djamilla. Caractérologie : curiosité, charisme, dynamisme, courage, indépendance.

Djemila : d'une grande beauté physique et morale (arabe). Ce prénom rare est porté par près de 800 personnes en France. Variante : Djemilla. Caractérologie : résolution, intégrité, altruisme, idéalisme, réflexion.

Dolly : douleur (espagnol). Ce prénom rare est porté par près de 800 personnes en France. Caractérologie : découverte, énergie, audace, originalité, séduction.

Dolorès : douleur (espagnol). Ce prénom est porté par environ 10 000 personnes en France. Il ne devrait pas être attribué à plus de 50 bébés en 2012. Dolorès est très répandu en Espagne. Caractérologie : caractère, intelligence, savoir, méditation, logique.

Dominica : qui appartient au Seigneur (latin). Ce prénom très rare est porté par près de 400 personnes en France. Dans l'Hexagone, Dominica est plus traditionnellement usité au Pays basque. Caractérologie : audace, énergie, découverte, volonté, raisonnement.

Dominique : qui appartient au Seigneur (latin). Ce prénom est porté par environ 162 000 personnes en France. Il ne devrait pas être attribué à plus de 50 bébés en 2012. Variantes : Doma, Domitienne, Domitilde. Variante occitane : Domenga. Variantes basques : Dominixa, Dominixe. Caractérologie : caractère, force, ambition, habileté, logique.

Domitille : celle qui a soumis (latin). Ce prénom est porté par environ 3 000 personnes en France. Il est peu attribué aujourd'hui. Caractérologie : rectitude, humanité, volonté, raisonnement, rêve.

Dona : présent de Dieu (latin). Ce prénom très rare est porté par près de 300 personnes en France. Variantes : Donata, Donatella. Caractérologie : originalité, spiritualité, connaissance, sagacité, caractère.

Donatienne : présent de Dieu (latin). Ce prénom rare est porté par près de 900 personnes en France. Caractérologie : intuition, volonté, médiation, résolution, relationnel.

Donia : source de vie, richesse (arabe), qui appartient au Seigneur (latin). Ce prénom est porté par environ 3 000 personnes en France. Il est très peu attribué aujourd'hui. Caractérologie : savoir, méditation, volonté, intelligence, résolution.

Donna : présent de Dieu (latin). Ce prénom rare est porté par près de 600 personnes en France. Caractérologie : communication, enthousiasme, adaptation, pratique, caractère.

Donya : source de vie, richesse (arabe), qui appartient au Seigneur (latin). Ce prénom très rare est porté par près de 300 personnes en France. Caractérologie : curiosité, volonté, dynamisme, réalisation, courage.

Dora : don de Dieu (grec). Ce prénom est porté par environ 2 000 personnes en France. Il ne devrait pas être attribué à plus de 50 bébés en 2012. Caractérologie : relationnel, médiation, intuition, fidélité, adaptabilité.

Dorcas : gazelle (hébreu). Ce prénom très rare est porté par près de 200 personnes en France. Caractérologie : paix, bienveillance, conseil, raisonnement, conscience.

Doria : grecque (latin). Ce prénom rare est porté par près de 900 personnes en France. Caractérologie : sociabilité, diplomatie, réceptivité, loyauté, bonté.

Doriana : grecque (latin). Ce prénom très rare est porté par près de 300 personnes en France. Tendance : en forte croissance. Caractérologie : achèvement, volonté, vitalité, résolution, stratégie.

Doriane : grecque (latin). Ce prénom est porté par environ 10 000 personnes en France. Il est très peu attribué aujourd'hui. Variante : Doryane. Caractérologie : pragmatisme, communication, décision, optimisme, caractère.

Dorianne : grecque (latin). Ce prénom rare est porté par près de 1 000 personnes en France. Variantes : Dorienne, Dorielle. Caractérologie : habileté, résolution, ambition, volonté, force.

Dorina : don de Dieu (grec). Ce prénom très rare est porté par près de 190 personnes en France. Variante : Dorinda. Caractérologie : connaissance, sagacité, spiritualité, décision, caractère.

Dorine : don de Dieu (grec). Ce prénom est porté par environ 6 000 personnes en France. Il est très peu attribué aujourd'hui. Variantes : Doreen, Dorie, Dorinne, Doryne. Caractérologie : sociabilité, réceptivité, loyauté, diplomatie, volonté.

Doris : grecque (latin). Ce prénom est porté par environ 5 000 personnes en France. Il ne devrait pas être attribué à plus de 50 bébés en 2012. Variantes : Dorice, Dorys. Caractérologie : relationnel, médiation, intuition, fidélité, adaptabilité.

Dorothée : don de Dieu (grec). Ce prénom est porté par environ 18 000 personnes en France. Il ne devrait pas être attribué à plus de 50 bébés en 2012. Variantes : Dorothé, Dot. Variante basque : Dorothea. Caractérologie : idéalisme, altruisme, intégrité, volonté, finesse.

Dorothy : don de Dieu (grec). Ce prénom très rare est porté par près de 300 personnes en France. Caractérologie : conscience, paix, bienveillance, conseil, ressort.

Dorra : don de Dieu (grec). Ce prénom très rare est porté par près de 190 personnes en France. Caractérologie : intuition, relationnel, médiation, fidélité, adaptabilité.

Dounia : source de vie, richesse (arabe). Ce prénom est porté par environ 7 000 personnes en France. Il est relativement peu attribué aujourd'hui. Variante : Dounya. Caractérologie : volonté, analyse, innovation, autorité, énergie.

Dova : colombe (anglais). Caractérologie : exigence, équilibre, famille, sens des responsabilités, influence.

Dulce : douce (latin). Ce prénom très rare est porté par près de 170 personnes en France. Variantes : Dulcie, Dulcina. Caractérologie : rectitude, humanité, ouverture d'esprit, générosité, rêve.

Dune : prénom attribué à Frank Herbert, auteur du livre de science-fiction *Dune*. Ce prénom très rare est porté par près de 300 personnes en France. Caractérologie : stratégie, achèvement, vitalité, ardeur, leadership.

Eda : richesse, combat (germanique). Ce prénom est porté par environ 1 000 personnes en France. Il est très peu attribué aujourd'hui. Caractérologie : audace, direction, indépendance, dynamisme, assurance.

Éden : paradis (hébreu). Ce prénom, porté par environ 5 000 Françaises, figure dans le top 200 national. Tendance : en forte croissance. Éden est un personnage de l'Ancien Testament dont on sait peu de choses. Dans la Bible, le jardin d'Éden désigne le lieu où vécurent Adam et Ève, le premier couple de l'humanité. Voir l'encadré dédié aux prénoms mixtes. Variantes : Édena, Édène. Caractérologie : énergie, innovation, autonomie, ambition, autorité.

Edia : riche amie (germanique). Caractérologie : direction, audace, dynamisme, détermination, indépendance.

Édina : prospère, plaisante (germanique). Ce prénom est porté par moins de 100 personnes en France. Variante : Édine. Caractérologie : sens des responsabilités, famille, influence, équilibre, détermination.

Édith : richesse, combat (germanique). Ce prénom est porté par environ 48 000 personnes en France. Il ne devrait pas être attribué à plus de 50 bébés en 2012. Variantes : Edita, Edite. Caractérologie : direction, audace, dynamisme, indépendance, finesse.

Edmée : riche protectrice (germanique). Ce prénom est porté par environ 2 000 personnes en France. Tendance : en croissance modérée. Variante : Edma. Caractérologie : dynamisme, courage, indépendance, curiosité, charisme.

Edmonde : riche protectrice (germanique). Ce prénom est porté par environ 4 000 personnes en France. Il ne devrait pas être attribué à plus de 50 bébés en 2012. Variantes : Edmonda, Edmondine. Caractérologie : équilibre, sens des responsabilités, volonté, influence, famille.

Edna : amande (irlandais), rajeunissement (hébreu). Ce prénom très rare est porté par près de 190 personnes en France. Variante : Etna. Caractérologie : équilibre, sens des responsabilités, famille, influence, exigence.

Édréa : prospère, puissante (germanique). Caractérologie : équilibre, famille, détermination, influence, sens des responsabilités.

Edwige : richesse, combat (germanique). Ce prénom est porté par environ 19 000 personnes en France. Il ne devrait pas être attribué à plus de 50 bébés en 2012. Variantes : Edvige, Edwig. Caractérologie : habileté, ambition, force, management, passion.

Edwina : riche amie (anglais). Ce prénom rare est porté par près de 600 personnes en France. Caractérologie : réceptivité, loyauté, sociabilité, résolution, diplomatie.

Églantine : nom de fleur à épines (latin). Ce prénom est porté par environ 3 000 personnes en France. Il est très peu attribué aujourd'hui. Variantes : Egléa, Eglée. Caractérologie : paix, détermination, amitié, conscience, bienveillance.

Eileen : éclat du soleil (grec). Ce prénom rare est porté par près de 1 000 personnes en France. Tendance : en croissance modérée. Variante : Aileen. Caractérologie : courage, curiosité, dynamisme, indépendance, charisme.

Elaia : hirondelle (basque). Ce prénom rare est porté par près de 600 personnes en France. Tendance : en forte croissance. Caractérologie : innovation, énergie, autorité, ambition, détermination.

Élaine : éclat du soleil (grec). Ce prénom très rare est porté par près de 300 personnes en France. Variantes : Élana, Élauna, Éléana. Caractérologie : direction, audace, indépendance, dynamisme, décision.

Élaura : éclat du soleil (grec). Ce prénom très rare est porté par près de 300 personnes en France. Dans l'Hexagone, Elaura est plus traditionnellement usité au Pays basque. Caractérologie : persévérance, structure, efficacité, résolution, sécurité.

Éléa : Dieu (hébreu), ou honneur (celte). Éléa pourrait également être une cousine d'Éléana ou Éléanor. Ce prénom, porté par environ 8 000 Françaises, figure dans le top 100 national. Tendance : stable. Variantes : Elléa, Iléa. Caractérologie : curiosité, indépendance, courage, dynamisme, charisme.

Éléana : éclat du soleil (grec). Ce prénom rare est porté par près de 800 personnes en France. Tendance : en forte croissance. Variante : Éléane. Caractérologie : médiation, intuition, relationnel, adaptabilité, fidélité.

Éléanor : compassion (grec). Ce prénom rare est porté par près de 900 personnes en France. Variantes : Eleanore, Éléanora. Caractérologie : analyse, sagacité, connaissance, spiritualité, résolution.

Electra : étoile brillante (grec). Ce prénom est porté par moins de 100 personnes en France. Dans la mythologie grecque,

Électre, la fille d'Agamemnon, aide son frère Oreste à venger l'assassinat de leur père. Caractérologie : dynamisme, organisation, direction, résolution, audace.

Elen : éclat du soleil (grec). Ce prénom rare est porté par près de 500 personnes en France. Tendance : en croissance modérée. Caractérologie : humanité, ouverture d'esprit, rectitude, rêve, générosité.

Elena : éclat du soleil (grec). Ce prénom, porté par environ 13 000 Françaises, figure dans le top 100 national. Tendance : en croissance modérée. Ce prénom basque et occitan est très répandu dans les pays hispanophones et en Italie. Variantes : Elene, Ellena, Elenie, Elenoa. Caractérologie : autorité, innovation, ambition, autonomie, énergie.

Éléonora : compassion (grec). Ce prénom très rare est porté par près de 300 personnes en France. Tendance : en forte croissance. Variantes : Elenore, Eléona, Ellinor, Elna, Elnora. Caractérologie : structure, décision, sécurité, persévérance, logique.

Éléonore : compassion (grec). Ce prénom est porté par environ 16 000 personnes en France. Il figure dans le top 200 national. Tendance : stable. Variantes : Aenor, Alienore, Alianor, Elinor, Elinore, Eléonor, Elénore, Héléonore. Caractérologie : ardeur, vitalité, stratégie, achèvement, logique.

Elfie : noble paix (germanique). Ce prénom très rare est porté par près de 500 personnes en France. Tendance : en forte croissance. Variantes : Elfi, Elphie. Caractérologie : innovation, analyse, autorité, énergie, ambition.

Elfy : noble paix (germanique). Ce prénom très rare est porté par près de 170 personnes en France. Tendance : en forte croissance. Caractérologie : pratique, adaptation, enthousiasme, communication, cœur.

Elga : heureuse (germanique). Ce prénom est porté par moins de 100 personnes en France. Caractérologie : méditation, indépendance, intelligence, savoir, bonté.

Élia : le Seigneur est mon Dieu (hébreu). Ce prénom est porté par environ 4 000 personnes en France. Il est relativement peu attribué aujourd'hui. Dans l'Hexagone, Élia est plus traditionnellement usité en Corse. Malgré sa mixité, Élia est très largement attribué au féminin. Caractérologie : idéalisme, réflexion, altruisme, détermination, intégrité.

Éliana : voir Éliane. Ce prénom rare est porté par près de 800 personnes en France. Tendance : en forte croissance. Caractérologie : paix, bienveillance, conseil, conscience, résolution.

Éliane : ce prénom d'origine hébraïque pourrait être une forme d'Elia ou d'Élisabeth. Ce prénom est porté par environ 97 000 personnes en France. Il ne devrait pas être attribué à plus de 50 bébés en 2012. Variantes : Élyane, Élyanne. Caractérologie : ambition, innovation, résolution, autorité, énergie.

Élianne : voir Éliane. Ce prénom est porté par environ 2 000 personnes en France. Il ne devrait pas être attribué à plus de 50 bébés en 2012. Caractérologie : paix, bienveillance, conseil, conscience, décision.

Éliette : le Seigneur est mon Dieu (hébreu). Ce prénom est porté par environ 6 000 personnes en France. Tendance : en croissance modérée. Caractérologie : sécurité, persévérance, efficacité, structure, honnêteté.

Elif : prénom turc se rapportant à l'alif, la première lettre de l'alphabet arabe. Ce prénom est porté par environ 2 000 personnes en France. Il est relativement peu attribué aujourd'hui. Tendance : en croissance modérée. Caractérologie : logique, découverte, audace, originalité, énergie.

Élina : divine (hébreu). Ce prénom est porté par environ 7 000 personnes en France. Il figure dans le top 200 national. Tendance : en croissance modérée. Caractérologie : découverte, originalité, détermination, audace, énergie.

Éline : éclat du soleil (grec). Ce prénom est porté par environ 5 000 personnes en France. Il figure dans le top 200 national. Tendance : en croissance modérée. Variante : Élin. Caractérologie : humanité, rêve, rectitude, ouverture d'esprit, générosité.

Élinoa : contraction d'Ellie et Noa. Caractérologie : intuition, médiation, relationnel, résolution, analyse.

Éliona : mon Dieu est lumière (hébreu). Ce prénom est porté par moins de 100 personnes en France. Caractérologie : décision, logique, relationnel, médiation, intuition.

Éliora : Dieu est ma lumière (hébreu). Ce prénom très rare est porté par près de 140 personnes en France. Tendance : en forte croissance. Variante : Éléora. Caractérologie : équilibre, influence, raisonnement, exigence, sens des responsabilités.

Elis : de noble lignée (germanique). Ce prénom occitan est porté par moins de 100 personnes en France. Caractérologie : idéalisme, altruisme, réflexion, volonté, intégrité.

Élisa : Dieu est serment (hébreu). Ce prénom, porté par environ 41 000 Françaises, figure dans le top 50 national. Tendance : stable. Variantes : Alisha, Éliséa, Élisia, Elisha, Élicia, Élissia, Éliza. Caractérologie : énergie, ambition, autorité, innovation, décision.

Elisabete : Dieu est serment (hébreu). Ce prénom rare est porté par près de 600 personnes en France. Dans l'Hexagone, Elisabete est plus traditionnellement usité au Pays basque. Caractérologie : bienveillance, paix, conscience, détermination, organisation.

Élisabeth : Dieu est serment (hébreu). Ce prénom est porté par environ 136 000 personnes en France. Il est peu attribué aujourd'hui. Dans l'Ancien Testament, Élisabeth est la cousine de Marie et l'épouse de Zacharie. Alors qu'elle se résigne à ne jamais avoir d'enfant, elle parvient à engendrer quatre fils à un âge avancé. Jean, le futur saint Jean-Baptiste, est son premier-né. ♦ Sainte Élisabeth de Hongrie, surnommée « reine des pauvres », se consacra aux plus démunis au XIIIe siècle. Plusieurs reines et princesses ont illustré ce prénom rendu célèbre au XIXe siècle par Sissi, l'impératrice d'Autriche. Variantes : Babette, Bella, Belle, Bess, Bessie, Beth, Bettina, Betty, Betsey, Betsy, Elisabetta, Elsbeth, Élisheva, Elixane, Elixanne, Helixane, Helixanne, Leslie, Lesly, Liese, Lisbeth, Lillibeth, Libby. Caractérologie : détermination, altruisme, idéalisme, intégrité, sensibilité.

Les sonorités d'aujourd'hui et de demain

Penchons-nous sur les sonorités, les rythmes et les parcours empruntés par les prénoms dont la gloire est confirmée ou dont l'existence est à découvrir. Composés de deux syllabes et de cinq lettres, les prénoms qui triomphent depuis la fin des années 1990 sont courts. Le millésime 2012 confirme leur formidable longévité. Les terminaisons en « a » tiennent le haut du pavé, mais de nouvelles sonorités pourraient bientôt leur voler la vedette...

Les juxtapositions de voyelles

Malgré sa décrue, Léa continue de soutenir les terminaisons en « éa ». Issues de la nouvelle génération, Cléa, Eléa, Liséa et Théa ne la déçoivent pas en poursuivant leur progression. Elles pourraient, sous l'égide de Léane, créer la surprise.
Dans le même temps, la sonorité inversée « aé » gagne du terrain. Elle émerge, chaque année davantage, sous les formes d'Aglaé, Danaé et Maé. L'ascension d'Anaé/Hanaé, leur figure de proue, ne fait que le confirmer.

Les « a »

Après l'apogée d'Emma et Clara, l'avènement de Lina, Éva et Louna confirme la domination des terminaisons en « a ». Triomphe conforté par l'essor d'Ava, Léna, Lila, Luna, Maya, Mila, Nina, Sara et Sasha, et par l'irrésistible ascension de Nora(h), Farah et Rihan(n)a.

Les « ia »

Qu'elles soient rares ou répandues, anciennes ou nouvelles, les désinences qui riment avec Célia affichent des courbes de croissance ascendantes. Et pas seulement en France. Du moderne branché (Lia, Mia, Tia, Zia), au plus traditionnel (Alicia, Amélia, Julia, Olivia, Sofia, Sonia et Victoria), la montée des « ia » s'observe à l'échelle planétaire. Restent des perles plus ou moins rares dont la prospérité est plus spécifiquement française. Aélia, Clélia, Gaïa, Kélia, Leia, Lilia, Mélia, Noélia, Oria et Sélénia rencontrent un engouement national croissant.

Les « ie »

Malgré le repli de Marie, les sonorités en « ie » s'épanouissent dans le sillon de Lucie : Léonie s'élève dans le top 40 alors que Charlie et Zélie n'ont jamais prénommé autant de filles. Le succès de Lily, qui rime avec elles, confirme cette tendance. À quand le rebond de Noémie et Julie ?

.../

Élise : Dieu est serment (hébreu). Ce prénom est porté par environ 79 000 personnes en France. Il figure dans le top 50 national. Tendance : stable. Caractérologie : découverte, audace, énergie, résolution, originalité.

Élisée : Dieu a aidé (hébreu). Ce prénom très rare est porté par près de 170 personnes en France. Caractérologie : audace, direction, dynamisme, indépendance, détermination.

Les sonorités d'aujourd'hui et de demain *(suite)*

Les « is »

Après la gloire de Maëlys, les prénoms qui lui ressemblent n'ont jamais fait autant d'émules. Outre l'essor de Maïlys et Maëlis, l'émergence de Loïs, Thaïs et Athénaïs ne passe pas inaperçue. D'autant que la Slave Tanaïs est elle aussi sortie de l'anonymat. Ces perles rares ne sont pas moins distancées par Anaïs, qui s'accroche, cette année encore, dans le top 20 français. Elle est la source d'inspiration de Naïs, diminutif né en Provence à la fin des années 1970. Bien que la génération des prénoms en « is » soit plutôt issue des années 2000, des choix plus anciens ajoutent également leur pierre à l'édifice. Ainsi, la vétérante Candice revient en force. Relancera-t-elle la mode des Isis et des Iris ?

La fronde des autres sons

Dans cet ensemble de sonorités bien orchestrées, des rebelles clament leur différence. Ambre, Charlie, Clémence, Faustine, Gabrielle et Rose forment un bouquet de sonorités plurielles et gravissent néanmoins les échelons du top 100 français. Gageons que Blanche, Lison et Violette les y rejoindront prochainement.

Élissa : Dieu est serment (hébreu). Ce prénom rare est porté par près de 800 personnes en France. Tendance : en forte croissance. Princesse phénicienne, Élissa (Didon en latin) fuit la tyrannie de son frère Pygmalion, le roi de Tyr, et devient la reine fondatrice de la ville de Carthage. Refusant le mariage avec Larbas, Didon s'immolera afin de rester fidèle à son mari défunt. Ce personnage mythologique a inspiré nombre d'œuvres artistiques, comme l'Énéide de Virgile. Caractérologie : sociabilité, réceptivité, diplomatie, détermination, loyauté.

Elizabeth : Dieu est serment (hébreu). Ce prénom est porté par environ 4 000 personnes en France. Il ne devrait pas être attribué à plus de 50 bébés en 2012. Caractérologie : méditation, intelligence, décision, savoir, attention.

Ella : éclat du soleil (grec). Ce prénom est porté par environ 4 000 personnes en France. Il est relativement peu attribué aujourd'hui. Tendance : en croissance modérée. Caractérologie : enthousiasme, communication, pratique, adaptation, générosité.

Ellen : éclat du soleil (grec). Ce prénom rare est porté par près de 900 personnes en France. Voir Hélène. Caractérologie : communication, pratique, enthousiasme, générosité, adaptation.

Ellie : éclat du soleil (grec). Ce prénom rare est porté par près de 500 personnes en France. Tendance : en forte croissance. Variantes : Ellia, Elya. Caractérologie : intelligence, méditation, sagesse, savoir, indépendance.

Elly : éclat du soleil (grec). Ce prénom très rare est porté par près de 300 personnes en France. Tendance : en forte croissance. Caractérologie : amitié, intégrité, altruisme, réflexion, idéalisme.

Ellyn : éclat du soleil (grec). Ce prénom très rare est porté par près de 400 personnes en France. Variantes : Elyn, Ellynn. Caractérologie : dynamisme, curiosité, courage, indépendance, bonté.

Elma : protection, casque (germanique). Ce prénom très rare est porté par près de 400 personnes en France. Dans l'Hexagone, Elma est plus traditionnellement usité au Pays basque. Variante : Helma. Caractérologie : persévérance, structure, efficacité, sécurité, honnêteté.

Elmas : diamant (perse). Ce prénom très rare est porté par près de 110 personnes en France. Caractérologie : curiosité, dynamisme, indépendance, courage, charisme.

Elmire : princesse exaltée (arabe), qui vient de la ville d'Almeria (Andalousie, Espagne). Ce prénom très rare est porté par près de 190 personnes en France. Variantes : Almira, Elmira, Almyre, Elmyre. Caractérologie : vitalité, achèvement, stratégie, ardeur, leadership.

Éloa : lumière (celte). Ce prénom rare est porté par près de 500 personnes en France. Tendance : en forte croissance. Caractérologie : sagesse, bienveillance, conseil, paix, conscience.

Éloane : lumière (celte). Ce prénom, porté par environ 2 000 Françaises, figure dans le top 200 national. Tendance : en forte croissance. Dans l'Hexagone, Éloane est plus traditionnellement usité en Bretagne. Caractérologie : sagacité, connaissance, originalité, spiritualité, philosophie.

Élodie : propriété (latin). Ce prénom est porté par environ 157 000 personnes en France. Il est relativement peu attribué aujourd'hui. Variantes : Alodia, Elodia, Lodie. Variante basque : Elodi. Caractérologie : énergie, audace, caractère, découverte, logique.

Élody : propriété (latin). Ce prénom rare est porté par près de 1 000 personnes en France. Caractérologie : sagacité, connaissance, volonté, sympathie, spiritualité.

Éloïse : illustre au combat (germanique). Ce prénom est porté par environ 25 000 personnes en France. Il figure dans le top 100 national. Tendance : stable. Variante : Éloïsa. Caractérologie : réceptivité, sociabilité, diplomatie, détermination, raisonnement.

Élona : chêne (hébreu). Ce prénom est porté par environ 2 000 personnes en France. Il est peu attribué aujourd'hui. Caractérologie : intuition, relationnel, adaptabilité, fidélité, médiation.

Élora : éclat du soleil (grec). Ce prénom est porté par environ 3 000 personnes en France. Il est relativement peu attribué aujourd'hui. Caractérologie : conscience, paix, résolution, bienveillance, analyse.

Eloria : épine (basque). Caractérologie : décision, logique, paix, bienveillance, conscience.

Elorri : épine (basque). Ce prénom très rare est porté par près de 400 personnes en France. Variante : Elorie. Caractérologie : courage, curiosité, dynamisme, indépendance, raisonnement.

Elsa : Dieu est serment (hébreu). Ce prénom est porté par environ 36 000 personnes en France. Il figure dans le top 50 national. Tendance : stable. Variantes : Elza, Elsie. Caractérologie : direction, indépendance, dynamisme, assurance, audace.

Elsie : Dieu est serment (hébreu). Ce prénom rare est porté par près de 500 personnes en France. Caractérologie : curiosité, courage, indépendance, dynamisme, résolution.

Elvan : lumière (celte), une rose (turc). Ce prénom très rare est porté par près de 180 personnes en France. Dans l'Hexagone, Elvan est plus traditionnellement usité en Bretagne. Variantes : Elva, Elvie. Caractérologie : rectitude, humanité, rêve, tolérance, générosité.

Elvina : noble et fidèle (germanique). Ce prénom est porté par environ 1 000 personnes en France. Tendance : stable. Variante : Elvine. Caractérologie : altruisme, idéalisme, détermination, intégrité, réflexion.

Elvira : noble et fidèle (germanique). Ce prénom est porté par environ 1 000 personnes en France. Tendance : stable. Variantes : Elbira, Elvia. Caractérologie : structure, persévérance, sécurité, efficacité, décision.

Elvire : noble et fidèle (germanique). Ce prénom est porté par environ 3 000 personnes en France. Il ne devrait pas être attribué à plus de 50 bébés en 2012. Variante : Elwire. Caractérologie : passion, force, ambition, management, habileté.

Ely : le Seigneur est mon Dieu (hébreu). Ce prénom très rare est porté par près de 300 personnes en France. Caractérologie : bienveillance, paix, conscience, conseil, sympathie.

Elya : le Seigneur est mon Dieu (hébreu). Ce prénom est porté par environ 1 000 personnes en France. Il est relativement peu attribué aujourd'hui. Tendance : en forte croissance. Caractérologie : connaissance, sagacité, spiritualité, cœur, originalité.

Élyna : éclat du soleil (grec). Ce prénom rare est porté par près de 1 000 personnes en France. Tendance : en forte croissance. Caractérologie : communication, sympathie, adaptation, enthousiasme, pratique.

Élyne : éclat du soleil (grec). Ce prénom est porté par environ 2 000 personnes en France. Il est relativement peu attribué aujourd'hui. Tendance : en forte croissance. Variante : Elynn. Caractérologie : connaissance, sagacité, spiritualité, amitié, originalité.

Élysa : Dieu est serment (hébreu). Ce prénom rare est porté par près de 900 personnes en France. Variante : Élyssa. Caractérologie : vitalité, sympathie, ardeur, stratégie, achèvement.

Élyse : Dieu est serment (hébreu). Ce prénom est porté par environ 1 000 personnes en France. Il est très peu attribué aujourd'hui. Caractérologie : pragmatisme, créativité, communication, optimisme, sympathie.

Ema : universelle (germanique). Ce prénom est porté par environ 4 000 personnes en France. Il figure dans le top 200 national. Tendance : en croissance modérée. Caractérologie : autorité, ambition, innovation, énergie, autonomie.

Émelie : travailleuse (germanique). Ce prénom rare est porté par près de 1 000 personnes en France. Variantes : Émel, Émelia. Caractérologie : méthode, ténacité, fiabilité, engagement, sens du devoir.

Émeline : travailleuse (germanique). Ce prénom est porté par environ 33 000 personnes en France. Il figure dans le top 200 national. Tendance : en décroissance modérée. Caractérologie : générosité, rectitude, humanité, rêve, tolérance.

Émelyne : travailleuse (germanique). Ce prénom est porté par environ 3 000 personnes en France. Il est très peu attribué aujourd'hui. Variantes : Hemeline, Emeline. Caractérologie : idéalisme, bonté, réflexion, sympathie, intégrité.

Émerance : qui mérite (latin). Ce prénom très rare est porté par près de 130 personnes en France. Caractérologie : audace, dynamisme, direction, indépendance, résolution.

Émeraude : émeraude, pierre précieuse (espagnol). Ce prénom rare est porté par près de 500 personnes en France. Tendance : en croissance modérée. Variante : Emeralda. Caractérologie : humanité, rectitude, ouverture d'esprit, détermination, rêve.

Émerence : qui mérite (latin). Ce prénom est porté par moins de 100 personnes en France. Variantes : Émerentienne, Émerentine. Caractérologie : énergie, découverte, audace, séduction, originalité.

Émie : travailleuse (germanique). Ce prénom est porté par environ 3 000 personnes en France. Il est relativement peu attribué aujourd'hui. Tendance : en forte croissance. Variante japonaise : Emi. Caractérologie : curiosité, indépendance, courage, charisme, dynamisme.

Émilia : travailleuse (germanique). Ce prénom est porté par environ 5 000 personnes en France. Il est très peu attribué aujourd'hui. Dans l'Hexagone, Emilia est plus traditionnellement usité en Occitanie et au Pays basque. Variante : Emili. Caractérologie : fiabilité, méthode, engagement, ténacité, détermination.

Émilie : travailleuse (germanique). Ce prénom, porté par environ 173 000 Françaises, figure dans le top 100 national. Tendance : en décroissance modérée. Née en Auvergne au XIXe siècle, sainte Émilie fonda plusieurs institutions religieuses visant à éduquer les filles pauvres et à soigner les malades. Caractérologie : stratégie, achèvement, vitalité, ardeur, leadership.

Émilienne : travailleuse (germanique). Ce prénom est porté par environ 19 000 personnes en France. Il ne devrait pas être attribué à plus de 50 bébés en 2012. Variantes : Analie, Émiliana, Émiliane, Émilianne, Émiliette, Émmilienne. Caractérologie : énergie, découverte, audace, séduction, originalité.

Émiline : travailleuse (germanique). Ce prénom très rare est porté par près de 160 personnes en France. Variante : Émilyne. Caractérologie : efficacité, persévérance, sécurité, honnêteté, structure.

Émily : travailleuse (germanique). Ce prénom est porté par environ 4 000 personnes en France. Il est peu attribué aujourd'hui. Caractérologie : énergie, innovation, autorité, ambition, bonté.

Émine : loyale, digne de confiance (arabe). Ce prénom est porté par environ 1 000 personnes en France. Tendance : stable. Variante : Emina. Caractérologie : autorité, autonomie, innovation, énergie, ambition.

Emma : universelle (germanique). Ce prénom est porté par environ 108 000 personnes en France. Il figure dans le top 50 national. Voir le zoom dédié à Emma. Caractérologie : découverte, énergie, originalité, séduction, audace.

EMMA

Fête : 19 avril

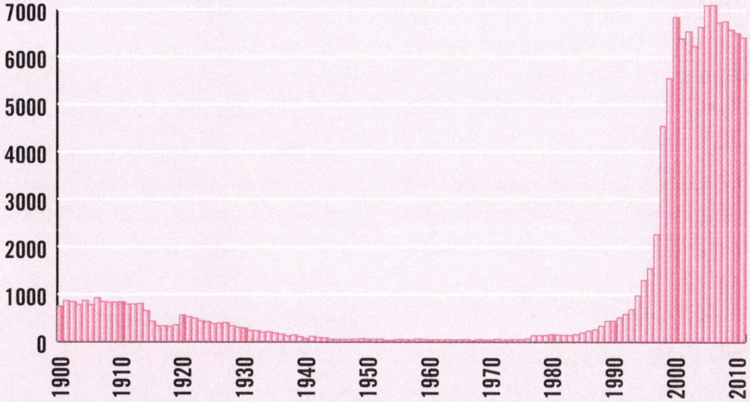

Étymologie : du germain *ermen,* « universelle ». Ce choix corse, germanique et slave est devenu l'un des prénoms phares du Vieux Continent. Rien ne semble ébranler son lustre dans les pays scandinaves, en Allemagne et aux États-Unis où Emma brille de mille feux. Ne nous étonnons pas de sa large diffusion en Grande-Bretagne puisque *Emma,* le roman de Jane Austen, en est originaire. Ce livre parut au XVIIIe siècle, au moment où la popularité du prénom battait son plein dans les milieux aristocrates. Un siècle plus tard, Gustave Flaubert relança sa carrière française en l'attribuant à l'héroïne de *Madame Bovary.*

Oubliée pendant près d'un siècle, Emma revient de plus belle dans les années 1990. Elle devrait régner pour la cinquième année consécutive sur le classement féminin.

Emma est très en faveur dans les régions francophones : première en Suisse romande, elle s'est imposée dans les tops 5 wallon et québécois. Mais sa vogue est telle qu'elle gagne aussi l'Espagne et l'Italie, les derniers bastions qui lui résistaient encore.

Sainte Emma vécut en Allemagne au XIe siècle. Devenue veuve prématurément, elle décida de se consacrer aux plus déshérités. Elle fit construire plusieurs églises et un monastère en Westphalie.

Personnalités célèbres : Emma Thompson, actrice anglaise; Emma de Caunes, actrice française; Emma Bonino, politicienne italienne.

…/

Emma *(suite)*

Statistiques : Emma est le 2e prénom féminin le plus donné en France depuis le début du XXIe siècle. On peut estimer qu'il sera attribué à une fille sur 61 en 2012.

Emmanuela : Dieu est avec nous (hébreu). Ce prénom très rare est porté par près de 170 personnes en France. Variante : Emanuela. Caractérologie : efficacité, persévérance, sécurité, honnêteté, structure.

Emmanuella : Dieu est avec nous (hébreu). Ce prénom est porté par environ 1 000 personnes en France. Tendance : stable. Caractérologie : sagacité, spiritualité, connaissance, originalité, philosophie.

Emmanuelle : Dieu est avec nous (hébreu). Ce prénom est porté par environ 78 000 personnes en France. Il est peu attribué aujourd'hui. Variante : Emanuele. Caractérologie : intuition, adaptabilité, fidélité, relationnel, médiation.

Emmeline : travailleuse (germanique). Ce prénom est porté par environ 2 000 personnes en France. Il ne devrait pas être attribué à plus de 50 bébés en 2012. Variantes : Emmelie, Emmelyne. Caractérologie : fiabilité, ténacité, sens du devoir, engagement, méthode.

Emmie : travailleuse (germanique). Ce prénom est porté par environ 2 000 personnes en France. Il est relativement peu attribué aujourd'hui. Tendance : en croissance modérée. Variantes : Emme, Emmi. Caractérologie : dévouement, idéalisme, altruisme, intégrité, réflexion.

Emmy : travailleuse (germanique). Ce prénom est porté par environ 7 000 personnes en France. Il figure dans le top 100 national. Tendance : en forte croissance. Caractérologie : réceptivité, diplomatie, sociabilité, loyauté, bonté.

Emna : Emna est le prénom de la mère du prophète Mahomet (arabe). Ce prénom est porté par environ 1 000 personnes en France. Il est relativement peu attribué aujourd'hui. Tendance : en forte croissance. Caractérologie : famille, équilibre, sens des responsabilités, influence, exigence.

Emrys : immortelle (grec). Ce prénom est porté par moins de 100 personnes en France. Caractérologie : force, habileté, ambition, détermination, réalisation.

Emy : travailleuse (germanique). Ce prénom est porté par environ 6 000 personnes en France. Il figure dans le top 100 national. Tendance : en forte croissance. Caractérologie : savoir, intelligence, méditation, indépendance, sagesse.

Enara : hirondelle (basque). Caractérologie : communication, pragmatisme, créativité, résolution, optimisme.

Énéa : à moi (basque), exceptionnelle (écossais), je félicite (grec). Ce prénom très rare est porté par près de 500 personnes en France. Variante : Enée. Caractérologie : savoir, intelligence, méditation, sagesse, indépendance.

Enid : pureté (celte). Caractérologie : dynamisme, indépendance, curiosité, charisme, courage.

Énola : celle qui est noble (vieux français). Ce prénom, porté par environ 5 000 Françaises, figure dans le top 200 national.

Tendance : stable. Enola Gay est le nom de l'avion américain qui a lâché la bombe atomique au-dessus d'Hiroshima et de Nagasaki durant la Seconde Guerre mondiale. Caractérologie : adaptabilité, intuition, relationnel, médiation, fidélité.

Enora : honorée (latin), compassion (grec). Ce prénom, porté par environ 9 000 Françaises, figure dans le top 200 national. Tendance : stable. Dans l'Hexagone, Enora est plus traditionnellement usité en Bretagne. Variantes : Azenor, Enor, Enorig, Norane, Norig. Caractérologie : vitalité, stratégie, ardeur, achèvement, détermination.

Enya : amande (irlandais). Ce prénom très rare est porté par près de 200 personnes en France. Variantes : Ena, Enia. Caractérologie : rectitude, humanité, générosité, rêve, ouverture d'esprit.

Enza : maîtresse de maison (germanique). Ce prénom rare est porté par près de 1 000 personnes en France. Caractérologie : innovation, autorité, autonomie, ambition, énergie.

Éolia : soleil (breton), vent (grec). Ce prénom très rare est porté par près de 400 personnes en France. Dans la mythologie grecque, Éole est le dieu du Vent. Caractérologie : détermination, raisonnement, équilibre, famille, éthique.

Éoline : soleil (breton), vent (grec). Ce prénom est porté par moins de 100 personnes en France. Caractérologie : équilibre, famille, sens des responsabilités, analyse, influence.

Épona : déesse gauloise des Chevaux. Caractérologie : équilibre, sens des responsabilités, influence, exigence, famille.

Éponine : se rapporte à Épona, déesse gauloise des Chevaux. Ce prénom très rare est porté par près de 300 personnes en France. Épouse de Sabinus, Éponine est une héroïne gauloise du Ier siècle. Sabinus s'était révolté contre les Romains; victime d'une trahison, il fut capturé et mis à mort par Vespasien. Après avoir imploré l'empereur d'épargner son mari, Éponine l'insulta et fut à son tour exécutée. ♦ Éponine est l'une des héroïnes des Misérables, de Victor Hugo. Variante : Éponyne. Caractérologie : famille, éthique, équilibre, influence, exigence.

Erell : pointe, extrémité (breton). Voir Airelle. Ce prénom est porté par environ 1 000 personnes en France. Il est très peu attribué aujourd'hui. Tendance : en croissance modérée. Caractérologie : intelligence, savoir, sagesse, méditation, indépendance.

Erelle : pointe, extrémité (breton). Voir Airelle. Ce prénom est porté par moins de 100 personnes en France. Caractérologie : sociabilité, optimisme, pragmatisme, communication, créativité.

Érica : noble souveraine (germanique). Ce prénom est porté par environ 1 000 personnes en France. Tendance : stable. Caractérologie : idéalisme, résolution, altruisme, intégrité, réflexion.

Éricka : noble souveraine (germanique). Ce prénom est porté par environ 1 000 personnes en France. Tendance : stable. Caractérologie : diplomatie, réceptivité, sociabilité, organisation, résolution.

Erika : noble souveraine (germanique). Ce prénom est porté par environ 9 000 personnes en France. Il est peu attribué aujourd'hui.

Ce prénom basque est très répandu en Allemagne. Caractérologie : achèvement, décision, stratégie, ardeur, vitalité.

Érin : noble souveraine (germanique). Ce prénom est porté par environ 1 000 personnes en France. Il est peu attribué aujourd'hui. Érin se rapporte également à une expression poétique celte désignant l'Irlande. Caractérologie : innovation, autorité, énergie, ambition, autonomie.

Érina : paisible (irlandais). Ce prénom très rare est porté par près de 400 personnes en France. Caractérologie : sociabilité, réceptivité, loyauté, diplomatie, résolution.

Érine : paisible (irlandais). Ce prénom est porté par environ 3 000 personnes en France. Il est relativement peu attribué aujourd'hui. Tendance : en croissance modérée. Variantes : Eryn, Eryne. Caractérologie : bienveillance, paix, conscience, conseil, sagesse.

Ermeline : honneur, doux (germanique). Ce prénom est porté par moins de 100 personnes en France. Caractérologie : réflexion, altruisme, idéalisme, intégrité, dévouement.

Ermine : se rapporte à Irmin, dieu païen (germanique). Ce prénom est porté par moins de 100 personnes en France. Variantes : Ermina, Erminie. Variante basque : Irmina. Caractérologie : dynamisme, indépendance, audace, direction, assurance.

Erna : qui a de grandes capacités (scandinave). Ce prénom est porté par environ 1 000 personnes en France. Tendance : stable. Caractérologie : intuition, relationnel, médiation, fidélité, détermination.

Ernestine : qui mérite (germanique). Ce prénom est porté par environ 4 000 personnes en France. Tendance : en croissance modérée. Variante : Ernesta. Caractérologie : décision, audace, dynamisme, direction, indépendance.

Eryl : celle qui élève (hébreu). Caractérologie : paix, sympathie, bienveillance, conscience, conseil.

Esma : émeraude, pierre précieuse (espagnol), sublime, de haut rang (arabe). Ce prénom est porté par environ 1 000 personnes en France. Il est peu attribué aujourd'hui. Caractérologie : sociabilité, loyauté, réceptivité, diplomatie, bonté.

Esmeralda : émeraude, pierre précieuse (espagnol). Ce prénom est porté par environ 1 000 personnes en France. Tendance : stable. Caractérologie : sens des responsabilités, famille, équilibre, détermination, influence.

Espérance : s'attendre à (latin). Ce prénom rare est porté par près de 1 000 personnes en France. Tendance : en forte croissance. Variantes : Esperanza, Sperenza. Caractérologie : audace, décision, découverte, énergie, cœur.

Esra : qui aide (hébreu). Ce prénom est porté par environ 1 000 personnes en France. Tendance : stable. Caractérologie : connaissance, sagacité, spiritualité, originalité, résolution.

Essia : étoile (latin). Ce prénom très rare est porté par près de 200 personnes en France. Variantes : Essie, Essy. Caractérologie : achèvement, stratégie, vitalité, résolution, ardeur.

Estella : étoile (latin). Ce prénom rare est porté par près de 500 personnes en France. Caractérologie : sociabilité, réceptivité, loyauté, diplomatie, gestion.

Estelle : étoile (latin). Ce prénom est porté par environ 69 000 personnes en France. Il est relativement peu attribué aujourd'hui. La tradition veut que sainte Estelle ait parrainé la création du Félibrige, école littéraire qui vit le jour au XIXe siècle. Cette école avait pour objectif de redonner au provençal son prestige en tant que langue littéraire. Variantes : Estée, Estel, Estèla, Estèle, Estelline. Caractérologie : influence, équilibre, famille, gestion, éthique.

Esther : étoile (hébreu). Ce prénom est porté par environ 13 000 personnes en France. Il est relativement peu attribué aujourd'hui. Orpheline et fille de Juifs déportés en Assyrie, Esther devint l'épouse préférée du roi perse Assuérus. Lorsqu'elle apprit que le vizir Haram souhaitait faire massacrer la population judéenne de l'Empire, elle dévoila ses origines au roi et lui implora d'épargner son peuple. Assuérus pardonna Esther de lui avoir caché ce secret et châtia Haram et ses partisans. Un grand banquet fut organisé à cette occasion. C'est en sa mémoire que les juifs célèbrent la fête de Pourim au mois de mars chaque année. Variantes : Ester, Esthère. Caractérologie : enthousiasme, pratique, communication, sensibilité, détermination.

Estrella : étoile (latin). Ce prénom très rare est porté par près de 300 personnes en France. Caractérologie : intuition, médiation, organisation, détermination, relationnel.

Éthel : noble (germanique). Ce prénom rare est porté par près de 700 personnes en France. Dans l'Hexagone, Éthel est plus traditionnellement usité en Alsace. Variante : Étheline. Caractérologie : énergie, audace, originalité, attention, découverte.

Étiennette : couronnée (grec). Ce prénom est porté par environ 4 000 personnes en France. Il ne devrait pas être attribué à plus de 50 bébés en 2012. Variante occitane : Esteva. Caractérologie : rêve, tolérance, générosité, rectitude, humanité.

Eudeline : noble, fortunée (latin). Ce prénom est porté par moins de 100 personnes en France. Variantes : Eudia, Eudine. Caractérologie : enthousiasme, communication, adaptation, pratique, générosité.

Eudora : beau présent (grec). Ce prénom est porté par moins de 100 personnes en France. Caractérologie : audace, volonté, direction, dynamisme, analyse.

Eudoxie : qui est estimée (grec). Ce prénom très rare est porté par près de 300 personnes en France. Variantes : Eudocie, Eudoxia. Variante occitane : Eudoxi. Caractérologie : médiation, intuition, relationnel, volonté, analyse.

Eugénie : bien née (grec). Ce prénom est porté par environ 25 000 personnes en France. Il est relativement peu attribué aujourd'hui. Variante : Eugénia. Caractérologie : enthousiasme, communication, pratique, adaptation, bonté.

Eulalia : belle parole (latin), beau langage (grec). Ce prénom basque et occitan est porté par moins de 100 personnes en France. Caractérologie : savoir, intelligence, méditation, indépendance, décision.

Eulalie : belle parole (latin), beau langage (grec). Ce prénom est porté par environ 3 000 personnes en France. Il est peu attribué aujourd'hui. Variantes : Laïa, Laya, Olaia. Variante basque : Eulali. Caractérologie : réceptivité, diplomatie, sociabilité, détermination, loyauté.

Eunice : qui apporte la victoire (grec). Ce prénom rare est porté par près de 500 personnes en France. Caractérologie : pratique, communication, enthousiasme, adaptation, générosité.

Eunoé : fille de magistrat originaire de Volubilis (au Maroc), Eunoé devient reine de la Mauritanie occidentale en épousant le roi Bogud. Douée d'un sens exceptionnel des affaires, elle aurait aussi conseillé Jules César lorsqu'il devint son amant. Ce prénom est porté par moins de 100 personnes en France. Caractérologie : sens des responsabilités, famille, influence, équilibre, exigence.

Euphémie : qui parle avec justesse (grec). Ce prénom est porté par moins de 100 personnes en France. Variantes : Eufemia, Euphémia, Fimia. Caractérologie : innovation, énergie, autorité, amitié, action.

Euphrasie : qui construit bien ses phrases (grec). Ce prénom rare est porté par près de 700 personnes en France. Variantes : Euphrasine, Euphroisine, Euphrosine. Caractérologie : communication, cœur, action, optimisme, pragmatisme.

Euranie : bonne (grec). Ce prénom est porté par moins de 100 personnes en France. Caractérologie : direction, raisonnement, audace, détermination, dynamisme.

Eurielle : Dieu est ma lumière (hébreu). Ce prénom breton est porté par près de 110 personnes en France. Variantes : Euria, Euriel, Euriell. Caractérologie : sens des responsabilités, équilibre, famille, influence, exigence.

Europa : dans la mythologie grecque, Europa est la mère de Minos. Variante : Europe. Caractérologie : fiabilité, méthode, cœur, logique, ténacité.

Eurydice : justice étendue (grec). Ce prénom très rare est porté par près de 400 personnes en France. Variante : Euridice. Caractérologie : altruisme, idéalisme, intégrité, réflexion, cœur.

Eusèbie : pieuse (grec). Ce prénom est porté par moins de 100 personnes en France. Variante : Eusèbia. Caractérologie : pragmatisme, communication, optimisme, organisation, résolution.

Éva : vie, donner la vie (hébreu). Ce prénom est porté par environ 63 000 personnes en France. Il figure dans le top 50 national. Voir le zoom dédié à Éva. Caractérologie : ambition, énergie, autonomie, autorité, innovation.

Évaëlle : contraction d'Éva et Maëlle. Ce prénom très rare est porté par près de 300 personnes en France. Évaëlle a été attribué pour la première fois dans l'Hexagone en 1998. Caractérologie : force, management, ambition, habileté, passion.

Évane : féminin d'Evan et contraction d'Éva et Anne. Ce prénom rare est porté par près de 500 personnes en France. Variantes : Evana, Evanne. Caractérologie : sociabilité, réceptivité, diplomatie, bonté, loyauté.

Ève : vie, donner la vie (hébreu). Ce prénom est porté par environ 13 000 personnes en France. Dans la Bible, Ève, la première femme de l'humanité, goûte avec Adam au fruit défendu de l'arbre de la connaissance, ce qui provoque la colère divine. Voir le zoom dédié à Éva. Variantes : Évodie, Évodia, Évolène. Caractérologie : rectitude, rêve, générosité, tolérance, humanité.

ÉVA

Fête : 6 septembre

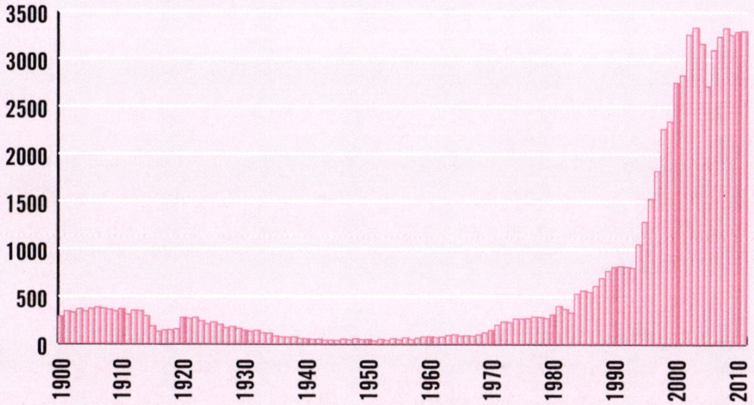

Étymologie : de l'hébreu *h'ava*, « vie, donner la vie ». Très en faveur dans les pays anglophones au XIXe siècle, Éva s'illustre dans les 30 prénoms américains les plus attribués. Cependant, cette forme d'Ève est inusitée en France jusqu'à la fin des années 1990. De quelle manière comble-t-elle son retard ! La croissance de ce prénom est telle qu'il devrait figurer parmi les 15 premiers choix français (et parisiens) cette année.

En dehors de l'Hexagone, Éva se place en haut des tableaux suisse romand et québécois, mais sa carrière internationale touche à sa fin. Force est de constater que ses sœurs Ève et Evie ont pris une belle ampleur. Du Québec aux pays anglophones, en passant par de nombreux pays européens, ce duo accumule les naissances. Mais toute cette gloire n'empêchera pas Ava de leur voler la vedette. Cette étoile filante brille en tête des palmarès finlandais et irlandais et s'est déjà imposée au 5e rang américain. Nul doute qu'aux portes du top 100 anglais, Ava prépare sa conquête des pays francophones.

Notons que, conformément à son orthographe internationale, Éva n'est pas systématiquement accentuée dans l'Hexagone.

Le livre de la Genèse raconte l'histoire d'**Ève,** la première femme créée par Dieu. Ève coule des jours heureux et paisibles avec Adam dans l'abondance du jardin des Délices.

.../

Éva *(suite)*

Mais ce bonheur tranquille s'interrompt lorsque, tentée par le serpent, elle goûte au fruit défendu de l'arbre de la connaissance et le partage avec Adam. Pour les punir de leur désobéissance, Dieu les chasse du jardin d'Éden, vouant Ève et ses descendantes à enfanter dans la douleur.

Personnalité célèbre : Eva Perón (1919-1952), femme politique argentine célèbre pour avoir pris la défense des plus défavorisés. Son action à la tête du ministère du Travail est à l'origine de nombreux progrès sociaux en Argentine.

Statistiques : Éva est le 15e prénom féminin le plus donné en France depuis le début du XXIe siècle. On peut estimer qu'il sera attribué à une fille sur 118 en 2012. De son côté, **Ève** prénommera moins d'une fille sur 1 000.

Évelina : vie, donner la vie (hébreu). Ce prénom très rare est porté par près de 110 personnes en France. Caractérologie : courage, dynamisme, curiosité, résolution, indépendance.

Éveline : vie, donner la vie (hébreu). Ce prénom est porté par environ 15 000 personnes en France. Il ne devrait pas être attribué à plus de 50 bébés en 2012. Caractérologie : rectitude, humanité, générosité, rêve, tolérance.

Évelyne : vie, donner la vie (hébreu). Ce prénom est porté par environ 123 000 personnes en France. Il ne devrait pas être attribué à plus de 50 bébés en 2012. Variantes : Éveline, Evelyn. Caractérologie : intelligence, méditation, savoir, indépendance, sympathie.

Evie : vie, donner la vie (hébreu). Ce prénom très rare est porté par près de 400 personnes en France. Variantes : Evi, Evita, Evy. Caractérologie : indépendance, curiosité, courage, dynamisme, charisme.

Evin : se rapporte à un nom de dieu gaulois. Ce prénom très rare est porté par près de 190 personnes en France. Caractérologie : courage, indépendance, dynamisme, curiosité, charisme.

Evodie : qui prend le bon chemin (grec). Ce prénom très rare est porté par près de 200 personnes en France. Variante : Evodia. Caractérologie : volonté, caractère, influence, famille, exigence.

Evora : nom de la chanteuse capverdienne Cesaria Evora, nom d'une ville du Portugal. Ce prénom est porté par moins de 100 personnes en France. Caractérologie : spiritualité, résolution, connaissances, volonté, sagacité.

Ewa : se rapporte à un nom de dieu gaulois. Ce prénom très rare est porté par près de 200 personnes en France. Caractérologie : réceptivité, sociabilité, diplomatie, loyauté, bonté.

Fabienne : fève (latin). Ce prénom est porté par environ 103 000 personnes en France. Il ne devrait pas être attribué à plus de 50 bébés en 2012. Variante basque : Fabiana. Caractérologie : sociabilité, diplomatie, réceptivité, résolution, loyauté.

Fabiola : fève (latin). Ce prénom est porté par environ 2 000 personnes en France. Il ne devrait pas être attribué à plus de 50 bébés en 2012. Caractérologie : dynamisme, audace, direction, gestion, logique.

Fabricia : fabricatrice (latin). Ce prénom est porté par moins de 100 personnes en France. Dans l'Hexagone, Fabricia est plus traditionnellement usité en Occitanie. Caractérologie : fiabilité, méthode, ténacité, raisonnement, organisation.

Fadèla : vertueuse (arabe). Ce prénom rare est porté par près de 700 personnes en France. Variantes : Fadella, Fadhila. Caractérologie : fidélité, relationnel, médiation, caractère, intuition.

Fadila : vertueuse (arabe). Ce prénom est porté par environ 3 000 personnes en France. Il ne devrait pas être attribué à plus de 50 bébés en 2012. Variantes : Fadilah, Fadilha. Caractérologie : famille, équilibre, sens des responsabilités, influence, analyse.

Faïrouz : turquoise (arabe). Ce prénom très rare est porté par près de 400 personnes en France. Variantes : Faïrouza, Faïrouze, Fayrouz, Fayrouza, Férouz, Férouze. Caractérologie : influence, équilibre, famille, raisonnement, sens des responsabilités.

Faïza : victorieuse (arabe). Ce prénom est porté par environ 3 000 personnes en France. Il ne devrait pas être attribué à plus de 50 bébés en 2012. Variantes : Fahiza, Faysa, Fayza, Fasia, Fassia, Fazia, Fazzia, Feïza. Caractérologie : intelligence, savoir, méditation, indépendance, sagesse.

Fallone : la petite fille du chef (irlandais). Ce prénom très rare est porté par près de 300 personnes en France. Variantes : Fallon, Falone. Caractérologie : bonté, sociabilité, diplomatie, réceptivité, loyauté.

Fanchon : forme bretonne de Françoise : libre (latin). Ce prénom très rare est porté par près de 300 personnes en France. Caractérologie : finesse, sagacité, originalité, connaissance, philosophie.

Fanette : libre (latin). Ce prénom rare est porté par près de 800 personnes en France. Variante : Phanette. Caractérologie : achèvement, vitalité, stratégie, leadership, ardeur.

Fannie : libre (latin). Ce prénom est porté par environ 1 000 personnes en France. Tendance : stable. Variantes : Fania, Fanie. Caractérologie : ténacité, méthode, fiabilité, résolution, engagement.

Fanny : libre (latin). Ce prénom est porté par environ 75 000 personnes en France. Il figure dans le top 200 national. Tendance : en décroissance modérée. Caractérologie : famille, sens des responsabilités, équilibre, exigence, influence.

Fanta : forme bretonne de Françoise : libre (latin). Ce prénom est porté par environ 2 000 personnes en France. Il est très peu attribué aujourd'hui. Caractérologie : bienveillance, conscience, conseil, sagesse, paix.

Fantine : enfant (latin). Ce prénom est porté par environ 2 000 personnes en France.

Il est peu attribué aujourd'hui. Caractérologie : équilibre, sens des responsabilités, influence, décision, famille.

Fany : libre (latin). Ce prénom est porté par environ 2 000 personnes en France. Il ne devrait pas être attribué à plus de 50 bébés en 2012. Variante : Fanya. Caractérologie : audace, direction, dynamisme, assurance, indépendance.

Farah : bonheur, satisfaction (arabe). Ce prénom est porté par environ 7 000 personnes en France. Il figure dans le top 200 national. Tendance : en croissance modérée. Variantes : Fara, Farha, Farra, Farrah. Caractérologie : savoir, intelligence, méditation, sagesse, indépendance.

Farida : unique (arabe). Ce prénom est porté par environ 8 000 personnes en France. Tendance : en croissance modérée. Caractérologie : enthousiasme, communication, adaptation, pratique, générosité.

Fatiha : victorieuse (arabe). Ce prénom est porté par environ 8 000 personnes en France. Il ne devrait pas être attribué à plus de 50 bébés en 2012. Variantes : Fati, Fatia, Fatiha, Faty Fatéha, Fétiha. Caractérologie : rectitude, tolérance, humanité, rêve, générosité.

Fatima : petite chamelle qui vient d'être sevrée (arabe). Ce prénom est porté par environ 25 000 personnes en France. Il est relativement peu attribué aujourd'hui. Fille préférée de Mahomet et de Khadija, Fatimah épousa Ali, le quatrième calife de l'islam. Le fondateur de la dynastie des Fatimides se réclame de sa lignée. Variantes : Fatim, Fatime. Caractérologie : découverte, énergie, originalité, audace, séduction.

Fatimata : petite chamelle qui vient d'être sevrée (arabe). Ce prénom est porté par environ 1 000 personnes en France. Tendance : stable. Variante : Fatimatou. Caractérologie : leadership, ardeur, vitalité, achèvement, stratégie.

Fatma : petite chamelle qui vient d'être sevrée (arabe). Ce prénom est porté par environ 6 000 personnes en France. Il est très peu attribué aujourd'hui. Variante : Fathma. Caractérologie : curiosité, indépendance, courage, charisme, dynamisme.

Fatna : belle, charmante (arabe). Ce prénom rare est porté par près de 1 000 personnes en France. Variantes : Fatin, Fatina, Fatine. Caractérologie : exigence, famille, équilibre, sens des responsabilités, influence.

Fatou : petite chamelle qui vient d'être sevrée (arabe). Ce prénom est porté par environ 2 000 personnes en France. Il est peu attribué aujourd'hui. Caractérologie : altruisme, réflexion, intégrité, idéalisme, gestion.

Fatoumata : petite chamelle qui vient d'être sevrée (arabe). Ce prénom est porté par environ 6 000 personnes en France. Il est relativement peu attribué aujourd'hui. Variante : Fatouma. Caractérologie : organisation, vitalité, achèvement, ardeur, stratégie.

Faustine : heureuse, fortunée (latin). Ce prénom, porté par environ 13 000 Françaises, figure dans le top 100 national. Tendance : en forte croissance. Impératrice romaine, épouse d'Antonin le Pieux, Faustine l'Ancienne vécut au IIe siècle. Elle fut, comme sa fille Faustine la Jeune (femme de l'empereur Marc Aurèle), divinisée après sa mort. Variantes : Fausta, Fauste, Faustina.

Caractérologie : résolution, courage, dynamisme, curiosité, analyse.

Faye : fidèle, digne de confiance (anglais). Ce prénom est porté par moins de 100 personnes en France. Variantes : Faith, Fay, Faya. Caractérologie : ambition, autorité, autonomie, innovation, énergie.

Fedora : présent de Dieu (grec). Ce prénom est porté par moins de 100 personnes en France. Caractérologie : ténacité, méthode, résolution, fiabilité, volonté.

Félicia : heureuse (latin). Ce prénom est porté par environ 2 000 personnes en France. Il ne devrait pas être attribué à plus de 50 bébés en 2012. Variantes : Féliciana, Féliciane, Félisa. Caractérologie : idéalisme, altruisme, intégrité, détermination, raisonnement.

Féliciane : heureuse (latin). Ce prénom est porté par moins de 100 personnes en France. Caractérologie : raisonnement, énergie, détermination, autorité, innovation.

Félicie : heureuse (latin). Ce prénom est porté par environ 5 000 personnes en France. Il est peu attribué aujourd'hui. Variantes : Félice, Felicidad, Félixine. Caractérologie : persévérance, sécurité, structure, analyse, efficacité.

Félicienne : heureuse (latin). Ce prénom est porté par environ 1 000 personnes en France. Tendance : stable. Caractérologie : innovation, autorité, énergie, analyse, ambition.

Félicité : heureuse (latin). Ce prénom est porté par environ 2 000 personnes en France. Il ne devrait pas être attribué à plus de 50 bébés en 2012. Caractérologie : sens des responsabilités, famille, influence, équilibre, raisonnement.

Félixia : heureuse (latin). Ce prénom basque est porté par moins de 100 personnes en France. Caractérologie : savoir, méditation, intelligence, résolution, analyse.

Ferdinande : courageuse, aventurière (germanique). Ce prénom très rare est porté par près de 170 personnes en France. Caractérologie : achèvement, vitalité, stratégie, volonté, détermination.

Ferial : vérité, justice (perse). Ce prénom très rare est porté par près de 130 personnes en France. Variantes : Feriale, Ferielle, Feryal, Feryel. Caractérologie : paix, résolution, bienveillance, conscience, analyse.

Feriel : vérité, justice (perse). Ce prénom est porté par environ 1 000 personnes en France. Il est très peu attribué aujourd'hui. Fériel est un prénom féminin très ancien qui fut porté par la fille du roi Farouk d'Égypte. Caractérologie : ambition, énergie, autorité, raisonnement, innovation.

Ferielle : vérité, justice (perse). Ce prénom très rare est porté par près de 190 personnes en France. Caractérologie : altruisme, analyse, idéalisme, réflexion, intégrité.

Fernanda : courageuse, aventurière (germanique). Ce prénom rare est porté par près de 900 personnes en France. Caractérologie : rêve, volonté, humanité, rectitude, résolution.

Fernande : courageuse, aventurière (germanique). Ce prénom est porté par environ 35 000 personnes en France. Il ne devrait pas être attribué à plus de 50 bébés en 2012. Variantes : Fernandine, Ferrera.

Caractérologie : persévérance, structure, sécurité, décision, caractère.

Fideline : foi (latin). Ce prénom très rare est porté par près de 140 personnes en France. Variante : Fidélia. Caractérologie : dynamisme, audace, direction, caractère, logique.

Fidji : nom géographique qui désigne les îles Fidji. Ce prénom très rare est porté par près de 300 personnes en France. Caractérologie : sociabilité, réceptivité, diplomatie, loyauté, bonté.

Fiona : fille à la peau claire (celte). Ce prénom est porté par environ 11 000 personnes en France. Il est peu attribué aujourd'hui. Variante : Fyona. Caractérologie : rectitude, humanité, rêve, détermination, tolérance.

Fiorella : floraison (latin). Ce prénom très rare est porté par près de 400 personnes en France. Variantes : Fiora, Fiorina. Caractérologie : équilibre, décision, sens des responsabilités, famille, logique.

Firmine : fermeté, rigueur (latin). Ce prénom très rare est porté par près de 300 personnes en France. Variantes : Firma, Firmina. Caractérologie : intuition, relationnel, fidélité, adaptabilité, médiation.

Flavia : couleur jaune, blonde (latin). Ce prénom est porté par environ 1 000 personnes en France. Tendance : stable. Caractérologie : équilibre, famille, sens des responsabilités, influence, analyse.

Flavie : couleur jaune, blonde (latin). Ce prénom est porté par environ 16 000 personnes en France. Il est relativement peu attribué aujourd'hui. Variantes : Flavienne, Flavy. Caractérologie : énergie, innovation, volonté, autorité, raisonnement.

Fleur : fleur (latin). Ce prénom est porté par environ 4 000 personnes en France. Il est peu attribué aujourd'hui. Sainte Fleur, une religieuse auvergnate, vécut au XIVe siècle. Caractérologie : ambition, force, habileté, analyse, passion.

Fleurine : floraison (latin). Ce prénom très rare est porté par près de 500 personnes en France. Variantes : Fleurentine, Fleurestine, Fleuriane, Fleurice, Floréale, Florella, Florenzia, Flori, Florrie. Caractérologie : rêve, rectitude, ouverture d'esprit, logique, humanité.

Flora : fleur (latin). Dans la mythologie romaine, Flora était la déesse de la Végétation et des Fleurs. Ce prénom, porté par environ 17 000 personnes en France, figure dans le top 200 national. Tendance : stable. Caractérologie : intelligence, savoir, logique, méditation, indépendance.

Florane : floraison (latin). Ce prénom très rare est porté par près de 400 personnes en France. Caractérologie : ambition, décision, habileté, logique, force.

Flore : fleur (latin). Ce prénom est porté par environ 9 000 personnes en France. Il est relativement peu attribué aujourd'hui. Variantes : Flor, Florès, Florette. Caractérologie : diplomatie, réceptivité, sociabilité, loyauté, raisonnement.

Florence : floraison (latin). Ce prénom est porté par environ 143 000 personnes en France. Il est très peu attribué aujourd'hui. Espagnole de Séville au VIIe siècle, sainte Florence grandit dans une famille exceptionnelle : ses trois frères devinrent les saints Léandre, Fulgence et Isidore. Pieuse et érudite, sainte Florence termina sa vie abbesse de l'abbaye d'Agisti. Variante : Florencia. Caractérologie : éthique, équilibre, influence, famille, raisonnement.

Florentine : floraison (latin). Ce prénom est porté par environ 2 000 personnes en France. Il ne devrait pas être attribué à plus de 50 bébés en 2012. Variante : Florestine. Caractérologie : dynamisme, logique, direction, indépendance, audace.

Floriana : floraison (latin). Ce prénom très rare est porté par près de 300 personnes en France. Variantes : Florelle, Floria, Florielle. Caractérologie : méthode, ténacité, analyse, résolution, fiabilité.

Floriane : floraison (latin). Ce prénom est porté par environ 19 000 personnes en France. Il est très peu attribué aujourd'hui. Variante : Floryane. Caractérologie : force, habileté, analyse, ambition, résolution.

Florianne : floraison (latin). Ce prénom est porté par environ 1 000 personnes en France. Tendance : stable. Caractérologie : ténacité, méthode, fiabilité, logique, décision.

Florida : floraison (latin), nom d'un État américain. Ce prénom très rare est porté par près de 200 personnes en France. Variantes : Floride, Florinda. Caractérologie : intuition, médiation, relationnel, analyse, fidélité.

Florie : floraison (latin). Ce prénom est porté par environ 2 000 personnes en France. Il ne devrait pas être attribué à plus de 50 bébés en 2012. Caractérologie : diplomatie, réceptivité, sociabilité, loyauté, raisonnement.

Florine : floraison (latin). Ce prénom est porté par environ 12 000 personnes en France. Il est peu attribué aujourd'hui. Variante : Floryne. Caractérologie : méditation, intelligence, savoir, indépendance, logique.

Fortuna : chanceuse (latin). Ce prénom très rare est porté par près de 150 personnes en France. Variante : Fortune. Caractérologie : curiosité, dynamisme, détermination, courage, raisonnement.

Fouzia : qui aura du succès (arabe). Ce prénom est porté par environ 2 000 personnes en France. Il ne devrait pas être attribué à plus de 50 bébés en 2012. Variante : Fawsia. Caractérologie : conscience, paix, bienveillance, conseil, logique.

Framboise : se rapporte au nom du fruit (latin). Ce prénom est porté par moins de 100 personnes en France. Caractérologie : connaissance, spiritualité, caractère, sagacité, originalité.

Franca : libre (latin). Ce prénom rare est porté par près de 800 personnes en France. En dehors de l'Hexagone, Franca est particulièrement répandu en Italie. Caractérologie : savoir, intelligence, résolution, méditation, analyse.

France : libre (latin). Ce prénom est porté par environ 21 000 personnes en France. Il ne devrait pas être attribué à plus de 50 bébés en 2012. Caractérologie : sociabilité, diplomatie, réceptivité, décision, logique.

Franceline : libre (latin). Ce prénom rare est porté par près de 1 000 personnes en France. Variante : Francelyne. Caractérologie : équilibre, famille, analyse, sens des responsabilités, résolution.

Le palmarès des prénoms mixtes en 2012

Ci-dessous le top 20 des prénoms mixtes français, estimé pour l'année 2012. Le classement a été effectué par ordre décroissant d'attribution. La seconde colonne indique le pourcentage d'attribution au féminin. Notons que Marie et les prénoms dont la mixité affecte moins de 2 % des attributions ne figurent pas dans ce palmarès.

Prénom	% féminin	Prénom	% féminin
1. Camille	87	11. Éden	68
2. Noa	8	12. Loan	9
3. Sacha	9	13. Louison	65
4. Lou	95	14. Yaël	48
5. Charlie	52	15. Loïs	30
6. Sasha	50	16. Élie	7
7. Mahé	7	17. Cameron	21
8. Andréa*	61	18. Swann	38
9. Maé	33	19. Noha	16
10. Alix	77	20. Morgan	9

Rarement attribués de nos jours, Claude, Dominique et Frédérique figurent bien en deçà de l'élite du top 20. Et pour cause : une multitude de nouveautés leur ont volé la vedette. En imposant leur style (prénoms courts, conformément aux tendances actuelles), ces dernières ont également révélé des méthodes d'attribution inédites. Car la pratique qui consiste à attribuer un prénom d'un genre établi au sexe opposé est, plus que jamais, d'actualité.

Ce phénomène ne suffit heureusement pas à semer le doute sur le sexe des prénoms les plus courants. Ainsi, aucune star n'est menacée de changer de genre comme l'a fait Camille au XXe siècle. Une poignée d'attributions ne saurait modifier l'identité établie d'un prénom donné par milliers. Il n'empêche, on peut difficilement se réjouir du fait qu'Emma, Clara ou Jeanne soient attribués à des garçons, ne fût-ce qu'une poignée d'entre eux. Tout comme on n'enviera pas les quelques filles qui ont été prénommées Enzo, Lucas ou Jean cette année. N'en déplaise à leurs parents, ces prénoms à contresens ne seront jamais considérés comme des choix innovants.

.../

Le palmarès des prénoms mixtes en 2012 *(suite)*

Contrairement à ce qui prévaut pour les grands prénoms, les perles rares ne sont pas à l'abri de confusions gênantes. On ne peut pas tenir rigueur aux personnes qui ignorent la mixité de Noa. Et encore moins blâmer celles qui l'imaginent féminin. D'autant que les trois premiers Noa de France sont… des filles nées en 1982 ! Pour autant, Noa** est désormais largement masculin. Loan, autre exemple typique, s'est féminisé avant de s'affirmer au masculin à partir de 2004. Qu'on se le dise, l'immense majorité des prénoms émergents sont susceptibles de changer de genre en grandissant. Cela n'est pas sans compliquer l'identification des prénoms mixtes originaux.

Le saviez-vous ?
Les grands prénoms font depuis longtemps l'objet d'attributions à contre-emploi. En 1900, Jean, Louis et Pierre, n'ont-ils pas prénommé une poignée de filles ? Dans le même temps, Marie, Jeanne et Marguerite ont été donnés à quelques garçons (en dehors de Marie qui fut attribué à 1 065 garçons, on compte trois Jeanne nés en 1902 et quatre Marguerite nés en 1903). Ainsi, les parents d'aujourd'hui peuvent avoir d'aussi mauvaises idées que leurs arrière-grands-parents !

* Au masculin, Andrea s'orthographie sans accent.
** Noa est essentiellement attribué aux filles à Paris, mais ce prénom reste attribué à plus de huit garçons sur 10 à l'échelle nationale.

Francesca : libre (latin). Ce prénom est porté par environ 3 000 personnes en France. Il est très peu attribué aujourd'hui. Dans l'Hexagone, Francesca est plus traditionnellement usité en Corse. Caractérologie : sagacité, raisonnement, connaissance, spiritualité, détermination.

Francette : libre (latin). Ce prénom est porté par environ 7 000 personnes en France. Il ne devrait pas être attribué à plus de 50 bébés en 2012. Variantes : Francès, Francille, Francillette. Caractérologie : intuition, médiation, analyse, relationnel, résolution.

Franciane : libre (latin). Ce prénom est porté par environ 1 000 personnes en France. Tendance : stable. Caractérologie : raisonnement, force, habileté, ambition, détermination.

Francine : libre (latin). Ce prénom est porté par environ 73 000 personnes en France. Il ne devrait pas être attribué à plus de 50 bébés en 2012. Caractérologie : résolution, intelligence, savoir, méditation, analyse.

Françoise : libre (latin). Ce prénom est porté par environ 352 000 personnes en France. Il ne devrait pas être attribué à plus de 50 bébés en 2012. Au risque de sa vie, sainte Françoise prit soin des malades de la peste en 1414. Veuve, elle se retira dans le monastère de bénédictines qu'elle avait fondé. Variantes : Franckie, Frankie. Caractérologie : altruisme, idéalisme, logique, intégrité, décision.

Frederica : pouvoir de la paix (germanique). Ce prénom très rare est porté par près de 200 personnes en France. Variantes : Federica, Frederika. Caractérologie : caractère, famille, logique, sens des responsabilités, équilibre.

Frédérique : pouvoir de la paix (germanique). Ce prénom est porté par environ 48 000 personnes en France. Il ne devrait pas être attribué à plus de 50 bébés en 2012. Caractérologie : raisonnement, rêve, humanité, volonté, rectitude.

Frida : pouvoir de la paix (germanique). Ce prénom rare est porté par près de 600 personnes en France. Tendance : en croissance modérée. Dans l'Hexagone, Frida est plus traditionnellement usité en Alsace. Variantes : Freda, Freddie. Caractérologie : intuition, médiation, relationnel, adaptabilité, fidélité.

Frieda : noble paix (germanique). Ce prénom est porté par environ 1 000 personnes en France. Tendance : stable. Caractérologie : savoir, intelligence, méditation, détermination, volonté.

Fubuki : tempête de neige (japonais). Caractérologie : connaissance, spiritualité, sagacité, logique, originalité.

Fulgence : fulgurant (latin). Ce prénom est porté par moins de 100 personnes en France. Caractérologie : direction, dynamisme, audace, cœur, indépendance.

Fulvia : couleur jaune, blonde (latin). Ce prénom est porté par moins de 100 personnes en France. Caractérologie : habileté, logique, force, passion, ambition.

G

Gabriella : force de Dieu (hébreu). Ce prénom est porté par environ 2 000 personnes en France. Il est relativement peu attribué aujourd'hui. Tendance : en forte croissance. Variantes : Gabie, Gabia, Gabriela, Gabriele. Caractérologie : ténacité, méthode, amitié, fiabilité, détermination.

Gabrielle : force de Dieu (hébreu). Ce prénom, porté par environ 50 000 Françaises, figure dans le top 100 national. Tendance : en croissance modérée. Religieuse au XVIIIe siècle, sainte Gabrielle fut prise dans la tourmente de la Révolution ; elle fut décapitée avec ses sœurs du Carmel de Compiègne en 1794. Gabrielle est l'un des prénoms de l'écrivaine Colette. Caractérologie : vitalité, sympathie, achèvement, résolution, stratégie.

Gaby : force de Dieu (hébreu). Ce prénom est porté par environ 2 000 personnes en France. Tendance : en forte croissance. Caractérologie : force, ambition, habileté, passion, management.

Gaëla : seigneur généreux (breton). Voir Gaëlle. Ce prénom très rare est porté par près de 160 personnes en France. Variantes : Gaélane, Gaëlla. Caractérologie : vitalité, achèvement, stratégie, sympathie, ardeur.

Gaële : seigneur généreux (breton). Voir Gaëlle. Ce prénom rare est porté par près de 700 personnes en France. Caractérologie : communication, optimisme, pragmatisme, sympathie, créativité.

Gaëlle : seigneur généreux (breton). Ce prénom est porté par environ 59 000 personnes en France. Il est peu attribué aujourd'hui. En Bretagne, Gaelle s'orthographie le plus souvent sans tréma. Caractérologie : bienveillance, conseil, paix, conscience, bonté.

Gaétane : de Gaète, ville d'Italie (latin). Ce prénom est porté par environ 5 000 personnes en France. Il est relativement peu attribué aujourd'hui. Tendance : en forte croissance. Gaëtane peut également s'orthographier avec un tréma. Caractérologie : leadership, vitalité, achèvement, stratégie, ardeur.

Gaïa : dans la mythologie grecque, Gaia est la déesse qui symbolise la terre nourricière, celle d'où provient la vie. Ce prénom est porté par environ 1 000 personnes en France. Il est peu attribué aujourd'hui. Tendance : en croissance modérée. Gaïa est particulièrement usité en Italie et en Occitanie. Variantes : Algaïa, Gaya. Caractérologie : rectitude, humanité, générosité, tolérance, rêve.

Gaïane : voir Gaïa. Ce prénom très rare est porté par près de 190 personnes en France. Caractérologie : autorité, innovation, énergie, ambition, décision.

Gala : chant, fête (scandinave). Ce prénom très rare est porté par près de 130 personnes en France. Caractérologie : pragmatisme, communication, créativité, optimisme, sociabilité.

Galatée : couleur du lait (grec). Ce prénom est porté par moins de 100 personnes en France. Caractérologie : conscience, paix, gestion, bienveillance, cœur.

Galia : Dieu est clément (hébreu). Ce prénom est porté par moins de 100 personnes en France. Variantes : Gallia, Galya. Caractérologie : générosité, communication, enthousiasme, adaptation, pratique.

Garance : nom d'une plante herbacée des régions chaudes et tempérées, dont la racine est rouge. Ce prénom issu du calendrier révolutionnaire est porté par environ 7 000 Françaises. Il figure dans le top 200 national. Tendance : stable. Caractérologie : sécurité, résolution, structure, persévérance, sympathie.

Gatienne : accueillante (germanique). Ce prénom très rare est porté par près de 140 personnes en France. Caractérologie : résolution, communication, enthousiasme, adaptation, pratique.

Gayane : voir Gaïa. Également le nom d'une martyre chrétienne (arménien). Ce prénom très rare est porté par près de 140 personnes en France. Caractérologie : leadership, vitalité, stratégie, achèvement, ardeur.

Gemma : pierre précieuse (latin). Ce prénom très rare est porté par près de 300 personnes en France. Dans l'Hexagone, Gemma est plus traditionnellement usité au Pays basque. Variante : Gemme. Caractérologie : créativité, optimisme, communication, pragmatisme, réalisation.

Gen : source (japonais), claire, douce (celte). Caractérologie : passion, ambition, management, habileté, force.

Geneviève : claire, douce (celte). Ce prénom est porté par environ 137 000 personnes en France. Il ne devrait pas être attribué à plus de 50 bébés en 2012. Caractérologie : honnêteté, sécurité, structure, persévérance, efficacité.

Genia : claire, douce (celte). Ce prénom très rare est porté par près de 110 personnes en France. Variantes : Gena, Génie, Genny, Ginia. Caractérologie :

humanité, ouverture d'esprit, rêve, rectitude, résolution.

Genna : petit oiseau (arabe), claire, douce (celte). Ce prénom très rare est porté par près de 170 personnes en France. Caractérologie : audace, originalité, séduction, découverte, énergie.

Genovefa : claire, douce (celte). Ce prénom très rare est porté par près de 150 personnes en France. Variantes : Genoveva, Jénovéfa. Caractérologie : réussite, communication, pratique, enthousiasme, caractère.

Gentiane : plante des prés (latin). Ce prénom très rare est porté par près de 150 personnes en France. Caractérologie : pratique, communication, enthousiasme, adaptation, résolution.

Georgette : labourer le sol (grec). Ce prénom est porté par environ 75 000 personnes en France. Il ne devrait pas être attribué à plus de 50 bébés en 2012. Caractérologie : pratique, enthousiasme, communication, adaptation, générosité.

Georgia : labourer le sol (grec), nom d'un État américain. Ce prénom est porté par environ 1 000 personnes en France. Tendance : stable. Variantes : Georgiane, Georgie, Giorgia. Variante bretonne : Jorane. Caractérologie : habileté, ambition, force, détermination, passion.

Georgina : labourer le sol (grec). Ce prénom est porté par environ 2 000 personnes en France. Il ne devrait pas être attribué à plus de 50 bébés en 2012. Caractérologie : persévérance, structure, sécurité, efficacité, résolution.

Géraldine : lance, gouverner (germanique). Ce prénom est porté par environ 43 000 personnes en France. Il ne devrait pas être attribué à plus de 50 bébés en 2012. Variante : Géralde. Caractérologie : optimisme, pragmatisme, réalisation, sympathie, communication.

Gérardine : lance puissante (germanique). Ce prénom très rare est porté par près de 500 personnes en France. Variantes : Gérarda, Gérarde. Caractérologie : altruisme, intégrité, détermination, idéalisme, réalisation.

Gerda : la protégée (scandinave). Ce prénom très rare est porté par près de 110 personnes en France. Caractérologie : ambition, force, habileté, résolution, réalisation.

Germaine : de même sang (latin). Ce prénom est porté par environ 69 000 personnes en France. Il ne devrait pas être attribué à plus de 50 bébés en 2012. Dans l'Hexagone, Germaine est plus traditionnellement usité en Alsace. Variantes : Germana, Germane, Germanie, Germina, Germinie, Hermana. Caractérologie : rectitude, rêve, humanité, décision, réussite.

Gersende : lance acérée (germanique). Ce prénom rare est porté par près de 800 personnes en France. Variante : Gersande. Caractérologie : découverte, réalisation, audace, séduction, originalité.

Gertrude : lance loyale (germanique). Ce prénom est porté par environ 3 000 personnes en France. Il ne devrait pas être attribué à plus de 50 bébés en 2012. Variantes : Trude, Trudie, Trudy. Caractérologie : ambition, force, habileté, passion, bonté.

Gervaise : prête au combat (germanique). Ce prénom rare est porté par près de 1 000 personnes en France. Caractérologie : énergie, détermination, découverte, réalisation, audace.

Ghalia : parfumée (arabe). Ce prénom est porté par moins de 100 personnes en France. Caractérologie : intuition, relationnel, médiation, action, fidélité.

Ghania : jardin de Dieu (hébreu). Ce prénom très rare est porté par près de 200 personnes en France. Caractérologie : ténacité, action, méthode, fiabilité, décision.

Ghislaine : douce (germanique). Ce prénom est porté par environ 60 000 personnes en France. Il ne devrait pas être attribué à plus de 50 bébés en 2012. Caractérologie : pratique, communication, enthousiasme, cœur, action.

Ghizlane : douce (germanique). Ce prénom rare est porté par près de 600 personnes en France. Caractérologie : sympathie, dynamisme, direction, audace, ressort.

Gianna : Dieu fait grâce (hébreu). Ce prénom très rare est porté par près de 160 personnes en France. En dehors de l'Hexagone, Gianna est particulièrement répandu en Italie. Variante : Giacomina. Caractérologie : audace, direction, indépendance, dynamisme, résolution.

Gilberte : promesse brillante (germanique). Ce prénom est porté par environ 37 000 personnes en France. Il ne devrait pas être attribué à plus de 50 bébés en 2012. Caractérologie : cœur, famille, équilibre, sens des responsabilités, influence.

Gilda : chevelure (celte). Ce prénom est porté par environ 2 000 personnes en France. Il ne devrait pas être attribué à plus de 50 bébés en 2012. Caractérologie : sens des responsabilités, famille, équilibre, influence, réalisation.

Gilliane : de la famille romaine de Iule (latin). Ce prénom rare est porté par près de 500 personnes en France. Variantes : Gilian, Giliane, Gill, Gilliane, Gillianne. Caractérologie : bienveillance, conscience, résolution, paix, sympathie.

Gin : argent (japonais). Caractérologie : communication, pragmatisme, sociabilité, optimisme, créativité.

Gina : claire, douce (celte). Ce prénom est porté par environ 5 000 personnes en France. Il est très peu attribué aujourd'hui. Tendance : en croissance modérée. Gina est très répandu en Italie. Variante : Jina. Caractérologie : structure, sécurité, persévérance, efficacité, résolution.

Ginette : pure, vierge (latin). Ce prénom est porté par environ 109 000 personnes en France. Il ne devrait pas être attribué à plus de 50 bébés en 2012. Caractérologie : force, ambition, habileté, management, passion.

Ginger : pure, vierge (latin). Ce prénom très rare est porté par près de 190 personnes en France. Caractérologie : conscience, paix, bienveillance, conseil, sagesse.

Giovanna : Dieu fait grâce (hébreu). Ce prénom est porté par environ 2 000 personnes en France. Tendance : en croissance modérée. Giovanna est très répandu en Italie. Variantes : Jovana, Jovanna. Caractérologie : réceptivité, sociabilité, diplomatie, caractère, réussite.

Gisèle : épée (germanique). Ce prénom est porté par environ 110 000 personnes en France. Tendance : en forte croissance. Veuve de saint Étienne de Hongrie au XIe siècle, sainte Gisèle se retira dans un monastère où elle termina ses jours. Variantes : Gisela, Giselda, Gisella, Gigi, Gizèle. Caractérologie : communication, pragmatisme, résolution, sympathie, optimisme.

Giselle : épée (germanique). Ce prénom est porté par environ 4 000 personnes en France. Il ne devrait pas être attribué à plus de 50 bébés en 2012. Caractérologie : équilibre, sens des responsabilités, famille, amitié, détermination.

Gislaine : douce (germanique). Ce prénom est porté par environ 5 000 personnes en France. Il ne devrait pas être attribué à plus de 50 bébés en 2012. Variante : Gyslène. Caractérologie : méthode, fiabilité, ténacité, détermination, bonté.

Giulia : de la famille romaine de Iule (latin). Ce prénom est porté par environ 3 000 personnes en France. Il figure dans le top 200 national. Tendance : en forte croissance. Giulia est en vogue en Italie. Caractérologie : dynamisme, charisme, curiosité, courage, indépendance.

Giuliana : de la famille romaine de Iule (latin). Ce prénom très rare est porté par près de 300 personnes en France. Caractérologie : sympathie, diplomatie, sociabilité, résolution, réceptivité.

Gladys : richesse (celte). Ce prénom est porté par environ 9 000 personnes en France. Il est peu attribué aujourd'hui. Variantes : Gladez, Gladis, Glady. Caractérologie : énergie, découverte, audace, réussite, originalité.

Glannon : pure, neuvième (latin). Dans l'Hexagone, Glannon est plus traditionnellement usité en Bretagne. Caractérologie : courage, curiosité, dynamisme, indépendance, cœur.

Glenda : vallée boisée (irlandais). Ce prénom est porté par moins de 100 personnes en France. Caractérologie : sagacité, réussite, cœur, connaissance, spiritualité.

Gloria : gloire (latin). Ce prénom est porté par environ 3 000 personnes en France. Il est très peu attribué aujourd'hui. Caractérologie : logique, achèvement, stratégie, ardeur, vitalité.

Glwadys : richesse (celte). Ce prénom rare est porté par près de 600 personnes en France. Variante : Glawdys. Caractérologie : audace, dynamisme, direction, amitié, réalisation.

Glynis : petite vallée (gallois). Ce prénom est porté par moins de 100 personnes en France. Caractérologie : découverte, énergie, audace, détermination, bonté.

Golda : dorée (anglais). Ce prénom est porté par moins de 100 personnes en France. Caractérologie : enthousiasme, pratique, communication, réalisation, adaptation.

Gordana : colline triangulaire (anglais). Ce prénom très rare est porté par près de 200 personnes en France. Caractérologie : sens des responsabilités, famille, réalisation, équilibre, volonté.

Grace : grâce (latin). Ce prénom est porté par environ 3 000 personnes en France. Il est peu attribué aujourd'hui. Caractérologie : finesse, connaissance, sagacité, cœur, décision.

Vous avez dit « désuet ? »

Bien des prénoms dont la gloire est révolue ont brillé au cours des siècles. Certains d'entre eux renaissent à la faveur de vagues médiévales (Arthur, Aliénor, Clémence) ou rétro (Emma, Zoé, Jules, Louis). D'autres se complaisent dans l'oubli : il faudrait remonter au XIIe siècle pour retrouver Cunégonde dans toute sa splendeur. Alternativement, nous pouvons observer l'évolution de prénoms dont la désuétude est d'autant plus captivante qu'ils sont encore d'actualité. Ci-dessous le palmarès des prénoms les plus portés qui seront attribués à moins de 50 Français(es) en 2012.

Prénoms masculins		Prénoms féminins	
Bernard	Jean-Louis	Andrée	Jeannine
Cyrille	Jean-Luc	Annick	Josette
Didier	Jean-Marie	Bernadette	Josiane
Francis	Jean-Michel	Brigitte	Laurence
Freddy	Jean-Yves	Chantal	Marcelle
Gérald	Maurice	Christelle	Martine
Gérard	Noël	Christiane	Michèle
Gilbert	Norbert	Corinne	Mireille
Guy	Raymond	Denise	Monique
Jackie	Régis	Dominique	Pascale
Hervé	René	Évelyne	Paulette
Jean-Charles	Roger	Fabienne	Renée
Jean-Christophe	Roland	Geneviève	Véronique
Jean-Claude	Serge	Ginette	Yvette
Jean-Jacques	Yvon	Jacqueline	Yvonne

Note : ce classement a été effectué par ordre alphabétique.

Gracianne : grâce (latin). Ce prénom très rare est porté par près de 300 personnes en France. Variantes : Gracia, Graciane, Gracie, Gracienne. Caractérologie : rectitude, humanité, rêve, résolution, sympathie.

Grazia : grâce (latin). Ce prénom très rare est porté par près de 300 personnes en France. Dans l'Hexagone, Grazia est plus traditionnellement usité au Pays basque. Variantes : Graze, Grazi. Caractérologie : achèvement, vitalité, ardeur, stratégie, action.

Graziella : grâce (latin). Ce prénom est porté par environ 7 000 personnes en France. Il ne devrait pas être attribué à plus de 50 bébés en 2012. Caractérologie : ressort, sympathie, direction, audace, dynamisme.

Gregoria : veilleur, vigilant (grec). Ce prénom est porté par moins de 100 personnes en France. Dans l'Hexagone, Gregoria est plus traditionnellement usité au Pays basque. Caractérologie : ambition, habileté, passion, décision, force.

Greta : perle (grec). Ce prénom très rare est porté par près de 200 personnes en France. Dans l'Hexagone, Greta est plus traditionnellement usité en Alsace. Variantes : Gretchen, Gretel, Grethel. Caractérologie : conscience, paix, bienveillance, conseil, résolution.

Guénaelle : blanc, heureux, prince (breton). Ce prénom est porté par environ 2 000 personnes en France. Il ne devrait pas être attribué à plus de 50 bébés en 2012. Variantes : Guénael, Guénaele. Caractérologie : dynamisme, direction, audace, indépendance, cœur.

Guénola : blanc, heureux, valeur (breton). Ce prénom rare est porté par près de 700 personnes en France. Caractérologie : créativité, pragmatisme, optimisme, communication, sympathie.

Guila : joie (hébreu). Ce prénom très rare est porté par près de 110 personnes en France. Caractérologie : énergie, découverte, originalité, séduction, audace.

Guilaine : douce (germanique). Ce prénom est porté par environ 3 000 personnes en France. Il ne devrait pas être attribué à plus de 50 bébés en 2012. Variante : Guilène. Caractérologie : paix, détermination, bienveillance, conscience, bonté.

Guillemette : protectrice résolue (germanique). Ce prénom est porté par environ 3 000 personnes en France. Il ne devrait pas être attribué à plus de 50 bébés en 2012. Variantes : Guillaumette, Guillemine. Caractérologie : pragmatisme, communication, créativité, optimisme, cœur.

Guislaine : douce (germanique). Ce prénom est porté par environ 1 000 personnes en France. Tendance : stable. Caractérologie : intelligence, cœur, méditation, savoir, décision.

Gustavie : combattante (germanique). Ce prénom est porté par moins de 100 personnes en France. Variante flamande : Gusta. Caractérologie : énergie, audace, découverte, réalisation, sympathie.

Guylaine : douce (germanique). Ce prénom est porté par environ 7 000 personnes en France. Il ne devrait pas être attribué à plus de 50 bébés en 2012. Variante : Gilaine. Caractérologie : sécurité, structure, persévérance, résolution, sympathie.

Guylène : douce (germanique). Ce prénom est porté par environ 3 000 personnes en France. Il ne devrait pas être attribué à plus de 50 bébés en 2012. Caractérologie : achèvement, vitalité, ardeur, stratégie, cœur.

Guyonne : forêt (germanique). Ce prénom est porté par moins de 100 personnes en France. Caractérologie : relationnel, intuition, médiation, amitié, fidélité.

Gwen : blanc, heureux (breton). Ce prénom très rare est porté par près de 300 personnes en France. Caractérologie : fiabilité, ténacité, engagement, méthode, sens du devoir.

Gwenaël : blanc, heureux, prince (breton). Ce prénom rare est porté par près de 700 personnes en France. Caractérologie : sécurité, efficacité, persévérance, structure, bonté.

Gwenaele : blanc, heureux, prince (breton). Ce prénom rare est porté par près de 600 personnes en France. Variantes : Gwanælle, Gwenhaël, Gwenæla. Caractérologie : rêve, rectitude, ouverture d'esprit, sympathie, humanité.

Gwenaelle : blanc, heureux, prince (breton). Ce prénom est porté par environ 22 000 personnes en France. Il est peu attribué aujourd'hui. Caractérologie : adaptation, pratique, enthousiasme, communication, bonté.

Gwendoline : cercle blanc (celte). Ce prénom est porté par environ 20 000 personnes en France. Il est peu attribué aujourd'hui. Variantes : Gwendaline, Gwendeline, Gwendolinn. Caractérologie : humanité, rectitude, rêve, analyse, volonté.

Gwendolyne : cercle blanc (celte). Ce prénom rare est porté par près de 700 personnes en France. Variantes : Gwendolina, Gwendolyn, Gwendolyne. Caractérologie : intelligence, savoir, méditation, caractère, cœur.

Gwenn : blanc, heureux (breton). Ce prénom est porté par environ 1 000 personnes en France. Tendance : stable. Variante : Gwennaïg. Caractérologie : réflexion, dévouement, altruisme, intégrité, idéalisme.

Gwennaelle : blanc, heureux, prince (breton). Ce prénom est porté par environ 1 000 personnes en France. Tendance : stable. Variante : Gwennæl. Caractérologie : ardeur, vitalité, achèvement, stratégie, cœur.

Gwenola : blanc, heureux, valeur (breton). Ce prénom est porté par environ 3 000 personnes en France. Il ne devrait pas être attribué à plus de 50 bébés en 2012. Variantes : Gwennola, Gwennoline. Caractérologie : audace, énergie, découverte, originalité, sympathie.

Gwladys : richesse (celte). Ce prénom est porté par environ 6 000 personnes en France. Il ne devrait pas être attribué à plus de 50 bébés en 2012. Variantes : Gwaldys, Gwladis. Caractérologie : audace, direction, dynamisme, amitié, réalisation.

Gysèle : épée (germanique). Ce prénom très rare est porté par près de 140 personnes en France. Caractérologie : audace, dynamisme, amitié, direction, indépendance.

Habiba : aimée, généreuse (arabe). Ce prénom est porté par environ 2 000 personnes en France. Il ne devrait pas être attribué à plus de 50 bébés en 2012. Variantes : Habibata, Habibatou, Habibe. Caractérologie : curiosité, indépendance, courage, dynamisme, charisme.

Haby : aimée, généreuse (arabe). Ce prénom rare est porté par près de 700 personnes en France. Caractérologie : rectitude, rêve, humanité, ouverture d'esprit, générosité.

Hadara : splendeur (hébreu). Caractérologie : conscience, bienveillance, paix, conseil, sagesse.

Hadassa : myrte (hébreu). Ce prénom très rare est porté par près de 140 personnes en France. Variante : Hadassah. Caractérologie : ambition, force, habileté, management, passion.

Hadia : qui guide au droit chemin (arabe). Ce prénom très rare est porté par près de 300 personnes en France. Variante : Hadaya. Caractérologie : énergie, découverte, séduction, originalité, audace.

Hafida : celle qui protège (arabe). Ce prénom est porté par environ 2 000 personnes en France. Caractérologie : relationnel, intuition, adaptabilité, médiation, fidélité.

Haïa : vie (hébreu). Caractérologie : direction, dynamisme, audace, indépendance, assurance.

Hajar : variante arabe d'Agar. Dans la Bible, Agar, la concubine d'Abraham et la mère d'Ismaïl, est répudiée deux fois par sa maîtresse Sarah. D'où l'origine hébraïque de ce prénom qui signifie : « l'étrangère ». Ce prénom est porté par environ 3 000 personnes en France. Il est relativement peu attribué aujourd'hui. Variantes : Agar, Hadjar, Hagar, Hajare, Hajer, Hajere. Caractérologie : réceptivité, sociabilité, loyauté, diplomatie, bonté.

Hakima : qui est juste et sage (arabe). Ce prénom est porté par environ 2 000 personnes en France. Tendance : en croissance modérée. Caractérologie : spiritualité, connaissance, sagacité, originalité, philosophie.

Haley : héros (scandinave). Ce prénom très rare est porté par près de 200 personnes en France. Tendance : en forte croissance. Variantes : Halie, Hallie, Hally. Caractérologie : conseil, bienveillance, paix, conscience, cœur.

Halima : indulgente (arabe). Ce prénom est porté par environ 4 000 personnes en France. Il est peu attribué aujourd'hui. Variantes : Halimata, Halimatou, Halime. Caractérologie : force, ambition, habileté, passion, management.

Hama : bord de plage (japonais). Ce prénom est porté par moins de 100 personnes en France. Caractérologie : curiosité, dynamisme, courage, indépendance, charisme.

Hamako : l'enfant du bord de plage (japonais). Caractérologie : fiabilité, ténacité, méthode, engagement, sens du devoir.

Hana : grâce (hébreu), réjouissances (arabe), fleur (japonais). Ce prénom est porté par environ 2 000 personnes en France. Il est relativement peu attribué aujourd'hui. Caractérologie : influence, équilibre, sens des responsabilités, famille, exigence.

Hanaé : fleur (japonais). Ce prénom, porté par environ 3 000 Françaises, figure dans le top 200 national. Tendance : en forte croissance. Hanaé peut être écrit de trois façons différentes selon les kanji utilisés. Les trois significations les plus courantes sont : « fleur majestueuse », « à l'image de la fleur », et « branche fleurie ». C'est le « é » final qui différencie Hanaé de Hana, la fleur. Variantes : Anaé, Annaé, Hanaa, Hannaé. Caractérologie : adaptabilité, médiation, relationnel, fidélité, intuition.

Hanako : l'enfant fleur (japonais). Ce prénom est porté par moins de 100 personnes en France. Caractérologie : indépendance, curiosité, dynamisme, courage, sensibilité.

Hanan : mansuétude (arabe). Ce prénom est porté par environ 1 000 personnes en France. Tendance : stable. Caractérologie : adaptabilité, relationnel, intuition, médiation, fidélité.

Hania : heureuse, affectueuse (arabe). Ce prénom rare est porté par près de 600 personnes en France. Tendance : en croissance modérée. Caractérologie : famille, équilibre, sens des responsabilités, détermination, influence.

Hanna : grâce (hébreu). Ce prénom est porté par environ 4 000 personnes en France. Il est relativement peu attribué aujourd'hui. Tendance : en croissance modérée. Hanna est en vogue en Suède. Caractérologie : intuition, adaptabilité, fidélité, médiation, relationnel.

Hannah : grâce (hébreu). Ce prénom est porté par environ 3 000 personnes en France. Il est relativement peu attribué aujourd'hui. Personnage biblique, Hannah désespère d'avoir un jour un enfant. C'est à un âge avancé qu'elle voit ses prières exaucées et qu'elle met enfin au monde son fils Samuel. Variante : Annah. Caractérologie : énergie, autorité, innovation, autonomie, ambition.

Harmonie : harmonie, unité (latin). Ce prénom est porté par environ 2 000 personnes en France. Tendance : en croissance modérée. Variantes : Armonie, Armony. Caractérologie : médiation, intuition, décision, caractère, relationnel.

Harmony : harmonie, unité (latin). Ce prénom est porté par environ 2 000 personnes en France. Tendance : en forte croissance. Caractérologie : persévérance, structure, sécurité, caractère, réussite.

Harriet : maîtresse de foyer (germanique). Ce prénom est porté par moins de 100 personnes en France. Variante : Harriette. Caractérologie : finesse, décision, sagacité, connaissance, attention.

Hasna : belle (arabe). Ce prénom est porté par environ 1 000 personnes en France. Tendance : en croissance modérée. Variantes : Hasnaa, Hassna. Caractérologie : sagacité, connaissance, spiritualité, philosophie, originalité.

Hassiba : noble (arabe). Ce prénom très rare est porté par près de 400 personnes en France. Caractérologie : découverte, énergie, audace, originalité, séduction.

Hassina : vertueuse (arabe). Ce prénom rare est porté par près de 800 personnes en France. Caractérologie : ardeur, achèvement, vitalité, décision, stratégie.

Hawa : attente (africain). Équivalent arabe d'Ève. Ce prénom est porté par environ

3 000 personnes en France. Il est peu attribué aujourd'hui. Variante : Awa. Caractérologie : conseil, bienveillance, paix, conscience, sagesse.

Haya : rapide (japonais), vertu (arabe). Ce prénom très rare est porté par près de 400 personnes en France. Caractérologie : vitalité, achèvement, leadership, stratégie, ardeur.

Hayat : vertu (arabe). Ce prénom est porté par environ 2 000 personnes en France. Il ne devrait pas être attribué à plus de 50 bébés en 2012. Variantes : Hayate, Hayatte. Caractérologie : influence, famille, sens des responsabilités, équilibre, attention.

Hayet : vertu (arabe). Ce prénom rare est porté par près de 800 personnes en France. Caractérologie : vitalité, attention, stratégie, ardeur, achèvement.

Hazal : noisetier (anglais). Ce prénom très rare est porté par près de 200 personnes en France. Variante : Hazel. Caractérologie : optimisme, pragmatisme, sociabilité, créativité, communication.

Heather : bruyère (anglo-saxon). Ce prénom rare est porté par près de 500 personnes en France. Caractérologie : relationnel, résolution, intuition, médiation, finesse.

Hedia : voix, écho de Dieu (hébreu). Ce prénom très rare est porté par près de 200 personnes en France. Variante : Hediah. Caractérologie : décision, rêve, rectitude, ouverture d'esprit, humanité.

Hedwige : richesse, combat (germanique). Ce prénom est porté par environ 1 000 personnes en France. Tendance : stable. Variantes : Hedvige, Hedwig. Caractérologie : connaissance, spiritualité, ressort, originalité, sagacité.

Heidi : richesse, combat (germanique). Ce prénom est porté par environ 2 000 personnes en France. Il est peu attribué aujourd'hui. Heidi est très répandu en Allemagne. Variantes : Heidie, Heidy. Caractérologie : force, management, passion, ambition, habileté.

Helen : éclat du soleil (grec). Ce prénom rare est porté par près de 700 personnes en France. Variantes : Heleni, Hélénia, Héliéna, Hélin, Helonna, Hellen. Caractérologie : leadership, vitalité, achèvement, stratégie, ardeur.

Héléna : éclat du soleil (grec). Ce prénom est porté par environ 13 000 personnes en France. Il est relativement peu attribué aujourd'hui. Caractérologie : humanité, tolérance, générosité, rêve, rectitude.

Hélène : éclat du soleil (grec). Ce prénom est porté par environ 202 000 personnes en France. Il est peu attribué aujourd'hui. Fille de Zeus, Hélène est si belle qu'elle est courtisée par les plus grands héros de la mythologie grecque. Elle choisit Ménélas pour époux, mais elle est enlevée par Pâris, ce qui provoque la guerre de Troie. Homère a placé cet épisode tragique au cœur de l'*Iliade*. ♦ Sainte Hélène, la mère de Constantin le Grand, se convertit au christianisme et défendit ardemment la cause des chrétiens au IVe siècle. Variantes : Aliona, Eliona, Galina, Heleine, Helina, Heline, Lénora. Caractérologie : persévérance, structure, sécurité, honnêteté, efficacité.

Helga : pieuse (germanique). Ce prénom rare est porté par près de 500 personnes en France. En dehors de l'Hexagone, Helga est particulièrement répandu en Allemagne.

Caractérologie : conscience, paix, bienveillance, conseil, cœur.

Hélia : éclat du soleil (grec). Ce prénom très rare est porté par près de 500 personnes en France. Variante : Héliade. Caractérologie : ardeur, résolution, achèvement, vitalité, stratégie.

Hella : lumière (arabe). Ce prénom très rare est porté par près de 200 personnes en France. Variante : Hela. Caractérologie : relationnel, intuition, médiation, fidélité, adaptabilité.

Héloïse : illustre au combat (germanique). Ce prénom est porté par environ 18 000 personnes en France. Il figure dans le top 100 national. Tendance : stable. Caractérologie : innovation, autorité, détermination, raisonnement, énergie.

Hena : gracieuse (hébreu). Ce prénom est porté par moins de 100 personnes en France. Variante : Henna. Caractérologie : autorité, innovation, ambition, énergie, autonomie.

Henria : maîtresse de maison (germanique). Ce prénom très rare est porté par près de 300 personnes en France. Caractérologie : dynamisme, résolution, direction, audace, indépendance.

Henriette : maîtresse de maison (germanique). Ce prénom est porté par environ 53 000 personnes en France. Il ne devrait pas être attribué à plus de 50 bébés en 2012. Variantes : Ariette, Hariette, Henriet, Henrietta, Henrika. Caractérologie : indépendance, curiosité, courage, dynamisme, sensibilité.

Hermance : soldat (germanique). Ce prénom rare est porté par près de 900 personnes en France. Tendance : en croissance modérée. Variante : Hermence. Caractérologie : structure, efficacité, persévérance, sécurité, décision.

Hermine : soldat (germanique). Ce prénom est porté par environ 3 000 personnes en France. Il est très peu attribué aujourd'hui. Variantes : Hermeline, Hermina, Hermione. Caractérologie : altruisme, réflexion, intégrité, idéalisme, dévouement.

Herveline : forte, combattante (celte). Ce prénom rare est porté par près de 800 personnes en France. Variantes : Hervea, Hervée. Caractérologie : stratégie, vitalité, achèvement, ardeur, leadership.

Hiba : cadeau (arabe). Ce prénom rare est porté par près de 1 000 personnes en France. Tendance : en croissance modérée. Caractérologie : sociabilité, diplomatie, réceptivité, bonté, loyauté.

Hilal : croissant de lune somptueux (arabe). Ce prénom rare est porté par près de 800 personnes en France. Caractérologie : équilibre, famille, sens des responsabilités, influence, exigence.

Hilda : bataille (germanique). Ce prénom rare est porté par près de 800 personnes en France. Dans l'Hexagone, Hilda est plus traditionnellement usité en Alsace. Variantes : Hida, Hide, Hilde. Caractérologie : savoir, indépendance, intelligence, méditation, sagesse.

Hildegarde : bataille (germanique). Ce prénom rare est porté par près de 600 personnes en France. Variante flamande : Hildegonde. Caractérologie : ressort, innovation, réalisation, énergie, autorité.

Hillary : joyeuse (latin). Ce prénom très rare est porté par près de 200 personnes en France. Tendance : en forte croissance. Variantes : Hilarie, Hilary. Caractérologie : ressort, structure, sécurité, persévérance, efficacité.

Hina : déesse tahitienne de la Lune (tahitien), gracieuse (hébreu). Ce prénom très rare est porté par près de 200 personnes en France. Caractérologie : découverte, énergie, audace, originalité, décision.

Hind : troupeau de chameaux (arabe). Hind fut l'une des épouses du prophète Mahomet. Ce prénom est porté par environ 2000 personnes en France. Il est peu attribué aujourd'hui. Tendance : en croissance modérée. Caractérologie : force, ambition, habileté, passion, management.

Hiroko : enfant magnanime, généreuse (japonais). Caractérologie : ténacité, fiabilité, méthode, sens du devoir, engagement.

Hisaé : qui vivra longtemps (japonais). Ce prénom est porté par moins de 100 personnes en France. Caractérologie : équilibre, famille, sens des responsabilités, influence, décision.

Hodei : nuage (basque). Caractérologie : énergie, découverte, audace, volonté, originalité.

Hoela : noble, au-dessus (celte). Ce prénom est porté par moins de 100 personnes en France. Dans l'Hexagone, Hoela est plus traditionnellement usité en Bretagne. Caractérologie : audace, énergie, découverte, originalité, séduction.

Holly : houx (anglo-saxon). Ce prénom est porté par moins de 100 personnes en France. Variante : Hollie. Caractérologie : rectitude, humanité, générosité, ouverture d'esprit, rêve.

Honorine : honorée (latin). Ce prénom est porté par environ 5000 personnes en France. Il est peu attribué aujourd'hui. Variantes : Honora, Honorée. Caractérologie : stratégie, vitalité, achèvement, ardeur, leadership.

Horia : feu (perse), d'une grande beauté (arabe). Ce prénom très rare est porté par près de 500 personnes en France. Variantes : Horya, Houriya. Caractérologie : bienveillance, conscience, conseil, paix, sagesse.

Hortense : jardin (latin). Ce prénom est porté par environ 7000 personnes en France. Il est relativement peu attribué aujourd'hui. Variantes : Hortence, Hortensia, Orthense. Caractérologie : décision, curiosité, attention, dynamisme, courage.

Hoshi : étoile (Japonais). Caractérologie : découverte, originalité, énergie, audace, séduction.

Houmana : soleil (tahitien). Caractérologie : dynamisme, audace, direction, indépendance, volonté.

Houria : feu (perse), d'une grande beauté (arabe). Ce prénom est porté par environ 3000 personnes en France. Il ne devrait pas être attribué à plus de 50 bébés en 2012. Houria est très répandu en Arménie. Variante : Hourya. Caractérologie : intégrité, idéalisme, altruisme, réflexion, logique.

Huberte : esprit brillant (germanique). Ce prénom rare est porté par près de 900 personnes en France. Caractérologie : sagacité, spiritualité, attention, originalité, connaissance.

Le palmarès des prénoms de la Suisse romande

Ce palmarès a été effectué par l'Office fédéral suisse de la statistique (OFS). Les prénoms sont classés par ordre décroissant d'attribution.

1. Emma	6. Camille	11. Clara	16. Laura
2. Sara(h)	7. Léa	12. Nora	17. Mathilde
3. Lara	8. Éva	13. Alice	18. Jade
4. Chloé	9. Manon	14. Anaïs	19. Émilie
5. Zoé	10. Élisa	15. Julie	20. Lisa

Commentaires et observations

Emma trône sur le palmarès romand pour la troisième année consécutive et galvanise, cette année encore, les terminaisons en « a » : un prénom sur deux les arbore dans le top 10 romand ! Cette domination n'a toutefois pas empêché certains remaniements, à l'image de Lara, qui profite du déclin de Laura, et d'Alice qui supplante Alicia. Malgré le déclin de Sarah, l'essor de Nora et d'Élisa conforte la vitalité de ces désinences.

Dans les nouveautés de ce palmarès, Mathilde et Julie créent la surprise : elles rebondissent brillamment en Romandie alors que leur déclin s'accentue dans l'ensemble des pays francophones. Par contraste, le repli de Lucie et Charlotte est conforme aux tendances observées en France voisine. Tout comme la chute de Marie, qui disparaît du top 50 alors qu'elle figurait encore dans l'élite en 2008. Son reflux, observé dans de nombreux pays (francophones en particulier), fait le jeu de Lina et Luna. Ces nouveautés pourraient s'imposer dans le top 20 romand avant la fin de 2011.

Horizon 2013

L'essor des prénoms en « L » devrait porter ses fruits : Lily s'envole un peu partout en Europe et ne manquera pas de s'élever dans le sillon de Louise. De son côté, Lilou vient de faire son apparition dans le top 50 suisse romand.

Huguette : esprit, intelligence (germanique). Ce prénom est porté par environ 73 000 personnes en France. Il ne devrait pas être attribué à plus de 50 bébés en 2012. Variantes : Huga, Hugoline, Hugone. Caractérologie : amitié, habileté, ambition, force, sensibilité.

Hyacinthe : pierre (grec). Ce prénom rare est porté par près de 700 personnes en France. Variantes : Giacinto, Jacinto, Yacinthe. Caractérologie : enthousiasme, communication, pratique, ressort, finesse.

Ida : travailleuse (germanique). Ce prénom est porté par environ 7 000 personnes en France. Il ne devrait pas être attribué à plus de 50 bébés en 2012. Ida est en vogue en Norvège et en Suède. En France, ce prénom est plus traditionnellement usité en Corse et au Pays basque. Variantes : Idaia, Idda, Idalia, Idaline, Idy. Caractérologie : audace, énergie, découverte, originalité, séduction.

Ide : soif (irlandais). Ce prénom est porté par moins de 100 personnes en France. Caractérologie : altruisme, dévouement, idéalisme, réflexion, intégrité.

Idora : don d'Isis (grec). Ce prénom est porté par moins de 100 personnes en France. Caractérologie : fidélité, médiation, adaptabilité, relationnel, intuition.

Idra : figuier (araméen). Caractérologie : indépendance, dynamisme, curiosité, courage, charisme.

Ielena : éclat du soleil (grec). Ce prénom est porté par moins de 100 personnes en France. Caractérologie : audace, direction, dynamisme, indépendance, décision.

Ikram : respectueuse (arabe). Ce prénom est porté par environ 2 000 personnes en France. Il est très peu attribué aujourd'hui. Variante : Ikrame. Caractérologie : connaissance, sagacité, originalité, spiritualité, philosophie.

Ilana : arbre (hébreu). Ce prénom est porté par environ 3 000 personnes en France. Il est relativement peu attribué aujourd'hui. Variante : Elana. Caractérologie : direction, audace, indépendance, décision, dynamisme.

Ilanit : rainette (hébreu). Ce prénom est porté par moins de 100 personnes en France. Caractérologie : médiation, relationnel, intuition, gestion, décision.

Ilayda : de noble lignée (germanique). Ce prénom rare est porté par près de 900 personnes en France. Caractérologie : savoir, indépendance, intelligence, méditation, réalisation.

Ilda : bataille (germanique). Ce prénom rare est porté par près de 600 personnes en France. Caractérologie : habileté, passion, force, ambition, management.

Iléa : éclat du soleil (grec). Ce prénom très rare est porté par près de 120 personnes en France. Variantes : Illoa, Iloa. Caractérologie : indépendance, logique, dynamisme, direction, audace.

Iléana : éclat du soleil (grec). Ce prénom rare est porté par près de 800 personnes en France. Une princesse roumaine a illustré ce prénom au XXe siècle. Caractérologie : conscience, conseil, résolution, bienveillance, paix.

Ilena : éclat du soleil (grec). Ce prénom rare est porté par près de 500 personnes en France. Caractérologie : énergie, décision, découverte, audace, originalité.

Ilham : inspiration (arabe). Ce prénom est porté par environ 2 000 personnes en France. Il est très peu attribué aujourd'hui. Caractérologie : connaissance, spiritualité, sagacité, philosophie, originalité.

Ilhem : inspiration (arabe). Ce prénom est porté par environ 1 000 personnes en France. Tendance : stable. Caractérologie : relationnel, intuition, médiation, adaptabilité, fidélité.

Ilia : dans la mythologie romaine, Ilia (plus connue sous le nom de Rhea), est la mère de Romulus et Remus. Ce prénom est porté par moins de 100 personnes en France. Caractérologie : sécurité, persévérance, honnêteté, structure, efficacité.

Iliana : arbre (hébreu), grande, spirituelle (arabe). Ce prénom est porté par environ 2 000 personnes en France. Il est relativement peu attribué aujourd'hui. Tendance : en croissance modérée. Variantes : Iléane, Iliona, Ilyana, Ilyane. Caractérologie : autorité, détermination, innovation, ambition, énergie.

Iliane : arbre (hébreu), grande, spirituelle (arabe). Ce prénom est porté par moins de 100 personnes en France. Caractérologie : découverte, énergie, originalité, audace, décision.

Illana : arbre (hébreu). Ce prénom très rare est porté par près de 300 personnes en France. Caractérologie : méthode, ténacité, engagement, fiabilité, détermination.

Illona : éclat du soleil (grec). Ce prénom est porté par environ 1 000 personnes en France. Tendance : stable. Caractérologie : raisonnement, idéalisme, altruisme, détermination, intégrité.

Iloa : éclat du soleil (grec). Ce prénom très rare est porté par près de 120 personnes en France. Tendance : en forte croissance. Variantes : Eloa, Illoa. Caractérologie : indépendance, logique, dynamisme, direction, audace.

Ilona : éclat du soleil (grec). Ce prénom est porté par environ 11 000 personnes en France. Il est relativement peu attribué aujourd'hui. Ce dérivé hongrois d'Hélène est répandu en Hongrie. Variantes : Ilhona, Llona. Caractérologie : famille, équilibre, éthique, détermination, raisonnement.

Ilse : noble (germanique). Ce prénom très rare est porté par près de 120 personnes en France. Caractérologie : humanité, rectitude, ouverture d'esprit, rêve, résolution.

Ilyana : qui vient de Dieu (arabe), le Seigneur est mon Dieu (hébreu). Ce prénom est porté par environ 2 000 personnes en France. Il figure dans le top 200 national. Tendance : en forte croissance. Caractérologie : achèvement, stratégie, sympathie, vitalité, résolution.

Imaé : génération actuelle (japonais). Variante : Ima. Caractérologie : énergie, innovation, autorité, ambition, décision.

Imako : l'enfant du présent (japonais). Caractérologie : ténacité, engagement, sens du devoir, fiabilité, méthode.

Imane : croyance, foi (arabe). Ce prénom est porté par environ 9 000 personnes en France. Il figure dans le top 200 national. Tendance : stable. Variantes : Iman, Imanne, Ymane. Caractérologie : décision, bienveillance, paix, conscience, conseil.

Imelda : soldat (germanique). Ce prénom très rare est porté par près de 300 personnes en France. Variante : Ymelda. Caractérologie : habileté, ambition, force, résolution, passion.

Imen : croyance, foi (arabe). Ce prénom est porté par environ 3 000 personnes en France. Il est peu attribué aujourd'hui. Caractérologie : curiosité, dynamisme, charisme, courage, indépendance.

INÈS

Fête : 10 septembre

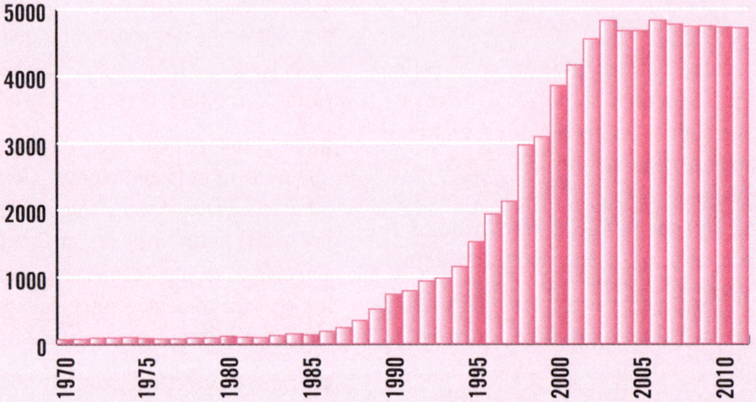

Étymologie : du grec *agnos*, « chaste, pure ». Solidement ancrée en Espagne et au Portugal, cette forme hispanique d'Agnès émerge en France à la fin des années 1980. Elle prend la relève d'Agnès et se propage d'autant plus aisément qu'Inès de La Fressange se charge de la promouvoir. Malgré un ralentissement de croissance, Inès devrait s'établir au 7e rang du palmarès français en 2012.

En dehors de l'Hexagone, Inès gagne du terrain en Wallonie. Une progression facilitée par sa présence dans le top 20 bruxellois depuis 2004. Elle est inconnue en Suisse italienne et allemande, mais elle a percé en Romandie. On peut s'étonner que les parents espagnols aient tardé à redécouvrir ce prénom. Peu importe, puisqu'il revient aujourd'hui dans le top 30 ibérique.

Ce tour d'horizon serait incomplet s'il n'incluait pas Ines. Cette dernière ressemble à sa jumelle comme deux gouttes d'eau, à cela près qu'elle n'arbore pas d'accent grave. C'est pourtant tout ce qui fait la différence. Sans accent, Ines puise ses origines dans l'arabe ancien et signifie « sympathique, généreuse ». Cela n'empêche pas certains parents musulmans de choisir ce prénom sous sa forme accentuée. Dans ces conditions, il n'est pas étonnant que ces deux homonymes soient en vogue dans les communautés musulmanes francophones. Celle de Bruxelles les a propulsés dans le top 20 bruxellois dès 2001.

.../

Inès *(suite)*

En France, leur succès a favorisé l'apparition de deux perles rares en forte croissance : Ynes et Yness.

Chrétienne japonaise au VIIe siècle, **sainte Inès** Takeya fut exécutée en 1622 pour sa foi.

Personnalité célèbre : Inès de La Fressange, ancienne mannequin, aujourd'hui femme d'affaires et créatrice de mode.

Statistiques : Inès est le 8e prénom féminin le plus donné en France depuis le début du XXIe siècle. On peut estimer qu'il sera attribué à une fille sur 83 en 2012.

Imene : croyance, foi (arabe). Ce prénom est porté par environ 3 000 personnes en France. Il est peu attribué aujourd'hui. Caractérologie : autorité, autonomie, innovation, énergie, ambition.

Imma : Dieu est avec nous (hébreu). Ce prénom est porté par moins de 100 personnes en France. Caractérologie : réflexion, altruisme, intégrité, idéalisme, dévouement.

Ina : mère (latin). Ce prénom très rare est porté par près de 200 personnes en France. Caractérologie : sens des responsabilités, famille, influence, équilibre, décision.

Inas : sympathique, généreuse (arabe). Ce prénom très rare est porté par près de 300 personnes en France. Variantes : Inass, Inasse. Caractérologie : intelligence, méditation, détermination, indépendance, savoir.

Inaya : attention, sollicitude (arabe). Ce prénom est porté par environ 3 000 personnes en France. Il figure dans le top 100 national. Tendance : en forte croissance. Inaya est assez connu dans les pays arabes, mais on le recense également en Afrique et en Amérique latine. En France, ce prénom est exclusivement féminin. Caractérologie : dynamisme, curiosité, courage, indépendance, résolution.

India : India est le nom anglophone qui désigne l'Inde. Ce prénom rare est porté par près de 700 personnes en France. Caractérologie : innovation, énergie, résolution, autorité, ambition.

Indiana : divin (latin), nom d'un État américain. Ce prénom très rare est porté par près de 500 personnes en France. Caractérologie : spiritualité, connaissance, originalité, sagacité, résolution.

Indira : beauté, splendeur (sanscrit). Dans la mythologie hindoue, Indra est le dieu de la Pluie et du Tonnerre. Ce prénom très rare est porté par près de 500 personnes en France. Variante : Indra. Caractérologie : direction, résolution, dynamisme, indépendance, audace.

Iné : riz (japonais). Caractérologie : dynamisme, audace, direction, assurance, indépendance.

Inès : chaste, pure (grec). Ce prénom est porté par environ 77 000 personnes en France. Il figure dans le top 50 national. Voir le zoom dédié à Inès. Caractérologie : relationnel, intuition, fidélité, détermination, médiation.

Iness : sympathique, généreuse (arabe). Ce prénom est porté par environ 1 000 personnes en France. Il est très peu attribué aujourd'hui. Variante : Yness. Caractérologie : enthousiasme, communication, pratique, résolution, adaptation.

Inesse : sympathique, généreuse (arabe). Ce prénom très rare est porté par près de 400 personnes en France. Caractérologie : achèvement, vitalité, ardeur, stratégie, détermination.

Ingrid : fille de héros (scandinave). Ce prénom est porté par environ 27 000 personnes en France. Il ne devrait pas être attribué à plus de 50 bébés en 2012. Ingrid est très répandu en Allemagne et dans les pays scandinaves. Variantes : Inga, Inge. Caractérologie : connaissance, spiritualité, sagacité, originalité, philosophie.

Insaf : équité, justice (arabe). Ce prénom rare est porté par près de 500 personnes en France. Tendance : en forte croissance. Variante : Inssaf. Caractérologie : persévérance, détermination, structure, efficacité, sécurité.

Intissar : triomphante (arabe). Ce prénom très rare est porté par près de 190 personnes en France. Caractérologie : direction, dynamisme, indépendance, audace, détermination.

Ioana : Dieu fait grâce (hébreu). Ce prénom est porté par moins de 100 personnes en France. Tendance : en forte croissance. Caractérologie : bienveillance, sagesse, conseil, conscience, paix.

Iona : couleur pourpre, aube (grec). Iona est également le nom d'une île écossaise. Ce prénom rare est porté par près de 700 personnes en France. Variantes : Iola, Ione, Ionia, Ionna. Caractérologie : pratique, détermination, communication, enthousiasme, adaptation.

Iora : en or (latin). Caractérologie : méditation, savoir, indépendance, intelligence, sagesse.

Iphigénie : courageuse (grec). Ce prénom est porté par moins de 100 personnes en France. Caractérologie : autorité, innovation, énergie, ambition, action.

Irem : jardin du paradis (turc). Ce prénom est porté par environ 1 000 personnes en France. Il est peu attribué aujourd'hui. Caractérologie : idéalisme, altruisme, réflexion, dévouement, intégrité.

Iréna : paix (grec). Ce prénom est porté par environ 2 000 personnes en France. Il ne devrait pas être attribué à plus de 50 bébés en 2012. Iréna est répandu dans les pays slaves. Variantes : Irenca, Irénéa, Iriena. Caractérologie : réceptivité, sociabilité, diplomatie, loyauté, résolution.

Irène : paix (grec). Ce prénom est porté par environ 55 000 personnes en France. Il est très peu attribué aujourd'hui. Variantes : Irenne, Yrène. Caractérologie : paix, sagesse, conseil, conscience, bienveillance.

Irénée : paix (grec). Ce prénom rare est porté par près de 900 personnes en France. Caractérologie : adaptabilité, intuition, médiation, fidélité, relationnel.

Iriana : paix (grec). Caractérologie : savoir, méditation, détermination, indépendance, intelligence.

Irina : paix (grec). Ce prénom est porté par environ 2 000 personnes en France.

Il est peu attribué aujourd'hui. Irina est répandu dans les pays slaves. Caractérologie : famille, équilibre, éthique, influence, décision.

Iris : arc-en-ciel (grec). Ce prénom est porté par environ 7 000 personnes en France. Il figure dans le top 200 national. Tendance : en croissance modérée. Variantes : Iréa, Irès. Caractérologie : direction, assurance, audace, indépendance, dynamisme.

Irma : féminin d'Irmin : dieu païen (germanique). Ce prénom est porté par environ 5 000 personnes en France. Il ne devrait pas être attribué à plus de 50 bébés en 2012. Variante : Irmine. Caractérologie : indépendance, curiosité, dynamisme, charisme, courage.

Irvine : belle (celte). Ce prénom est porté par moins de 100 personnes en France. Caractérologie : dynamisme, courage, indépendance, curiosité, charisme.

Isabeau : Dieu est serment (hébreu). Ce prénom très rare est porté par près de 170 personnes en France. Caractérologie : structure, persévérance, gestion, sécurité, décision.

Isabel : Dieu est serment (hébreu). Ce prénom est porté par environ 4 000 personnes en France. Il ne devrait pas être attribué à plus de 50 bébés en 2012. Caractérologie : optimisme, communication, pragmatisme, détermination, organisation.

Isabella : Dieu est serment (hébreu). Ce prénom rare est porté par près de 900 personnes en France. Isabella est très répandu en Italie. Dans l'Hexagone, ce prénom est plus traditionnellement usité en Corse. Caractérologie : méditation, savoir, organisation, résolution, intelligence.

Isabelle : Dieu est serment (hébreu). Ce prénom est porté par environ 361 000 personnes en France. Il est peu attribué aujourd'hui. Isabelle, la sœur de Saint Louis, refusa d'épouser le fils de l'empereur prusse Frédéric II. Elle se retira dans l'abbaye des Clarisses qu'elle avait fondée à Longchamp. Plusieurs reines d'Angleterre, d'Espagne et de France ont illustré ce prénom. Isabelle est le troisième prénom féminin le plus porté dans l'Hexagone. Variantes : Ilse, Isabel, Isabela, Isobel, Izabel, Ysabel. Caractérologie : sociabilité, diplomatie, décision, gestion, réceptivité.

Isadora : don d'Isis (grec). Ce prénom très rare est porté par près de 400 personnes en France. Caractérologie : engagement, méthode, fiabilité, sens du devoir, ténacité.

Isaline : Dieu est serment (hébreu). Ce prénom est porté par environ 2 000 personnes en France. Il est très peu attribué aujourd'hui. Variantes : Isalia, Isalyne, Isolina, Izaline, Ysalia. Caractérologie : paix, conseil, conscience, bienveillance, décision.

Isalys : Dieu est serment (hébreu). Ce prénom très rare est porté par près de 200 personnes en France. Tendance : en forte croissance. Variantes : Isalis, Ysalys. Caractérologie : efficacité, sécurité, honnêteté, persévérance, structure.

Isana : contraction possible d'Isabelle et Anna. Ce prénom est porté par moins de 100 personnes en France. Caractérologie : détermination, stratégie, vitalité, résolution, ardeur.

Isaura : habitante d'Isaurie, région d'Asie Mineure (grec). Ce prénom très rare est porté par près de 300 personnes en France. Isaura est particulièrement répandu en Espagne et au Portugal. Caractérologie : famille, influence, éthique, équilibre, exigence.

Isaure : habitante d'Isaurie, région d'Asie Mineure (grec). Ce prénom est porté par environ 2 000 personnes en France. Il est relativement peu attribué aujourd'hui. Variantes : Isaura, Isaurie, Isore. Caractérologie : autorité, innovation, énergie, ambition, décision.

Isciane : déesse, souveraine (grec). Ce prénom très rare est porté par près de 130 personnes en France. Variante : Iscia. Caractérologie : équilibre, influence, détermination, famille, sens des responsabilités.

Isée : orateur athénien du IVe siècle. Élève d'Isocrate, Isée se rendit célèbre pour ses excellentes plaidoiries. Ce prénom très rare est porté par près de 150 personnes en France. Tendance : en forte croissance. Variante : Ysée. Caractérologie : fidélité, relationnel, intuition, médiation, résolution.

Iseline : Dieu est serment (hébreu). Ce prénom très rare est porté par près de 150 personnes en France. Caractérologie : dynamisme, audace, direction, indépendance, décision.

Iseult : belle (celte). Ce prénom très rare est porté par près de 180 personnes en France. Dans la légende médiévale de Tristan et Iseut, Tristan était éperdument amoureux d'Iseut la blonde, mais il dut se résoudre à épouser Iseut aux blanches mains. Le récit de cette passion tragique a transcendé les siècles et inspiré nombre de poètes et musiciens. Variantes : Iseut, Isolde. Caractérologie : décision, énergie, découverte, audace, gestion.

Isia : déesse, souveraine (grec). Ce prénom très rare est porté par près de 170 personnes en France. Variante : Isïa. Caractérologie : sociabilité, réceptivité, diplomatie, bonté, loyauté.

Isidora : don d'Isis (grec). Ce prénom est porté par moins de 100 personnes en France. Variante : Isidorine. Caractérologie : communication, pratique, enthousiasme, générosité, adaptation.

Isis : déesse, souveraine (grec). Ce prénom est porté par environ 2 000 personnes en France. Il est relativement peu attribué aujourd'hui. Tendance : en forte croissance. Caractérologie : réceptivité, sociabilité, diplomatie, loyauté, bonté.

Isma : protection (arabe). Ce prénom très rare est porté par près de 500 personnes en France. Caractérologie : équilibre, famille, exigence, sens des responsabilités, influence.

Ismelda : Dieu est serment (hébreu). Caractérologie : rêve, résolution, humanité, ouverture d'esprit, rectitude.

Isolde : belle (celte). Ce prénom est porté par moins de 100 personnes en France. Variante : Isold. Variantes bretonnes : Izold, Izolda. Caractérologie : innovation, autorité, analyse, volonté, énergie.

Isoline : Dieu est serment (hébreu). Ce prénom très rare est porté par près de 300 personnes en France. Caractérologie : sociabilité, réceptivité, diplomatie, résolution, analyse.

Le palmarès des prénoms de la Wallonie

Ce palmarès est fondé sur les dernières données diffusées par l'Institut national de statistique de la Belgique. Les prénoms sont classés par ordre décroissant d'attribution.

1. Emma	6. Chloé	11. Célia	16. Jade
2. Clara	7. Louise	12. Éva	17. Charlotte
3. Léa	8. Sarah	13. Juliette	18. Émilie
4. Lucie	9. Camille	14. Lola	19. Victoria
5. Manon	10. Zoé	15. Anaïs	20. Marie

Commentaires et observations

Pour la deuxième année consécutive, Emma trône en tête du palmarès wallon. Sa gloire nourrit l'hégémonie des désinences en « a » qui s'affichent, à huit reprises, dans le tableau. Cela ne perturbe pas la progression de choix rétro qui, tels Zoé, Lucie, Juliette et Victoria, gagnent des points. Emma, leur figure de proue, brille également à la tête de nombreux palmarès européens.

En dehors de ces choix rétro, quatre nouveautés se sont imposées dans ce tableau. Enrichissant ce dernier de sonorités plurielles, Anaïs, Jade, Victoria et Marie prennent les postes cédés par Laura, Lisa, Romane et Océane. Notons que la chute de Marie était anticipée : sa tendance de fond est à la baisse et son reflux est observé en France et dans de nombreux pays.

En 2012, Charlotte et Émilie devraient quitter le panthéon wallon. Elles seront sans doute remplacées par Luna et Inès qui se propagent à vive allure.

Horizon 2013

Alicia s'est imposée au 30e rang et pourrait prêter main forte à Victoria. De son côté, Romane pourrait rebondir dans le top 20, à moins que Louise ne s'y établisse avant elle. Un destin qui semble hors de portée pour Lilou : la course folle de la star française est terminée et ce choix feu follet se contente d'évoluer dans le top 40.

Ivana : if (celte), bien né, jeune guerrier (vieil irlandais), ou forme galloise de Jeanne. Ce prénom est porté par environ 2 000 personnes en France. Il est très peu attribué aujourd'hui. Variantes : Iva, Ivanie, Ivanna, Ivanne, Ivanka, Ivannie, Ivanny. Caractérologie : détermination, intuition, fidélité, relationnel, médiation.

Ivonne : if (celte). Ce prénom très rare est porté par près de 200 personnes en France. Variantes : Iveline, Ivelyne, Ivone. Variantes bretonnes : Ivona, Ivonig. Caractérologie : intelligence, savoir, méditation, indépendance, volonté.

Ivria : de la terre d'Abraham (hébreu). Caractérologie : dynamisme, courage, curiosité, indépendance, charisme.

Ivy : lierre (anglais). Ce prénom très rare est porté par près de 130 personnes en France. Variante : Ivie. Caractérologie : médiation, relationnel, intuition, fidélité, adaptabilité.

Iwa : solide comme un roc (japonais). Caractérologie : bienveillance, conscience, paix, conseil, décision.

Ixia : nom de fleur (grec). Caractérologie : indépendance, intelligence, savoir, sagesse, méditation.

Izia : déesse, souveraine (grec). Ce prénom très rare est porté par près de 400 personnes en France. Tendance : en forte croissance. Caractérologie : intégrité, altruisme, idéalisme, réflexion, dévouement.

Jacinthe : pierre (grec). Ce prénom rare est porté par près de 500 personnes en France. Tendance : en forte croissance. Variante : Jacinte. Caractérologie : sensibilité, savoir, intelligence, méditation, détermination.

Jackie : supplanter, talonner (hébreu). Ce prénom est porté par environ 1 000 personnes en France. Tendance : stable. Variante : Jacquie. Caractérologie : communication, optimisme, pragmatisme, détermination, organisation.

Jacqueline : supplanter, talonner (hébreu). Ce prénom est porté par environ 309 000 personnes en France. Il ne devrait pas être attribué à plus de 50 bébés en 2012. Variantes : Jacquelène, Jacquelyne, Jacquemine, Jacquine, Jaqueline. Caractérologie : finesse, connaissance, originalité, sagacité, décision.

Jade : désigne une pierre fine de couleur verte. Ce prénom est porté par environ 59 000 personnes en France. Il figure dans le top 50 national. Voir le zoom dédié à Jade. Variante : Giada. Caractérologie : réceptivité, diplomatie, sociabilité, bonté, loyauté.

Jaël : qui monte (hébreu). Ce prénom très rare est porté par près de 300 personnes en France. Tendance : en forte croissance. Caractérologie : dynamisme, audace, direction, assurance, indépendance.

Jaïda : celle qui a un cou gracieux (arabe). Ce prénom est porté par moins de 100 personnes en France. Variante : Jayda. Caractérologie : indépendance, méditation, intelligence, savoir, sagesse.

JADE

Fête : 29 juin

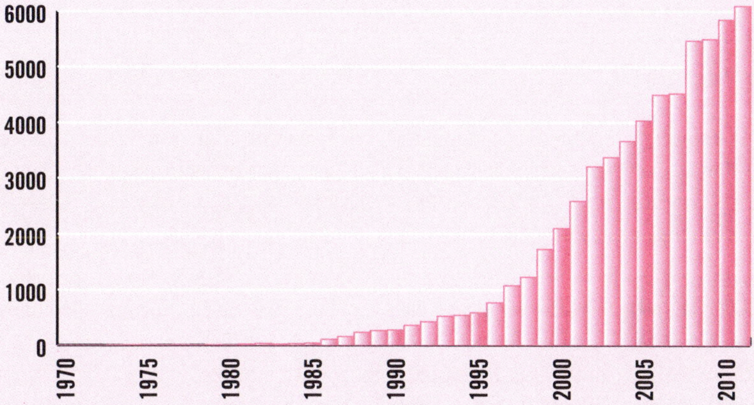

Étymologie : désigne une pierre fine qui doit à sa composition (silicate naturel, aluminium et calcium) une coloration verte. Les premières Jade de France naissent en 1973, au moment où les prénoms inspirés de la nature font leurs premiers pas. Marine et Ondine déclenchent alors une vague océanique qui happe Dylan, Morgan, puis Océane vers la gloire. Bien qu'elle n'ait pas le pied marin, Jade s'est imposée au 2e rang du classement. Sera-t-elle en mesure de détrôner Emma l'an prochain ?

En dehors de l'Hexagone, Jade s'est envolée dans les tops 20 suisse romand, wallon et québécois. Elle chute en Espagne et dans les pays anglophones à l'issue d'une glorieuse décennie.

À noter : en raison de sa proximité avec Jad, prénom arabe essentiellement masculin, Jade est également un choix apprécié par les parents de culture mixte. Jad signifie « excellence, générosité » en arabe.

À travers les civilisations, le jade a été utilisé de multiples manières. Les Espagnols, qui le broyaient pour réaliser des décoctions, l'appelaient *piedra de hijada*, « pierre contre les douleurs rénales ». S'inspirant de cette pratique, les Français l'appelèrent ejade, puis jade. Il y a 5000 ans, le jade était considéré comme une pierre royale en Chine. Il était un

.../

Jade *(suite)*

symbole d'amour, de vertu et de statut social. En Amérique centrale, le jade a été utilisé pour créer des sculptures et des masques, notamment chez les Aztèques. En Europe, l'usage du jade en joaillerie remonterait au XVIe siècle.

Statistiques : Jade est le 9e prénom féminin le plus donné en France depuis le début du XXIe siècle. On peut estimer qu'il sera attribué à une fille sur 64 en 2012.

Jalila : qui est grande (arabe). Ce prénom très rare est porté par près de 400 personnes en France. Caractérologie : altruisme, intégrité, idéalisme, réflexion, dévouement.

Jamila : d'une grande beauté physique et morale (arabe). Ce prénom est porté par environ 5 000 personnes en France. Il ne devrait pas être attribué à plus de 50 bébés en 2012. Variantes : Jamela, Jamella, Jamilah, Jamilla, Jémila. Caractérologie : audace, indépendance, dynamisme, assurance, direction.

Jana : Dieu fait grâce (hébreu). Ce prénom rare est porté par près de 800 personnes en France. Tendance : en croissance modérée. Dans l'Hexagone, Jana est plus traditionnellement usité en Occitanie et au Pays basque. Variante : Janna. Caractérologie : ambition, force, habileté, passion, management.

Jane : Dieu fait grâce (hébreu). Ce prénom est porté par environ 5 000 personnes en France. Il est peu attribué aujourd'hui. Tendance : en croissance modérée. Caractérologie : pratique, adaptation, communication, générosité, enthousiasme.

Janelle : Dieu fait grâce (hébreu). Ce prénom est porté par environ 1 000 personnes en France. Il est peu attribué aujourd'hui. Tendance : en croissance modérée. Caractérologie : séduction, audace, énergie, découverte, originalité.

Janice : Dieu fait grâce (hébreu). Ce prénom rare est porté par près de 900 personnes en France. Tendance : en croissance modérée. Variante : Jannice. Caractérologie : paix, bienveillance, conscience, conseil, détermination.

Janick : Dieu fait grâce (hébreu). Ce prénom est porté par environ 2 000 personnes en France. Il ne devrait pas être attribué à plus de 50 bébés en 2012. Variantes : Janik, Janis, Jeanick. Caractérologie : détermination, communication, pratique, enthousiasme, organisation.

Janie : Dieu fait grâce (hébreu). Ce prénom rare est porté par près de 700 personnes en France. Variante bretonne : Janig. Caractérologie : optimisme, créativité, communication, détermination, pragmatisme.

Janine : Dieu fait grâce (hébreu). Ce prénom est porté par environ 57 000 personnes en France. Il ne devrait pas être attribué à plus de 50 bébés en 2012. Variante : Janinne. Caractérologie : ardeur, achèvement, vitalité, stratégie, résolution.

Janis : Dieu fait grâce (hébreu). Ce prénom rare est porté par près de 500 personnes en France. Caractérologie : ambition, passion, habileté, détermination, force.

Jannine : Dieu fait grâce (hébreu). Ce prénom rare est porté par près de 800 personnes en France. Variantes : Janina, Janinna, Janyne. Caractérologie : fiabilité, méthode, ténacité, engagement, détermination.

Jany : Dieu fait grâce (hébreu). Ce prénom est porté par environ 2 000 personnes en France. Il ne devrait pas être attribué à plus de 50 bébés en 2012. Caractérologie : découverte, audace, énergie, séduction, originalité.

Jasmine : fleur de jasmin (perse). Ce prénom est porté par environ 6 000 personnes en France. Il est relativement peu attribué aujourd'hui. Variantes : Jasmée, Jasmina. Caractérologie : ardeur, vitalité, achèvement, stratégie, détermination.

Jaya : victorieuse (sanscrit). Ce prénom très rare est porté par près de 180 personnes en France. Caractérologie : dynamisme, direction, audace, indépendance, assurance.

Jeanine : Dieu fait grâce (hébreu). Ce prénom est porté par environ 42 000 personnes en France. Il ne devrait pas être attribué à plus de 50 bébés en 2012. Caractérologie : ténacité, méthode, fiabilité, engagement, résolution.

Jeanne : Dieu fait grâce (hébreu). Ce prénom, porté par environ 239 000 Françaises, figure dans le top 50 national. Voir le zoom dédié à Jeanne. Variantes : Ioanna, Iœna, Iœnna, Janka, Janne, Jayne, Jeanie, Jeanick, Jeannick, Jeanna, Jeannice. Variante basque : Xana. Caractérologie : méthode, fiabilité, ténacité, engagement, sens du devoir.

Jeanne-Marie : forme composée de Jeanne et Marie. Ce prénom est porté par environ 2 000 personnes en France. Tendance : en croissance modérée. Caractérologie : découverte, décision, audace, énergie, originalité.

Jeannette : Dieu fait grâce (hébreu). Ce prénom est porté par environ 16 000 personnes en France. Il ne devrait pas être attribué à plus de 50 bébés en 2012. Variantes : Janet, Jeanette. Caractérologie : méthode, ténacité, fiabilité, engagement, sens du devoir.

Jeannie : Dieu fait grâce (hébreu). Ce prénom est porté par environ 2 000 personnes en France. Il ne devrait pas être attribué à plus de 50 bébés en 2012. Caractérologie : ténacité, méthode, fiabilité, engagement, résolution.

Jeannine : Dieu fait grâce (hébreu). Ce prénom est porté par environ 178 000 personnes en France. Il ne devrait pas être attribué à plus de 50 bébés en 2012. Caractérologie : humanité, tolérance, rêve, rectitude, décision.

Jehanne : Dieu fait grâce (hébreu). Ce prénom est porté par environ 1 000 personnes en France. Tendance : stable. Variante : Jehane. Caractérologie : communication, créativité, pragmatisme, sociabilité, optimisme.

Jelena : lumière (russe). Ce prénom très rare est porté par près de 400 personnes en France. Tendance : en forte croissance. Caractérologie : réceptivité, sociabilité, loyauté, diplomatie, bonté.

Jemma : colombe (hébreu). Ce prénom est porté par moins de 100 personnes en France. Variantes : Jema, Jemima. Caractérologie : conscience, paix, bienveillance, conseil, sagesse.

JEANNE

Fête : 30 mai

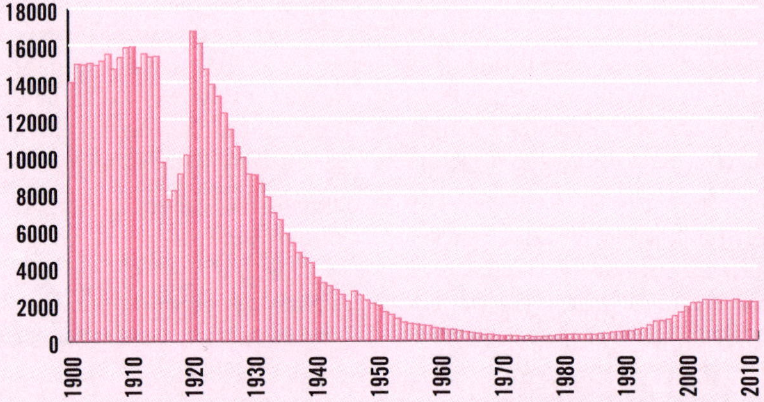

Étymologie : forme féminine de Jean, de l'hébreu *Yohanân*, « Dieu fait grâce ». Ce prénom riche en histoire a été porté par sept reines de France et de nombreuses saintes. Il se propage dès le Moyen Âge à l'ensemble des pays chrétiens, où il est orthographié de nombreuses manières. Le succès français de Jehan(ne) est comparable à celui de Joan en Angleterre, Juana en Espagne et Giovanna en Italie. À partir du XIVe siècle, Jeanne prend toute son ampleur et éclipse ses variantes françaises. Elle devient alors la plus grande rivale de Marie.

Glorieuse au XIXe siècle, Jeanne s'évanouit dans les années 1940 pour mieux renaître en fin de siècle. Arrivée à point, la vague des prénoms rétro la propulse dans le top 30 français et, depuis 2005, dans les 10 premiers rangs parisiens. Cette percée ne se limite pas à l'Hexagone : son triomphe wallon est imminent et son rebond québécois se confirme. Renforcée par ces succès, Jana pourrait s'imposer dans le top 60 espagnol prochainement… Bien avant la renaissance de Jane dans les pays anglophones.

Le 30 mai célèbre **sainte Jeanne d'Arc**, la bergère la plus célèbre de France. Jeanne d'Arc fut élevée à Domrémy, en Lorraine, pendant la guerre de Cent Ans. Selon son témoignage, elle entendit des voix célestes qui lui ordonnèrent de libérer la France du joug anglais. Après avoir convaincu Charles VII de lui confier une armée, elle délivra Orléans et ouvrit la voie au sacre de Charles VII à Reims. Mais après avoir volé au secours de Compiègne, elle fut capturée par les Bourguignons, vendue aux Anglais et emprisonnée à Rouen. …/

Jeanne *(suite)*

Malgré les maigres chefs d'accusation qui lui furent reprochés (notamment celui de porter des habits d'homme), le tribunal, conduit par l'évêque de Beauvais Pierre Cauchon, la condamna pour hérésie. Elle fut brûlée vive en public place du Vieux-Marché le 30 mai 1431.

Personnalités célèbres : Jeanne Moreau, actrice française ; Jeanne Bourin, romancière et historienne française ; Jeanne Lanvin, styliste fondatrice de la maison de couture Lanvin.

Statistiques : Jeanne est le 35e prénom féminin le plus donné en France depuis le début du XXIe siècle. On peut estimer qu'il sera attribué à une fille sur 192 en 2012.

Jenna : Dieu fait grâce (hébreu). Ce prénom est porté par environ 3 000 personnes en France. Il est relativement peu attribué aujourd'hui. Tendance : en croissance modérée. Jenna est très en vogue en Finlande. Variante : Jena. Caractérologie : habileté, management, force, passion, ambition.

Jennifer : claire, douce (celte). Ce prénom est porté par environ 65 000 personnes en France. Il est très peu attribué aujourd'hui. Variante : Jenifer. Caractérologie : tolérance, humanité, rectitude, rêve, résolution.

Jenny : claire, douce (celte). Ce prénom est porté par environ 8 000 personnes en France. Il ne devrait pas être attribué à plus de 50 bébés en 2012. Variante : Jennie. Caractérologie : dynamisme, curiosité, courage, indépendance, charisme.

Jennyfer : claire, douce (celte). Ce prénom est porté par environ 3 000 personnes en France. Il ne devrait pas être attribué à plus de 50 bébés en 2012. Variante : Jenyfer. Caractérologie : sagacité, connaissance, spiritualité, originalité, résolution.

Jéromine : nom sacré (grec). Ce prénom rare est porté par près de 800 personnes en France. Tendance : en forte croissance. Caractérologie : achèvement, vitalité, stratégie, volonté, résolution.

Jessica : un présent (hébreu). Ce prénom est porté par environ 69 000 personnes en France. Il est relativement peu attribué aujourd'hui. Se rapporte également à Jessé, le père de David dans l'Ancien Testament. Variantes : Jess, Jesse, Jessi, Jessia, Jessalyn, Jessye, Djessy, Djessica, Djessie, Jessyka, Jessyca. Caractérologie : créativité, communication, optimisme, décision, pragmatisme.

Jessie : un présent (hébreu). Ce prénom est porté par environ 5 000 personnes en France. Il est très peu attribué aujourd'hui. Caractérologie : sécurité, persévérance, structure, efficacité, décision.

Jessika : un présent (hébreu). Ce prénom rare est porté par près de 800 personnes en France. Caractérologie : sociabilité, résolution, réceptivité, diplomatie, loyauté.

Jessy : un présent (hébreu). Ce prénom est porté par environ 4 000 personnes en France. Il ne devrait pas être attribué à plus de 50 bébés en 2012. Caractérologie : équilibre, sens des responsabilités, famille, influence, exigence.

Jezabel : impassible (hébreu). Ce prénom très rare est porté par près de 400 personnes en France. Variantes : Jésabel, Jésabelle. Caractérologie : intelligence, méditation, organisation, savoir, finesse.

Jihane : la vie sur terre (prénom arabe d'origine perse). Ce prénom est porté par environ 2 000 personnes en France. Il est peu attribué aujourd'hui. Variantes : Jihan, Jihanne. Caractérologie : sociabilité, diplomatie, réceptivité, décision, loyauté.

Jihène : la vie sur terre (prénom arabe d'origine perse). Ce prénom très rare est porté par près de 300 personnes en France. Variantes : Jihen, Jihenne. Caractérologie : conscience, paix, bienveillance, décision, conseil.

Jill : diminutif des prénoms formés avec Jill. Ce prénom rare est porté par près de 500 personnes en France. Variante : Jil. Caractérologie : savoir, intelligence, indépendance, méditation, sagesse.

Jin : tendre, affectueuse (japonais). Caractérologie : conscience, bienveillance, conseil, paix, résolution.

Joan : Dieu fait grâce (hébreu). Ce prénom rare est porté par près de 1 000 personnes en France. Tendance : en croissance modérée. Dans l'Hexagone, Joan est plus traditionnellement usité au Pays basque. Caractérologie : sens du devoir, engagement, méthode, ténacité, fiabilité.

Joana : Dieu fait grâce (hébreu). Ce prénom est porté par environ 3 000 personnes en France. Il est peu attribué aujourd'hui. Dans l'Hexagone, Joana est plus traditionnellement usité en Occitanie et au Pays basque. Caractérologie : audace, découverte, originalité, énergie, séduction.

Joanie : Dieu fait grâce (hébreu). Ce prénom très rare est porté par près de 300 personnes en France. Variantes : Joannie, Joanny, Johanie. Caractérologie : rêve, rectitude, humanité, ouverture d'esprit, détermination.

Joanna : Dieu fait grâce (hébreu). Ce prénom est porté par environ 7 000 personnes en France. Il est très peu attribué aujourd'hui. Caractérologie : audace, indépendance, direction, dynamisme, assurance.

Joanne : Dieu fait grâce (hébreu). Ce prénom est porté par environ 3 000 personnes en France. Il est très peu attribué aujourd'hui. Variantes : Joane, Joann, Johane. Caractérologie : dynamisme, curiosité, courage, indépendance, charisme.

Joceline : étymologie possible : douce princesse (germanique). Voir Josse. Ce prénom est porté par environ 1 000 personnes en France. Tendance : stable. Caractérologie : énergie, innovation, autorité, raisonnement, détermination.

Jocelyne : étymologie possible : douce princesse (germanique). Voir Josse. Ce prénom est porté par environ 99 000 personnes en France. Il ne devrait pas être attribué à plus de 50 bébés en 2012. Saint Josse, le fils du roi des Bretons Judaël, refusa, comme son frère saint Judicaël, le trône de son père. Il consacra sa vie à la religion. Caractérologie : achèvement, vitalité, sympathie, stratégie, ardeur.

Jocya : étymologie possible : douce princesse (germanique). Ce prénom très rare est porté par près de 300 personnes en France.

Variantes : Jocia, Jocie. Caractérologie : altruisme, idéalisme, intégrité, réflexion, dévouement.

Jodie : louée, félicitée (hébreu). Ce prénom est porté par environ 2 000 personnes en France. Il ne devrait pas être attribué à plus de 50 bébés en 2012. Variante : Jody. Caractérologie : savoir, intelligence, méditation, résolution, volonté.

Joële : Dieu est Dieu (hébreu). Ce prénom est porté par environ 1 000 personnes en France. Tendance : stable. Variantes : Joéla, Joélie, Joélina, Joéline, Joélyne. Caractérologie : bonté, sociabilité, loyauté, réceptivité, diplomatie.

Joëlle : Dieu est Dieu (hébreu). Ce prénom est porté par environ 90 000 personnes en France. Il ne devrait pas être attribué à plus de 50 bébés en 2012. Caractérologie : énergie, audace, originalité, découverte, séduction.

Joéva : Jupiter, jeune (latin). Ce prénom est porté par moins de 100 personnes en France. Dans l'Hexagone, Joéva est plus traditionnellement usité en Bretagne. Caractérologie : ambition, force, habileté, passion, volonté.

Johana : Dieu fait grâce (hébreu). Ce prénom est porté par environ 3 000 personnes en France. Il est très peu attribué aujourd'hui. Caractérologie : fiabilité, méthode, ténacité, engagement, sens du devoir.

Johanna : Dieu fait grâce (hébreu). Ce prénom est porté par environ 25 000 personnes en France. Il est relativement peu attribué aujourd'hui. Caractérologie : rectitude, humanité, tolérance, rêve, générosité.

Johanne : Dieu fait grâce (hébreu). Ce prénom est porté par environ 4 000 personnes en France. Il ne devrait pas être attribué à plus de 50 bébés en 2012. Variantes : Johane, Johann, Johannie, Johanny. Caractérologie : structure, honnêteté, efficacité, sécurité, persévérance.

Jorah : pluie d'automne (hébreu). Variante : Jora. Caractérologie : méditation, intelligence, savoir, indépendance, sagesse.

Jordane : descendre (hébreu). Ce prénom est porté par environ 2 000 personnes en France. Il ne devrait pas être attribué à plus de 50 bébés en 2012. Variantes : Jordana, Jordaine, Jordanne. Caractérologie : persévérance, structure, sécurité, décision, caractère.

José : Dieu ajoutera (hébreu). Ce prénom est porté par environ 2 000 personnes en France. Il ne devrait pas être attribué à plus de 50 bébés en 2012. Épouse d'Humphrey II, Marie-José de Savoie fut la dernière reine d'Italie (1906-1946). Caractérologie : méthode, fiabilité, sens du devoir, ténacité, engagement.

Josée : Dieu ajoutera (hébreu). Ce prénom est porté par environ 3 000 personnes en France. Il ne devrait pas être attribué à plus de 50 bébés en 2012. Caractérologie : humanité, rêve, tolérance, rectitude, générosité.

Joseline : Dieu ajoutera (hébreu). Ce prénom est porté par environ 3 000 personnes en France. Il ne devrait pas être attribué à plus de 50 bébés en 2012. Caractérologie : achèvement, vitalité, stratégie, logique, décision.

Joselyne : Dieu ajoutera (hébreu). Ce prénom est porté par environ 3 000 personnes en France. Il ne devrait pas être attribué à plus de 50 bébés en 2012. Caractérologie : paix, conscience, bienveillance, conseil, bonté.

Josépha : Dieu ajoutera (hébreu). Ce prénom est porté par environ 2 000 personnes en France. Il ne devrait pas être attribué à plus de 50 bébés en 2012. Variante : Joséfa. Caractérologie : intuition, médiation, adaptabilité, relationnel, fidélité.

Joséphine : Dieu ajoutera (hébreu). Ce prénom, porté par environ 39 000 Françaises, figure dans le top 200 national. Tendance : stable. Esclave née au Soudan au XIXe siècle, sainte Joséphina fut libérée par l'agent consulaire italien qui l'avait achetée. Elle se convertit au christianisme et termina sa vie en paix dans un couvent. ♦ Joséphine Tascher de La Pagerie devint impératrice lorsqu'elle épousa Napoléon Bonaparte à la fin du XVIIIe siècle. Variantes : Fifi, Joséfina, Josépha, Joséphina, Joséfine. Caractérologie : médiation, résolution, ressort, intuition, relationnel.

Josette : Dieu ajoutera (hébreu). Ce prénom est porté par environ 134 000 personnes en France. Il ne devrait pas être attribué à plus de 50 bébés en 2012. Caractérologie : structure, honnêteté, persévérance, sécurité, efficacité.

Josiane : Dieu ajoutera (hébreu). Ce prénom est porté par environ 115 000 personnes en France. Il ne devrait pas être attribué à plus de 50 bébés en 2012. Variantes : Josane, Josanne, Josine. Caractérologie : indépendance, audace, direction, dynamisme, décision.

Josianne : Dieu ajoutera (hébreu). Ce prénom est porté par environ 4 000 personnes en France. Il ne devrait pas être attribué à plus de 50 bébés en 2012. Caractérologie : sens des responsabilités, équilibre, famille, détermination, influence.

Josie : Dieu ajoutera (hébreu). Ce prénom rare est porté par près de 700 personnes en France. Variantes : Josia, Jossie, Josy. Caractérologie : engagement, fiabilité, ténacité, méthode, résolution.

Josseline : étymologie possible : douce princesse (germanique). Ce prénom est porté par environ 4 000 personnes en France. Il ne devrait pas être attribué à plus de 50 bébés en 2012. Variante : Josce. Caractérologie : humanité, rêve, raisonnement, rectitude, détermination.

Josselyne : étymologie possible : douce princesse (germanique). Ce prénom est porté par environ 2 000 personnes en France. Il ne devrait pas être attribué à plus de 50 bébés en 2012. Caractérologie : sympathie, sagacité, connaissance, originalité, spiritualité.

Josune : Dieu sauve (hébreu). Caractérologie : pragmatisme, communication, sociabilité, créativité, optimisme.

Josyane : Dieu ajoutera (hébreu). Ce prénom est porté par environ 3 000 personnes en France. Il ne devrait pas être attribué à plus de 50 bébés en 2012. Caractérologie : force, ambition, habileté, management, passion.

Joy : allégresse (latin). Ce prénom est porté par environ 3 000 personnes en France. Il est relativement peu attribué aujourd'hui. Caractérologie : audace, découverte, énergie, séduction, originalité.

Joyce : allégresse (latin). Ce prénom est porté par environ 2 000 personnes en

France. Il est très peu attribué aujourd'hui. Variante : Joye. Caractérologie : ténacité, méthode, engagement, fiabilité, bonté.

Juana : Dieu fait grâce (hébreu). Ce prénom rare est porté par près de 800 personnes en France. Juana est très répandu en Espagne. En France, ce prénom est plus traditionnellement usité au Pays basque. Caractérologie : relationnel, médiation, fidélité, intuition, adaptabilité.

Judicaëlle : seigneur généreux (breton). Ce prénom rare est porté par près de 500 personnes en France. Variante : Jezekela. Caractérologie : audace, indépendance, direction, décision, dynamisme.

Judith : louée, félicitée (hébreu). Ce prénom est porté par environ 8 000 personnes en France. Il est peu attribué aujourd'hui. Lorsque les troupes de Nabuchodonosor encerclèrent la cité juive de Béthanie, Judith décida d'en tuer le commandant. Jeune veuve d'une grande beauté, elle se présenta au général Holopherne lors d'un banquet. Lorsque ce dernier, ivre, l'invita dans sa tente, elle le décapita. L'armée leva le siège dès le lendemain et Judith fut acclamée par son peuple. ♦ Sainte Judith, ermite en Prusse, vécut au XIIIe siècle. Caractérologie : idéalisme, réflexion, altruisme, intégrité, organisation.

Judy : louée, félicitée (hébreu). Ce prénom très rare est porté par près de 200 personnes en France. Tendance : en forte croissance. Variantes : Jude, Judie, Judite, Judithe. Caractérologie : paix, conscience, bienveillance, réalisation, conseil.

Julia : de la famille romaine de Iule (latin). Ce prénom est porté par environ 39 000 personnes en France. Il figure dans le top 50 national. Tendance : en croissance modérée. Julia est très répandu dans les pays hispanophones, anglophones et scandinaves. Caractérologie : achèvement, stratégie, vitalité, leadership, ardeur.

Juliana : de la famille romaine de Iule (latin). Ce prénom est porté par environ 3 000 personnes en France. Il est peu attribué aujourd'hui. Juliana est plus particulièrement répandu dans les pays hispanophones, en Occitanie et au Pays basque. Caractérologie : indépendance, courage, dynamisme, curiosité, détermination.

Juliane : de la famille romaine de Iule (latin). Ce prénom est porté par environ 3 000 personnes en France. Il est très peu attribué aujourd'hui. Variantes : Jolianne, Julene, Juli, Julianie, Julianna. Caractérologie : humanité, détermination, tolérance, rectitude, rêve.

Julianne : de la famille romaine de Iule (latin). Ce prénom est porté par environ 1 000 personnes en France. Tendance : stable. Caractérologie : curiosité, dynamisme, indépendance, détermination, courage.

Julie : de la famille romaine de Iule (latin). Ce prénom, porté par environ 193 000 Françaises, figure dans le top 50 national. Tendance : en décroissance modérée. Au début du XIXe siècle, sainte Julie fonda plusieurs instituts religieux visant à l'éducation des enfants pauvres en France et en Belgique. Caractérologie : optimisme, communication, créativité, pragmatisme, décision.

Julienne : de la famille romaine de Iule (latin). Ce prénom est porté par environ 12 000 personnes en France. Il ne devrait pas être attribué à plus de 50 bébés en 2012.

Caractérologie : rêve, tolérance, humanité, rectitude, détermination.

Juliette : de la famille romaine de Iule (latin). Ce prénom, porté par environ 96 000 Françaises, figure dans le top 50 national. Tendance : stable. Chrétienne, sainte Juliette subit le martyre à Césarée (Turquie) au IVe siècle. Variantes : Juliet, Julietta. Caractérologie : enthousiasme, pratique, communication, organisation, détermination.

Juline : de la famille romaine de Iule (latin). Ce prénom est porté par environ 3 000 personnes en France. Il est relativement peu attribué aujourd'hui. Variante : Julina. Caractérologie : achèvement, vitalité, ardeur, stratégie, décision.

July : de la famille romaine de Iule (latin). Ce prénom rare est porté par près de 700 personnes en France. Caractérologie : indépendance, curiosité, dynamisme, courage, charisme.

Jun : qui dit la vérité (chinois). Caractérologie : rectitude, humanité, générosité, ouverture d'esprit, rêve.

Juna : jeune (breton). Ce prénom est porté par moins de 100 personnes en France. Caractérologie : direction, audace, dynamisme, indépendance, assurance.

June : mois de juin (latin). Ce prénom très rare est porté par près de 400 personnes en France. Tendance : en forte croissance. Variante : Junie. Caractérologie : charisme, curiosité, dynamisme, courage, indépendance.

Justine : juste (latin). Ce prénom, porté par environ 82 000 Françaises, figure dans le top 100 national. Tendance : en décroissance modérée. Sainte Justine fut martyrisée au IVe siècle après s'être convertie au christianisme. Variantes : Justa, Justina, Justyne. Caractérologie : force, habileté, ambition, organisation, résolution.

Kacie : courageuse (irlandais). Ce prénom est porté par moins de 100 personnes en France. Variantes : Kacia, Kacey, Kacy. Caractérologie : engagement, gestion, méthode, ténacité, fiabilité.

Kadia : cruche (hébreu). Kadia est également une variante de Khadija. Ce prénom très rare est porté par près de 160 personnes en France. Variantes : Kadi, Kadiah, Kadiatou, Khadia. Caractérologie : ambition, passion, habileté, management, force.

Kadija : enfant née prématurée (arabe). Ce prénom rare est porté par près de 800 personnes en France. Tendance : en croissance modérée. Caractérologie : rectitude, humanité, rêve, générosité, ouverture d'esprit.

Kae : pure (grec). Caractérologie : habileté, management, passion, force, ambition.

Kaela : aimée (hébreu, arabe). Ce prénom est porté par moins de 100 personnes en France. Tendance : en forte croissance. Caractérologie : enthousiasme, pratique, organisation, communication, adaptation.

Kaelia : seigneur généreux (breton). Caractérologie : pragmatisme, résolution, communication, optimisme, organisation.

Kaena : prêtresse (kabyle, hébreu). Ce prénom très rare est porté par près de 300 personnes en France. Caractérologie : audace, énergie, originalité, séduction, découverte.

Kahéna : prêtresse (kabyle, hébreu). Ce prénom très rare est porté par près de 110 personnes en France. Caractérologie : ténacité, engagement, fiabilité, attention, méthode.

Kahina : prêtresse (kabyle, hébreu). Ce prénom est porté par environ 3 000 personnes en France. Il est peu attribué aujourd'hui. À noter : les Kabyles francophones choisissent Kahina plus massivement que les anglophones, qui lui préfèrent Kahena pour des raisons de phonétique. Caractérologie : sensibilité, force, ambition, détermination, habileté.

Kaïa : pure (grec). Ce prénom est porté par moins de 100 personnes en France. Kaïa est une forme norvégienne de Catherine. Variante : Kaya. Caractérologie : ténacité, méthode, fiabilité, engagement, sens du devoir.

Kaiko : l'enfant du pardon (japonais). Caractérologie : médiation, relationnel, fidélité, adaptabilité, intuition.

Kaïla : couronne (hébreu). Ce prénom très rare est porté par près de 400 personnes en France. Tendance : en forte croissance. Variantes : Kayla, Kaylia, Keylia. Caractérologie : finesse, sagacité, connaissance, originalité, gestion.

Kaïlane : couronne (hébreu). Variante : Kaylane. Caractérologie : stratégie, gestion, vitalité, décision, achèvement.

Kaïna : rebelle (hébreu). Ce prénom est porté par environ 2 000 personnes en France. Il est peu attribué aujourd'hui. Caractérologie : décision, rectitude, humanité, ouverture d'esprit, rêve.

Kaïra : complète (grec). Ce prénom est porté par moins de 100 personnes en France. Caractérologie : engagement, méthode, sens du devoir, fiabilité, ténacité.

Kala : flamme (hawaïen), art (sanskrit), brune aux yeux sombres (arabe). Caractérologie : indépendance, intelligence, gestion, savoir, méditation.

Kaléa : clair, brillant (hawaïen). Caractérologie : pratique, gestion, adaptation, communication, enthousiasme.

Kali : énergie (sanscrit). Épouse de Shiva et déesse de la Mort dans la mythologie hindoue, Kali symbolise le concept de « force vitale universelle ». Notons que Kali est également le nom d'une rivière turque et d'une île croate. Ce prénom très rare est porté par près de 300 personnes en France. Tendance : en forte croissance. Variante : Kalie. Caractérologie : paix, bienveillance, conseil, gestion, conscience.

Kalinda : lunettes (sanscrit). Caractérologie : spiritualité, connaissance, sagacité, gestion, décision.

Kalinka : petite fleur (russe). Ce prénom est porté par moins de 100 personnes en France. Caractérologie : organisation, curiosité, audace, courage, découverte.

Kama : en or (sanscrit), qui arrive à maturité (hébreu). Ce prénom très rare est porté par près de 110 personnes en France. Caractérologie : force, ambition, management, habileté, passion.

Kamara : lune (arabe). Variantes : Kamar, Kamaria, Kamra. Caractérologie : rectitude, ouverture d'esprit, rêve, humanité, générosité.

Kaméa : pierres précieuses sculptées et portées comme bijou (latin). Caractérologie : ténacité, engagement, fiabilité, méthode, sens du devoir.

Kameko : l'enfant tortue (japonais). Au Japon, la tortue est un symbole de longévité. Caractérologie : diplomatie, réceptivité, caractère, sociabilité, loyauté.

Kamelia : jeune assistante de cérémonies (étrusque). Ce prénom est porté par environ 2 000 personnes en France. Il est peu attribué aujourd'hui. Tendance : en croissance modérée. Variante : Kamelya. Caractérologie : sagacité, connaissance, spiritualité, organisation, détermination.

Kamila : parfaite, achevée (arabe). Ce prénom rare est porté par près de 600 personnes en France. Caractérologie : médiation, intuition, organisation, relationnel, fidélité.

Kana : plante (hébreu), belle (hawaïen). Ce prénom est porté par moins de 100 personnes en France. Caractérologie : idéalisme, altruisme, réflexion, dévouement, intégrité.

Kanani : belle (hawaïen). Caractérologie : dynamisme, décision, indépendance, curiosité, courage.

Kanika : molécule (sanscrit). Se rapporte également au nom d'une fleur jaune au parfum agréable. Ce prénom est porté par moins de 100 personnes en France. Caractérologie : intuition, relationnel, décision, médiation, fidélité.

Kanna : plante (hébreu), belle (hawaïen). Caractérologie : courage, dynamisme, curiosité, charisme, indépendance.

Kanoa : liberté (hawaïen). Caractérologie : exigence, équilibre, famille, sens des responsabilités, influence.

Kany : un son (hawaïen). Ce prénom très rare est porté par près de 180 personnes en France. Variante : Kani. Caractérologie : paix, bienveillance, conscience, conseil, sagesse.

Le palmarès des prénoms du Québec

Ce palmarès a été effectué par la Régie des rentes du Québec. Les prénoms sont classés par ordre décroissant d'attribution.

1. Léa*
2. Mia*
3. Sarah*
4. Maélie*
5. Emma
6. Juliette
7. Rosalie
8. Florence
9. Alice
10. Noémie
11. Olivia
12. Camille
13. Chloé
14. Zoé
15. Laurence
16. Maïka**
17. Jade
18. Alicia
19. Gabrielle
20. Alexia

Commentaires et observations

Après avoir embrasé les pays francophones d'Europe, la fièvre des juxtapositions de syllabes gagne le Québec : pas moins de 10 prénoms arborent ces terminaisons rondes et douces. Une première au Canada. La gloire de Léa(h) n'est pas étrangère à cette évolution. Cette année encore, elle conserve sa couronne en prénommant une cinquantaine de filles de plus que Mia et Mya. À l'issue de cette sixième année de règne, Léa(h) pourrait toutefois leur céder son trône.

Quelques couleurs internationales illuminent également ce tableau. Après avoir conquis les pays anglophones et scandinaves, Alicia et Olivia galvanisent les terminaisons en « ia ». La percée d'Alicia était anticipée; elle s'est réalisée, comme celle d'Alexia qui la suivait de près. Notons que de son côté, Maëlie poursuit une ascension fulgurante, plus vive que celle de Maëlys dans l'Hexagone.

D'autres étoiles poursuivent leur ascension observée l'an passé. Juliette progresse dans les 10 premiers rangs tandis que Laurence et Noémie, boudées en Europe, gravissent des sommets. Dans les vedettes en perte de vitesse, Sarah marque le pas mais se maintient troisième grâce à Sara. Tel n'est pas le cas de Jade et Gabrielle qui semblent avoir fait leur temps.

En 2012, Anaïs devrait s'imposer dans le top 20 dont elle est déjà toute proche. Propulsée par une croissance fulgurante, Éva pointe à la 30e place et a toutes ses chances de l'y rejoindre.

Horizon 2013

Clara et Charlie poursuivent leurs offensives et pourraient bouleverser le panthéon québécois. Notons que Lily-Rose était en 2010 l'unique composé du top 50 féminin.

* Le classement de Léa, Mia, Sarah et Maélie tient compte du nombre d'attributions de leurs variantes orthographiques (Leah, Mya, Sara et Maély).

** Maïka est un prénom basque dont la redécouverte est récente en France.

Kanza : trésor (arabe). Ce prénom très rare est porté par près de 200 personnes en France. Caractérologie : stratégie, achèvement, finesse, vitalité, ardeur.

Kaoru : parfum (japonais). Caractérologie : communication, enthousiasme, organisation, analyse, pratique.

Karelle : pure (grec). Ce prénom est porté par environ 1 000 personnes en France. Tendance : en croissance modérée. Variantes : Carelle, Karel, Karèle, Karell, Karyl. Caractérologie : innovation, énergie, autorité, gestion, décision.

Karen : pure (grec). Ce prénom est porté par environ 13 000 personnes en France. Il ne devrait pas être attribué à plus de 50 bébés en 2012. Karen est également un prénom arménien masculin d'origine iranienne. Caractérologie : structure, persévérance, décision, sécurité, efficacité.

Karène : pure (grec). Ce prénom est porté par environ 1 000 personnes en France. Tendance : stable. Variantes : Kareen, Kariane, Karianne. Caractérologie : rectitude, tolérance, rêve, humanité, décision.

Karima : bien née, généreuse (arabe). Ce prénom est porté par environ 11 000 personnes en France. Il ne devrait pas être attribué à plus de 50 bébés en 2012. Variantes : Karama, Karem, Karema. Caractérologie : achèvement, vitalité, stratégie, ardeur, leadership.

Karin : pure (grec). Ce prénom est porté par environ 2 000 personnes en France. Il ne devrait pas être attribué à plus de 50 bébés en 2012. En dehors de l'Hexagone, Karin est particulièrement répandu dans les pays scandinaves. Caractérologie : vitalité, ardeur, achèvement, décision, stratégie.

Karina : pure (grec). Ce prénom est porté par environ 3 000 personnes en France. Il ne devrait pas être attribué à plus de 50 bébés en 2012. Caractérologie : ouverture d'esprit, rectitude, humanité, décision, rêve.

Karine : pure (grec). Ce prénom est porté par environ 120 000 personnes en France. Il ne devrait pas être attribué à plus de 50 bébés en 2012. Caractérologie : méthode, engagement, décision, fiabilité, ténacité.

Karla : force (germanique). Ce prénom est porté par environ 1 000 personnes en France. Tendance : stable. Dans l'Hexagone, Karla est plus traditionnellement usité au Pays basque. Caractérologie : originalité, sagacité, connaissance, spiritualité, gestion.

Karline : force, douceur (germanique). Ce prénom très rare est porté par près de 150 personnes en France. Caractérologie : décision, intelligence, méditation, gestion, savoir.

Kassandra : qui aide les hommes (grec). Ce prénom est porté par environ 4 000 personnes en France. Il est peu attribué aujourd'hui. Variantes : Kasandra, Kassandre. Caractérologie : intelligence, méditation, indépendance, décision, savoir.

Kassy : qui aide les hommes (grec). Ce prénom très rare est porté par près de 500 personnes en France. Tendance : en forte croissance. Variante : Kassie. Caractérologie : adaptation, pratique, communication, enthousiasme, générosité.

Katarina : pure (grec). Ce prénom est porté par environ 1 000 personnes en France.

Tendance : stable. Dans l'Hexagone, Katarina est plus traditionnellement usité au Pays basque. Variante : Katharina. Caractérologie : communication, enthousiasme, pratique, adaptation, décision.

Kateline : pure (grec). Ce prénom très rare est porté par près de 400 personnes en France. Variantes : Katalina, Katelina, Katerina, Kati, Katja, Kattalin, Kataline, Katelyne, Katheline, Kathelyne, Katline, Katlyne. Caractérologie : gestion, dynamisme, décision, curiosité, courage.

Katell : pure (grec). Ce prénom est porté par environ 3 000 personnes en France. Il ne devrait pas être attribué à plus de 50 bébés en 2012. Dans l'Hexagone, Katell est plus traditionnellement usité en Bretagne. Variantes : Kate, Katel. Caractérologie : méditation, indépendance, gestion, intelligence, savoir.

Katherine : pure (grec). Ce prénom est porté par environ 1 000 personnes en France. Tendance : stable. Dans l'Hexagone, Katherine est plus traditionnellement usité en Alsace. Caractérologie : audace, dynamisme, direction, sensibilité, détermination.

Kathia : pure (grec). Ce prénom est porté par environ 1 000 personnes en France. Tendance : stable. Variante : Kathya. Caractérologie : dynamisme, courage, indépendance, charisme, curiosité.

Kathleen : pure (grec). Ce prénom est porté par environ 5 000 personnes en France. Il est très peu attribué aujourd'hui. Cette variante de Catherine est répandue dans les pays anglophones. Variantes : Katheleen, Kathelyne, Kathlène, Kathline, Kathlyn, Kathlyne, Katleen. Caractérologie : méthode, fiabilité, ténacité, organisation, finesse.

Kathy : pure (grec). Ce prénom est porté par environ 4 000 personnes en France. Il ne devrait pas être attribué à plus de 50 bébés en 2012. Caractérologie : relationnel, intuition, fidélité, adaptabilité, médiation.

Katia : pure (grec). Ce prénom est porté par environ 30 000 personnes en France. Il est très peu attribué aujourd'hui. Katia est très répandu dans les pays slaves. Variante : Katya. Caractérologie : famille, équilibre, influence, éthique, exigence.

Katty : pure (grec). Ce prénom rare est porté par près de 800 personnes en France. Variante : Kitty. Caractérologie : énergie, audace, découverte, originalité, séduction.

Katy : pure (grec). Ce prénom est porté par environ 6 000 personnes en France. Il ne devrait pas être attribué à plus de 50 bébés en 2012. Caractérologie : générosité, pratique, enthousiasme, communication, adaptation.

Kavanez : combat (breton). Variante : Kavanin. Caractérologie : force, habileté, passion, ambition, attention.

Kay : pure (grec). Ce prénom est porté par moins de 100 personnes en France. Caractérologie : audace, dynamisme, indépendance, direction, assurance.

Kaya : heureuse, réjouie (latin/grec). Ce prénom très rare est porté par près de 180 personnes en France. Tendance : en forte croissance. En Asie, Kaya s'emploie au masculin et signifie « rocher, roc ». Variante : Kaye. Caractérologie : médiation, relationnel, fidélité, intuition, adaptabilité.

Kayna : rebelle (hébreu). Ce prénom rare est porté par près de 700 personnes en France. Tendance : en forte croissance. Caractérologie : originalité, spiritualité, philosophie, sagacité, connaissance.

Kéala : chemin (hawaïen). Caractérologie : pragmatisme, générosité, créativité, adaptation, organisation.

Keara : brune (irlandais). Caractérologie : humanité, rêve, ouverture d'esprit, décision, rectitude.

Keiko : l'enfant qui respecte (japonais). Ce prénom est porté par moins de 100 personnes en France. Caractérologie : sens des responsabilités, famille, équilibre, exigence, influence.

Keira : brune (irlandais). Ce prénom très rare est porté par près de 400 personnes en France. Tendance : en forte croissance. Variante : Kerry. Caractérologie : force, habileté, ambition, passion, décision.

Kélia : contestation ou église (irlandais). Ce prénom est porté par environ 2 000 personnes en France. Il est relativement peu attribué aujourd'hui. Tendance : en forte croissance. Caractérologie : détermination, sociabilité, réceptivité, diplomatie, organisation.

Kelila : brune aux yeux sombres (arabe). Variante : Kalila. Caractérologie : audace, énergie, détermination, organisation, découverte.

Kellie : contestation ou église (irlandais). Ce prénom très rare est porté par près de 190 personnes en France. Caractérologie : idéalisme, altruisme, intégrité, réflexion, dévouement.

Kelly : contestation ou église (irlandais). Ce prénom est porté par environ 23 000 personnes en France. Il est relativement peu attribué aujourd'hui. Variantes : Kaley, Kaylia, Kélian, Kéliana, Kéliane, Kellia, Kelliane, Kellie, Kellina, Kelline, Kellya, Kellyah, Kellyna, Kellyne, Kellyan, Kellyane, Kellyna, Kellyne, Kelyan, Kélyana, Kélyane, Kellyanna, Kély, Kelyn, Kélyna, Kélyne, Kiliane. Caractérologie : loyauté, diplomatie, réceptivité, sociabilité, cœur.

Kélya : contestation ou église (irlandais). Ce prénom est porté par environ 2 000 personnes en France. Il figure dans le top 200 national. Tendance : en forte croissance. Variantes : Keyla, Keylia. Caractérologie : idéalisme, altruisme, intégrité, sympathie, organisation.

Kena : très belle (irlandais). Ce prénom est porté par moins de 100 personnes en France. Caractérologie : méthode, sens du devoir, ténacité, fiabilité, engagement.

Kendra : celle qui est juste (anglais). Ce prénom rare est porté par près de 800 personnes en France. Tendance : en forte croissance. Variante : Kendria. Caractérologie : ardeur, achèvement, stratégie, vitalité, détermination.

Kenza : trésor (arabe). Ce prénom est porté par environ 14 000 personnes en France. Il figure dans le top 100 national. Ce prénom, apparu pour la première fois dans l'Hexagone en 1951, a tardé à s'épanouir jusque dans les années 1990. Qu'importe, puisque cette étape est désormais franchie. En vogue dans la communauté musulmane de France, Kenza est aussi un choix prisé par les couples mixtes. Kenza fut la mère du Moulay Idris II (791-828), le fondateur de l'État marocain. Caractérologie : communication, enthousiasme, pratique, adaptation, finesse.

Kenzy : trésor (arabe), légère (écossais). Ce prénom très rare est porté par près de 190 personnes en France. Tendance : en forte croissance. Variante : Kenzie. Caractérologie : idéalisme, altruisme, intégrité, réflexion, finesse.

Keren : rayon de soleil (hébreu). Ce prénom rare est porté par près de 1 000 personnes en France. Caractérologie : force, habileté, passion, management, ambition.

Kerima : la fille (turc). Ce prénom est porté par moins de 100 personnes en France. Caractérologie : optimisme, pragmatisme, communication, créativité, résolution.

Keshia : arbuste dont l'écorce produit des épices (hébreu). Ce prénom est porté par moins de 100 personnes en France. Dans certains pays d'Afrique, Keshia signifie « celle qui est favorite ». Caractérologie : ambition, décision, attention, force, habileté.

Kessy : pure (grec). Ce prénom est porté par environ 1 000 personnes en France. Il est peu attribué aujourd'hui. Tendance : en forte croissance. Caractérologie : connaissance, spiritualité, originalité, sagacité, philosophie.

Ketsia : arbuste dont l'écorce produit des épices (hébreu). Ce prénom rare est porté par près de 700 personnes en France. Caractérologie : sociabilité, réceptivité, détermination, loyauté, diplomatie.

Ketty : pure (grec). Ce prénom est porté par environ 4 000 personnes en France. Il ne devrait pas être attribué à plus de 50 bébés en 2012. Variantes : Keti, Ketti. Caractérologie : altruisme, intégrité, idéalisme, dévouement, réflexion.

Ketura : encens (hébreu). Ce prénom est porté par moins de 100 personnes en France. Variante : Keturah. Caractérologie : pratique, communication, détermination, enthousiasme, sensibilité.

Keva : fleur de lotus (sanscrit). Caractérologie : pratique, adaptation, enthousiasme, communication, générosité.

Kevine : belle fille (irlandais). Ce prénom est porté par moins de 100 personnes en France. Variante : Kelvine. Caractérologie : communication, pragmatisme, optimisme, créativité, sociabilité.

Keya : fleur (sanscrit). Caractérologie : équilibre, sens des responsabilités, exigence, influence, famille.

Kézia : arbuste dont l'écorce produit des épices (hébreu). Ce prénom très rare est porté par près de 400 personnes en France. Variantes : Késia, Keshia, Keziah, Kesya, Kessya. Caractérologie : connaissance, sagacité, attention, spiritualité, décision.

Khadidja : voir Khadija. Ce prénom est porté par environ 1 000 personnes en France. Il est peu attribué aujourd'hui. Variantes : Kadidja, Kadija, Khedidja. Caractérologie : générosité, adaptation, pratique, enthousiasme, communication.

Khadija : prénom arabe. Khadija fut la première épouse du Prophète et la première femme à embrasser l'islam. Ce prénom est porté par environ 5 000 personnes en France. Il est relativement peu attribué aujourd'hui. Tendance : en croissance modérée. Caractérologie : ambition, force, habileté, passion, management.

Khalida : éternelle (arabe). Ce prénom très rare est porté par près de 300 personnes en France. Variante : Kalida. Caractérologie : innovation, énergie, autorité, gestion, ambition.

Khéira : celle qui excelle (arabe). Ce prénom est porté par environ 2 000 personnes en France. Il est très peu attribué aujourd'hui. Variante : Khaïra. Caractérologie : sensibilité, intelligence, savoir, méditation, détermination.

Kia : par la grâce de Dieu (hébreu). Ce prénom est porté par moins de 100 personnes en France. Variante : Kiah. Caractérologie : optimisme, communication, créativité, sociabilité, pragmatisme.

Kiana : ancien (irlandais). Également un prénom perse se rapportant aux quatre éléments de la vie : l'eau, la terre, le feu et l'air. Ce prénom très rare est porté par près de 140 personnes en France. Caractérologie : altruisme, intégrité, idéalisme, détermination, réflexion.

Kiara : brune (irlandais). Ce prénom est porté par environ 2 000 personnes en France. Il est relativement peu attribué aujourd'hui. Tendance : en croissance modérée. Variantes : Kiera, Kiria, Kiriah, Kyara. Caractérologie : persévérance, structure, sécurité, efficacité, honnêteté.

Kim : plaine royale (afrikaans), de l'or (vietnamien). Ce prénom est porté par environ 4 000 personnes en France. Il est peu attribué aujourd'hui. Variante : Kym. Caractérologie : influence, famille, équilibre, sens des responsabilités, exigence.

Kimberley : plaine royale (afrikaans). Ce prénom est porté par environ 6 000 personnes en France. Il est peu attribué aujourd'hui. Variante : Kimberlay. Caractérologie : dynamisme, audace, direction, indépendance, cœur.

Kimberly : plaine royale (afrikaans). Ce prénom est porté par environ 2 000 personnes en France. Il ne devrait pas être attribué à plus de 50 bébés en 2012. Kimberly est le nom d'une ville d'Afrique du Sud connue pour sa richesse en kimberlites (une roche contenant des diamants). Caractérologie : dynamisme, curiosité, courage, indépendance, sympathie.

Kimiko : l'enfant est juste (japonais). Ce prénom est porté par moins de 100 personnes en France. Variante : Kimi. Caractérologie : découverte, séduction, originalité, audace, énergie.

Kimy : plaine royale (afrikaans). Ce prénom très rare est porté par près de 300 personnes en France. Variante : Kimmy. Caractérologie : structure, persévérance, sécurité, honnêteté, efficacité.

Kindra : celle qui est juste (anglais). Caractérologie : communication, décision, optimisme, créativité, pragmatisme.

Kinsey : de la même famille (anglais). Ce prénom est porté par moins de 100 personnes en France. Caractérologie : réceptivité, sociabilité, diplomatie, résolution, loyauté.

Kiona : colline dorée (amérindien). Ce prénom est porté par moins de 100 personnes en France. Caractérologie : sociabilité, réceptivité, volonté, diplomatie, loyauté.

Kira : soleil (perse). Ce prénom très rare est porté par près de 200 personnes en France. Tendance : en forte croissance. En dehors de l'Hexagone, Kira est particulièrement répandu en Russie. Variante : Kyra. Caractérologie : communication, pratique, générosité, enthousiasme, adaptation.

Kitra : couronne (araméen). Caractérologie : curiosité, dynamisme, courage, indépendance, charisme.

Kiwa : déesse des Crustacés dans la mythologie polynésienne. Caractérologie : force, ambition, habileté, passion, détermination.

Kiyo : heureuse génération (japonais). Caractérologie : conseil, bienveillance, paix, conscience, sagesse.

Klara : illustre (latin). Ce prénom est porté par environ 1 000 personnes en France. Il est très peu attribué aujourd'hui. Klara est en vogue en Allemagne et en Suède. Caractérologie : indépendance, intelligence, savoir, méditation, organisation.

Klervi : pierre précieuse, bijou (celte). Ce prénom rare est porté par près de 900 personnes en France. Variantes : Kler, Klervia, Klervie. Caractérologie : énergie, audace, découverte, originalité, séduction.

Kohana : petite fleur (japonais). Caractérologie : courage, dynamisme, curiosité, indépendance, sensibilité.

Koko : cigogne (japonais). Ce prénom est porté par moins de 100 personnes en France. Caractérologie : intelligence, indépendance, méditation, savoir, sagesse.

Komé : riz (japonais). Caractérologie : achèvement, vitalité, ardeur, stratégie, caractère.

Koto : harpe (japonais). Caractérologie : sagacité, connaissance, spiritualité, originalité, philosophie.

Kristel : messie (grec). Ce prénom est porté par environ 1 000 personnes en France. Tendance : stable. Variantes : Kristal, Kristèle. Caractérologie : méthode, fiabilité, ténacité, organisation, résolution.

Kristell : messie (grec). Ce prénom est porté par environ 1 000 personnes en France. Tendance : stable. Variante : Kristelle. Caractérologie : connaissance, résolution, spiritualité, organisation, sagacité.

Kristen : messie (grec). Ce prénom très rare est porté par près de 400 personnes en France. Tendance : en forte croissance. Caractérologie : famille, équilibre, influence, sens des responsabilités, détermination.

Kristina : messie (grec). Ce prénom rare est porté par près de 900 personnes en France. Kristina est très répandu en Allemagne. Variantes : Kristen, Kristie, Kristy, Kristiana, Kristiane, Kristine. Caractérologie : relationnel, intuition, fidélité, résolution, médiation.

Krystal : messie (grec). Ce prénom rare est porté par près de 600 personnes en France. Caractérologie : sagacité, connaissance, originalité, spiritualité, organisation.

Krystel : messie (grec). Ce prénom rare est porté par près de 700 personnes en France. Variante : Krystèle. Caractérologie : réceptivité, sociabilité, décision, cœur, diplomatie.

Kuma : ours (japonais). Caractérologie : audace, dynamisme, direction, indépendance, organisation.

Kyla : contestation, église (irlandais). Ce prénom est porté par moins de 100 personnes en France. Caractérologie : organisation, méthode, engagement, fiabilité, ténacité.

Kylie : couronne (hébreu), contestation, église (irlandais). Ce prénom très rare est porté par près de 200 personnes en France. Variantes : Kylia, Kyliana, Kyliane. Caractérologie : force, passion, sympathie, ambition, habileté.

Kyoko : enfant du centre, enfant de Tokyo (japonais). Caractérologie : curiosité, dynamisme, indépendance, courage, charisme.

Kyria : cité (hébreu). Ce prénom est porté par moins de 100 personnes en France. Tendance : en forte croissance. Variantes : Kiria, Kiriah. Caractérologie : audace, indépendance, direction, assurance, dynamisme.

Laela : se rapporte à Laelianu, patronyme d'une famille espagnole noble du IIIe siècle. Ce prénom très rare est porté par près de 130 personnes en France. Caractérologie : fiabilité, méthode, sens du devoir, engagement, ténacité.

Laelia : se rapporte à Laelianu, patronyme d'une famille espagnole noble du IIIe siècle. Laelia est également le nom d'une orchidée originaire d'Amérique centrale. Ce prénom très rare est porté par près de 130 personnes en France. Tendance : en forte croissance. Variantes : Laéliana, Laéliane. Caractérologie : méthode, fiabilité, décision, engagement, ténacité.

Laeticia : allégresse (latin). Ce prénom est porté par environ 2 000 personnes en France. Il ne devrait pas être attribué à plus de 50 bébés en 2012. Caractérologie : organisation, équilibre, famille, sens des responsabilités, résolution.

Laetitia : allégresse (latin). Ce prénom est porté par environ 141 000 personnes en France. Il est relativement peu attribué aujourd'hui. Variantes : Liesse, Tish, Tisha. Caractérologie : énergie, gestion, découverte, décision, audace.

Laïa : forme catalane d'Eulalie : belle parole (latin), beau langage (grec). Ce prénom très rare est porté par près de 190 personnes en France. Tendance : en forte croissance. Variantes : Laya, Layana, Layane. Caractérologie : dynamisme, courage, indépendance, curiosité, charisme.

Laïdo : de noble lignée (germanique). Caractérologie : énergie, découverte, audace, originalité, analyse.

Laïla : née pendant la nuit (arabe). Ce prénom est porté par environ 5 000 personnes en France. Il est très peu attribué aujourd'hui. Caractérologie : vitalité, achèvement, stratégie, ardeur, leadership.

Laïna : éclat du soleil (grec). Ce prénom rare est porté par près de 700 personnes en France. Tendance : en croissance modérée. Variante : Layna. Caractérologie : dynamisme, direction, indépendance, audace, détermination.

Laïs : courtisane dans l'Athènes antique, Laïs de Corinthe était si belle que tous les peintres et sculpteurs la suppliaient de poser pour eux. Elle compta, parmi ses nombreux amants, le philosophe Aristippe. Ce prénom très rare est porté par près de 200 personnes en France. Caractérologie : charisme, découverte, originalité, séduction, énergie.

Lali : belle parole (latin), beau langage (grec). Ce prénom très rare est porté par près de 300 personnes en France. Caractérologie : spiritualité, philosophie, originalité, connaissance, sagacité.

Lalia : belle parole (latin), beau langage (grec). Ce prénom rare est porté par près de 500 personnes en France. Tendance : en croissance modérée. Caractérologie : achèvement, ardeur, stratégie, vitalité, leadership.

Lalie : belle parole (latin), beau langage (grec). Ce prénom est porté par environ 3 000 personnes en France. Il figure dans le top 200 national. Tendance : en croissance modérée. Variantes : Lali, Lallie. Caractérologie : communication, résolution, pratique, enthousiasme, adaptation.

Laly : belle parole (latin), beau langage (grec). Ce prénom est porté par environ 4 000 personnes en France. Il figure dans le top 200 national. Tendance : en forte croissance. Variante : Lally. Caractérologie : audace, séduction, découverte, originalité, énergie.

Lamia : celle qui a des lèvres sombres (arabe). Ce prénom est porté par environ 3 000 personnes en France. Il est peu attribué aujourd'hui. Variantes : Lama, Lamiae, Lamya. Caractérologie : altruisme, réflexion, intégrité, idéalisme, dévouement.

Lana : éclat du soleil (grec). Ce prénom est porté par environ 12 000 personnes en France. Il figure dans le top 100 national. Voir le zoom dédié à Léna. Variantes : Laïna, Lanna, Layna. Caractérologie : ambition, autorité, innovation, énergie, autonomie.

Laora : couronnée de lauriers (latin). Ce prénom breton est porté par près de 600 personnes en France. Caractérologie : réceptivité, diplomatie, sociabilité, logique, loyauté.

Lara : mouette (grec). Ce prénom est porté par environ 7 000 personnes en France. Il figure dans le top 200 national. Tendance : stable. Lara est très répandu en Russie. En France, ce prénom est plus traditionnellement usité en Corse et en Bretagne. Caractérologie : audace, énergie, découverte, séduction, originalité.

Larissa : mouette (grec). Ce prénom est porté par environ 1 000 personnes en France. Tendance : stable. Larissa est très répandu en Russie. Caractérologie : sagacité, originalité, spiritualité, philosophie, connaissance.

Laura : couronnée de lauriers (latin). Ce prénom, porté par environ 140 000 Françaises, figure dans le top 50 national. Après avoir été en tête de nombreux palmarès européens, Laura fléchit nettement aujourd'hui. L'immense succès de *Laura*, chanté par Johnny Hallyday, a contribué à la gloire de ce prénom à la fin des années 1980. Caractérologie : achèvement, vitalité, ardeur, leadership, stratégie.

Laurane : couronnée de lauriers (latin). Ce prénom est porté par environ 2 000 personnes en France. Il ne devrait pas être attribué à plus de 50 bébés en 2012. Variantes : Laurana, Lauriana, Laurina, Laurinda. Caractérologie : rêve, tolérance, rectitude, humanité, décision.

Lauranne : couronnée de lauriers (latin). Ce prénom est porté par environ 1 000 personnes en France. Tendance : stable. Caractérologie : détermination, audace, découverte, originalité, énergie.

Laure : couronnée de lauriers (latin). Ce prénom est porté par environ 73 000 personnes en France. Il est relativement peu attribué aujourd'hui. Caractérologie : adaptation, pratique, décision, communication, enthousiasme.

Laure-Anne : forme composée de Laure et Anne. Ce prénom rare est porté par près de 800 personnes en France. Caractérologie : innovation, autorité, énergie, ambition, détermination.

Laureen : couronnée de lauriers (latin). Ce prénom est porté par environ 5 000 personnes en France. Il est peu attribué aujourd'hui. Caractérologie : sécurité, efficacité, persévérance, structure, résolution.

Laureline : couronnée de lauriers (latin). Ce prénom est porté par environ 3 000 personnes en France. Il est très peu attribué aujourd'hui. Variantes : Lauralee, Lauralie, Lauraline, Laurela, Laureleen, Laurelène, Laurelenn, Laurélia, Laurélie, Lore, Laurelyne, Loraline. Caractérologie : sagacité, spiritualité, connaissance, originalité, détermination.

Lauren : couronnée de lauriers (latin). Ce prénom est porté par environ 4 000 personnes en France. Il ne devrait pas être attribué à plus de 50 bébés en 2012. Variantes : Lauraine, Laurenn, Laurenne. Caractérologie : passion, ambition, force, décision, habileté.

Laurena : couronnée de lauriers (latin). Ce prénom est porté par environ 1 000 personnes en France. Il est très peu attribué aujourd'hui. Caractérologie : humanité, rêve, rectitude, résolution, tolérance.

Laurence : couronnée de lauriers (latin). Ce prénom est porté par environ 173 000 personnes en France. Il ne devrait pas être attribué à plus de 50 bébés en 2012. Variantes : Laurencia, Laurentia, Laurentine, Laurenza, Loredana. Caractérologie : originalité, sagacité, connaissance, décision, spiritualité.

Laurène : couronnée de lauriers (latin). Ce prénom est porté par environ 8 000 personnes en France. Il est très peu attribué aujourd'hui. Caractérologie : ténacité, méthode, engagement, décision, fiabilité.

Laurette : couronnée de lauriers (latin). Ce prénom est porté par environ 7 000 personnes en France. Il ne devrait pas être attribué à plus de 50 bébés en 2012. Caractérologie : pratique, enthousiasme, communication, détermination, organisation.

LÉA

Fête : 22 mars

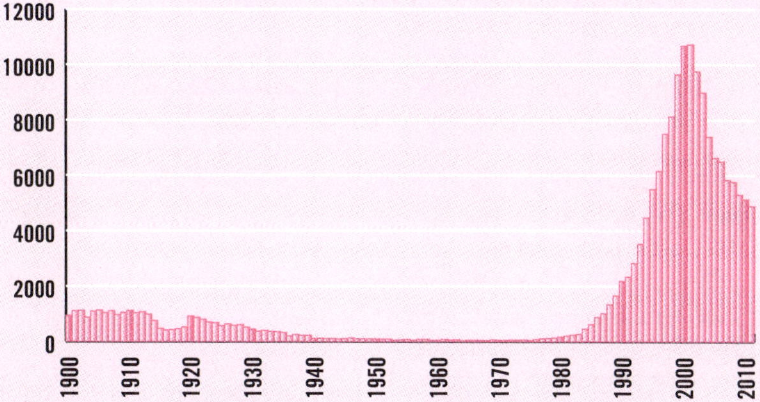

Étymologie : l'origine est hébraïque mais la signification est controversée. Léa pourrait signifier « gazelle », « vache sauvage », ou bien encore « fatiguée ». Bien que Léa soit la première femme de Jacob dans l'Ancien Testament, ce vieux prénom a longtemps été inusité. C'est dans les années 1900 que Colette le fait renaître en le choisissant pour l'héroïne de deux romans. Après une brève envolée, son niveau d'attribution décroît jusque dans les années 1930, où il devient insignifiant. Oubliée pendant des décennies, Léa émerge de nouveau en fin de siècle. De quelle manière orchestre-t-elle son retour !

Elle prend la tête du palmarès en 1997 et domine ce dernier pendant neuf ans. Un bien long règne pour une époque où la valse des prénoms n'offre guère de stabilité. Malgré son déclin subséquent, Léa reste l'un des cinq choix français les plus attribués, et la source d'inspiration de maintes graines de stars. À la 64e place, Léane alimente l'essor de Léana, dont l'attribution (1 000 naissances attendues en 2012) a doublé en dix ans.

Léa brille dans les palmarès wallon, suisse romand, québécois et allemand, mais son reflux se précise en Angleterre et en Espagne. À contre-courant de cette tendance générale, Leah connaît un engouement sans précédent aux États-Unis et vient de percer dans le groupe de tête.

.../

Léa *(suite)*

Léa, l'épouse de Jacob dans l'Ancien Testament, donna naissance à six garçons qui devinrent les fondateurs des six premières tribus d'Israël.

Veuve romaine au IVe siècle, **sainte Léa** distribua toute sa fortune aux pauvres avant d'entrer dans un monastère où elle termina ses jours.

Dans la littérature, Léa est l'héroïne de *Chéri* et *La Fin de Chéri* de Colette. Le succès de *La Bicyclette bleue,* roman de Régine Deforges, a favorisé l'avènement de ce prénom dans les années 1980.

Statistiques : Léa est le premier prénom féminin le plus donné en France depuis le début du XXIe siècle. On peut estimer qu'il sera attribué à une fille sur 80 en 2012.

Lauriane : couronnée de lauriers (latin). Ce prénom est porté par environ 13 000 personnes en France. Il est peu attribué aujourd'hui. Variantes : Lauria, Lauriana, Laurina, Laurinda, Lauryane, Lauro. Caractérologie : réflexion, altruisme, intégrité, détermination, idéalisme.

Laurianne : couronnée de lauriers (latin). Ce prénom est porté par environ 5 000 personnes en France. Il ne devrait pas être attribué à plus de 50 bébés en 2012. Variante : Lauryanne. Caractérologie : découverte, énergie, originalité, audace, décision.

Laurie : couronnée de lauriers (latin). Ce prénom est porté par environ 29 000 personnes en France. Il ne devrait pas être attribué à plus de 50 bébés en 2012. Laurie est très en vogue au Québec. Caractérologie : adaptation, communication, enthousiasme, pratique, résolution.

Laurine : couronnée de lauriers (latin). Ce prénom est porté par environ 23 000 personnes en France. Il figure dans le top 200 national. Tendance : en décroissance modérée. Variante : Laurinne. Caractérologie : ardeur, vitalité, stratégie, achèvement, décision.

Laury : couronnée de lauriers (latin). Ce prénom est porté par environ 4 000 personnes en France. Il ne devrait pas être attribué à plus de 50 bébés en 2012. Caractérologie : découverte, originalité, séduction, énergie, audace.

Lauryn : couronnée de lauriers (latin). Ce prénom est porté par environ 2 000 personnes en France. Il est très peu attribué aujourd'hui. Caractérologie : énergie, innovation, cœur, autorité, décision.

Lauryne : couronnée de lauriers (latin). Ce prénom est porté par environ 4 000 personnes en France. Il est peu attribué aujourd'hui. Caractérologie : famille, équilibre, sens des responsabilités, décision, cœur.

Lavinia : laver (latin). Ce prénom corse est porté par près de 130 personnes en France. Caractérologie : audace, énergie, originalité, découverte, détermination.

Layla : née pendant la nuit (arabe). Ce prénom est porté par environ 1 000 personnes en

France. Il est très peu attribué aujourd'hui. Tendance : en forte croissance. Layla est l'héroïne de Majnun Layla, l'équivalent poétique oriental de *Tristan et Iseut*. Caractérologie : paix, conscience, conseil, sagesse, bienveillance.

Léa : gazelle, vache sauvage, ou fatiguée (hébreu). Ce prénom est porté par environ 158 000 personnes en France. Il figure dans le top 50 national. Voir le zoom dédié à Léa. Caractérologie : générosité, rectitude, rêve, humanité, tolérance.

Leah : gazelle, vache sauvage, ou fatiguée (hébreu). Ce prénom rare est porté par près de 900 personnes en France. Variante : Lhéa. Caractérologie : force, habileté, management, ambition, passion.

Léana : lion (latin). Ce prénom est porté par environ 8 000 personnes en France. Il figure dans le top 100 national. Tendance : en forte croissance. Caractérologie : paix, sagesse, bienveillance, conscience, conseil.

Léandra : homme, lion (grec). Ce prénom rare est porté par près de 500 personnes en France. Variante : Léandre. Caractérologie : innovation, énergie, autorité, ambition, résolution.

Léane : lion (latin). Ce prénom est porté par environ 12 000 personnes en France. Il figure dans le top 100 national. Tendance : stable. Variante : Léana. Caractérologie : indépendance, direction, assurance, audace, dynamisme.

Léanne : lion (latin). Ce prénom est porté par environ 2 000 personnes en France. Il est relativement peu attribué aujourd'hui. Variante : Léanna. Caractérologie : sens des responsabilités, famille, influence, équilibre, exigence.

Lee : clairière (anglais), poétique (irlandais), force, tranchant, debout (chinois). Lee et Li sont également des patronymes qui signifient « prune » en chinois. Ce prénom très rare est porté par près de 120 personnes en France. Variante : Li. Caractérologie : sens du devoir, méthode, fiabilité, engagement, ténacité.

Leelou : voir Lilou. Ce prénom est porté par environ 2 000 personnes en France. Il est peu attribué aujourd'hui. Variantes : Lee-Lou, Leeloo. Caractérologie : connaissance, originalité, sagacité, philosophie, spiritualité.

Leia : lien (corse). Ce prénom est porté par environ 2 000 personnes en France. Il est relativement peu attribué aujourd'hui. Tendance : en forte croissance. Caractérologie : rêve, humanité, détermination, rectitude, tolérance.

Leïla : née pendant la nuit (arabe). Ce prénom est porté par environ 24 000 personnes en France. Il figure dans le top 200 national. Tendance : stable. Layla est l'héroïne de Majnun Layla, l'équivalent poétique oriental de *Tristan et Iseut*. Variante : Leïlah. Caractérologie : communication, résolution, pragmatisme, optimisme, créativité.

Leilani : fleur du paradis (hawaïen). Ce prénom est porté par moins de 100 personnes en France. Variante : Lei. Caractérologie : passion, force, ambition, habileté, détermination.

Leïna : qui s'adapte (arabe). Ce prénom est porté par environ 1 000 personnes en France. Il est relativement peu attribué aujourd'hui. Tendance : en forte croissance. Variante : Leyna. Caractérologie : curiosité, courage, indépendance, décision, dynamisme.

Lélia : lys (latin), qui témoigne (grec). Ce prénom est porté par environ 1 000 personnes en France. Il est très peu attribué aujourd'hui. Variante : Léliane. Caractérologie : adaptation, communication, enthousiasme, pratique, décision.

Léna : éclat du soleil (grec). Ce prénom est porté par environ 37 000 personnes en France. Il figure dans le top 50 national. Voir le zoom dédié à Léna. Variantes : Lehna, Leina, Lenna. Caractérologie : dynamisme, courage, curiosité, indépendance, charisme.

Lenaëlle : éclat du soleil (grec). Ce prénom très rare est porté par près de 500 personnes en France. Tendance : en forte croissance. Caractérologie : communication, pragmatisme, optimisme, créativité, sociabilité.

Lenaïg : éclat du soleil (grec). Ce prénom est porté par environ 1 000 personnes en France. Tendance : stable. Cette forme bretonne d'Hélène est souvent orthographiée sans tréma en Bretagne. Caractérologie : communication, résolution, sympathie, enthousiasme, pratique.

Lenka : lumineux (tchèque). Ce prénom est porté par moins de 100 personnes en France. Tendance : en forte croissance. Caractérologie : organisation, connaissance, sagacité, originalité, spiritualité.

Lennie : éclat du soleil (grec). Ce prénom très rare est porté par près de 400 personnes en France. Variante : Léni. Caractérologie : charisme, dynamisme, curiosité, indépendance, courage.

Lénora : compassion (grec). Ce prénom très rare est porté par près de 170 personnes en France. Caractérologie : intuition, médiation, détermination, relationnel, raisonnement.

Léocadie : se rapporte au nom d'une île grecque (grec). Ce prénom est porté par environ 1 000 personnes en France. Tendance : en croissance modérée. Variante : Leokadia. Caractérologie : rêve, rectitude, raisonnement, volonté, humanité.

Léoda : peuple courageux (germanique). Ce prénom est porté par moins de 100 personnes en France. Variante : Léodie. Caractérologie : ambition, énergie, autorité, caractère, innovation.

Léola : lion (latin). Caractérologie : rectitude, humanité, rêve, ouverture d'esprit, générosité.

Léolia : lion (latin), ou contraction de Léo et Lia. Ce prénom est porté par moins de 100 personnes en France. Variante : Léola. Caractérologie : rectitude, humanité, raisonnement, générosité, ouverture d'esprit.

Léona : lion (latin). Ce prénom est porté par environ 3 000 personnes en France. Il figure dans le top 200 national. Tendance : en forte croissance. Caractérologie : sociabilité, réceptivité, loyauté, diplomatie, bonté.

Léonarde : lion (latin). Ce prénom est porté par moins de 100 personnes en France. Caractérologie : réceptivité, diplomatie, volonté, sociabilité, analyse.

LÉNA

Fête : 18 août

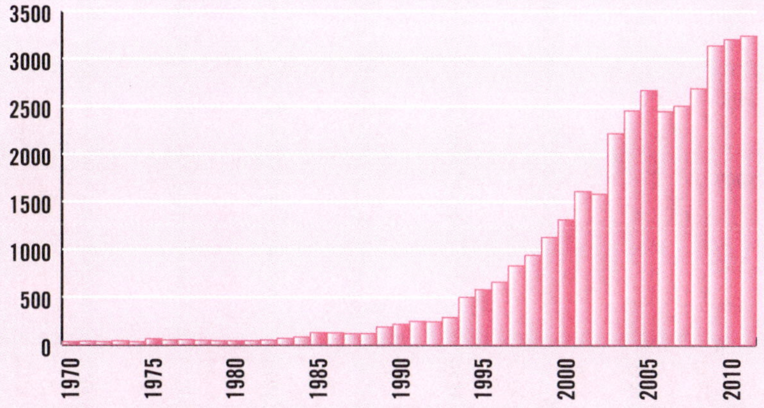

Étymologie : du grec *hêlê*, « éclat du soleil ». La Lena que les Bretons connaissent est un diminutif d'Elena, mais cette forme internationale d'Hélène est usitée depuis longtemps dans les pays scandinaves, en Russie et en Allemagne. Malgré cette renommée internationale, Léna ne prénomme pas plus de 50 Françaises par an avant les années 1980. Son envolée est d'autant plus spectaculaire qu'une décennie lui suffit pour s'imposer dans le top 30 français. Soutenue par la vague des sonorités courtes en « a » et son identité bretonne, Léna devrait occuper le 17e rang du palmarès 2012.

L'essor de Léna a encouragé nombre de découvertes et quelques feux de paille. Telle Ilona, qui s'est enflammée si vite qu'elle a été victime de son succès (elle se classe désormais au 256e rang du classement). Ou encore Léana, qui n'a pas pu maintenir sa course effrénée. Plus constante, Lana s'est élevée dans le top 60 français.

Lena est le nom d'un fleuve russe qui alimente essentiellement la Sibérie centrale.

Personnalité célèbre : Lena Ka, chanteuse française née en 1977.

Statistiques : Léna est le 25e prénom féminin le plus donné en France depuis le début du XXIe siècle. On peut estimer qu'il sera attribué à une fille sur 121 en 2012. **Lana** devrait prénommer une fille sur 276 et figurer au 74e rang de ce palmarès.

LÉONIE

Fête : 10 novembre

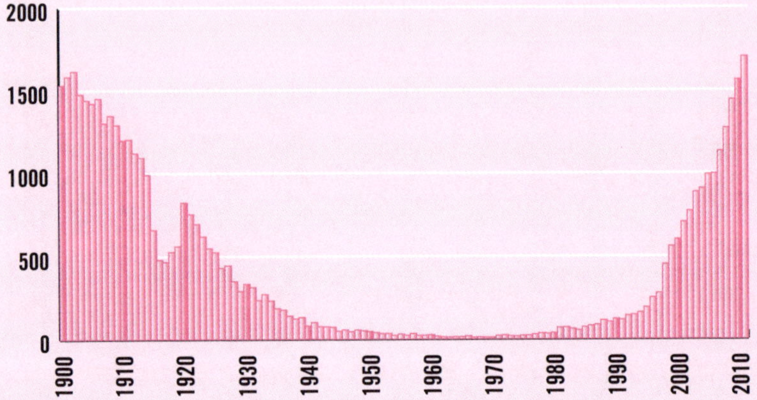

Étymologie : du latin *leo*, « lion ». Léon et Léontia sont attestés par les inscriptions latines dès les premiers siècles et se sont répandus dans de nombreux pays. Bien après la chute de Rome, Léontia, une impératrice de l'Empire byzantin, illustra ce prénom au VIIe siècle.

Léonie, la forme germanophone de Léon, monte en faveur dans de nombreux pays européens à partir du XVIIIe siècle. Elle disparaît dans les années 1920 mais renaît avec Léo à la fin du millénaire. Nul doute qu'Emma, figure de proue des prénoms rétro, a facilité son essor. Avec 1 700 attributions estimées pour 2012, Léonie a doublé le nombre de ses naissances en six ans. Elle devrait rapidement s'imposer dans le top 30 national.

En dehors de l'Hexagone, ce prénom revient au Québec et s'envole dans le top 10 allemand. Ayant déserté les registres d'état civil américains depuis 1910, Leonie a toutes les chances de renaître outre-Atlantique.

Personnalités célèbres : Léonie Bathiat, dite Arletty, actrice française (1998-1992) ; Léonie Adams (1899-1988), poétesse américaine ; Léonie Sachs, dite Nelly, écrivain suédois qui obtint le prix Nobel de littérature en 1966 ; Léonie Swann, écrivain allemand né en 1975 ; Léonie Simaga, comédienne française.

.../

Léonie *(suite)*

Sainte Léonce (ou **Léontia**), la fille de l'évêque Germanus, fut martyrisée en Afrique du Nord au Ve siècle. Elle est fêtée le 6 décembre.

Religieuse, **Léonie Aviat** fonda la congrégation des Oblates de saint François de Sales en 1974. Canonisée par le pape Jean-Paul II en 2001, elle est fêtée le 10 janvier.

Statistiques : Léonie est le 63e prénom féminin le plus donné en France depuis le début du XXIe siècle. On peut estimer qu'il sera attribué à une fille sur 230 en 2012. En attendant un possible envol dans la capitale, Léonie se classait au 82e rang du millésime 2010 parisien.

Léonce : lion (latin). Ce prénom rare est porté par près de 700 personnes en France. Variante : Léoncia. Caractérologie : altruisme, idéalisme, intégrité, réflexion, dévouement.

Léone : lion (latin). Ce prénom est porté par environ 14 000 personnes en France. Tendance : en forte croissance. Caractérologie : bienveillance, conscience, conseil, sagesse, paix.

Léonie : lion (latin). Ce prénom, porté par environ 24 000 Françaises, figure dans le top 50 national. Voir le zoom dédié à Léonie. Variantes : Éléonie, Léonella, Léonelle, Léonne, Léone, Léonia, Léonine, Léonnie, Léonille, Lonnie. Caractérologie : influence, logique, famille, éthique, équilibre.

Léonne : lion (latin). Ce prénom est porté par environ 1 000 personnes en France. Tendance : stable. Caractérologie : médiation, fidélité, relationnel, intuition, adaptabilité.

Léonor : compassion (grec). Ce prénom rare est porté par près de 1 000 personnes en France. Tendance : en forte croissance. Caractérologie : spiritualité, sagacité, originalité, analyse, connaissance.

Léonora : compassion (grec). Ce prénom très rare est porté par près de 200 personnes en France. Leonora est très répandu en Italie. Variantes : Léore, Lonora. Caractérologie : force, confiance, logique, décision, ambition.

Léonore : compassion (grec). Ce prénom est porté par environ 2 000 personnes en France. Il est peu attribué aujourd'hui. Tendance : en croissance modérée. Variantes : Lénora, Léonora. Caractérologie : pragmatisme, optimisme, créativité, communication, raisonnement.

Léontine : lion (latin). Ce prénom est porté par environ 6 000 personnes en France. Il est peu attribué aujourd'hui. Tendance : en croissance modérée. Variante : Léondine. Caractérologie : structure, efficacité, persévérance, sécurité, logique.

Léopoldine : peuple courageux (germanique). Ce prénom est porté par environ 1 000 personnes en France. Il est très peu attribué aujourd'hui. Caractérologie : volonté, ambition, force, habileté, raisonnement.

Léora : la lumière est à moi (hébreu). Ce prénom est porté par moins de 100 personnes en France. Caractérologie : famille, équilibre, analyse, sens des responsabilités, résolution.

Léria : comme un aigle (latin). Voir Aléria. Ce prénom corse est porté par moins de 100 personnes en France. Caractérologie : idéalisme, réflexion, résolution, altruisme, intégrité.

Leslie : forteresse grise (écossais). Ce prénom est porté par environ 15 000 personnes en France. Il est très peu attribué aujourd'hui. Caractérologie : habileté, passion, ambition, décision, force.

Lesly : forteresse grise (écossais). Ce prénom est porté par environ 2 000 personnes en France. Il ne devrait pas être attribué à plus de 50 bébés en 2012. Variantes : Lesley, Leslye. Caractérologie : énergie, innovation, autorité, ambition, bonté.

Léticia : allégresse (latin). Ce prénom est porté par environ 1 000 personnes en France. Tendance : en croissance modérée. Caractérologie : audace, découverte, énergie, gestion, décision.

Létitia : allégresse (latin). Ce prénom rare est porté par près de 600 personnes en France. Variante : Letizia. Caractérologie : persévérance, structure, sécurité, organisation, détermination.

Lévana : la lune (hébreu). Ce prénom rare est porté par près de 700 personnes en France. Tendance : en croissance modérée. Variante : Lévanah. Caractérologie : audace, dynamisme, assurance, direction, indépendance.

Lexane : défense de l'humanité (grec). Ce prénom très rare est porté par près de 400 personnes en France. Variantes : Lexa, Lexi, Lexia, Lexie, Lexina, Lexy. Caractérologie : sagacité, spiritualité, connaissance, originalité, philosophie.

Leyla : née pendant la nuit (arabe). Ce prénom est porté par environ 2 000 personnes en France. Il est peu attribué aujourd'hui. Tendance : en croissance modérée. Caractérologie : indépendance, audace, dynamisme, direction, cœur.

Lia : jour de la naissance (latin). Ce prénom est porté par environ 2 000 personnes en France. Il est relativement peu attribué aujourd'hui. Tendance : en croissance modérée. Caractérologie : méthode, ténacité, fiabilité, engagement, sens du devoir.

Liana : lys (latin). Ce prénom est porté par environ 1 000 personnes en France. Il est peu attribué aujourd'hui. Tendance : en forte croissance. Variante : Lyana. Caractérologie : innovation, autorité, détermination, ambition, énergie.

Liane : lys (latin). Ce prénom rare est porté par près de 500 personnes en France. Variantes : Lianne, Lyane. Caractérologie : énergie, découverte, décision, audace, originalité.

Libbie : Dieu est serment (hébreu). Variante : Libby. Caractérologie : enthousiasme, pratique, communication, générosité, adaptation.

Liberty : liberté (anglais). Liberty est apparu en France pour la première fois en 1976. Ce prénom est porté par moins de 100 personnes en France. Variante : Liberté. Caractérologie : innovation, énergie, ambition, autorité, sympathie.

Lida : dame (grec). Ce prénom très rare est porté par près de 140 personnes en France.

Variante : Leda. Caractérologie : achèvement, stratégie, ardeur, leadership, vitalité.

Lidia : qui vient de Lydie (Grec). Ce prénom est porté par environ 2 000 personnes en France. Il ne devrait pas être attribué à plus de 50 bébés en 2012. Dans l'Hexagone, Lidia est plus traditionnellement usité en Corse. Caractérologie : stratégie, vitalité, ardeur, achèvement, leadership.

Lidwine : peuple accueillant (germanique). Ce prénom rare est porté par près de 1 000 personnes en France. Variante : Lydwine. Caractérologie : engagement, méthode, sens du devoir, fiabilité, ténacité.

Lidy : qui vient de Lydie (grec). Ce prénom très rare est porté par près de 200 personnes en France. Dans l'Hexagone, Lidy est plus traditionnellement usité en Alsace. Variante : Lidie. Caractérologie : courage, curiosité, dynamisme, indépendance, charisme.

Lila : lys (latin), ce qui m'appartient est à Elle (hébreu). Lila est également une variante de Leïla. Ce prénom, porté par environ 10 000 Françaises, figure dans le top 200 national. Tendance : stable. Variantes : Lyla, Lilac. Caractérologie : connaissance, sagacité, originalité, philosophie, spiritualité.

Lilas : lys (latin). Le lilas est un arbuste dont les fleurs blanches ou violettes sont très parfumées. Ce prénom est porté par environ 2 000 personnes en France. Il est peu attribué aujourd'hui. Caractérologie : vitalité, stratégie, achèvement, ardeur, leadership.

Lili : lys (latin). Ce prénom est porté par environ 5 000 personnes en France. Il figure dans le top 200 national. Tendance : en croissance modérée. Caractérologie : sens des responsabilités, équilibre, influence, famille, exigence.

Lilia : lys (latin), ce qui m'appartient est à Dieu (hébreu). Lilia est également une variante de Leïla. Ce prénom est porté par environ 7 000 personnes en France. Il figure dans le top 200 national. Tendance : en croissance modérée. Variantes : Lilias, Lilla, Lilya. Caractérologie : connaissance, spiritualité, philosophie, originalité, sagacité.

Liliana : lys (latin). Ce prénom rare est porté par près de 1 000 personnes en France. Tendance : en croissance modérée. Caractérologie : résolution, fiabilité, méthode, ténacité, engagement.

Liliane : lys (latin). Ce prénom est porté par environ 99 000 personnes en France. Il ne devrait pas être attribué à plus de 50 bébés en 2012. Au milieu de la Seconde Guerre mondiale, Léopold III, le roi des Belges, épousa secrètement Liliane de Rethy. Le couple attendit plusieurs mois avant de révéler publiquement son union. Variantes : Lilian, Lillia, Lillian, Lilliane. Caractérologie : achèvement, stratégie, vitalité, détermination, ardeur.

Lilianne : lys (latin). Ce prénom est porté par environ 2 000 personnes en France. Il ne devrait pas être attribué à plus de 50 bébés en 2012. Caractérologie : engagement, méthode, ténacité, résolution, fiabilité.

Lili-Rose : forme composée de Lily et Rose. Ce prénom est porté par environ 1 000 personnes en France. Il est relativement peu attribué aujourd'hui. Voir le zoom dédié à Lily-Rose. Caractérologie : humanité, rectitude, générosité, rêve, volonté.

LILOU

Fête : 15 mars ou 27 juillet

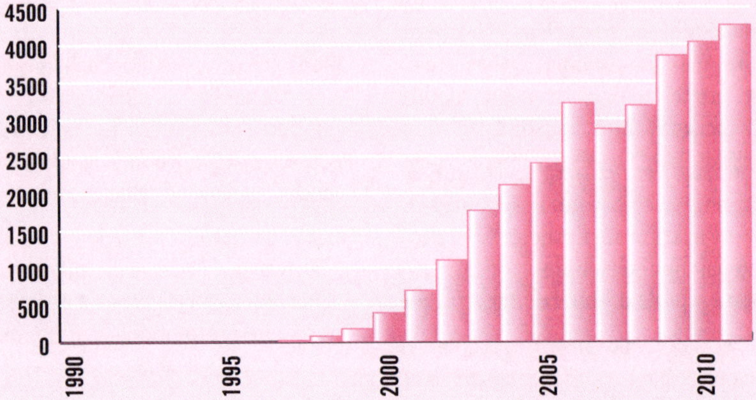

Étymologie : la première Lilou de France est née en 1994, mais cette étoile n'aurait jamais brillé si Luc Besson n'en avait pas fait l'héroïne de son film *Le Cinquième Élément*. C'est donc au cinéaste français que l'on doit l'essor prodigieux de Lilou et de ses dérivés (Leeloo, Leelou, Lylou et Lee-lou).

Les origines de Lilou sont controversées. Selon une enquête menée sur le site internet MeilleursPrenoms.com, la majorité des parents affirme avoir choisi ce prénom parce qu'il fusionne Lili et Lou. Cette piste, tout à fait recevable, confère à Lilou les origines germaniques et latines de ces dernières. Mais on ne peut ignorer que le suffixe « Li » soit une composante courante de nombreux prénoms chinois. Auquel cas il faut ajouter à l'aura de Lilou beauté et jasmin. Reste qu'une origine anglaise n'est pas à exclure. Dans les pays anglophones, la composante Lee signifie « clairière », ou « poétique » si l'on se tourne vers le vieil irlandais. Enfin, des origines celtiques moins connues peuvent lui donner le sens plus symbolique de « lumière » (c'est précisément l'image que Lilou incarne dans *Le Cinquième Élément*).

Difficile donc de trancher en faveur d'une étymologie précise. Peu importe, puisque Lilou séduit tout en gardant sa part de mystère. Lilou devrait s'afficher au 10e rang du palmarès français en 2012. À en juger par sa percée dans les tops 50 wallon et suisse romand, elle pourrait faire carrière dans les pays francophones.

.../

Lilou *(suite)*

Statistiques : Lilou est le 27e prénom féminin le plus donné en France depuis le début du XXIe siècle. On peut estimer qu'il sera attribué à une fille sur 92 en 2012.

Lilly : lys (latin). Ce prénom est porté par environ 3 000 personnes en France. Il figure dans le top 200 national. Tendance : en forte croissance. Variantes : Lilie, Lillie. Caractérologie : connaissance, sagacité, philosophie, originalité, spiritualité.

Lilly-Rose : forme composée de Lilly et Rose. Ce prénom très rare est porté par près de 500 personnes en France. Tendance : en forte croissance. Caractérologie : énergie, innovation, logique, autorité, cœur.

Lilo : dérivé de Liselotte (une contraction d'Elizabeth et Charlotte), cet ancien prénom allemand est né dans l'Hexagone en 2001. On doit sans doute son avènement au film de Disney *Lilo et Stitch*, découvert au cinéma la même année. Au féminin, Lilo est porté par près de 300 personnes en France. Caractérologie : logique, optimisme, sociabilité, communication, créativité.

Liloo : voir le zoom dédié à Lilou. Ce prénom est porté par environ 1 000 personnes en France. Il figure dans le top 200 national. Tendance : en forte croissance. Caractérologie : découverte, audace, courage, indépendance, séduction.

Lilou : voir le zoom dédié à Lilou. Ce prénom est porté par environ 30 000 personnes en France. Il figure dans le top 50 national. Tendance : en croissance modérée. Caractérologie : famille, influence, équilibre, analyse, sens des responsabilités.

Lilwenn : contraction de Lily et Nolwenn. Ce prénom rare est porté par près de 800 personnes en France. Tendance : en forte croissance. Variantes : Lylwen, Lilwene. Caractérologie : achèvement, stratégie, leadership, ardeur, vitalité.

Lily : lys (latin). Ce prénom est porté par environ 12 000 personnes en France. Il figure dans le top 50 national. Voir le zoom dédié à Lily. Caractérologie : persévérance, structure, sécurité, honnêteté, efficacité.

Lily-Rose : forme composée de Lily et Rose. Ce prénom est porté par environ 3 000 personnes en France. Il figure dans le top 200 national. Voir le zoom dédié à Lily-Rose. Variantes : Lili-Rose, Lilly-Rose. Caractérologie : amitié, intelligence, savoir, méditation, raisonnement.

Li-May : forme composée de Li et May. Caractérologie : courage, dynamisme, indépendance, charisme, aboutissement.

Lina : messagère (grec), souple, tendre (arabe). Ce prénom est porté par environ 32 000 personnes en France. Il figure dans le top 50 national. Voir le zoom dédié à Lina. Caractérologie : humanité, rêve, tolérance, décision, rectitude.

Linaëlle : contraction de Lina et Maëlle. Ce prénom est porté par moins de 100 personnes en France. Tendance : en forte croissance. Caractérologie : connaissance, sagacité, philosophie, détermination, intelligence.

LILY, LILY-ROSE

Fêtes : 27 juillet (Lily), 27 juillet ou 23 août (Lily-Rose)

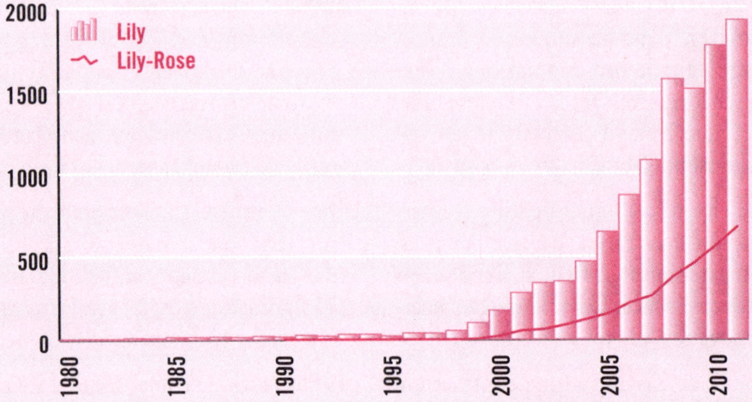

Étymologie : du latin *lilium*, « lys ». Si Lily devait être associée à une couleur, le blanc lui irait à merveille : symbole de pureté et de vertu, le lys devient, dès le Moyen Âge, l'emblème de la famille royale française. D'usage discret jusqu'au XIXe siècle, Lily disparaît le plus clair du siècle suivant. C'est à la fin des années 1990 qu'elle renaît à la faveur d'une vague rétro. Propulsée par une croissance vigoureuse, Lily devrait figurer parmi les 30 prénoms les plus attribués en 2012. Elle distance largement Lili et Lila, sentinelles postées aux portes du top 100.

En dehors de l'Hexagone, ce nom de fleur s'épanouit particulièrement dans les pays anglophones. Lil(l)y est montée sur la première marche du podium anglais en 2009 ; elle fleurit également en Irlande, en Australie et aux États-Unis. À en juger par son ascension en Allemagne et en Suède, Lily a toutes les chances de conquérir l'Europe.

LILY-ROSE

La résurgence de Lily s'est accompagnée d'une floraison de petits noms. Apparue aux côtés de Noan pour la première fois en 1999, Lily-Rose a rapidement pris ses marques. L'engouement pour ce duo est tel, qu'en additionnant les attributions de Lilly-Rose, il talonne Lou-Ann(e) dans le top 80 français.

.../

Lily, Lily-Rose *(suite)*

La naissance de la première Lily-Rose suit de près celle de Lily Rose*, une graine de star engendrée par des connaisseurs (Vanessa Paradis et Johnny Depp). Il est remarquable que sa notoriété se propage déjà en dehors de l'Hexagone : en s'imposant dans le top 60 québécois en 2009, Lily-Rose en est devenue la seule composition féminine. Cet assemblage est promis à un bel avenir à l'échelle internationale. Ne s'élance-t-il pas déjà outre-Manche derrière Lily-May ? Notons par ailleurs que Lilirose et Lilyrose ont été enregistrées dans les fichiers d'état civil en 2003.

Personnalités célèbres : Lily Pons, soprano française (1898-1976) ; Lily Allen, chanteuse anglaise née en 1985 ; Lily Boulanger, élève prodige de Gabriel Fauré et compositrice française (1893-1918).

Statistiques : Lily est le 86e prénom féminin le plus donné en France depuis le début du XXIe siècle. On peut estimer qu'il sera attribué à une fille sur 203 en 2012. Lily-Rose est le 2e prénom composé le plus attribué de l'Hexagone depuis 2005.

* Les faire-part de naissance américains font apparaître le prénom d'usage, suivi du deuxième prénom. Une différence culturelle avec la tradition française qui ne révèle que le premier. En assemblant ces prénoms distincts, les parents français ont créé une composition inédite.

Linda : belle (espagnol). Ce prénom est porté par environ 29 000 personnes en France. Il est peu attribué aujourd'hui. Caractérologie : fiabilité, méthode, résolution, ténacité, engagement.

Lindsay : terres de Lincoln (vieil anglais). Ce prénom est porté par environ 7 000 personnes en France. Il figure dans le top 200 national. Tendance : en forte croissance. Variantes : Linsay, Linsey. Caractérologie : pratique, sympathie, communication, enthousiasme, réalisation.

Lindy : belle (espagnol). Ce prénom très rare est porté par près de 300 personnes en France. Caractérologie : énergie, bonté, ambition, innovation, autorité.

Line : messagère (grec). Ce prénom est porté par environ 11 000 personnes en France. Il est relativement peu attribué aujourd'hui. Tendance : en croissance modérée. Caractérologie : sécurité, persévérance, efficacité, structure, honnêteté.

Linoa : contraction de Li et Noa (« mouvement divin » en hébreu). Ce prénom très rare est porté par près de 300 personnes en France. Tendance : en forte croissance. Caractérologie : conscience, résolution, conseil, paix, sagesse.

Lio : jour de la naissance (latin). Ce prénom très rare est porté par près de 150 personnes en France. Caractérologie : intégrité, réflexion, idéalisme, raisonnement, altruisme.

LINA

Fête : 27 janvier

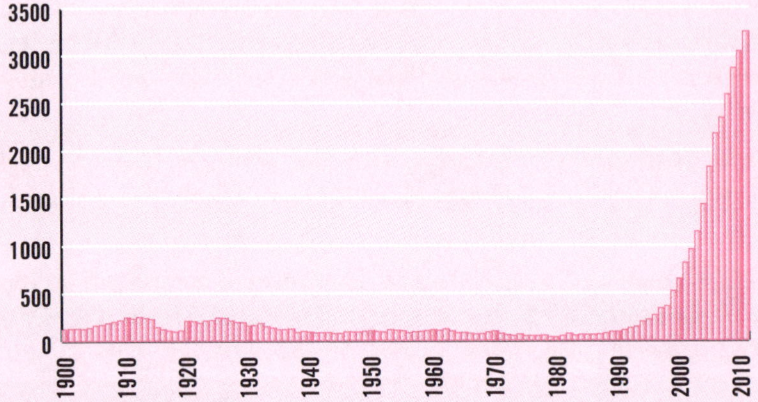

Étymologie : diminutif d'Angelina, du grec « messager », et de l'arabe « souple, tendre ». Largement attribué dans les pays anglophones au XIXe siècle, ce prénom perdu de vue renaît en Europe dans les années 1980. L'engouement que les Suédois sont les premiers à lui manifester se propage à la Finlande et au Danemark avant d'atteindre l'Hexagone. Le retour de Line y étant compromis (son apogée française, en 1957, est encore trop récent), la voie de Lina est toute tracée. Surfant sur la vague des prénoms courts en « a », Lina s'envole à la suite de Léna et la supplante dès 2009 dans le 20 national.

Contrairement à sa rivale, Lina n'est pas bretonne, mais elle a plus d'un atout dans son sac. Elle a pour ambassadrice de charme l'actrice et bienfaitrice universelle Angelina Jolie. De plus, ses racines plurielles sont un avantage qui lui permet de séduire un éventail élargi de parents. En s'imposant au 11e rang du classement parisien en 2010, Lina confirme l'attrait exercé par son multiculturalisme. Enfin, son statut d'héroïne dans le jeu vidéo de Riviera *The Promised Land* a joué en sa faveur : le nombre de ses attributions s'est accru chaque année qui a suivi la publication du jeu, en 1991. Ce prénom, disparu des registres d'état civil américains dans les années 1940, semble y renaître discrètement tandis que sa résurgence se précise au Québec.

Personnalités célèbres : Line Renaud, chanteuse et comédienne française ; Lina Cavalieri, soprano italienne ; Lina Saneh metteuse en scène et comédienne libanaise.

Statistiques : Lina est le 40e prénom féminin le plus donné en France depuis le début du XXIe siècle. On peut estimer qu'il sera attribué à une fille sur 121 en 2012.

Lior : la lumière est à moi (hébreu). Ce prénom est porté par moins de 100 personnes en France. Tendance : en forte croissance. Variantes : Liora, Liorah. Caractérologie : analyse, humanité, rectitude, rêve, ouverture d'esprit.

Lisa : Dieu est serment (hébreu). Ce prénom, porté par environ 57000 Françaises, figure dans le top 50 national. Peu donné dans l'Hexagone, ce diminutif d'Élisabeth a longtemps été éclipsé par la popularité de Lise. L'avantage de cette dernière aurait pu perdurer si Lisa ne s'était pas soudainement éveillée dans les années 1970. Après s'être distinguée dans le top 20 français dans les années 2000, Lisa décline lentement. Variantes : Lis, Liesel, Lisanne, Lisenn. Caractérologie : curiosité, dynamisme, courage, indépendance, charisme.

Lisa-Marie : forme composée de Lisa et Marie. Ce prénom est porté par environ 1 000 personnes en France. Tendance : stable. Caractérologie : famille, sens des responsabilités, équilibre, influence, résolution.

Lisandra : Dieu est serment (hébreu). Ce prénom très rare est porté par près de 190 personnes en France. Variantes : Alisandra, Alisandre, Lisandre, Lissandra, Lissandre, Lysandra. Caractérologie : décision, bienveillance, paix, conseil, conscience.

Lisanne : contraction de Lise et Anne. Ce prénom est porté par moins de 100 personnes en France. Caractérologie : relationnel, résolution, fidélité, adaptabilité, médiation.

Lisbeth : Dieu est serment (hébreu). Ce prénom très rare est porté par près de 500 personnes en France. En dehors de l'Hexagone, Lisbeth est particulièrement répandu en Allemagne. Variantes : Lizbeth, Lysbeth. Caractérologie : résolution, finesse, communication, pratique, enthousiasme.

Lise : Dieu est serment (hébreu). Voir Élisabeth. Ce prénom est porté par environ 27000 personnes en France. Il figure dans le top 100 national. Tendance : stable. Variantes : Lisette, Lisie, Lisy, Lysie, Liz, Liza, Lizzie, Lizzy. Caractérologie : réflexion, intégrité, idéalisme, décision, altruisme.

Liséa : Dieu est serment (hébreu). Ce prénom rare est porté par près de 700 personnes en France. Caractérologie : direction, raisonnement, audace, détermination, dynamisme.

Lison : Dieu est serment (hébreu). Ce prénom est porté par environ 6 000 personnes en France. Il figure dans le top 200 national. Tendance : stable. Variante : Lyson. Caractérologie : paix, conscience, détermination, bienveillance, raisonnement.

Liv : vie (norvégien, scandinave). Ce prénom rare est porté par près de 600 personnes en France. Tendance : en croissance modérée. Caractérologie : indépendance, intelligence, sagesse, savoir, méditation.

Livia : olive (latin). Ce prénom est porté par environ 3 000 personnes en France. Il est relativement peu attribué aujourd'hui. Tendance : en forte croissance. Variante : Livie. Caractérologie : leadership, vitalité, aspiration, achèvement, stratégie.

Liza : Dieu est serment (hébreu). Ce prénom est porté par environ 2 000 personnes en France. Il est peu attribué aujourd'hui. Dans l'Hexagone, Liza est plus traditionnellement usité en Bretagne. Caractérologie : pragmatisme, communication, créativité, sociabilité, optimisme.

Lizéa : Dieu est serment (hébreu). Ce prénom rare est porté par près de 900 personnes en France. Variante : Lyséa. Caractérologie : paix, bienveillance, conscience, conseil, sagesse.

Loan : lumière (celte). Ce prénom est porté par environ 2 000 personnes en France. Il est très peu attribué aujourd'hui. Loan était un prénom mixte au début de sa carrière, dans les années 1980, mais il est aujourd'hui attribué à une majorité de garçons. Caractérologie : influence, équilibre, famille, éthique, exigence.

Loana : lumière (celte). Ce prénom rare est porté par près de 800 personnes en France. Variantes : Loana, Loanna, Lohana. Caractérologie : savoir, sagesse, intelligence, méditation, indépendance.

Loane : lumière (celte). Ce prénom est porté par environ 9 000 personnes en France. Il figure dans le top 100 national. Tendance : stable. Variantes : Loann, Loanne, Lohane. Caractérologie : fidélité, médiation, relationnel, adaptabilité, intuition.

Loé : diminutif des prénoms formés avec Loé. Ce prénom très rare est porté par près de 120 personnes en France. Tendance : en forte croissance. Caractérologie : dynamisme, curiosité, courage, indépendance, charisme.

Loeiza : forme bretonne de Louise : illustre au combat (germanique). Ce prénom très rare est porté par près de 300 personnes en France. Variante : Lizig. Caractérologie : énergie, résolution, analyse, découverte, audace.

Loélia : clef (latin). Ce prénom rare est porté par près de 700 personnes en France. Variante : Loélie. Caractérologie : rêve, rectitude, humanité, analyse, résolution.

Loeva : sainte Sève, dont une commune bretonne porte le nom, était appelée Loeva. Ce prénom très rare est porté par près de 500 personnes en France. Tendance : en forte croissance. Variante : Loève. Caractérologie : énergie, ambition, autorité, innovation, volonté.

Loevane : voir Loeva. Variante : Loevanne. Caractérologie : caractère, réceptivité, diplomatie, loyauté, sociabilité.

Logane : prairie (irlandais). Ce prénom très rare est porté par près de 400 personnes en France. Variante : Logan. Caractérologie : sympathie, rectitude, humanité, ouverture d'esprit, rêve.

Loïcia : illustre au combat (germanique). Ce prénom très rare est porté par près de 400 personnes en France. Variante : Loïca. Caractérologie : structure, persévérance, sécurité, logique, efficacité.

Loïs : illustre au combat (germanique). Ce prénom est porté par environ 2 000 personnes en France. Il est peu attribué aujourd'hui. Dans l'Hexagone, ce prénom mixte est plus traditionnellement usité en Occitanie. Caractérologie : innovation, autorité, analyse, ambition, énergie.

Loïse : illustre au combat (germanique). Ce prénom est porté par environ 2 000 personnes en France. Il est très peu attribué aujourd'hui. Variante occitane : Loïsa. Caractérologie : équilibre, famille, sens des responsabilités, logique, décision.

LOLA

Fête : 15 septembre

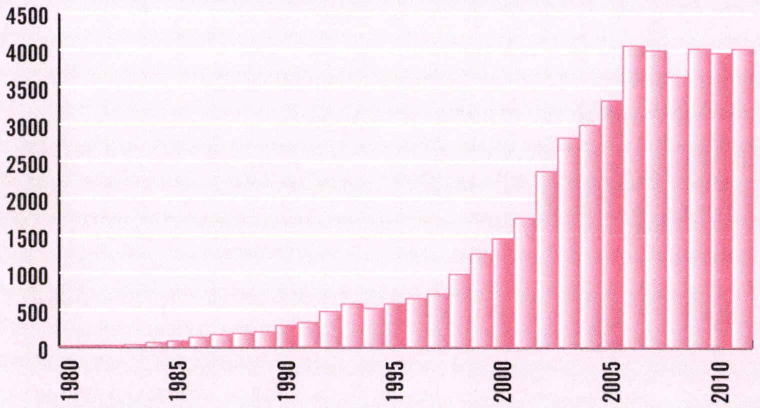

Étymologie : du latin *dolor*, « douleur ». Si Dolorès n'a jamais percé en France, elle rejaillit brillamment sous la forme de Lola. Sans réel passé avant les années 1980, ce diminutif espagnol partait de loin. Mais sa terminaison en « a », son identité ibérique, sa taille et sa jeunesse ont façonné son succès. En 2012, Lola devrait s'afficher à la 12e place du palmarès français.

Profitant de cette impulsion, des perles rares aux contours similaires pointent à l'horizon. Telle Lila qui pourrait s'imposer dans le top 100 français en 2013. Ou encore Lilas, ancien prénom masculin révolutionnaire qui n'a jamais autant prénommé de filles.

En dehors de l'Hexagone, Lola prend de l'ampleur en Angleterre, en Espagne et en Wallonie, mais c'est dans l'Europe entière qu'elle peut espérer faire carrière.

Célèbre courtisane de la fin du XIXe siècle, **Lola Montès** fit chavirer bien des cœurs. Ses aventures la menèrent jusqu'à la cour du roi, où Louis Ier de Bavière ne put résister à ses charmes. Mais leur idylle fit scandale et elle fut chassée du royaume. Recueillie par un cirque de La Nouvelle-Orléans, elle dut se contenter d'une vie d'artiste dont le rôle était peu valorisant. Cecil Saint-Laurent en fit l'héroïne de son roman *Lola Montès*, et le réalisateur Max Ophuls porta son histoire à l'écran en 1955.

.../

Lola *(suite)*

Statistiques : Lola est le 14e prénom féminin le plus donné dans l'Hexagone depuis le début du XXIe siècle. On peut estimer qu'il sera attribué à une fille sur 97 en 2012. Notons que Lola-Rose et Lola-Marie sont ses deux uniques formes composées françaises.

Lola : douleur (espagnol). Ce prénom est porté par environ 46 000 personnes en France. Il figure dans le top 50 national. Voir le zoom dédié à Lola. Variantes : Loli, Lolie, Loly. Caractérologie : structure, sécurité, persévérance, honnêteté, efficacité.

Lolie : douleur (espagnol). Ce prénom très rare est porté par près de 300 personnes en France. Caractérologie : achèvement, logique, stratégie, ardeur, vitalité.

Lolita : douleur (espagnol). Ce prénom est porté par environ 7 000 personnes en France. Il est très peu attribué aujourd'hui. Caractérologie : paix, bienveillance, conscience, organisation, raisonnement.

Lomane : enfant nue (gaélique). Voir Loman. Ce prénom très rare est porté par près de 130 personnes en France. Caractérologie : conscience, bienveillance, conseil, paix, sagesse.

Lona : solitude (anglais). Ce prénom très rare est porté par près de 400 personnes en France. Caractérologie : sens des responsabilités, équilibre, exigence, famille, influence.

Loona : amour (germanique). Ce prénom rare est porté par près de 1 000 personnes en France. Tendance : en croissance modérée. Caractérologie : enthousiasme, pratique, générosité, communication, adaptation.

Lora : couronnée de lauriers (latin). Ce prénom rare est porté par près de 1 000 personnes en France. Variantes : Loraline, Lore. Caractérologie : énergie, autorité, ambition, analyse, innovation.

Lorea : fleur (basque). Ce prénom très rare est porté par près de 200 personnes en France. Variantes : Lauréa, Lora. Caractérologie : décision, paix, logique, conscience, bienveillance.

Lorelei : attirante (germanique). Dans la mythologie germanique, Lorelei est une sirène qui enchante les marins naviguant sur le Rhin. Ce prénom est porté par environ 2 000 personnes en France. Il est très peu attribué aujourd'hui. Variantes : Lorelie, Loreley. Caractérologie : persévérance, structure, logique, efficacité, sécurité.

Loren : couronnée de lauriers (latin). Ce prénom rare est porté par près de 800 personnes en France. Caractérologie : innovation, autorité, ambition, énergie, logique.

Lorena : couronnée de lauriers (latin). Ce prénom est porté par environ 3 000 personnes en France. Il est relativement peu attribué aujourd'hui. Caractérologie : relationnel, intuition, médiation, logique, décision.

Lorène : couronnée de lauriers (latin). Ce prénom est porté par environ 4 000 personnes en France. Il ne devrait pas être attribué à plus de 50 bébés en 2012. Variantes : Loraine, Loreen, Lorenne. Caractérologie : bienveillance, paix, raisonnement, conseil, conscience.

Lorenza : couronnée de lauriers (latin). Ce prénom est porté par environ 1 000 personnes en France. Tendance : stable. Dans l'Hexagone, Lorenzo est plus traditionnellement usité au Pays basque. Caractérologie : détermination, énergie, raisonnement, autorité, innovation.

Lorette : couronnée de lauriers (latin). Ce prénom est porté par environ 2 000 personnes en France. Il ne devrait pas être attribué à plus de 50 bébés en 2012. Caractérologie : dynamisme, curiosité, courage, analyse, indépendance.

Loriana : couronnée de lauriers (latin). Ce prénom très rare est porté par près de 300 personnes en France. Variante : Lauriana. Caractérologie : détermination, savoir, intelligence, raisonnement, méditation.

Loriane : couronnée de lauriers (latin). Ce prénom est porté par environ 3 000 personnes en France. Il est très peu attribué aujourd'hui. Variantes : Lorianne, Lorane, Loryane. Caractérologie : réceptivité, sociabilité, analyse, diplomatie, résolution.

Lorie : couronnée de lauriers (latin). Ce prénom est porté par environ 2 000 personnes en France. Il ne devrait pas être attribué à plus de 50 bébés en 2012. Variantes : Lori, Lorrie. Caractérologie : dynamisme, courage, raisonnement, indépendance, curiosité.

Lorine : couronnée de lauriers (latin). Ce prénom est porté par environ 3 000 personnes en France. Il est peu attribué aujourd'hui. Variantes : Lorin, Lorina, Lorinda, Lorinne, Loryne. Caractérologie : dynamisme, direction, indépendance, audace, raisonnement.

Lorna : couronnée de lauriers (latin). Ce prénom est porté par environ 1 000 personnes en France. Il est très peu attribué aujourd'hui. Caractérologie : sens des responsabilités, décision, équilibre, famille, logique.

Lorraine : couronnée de lauriers (latin). Ce prénom est porté par environ 4 000 personnes en France. Il ne devrait pas être attribué à plus de 50 bébés en 2012. Variante : Loraine. Caractérologie : médiation, résolution, intuition, analyse, relationnel.

Lory : couronnée de lauriers (latin). Ce prénom rare est porté par près de 900 personnes en France. Caractérologie : sagacité, connaissance, originalité, spiritualité, raisonnement.

Lotus : désigne les nénuphars d'Afrique et d'Asie (grec). Caractérologie : conseil, conscience, organisation, bienveillance, paix.

Lou : illustre au combat (germanique), lumière (celte). Ce prénom est porté par environ 27 000 personnes en France. Il figure dans le top 50 national. Voir le zoom dédié à Lou. Caractérologie : créativité, optimisme, sociabilité, communication, pragmatisme.

Louana : forme contractée de Lou-Anna, ou lumière (celte). Ce prénom rare est porté par près de 600 personnes en France. Tendance : en forte croissance. Caractérologie : énergie, innovation, autonomie, autorité, ambition.

Louane : forme contractée de Lou-Anne, ou lumière (celte). Ce prénom est porté par environ 15 000 personnes en France. Il figure dans le top 50 national. Voir le zoom dédié à Louane. Variante : Louann. Caractérologie : dynamisme, curiosité, charisme, courage, indépendance.

L

LOU, LOUANE

Fête : 15 mars (Lou), 28 août (Louane)

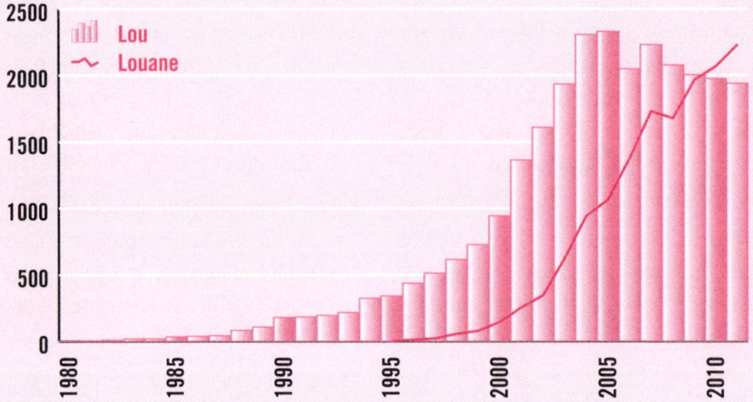

Étymologie : Louane est à la fois un dérivé d'Elouan (« lumière », en celte), et une contraction de Lou et Anne. Cette pionnière des sonorités en « ou » a grandi dans les années 1990 aux côtés de Lou et Louna. Elle s'est très vite répandue au-delà du berceau breton qui l'avait vue faire ses premiers pas. Après s'être imposée dans le top 20 français, Louane pourrait s'élever plus haut mais sans doute pas plus loin : pour l'heure, son expansion se limite à l'Hexagone.

Contrairement à sa cousine française, **Lou** peut se prévaloir d'une longue expérience internationale. Particulièrement aux États-Unis, où elle brillait davantage au XIXe siècle qu'aujourd'hui. Étymon d'Elouan, Lou partage son identité celte avec les origines germaniques de Louise, dont elle est aussi dérivée. Avec son côté rétro, Lou a pris l'ascenseur des sonorités en « ou » dans les années 1990. Au 29e rang du classement français, ce prénom n'a pas fini de faire parler de lui.

Notons que Louane a façonné un autre succès tricolore : depuis le début des années 2000, Lou-Ann(e) est la nouvelle star des prénoms composés. Quel contraste avec Loana (*Loft Story*), si rapidement retombée dans l'abîme. Son infortune n'affecte pas la carrière d'un choix phonétique proche : Éloane vient de percer dans le top 200 français alors qu'elle était encore inconnue avant 1997.

.../

Lou, Louane *(suite)*

D'origine irlandaise, **saint Elouan** mena une vie d'ermite en Bretagne au VIIe siècle. Il est honoré dans une chapelle de Saint-Guen (Côtes-d'Armor), où se trouve son tombeau.

Personnalités célèbres : Lou Doillon, actrice française née en 1982 ; Lou Ye, réalisateur chinois né en 1965.

Statistiques : Louane est le 60e prénom féminin le plus donné en France depuis le début du XXIe siècle. On peut estimer qu'il sera attribué à une fille sur 175 en 2012. **Lou** devrait prénommer une fille sur 201 et figurer au 37e rang de ce palmarès. Remarque : 95 % des Lou qui naissent en France sont des filles.

Lou-Ann : forme composée de Lou et Ann. Ce prénom, porté par environ 6 000 Françaises, figure dans le top 200 national. Lou-Ann(e) ont connu un essor fulgurant dans les années 2000. Leur vogue a donné un souffle nouveau aux prénoms composés dont la mode s'était estompée à partir des années 1980. Variante : Lou-Anna. Caractérologie : découverte, énergie, originalité, séduction, audace.

Louanne : forme contractée de Lou-Anne, ou lumière (celte). Ce prénom est porté par environ 4 000 personnes en France. Il figure dans le top 200 national. Voir le zoom dédié à Louane. Caractérologie : innovation, énergie, autorité, autonomie, ambition.

Lou-Anne : forme composée de Lou et Anne. Voir Lou-Ann. Ce prénom est porté par environ 6 000 personnes en France. Il figure dans le top 200 national. Tendance : en décroissance modérée. Caractérologie : indépendance, direction, audace, assurance, dynamisme.

Loubna : arbuste (arabe). Ce prénom est porté par environ 4 000 personnes en France. Il est peu attribué aujourd'hui. Caractérologie : fidélité, relationnel, intuition, organisation, médiation.

Louisa : illustre au combat (germanique). Ce prénom est porté par environ 11 000 personnes en France. Il est relativement peu attribué aujourd'hui. Tendance : en croissance modérée. Caractérologie : audace, découverte, énergie, raisonnement, originalité.

Louisane : contraction de Louise et Anne, nom d'un État américain. Ce prénom est porté par moins de 100 personnes en France. Caractérologie : savoir, intelligence, logique, décision, méditation.

Louise : illustre au combat (germanique). Ce prénom est porté par environ 114 000 personnes en France. Il figure dans le top 50 national. Voir le zoom dédié à Louise. Caractérologie : rêve, humanité, rectitude, analyse, résolution.

Louise-Anne : forme composée de Louise et Anne. Ce prénom très rare est porté par près de 110 personnes en France. Caractérologie : connaissance, sagacité, spiritualité, détermination, raisonnement.

LOUISE

Fête : 15 mars

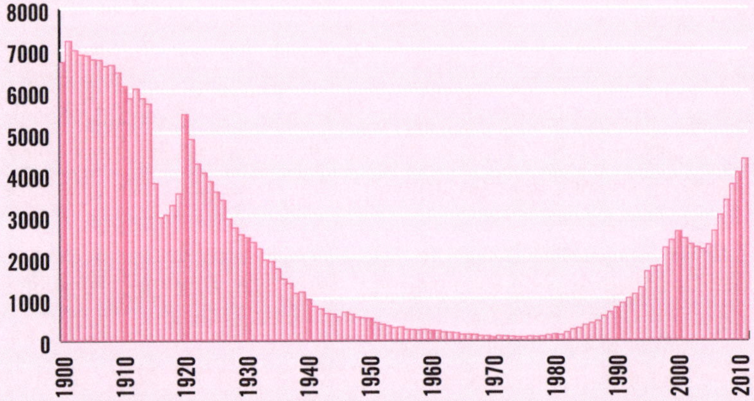

Étymologie : du germain *hold*, « célèbre », et de *wig*, « combat », d'où le sens « illustre au combat ». Dans l'histoire, cette forme féminine de Louis a été illustrée par des reines de France, du Portugal, de Prusse et de Pologne. Un tableau d'honneur qui favorisa son attribution dans les familles les plus fortunées. Mais après avoir parcouru maints palais et salons bourgeois, Louise change d'étiquette au XIXe siècle : elle se propage dans l'ensemble de la société, y prénommant une fille sur trois pendant cinq décennies. Après un demi-siècle d'éclipse, Louise renaît dans la vague des prénoms rétro et le souffle des sonorités en « ou ». À la tête du classement parisien depuis 2007, Louise devrait percer dans le top 10 national en 2012.

Cette réussite fait relativement peu d'émules à l'international. Louise s'affiche dans les 30 premiers rangs wallons et suisses romands, mais elle s'éclipse des autres pays européens. Elle brille encore moins aux États-Unis où elle échoue, avec Louisa, en deçà du 1 000e rang. De son côté, Louisette reste imperturbable : moins de 10 Françaises naissent sous ce nom chaque année.

Nièce de Louis XI et mère de François Ier, **Louise de Savoie** fut par deux fois régente du royaume. Ses prises de décision et son action diplomatique lui permirent d'assurer une stabilité indispensable à la France, et ultimement, de lui restituer son roi (Louise de Savoie

…/

Louise *(suite)*

fit libérer François Ier retenu prisonnier de Charles Quint). Elle obtint ultérieurement la libération de ses petits-enfants en négociant la paix des Dames, qu'elle signa à Cambrai en 1529. Exemple de conduite, Louise de Savoie plongea la France dans le chagrin lorsqu'elle succomba à la peste en 1531.

Louise d'Orléans (1812-1850) épousa le roi Léopold Ier de Belgique en 1832 et devint la première reine des Belges. Elle fit preuve d'une telle sollicitude auprès des familles pauvres qu'elle fut rapidement surnommée « la bien-aimée ».

Personnalités historiques : Louise Michel (1830-1905), militante anarchiste et figure importante de la Commune de Paris ; Louise Labé, poétesse française du XVIe siècle.

Personnalités célèbres : Louise Ciccone, plus connue sous le nom de Madonna, chanteuse américaine née en 1958 ; Louise Bourgeois, artiste née en France (1911-2010).

Statistiques : Louise est le 20e prénom féminin le plus donné en France depuis le début du XXIe siècle. On peut estimer qu'il sera attribué à une fille sur 90 en 2012.

Louisette : illustre au combat (germanique). Ce prénom est porté par environ 17 000 personnes en France. Il ne devrait pas être attribué à plus de 50 bébés en 2012. Caractérologie : idéalisme, altruisme, intégrité, analyse, résolution.

Louisiane : illustre au combat (germanique). Ce prénom rare est porté par près de 1 000 personnes en France. Variantes : Louisane, Louisianne. Caractérologie : décision, paix, bienveillance, conscience, logique.

Louison : illustre au combat (germanique). Ce prénom est porté par environ 3 000 personnes en France. Il est relativement peu attribué aujourd'hui. Tendance : en forte croissance. De plus en plus féminin, Louison est désormais porté par un nombre égal de filles et de garçons. Caractérologie : décision, bienveillance, paix, conscience, logique.

Louiza : illustre au combat (germanique). Ce prénom rare est porté par près de 800 personnes en France. Caractérologie : créativité, optimisme, pragmatisme, communication, raisonnement.

Louka : lumière (latin). Ce prénom très rare est porté par près de 150 personnes en France. Caractérologie : famille, équilibre, influence, sens des responsabilités, gestion.

Loula : contraction de Lou et Lola. Ce prénom très rare est porté par près de 300 personnes en France. Caractérologie : savoir, intelligence, indépendance, méditation, sagesse.

Louna : dérivé de Luna : lune (latin), et Luana : heureuse, exaltée (hawaïen). Ce prénom est porté par environ 21 000 personnes en France. Il figure dans le top 50 national. Voir le zoom dédié à Louna. Caractérologie : intégrité, altruisme, dévouement, idéalisme, réflexion.

Lourdes : ville située au sud-ouest de la France, Lourdes est une grande destination de pèlerinage. Ce prénom très rare est porté par près de 500 personnes en France. Pour l'anecdote, notons que Madonna a prénommé sa fille Lourdes. Variante basque : Lurdes. Caractérologie : caractère, ténacité, logique, méthode, fiabilité.

Lovely : charmante, jolie (anglais). Ce prénom très rare est porté par près de 500 personnes en France. Caractérologie : innovation, autorité, amitié, énergie, volonté.

Lovita : joie (latin). Caractérologie : intelligence, savoir, organisation, analyse, méditation.

Luan : lumière (celte), intelligente (vietnamien). Ce prénom très rare est porté par près de 110 personnes en France. Caractérologie : enthousiasme, pratique, communication, adaptation, générosité.

Luana : heureuse, exaltée (hawaïen). Luana est également une variante de Louana. Ce prénom est porté par environ 1 000 personnes en France. Il est peu attribué aujourd'hui. Tendance : en forte croissance. Variantes : Luane, Luann, Luanna, Luanne. Caractérologie : fiabilité, méthode, sens du devoir, ténacité, engagement.

Luba : amour (tchèque, russe). Ce prénom est porté par moins de 100 personnes en France. Caractérologie : intégrité, gestion, altruisme, réflexion, idéalisme.

Luce : lumière (latin). Ce prénom est porté par environ 5 000 personnes en France. Il est peu attribué aujourd'hui. Tendance : en forte croissance. Caractérologie : audace, découverte, énergie, séduction, originalité.

Lucia : lumière (latin). Ce prénom est porté par environ 6 000 personnes en France. Il est peu attribué aujourd'hui. Tendance : en croissance modérée. Lucia est très répandu en Espagne et en Italie. En France, ce prénom est plus traditionnellement usité en Corse. Caractérologie : autorité, énergie, ambition, innovation, autonomie.

Luciana : lumière (latin). Ce prénom rare est porté par près de 1 000 personnes en France. Tendance : en croissance modérée. Variantes : Luciane, Lucianne, Lucine. Caractérologie : intelligence, savoir, décision, indépendance, méditation.

Lucie : lumière (latin). Ce prénom, porté par environ 136 000 Françaises, figure dans le top 50 national. L'usage de ce prénom remonte au temps de Rome, lorsque Lucetia et Lucina désignaient la déesse Junon, mais c'est à partir du Moyen Âge que Lucie se diffuse dans toute l'Europe. Très en vogue durant la seconde moitié du XIXe siècle, cette forme féminine de Luc s'estompe dans les années 1910 pour revenir de plus belle un siècle plus tard. ◆ Au IVe siècle, sainte Lucie rompit ses vœux de fiançailles pour mieux se consacrer au Christ. Dénoncée par son fiancé, elle refusa d'apostasier et mourut martyre. ◆ Les Scandinaves célèbrent la fête de la lumière et le début de la saison de Noël le jour de la Sainte-Lucie. Caractérologie : énergie, découverte, séduction, audace, originalité.

Lucienne : lumière (latin). Ce prénom est porté par environ 82 000 personnes en France. Il ne devrait pas être attribué à plus de 50 bébés en 2012. Caractérologie : réceptivité, diplomatie, loyauté, bonté, sociabilité.

LOUNA, LUNA

Fête : 9 juin

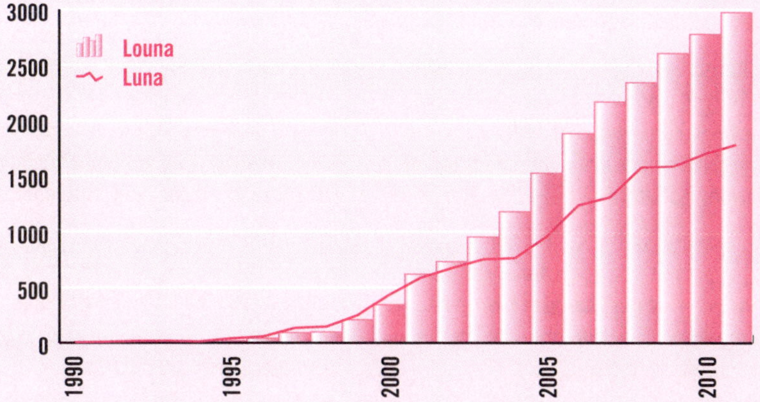

Étymologie : conformément à son origine latine, Louna incarne la lune. Et bien plus si on l'apparente à Luana, perle rare hawaïenne signifiant « heureuse », « exaltée ». Née en France un quart de siècle avant Louna et Luna, cette cousine du Pacifique n'a-t-elle pas influencé leur émergence ?

Lancée dans les années 1990 peu après sa découverte, la carrière de ce duo a été fulgurante. En 2012, Louna devrait remplacer Romane dans le top 20 féminin, et devancer Luna d'une vingtaine de rangs. Notons que sa ressemblance avec Lounja, héroïne populaire d'un conte arabe ancien, lui donne la préférence des couples mixtes.

En dehors de l'Hexagone, Louna perd néanmoins son avance sur Luna. Cette dernière s'envole en Belgique (top 30), en Romandie (top 40) et pointe désormais dans les ciels espagnols et allemands. C'est à l'échelle planétaire que Luna pourrait faire carrière…

Dans la mythologie romaine, **Luna** est la déesse de la Lune. Avec son frère Sol (le dieu du Soleil), Luna ponctue le passage du temps et symbolise le cycle des saisons. Son culte est associé à celui de Diane, avec laquelle elle peut être fêtée.

Statistiques : Louna est le 49e prénom féminin le plus donné en France depuis le début du XXIe siècle. On peut estimer qu'il sera attribué à une fille sur 131 en 2012. **Luna** devrait prénommer une fille sur 219 et figurer au 62e rang de ce palmarès.

Lucile : lumière (latin). Ce prénom est porté par environ 31 000 personnes en France. Il figure dans le top 200 national. Tendance : stable. Variantes : Lucilia, Lucilla, Lucylle. Caractérologie : stratégie, vitalité, achèvement, leadership, ardeur.

Lucille : lumière (latin). Ce prénom est porté par environ 8 000 personnes en France. Il est peu attribué aujourd'hui. Caractérologie : relationnel, intuition, adaptabilité, médiation, fidélité.

Lucinda : lumière (latin). Ce prénom rare est porté par près de 1 000 personnes en France. Variantes : Lucina, Lucinde, Lucynda. Caractérologie : autorité, innovation, résolution, ambition, énergie.

Lucrèce : se rapporte au nom de la vierge martyre à Mérida, en Espagne, au IVe siècle. Ce prénom rare est porté par près de 700 personnes en France. Caractérologie : structure, efficacité, sécurité, honnêteté, persévérance.

Lucy : lumière (latin). Ce prénom est porté par environ 5 000 personnes en France. Il est relativement peu attribué aujourd'hui. Caractérologie : sagacité, spiritualité, connaissance, philosophie, originalité.

Ludivine : peuple accueillant (germanique). Ce prénom est porté par environ 41 000 personnes en France. Il est relativement peu attribué aujourd'hui. Variante : Ludyvine. Caractérologie : famille, exigence, sens des responsabilités, équilibre, influence.

Ludmila : aimée du peuple (slave). Ce prénom rare est porté par près de 1 000 personnes en France. Caractérologie : intégrité, dévouement, réflexion, idéalisme, altruisme.

Ludmilla : aimée du peuple (tchèque, russe). Ce prénom est porté par environ 1 000 personnes en France. Tendance : stable. Caractérologie : optimisme, communication, pragmatisme, sociabilité, créativité.

Ludovica : illustre au combat (germanique). Ce prénom est porté par moins de 100 personnes en France. Dans l'Hexagone, Ludovica est plus traditionnellement usité dans les Flandres. Caractérologie : éthique, équilibre, raisonnement, influence, famille.

Luigia : illustre au combat (germanique). Ce prénom est porté par moins de 100 personnes en France. Variante : Luigie. Caractérologie : indépendance, dynamisme, courage, curiosité, charisme.

Luisa : illustre au combat (germanique). Ce prénom est porté par environ 1 000 personnes en France. Il est très peu attribué aujourd'hui. Tendance : en forte croissance. Luisa est très répandu dans les pays hispanophones. En France, ce prénom est plus traditionnellement usité en Alsace et au Pays basque. Variante : Luiza. Caractérologie : ambition, force, passion, habileté, management.

Luna : lune (latin). Dans la mythologie romaine, Luna est la déesse de la Lune. Elle marque le passage du temps avec son frère Sol, le dieu du Soleil, et symbolise ainsi le cycle des saisons. Elle peut être fêtée avec Diane le 9 juin. Ce prénom, porté par environ 14 000 Françaises, figure dans le top 50 national. Voir le zoom dédié à Luna. Variante : Lune. Caractérologie : adaptation, enthousiasme, communication, générosité, pratique.

Lutèce : forme francisée de Lutetia, nom employé pour désigner Paris sous l'Empire romain. Ce prénom est porté par moins de 100 personnes en France. Variante : Lutécia. Caractérologie : créativité, pratique, sociabilité, adaptation, générosité.

Ly : nom de famille répandu au Vietnam. Les empereurs de la dynastie Ly régnèrent au Vietnam de 1010 à 1225. Ce prénom très rare est porté par près de 170 personnes en France. Caractérologie : autonomie, ambition, autorité, énergie, innovation.

Lya : jour de la naissance (latin). Ce prénom est porté par environ 2 000 personnes en France. Il figure dans le top 200 national. Tendance : en forte croissance. Caractérologie : diplomatie, sociabilité, réceptivité, loyauté, bonté.

Lycia : de noble lignée (germanique). Ce prénom très rare est porté par près de 400 personnes en France. Variante : Licia. Caractérologie : courage, charisme, indépendance, dynamisme, curiosité.

Lydia : qui vient de Lydie (grec). Ce prénom est porté par environ 29 000 personnes en France. Il est peu attribué aujourd'hui. Caractérologie : famille, réalisation, équilibre, sens des responsabilités, influence.

Lydiane : qui vient de Lydie (grec). Ce prénom rare est porté par près de 600 personnes en France. Variante : Lydianne. Caractérologie : sagacité, sympathie, connaissance, spiritualité, réalisation.

Lydie : qui vient de Lydie (grec). Ce prénom est porté par environ 57 000 personnes en France. Il est très peu attribué aujourd'hui. Caractérologie : innovation, ambition, autorité, énergie, bonté.

Lygie : désigne une ancienne région de Pologne (polonais). Ce prénom est porté par moins de 100 personnes en France. Caractérologie : fiabilité, méthode, ténacité, cœur, engagement.

Lyla : lys (latin). Ce prénom rare est porté par près de 800 personnes en France. Tendance : en croissance modérée. Caractérologie : sens du devoir, structure, honnêteté, efficacité, persévérance.

Lylia : lys (latin). Ce prénom est porté par environ 2 000 personnes en France. Il est relativement peu attribué aujourd'hui. Tendance : en croissance modérée. Caractérologie : dynamisme, indépendance, curiosité, charisme, courage.

Lyliane : lys (latin). Ce prénom est porté par environ 2 000 personnes en France. Il ne devrait pas être attribué à plus de 50 bébés en 2012. Variantes : Lylian, Lylianne. Caractérologie : équilibre, sens des responsabilités, famille, amitié, détermination.

Lylou : voir Lilou. Ce prénom est porté par environ 5 000 personnes en France. Il figure dans le top 100 national. Tendance : en forte croissance. Caractérologie : sens du devoir, structure, honnêteté, efficacité, persévérance.

Lyna : cascade (anglais). Lyna peut également être considéré comme une variante de Lina. Ce prénom est porté par environ 5 000 personnes en France. Il figure dans le top 100 national. Tendance : en forte croissance. Caractérologie : sagacité, connaissance, originalité, spiritualité, sympathie.

Lynda : belle (espagnol). Ce prénom est porté par environ 5 000 personnes en France. Il ne devrait pas être attribué à plus de

50 bébés en 2012. Variante : Lyndia. Caractérologie : relationnel, intuition, médiation, réussite, cœur.

Lyne : cascade (anglais). Ce prénom est porté par environ 2 000 personnes en France. Il est peu attribué aujourd'hui. Tendance : en forte croissance. Variantes : Lynn, Lynne. Caractérologie : fidélité, intuition, relationnel, médiation, bonté.

Lys : Dieu est serment (hébreu). Ce prénom très rare est porté par près de 300 personnes en France. Tendance : en forte croissance. Variante : Lis. Caractérologie : médiation, relationnel, intuition, fidélité, adaptabilité.

Lysa : Dieu est serment (hébreu). Ce prénom est porté par environ 2 000 personnes en France. Il est très peu attribué aujourd'hui. Variantes : Lysaé, Lyza. Caractérologie : enthousiasme, générosité, pratique, adaptation, communication.

Lyse : Dieu est serment (hébreu). Ce prénom est porté par environ 2 000 personnes en France. Il est peu attribué aujourd'hui. Tendance : en croissance modérée. Caractérologie : savoir, intelligence, méditation, amitié, indépendance.

Lysiane : Dieu est serment (hébreu). Ce prénom est porté par environ 10 000 personnes en France. Il ne devrait pas être attribué à plus de 50 bébés en 2012. Caractérologie : détermination, structure, sécurité, amitié, persévérance.

M

Macha : celle qui élève (hébreu). Ce prénom très rare est porté par près de 400 personnes en France. Macha est très répandu dans les pays slaves. Caractérologie : vitalité, stratégie, ardeur, achèvement, leadership.

Maddy : haute tour (grec). Ce prénom rare est porté par près de 1 000 personnes en France. Tendance : en forte croissance. Variantes : Maddi, Maddie, Maïda. Caractérologie : sociabilité, loyauté, réceptivité, réalisation, diplomatie.

Madeleine : haute tour (grec). Ce prénom est porté par environ 147 000 personnes en France. Il est relativement peu attribué aujourd'hui. Tendance : en croissance modérée. Servante lorraine au XVIIIe siècle, Madeleine Paulmier fabriqua des petits gâteaux aux œufs en forme de coquillage pour la visite du duc Leszczynski. Ces madeleines, qui firent sensation, prirent son nom et sont aujourd'hui appréciées dans le monde entier. Variantes : Madelaine, Mado. Caractérologie : découverte, audace, énergie, originalité, résolution.

Madélia : haute tour (grec). Caractérologie : rectitude, humanité, rêve, décision, ouverture d'esprit.

Madeline : haute tour (grec). Ce prénom est porté par environ 3 000 personnes en France. Il est très peu attribué aujourd'hui. Variantes : Madelyn, Madline, Madly, Mady. Caractérologie : humanité, rêve, rectitude, ouverture d'esprit, résolution.

Madelyne : haute tour (grec). Ce prénom très rare est porté par près de 160 personnes en France. Tendance : en forte croissance. Caractérologie : connaissance, spiritualité, sympathie, sagacité, réalisation.

Madiana : ville (arabe). Ce prénom très rare est porté par près de 300 personnes en France. Caractérologie : connaissance, sagacité, spiritualité, originalité, résolution.

Madina : ville (arabe), bon (breton). Ce prénom rare est porté par près de 500 personnes en France. Variante : Madenn. Caractérologie : influence, équilibre, résolution, sens des responsabilités, famille.

Madison : fils de Maude (anglais). Ce prénom est porté par environ 4 000 personnes en France. Il est peu attribué aujourd'hui. Madison est très en vogue aux États-Unis. Variantes : Madisone, Madissone, Madyson. Caractérologie : communication, pratique, enthousiasme, détermination, volonté.

Madisson : fils de Maude (anglais). Ce prénom rare est porté par près de 900 personnes en France. Caractérologie : résolution, persévérance, structure, sécurité, volonté.

Maé : chef, prince (celte). Ce prénom est porté par environ 3 000 personnes en France. Il est relativement peu attribué aujourd'hui. Tendance : en croissance modérée. Maé figure dans le palmarès des prénoms mixtes. Voir l'encadré dédié à ce sujet. Variantes : Maée, Mahé, Mahée. Caractérologie : autorité, innovation, ambition, énergie, autonomie.

Maegan : perle (grec). Caractérologie : courage, dynamisme, curiosité, réalisation, indépendance.

Maeko : l'enfant honnête (japonais). Caractérologie : humanité, rectitude, rêve, ouverture d'esprit, caractère.

Maëla : chef, prince (celte). Ce prénom est porté par environ 2 000 personnes en France. Il est peu attribué aujourd'hui. Variantes : Maëlane, Maëlla, Maëlwenn. Caractérologie : dynamisme, curiosité, charisme, indépendance, courage.

Maëlie : chef, prince (celte). Ce prénom, porté par environ 3 000 Françaises, figure dans le top 200 national. Tendance : en forte croissance. Maélie peut également s'écrire avec ou sans accent. Variantes : Maël, Maële, Maëli, Maëlia, Maëlya, Maëlig, Maëlly. Caractérologie : altruisme, intégrité, réflexion, résolution, idéalisme.

Maëline : chef, prince (celte). Ce prénom est porté par environ 3 000 personnes en France. Il figure dans le top 200 national. Tendance : en forte croissance. Variantes : Maëlenn, Maëlyn, Maëlyne, Maëlynn, Maïline. Caractérologie : dynamisme, indépendance, détermination, curiosité, courage.

Maëlis : contraction de Maëlle et Maylis. Ce prénom est porté par environ 2 000 personnes en France. Il est peu attribué aujourd'hui. Variantes : Maëlice, Maëlise, Maëliss, Maëlisse, Maëllis, Maëlyss, Maëlysse, Maëllys, Maëlyse. Caractérologie : décision, structure, honnêteté, efficacité, persévérance.

Maëlle : chef, prince (celte). Ce prénom, porté par environ 26 000 Françaises, figure dans le top 100 national. Tendance : stable. Comme il est coutume de le faire en Bretagne, Maelle et ses formes dérivées peuvent s'orthographier sans tréma. Caractérologie : optimisme, créativité, pragmatisme, communication, sociabilité.

Maëly : contraction de Maëlle et Maylis. Ce prénom est porté par environ 3 000 personnes en France. Il figure dans le top 200 national. Tendance : en forte croissance. Caractérologie : amitié, relationnel, médiation, intuition, réalisation.

Maëlyne : chef, prince (celte). Ce prénom est porté par environ 2 000 personnes en France. Il figure dans le top 200 national. Tendance : en forte croissance. Caractérologie : optimisme, réalisation, communication, pragmatisme, bonté.

Maëlys : contraction de Maëlle et Maylis. Ce prénom est porté par environ 31 000 personnes en France. Il figure dans le top 50 national. Voir le zoom dédié à Maëlys. Variantes : Maëlyse, Maëlyss, Maëlysse, Maé-Lys, Maïlyss. Caractérologie : optimisme, réalisation, communication, pragmatisme, sympathie.

Maena : chef, prince (celte). Ce prénom est porté par environ 1 000 personnes en France. Il est peu attribué aujourd'hui. Caractérologie : connaissance, philosophie, originalité, sagacité, spiritualité.

Maeva : bienvenue (tahitien), belle (malgache). Ce prénom, porté par environ 51 000 Françaises, figure dans le top 100 national. Ce prénom antillais et polynésien a conquis l'Hexagone dans les années 1990. Son reflux s'accentue aujourd'hui. Variantes : Maheva, Maïva. Caractérologie : famille, exigence, éthique, équilibre, influence.

Maevane : bienvenue (tahitien), ou forme contractée de Maëlle et Évane. Ce prénom très rare est porté par près de 190 personnes en France. Tendance : en forte croissance. Caractérologie : philosophie, connaissance, sagacité, originalité, spiritualité.

Maève : bienvenue (tahitien), ou forme contractée de Maëlle et Évane. Ce prénom très rare est porté par près de 300 personnes en France. Maeve est également inspiré de Meadhbh, la reine de Connacht dans la mythologie irlandaise. Caractérologie : autorité, innovation, autonomie, ambition, énergie.

Maewenn : chef, prince (celte). Ce prénom rare est porté par près de 600 personnes en France. Caractérologie : générosité, pratique, communication, adaptation, enthousiasme.

Mafalda : puissance, combat (germanique). Ce prénom très rare est porté par près de 200 personnes en France. Caractérologie : relationnel, médiation, intuition, fidélité, adaptabilité.

Magali : perle (grec). Ce prénom est porté par environ 73 000 personnes en France. Il ne devrait pas être attribué à plus de 50 bébés en 2012. Caractérologie : sagacité, connaissance, originalité, spiritualité, réussite.

Magalie : perle (grec). Ce prénom est porté par environ 25 000 personnes en France. Il ne devrait pas être attribué à plus de 50 bébés en 2012. Caractérologie : communication, pratique, enthousiasme, réalisation, bonté.

Magaly : perle (grec). Ce prénom est porté par environ 3 000 personnes en France. Il ne devrait pas être attribué à plus de 50 bébés en 2012. Caractérologie : audace, énergie, découverte, réussite, originalité.

Magda : haute tour (grec). Ce prénom rare est porté par près de 800 personnes en France. Caractérologie : habileté, force, ambition, réalisation, passion.

MAËLYS, MAYLIS, MAËLLE

Fête : 24 mai

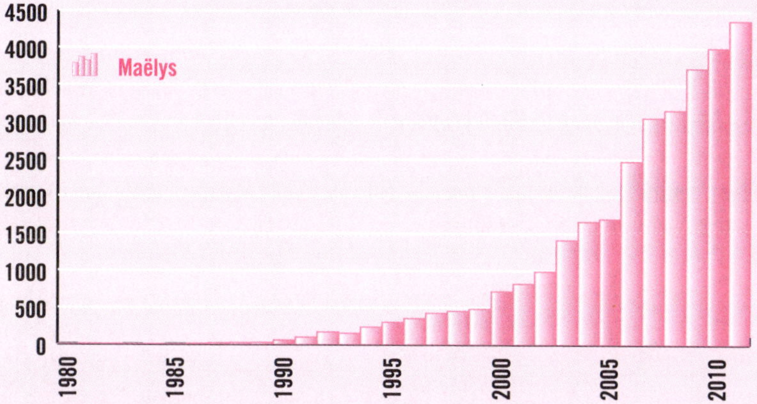

Étymologie : Maëlys apparaît en France dans les années 1980. Fusion de deux prénoms régionaux, Maëlys est bretonne grâce à Maëlle, et basque grâce à Maylis. La première vient du celte : chef, prince. La seconde signifie, littéralement, « Marie à la fleur de lys ». Cette jeune étoile a pris une telle ampleur qu'elle brille dans le top 10 français depuis 2008.

Comment expliquer cet essor fulgurant ? Révélée par la vague des sonorités celtiques et bretonnes, Maëlys surfe sur un courant particulièrement porteur. Elle le fait d'autant mieux que Maëlle lui en a tracé le chemin (malgré un ralentissement de croissance, cette dernière se maintient à la 54e place du classement).
Témoins de cette gloire, une pléïade de variantes se sont élancées dans son sillon. Citons Maëlie, Maëlis et Maëline qui suscitent le plus d'engouement, et Maé qui s'envole dans les deux genres.

Par contraste, c'est à Maylis que l'on peut décerner la palme d'ancienneté. Ses premiers baptêmes ont été fêtés en 1932, trois décennies avant la naissance de Maëlle. Mettons sur le compte de son grand âge la faiblesse d'une popularité qui la relègue loin derrière ses cousines (au 235e rang).

En dehors de l'Hexagone, Maëlys grandit en Wallonie et Maëlie vient de s'imposer au 22e rang québécois. À quand une percée en Suisse romande ?

.../

Maëlys, Maylis, Maëlle *(suite)*

Comme c'est d'usage en Bretagne, précisons que Maëlys, Maëlle et tous les prénoms de cette famille peuvent s'écrire avec ou sans tréma.

Sainte Marie est la patronne de Maylis.

Statistiques : Maëlys est le 32e prénom féminin le plus donné en France depuis le début du XXIe siècle. On peut estimer qu'il sera attribué à une fille sur 89 en 2012. **Maylis** devrait prénommer moins d'une fille sur 1 000.

Magdalena : haute tour (grec). Ce prénom est porté par environ 2 000 personnes en France. Il est très peu attribué aujourd'hui. Dans l'Hexagone, Magdalena est plus traditionnellement usité en Alsace. Variantes : Madalena, Madalen, Magdelaine, Magdeleine, Magdelena, Magdalene. Caractérologie : amitié, ténacité, méthode, réalisation, fiabilité.

Maggy : perle (grec). Ce prénom est porté par environ 2 000 personnes en France. Il ne devrait pas être attribué à plus de 50 bébés en 2012. Variantes : Maggie, Magguy. Caractérologie : vitalité, stratégie, ardeur, achèvement, réalisation.

Magnolia : arbre florissant (latin). Ce prénom très rare est porté par près de 200 personnes en France. Caractérologie : humanité, rectitude, rêve, analyse, réalisation.

Maguelone : perle (grec). Ce prénom rare est porté par près de 500 personnes en France. Dans l'Hexagone, Maguelone est plus traditionnellement usité en Occitanie. Variante : Maguelonne. Caractérologie : communication, volonté, optimisme, pragmatisme, réalisation.

Maguy : perle (grec). Ce prénom est porté par environ 3 000 personnes en France. Il ne devrait pas être attribué à plus de 50 bébés en 2012. Variantes : Madge, Magui. Caractérologie : persévérance, efficacité, structure, sécurité, réussite.

Maha : celle qui élève (hébreu), vache sauvage (arabe). Ce prénom très rare est porté par près de 500 personnes en France. Caractérologie : dynamisme, charisme, indépendance, curiosité, courage.

Mahalia : gras, moelle, cerveau (araméen). Ce prénom très rare est porté par près de 110 personnes en France. Variante : Mahala. Caractérologie : idéalisme, altruisme, réflexion, intégrité, dévouement.

Mahaut : puissance, combat (germanique). Ce prénom est porté par environ 1 000 personnes en France. Il est peu attribué aujourd'hui. Tendance : en croissance modérée. Variante : Mahault. Caractérologie : dynamisme, direction, organisation, indépendance, audace.

Mahé : don de Dieu (hébreu). Ce prénom rare est porté par près de 1 000 personnes en France. Comme il est coutume de le faire en Bretagne, Mahe peut s'écrire sans accent. Variante : Mahée. Caractérologie : humanité, rectitude, rêve, générosité, tolérance.

Mahina : la lune (hawaïen). Ce prénom très rare est porté par près de 300 personnes en France. Tendance : en forte croissance. Variante : Mahine. Caractérologie : résolution, énergie, autorité, innovation, ambition.

Mai : diminutif breton de Marie. Ce prénom rare est porté par près de 700 personnes en France. Tendance : en croissance modérée. Caractérologie : séduction, énergie, audace, originalité, découverte.

Maï : élégante (japonais), prunier (vietnamien), variante de Mai. Ce prénom rare est porté par près de 700 personnes en France. Tendance : en croissance modérée. Caractérologie : séduction, énergie, audace, originalité, découverte.

Maïa : mère, nourrice (grec). Ce prénom, porté par environ 5 000 Françaises, figure dans le top 200 national. Voir le zoom qui lui est dédié. Caractérologie : conscience, paix, sagesse, conseil, bienveillance.

Maïalen : contraction basque de Madeleine. Ce prénom très rare est porté par près de 400 personnes en France. Sans tréma, Maialen est attribué depuis longtemps au Pays basque. Variantes : Mayalen, Mayalène. Caractérologie : indépendance, direction, dynamisme, détermination, audace.

Maïana : contraction basque de Mariana. Ce prénom très rare est porté par près de 400 personnes en France. Maiana sans tréma est usité depuis longtemps au Pays basque. Caractérologie : pragmatisme, communication, optimisme, créativité, décision.

Maider : contraction de Maria et Eder (basque). Ce prénom rare est porté par près de 700 personnes en France. Caractérologie : énergie, découverte, audace, originalité, résolution.

Maïka : les Basques considèrent ce prénom comme une contraction de Maria et Karmele, mais les Espagnols voient en Maika la fusion de Marie et Carmen. Peu importe, puisque Maïka fait surtout parler d'elle au Québec (elle est entrée dans le top 20 québécois en 2006). Notons que l'usage du tréma se généralise en dehors du Pays basque. Ce prénom rare est porté par près de 600 personnes en France. Variante : Maica. Caractérologie : ardeur, stratégie, leadership, vitalité, achèvement.

Maïlane : contraction de Maylis et Anne. Ce prénom est porté par moins de 100 personnes en France. Caractérologie : autorité, énergie, détermination, innovation, ambition.

Mai-Li : prunier en fleurs (vietnamien). Ce prénom est porté par moins de 100 personnes en France. Tendance : en forte croissance. Caractérologie : habileté, ambition, management, passion, force.

Maïlis : dérivé de Maylis qui signifie : « Marie à la fleur de lys ». Ce prénom rare est porté par près de 600 personnes en France. Caractérologie : rêve, humanité, ouverture d'esprit, rectitude, générosité.

Maïly : contraction de Maïlys et Maëly. Ce prénom est porté par environ 2 000 personnes en France. Il est relativement peu attribué aujourd'hui. Tendance : en forte croissance. Variantes : Maïli, Maïlie, Maylie, Mayli. Caractérologie : équilibre, famille, influence, sens des responsabilités, réalisation.

MAÏA, MAYA

Fête : peut se fêter le 15 août

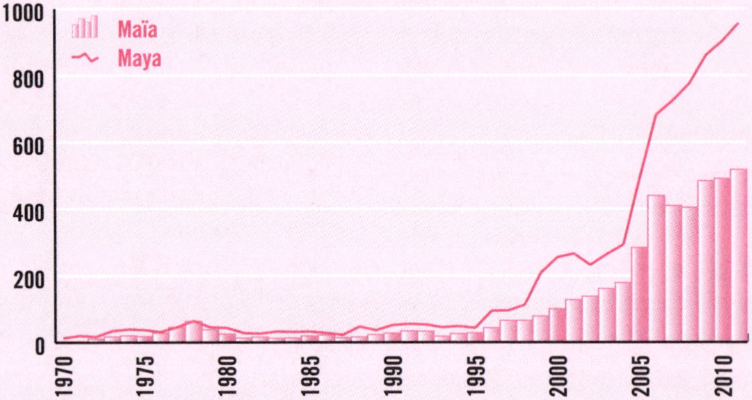

Étymologie : Maya vient de l'hébreu *mayan*, « eau, source ». La ressemblance phonétique avec Maïa pourrait faire croire que ces prénoms sont apparentés, mais Maïa, l'aînée des Pléiades dans la mythologie, vient probablement d'un nom grec signifiant « mère, nourrice ». Sans tréma, ce prénom usité au pays Basque est une forme de Maria.

Maya existait avant *Maya l'abeille*, la série télévisée d'animation diffusée en 1978 sur les écrans français. Le succès du dessin animé aurait pu faire des miracles, mais l'émergence de Maya n'est pas plus rapide en France qu'aux États-Unis. C'est à la fin des années 1990 que sa carrière s'emballe soudainement, happant Maïa dans son sillage. Poussés par une belle croissance, ces homonymes s'élèvent désormais dans les tops 50 national et parisien.

En dehors de l'Hexagone, Maya s'envole dans les palmarès de nombreux pays anglophones et francophones, Québec en tête. Il est aussi en faveur dans les communautés musulmanes européennes.

Dans la mythologie grecque, **Maia**, la fille d'Atlas et Pléioné, met au monde Hermès après une brève aventure avec Zeus. Lorsqu'Hermès lui confie Arcas, le fils de Zeus et de Callisto, elle le prend sous son aile et l'élève en cachette d'Héra.
Dans la mythologie romaine, la Maia grecque se confondit avec une divinité homonyme incarnant la fertilité et le printemps. Son culte se célébrait en mai, le mois qui porte son nom.

.../

Maïa, Maya *(suite)*

Maia est l'un des noms de Mari dans la mythologie basque. Cette déesse concevait, de ses rencontres avec son mari Sugaar, des orages bénéfiques ou dévastateurs.

Statistiques : Maya est le 120e prénom féminin le plus donné en France depuis le début du XXIe siècle. On peut estimer qu'il sera attribué à une fille sur 409 en 2012. De son côté, **Maïa** devrait prénommer une fille sur 756.

Maïlys : voir Maylis. Ce prénom est porté par environ 9 000 personnes en France. Il figure dans le top 200 national. Tendance : stable. Variante : Mai-Lys. Caractérologie : connaissance, sagacité, originalité, spiritualité, réalisation.

Maïmouna : heureuse, sous la protection divine (arabe). Ce prénom est porté par environ 2 000 personnes en France. Il est peu attribué aujourd'hui. Variantes : Maïma. Caractérologie : raisonnement, famille, volonté, sens des responsabilités, équilibre.

Maïna : celle qui élève (hébreu). Ce prénom est porté par environ 2 000 personnes en France. Il est peu attribué aujourd'hui. Tendance : en croissance modérée. Maina sans tréma est usité depuis longtemps en Bretagne. Caractérologie : sociabilité, réceptivité, diplomatie, loyauté, résolution.

Maiora : plus grand (latin). Caractérologie : sociabilité, pragmatisme, communication, créativité, optimisme.

Maïré : celle qui élève (hébreu), ou fougère (tahitien). Ce prénom est porté par moins de 100 personnes en France. Caractérologie : autorité, énergie, ambition, détermination, innovation.

Maisie : perle (grec). Caractérologie : intuition, médiation, détermination, relationnel, fidélité.

Maïssa : celle dont la démarche est gracieuse (arabe). Ce prénom est porté par environ 6 000 personnes en France. Il figure dans le top 100 national. Tendance : en forte croissance. Variantes : Maïssam, Maysoon, Maïssoun, Méissoun. Caractérologie : achèvement, ardeur, vitalité, leadership, stratégie.

Maïssane : grâce, scintillement d'une étoile (arabe). Ce prénom est porté par environ 2 000 personnes en France. Il est relativement peu attribué aujourd'hui. Tendance : en forte croissance. Variante : Méissane. Caractérologie : intégrité, détermination, altruisme, idéalisme, réflexion.

Maïté : contraction de Marie-Thérèse, aimée (basque). Ce prénom est porté par environ 7 000 personnes en France. Il ne devrait pas être attribué à plus de 50 bébés en 2012. Variantes : Maïta, Mayté. Caractérologie : détermination, enthousiasme, adaptation, pratique, communication.

Maïtena : celle qui élève (hébreu), aimée (basque). Ce prénom rare est porté par près de 800 personnes en France. Caractérologie : réflexion, idéalisme, altruisme, intégrité, détermination.

Maïwenn : contraction de Mari et Gwenn (breton). Ce prénom est porté par environ 5 000 personnes en France. Il est relativement peu attribué aujourd'hui. Particulièrement diffusé en Bretagne, Maiwenn s'orthographie souvent sans tréma. Variante : Maïwen. Caractérologie : originalité, spiritualité, sagacité, connaissance, décision.

Majda : noble, glorieuse (arabe). Ce prénom est porté par environ 1 000 personnes en France. Tendance : stable. Variante : Maja. Caractérologie : médiation, intuition, relationnel, fidélité, adaptabilité.

Malak : ange (arabe). Ce prénom est porté par environ 1 000 personnes en France. Il est relativement peu attribué aujourd'hui. Tendance : en forte croissance. Caractérologie : loyauté, sociabilité, réceptivité, diplomatie, organisation.

Malaurie : prince sage (celte). Ce prénom est porté par environ 1 000 personnes en France. Tendance : stable. Caractérologie : stratégie, vitalité, achèvement, ardeur, décision.

Malaury : prince sage (celte). Ce prénom est porté par environ 2 000 personnes en France. Il ne devrait pas être attribué à plus de 50 bébés en 2012. Caractérologie : audace, dynamisme, direction, indépendance, réussite.

Malena : haute tour (grec). Ce prénom rare est porté par près de 600 personnes en France. Caractérologie : innovation, énergie, autorité, ambition, autonomie.

Malia : reine (hébreu), calme, pacifique (hawaïen). Ce prénom est porté par environ 1 000 personnes en France. Il figure dans le top 200 national. Tendance : en forte croissance. Variantes : Malha, Maliah. Caractérologie : humanité, rêve, rectitude, tolérance, générosité.

Malicia : astucieuse (latin). Ce prénom rare est porté par près de 800 personnes en France. Caractérologie : communication, pragmatisme, optimisme, créativité, sociabilité.

Malika : douée, reine (arabe). Ce prénom est porté par environ 22 000 personnes en France. Il est très peu attribué aujourd'hui. Variante : Melek. Caractérologie : sociabilité, réceptivité, organisation, diplomatie, loyauté.

Mallaury : prince sage (celte). Ce prénom est porté par environ 3 000 personnes en France. Il ne devrait pas être attribué à plus de 50 bébés en 2012. Variantes : Mallaurie, Mally. Caractérologie : sécurité, structure, persévérance, réalisation, efficacité.

Mallorie : prince sage (celte). Ce prénom rare est porté par près de 700 personnes en France. Caractérologie : méthode, fiabilité, ténacité, caractère, logique.

Mallory : prince sage (celte). Ce prénom est porté par environ 2 000 personnes en France. Il ne devrait pas être attribué à plus de 50 bébés en 2012. Caractérologie : paix, réussite, conscience, bienveillance, logique.

Malorie : prince sage (celte). Ce prénom est porté par environ 2 000 personnes en France. Il est très peu attribué aujourd'hui. Caractérologie : audace, dynamisme, caractère, direction, logique.

Malory : prince sage (celte). Ce prénom est porté par environ 2 000 personnes en France. Il ne devrait pas être attribué à plus de 50 bébés en 2012. Caractérologie : pratique, communication, réalisation, enthousiasme, analyse.

Malou : prince sage (celte). Ce prénom rare est porté par près de 1 000 personnes en France. Caractérologie : habileté, management, force, passion, ambition.

Malvina : fleur mauve (latin). Ce prénom est porté par environ 3 000 personnes en France. Il ne devrait pas être attribué à plus de 50 bébés en 2012. Caractérologie : idéalisme, intégrité, altruisme, réflexion, décision.

Mama : petite chamelle qui vient d'être sevrée (arabe). Ce prénom rare est porté par près de 800 personnes en France. Variantes : Mame, Mamou. Caractérologie : autorité, innovation, énergie, autonomie, ambition.

Mana : une partie (hébreu), sensible (hawaïen). Ce prénom très rare est porté par près de 130 personnes en France. Caractérologie : sociabilité, diplomatie, réceptivité, bonté, loyauté.

Manaé : une partie (hébreu), sensible (hawaïen). Ce prénom est porté par moins de 100 personnes en France. Caractérologie : connaissances, originalité, philosophie, sagacité, spiritualité.

Manal : celle qui achève ses objectifs (arabe). Ce prénom est porté par environ 1 000 personnes en France. Il est peu attribué aujourd'hui. Caractérologie : découverte, audace, énergie, originalité, séduction.

Mandarine : fruit comestible du mandarinier. Ce prénom est porté par moins de 100 personnes en France. Caractérologie : spiritualité, sagacité, connaissances, décision, originalité.

Mandy : qui est aimée (latin). Ce prénom est porté par environ 5 000 personnes en France. Il ne devrait pas être attribué à plus de 50 bébés en 2012. Variantes : Mandie, Mandine. Caractérologie : communication, adaptation, réalisation, enthousiasme, pratique.

Manel : Dieu est avec nous (hébreu). Ce prénom est porté par environ 6 000 personnes en France. Il figure dans le top 100 national. Tendance : en forte croissance. Caractérologie : rectitude, rêve, humanité, générosité, tolérance.

Manelle : Dieu est avec nous (hébreu), celle qui achève ses objectifs (arabe). Ce prénom est porté par environ 2 000 personnes en France. Il est relativement peu attribué aujourd'hui. Tendance : en croissance modérée. Variantes : Manele, Manola. Caractérologie : vitalité, achèvement, stratégie, ardeur, réalisation.

Manoé : contraction d'Emmanuel et Noé. Ce prénom très rare est porté par près de 110 personnes en France. Caractérologie : pragmatisme, volonté, optimisme, créativité, communication.

Manolie : arbre florissant (latin). Ce prénom très rare est porté par près de 110 personnes en France. Variante : Manoli. Caractérologie : équilibre, raisonnement, influence, exigence, volonté.

Manoline : Dieu est avec nous (hébreu). Ce prénom est porté par moins de 100 personnes en France. Caractérologie : réceptivité, caractère, diplomatie, logique, sociabilité.

Manolya : arbre florissant (latin). Ce prénom est porté par moins de 100 personnes en France. Variante : Manolia. Caractérologie : intégrité, caractère, idéalisme, altruisme, réussite.

Manon : celle qui élève (hébreu). Ce prénom est porté par environ 142 000 personnes en France. Il figure dans le top 50 national. Voir le zoom dédié à Manon. Variante : Mannon. Caractérologie : pragmatisme, optimisme, communication, créativité, volonté.

Manuela : Dieu est avec nous (hébreu). Ce prénom est porté par environ 9 000 personnes en France. Il est très peu attribué aujourd'hui. Manuela est répandu en Espagne. Caractérologie : fiabilité, méthode, ténacité, engagement, sens du devoir.

Manuella : Dieu est avec nous (hébreu). Ce prénom est porté par environ 8 000 personnes en France. Il ne devrait pas être attribué à plus de 50 bébés en 2012. Caractérologie : savoir, intelligence, indépendance, sagesse, méditation.

Manuelle : Dieu est avec nous (hébreu). Ce prénom est porté par environ 1 000 personnes en France. Tendance : stable. Caractérologie : sociabilité, réceptivité, loyauté, diplomatie, bonté.

Mara : celle qui élève (hébreu). Ce prénom très rare est porté par près de 500 personnes en France. Tendance : en forte croissance. Caractérologie : paix, conscience, bienveillance, conseil, sagesse.

Marceline : se rapporte à Mars, dieu romain de la Guerre (latin). Ce prénom est porté par environ 4 000 personnes en France. Il ne devrait pas être attribué à plus de 50 bébés en 2012. Variante : Marcela. Caractérologie : vitalité, achèvement, ardeur, résolution, stratégie.

Marcelle : se rapporte à Mars, dieu romain de la Guerre (latin). Ce prénom est porté par environ 107 000 personnes en France. Il ne devrait pas être attribué à plus de 50 bébés en 2012. Variante : Marcèle. Caractérologie : conscience, bienveillance, décision, paix, conseil.

Marcelline : se rapporte à Mars, dieu romain de la Guerre (latin). Ce prénom est porté par environ 4 000 personnes en France. Il ne devrait pas être attribué à plus de 50 bébés en 2012. Variante : Marcellina. Caractérologie : intuition, médiation, relationnel, fidélité, détermination.

Marcia : se rapporte à Mars, dieu romain de la Guerre (latin). Ce prénom très rare est porté par près de 400 personnes en France. Variantes : Marcianne, Marcie, Marcy, Marcienne, Marsia, Martiale, Martianne, Martienne. Caractérologie : ouverture d'esprit, rectitude, rêve, humanité, générosité.

Mareva : contraction de Marie et Eva. Ce prénom est porté par environ 2 000 personnes en France. Il ne devrait pas être attribué à plus de 50 bébés en 2012. Caractérologie : bienveillance, paix, conscience, conseil, résolution.

Margaret : perle (grec). Ce prénom est porté par environ 3 000 personnes en France. Il ne devrait pas être attribué à plus de 50 bébés en 2012. Dans l'Hexagone, Margaret est plus traditionnellement usité en Alsace. Caractérologie : sociabilité, réceptivité, réalisation, détermination, diplomatie.

Margareth : perle (grec). Ce prénom rare est porté par près de 900 personnes en France. Dans l'Hexagone, Margareth est plus traditionnellement usité en Alsace. Caractérologie : direction, audace, réussite, attention, dynamisme.

MANON

Fête : 15 août

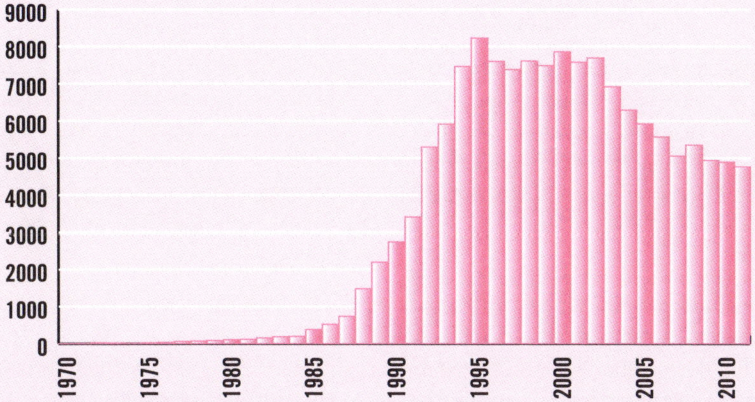

Étymologie : l'étymologie de Manon est controversée, mais on peut lui prêter l'origine hébraïque de Myriam, « celle qui élève ». Longtemps inusité en France, ce dérivé de Marie renaît dans les années 1980. L'impact de *L'Eau des collines*, roman de Marcel Pagnol, est alors imperceptible. Mais dix ans plus tard, la version cinématographique de Claude Berri (*Manon des sources*) rencontre un tel succès que Manon monte au sommet du palmarès en 1995. Malgré son reflux, ce prénom reste solidement ancré dans le top 10 français.

En dehors de l'Hexagone, Manon s'est imposée dans les 5 premiers rangs du palmarès wallon ; elle figure également parmi les 10 choix préférés des Suisses romands. Indissociable du pays de Molière, Manon ne s'exporte pas en dehors des pays francophones. Plus d'un parent s'en réjouira.

Dans le roman *Manon Lescaut*, de l'abbé Prévost, **Manon** est une héroïne à deux visages. Belle et charmante, elle est tantôt douce et aimante, tantôt libertine et perverse. Inspirés par ce personnage, Massenet et Puccini lui ont dédié un opéra.

Statistiques : Manon est le 3e prénom féminin le plus donné en France depuis le début du XXIe siècle. On peut estimer qu'il sera attribué à une fille sur 82 en 2012.

Margaux : perle (grec). Ce prénom est porté par environ 46 000 personnes en France. Il figure dans le top 100 national. Tendance : stable. Variantes : Margau, Margaud, Margault. Caractérologie : persévérance, structure, sécurité, logique, réussite.

Margo : perle (grec). Ce prénom est porté par environ 1 000 personnes en France. Il est peu attribué aujourd'hui. Tendance : en croissance modérée. Caractérologie : humanité, rectitude, rêve, ouverture d'esprit, réussite.

Margot : perle (grec). Voir Marguerite. Ce prénom est porté par environ 34 000 personnes en France. Il figure dans le top 100 national. Tendance : stable. Caractérologie : loyauté, diplomatie, sociabilité, réceptivité, réalisation.

Marguerite : perle (grec). Ce prénom est porté par environ 103 000 personnes en France. Il est très peu attribué aujourd'hui. De nombreuses têtes couronnées portèrent ce prénom à partir du XIIIe siècle. Marguerite de Bourgogne et Marguerite de Valois se rendirent célèbres pour avoir épousé – et trompé – deux rois de France. La première, passant pour avoir été mystérieusement étranglée, fut emprisonnée avant même que son époux Louis X n'accède au trône. La seconde, plus connue sous le nom de reine Margot, dut accepter le divorce à la veille du couronnement d'Henri IV. Une sainte Marguerite, patronne des mères de famille, fut martyrisée à Antioche en l'an 300. Variantes : Margalite, Margarette, Margarida, Margarita, Margerie, Margery, Marget, Margie, Marguerie, Margrit. Variantes bretonnes : Gaïd, Gaïdig. Caractérologie : amitié, réalisation, altruisme, idéalisme, intégrité.

Marguerite-Marie : forme composée de Marguerite et Marie. Ce prénom rare est porté par près de 600 personnes en France. Caractérologie : audace, cœur, réussite, dynamisme, direction.

Mari : celle qui élève (hébreu), ballon (japonais). Ce prénom très rare est porté par près de 200 personnes en France. Mari est répandu au Japon et en Hongrie. En France, ce prénom est plus traditionnellement usité au Pays basque. Caractérologie : charisme, curiosité, dynamisme, courage, indépendance.

Maria : celle qui élève (hébreu). Ce prénom est porté par environ 73 000 personnes en France. Il est relativement peu attribué aujourd'hui. Maria est très répandu en Allemagne, en Italie, dans les pays slaves, scandinaves et hispanophones. En France, Maria est plus souvent usité en Corse et au Pays basque. Variantes : Mariya, Marya, Marye, Mayra. Caractérologie : paix, conscience, bienveillance, conseil, sagesse.

Mariam : celle qui élève (hébreu). Ce prénom est porté par environ 6 000 personnes en France. Il est relativement peu attribué aujourd'hui. Caractérologie : audace, direction, dynamisme, indépendance, assurance.

Mariama : celle qui élève (hébreu). Ce prénom est porté par environ 2 000 personnes en France. Il est très peu attribué aujourd'hui. Caractérologie : réceptivité, diplomatie, bonté, sociabilité, loyauté.

Mariame : celle qui élève (hébreu). Ce prénom est porté par environ 2 000 personnes en France. Il est très peu attribué aujourd'hui. Variante : Marieme. Caractérologie : paix, conscience, détermination, bienveillance, conseil.

Mariane : contraction de Marie et Anne. Ce prénom est porté par environ 2 000 personnes en France. Il ne devrait pas être attribué à plus de 50 bébés en 2012. Caractérologie : méditation, savoir, indépendance, résolution, intelligence.

Marianna : contraction de Marie et Anna. Ce prénom rare est porté par près de 1 000 personnes en France. Dans l'Hexagone, Marianna est plus traditionnellement usité en Bretagne et au Pays basque. Variantes : Mariana, Maryanna, Maryane, Maryanne. Caractérologie : habileté, force, résolution, ambition, passion.

Marianne : contraction de Marie et Anne. Ce prénom est porté par environ 35 000 personnes en France. Il est peu attribué aujourd'hui. Caractérologie : pratique, communication, résolution, adaptation, enthousiasme.

Marie : celle qui élève (hébreu). Ce prénom est porté par environ 1 328 000 personnes en France. Il figure dans le top 50 national. Voir le zoom dédié à Marie. Caractérologie : résolution, audace, dynamisme, direction, indépendance.

Marie-Alice : forme composée de Marie et Alice. Ce prénom est porté par environ 1 000 personnes en France. Tendance : en croissance modérée. Caractérologie : méthode, ténacité, engagement, fiabilité, détermination.

Marie-Alix : forme composée de Marie et Alix. Ce prénom rare est porté par près de 900 personnes en France. Caractérologie : relationnel, raisonnement, médiation, intuition, volonté.

Marie-Amélie : forme composée de Marie et Amélie. Ce prénom est porté par environ 2 000 personnes en France. Il ne devrait pas être attribué à plus de 50 bébés en 2012. Caractérologie : direction, indépendance, dynamisme, audace, détermination.

Marie-Ange : forme composée de Marie et Ange. Ce prénom est porté par environ 15 000 personnes en France. Il ne devrait pas être attribué à plus de 50 bébés en 2012. Caractérologie : réalisation, audace, dynamisme, détermination, direction.

Marie-Anne : forme composée de Marie et Anne. Ce prénom est porté par environ 10 000 personnes en France. Il ne devrait pas être attribué à plus de 50 bébés en 2012. Caractérologie : ardeur, vitalité, achèvement, stratégie, détermination.

Marie-Camille : forme composée de Marie et Camille. Ce prénom rare est porté par près de 700 personnes en France. Caractérologie : sociabilité, détermination, diplomatie, réceptivité, loyauté.

Marie-Caroline : forme composée de Marie et Caroline. Ce prénom est porté par environ 2 000 personnes en France. Il ne devrait pas être attribué à plus de 50 bébés en 2012. Caractérologie : paix, volonté, raisonnement, bienveillance, conscience.

Marie-Charlotte : forme composée de Marie et Charlotte. Ce prénom est porté par environ 4 000 personnes en France. Il ne devrait pas être attribué à plus de 50 bébés en 2012. Caractérologie : méthode, analyse, fiabilité, ténacité, finesse.

MARIE

Fête : 15 août

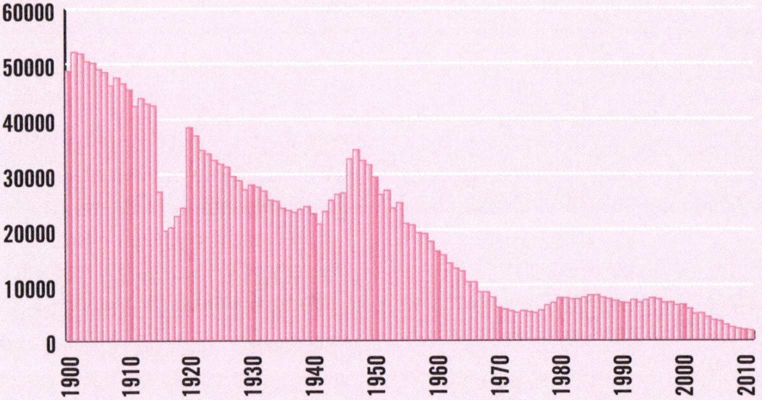

Étymologie : l'étymologie de Marie est controversée, mais on peut lui prêter l'origine hébraïque de Myriam, « celle qui élève ». Porté par de nombreuses bergères, reines et saintes, ce prénom s'est largement diffusé dans l'ensemble des pays chrétiens.

Reine incontestée des attributions du XVe et au XXe siècle, Marie est, aujourd'hui encore, le prénom plus porté en France. Cependant, une révolution historique est en cours : après avoir perdu 30 places de classement en deux ans, ce choix s'effondre dans le top 50 français. On pouvait s'y attendre, car son déclin, amorcé dans les années 1950, s'est accéléré ces dernières années. N'allons pas pour autant imaginer sa fin : dans l'Hexagone comme ailleurs, Marie est une valeur intemporelle qui ne disparaîtra pas de sitôt.

Comme pour le prouver, elle vient de rebondir dans le top 10 wallon et figure dans le tableau d'honneur de bien des pays. Troisième choix des parents espagnols, Maria est largement diffusé en Italie et dans les pays slaves. C'est aussi l'un des 10 prénoms préférés des parents allemands, estoniens et roumains. Ailleurs, on le trouve orthographié sous la forme de Mari, notamment en Hongrie et au Japon, où Mari signifie « ballon ».

Cet ancien prénom mixte est désormais attribué aux filles dans 98 % des naissances. Néanmoins, sa présence n'a pas disparu des assemblages masculins, à l'image de Pierre-Marie

.../

Marie *(suite)*

et Louis-Marie, les plus attribués d'entre eux. Au féminin, Anne-Marie est la composition la plus portée, mais la plus donnée est Marie-Lou.

Vierge et mère de Jésus dans la Bible, **sainte Marie** est prévenue par l'archange Gabriel qu'elle a été choisie pour enfanter le Christ. Le 15 août célèbre l'Assomption de la Vierge Marie.

Personnalité célèbre : Marie Curie, physicienne française (1867-1934). Elle a reçu le prix Nobel de physique pour ses découvertes sur le radium en 1903, et obtenu le prix Nobel de chimie en 1911.

Statistiques : Marie est le 11e prénom féminin le plus donné en France depuis le début du XXIe siècle. On peut estimer qu'il sera attribué à une fille sur 230 en 2012.

Marie-Christine : forme composée de Marie et Christine. Ce prénom est porté par environ 70 000 personnes en France. Il ne devrait pas être attribué à plus de 50 bébés en 2012. Caractérologie : connaissance, spiritualité, finesse, résolution, sagacité.

Marie-Claire : forme composée de Marie et Claire. Ce prénom est porté par environ 33 000 personnes en France. Il ne devrait pas être attribué à plus de 50 bébés en 2012. Caractérologie : ténacité, méthode, fiabilité, engagement, résolution.

Marie-Émilie : forme composée de Marie et Émilie. Ce prénom rare est porté par près de 700 personnes en France. Caractérologie : intégrité, altruisme, idéalisme, réflexion, décision.

Marie-Emmanuelle : forme composée de Marie et Emmanuelle. Ce prénom est porté par environ 1 000 personnes en France. Tendance : stable. Caractérologie : communication, enthousiasme, résolution, pratique, adaptation.

Marie-Éva : forme composée de Marie et Éva. Ce prénom très rare est porté par près de 160 personnes en France. Caractérologie : médiation, intuition, relationnel, fidélité, décision.

Marie-Ève : forme composée de Marie et Ève. Caractérologie : énergie, autorité, ambition, détermination, innovation.

Marie-France : forme composée de Marie et France. Ce prénom est porté par environ 49 000 personnes en France. Il ne devrait pas être attribué à plus de 50 bébés en 2012. Caractérologie : analyse, communication, volonté, pragmatisme, optimisme.

Marie-Françoise : forme composée de Marie et Françoise. Ce prénom est porté par environ 25 000 personnes en France. Il ne devrait pas être attribué à plus de 50 bébés en 2012. Caractérologie : dynamisme, analyse, audace, direction, volonté.

Marie-Gabrielle : forme composée de Marie et Gabrielle. Ce prénom est porté par environ 1 000 personnes en France. Tendance : stable. Caractérologie : altruisme, idéalisme, amitié, intégrité, réalisation.

Marie-Hélène : forme composée de Marie et Hélène. Ce prénom est porté par environ 35 000 personnes en France. Il ne devrait pas être attribué à plus de 50 bébés en 2012. Caractérologie : curiosité, dynamisme, courage, indépendance, décision.

Marie-Jeanne : forme composée de Marie et Jeanne. Ce prénom est porté par environ 14 000 personnes en France. Il ne devrait pas être attribué à plus de 50 bébés en 2012. Caractérologie : énergie, résolution, découverte, originalité, audace.

Marie-José : forme composée de Marie et José. Ce prénom est porté par environ 32 000 personnes en France. Il ne devrait pas être attribué à plus de 50 bébés en 2012. Caractérologie : curiosité, courage, volonté, dynamisme, résolution.

Marie-Julie : forme composée de Marie et Julie. Ce prénom rare est porté par près de 800 personnes en France. Caractérologie : méthode, ténacité, engagement, fiabilité, résolution.

Marie-Laure : forme composée de Marie et Laure. Ce prénom est porté par environ 33 000 personnes en France. Il ne devrait pas être attribué à plus de 50 bébés en 2012. Caractérologie : ténacité, méthode, fiabilité, engagement, résolution.

Marie-Léa : forme composée de Marie et Léa. Ce prénom très rare est porté par près de 200 personnes en France. Caractérologie : direction, dynamisme, indépendance, décision, audace.

Marie-Line : forme composée de Marie et Line. Ce prénom est porté par environ 15 000 personnes en France. Il ne devrait pas être attribué à plus de 50 bébés en 2012. Caractérologie : découverte, énergie, résolution, audace, originalité.

Marie-Lise : forme composée de Marie et Lise. Ce prénom est porté par environ 3 000 personnes en France. Il ne devrait pas être attribué à plus de 50 bébés en 2012. Caractérologie : direction, indépendance, audace, dynamisme, résolution.

Marielle : celle qui élève (hébreu). Ce prénom est porté par environ 16 000 personnes en France. Il ne devrait pas être attribué à plus de 50 bébés en 2012. Variantes : Mariel, Mariele, Maryelle. Caractérologie : pragmatisme, communication, résolution, optimisme, créativité.

Marie-Lou : forme composée de Marie et Lou. Ce prénom est porté par environ 2 000 personnes en France. Il est peu attribué aujourd'hui. Caractérologie : persévérance, sécurité, structure, volonté, analyse.

Marie-Louise : forme composée de Marie et Louise. Ce prénom est porté par environ 24 000 personnes en France. Il ne devrait pas être attribué à plus de 50 bébés en 2012. Caractérologie : direction, audace, caractère, logique, dynamisme.

Marie-Lys : forme composée de Marie et Lys. Ce prénom très rare est porté par près de 400 personnes en France. Caractérologie : pragmatisme, sympathie, communication, optimisme, réalisation.

Mariem : celle qui élève (hébreu). Ce prénom rare est porté par près de 800 personnes en France. Tendance : en croissance modérée. Caractérologie : audace, découverte, énergie, originalité, décision.

Marie-Madeleine : forme composée de Marie et Madeleine. Ce prénom est porté par environ 9 000 personnes en France. Il ne devrait pas être attribué à plus de 50 bébés en 2012. Caractérologie : sens des responsabilités, famille, détermination, influence, équilibre.

Marie-Océane : forme composée de Marie et Océane. Ce prénom très rare est porté par près de 300 personnes en France. Caractérologie : force, habileté, ambition, analyse, volonté.

Marie-Paule : forme composée de Marie et Paule. Ce prénom est porté par environ 17 000 personnes en France. Il ne devrait pas être attribué à plus de 50 bébés en 2012. Caractérologie : diplomatie, sociabilité, réceptivité, amitié, réalisation.

Marie-Pierre : forme composée de Marie et Pierre. Ce prénom est porté par environ 30 000 personnes en France. Il ne devrait pas être attribué à plus de 50 bébés en 2012. Caractérologie : rêve, humanité, détermination, rectitude, réalisation.

Marie-Rose : forme composée de Marie et Rose. Ce prénom est porté par environ 9 000 personnes en France. Il ne devrait pas être attribué à plus de 50 bébés en 2012. Caractérologie : fiabilité, méthode, ténacité, caractère, décision.

Marie-Sophie : forme composée de Marie et Sophie. Ce prénom est porté par environ 2 000 personnes en France. Il ne devrait pas être attribué à plus de 50 bébés en 2012. Caractérologie : innovation, énergie, autorité, caractère, réussite.

Marie-Thérèse : forme composée de Marie et Thérèse. Ce prénom est porté par environ 70 000 personnes en France. Il ne devrait pas être attribué à plus de 50 bébés en 2012. Caractérologie : altruisme, idéalisme, intégrité, décision, attention.

Mariette : celle qui élève (hébreu). Ce prénom est porté par environ 7 000 personnes en France. Il ne devrait pas être attribué à plus de 50 bébés en 2012. Variantes : Marieta, Marietta, Marietou, Mietta, Miette. Caractérologie : dynamisme, direction, indépendance, audace, décision.

Mariève : contraction de Marie et Ève. Ce prénom est porté par moins de 100 personnes en France. Variantes : Marieva, Maryève. Caractérologie : innovation, autorité, ambition, décision, énergie.

Marika : celle qui élève (hébreu). Ce prénom est porté par environ 2 000 personnes en France. Il ne devrait pas être attribué à plus de 50 bébés en 2012. Dans l'Hexagone, Marika est plus traditionnellement usité au Pays basque. Caractérologie : ardeur, stratégie, leadership, vitalité, achèvement.

Marilène : forme contractée de Marie-Hélène. Ce prénom est porté par environ 1 000 personnes en France. Tendance : stable. Caractérologie : décision, curiosité, courage, indépendance, dynamisme.

Marilou : contraction de Marie et Louise. Ce prénom est porté par environ 4 000 personnes en France. Il est relativement peu attribué aujourd'hui. Caractérologie : ambition, habileté, raisonnement, passion, force.

Marilyn : celle qui élève (hébreu). Ce prénom est porté par environ 5 000 personnes en France. Il ne devrait pas être attribué à plus de 50 bébés en 2012. Variante : Marilie. Caractérologie : réceptivité, diplomatie, réussite, sociabilité, cœur.

Marilyne : celle qui élève (hébreu). Ce prénom est porté par environ 11 000 personnes en France. Il ne devrait pas être attribué à plus de 50 bébés en 2012. Caractérologie : sympathie, sagacité, connaissance, spiritualité, réalisation.

Marilyse : celle qui élève (hébreu). Ce prénom très rare est porté par près de 400 personnes en France. Variante : Marilys. Caractérologie : enthousiasme, pratique, cœur, réussite, communication.

Marina : mer (latin). Ce prénom est porté par environ 42 000 personnes en France. Il est relativement peu attribué aujourd'hui. Variante : Maryna. Caractérologie : réceptivité, diplomatie, sociabilité, résolution, loyauté.

Marine : mer (latin). Ce prénom est porté par environ 117 000 personnes en France. Il figure dans le top 200 national. Tendance : en décroissance modérée. Variante : Marinne. Caractérologie : sens des responsabilités, équilibre, famille, influence, détermination.

Marinette : celle qui élève (hébreu). Ce prénom est porté par environ 15 000 personnes en France. Il ne devrait pas être attribué à plus de 50 bébés en 2012. Caractérologie : conscience, bienveillance, paix, décision, conseil.

Marion : celle qui élève (hébreu). Ce prénom est porté par environ 121 000 personnes en France. Il figure dans le top 100national. Tendance : stable. Variante : Maryon. Caractérologie : méditation, savoir, intelligence, décision, caractère.

Marisa : celle qui élève (hébreu). Ce prénom rare est porté par près de 800 personnes en France. Tendance : en forte croissance. Variantes : Marysa, Maribel, Marisol, Marissa, Maritza, Mariza. Caractérologie : savoir, méditation, indépendance, intelligence, sagesse.

Marise : celle qui élève (hébreu). Ce prénom est porté par environ 2 000 personnes en France. Il ne devrait pas être attribué à plus de 50 bébés en 2012. Caractérologie : intuition, médiation, fidélité, détermination, relationnel.

Marivonne : contraction de Marie et Yvonne. Ce prénom très rare est porté par près de 200 personnes en France. Caractérologie : pragmatisme, communication, optimisme, détermination, volonté.

Marjane : corail (arabe). Ce prénom très rare est porté par près de 400 personnes en France. Variante : Morjane. Caractérologie : détermination, vitalité, achèvement, ardeur, stratégie.

Marjolaine : se rapporte au nom de la plante aromatique du même nom. Ce prénom est porté par environ 5 000 personnes en France. Il ne devrait pas être attribué à plus de 50 bébés en 2012. Caractérologie : force, habileté, ambition, volonté, raisonnement.

Marjorie : perle (grec). Ce prénom est porté par environ 30 000 personnes en France. Il ne devrait pas être attribué à plus de 50 bébés en 2012. Variante : Marjelle. Caractérologie : force, ambition, caractère, habileté, décision.

Marjory : perle (grec). Ce prénom est porté par environ 1 000 personnes en France. Tendance : stable. Caractérologie : direction, audace, indépendance, réussite, dynamisme.

Marlène : contraction de Marie et Hélène. Ce prénom est porté par environ 31 000 personnes en France. Il ne devrait pas être attribué à plus de 50 bébés en 2012. Variantes : Marlaine, Marleine, Marleyne, Marlie, Marline, Marly. Caractérologie : courage, curiosité, résolution, dynamisme, indépendance.

Marnie : mer (latin). Ce prénom très rare est porté par près de 200 personnes en France. Tendance : en forte croissance. Variantes : Marnia, Marny. Caractérologie : bienveillance, conscience, paix, conseil, décision.

Maroua : roche, quartz (arabe). Ce prénom rare est porté par près de 800 personnes en France. Variante : Maroi. Caractérologie : bienveillance, paix, conseil, conscience, logique.

Marta : dame, maîtresse de maison (araméen). Ce prénom rare est porté par près de 700 personnes en France. Dans l'Hexagone, Marta est plus traditionnellement usité en Corse et au Pays basque. Caractérologie : achèvement, ardeur, stratégie, vitalité, leadership.

Martha : dame, maîtresse de maison (araméen). Ce prénom est porté par environ 2 000 personnes en France. Il ne devrait pas être attribué à plus de 50 bébés en 2012. Caractérologie : connaissance, spiritualité, originalité, sagacité, philosophie.

Marthe : dame, maîtresse de maison (araméen). Ce prénom est porté par environ 44 000 personnes en France. Il ne devrait pas être attribué à plus de 50 bébés en 2012. Caractérologie : sociabilité, détermination, diplomatie, réceptivité, sensibilité.

Martine : se rapporte à Mars, dieu romain de la Guerre (latin). Ce prénom est porté par environ 307 000 personnes en France. Il ne devrait pas être attribué à plus de 50 bébés en 2012. Au IIIe siècle, sainte Martine refusa d'abjurer et subit le martyre avant d'être décapitée dans la capitale romaine. Elle est l'une des patronnes de Rome. Variante : Martina. Caractérologie : vitalité, résolution, achèvement, ardeur, stratégie.

Marwa : roche, quartz (arabe). Ce prénom est porté par environ 4 000 personnes en France. Il figure dans le top 200 national. Tendance : en croissance modérée. Caractérologie : diplomatie, sociabilité, réceptivité, loyauté, résolution.

Mary : celle qui élève (hébreu). Ce prénom est porté par environ 5 000 personnes en France. Il ne devrait pas être attribué à plus de 50 bébés en 2012. Mary est très répandu dans les pays anglophones. Caractérologie : pragmatisme, communication, optimisme, réalisation, créativité.

Maryam : celle qui élève (hébreu). Ce prénom est porté par environ 4 000 personnes en France. Il est relativement peu attribué aujourd'hui. Tendance : en croissance modérée. Variantes : Maryama, Maryame, Maryem. Caractérologie : habileté, force, ambition, passion, réussite.

Marylène : contraction de Mary et Hélène. Ce prénom est porté par environ 17 000 personnes en France. Il ne devrait pas être attribué à plus de 50 bébés en 2012. Caractérologie : pratique, communication, enthousiasme, cœur, réussite.

Marylin : celle qui élève (hébreu). Ce prénom est porté par environ 1 000 personnes en

France. Tendance : stable. Caractérologie : cœur, intuition, relationnel, médiation, réussite.

Maryline : celle qui élève (hébreu). Ce prénom est porté par environ 37 000 personnes en France. Il ne devrait pas être attribué à plus de 50 bébés en 2012. Caractérologie : sagacité, spiritualité, réalisation, sympathie, connaissance.

Marylise : contraction de Mary et Lise. Ce prénom est porté par environ 3 000 personnes en France. Il ne devrait pas être attribué à plus de 50 bébés en 2012. Caractérologie : pratique, enthousiasme, communication, amitié, réalisation.

Marylou : contraction de Mary et Louise. Ce prénom est porté par environ 4 000 personnes en France. Il est relativement peu attribué aujourd'hui. Variante : Mary-Lou. Caractérologie : équilibre, famille, sens des responsabilités, logique, réussite.

Maryne : mer (latin). Ce prénom est porté par environ 2 000 personnes en France. Il ne devrait pas être attribué à plus de 50 bébés en 2012. Variante : Maryn. Caractérologie : persévérance, sécurité, structure, réalisation, résolution.

Maryse : celle qui élève (hébreu). Ce prénom est porté par environ 87 000 personnes en France. Il ne devrait pas être attribué à plus de 50 bébés en 2012. Caractérologie : altruisme, idéalisme, intégrité, réalisation, détermination.

Maryvonne : contraction de Marie et Yvonne. Ce prénom est porté par environ 33 000 personnes en France. Il ne devrait pas être attribué à plus de 50 bébés en 2012. Caractérologie : volonté, autorité, énergie, réalisation, innovation.

Mathéa : don de Dieu (hébreu). Ce prénom très rare est porté par près de 400 personnes en France. Variantes : Matéa, Matisse, Mattéa, Mathée. Caractérologie : paix, bienveillance, conscience, conseil, sagesse.

Mathilda : puissance, combat (germanique). Ce prénom est porté par environ 3 000 personnes en France. Il est peu attribué aujourd'hui. Caractérologie : curiosité, dynamisme, organisation, indépendance, courage.

Mathilde : puissance, combat (germanique). Ce prénom, porté par environ 113 000 Françaises, figure dans le top 50 national. Particulièrement diffusé à la fin du Moyen Âge et au XIXe siècle, Mathilde est revenu en faveur dans l'Hexagone depuis les années 1980. Fille du comte Baudouin VI, Mathilde de Flandre épousa Guillaume, duc de Normandie et futur Guillaume le Conquérant. Couronnée reine d'Angleterre en 1068, elle assuma la régence de la Normandie lors des expéditions du roi anglais. Variantes : Mathéna, Matheline, Mathylde, Mathie, Matilde, Maty, Tilda, Tilde. Caractérologie : rêve, humanité, résolution, rectitude, finesse.

Mathurine : maturité (latin). Ce prénom très rare est porté par près de 500 personnes en France. Variante : Thurine. Caractérologie : dynamisme, direction, audace, finesse, résolution.

Matilda : puissance, combat (germanique). Ce prénom rare est porté par près de 500 personnes en France. Tendance : en forte croissance. Dans l'Hexagone, Matilda est plus traditionnellement usité en Corse. Caractérologie : conscience, bienveillance, paix, conseil, organisation.

Maud : puissance, combat (germanique). Ce prénom est porté par environ 36 000 personnes en France. Il est relativement peu attribué aujourd'hui. Caractérologie : enthousiasme, communication, pratique, générosité, adaptation.

Maude : puissance, combat (germanique). Ce prénom est porté par environ 5 000 personnes en France. Il est très peu attribué aujourd'hui. Caractérologie : achèvement, vitalité, stratégie, ardeur, leadership.

Maurane : celle qui élève (hébreu). Ce prénom est porté par environ 2 000 personnes en France. Il ne devrait pas être attribué à plus de 50 bébés en 2012. Variante : Mauranne. Variante occitane : Maura. Caractérologie : audace, indépendance, direction, dynamisme, décision.

Maureen : celle qui élève (hébreu). Ce prénom est porté par environ 8 000 personnes en France. Il est peu attribué aujourd'hui. Variante : Maureene. Caractérologie : découverte, audace, originalité, détermination, énergie.

Maurine : celle qui élève (hébreu). Ce prénom est porté par environ 3 000 personnes en France. Il ne devrait pas être attribué à plus de 50 bébés en 2012. Variantes : Maurie, Maurina, Mauryne. Caractérologie : détermination, humanité, rêve, rectitude, tolérance.

Mauve : fleur mauve (latin). Ce prénom est porté par moins de 100 personnes en France. Caractérologie : ardeur, achèvement, vitalité, leadership, stratégie.

Mavelle : aimable (latin). Variante : Maveline. Caractérologie : spiritualité, connaissance, sagacité, originalité, philosophie.

Maxanne : contraction de Maxine et Anne. Caractérologie : humanité, rectitude, rêve, volonté, ouverture d'esprit.

Maxence : la plus grande (latin). Ce prénom rare est porté par près de 600 personnes en France. Au Ve siècle, une princesse écossaise, convertie au christianisme, voulut échapper au mariage arrangé avec un puissant seigneur. Elle se réfugia dans l'Oise, mais il la retrouva et l'assassina près de Pont-Sainte-Maxence. Une chapelle, aujourd'hui disparue, fut édifiée en sa mémoire. Caractérologie : diplomatie, réceptivité, sociabilité, loyauté, caractère.

Maxima : la plus grande (latin), la plus belle (hébreu). Ce prénom est porté par moins de 100 personnes en France. Variantes : Maxa, Maximilia, Maximilie, Maximilienne, Maximine, Massima, Massilia. Caractérologie : sagacité, originalité, spiritualité, connaissance, philosophie.

Maxine : la plus grande (latin). Ce prénom est porté par environ 1 000 personnes en France. Il est peu attribué aujourd'hui. Tendance : en croissance modérée. Caractérologie : pragmatisme, optimisme, détermination, communication, volonté.

May : diminutif de Marie et forme internationale de Marguerite. Ce prénom rare est porté par près de 1 000 personnes en France. Tendance : en croissance modérée. Caractérologie : créativité, optimisme, communication, pragmatisme, réussite.

Maya : eau, source (hébreu). Ce prénom, porté par environ 8 000 personnes en France, figure dans le top 100 national. Voir le zoom dédié à Maya. Caractérologie : méthode, ténacité, réussite, fiabilité, engagement.

M

Mayane : contraction basque de Mariane. Ce prénom très rare est porté par près de 400 personnes en France. Variantes : Mayana, Mayanna, Mayanne. Caractérologie : découverte, réalisation, audace, séduction, originalité.

Maybelle : contraction de Marie et Isabelle. Variantes : Maybeline, Maybelline. Caractérologie : communication, pratique, cœur, réussite, enthousiasme.

Maylan : contraction de May et Anne. Caractérologie : pratique, communication, amitié, enthousiasme, réalisation.

May-Li : forme composée de May et Li. Ce prénom est porté par moins de 100 personnes en France. Caractérologie : courage, dynamisme, indépendance, charisme, aboutissement.

Mayline : contraction de May et Line. Ce prénom est porté par environ 1 000 personnes en France. Il est relativement peu attribué aujourd'hui. Tendance : en croissance modérée. Caractérologie : méditation, savoir, intelligence, sympathie, réalisation.

May-Line : forme composée de May et Line. Ce prénom très rare est porté par près de 200 personnes en France. Caractérologie : sagacité, connaissances, réalisation, détermination, spiritualité.

Maylis : Maylis est issu de la fusion de May et Lys. D'où la signification : « Marie à la fleur de lys ». Ce prénom est porté par environ 6 000 personnes en France. Il est relativement peu attribué aujourd'hui. Voir le zoom dédié à Maëlys. Variante : Mayliss. Caractérologie : finesse, connaissance, originalité, réussite, sagacité.

Mayssa : celle dont la démarche est gracieuse (arabe). Ce prénom est porté par environ 2 000 personnes en France. Il est relativement peu attribué aujourd'hui. Tendance : en forte croissance. Caractérologie : équilibre, famille, sens des responsabilités, réalisation, influence.

Mazarine : féminin de Mazarin, cardinal et homme politique qui succéda à Richelieu en tant que Premier ministre en France de 1643 à 1661. Ce prénom rare est porté par près de 600 personnes en France. Caractérologie : équilibre, sens des responsabilités, famille, détermination, influence.

Méane : force (germanique). Ce prénom est porté par moins de 100 personnes en France. Caractérologie : diplomatie, loyauté, réceptivité, sociabilité, bonté.

Médarine : forte (germanique). Ce prénom est porté par moins de 100 personnes en France. Caractérologie : conscience, résolution, conseil, paix, sagesse.

Médine : ville (arabe). Ce prénom rare est porté par près de 500 personnes en France. Tendance : en forte croissance. Variante : Médine. Caractérologie : séduction, originalité, découverte, audace, énergie.

Meg : perle (grec). Ce prénom très rare est porté par près de 300 personnes en France. Caractérologie : sagacité, spiritualité, originalité, philosophie, connaissance.

Megan : perle (grec). Ce prénom est porté par environ 2 000 personnes en France. Il ne devrait pas être attribué à plus de 50 bébés en 2012. Megan est très en vogue au Québec. Caractérologie : méthode, engagement, ténacité, fiabilité, réalisation.

La législation française

Les parents d'aujourd'hui ont une liberté de choix de prénom qui leur fut longtemps contestée. Pendant la Révolution, les lois françaises imposaient aux parents de choisir les prénoms selon qu'ils étaient en usage dans les différents calendriers ou dans une liste qui incluait des personnages de l'histoire ancienne. Un prénom peu conformiste n'avait aucune chance d'être accepté par les fonctionnaires d'État.

Dans les années 1960, la montée des identités régionales pousse de nombreuses familles à se rebeller contre le système. Bon nombre de parents décident alors de maintenir leurs choix de prénom, au risque de priver l'enfant d'une existence civile reconnue.
L'instruction ministérielle du 12 avril 1966 élargit, fort heureusement, le répertoire de prénoms recevables à des prénoms tirés de la mythologie, aux prénoms régionaux et aux prénoms composés. Elle tolère même dans certains cas les diminutifs et les variations.

Ce n'est qu'en 1993 que la loi s'assouplit réellement, garantissant l'acceptabilité de n'importe quel prénom du moment qu'il ne paraît pas contraire à l'intérêt de l'enfant. De tels cas sont, il est vrai, assez rares. Cependant, un prénom qui paraît grossier ou péjoratif, qui présente une consonance ridicule ou qui paraît d'une extrême complexité à porter peut être contesté par l'officier de l'état civil. De même, la préservation du droit des tiers à protéger leur patronyme interdit, en théorie, l'attribution de prénoms qui sont des patronymes célèbres.

Dans les cas où ces limites ne sont pas respectées, l'officier d'état civil informe le procureur de la République du choix effectué par les parents. Le procureur peut alors à son tour saisir le juge aux affaires familiales. Si ce dernier estime que le choix du prénom sort des limites autorisées par la loi, il en ordonne la suppression sur les registres. Dans ce cas de figure, le juge a le pouvoir d'attribuer un autre prénom, à moins que les parents ne conviennent d'un nouveau choix légalement acceptable. Notons toutefois que ces situations extrêmes sont très rares.

Changement de prénom

Des raisons légitimes peuvent inciter le porteur d'un prénom à en changer. Dans ce cas, une procédure légale doit être engagée. L'intéressé doit adresser sa demande, en précisant les motifs, auprès du juge aux affaires familiales du tribunal de grande instance de son lieu de naissance ou de son domicile. Elle peut être adressée par son représentant légal si le demandeur est mineur. Le tribunal rend un jugement et la décision est immédiatement transmise à l'officier d'état civil par le procureur de la République. Le changement de prénom est alors mentionné sur les registres de l'état civil. Notons que l'adjonction ou la suppression de prénoms peut également être demandée.

Mégane : perle (grec). Ce prénom est porté par environ 14000 personnes en France. Il est très peu attribué aujourd'hui. Variantes : Megann, Méganne, Meggan, Meggane. Caractérologie : intégrité, idéalisme, réflexion, altruisme, réussite.

Meggy : perle (grec). Ce prénom rare est porté par près de 900 personnes en France. Variantes : Meggie, Meguy. Caractérologie : générosité, communication, enthousiasme, adaptation, pratique.

Meghan : perle (grec). Ce prénom rare est porté par près de 600 personnes en France. Caractérologie : enthousiasme, adaptation, communication, pratique, réalisation.

Meghane : perle (grec). Ce prénom rare est porté par près de 700 personnes en France. Caractérologie : stratégie, achèvement, réussite, vitalité, ardeur.

Meï : belle (chinois). Ce prénom très rare est porté par près de 300 personnes en France. Caractérologie : dévouement, altruisme, intégrité, idéalisme, réflexion.

Meïra : celle qui éclaire (hébreu). Ce prénom est porté par moins de 100 personnes en France. Caractérologie : direction, audace, résolution, dynamisme, indépendance.

Meïssa : celle dont la démarche est gracieuse (arabe). Ce prénom est porté par environ 1000 personnes en France. Il est peu attribué aujourd'hui. Tendance : en forte croissance. Variante : Meïssane. Caractérologie : pragmatisme, communication, optimisme, créativité, résolution.

Mélaine : noir, peau brune (grec). Ce prénom est porté par environ 1000 personnes en France. Tendance : stable. Caractérologie : dynamisme, curiosité, courage, résolution, indépendance.

Mélanie : noir, peau brune (grec). Ce prénom est porté par environ 123000 personnes en France. Il est relativement peu attribué aujourd'hui. Jeune aristocrate romaine au Ve siècle, sainte Mélanie convainquit son époux de distribuer leur fortune aux pauvres. Veuve, elle termina ses jours dans le monastère qu'elle fonda à Jérusalem, sur le mont des Oliviers. Variantes : Mélana, Mélane, Melen, Méléna, Mélène. Caractérologie : courage, indépendance, curiosité, dynamisme, détermination.

Mélany : noir, peau brune (grec). Ce prénom est porté par environ 2000 personnes en France. Il ne devrait pas être attribué à plus de 50 bébés en 2012. Caractérologie : savoir, intelligence, cœur, méditation, réussite.

Mélia : travailleuse (germanique), abeille (grec). Ce prénom est porté par environ 1000 personnes en France. Il est peu attribué aujourd'hui. Tendance : en croissance modérée. Variantes : Melle, Mélie, Mellie, Melly. Caractérologie : méthode, fiabilité, sécurité, détermination, résolution.

Mélika : douée, reine (arabe). Ce prénom rare est porté par près de 600 personnes en France. Caractérologie : bienveillance, conscience, paix, organisation, détermination.

Mélike : douée, reine (arabe). Ce prénom rare est porté par près de 600 personnes en France. Caractérologie : énergie, autorité, autonomie, ambition, innovation.

Mélina : abeille (grec). Ce prénom est porté par environ 20000 personnes en France. Il figure dans le top 50 national. Tendance :

M

en croissance modérée. Caractérologie : tolérance, humanité, rectitude, rêve, décision.

Mélinda : abeille (grec). Ce prénom est porté par environ 9 000 personnes en France. Il est relativement peu attribué aujourd'hui. Variantes : Mélynda, Mindy. Caractérologie : fiabilité, engagement, résolution, ténacité, méthode.

Méline : abeille (grec). Ce prénom est porté par environ 9 000 personnes en France. Il figure dans le top 100 national. Tendance : stable. Variantes : Méliana, Méliane, Mélyna, Mélyne. Caractérologie : méthode, fiabilité, ténacité, engagement, sens du devoir.

Mélisa : abeille (grec). Ce prénom est porté par environ 2 000 personnes en France. Il est très peu attribué aujourd'hui. Caractérologie : énergie, découverte, originalité, audace, résolution.

Mélisande : abeille (grec). Ce prénom est porté par environ 1 000 personnes en France. Tendance : stable. Caractérologie : dynamisme, direction, indépendance, audace, résolution.

Mélissa : abeille (grec). Ce prénom est porté par environ 62 000 personnes en France. Il figure dans le top 100 national. Tendance : stable. Variantes : Mélis, Mélisse, Mélissane, Mélissanne. Caractérologie : famille, sens des responsabilités, influence, décision, équilibre.

Mélissandre : abeille (grec). Ce prénom est porté par environ 1 000 personnes en France. Tendance : stable. Variantes : Mélissande, Mélisandre, Mélyssandre. Caractérologie : diplomatie, décision, réceptivité, sociabilité, loyauté.

Mélita : abeille (grec). Ce prénom est porté par moins de 100 personnes en France. Caractérologie : bienveillance, conscience, détermination, paix, organisation.

Mellina : travailleuse (germanique), abeille (grec). Ce prénom est porté par environ 1 000 personnes en France. Il figure dans le top 200 national. Tendance : en forte croissance. Caractérologie : détermination, enthousiasme, pratique, communication, adaptation.

Mélodie : mélodie, chanson (grec). Ce prénom est porté par environ 13 000 personnes en France. Il est relativement peu attribué aujourd'hui. Variantes : Mélodi, Mélodine. Caractérologie : rectitude, volonté, humanité, analyse, rêve.

Mélody : mélodie, chanson (grec). Ce prénom est porté par environ 9 000 personnes en France. Il est relativement peu attribué aujourd'hui. Caractérologie : intuition, relationnel, sympathie, volonté, médiation.

Méloé : étymologie probable : noir, peau brune (grec). Ce prénom très rare est porté par près de 500 personnes en France. Variante : Méloée. Caractérologie : découverte, originalité, audace, volonté, énergie.

Mélusine : mélodieux, qui chante (breton). Ce prénom rare est porté par près de 800 personnes en France. On raconte dans les contes celtiques que Mélusine, la fille du roi Elénas, se transformait en serpent chaque samedi. Elle fit promettre à son époux, le comte Raymondin de Lusignan, de garder son secret et de ne jamais tenter d'en découvrir la cause. Mais un jour, la curiosité de ce dernier l'emporta, et Mélusine disparut. Seuls ses cris se firent entendre plus tard pour annoncer l'imminence de malheurs. Caractérologie : ardeur, achèvement, stratégie, vitalité, résolution.

Melvina : amie de l'assemblée (celte). Ce prénom très rare est porté par près de 400 personnes en France. Variante : Melvine. Caractérologie : persévérance, sécurité, détermination, structure, efficacité.

Mélyssa : abeille (grec). Ce prénom est porté par environ 2 000 personnes en France. Il est peu attribué aujourd'hui. Caractérologie : ténacité, fiabilité, réalisation, méthode, bonté.

Mendy : celle qui élève (hébreu), montagne (basque). Ce prénom rare est porté par près de 600 personnes en France. Caractérologie : spiritualité, connaissance, originalité, philosophie, sagacité.

Méora : étoile (hébreu). Variante : Maor. Caractérologie : sagacité, spiritualité, volonté, connaissance, résolution.

Mercedes : prix, grâce (latin). Ce prénom est porté par environ 3 000 personnes en France. Il ne devrait pas être attribué à plus de 50 bébés en 2012. Mercedes est très répandu en Espagne. Dans l'Hexagone, ce prénom est plus traditionnellement usité au Pays basque. Caractérologie : altruisme, idéalisme, résolution, intégrité, réflexion.

Mérédith : grande, qui a le pouvoir (gallois). Ce prénom rare est porté par près de 800 personnes en France. Tendance : en forte croissance. Caractérologie : autorité, innovation, énergie, ambition, sensibilité.

Meriam : celle qui élève (hébreu). Ce prénom est porté par environ 1 000 personnes en France. Il est très peu attribué aujourd'hui. Tendance : en croissance modérée. Variante : Meriame. Caractérologie : curiosité, dynamisme, courage, indépendance, résolution.

Meriem : celle qui élève (hébreu). Ce prénom est porté par environ 4 000 personnes en France. Il est peu attribué aujourd'hui. Tendance : en croissance modérée. Caractérologie : intégrité, altruisme, idéalisme, réflexion, dévouement.

Merryl : celle qui élève (hébreu). Ce prénom très rare est porté par près de 300 personnes en France. Variantes : Mérine, Meryll. Caractérologie : innovation, autorité, ambition, énergie, cœur.

Meryem : celle qui élève (hébreu). Ce prénom est porté par environ 2 000 personnes en France. Il est peu attribué aujourd'hui. Tendance : en croissance modérée. Variantes : Meryam, Meyrem. Caractérologie : sagacité, spiritualité, connaissance, philosophie, originalité.

Meryl : celle qui élève (hébreu). Ce prénom est porté par environ 2 000 personnes en France. Il est peu attribué aujourd'hui. Variantes : Meril, Merryl, Mery, Merry, Meryll. Caractérologie : énergie, ambition, autorité, innovation, sympathie.

Messaline : nom de famille romain très ancien (latin). Ce prénom très rare est porté par près de 300 personnes en France. Caractérologie : finesse, connaissance, sagacité, résolution, originalité.

Messaouda : porte-bonheur (arabe). Ce prénom rare est porté par près de

1 000 personnes en France. Caractérologie : force, ambition, passion, habileté, caractère.

Métea : douce (grec). Caractérologie : ambition, force, habileté, passion, management.

Mia : celle qui élève (hébreu). Ce prénom est porté par environ 3 000 personnes en France. Il figure dans le top 200 national. Tendance : en forte croissance. Variante : Mya. Caractérologie : énergie, découverte, originalité, audace, séduction.

Michaëla : qui est comme Dieu (hébreu). Ce prénom rare est porté par près de 500 personnes en France. Tendance : en croissance modérée. Variantes : Micælle, Micah, Michaëla, Mickaëla, Mika, Mikæla, Mikela. Variante occitane : Miquela. Caractérologie : connaissance, spiritualité, sagacité, détermination, originalité.

Michaëlle : qui est comme Dieu (hébreu). Ce prénom rare est porté par près de 600 personnes en France. Variantes : Michaële, Mickaëlle. Caractérologie : découverte, énergie, originalité, audace, détermination.

Michèle : qui est comme Dieu (hébreu). Ce prénom est porté par environ 169 000 personnes en France. Il ne devrait pas être attribué à plus de 50 bébés en 2012. Caractérologie : autorité, innovation, ambition, énergie, autonomie.

Micheline : qui est comme Dieu (hébreu). Ce prénom est porté par environ 92 000 personnes en France. Il ne devrait pas être attribué à plus de 50 bébés en 2012. À la mort de son mari, sainte Michelina distribua toute sa fortune aux pauvres et termina sa vie dans un couvent. Elle est la patronne de la ville italienne de Pisaure. Caractérologie : conscience, paix, conseil, bienveillance, sagesse.

Michelle : qui est comme Dieu (hébreu). Ce prénom est porté par environ 111 000 personnes en France. Il ne devrait pas être attribué à plus de 50 bébés en 2012. Caractérologie : ténacité, méthode, fiabilité, engagement, sens du devoir.

Michi : chemin (japonais). Caractérologie : équilibre, sens des responsabilités, influence, exigence, famille.

Midoli : couleur verte (japonais). Caractérologie : force, achèvement, habileté, passion, leadership.

Mieko : lumineuse (japonais). Caractérologie : achèvement, stratégie, ardeur, vitalité, caractère.

Miki : tige (japonais). Ce prénom est porté par moins de 100 personnes en France. Caractérologie : paix, bienveillance, conscience, conseil, sagesse.

Mila : miracles (espagnol), aimée du peuple (slave). Ce prénom, porté par environ 6 000 Françaises, figure dans le top 100 national. Tendance : en forte croissance. Mila est particulièrement répandu dans les pays hispanophones et slaves, notamment en Tchécoslovaquie et en Russie. Variantes : Milana, Ludmilla, Ludmila. Caractérologie : vitalité, ardeur, stratégie, achèvement, leadership.

Milagros : miracle (espagnol). Ce prénom est porté par moins de 100 personnes en France. Variante : Milagro. Caractérologie : méthode, réalisation, ténacité, fiabilité, raisonnement.

Milane : aimée du peuple (slave). Ce prénom très rare est porté par près de 160 personnes en France. Tendance : en forte croissance. Variantes : Milana, Miliana. Caractérologie : réflexion, altruisme, idéalisme, résolution, intégrité.

Milda : douceur (anglais). Ce prénom est porté par moins de 100 personnes en France. Caractérologie : sociabilité, optimisme, pragmatisme, communication, créativité.

Mildred : conseillère, diplomate (anglais). Ce prénom très rare est porté par près de 300 personnes en France. Caractérologie : intuition, médiation, fidélité, adaptabilité, relationnel.

Miléna : contraction de Marie et Hélène. Ce prénom est porté par environ 2 000 personnes en France. Il est peu attribué aujourd'hui. Variante : Myléna. Caractérologie : décision, ouverture d'esprit, humanité, rêve, rectitude.

Milène : contraction de Marie et Hélène. Ce prénom est porté par environ 2 000 personnes en France. Il ne devrait pas être attribué à plus de 50 bébés en 2012. Caractérologie : méthode, ténacité, fiabilité, sens du devoir, engagement.

Milia : miracles (espagnol), travailleuse (germanique). Ce prénom très rare est porté par près de 120 personnes en France. Dans l'Hexagone, Milia est plus traditionnellement usité au Pays basque. Caractérologie : vitalité, achèvement, ardeur, stratégie, leadership.

Miliane : aimée du peuple (slave). Caractérologie : résolution, rectitude, ouverture d'esprit, humanité, rêve.

Milica : travailleuse (germanique). Ce prénom très rare est porté par près de 140 personnes en France. Tendance : en forte croissance. Variante : Milika. Caractérologie : loyauté, sociabilité, réceptivité, diplomatie, bonté.

Milka : reine, conseillère (hébreu), paix glorieuse (slave). Ce prénom très rare est porté par près de 130 personnes en France. Variante : Milcah. Caractérologie : dynamisme, direction, audace, organisation, indépendance.

Milla : jeune assistante de cérémonies (étrusque). Ce prénom est porté par environ 1 000 personnes en France. Il est relativement peu attribué aujourd'hui. Tendance : en croissance modérée. Variantes : Millie, Milly. Caractérologie : réceptivité, sociabilité, diplomatie, bonté, loyauté.

Millie : travailleuse (germanique). Ce prénom très rare est porté par près de 200 personnes en France. Variantes : Mylie, Milly. Caractérologie : paix, conseil, sagesse, conscience, bienveillance.

Mimi : celle qui élève (hébreu). Ce prénom est porté par moins de 100 personnes en France. Caractérologie : passion, ambition, habileté, force, management.

Mina : protectrice résolue (germanique). Ce prénom est porté par environ 4 000 personnes en France. Il est relativement peu attribué aujourd'hui. Tendance : en croissance modérée. Dans l'Hexagone, Mina est plus traditionnellement usité dans les Flandres. Variantes : Mine, Mini, Minna, Minnie. Caractérologie : autorité, énergie, innovation, résolution, ambition.

Mindy : abeille (grec). Ce prénom très rare est porté par près de 300 personnes en France.

Caractérologie : intuition, relationnel, médiation, fidélité, adaptabilité.

Miora : lumière (hébreu). Ce prénom est porté par moins de 100 personnes en France. Caractérologie : intuition, relationnel, médiation, fidélité, adaptabilité.

Mirabelle : celle qui élève (hébreu). Ce prénom très rare est porté par près de 200 personnes en France. Amaryllis est fêté avec Fleur, le 5 octobre. Caractérologie : énergie, gestion, audace, découverte, décision.

Miranda : celle qui élève (hébreu). Ce prénom rare est porté par près de 600 personnes en France. Variantes : Mira, Mirana, Mirabelle. Caractérologie : bienveillance, paix, détermination, conscience, conseil.

Mirca : lagon bleu (tahitien). Caractérologie : passion, ambition, habileté, force, management.

Mireille : celle qui élève (hébreu). Ce prénom est porté par environ 113 000 personnes en France. Il ne devrait pas être attribué à plus de 50 bébés en 2012. Cette forme provençale de Myriam a été redécouverte dans les années 1950 grâce à *Mireille*, l'œuvre maîtresse de Frédéric Mistral. Caractérologie : médiation, intuition, fidélité, adaptabilité, relationnel.

Mirella : celle qui élève (hébreu). Ce prénom est porté par environ 2 000 personnes en France. Il ne devrait pas être attribué à plus de 50 bébés en 2012. Variantes : Mirela, Miren, Mérielle, Mirielle. Caractérologie : méditation, intelligence, savoir, indépendance, décision.

Miriam : celle qui élève (hébreu). Ce prénom est porté par environ 1 000 personnes en France. Il est très peu attribué aujourd'hui. Tendance : en forte croissance. Variante : Miryam. Caractérologie : altruisme, dévouement, idéalisme, intégrité, réflexion.

Misao : fidèle, loyale (japonais). Caractérologie : optimisme, communication, créativité, pragmatisme, sociabilité.

Misty : brumeux (anglais). Caractérologie : originalité, énergie, découverte, réussite, audace.

Mitsuko : enfant de la lumière (japonais). Caractérologie : humanité, rectitude, analyse, rêve, organisation.

Miyo : belle, enfant (japonais). Caractérologie : achèvement, vitalité, leadership, ardeur, stratégie.

Moa : mère (suédois). Moa est très en vogue en Suède actuellement. Caractérologie : bonté, diplomatie, loyauté, sociabilité, réceptivité.

Moana : océan (tahitien). Ce prénom très rare est porté par près de 300 personnes en France. Caractérologie : achèvement, stratégie, ardeur, vitalité, caractère.

Modestine : timide, discrète (latin). Ce prénom est porté par moins de 100 personnes en France. Caractérologie : énergie, audace, caractère, découverte, décision.

Moéa : femme couchée sur un lit de fleurs (tahitien). Mœa s'orthographie sans accent à Tahiti. Ce prénom est porté par moins de 100 personnes en France. Caractérologie : finesse, connaissance, sagacité, caractère, originalité.

Mohana : l'enchanteresse (sanscrit). Ce prénom est porté par moins de 100 personnes en France. Caractérologie : savoir, méditation, indépendance, intelligence, volonté.

Moïra : celle qui élève (hébreu). Ce prénom rare est porté par près de 500 personnes en France. Tendance : en croissance modérée. Variantes : Maéra, Maïra, Maïre. Caractérologie : sociabilité, réceptivité, loyauté, diplomatie, bonté.

Moïsa : sauvée des eaux (hébreu). Ce prénom est porté par moins de 100 personnes en France. Caractérologie : pratique, communication, générosité, enthousiasme, adaptation.

Mojdeh : bonne nouvelle (perse). Caractérologie : autorité, énergie, innovation, ambition, caractère.

Molly : celle qui élève (hébreu). Ce prénom rare est porté par près de 700 personnes en France. Caractérologie : courage, curiosité, indépendance, charisme, dynamisme.

Mona : vœux, désir (arabe), solitaire (grec). Ce prénom est porté par environ 4 000 personnes en France. Il est peu attribué aujourd'hui. Variante : Monna. Caractérologie : sagacité, originalité, spiritualité, connaissance, volonté.

Monia : vœux, désir (arabe). Ce prénom est porté par environ 3 000 personnes en France. Il ne devrait pas être attribué à plus de 50 bébés en 2012. Variante : Monya. Caractérologie : finesse, sagacité, connaissance, caractère, décision.

Monica : solitaire (grec). Ce prénom est porté par environ 2 000 personnes en France. Il ne devrait pas être attribué à plus de 50 bébés en 2012. Monica est très répandu dans les pays anglophones et hispanophones. En France, ce prénom est plus traditionnellement usité en Corse. Variantes : Monick, Monika. Caractérologie : direction, audace, analyse, dynamisme, volonté.

Monique : solitaire (grec). Ce prénom est porté par environ 359 000 personnes en France. Il ne devrait pas être attribué à plus de 50 bébés en 2012. Originaire d'Afrique du Nord, sainte Monique convainquit son mari de se convertir au christianisme. Elle transmit si bien sa foi à ses enfants que son fils aîné devint saint Augustin. Sainte Monique est la patronne des épouses et des mères de famille. Caractérologie : ténacité, fiabilité, analyse, méthode, volonté.

Montserrat : montagne dentelée (catalan). La Vierge de Montserrat est la patronne de la Catalogne. Ce prénom très rare est porté par près de 200 personnes en France. Variante : Monserrat. Caractérologie : vitalité, achèvement, stratégie, volonté, résolution.

Morane : née de la mer (breton). Ce prénom rare est porté par près de 700 personnes en France. Variante : Morine. Caractérologie : pragmatisme, communication, décision, caractère, optimisme.

Morgan : née de la mer (breton). Voir Morgane. Ce prénom est porté par environ 2 000 personnes en France. Il ne devrait pas être attribué à plus de 50 bébés en 2012. Caractérologie : caractère, courage, dynamisme, réussite, curiosité.

Morgane : née de la mer (breton). Ce prénom, porté par environ 71 000 Françaises, figure dans le top 100 national. Tendance : en décroissance modérée. Dans la légende arthurienne, Morgane, la demi-sœur d'Arthur, règne sur l'île enchantée d'Avalon. Fée maléfique ou magicienne guérisseuse, elle est fidèle aux traditions et s'emploie à protéger les croyances celtiques de l'influence du christianisme. Variantes : Morgan, Morgana, Morgann, Morganne,

Les prénoms de reines

Aujourd'hui, Clémence, Louise et Jeanne sont bien plus en faveur qu'Adélaïde, Berthe ou Isabeau. Ces prénoms partagent pourtant le même privilège : celui d'avoir été porté par des reines de France. Après le retour de Clémence, les tendances de 2012 pourraient-elles faire renaître Anne et Marguerite ?

Le répertoire ci-dessous retrace les dynasties successives des reines de France.

Les Capétiens (987-1328)

Adélaïde d'Aquitaine
Rozala, dite Suzanne de Provence
Berthe de Bourgogne
Constance d'Arles
Mathilde
Anne de Russie
Berthe de Hollande
Bertrade de Montfort
Adélaïde de Savoie
Aliénor d'Aquitaine
Constance de Castille
Adèle de Champagne
Isabelle de Hainaut
Ingeburge de Danemark
Agnès de Méranie
Blanche de Castille
Marguerite de Provence
Isabelle d'Aragon
Marie de Brabant
Jeanne de Navarre
Marguerite de Bourgogne
Clémence de Hongrie
Jeanne de Bourgogne
Blanche de Bourgogne
Marie de Luxembourg
Jeanne d'Évreux

Les Valois (1328-1589)

Jeanne de Bourgogne
Blanche de Navarre
Jeanne de Boulogne
Jeanne de Bourbon
Isabeau de Bavière
Marie d'Anjou
Charlotte de Savoie
Anne de Bretagne
Jeanne de France
Mary d'Angleterre
Claude de France
Éléonore de Habsbourg
Catherine de Médicis
Marie Stuart
Élisabeth d'Autriche
Louise de Lorraine-Vaudémont

Les Bourbons (1589-1830)

Marguerite de Valois, dite la reine Margot
Marie de Médicis
Anne d'Autriche
Marie-Thérèse de Habsbourg
Marie Leszczynska
Marie-Antoinette de Lorraine-Autriche

Les Orléans (1830-1848)

Marie-Amélie de Bourbon-Siciles

Morgiane. Caractérologie : innovation, énergie, autorité, volonté, réalisation.

Mori : forêt (japonais). Caractérologie : énergie, autorité, innovation, autonomie, ambition.

Morine : Née de la mer (breton). Ce prénom très rare est porté par près de 200 personnes en France. Caractérologie : intuition, relationnel, fidélité, volonté, médiation.

Morwenna : mer blanche (breton). Ce prénom est porté par moins de 100 personnes en France. Variante : Morwenn. Caractérologie : fiabilité, volonté, ténacité, résolution, méthode.

Mouna : vœux, désir (arabe). Ce prénom est porté par environ 2 000 personnes en France. Il ne devrait pas être attribué à plus de 50 bébés en 2012. Caractérologie : autorité, énergie, innovation, ambition, volonté.

Mounia : vœux, désir (arabe). Ce prénom est porté par environ 3 000 personnes en France. Il ne devrait pas être attribué à plus de 50 bébés en 2012. Variante : Mounya. Caractérologie : dynamisme, audace, volonté, direction, analyse.

Muriel : celle qui élève (hébreu). Ce prénom est porté par environ 69 000 personnes en France. Il ne devrait pas être attribué à plus de 50 bébés en 2012. Caractérologie : conseil, paix, bienveillance, sagesse, conscience.

Murielle : celle qui élève (hébreu). Ce prénom est porté par environ 37 000 personnes en France. Il ne devrait pas être attribué à plus de 50 bébés en 2012. Variantes : Muriele, Muryel, Muryelle. Caractérologie : audace, énergie, séduction, originalité, découverte.

My : celle qui élève (hébreu), belle, gracieuse (vietnamien). Ce prénom très rare est porté par près de 200 personnes en France. Caractérologie : diplomatie, sociabilité, réceptivité, loyauté, bonté.

Mya : celle qui élève (hébreu). Ce prénom est porté par environ 1 000 personnes en France. Il est relativement peu attribué aujourd'hui. Tendance : en forte croissance. Variante : Miya. Caractérologie : adaptation, communication, réussite, pratique, enthousiasme.

Mylène : contraction de Marie et Hélène. Ce prénom est porté par environ 24 000 personnes en France. Il est peu attribué aujourd'hui. Variante : Mylaine. Caractérologie : sociabilité, réceptivité, diplomatie, loyauté, sympathie.

Myriam : celle qui élève (hébreu). Ce prénom, porté par environ 92 000 Françaises, figure dans le top 200 national. Tendance : stable. Lorsque le pharaon décrète que les nouveau-nés mâles hébreux doivent être tués, Moïse est placé dans un panier d'osier, puis déposé sur le Nil. Sa sœur Myriam se présente à la fille du pharaon lorsque celle-ci le recueille du fleuve. Elle l'encourage à garder l'enfant et fait en sorte que sa mère puisse l'élever en se faisant passer pour une nourrice. Caractérologie : méditation, réussite, savoir, intelligence, indépendance.

Myriame : celle qui élève (hébreu). Ce prénom est porté par environ 2 000 personnes en France. Tendance : en croissance modérée. Variantes : Maram, Myra, Myria, Myriama. Caractérologie : communication, pratique, enthousiasme, résolution, réalisation.

Myriem : celle qui élève (hébreu). Ce prénom rare est porté par près de 1 000 personnes en France. Caractérologie : intuition, médiation, relationnel, fidélité, adaptabilité.

Myrtille : ce prénom issu du calendrier révolutionnaire désigne une variété d'airelles. Il est porté par environ 1 000 personnes en France. Tendance : en croissance modérée. Sainte Fleur, religieuse auvergnate du XIVe siècle, est la patronne de Myrtille. Caractérologie : conscience, conseil, bienveillance, sympathie, paix.

N

Naama : douceur, beauté (hébreu). Ce prénom est porté par moins de 100 personnes en France. Variante : Naamah. Caractérologie : optimisme, pragmatisme, communication, créativité, sociabilité.

Nabia : d'une grande intelligence (arabe). Ce prénom est porté par moins de 100 personnes en France. Variante : Nabiha. Caractérologie : humanité, rectitude, rêve, ouverture d'esprit, décision.

Nabila : noble, honorable (arabe). Ce prénom est porté par environ 3 000 personnes en France. Il ne devrait pas être attribué à plus de 50 bébés en 2012. Variantes : Nabella, Nabilah, Nabilla. Caractérologie : pratique, communication, enthousiasme, organisation, résolution.

Nacéra : protection, victoire (arabe). Ce prénom est porté par environ 2 000 personnes en France. Il ne devrait pas être attribué à plus de 50 bébés en 2012. Variante : Nacira. Caractérologie : paix, bienveillance, conseil, conscience, décision.

Nada : rosée (arabe), espoir (russe). Ce prénom est porté par environ 2 000 personnes en France. Il est peu attribué aujourd'hui. Tendance : en croissance modérée. Nada est assez répandu dans les pays slaves. Caractérologie : diplomatie, réceptivité, sociabilité, loyauté, bonté.

Nadège : espérance dans l'attente (latin). Ce prénom est porté par environ 48 000 personnes en France. Il ne devrait pas être attribué à plus de 50 bébés en 2012. Chrétienne au IIe siècle, sainte Nadège fut martyrisée en Asie Mineure avec sa mère, sainte Sophie. Variante : Nadeje.

Caractérologie : rêve, humanité, rectitude, tolérance, réalisation.

Nadéra : précieux, rare (arabe). Ce prénom très rare est porté par près de 200 personnes en France. Caractérologie : sagacité, connaissance, spiritualité, résolution, originalité.

Nadette : force, ours (germanique). Ce prénom très rare est porté par près de 110 personnes en France. Caractérologie : sens des responsabilités, équilibre, famille, influence, exigence.

Nadia : celle qui proclame haut et fort (arabe), espérance dans l'attente (latin), espoir (russe). Ce prénom est porté par environ 72 000 personnes en France. Il est peu attribué aujourd'hui. Nadia est très répandu dans les pays slaves. Variante : Nadya. Caractérologie : diplomatie, réceptivité, sociabilité, détermination, loyauté.

Nadine : contraction de Nadège et Bernadette. Ce prénom est porté par environ 127 000 personnes en France. Il est très peu attribué aujourd'hui. Sainte Nadège est la patronne de Nadine. Variantes : Nadina, Nadyne. Caractérologie : sociabilité, diplomatie, réceptivité, loyauté, résolution.

Nadira : précieux, rare (arabe). Ce prénom rare est porté par près de 600 personnes en France. Caractérologie : diplomatie, sociabilité, loyauté, réceptivité, détermination.

Nadja : espérance dans l'attente (latin). Ce prénom très rare est porté par près de 300 personnes en France. Nadja est particulièrement répandu en Tchécoslovaquie. Caractérologie : communication, enthousiasme, pratique, adaptation, générosité.

Nadra : très rare (arabe). Ce prénom très rare est porté par près de 130 personnes en France. Variante : Nédra. Caractérologie : relationnel, intuition, médiation, fidélité, détermination.

Nady : contraction de Nadège et Bernadette. Ce prénom très rare est porté par près de 180 personnes en France. Caractérologie : ambition, habileté, force, passion, réalisation.

Naé : grâce (hébreu), fleur (japonais). Ce prénom est porté par moins de 100 personnes en France. Variante : Naé. Caractérologie : bonté, loyauté, diplomatie, sociabilité, réceptivité.

Naëlle : qui a étanché sa soif (arabe), diminutif des prénoms formés avec Naëlle (exemples : Annaëlle, Gwenaëlle, etc.). Ce prénom est porté par environ 2 000 personnes en France. Il est relativement peu attribué aujourd'hui. Tendance : en forte croissance. Variante : Naëla. Caractérologie : ténacité, fiabilité, méthode, engagement, sens du devoir.

Naéva : contraction du préfixe « Na » et d'Éva. Ce prénom très rare est porté par près de 190 personnes en France. Caractérologie : originalité, sagacité, spiritualité, connaissance, philosophie.

Nafissa : rare, coûteux (arabe). Ce prénom rare est porté par près de 700 personnes en France. Tendance : en croissance modérée. Variante : Nafi. Caractérologie : équilibre, famille, sens des responsabilités, influence, résolution.

Nahara : lumière (araméen). Caractérologie : connaissance, sagacité, originalité, résolution, spiritualité.

Nahia : flot, fluide (grec), désirée (basque). Ce prénom rare est porté par près de 500 personnes en France. Tendance : en croissance modérée. Dans l'Hexagone, Nahia est plus traditionnellement usité au Pays basque. Caractérologie : équilibre, famille, influence, éthique, détermination.

Nahida : jeune fille qui devient femme (arabe). Ce prénom très rare est porté par près de 300 personnes en France. Variantes : Nahed, Nahid. Caractérologie : autorité, énergie, innovation, ambition, détermination.

Nahima : douceur, plaisir (arabe). Ce prénom rare est porté par près de 600 personnes en France. Variantes : Naéma, Nahéma. Caractérologie : direction, audace, détermination, dynamisme, indépendance.

Nahla : qui a étanché sa soif (arabe). Ce prénom très rare est porté par près de 400 personnes en France. Tendance : en forte croissance. Variante : Nahila. Caractérologie : rectitude, humanité, rêve, ouverture d'esprit, générosité.

Naïa : flot, fluide (grec), désirée (basque). Voir également Naya. Ce prénom rare est porté par près de 800 personnes en France. Tendance : en croissance modérée. Caractérologie : savoir, indépendance, intelligence, méditation, détermination.

Naïda : flot, fluide (grec). Ce prénom très rare est porté par près de 200 personnes en France. Variantes : Naïad, Naïada. Caractérologie : médiation, relationnel, fidélité, intuition, résolution.

Naïg : forme bretonne d'Anne : grâce (hébreu). Ce prénom très rare est porté par près de 160 personnes en France. Caractérologie : structure, persévérance, sécurité, efficacité, résolution.

Naïla : qui a étanché sa soif (arabe). Ce prénom est porté par environ 3 000 personnes en France. Il figure dans le top 200 national. Tendance : en forte croissance. Variantes : Naïlah, Nayla. Caractérologie : direction, résolution, dynamisme, indépendance, audace.

Naïma : tendre, douce (arabe). Ce prénom est porté par environ 9 000 personnes en France. Il est peu attribué aujourd'hui. Variantes : Naaïma, Nayma. Caractérologie : intuition, médiation, relationnel, détermination, fidélité.

Naïri : qui vient d'Arménie (arménien). Ce prénom est porté par moins de 100 personnes en France. Caractérologie : bienveillance, conseil, conscience, décision, paix.

Naïs : grâce (hébreu). Ce prénom est porté par environ 3 000 personnes en France. Il est relativement peu attribué aujourd'hui. Naïs est essentiellement en faveur en Provence. Caractérologie : finesse, connaissance, sagacité, originalité, décision.

Najate : sauvée (arabe). Ce prénom rare est porté par près de 600 personnes en France. Variantes : Nadjat, Nadjet, Naget, Nagète, Najat, Najet, Najette. Caractérologie : équilibre, sens des responsabilités, exigence, influence, famille.

Najia : sauvée (arabe). Ce prénom rare est porté par près de 600 personnes en France. Variantes : Nagia, Najah, Najda, Nadjia, Nejda. Caractérologie : habileté, passion, ambition, force, décision.

Najoua : confidence, secret (arabe). Ce prénom rare est porté par près de 800 personnes en France. Variantes : Najoie, Najwa, Néjoua. Caractérologie : ambition, force, passion, habileté, management.

Nami : vague (japonais). Ce prénom est porté par moins de 100 personnes en France. Caractérologie : dynamisme, direction, audace, détermination, indépendance.

Namira : tigresse (arabe). Ce prénom est porté par moins de 100 personnes en France. Caractérologie : relationnel, intuition, décision, médiation, fidélité.

Nana : grâce (hébreu), pomme (japonais). Ce prénom très rare est porté par près de 300 personnes en France. Caractérologie : communication, pragmatisme, optimisme, créativité, sociabilité.

Nancy : grâce (hébreu). Ce prénom est porté par environ 9 000 personnes en France. Il ne devrait pas être attribué à plus de 50 bébés en 2012. Variantes : Nana, Nancie. Caractérologie : communication, enthousiasme, pratique, adaptation, cœur.

Nao : fleur de pêcher (vietnamien), honnête (japonais). Ce prénom est porté par moins de 100 personnes en France. Caractérologie : pragmatisme, optimisme, sociabilité, communication, créativité.

Naoelle : contraction de Nao et Noëlle. Ce prénom très rare est porté par près de 150 personnes en France. Caractérologie : énergie, autonomie, direction, persuasion, innovation.

Naomi : belle, agréable (hébreu). Ce prénom est porté par environ 6 000 personnes en France. Il est relativement peu attribué aujourd'hui. Caractérologie : spiritualité, sagacité, volonté, détermination, connaissance.

Naomie : belle, agréable (hébreu). Ce prénom est porté par environ 5 000 personnes en France. Il est relativement peu attribué aujourd'hui. Tendance : en croissance modérée. Variantes : Naomy, Néomie, Noam, Noamie. Caractérologie : décision, communication, pragmatisme, caractère, optimisme.

Naoual : un présent (arabe). Ce prénom rare est porté par près de 1 000 personnes en France. Variantes : Naouele, Nawaël. Caractérologie : énergie, ambition, innovation, autonomie, autorité.

Naouel : un présent (arabe). Ce prénom rare est porté par près de 600 personnes en France. Caractérologie : découverte, audace, originalité, énergie, séduction.

Nara : chêne, symbole de stabilité (japonais), heureuse (celte), proche, aimée (anglais). Ce prénom est porté par moins de 100 personnes en France. Caractérologie : résolution, méditation, savoir, intelligence, indépendance.

Narimane : au caractère doux et agréable (arabe). Ce prénom très rare est porté par près de 200 personnes en France. La reine Narimane, seconde épouse du roi Farouk, lança la mode de ce prénom en Égypte dans les années 1940. Variantes : Narima, Narimen, Narimene, Narrimane, Neriman. Caractérologie : pragmatisme, communication, optimisme, créativité, résolution.

Nariné : fine (arménien). Caractérologie : originalité, sagacité, connaissance, spiritualité, décision.

Narjès : féminin arabe équivalent de Narcisse : amour-propre (grec). Ce prénom très rare est porté par près de 300 personnes en France. Variantes : Nargès, Narjess, Narjis, Narjisse. Caractérologie : sécurité, efficacité, structure, persévérance, détermination.

Nasséra : protection, victoire (arabe). Ce prénom est porté par environ 2 000 personnes en France. Il ne devrait pas être attribué à plus de 50 bébés en 2012. Caractérologie : audace, détermination, découverte, originalité, énergie.

Nassia : miracle divin (hébreu). Ce prénom est porté par moins de 100 personnes en France. Variantes : Nasia, Nasya. Caractérologie : altruisme, détermination, réflexion, idéalisme, intégrité.

Nassima : air frais (arabe). Ce prénom est porté par environ 3 000 personnes en France. Il ne devrait pas être attribué à plus de 50 bébés en 2012. Caractérologie : sécurité, persévérance, détermination, structure, efficacité.

Nassira : protection, victoire (arabe). Ce prénom rare est porté par près de 900 personnes en France. Tendance : en croissance modérée. Variante : Nasira. Caractérologie : réflexion, intégrité, altruisme, idéalisme, décision.

Nastasia : jour de la naissance (latin). Ce prénom rare est porté par près de 1 000 personnes en France. Variantes : Nastassia, Nastasya, Natassia. Caractérologie : enthousiasme, pratique, communication, adaptation, détermination.

Natacha : jour de la naissance (latin). Ce prénom est porté par environ 29 000 personnes en France. Il est très peu attribué aujourd'hui. Variante : Natasha. Caractérologie : communication, enthousiasme, pratique, organisation, finesse.

Natalia : jour de la naissance (latin). Ce prénom est porté par environ 2 000 personnes en France. Il ne devrait pas être attribué à plus de 50 bébés en 2012. Natalia est très répandu dans les pays slaves. Dans l'Hexagone, ce prénom est plus traditionnellement usité en Corse. Caractérologie : méthode, fiabilité, ténacité, décision, gestion.

Natalie : jour de la naissance (latin). Ce prénom est porté par environ 1 000 personnes en France. Tendance : stable. Variantes : Natale, Natali. Caractérologie : organisation, stratégie, vitalité, achèvement, détermination.

Nataline : jour de la naissance (latin). Ce prénom est porté par moins de 100 personnes en France. Variantes : Natalena, Natalène, Natalina, Nathalène, Nathaline. Caractérologie : gestion, méthode, ténacité, décision, fiabilité.

Nathalia : jour de la naissance (latin). Ce prénom rare est porté par près de 800 personnes en France. Caractérologie : communication, finesse, pratique, enthousiasme, résolution.

Nathalie : jour de la naissance (latin). Ce prénom est porté par environ 375 000 personnes en France. Il est très peu attribué aujourd'hui. Condamnée au martyre par l'émir de Cordoue au IXe siècle, sainte Nathalie mourut aux côtés de son mari et du moine qu'ils avaient cachés. Ce prénom, qui a connu un essor sans précédent dans les années 1960, est le deuxième prénom féminin le plus porté dans l'Hexagone. Caractérologie : finesse, connaissance, décision, sagacité, attention.

Nathaly : jour de la naissance (latin). Ce prénom très rare est porté par près de 200 personnes en France. Variantes : Nataly, Natalis, Natty. Caractérologie : altruisme, idéalisme, intégrité, sensibilité, bonté.

Nathanaëlle : Il a donné (hébreu). Ce prénom est porté par environ 2 000 personnes en France. Il ne devrait pas être attribué à plus de 50 bébés en 2012. Caractérologie : pratique, enthousiasme, communication, sensibilité, organisation.

Natividad : nativité (latin). Ce prénom très rare est porté par près de 120 personnes en France. Variante : Nativité. Caractérologie : communication, pragmatisme, optimisme, créativité, décision.

Natsu : printemps (japonais). Caractérologie : gestion, adaptation, communication, pratique, enthousiasme.

Nava : belle (hébreu). Ce prénom est porté par moins de 100 personnes en France. Caractérologie : réceptivité, loyauté, sociabilité, bonté, diplomatie.

Nawal : un présent (arabe). Ce prénom est porté par environ 2 000 personnes en France. Il ne devrait pas être attribué à plus de 50 bébés en 2012. Variantes : Naoïl, Naoïle, Naouale, Nawale. Caractérologie : paix, bienveillance, conscience, conseil, sagesse.

Nawel : un présent (arabe). Ce prénom est porté par environ 5 000 personnes en France. Il est relativement peu attribué aujourd'hui. Variantes : Naouelle, Nawell, Nawelle. Caractérologie : autorité, innovation, énergie, ambition, autonomie.

Naya : instrument de musique (arabe). Ce prénom rare est porté par près de 900 personnes en France. Tendance : en forte croissance. Variante : Nayah. Caractérologie : audace, découverte, originalité, énergie, séduction.

Nayana : regard, yeux (sanscrit). Ce prénom est porté par moins de 100 personnes en France. Caractérologie : médiation, relationnel, intuition, fidélité, adaptabilité.

Nazélie : gracieuse, charmante (arménien). Variante : Nazanie. Caractérologie : idéalisme, altruisme, réflexion, intégrité, détermination.

Nédra : très rare (arabe). Ce prénom est porté par moins de 100 personnes en France. Caractérologie : équilibre, influence, famille, détermination, sens des responsabilités.

Neela : championne (celte). Ce prénom rare est porté par près de 600 personnes en France. Tendance : en forte croissance. Variantes : Nelya, Neyla. Caractérologie : autonomie, innovation, ambition, énergie, autorité.

Neige : neige (français). Ce prénom très rare est porté par près de 200 personnes en France. Caractérologie : persévérance, structure, sécurité, honnêteté, efficacité.

Neila : championne (celte). Ce prénom est porté par environ 2 000 personnes en France. Il est relativement peu attribué aujourd'hui. Tendance : en forte croissance. Variante : Neil, Nehla, Neilla, Nella. Caractérologie : énergie, découverte, originalité, détermination, audace.

Neïma : mélodie (hébreu). Ce prénom est porté par moins de 100 personnes en France. Caractérologie : famille, sens des responsabilités, décision, équilibre, influence.

Nejma : étoile (arabe). Ce prénom rare est porté par près de 700 personnes en France. Variantes : Najima, Najma, Nedjma. Caractérologie : originalité, connaissance, philosophie, sagacité, spiritualité.

Le palmarès des prénoms composés en 2012

Ci-dessous le top 20 des prénoms composés féminins, estimé pour l'année 2012. Le classement a été effectué par ordre décroissant d'attribution.

1. Lou-Ann(e)
2. Lily-Rose*
3. Marie-Lou
4. Fatima-Zahra
5. Anne-Sophie
6. Anne-Lise
7. Lisa-Marie
8. Anne-Laure
9. May-Line
10. Lee-Lou
11. Lila-Rose
12. Marie-Ange
13. Anne-Claire
14. Abby-Gaëlle
15. Anna-Rose
16. Lily-May
17. May-Lee
18. Sarah-Lou
19. Anne-Gaëlle
20. Marie-Charlotte

Commentaires et observations

Pour la sixième année consécutive, les compositions en Lou et Ann(e) dominent le palmarès. Et pour la deuxième fois depuis la fin des années 1970, deux composés s'affichent dans le top 100 national. Du haut de sa 87e place, Lou-Ann(e) devrait en 2011 devancer Lily-Rose de quelques rangs. Le décollage de Lou, la renaissance de Lily, puis celle de Rose sont à l'origine de ces innovations. Elles ont d'ailleurs inspiré d'autres créations au début des années 2000. Lily-May, Lily-Jeanne, Lou-Ève, Lilou-Rose, Lily-Jade et Lila-Rose ont peu de passé, mais elles font des émules : Lily-May et Lila-Rose s'illustrent déjà dans le top 20 des choix composés ! À quand le retour de Rose-Lys, perle secrète attribuée à une poignée de filles dans les années 1920 ?

Face à ce défilé de nouveautés, l'endurance d'Anne peut paraître surprenante. Ne reniant aucune alliance, elle compose aussi bien avec Laure que Lou ou Gaëlle, ce qui lui permet de dominer Marie. Mais cette supériorité ne traduit pas tant le triomphe d'Anne que la débâcle de son ancienne rivale. Car celle qui fut si longtemps (et si largement) attribuée est désormais renvoyée dans les dédales du classement. Certes, Marie-Lou brille à la 3e place du podium. Certes, Marie émerge de nouveau dans les composés masculins. Mais le temps de la gloire, que l'on croyait éternel, est bien passé. À défaut de mieux, Marie se réjouira de la percée de May, une cousine promise à un bel avenir.

Statistiques : on recense près de 600 prénoms composés avec Marie dans l'Hexagone (dont une cinquantaine au masculin). Anne-Marie, Marie-Thérèse et Marie-Christine sont les duos féminins les plus visibles de ce catalogue. De leur côté, Jean-Marie, Pierre-Marie et Louis-Marie sont les assemblages masculins les plus portés.

* Le classement de Lily-Rose tient compte du nombre d'attributions de ses variantes Lili-Rose et Lilly-Rose.

Nélia : cornu, corneille (latin), petite fleur (kabyle). Ce prénom rare est porté par près de 1 000 personnes en France. Tendance : en forte croissance. Cette forme latine de Cornelia s'est longtemps passé d'accent aigu, mais une majorité de parents la préfère désormais avec. Variante : Nélie. Caractérologie : énergie, découverte, audace, détermination, originalité.

Nell : championne (celte). Ce prénom est porté par environ 2 000 personnes en France. Il est relativement peu attribué aujourd'hui. Caractérologie : savoir, intelligence, méditation, indépendance, sagesse.

Nellie : éclat du soleil (grec). Ce prénom rare est porté par près de 600 personnes en France. Caractérologie : communication, créativité, sociabilité, pragmatisme, optimisme.

Nelly : éclat du soleil (grec). Ce prénom est porté par environ 62 000 personnes en France. Il est peu attribué aujourd'hui. Variantes : Neela, Nela, Nèle, Nélie, Nelig, Nella, Nelli, Nely. Caractérologie : énergie, audace, amitié, découverte, originalité.

Néola : jeune (grec). Caractérologie : réceptivité, sociabilité, diplomatie, bonté, loyauté.

Néona : nouvelle lune (grec). Caractérologie : méthode, sens du devoir, fiabilité, engagement, ténacité.

Néréa : mien, mienne (basque). Ce prénom très rare est porté par près de 120 personnes en France. Nerea est très en vogue en Espagne actuellement. Caractérologie : indépendance, intelligence, savoir, méditation, décision.

Néria : source de lumière (hébreu). Caractérologie : intuition, médiation, décision, fidélité, relationnel.

Nérina : nymphe de la mer (grec). Ce prénom est porté par moins de 100 personnes en France. Variante : Nérissa. Caractérologie : finesse, sagacité, connaissance, décision, originalité.

Nese : chaste, pure (grec). Ce prénom est porté par moins de 100 personnes en France. Caractérologie : connaissance, spiritualité, sagacité, originalité, philosophie.

Neslihan : de la famille des Khan (turc). Ce prénom rare est porté par près de 500 personnes en France. Caractérologie : innovation, autorité, énergie, résolution, ambition.

Nesrine : fleur sauvage (arabe). Ce prénom est porté par environ 4 000 personnes en France. Il est relativement peu attribué aujourd'hui. Variantes : Nasrine, Nassrine, Nesrin, Nesserine, Nessrine, Nisrin. Caractérologie : pragmatisme, optimisme, créativité, communication, résolution.

Ness : fleur sauvage (arabe), papillon (grec). Ce prénom très rare est porté par près de 500 personnes en France. Variantes : Nessa, Neïssa, Nissa. Caractérologie : optimisme, communication, créativité, pragmatisme, sociabilité.

Nettie : Dieu fait grâce (hébreu). Ce prénom est porté par moins de 100 personnes en France. Variante : Netty. Caractérologie : autorité, autonomie, innovation, énergie, ambition.

Néva : neige (espagnol). Ce prénom très rare est porté par près de 200 personnes en France. Tendance : en forte croissance.

Caractérologie : équilibre, influence, famille, exigence, sens des responsabilités.

Névada : enneigé (espagnol), nom d'un État américain. Caractérologie : sociabilité, diplomatie, réceptivité, loyauté, bonté.

Ngoc : pierre précieuse (vietnamien). Ce prénom très rare est porté par près de 400 personnes en France. Caractérologie : sympathie, pratique, enthousiasme, communication, adaptation.

Nguyet : lune (vietnamien). Caractérologie : réceptivité, diplomatie, sociabilité, loyauté, sympathie.

Niame : prénom arabe d'origine égyptienne. Ce prénom très rare est porté par près de 300 personnes en France. Variante : Niamet. Caractérologie : bienveillance, conscience, détermination, paix, conseil.

Niamh : d'une beauté éclatante (irlandais). Ce prénom est porté par moins de 100 personnes en France. Niamh est en vogue en Irlande. Caractérologie : altruisme, idéalisme, intégrité, réflexion, détermination.

Nicole : victoire du peuple (grec). Ce prénom est porté par environ 270 000 personnes en France. Il est très peu attribué aujourd'hui. Tendance : en croissance modérée. Nicole est fêtée le 6 décembre avec Colette. Variantes : Nickie, Nicky, Nicolasa, Nicolina, Nicoline. Variante basque : Nikole. Caractérologie : efficacité, persévérance, structure, analyse, sécurité.

Nicolette : victoire du peuple (grec). Ce prénom rare est porté par près de 600 personnes en France. Variante : Nicoletta. Caractérologie : logique, ténacité, fiabilité, engagement, méthode.

Nicolle : victoire du peuple (grec). Ce prénom est porté par environ 10 000 personnes en France. Il ne devrait pas être attribué à plus de 50 bébés en 2012. Caractérologie : intelligence, méditation, indépendance, savoir, logique.

Nieves : la neige (espagnol). Ce prénom très rare est porté par près de 110 personnes en France. Variante : Neva. Caractérologie : sociabilité, loyauté, diplomatie, résolution, réceptivité.

Nikita : victoire du peuple (grec). Ce prénom rare est porté par près de 900 personnes en France. Variante : Nikki. Caractérologie : innovation, ambition, énergie, autorité, résolution.

Nima : plaisirs, bienfaits (arabe), corde d'instrument de musique (hébreu). Ce prénom est porté par moins de 100 personnes en France. Variantes : Nimah, Nimat. Caractérologie : autorité, ambition, innovation, énergie, détermination.

Nina : grâce (hébreu). Ce prénom est porté par environ 26 000 personnes en France. Il figure dans le top 50 national. Tendance : en croissance modérée. Nina est très répandu en Russie. Caractérologie : intuition, fidélité, relationnel, détermination, médiation.

Nine : grâce (hébreu). Ce prénom rare est porté par près de 500 personnes en France. Tendance : stable. Caractérologie : conscience, paix, sagesse, conseil, bienveillance.

Ninon : messie (grec). Ce prénom est porté par environ 9 000 personnes en France. Il figure dans le top 200 national. Tendance : stable. Variantes : Nena, Nine. Caractérologie : pragmatisme, communication, créativité, optimisme, sociabilité.

Nisha : nuit (sanscrit). Ce prénom est porté par moins de 100 personnes en France. Caractérologie : paix, conscience, bienveillance, résolution, conseil.

Nisrine : fleur sauvage (arabe). Ce prénom est porté par environ 2 000 personnes en France. Il est très peu attribué aujourd'hui. Variante : Nissrine. Caractérologie : indépendance, méditation, intelligence, décision, savoir.

Nissa : lutin (scandinave), un signe (hébreu). Ce prénom très rare est porté par près de 150 personnes en France. Variantes : Nisa, Nisha, Nyssa. Caractérologie : détermination, ambition, habileté, force, passion.

Nita : grâce (hébreu). Ce prénom très rare est porté par près de 200 personnes en France. Caractérologie : vitalité, achèvement, décision, stratégie, ardeur.

Niva : parole (hébreu). Ce prénom est porté par moins de 100 personnes en France. Caractérologie : ambition, innovation, autorité, énergie, résolution.

Nixie : lutin, source (germanique). Caractérologie : sagacité, connaissance, spiritualité, philosophie, originalité.

Nizam : harmonie (arabe). Caractérologie : idéalisme, détermination, réflexion, altruisme, intégrité.

Noa : en mouvement (hébreu). Ce prénom est porté par environ 4 000 personnes en France. Il est relativement peu attribué aujourd'hui. Dans l'Ancien Testament, Noa revendique auprès de Moïse un droit à l'héritage laissé par son père. C'est grâce à elle que la loi régissant les successions est modifiée en faveur des femmes. La première Noa de l'Hexagone est née en 1982, bien avant que ce prénom soit attribué à un garçon (en 1998). Depuis, Noa s'est largement masculinisé. Variante : Noée, Noha. Caractérologie : communication, enthousiasme, adaptation, pratique, générosité.

Noadia : connaissance (hébreu). Caractérologie : habileté, ambition, management, passion, détermination.

Noan : agneau (breton), ou dérivé d'Oanez (une forme bretonne d'Agnès signifiant « chaste, pur » en grec). Ce prénom très rare est porté par près de 190 personnes en France. Notons que Noan est essentiellement masculin aujourd'hui. Variante : Noane. Caractérologie : vitalité, achèvement, stratégie, ardeur, management.

Noéla : jour de la naissance (latin). Ce prénom breton est porté par environ 1 000 personnes en France. Tendance : en forte croissance. Caractérologie : médiation, intuition, relationnel, adaptabilité, fidélité.

Noèle : jour de la naissance (latin). Ce prénom est porté par environ 2 000 personnes en France. Il ne devrait pas être attribué à plus de 50 bébés en 2012. Caractérologie : exigence, influence, équilibre, famille, sens des responsabilités.

Noélie : jour de la naissance (latin). Ce prénom est porté par environ 7 000 personnes en France. Il figure dans le top 200 national. Tendance : en forte croissance. Variantes : Noélia, Noélya. Caractérologie : influence, sens des responsabilités, équilibre, famille, raisonnement.

Noéline : jour de la naissance (latin). Ce prénom est porté par environ 3 000 personnes en France. Il figure dans le top 200 national. Tendance : en forte croissance. Caractérologie : médiation, fidélité, intuition, relationnel, logique.

Noëlla : jour de la naissance (latin). Ce prénom est porté par environ 6 000 personnes en France. Il ne devrait pas être attribué à plus de 50 bébés en 2012. Caractérologie : curiosité, indépendance, dynamisme, charisme, courage.

Noëlle : jour de la naissance (latin). Ce prénom est porté par environ 26 000 personnes en France. Il ne devrait pas être attribué à plus de 50 bébés en 2012. Caractérologie : rectitude, tolérance, générosité, humanité, rêve.

Noëllie : jour de la naissance (latin). Ce prénom est porté par environ 1 000 personnes en France. Tendance : stable. Variantes : Noélise, Noély, Noélyne, Noëlly, Noëlline. Caractérologie : rêve, rectitude, humanité, tolérance, logique.

Noémi : belle, agréable (hébreu). Ce prénom est porté par environ 1 000 personnes en France. Tendance : stable. Caractérologie : intuition, médiation, relationnel, volonté, fidélité.

Noémie : belle, agréable (hébreu). Ce prénom est porté par environ 60 000 personnes en France. Il figure dans le top 50 national. Tendance : stable. Personnage biblique, Noémie est la belle-mère de Ruth et l'arrière-grand-mère du roi David. Variantes : Noémia, Noémy. Caractérologie : sagacité, spiritualité, connaissance, volonté, originalité.

Noga : Vénus (hébreu). Caractérologie : direction, assurance, énergie, autonomie, audace.

Noha : esprit, sagesse (arabe). Ce prénom rare est porté par près de 500 personnes en France. Caractérologie : intuition, relationnel, fidélité, médiation, adaptabilité.

Nohéa : belle (hawaïen). Caractérologie : intelligence, discrétion, indépendance, médiation, spiritualité.

Nohra : éclat du soleil (grec), lumière (arabe). Ce prénom très rare est porté par près de 300 personnes en France. Variantes : Nora, Norah. Caractérologie : loyauté, sociabilité, réceptivité, diplomatie, résolution.

Nola : championne (celte). Ce prénom rare est porté par près de 700 personnes en France. Tendance : en forte croissance. Caractérologie : famille, équilibre, sens des responsabilités, exigence, influence.

Nolane : championne (celte). Ce prénom très rare est porté par près de 190 personnes en France. Cette forme féminine de Nolan est apparue dans l'Hexagone à la fin des années 1990. Variante : Nolène. Caractérologie : sagacité, philosophie, connaissance, spiritualité, originalité.

Nolwen : blanc, heureux (breton). Voir Nolwenn. Ce prénom est porté par environ 2 000 personnes en France. Il ne devrait pas être attribué à plus de 50 bébés en 2012. Variantes : Nolvenn, Nolween, Nolwene, Nolwenne. Caractérologie : relationnel, intuition, médiation, fidélité, adaptabilité.

Nolwenn : blanc, heureux (breton). Ce prénom est porté par environ 12 000 personnes en France. Il est peu attribué aujourd'hui. Au VIe siècle, sainte Nolwenn s'apprêtait à mener une vie de recluse, mais elle fut courtisée par un seigneur dont elle osa repousser les avances. Fou de rage, il la fit décapiter. La légende raconte qu'elle ramassa sa tête et poursuivit son chemin jusqu'à un lieu de sépulture approprié. Une chapelle lui est dédiée à Noyal-Pontivy, commune du Morbihan dont Nolwenn est la patronne. Caractérologie : sagacité, connaissance, spiritualité, philosophie, originalité.

Noor : lumière (arabe). Ce prénom rare est porté par près de 700 personnes en France. Caractérologie : passion, habileté, ambition, management, force.

Nora : éclat du soleil (grec), lumière (arabe). Ce prénom est porté par environ 17 000 personnes en France. Il figure dans le top 200 national. Tendance : en croissance modérée. Nora et Noora sont en vogue en Suède et en Finlande. Caractérologie : communication, optimisme, pragmatisme, créativité, détermination.

Norah : éclat du soleil (grec), lumière (arabe). Ce prénom est porté par environ 3 000 personnes en France. Il est relativement peu attribué aujourd'hui. Tendance : en croissance modérée. Variante : Norha. Caractérologie : réceptivité, sociabilité, diplomatie, loyauté, détermination.

Noria : lumière (arabe). Ce prénom est porté par environ 1 000 personnes en France. Tendance : stable. Variante : Noriane. Caractérologie : adaptation, enthousiasme, communication, détermination, pratique.

Norine : éclat du soleil (grec). Ce prénom très rare est porté par près de 200 personnes en France. Variantes : Noreen, Norina. Caractérologie : optimisme, communication, créativité, sociabilité, pragmatisme.

Norma : règle (latin). Ce prénom rare est porté par près de 600 personnes en France. Tendance : en croissance modérée. Caractérologie : connaissance, résolution, sagacité, spiritualité, volonté.

Nouhaïla : esprit, sagesse (arabe). Ce prénom très rare est porté par près de 300 personnes en France. Variantes : Nouha, Nouhayla. Caractérologie : rectitude, humanité, rêve, décision, logique.

Nouma : belle, agréable (arabe). Ce prénom est porté par moins de 100 personnes en France. Variante : Numa. Caractérologie : audace, dynamisme, indépendance, direction, volonté.

Nour : lumière (arabe). Ce prénom est porté par environ 5 000 personnes en France. Il figure dans le top 100 national. Tendance : en forte croissance. Épouse du roi Hussein, Nour fut la reine de Jordanie de 1978 à 1999. Variantes : Nore, Nourra, Nur. Caractérologie : énergie, découverte, audace, raisonnement, originalité.

Noura : lumière (arabe), feu (hébreu). Ce prénom est porté par environ 3 000 personnes en France. Il ne devrait pas être attribué à plus de 50 bébés en 2012. Caractérologie : bienveillance, détermination, raisonnement, paix, conscience.

Nouria : lumière (arabe), feu (hébreu). Ce prénom rare est porté par près de 1 000 personnes en France. Variantes : Nouriya, Nooria, Noorya, Nuriya. Caractérologie : sens des responsabilités, équilibre, décision, famille, logique.

Nova : nouveau (latin). Ce prénom est porté par moins de 100 personnes en France.

Variante : Novia. Caractérologie : connaissance, sagacité, spiritualité, originalité, volonté.

Noyale : blanc, heureux (breton). Ce prénom est porté par moins de 100 personnes en France. Caractérologie : altruisme, intégrité, réflexion, amitié, idéalisme.

Nuala : pâle (irlandais). Caractérologie : ténacité, fiabilité, méthode, engagement, sens du devoir.

Nuccia : qui apporte la victoire (grec). Ce prénom est porté par moins de 100 personnes en France. Caractérologie : paix, bienveillance, conseil, conscience, résolution.

Nuria : lieu entre des collines (basque). Se rapporte également au nom du sanctuaire pyrénéen dédié à la Vierge de Nuria. Notons que Núria arbore un accent tonique en Catalogne et qu'il se propage depuis peu en Espagne et en France. Ce prénom très rare est porté par près de 300 personnes en France. Variantes : Nuriah, Nurya. Caractérologie : altruisme, réflexion, idéalisme, intégrité, détermination.

Nyla : championne (celte). Ce prénom très rare est porté par près de 180 personnes en France. Tendance : en forte croissance. Variante : Nila. Caractérologie : originalité, bonté, connaissances, sagacité, spiritualité.

Nymphéa : femme (latin). Se rapporte également aux nymphes qui ont peuplé l'imaginaire des mythologies grecque et romaine. Ce prénom est porté par moins de 100 personnes en France. Caractérologie : relationnel, réalisation, fidélité, adaptabilité, médiation.

Nyoko : trésor (japonais). Caractérologie : force, ambition, passion, habileté, management.

Oana : chaste, pure (grec). Ce prénom est porté par moins de 100 personnes en France. Tendance : en forte croissance. Caractérologie : efficacité, sécurité, honnêteté, persévérance, structure.

Oanell : chaste, pure (grec). Ce prénom est porté par moins de 100 personnes en France. Variantes : Oanel, Oanelle, Oanez. Caractérologie : courage, charisme, indépendance, curiosité, dynamisme.

Obéline : obélisque (grec). Ce prénom est porté par moins de 100 personnes en France. Variantes : Obélia, Obélie. Caractérologie : habileté, ambition, force, passion, analyse.

Océane : océan (grec). Ce prénom, porté par environ 79 000 Françaises, figure dans le top 50 national. Après s'être imposée au 7e rang du classement national en 2000, Océane poursuit son déclin. Fils d'Ouranos et de Gaia dans la mythologie grecque, Océan est l'aîné des Titans. Son union avec sa sœur Téthys engendre 3 000 fils, les fleuves, et autant de filles, les Océanides (nymphes de la mer et des eaux). Variantes : Aucéane, Océana, Océanie. Caractérologie : savoir, intelligence, méditation, sagesse, indépendance.

Océanne : océan (grec). Ce prénom est porté par environ 2 000 personnes en France. Il est très peu attribué aujourd'hui. Voir Océane. Caractérologie : communication, adaptation, pratique, enthousiasme, générosité.

Océlia : contraction d'Océane et Célia. Ce prénom très rare est porté par près de 140 personnes en France. Variante : Océlie. Caractérologie : humanité, raisonnement, générosité, rêve, ouverture d'esprit.

Octavie : huitième (latin). Ce prénom est porté par environ 2 000 personnes en France. Il ne devrait pas être attribué à plus de 50 bébés en 2012. Variantes : Octavia, Octavienne, Ottavia. Caractérologie : optimisme, communication, pragmatisme, volonté, analyse.

Odélia : richesse (germanique). Ce prénom rare est porté par près de 600 personnes en France. Variantes : Odélie, Odelinda, Odell, Odelle. Caractérologie : audace, direction, caractère, logique, dynamisme.

Odeline : richesse (germanique). Ce prénom très rare est porté par près de 300 personnes en France. Caractérologie : direction, audace, caractère, dynamisme, logique.

Odessa : long voyage (grec). Ce prénom très rare est porté par près de 300 personnes en France. Caractérologie : rêve, rectitude, caractère, humanité, ouverture d'esprit.

Odette : richesse (germanique). Ce prénom est porté par environ 117 000 personnes en France. Il ne devrait pas être attribué à plus de 50 bébés en 2012. Variantes : Odete, Odetta, Odiane. Caractérologie : sens des responsabilités, équilibre, volonté, famille, influence.

Odile : richesse (germanique). Ce prénom est porté par environ 82 000 personnes en France. Il ne devrait pas être attribué à plus de 50 bébés en 2012. Variantes : Odila, Odilia, Odyle, Odylle. Caractérologie : intégrité, altruisme, raisonnement, volonté, idéalisme.

Les prénoms rétro du début du XXe siècle

Cette sélection rassemble quelques rayons de soleil du début des années 1900. Après avoir été plongés dans l'oubli, ces petits noms reprennent des couleurs. Certains, comme Apolline, Zélie, Anatole et Augustin, reprennent discrètement le chemin de l'école. D'autres, comme Louis, Jules ou Léonie s'ébattent déjà dans les cours de récréation !

Filles : Adèle, Albanie, Alexine, Aglaé, Alina, Alma, Angèle, Apolline, Armance, Arthémise, Augustine, Blanche, Célestine, Colombe, Dina, Elia, Émerence, Eugénie, Eulalie, Félicie, Fleurine, Gracianne, Honorine, Jeanne, Léona, Léonie, Léontine, Lilly, Louise, Matilde, Noémi, Pétronille, Philomène, Rose, Salomée, Sidonie, Victoire, Victorine, Zélie.

Garçons : Abel, Achille, Aimé, Albert, Alfred, Anatole, Anthime, Antoine, Auguste, Augustin, Célestin, Edgar, Edmond, Émile, Ernest, Eugène, Faustin, Félix, Fernand, Gaston, Gustave, Henri, Joseph, Jules, Léon, Léopold, Louis, Lucien, Marceau, Marius, Max, Melchior, Oscar, Philémon, Rubens, Sully, Théodore, Théophile, Victor, Victorin, Wilhem.

D'autres perles au côté suranné ne méritent pas le désintérêt qui les afflige aujourd'hui. Ci-dessous des prénoms qui furent attribués à une poignée d'enfants au tout début du XXe siècle… avant de disparaître des registres d'état civil. Avis aux amateurs…

Filles : Adonie, Amantine, Amaranthe, Anathilde, Anatoline, Aventine, Cléonice, Cléore, Cyprine, Cyrienne, Émiliette, Eudora, Euranie, Fleurice, Héliade, Isidorine, Lauréa, Léliane, Léonelle, Médarine, Oliphie, Théophanie.

Garçons : Amédé, Ancelin, Apollinaire, Cyriaque, Éléodore, Eudore, Fleury, Floris, Guislain, Jaquelin, Marcelin, Pépin, Rosaire, Saturnin, Théodule, Thiébaut, Urbain, Victorien.

Odille : richesse (germanique). Ce prénom rare est porté par près de 900 personnes en France. Caractérologie : communication, pratique, analyse, volonté, enthousiasme.

Ohanna : Dieu fait grâce (hébreu). Caractérologie : achèvement, vitalité, stratégie, leadership, ardeur.

Oihana : bosquet, bois (basque). Ce prénom rare est porté par près de 700 personnes en France. Variante : Oyana. Caractérologie : communication, enthousiasme, pratique, adaptation, détermination.

Oksana : hospitalier (grec). Ce prénom très rare est porté par près de 400 personnes en France. Variantes : Oksanna, Oksanne. Caractérologie : indépendance, savoir, méditation, intelligence, sagesse.

Olariane : contraction d'Olalia et d'Ariane. Caractérologie : communication, logique, pratique, enthousiasme, décision.

Olfa : entente, harmonie (arabe). Ce prénom rare est porté par près de 900 personnes en France. Variante : Olpha. Caractérologie : intelligence, savoir, indépendance, méditation, sagesse.

Olga : heureuse (germanique). Ce prénom est porté par environ 12 000 personnes en France. Il ne devrait pas être attribué à plus de 50 bébés en 2012. Olga est très répandu en Russie. Caractérologie : vitalité, achèvement, ardeur, stratégie, leadership.

Olinda : aube (grec), violette (latin). Ce prénom très rare est porté par près de 140 personnes en France. Variante : Olynda. Caractérologie : autorité, innovation, énergie, volonté, raisonnement.

Olive : olive (latin). Ce prénom rare est porté par près de 700 personnes en France. Tendance : en forte croissance. Caractérologie : altruisme, analyse, idéalisme, intégrité, volonté.

Olivia : olive (latin). Ce prénom est porté par environ 30 000 personnes en France. Il figure dans le top 100 national. Tendance : en croissance modérée. Olivia est en vogue dans les pays anglophones. Variantes : Oliane, Oliva, Olivéa, Oliviana, Oliviane, Olivie, Olivine. Caractérologie : indépendance, courage, curiosité, dynamisme, analyse.

Olwen : trace blanche (celte). Ce prénom est porté par moins de 100 personnes en France. Olwen est l'une des héroïnes des Mabinogion, contes mythologiques des anciens Gallois. Dans l'Hexagone, Olwen est plus traditionnellement usité en Bretagne. Variante : Olwenn. Caractérologie : paix, conseil, bienveillance, conscience, sagesse.

Olympe : qui vient de l'Olympe (grec). Ce prénom est porté par environ 2 000 personnes en France. Il est peu attribué aujourd'hui. Tendance : en croissance modérée. Caractérologie : curiosité, courage, dynamisme, sympathie, volonté.

Olympia : qui vient de l'Olympe (grec). Ce prénom est porté par moins de 100 personnes en France. Variante : Olympie. Caractérologie : curiosité, courage, dynamisme, sympathie, volonté.

Omayma : jeune mère (arabe). Ce prénom très rare est porté par près de 300 personnes en France. Variantes : Omaïma, Oméima. Caractérologie : dynamisme, curiosité, indépendance, réalisation, courage.

Ombeline : esprit brillant (germanique). Ce prénom est porté par environ 3 000 personnes en France. Il est peu attribué aujourd'hui. Variante : Ombline. Caractérologie : enthousiasme, pratique, volonté, communication, raisonnement.

Ona : bon (basque). Ce prénom est porté par moins de 100 personnes en France. Caractérologie : pragmatisme, communication, sociabilité, optimisme, créativité.

Ondine : flot, vague (latin). Ce prénom rare est porté par près de 1 000 personnes en France. Variante : Ondina. Caractérologie : connaissance, sagacité, spiritualité, originalité, volonté.

Oona : agneau (irlandais). Ce prénom très rare est porté par près de 130 personnes en France. Caractérologie : humanité, rectitude, ouverture d'esprit, rêve, générosité.

Opale : pierre précieuse (sanscrit). Ce prénom très rare est porté par près de 200 personnes en France. Variantes : Opal, Opaline. Caractérologie : structure, persévérance, sécurité, cœur, efficacité.

Ophélia : qui aide (grec). Ce prénom est porté par environ 2 000 personnes en France. Il est très peu attribué aujourd'hui. Variante : Phélia. Caractérologie : communication, enthousiasme, pratique, ressort, analyse.

Ophélie : qui aide (grec). Ce prénom est porté par environ 35 000 personnes en France. Il est relativement peu attribué aujourd'hui. Variantes : Oliphie, Ophéline, Ophély. Caractérologie : connaissance, sagacité, analyse, ressort, spiritualité.

Ophira : en or (hébreu). Variante : Ofira. Caractérologie : méthode, engagement, ténacité, ressort, fiabilité.

Ora : lumière (hébreu). Ce prénom est porté par moins de 100 personnes en France. Variante : Orah. Caractérologie : savoir, intelligence, méditation, indépendance, sagesse.

Orama : inspiration céleste (tahitien). Caractérologie : pratique, adaptation, communication, générosité, enthousiasme.

Orane : en or (latin). Ce prénom est porté par environ 3 000 personnes en France. Il est très peu attribué aujourd'hui. Variante : Oranne. Caractérologie : habileté, ambition, passion, résolution, force.

Orchidée : petit testicule (grec). Ce prénom né dans les années 2 000 se rapporte à la fleur du même nom. Ce prénom est porté par moins de 100 personnes en France. Caractérologie : engagement, méthode, fiabilité, ténacité, sens du devoir.

Oréa : montagnes (grec). Ce prénom est porté par moins de 100 personnes en France. Variante : Oréal. Caractérologie : enthousiasme, pratique, communication, résolution, adaptation.

Orégane : de haute naissance (breton). Ce prénom très rare est porté par près de 150 personnes en France. Caractérologie : réceptivité, détermination, sociabilité, loyauté, diplomatie.

Orélie : en or (latin). Ce prénom très rare est porté par près de 120 personnes en France. Variante : Orélia. Caractérologie : énergie, innovation, autorité, ambition, analyse.

Oria : en or (latin), nom de villages situés au Pays basque et en Italie. Ce prénom très rare est porté par près de 300 personnes en France. Tendance : en forte croissance. Caractérologie : philosophie, spiritualité, sagacité, originalité, connaissance.

Oriana : en or (latin). Ce prénom rare est porté par près de 1 000 personnes en France. Tendance : en croissance modérée. Caractérologie : engagement, fiabilité, ténacité, méthode, décision.

Oriane : en or (latin). Ce prénom est porté par environ 9 000 personnes en France. Il est relativement peu attribué aujourd'hui. Variantes : Oria, Oriola, Orria, Oryane. Caractérologie : ambition, passion, détermination, force, habileté.

Orianna : en or (latin). Ce prénom très rare est porté par près de 200 personnes en France. Caractérologie : décision, ouverture d'esprit, humanité, rectitude, rêve.

Orianne : en or (latin). Ce prénom est porté par environ 3 000 personnes en France. Il ne devrait pas être attribué à plus de 50 bébés en 2012. Caractérologie : persévérance, structure, sécurité, efficacité, décision.

Orina : paix (grec). Orina est très répandu en Russie. Caractérologie : pratique, résolution, communication, adaptation, enthousiasme.

Orinda : pin (hébreu). Caractérologie : résolution, méditation, intelligence, volonté, savoir.

Orla : or, princesse (irlandais), gloire du pays (germanique). Ce prénom est porté par moins de 100 personnes en France. Caractérologie : autorité, innovation, énergie, ambition, raisonnement.

Orlanda : aigle (russe). Ce prénom est porté par moins de 100 personnes en France. Variante : Orlenda. Caractérologie : relationnel, intuition, médiation, analyse, volonté.

Orlane : gloire du pays (germanique). Ce prénom est porté par environ 9 000 personnes en France. Il est relativement peu attribué aujourd'hui. Variantes : Orlanne, Orléane, Orléanne, Orléna, Orlène. Caractérologie : détermination, diplomatie, réceptivité, raisonnement, sociabilité.

Orna : couleur pâle (irlandais). Ce prénom est porté par moins de 100 personnes en France. Caractérologie : pratique, communication, adaptation, détermination, enthousiasme.

Ornella : éclat du soleil (grec). Ce prénom est porté par environ 7 000 personnes en France. Il est relativement peu attribué aujourd'hui. Variante : Ornèla. Caractérologie : dynamisme, logique, courage, décision, curiosité.

Orphanie : princesse (togolais). Caractérologie : découverte, détermination, action, séduction, originalité.

Orphée : prénom mixte révolutionnaire dont l'origine est obscure. Ce prénom très rare est porté par près de 300 personnes en France. Caractérologie : méthode, ténacité, fiabilité, engagement, ressort.

Orphélie : contraction d'Orphée et Ophélie. Ce prénom est porté par moins de 100 personnes en France. Caractérologie : savoir, action, méditation, raisonnement, intelligence.

Osana : santé (basque), qui sauve (hébreu). Ce prénom est porté par moins de 100 personnes en France. Variantes : Osane, Osanna, Osanne. Caractérologie : séduction, énergie, originalité, audace, découverte.

Oscarine : lance divine (germanique). Ce prénom est porté par moins de 100 personnes en France. Caractérologie : communication, décision, optimisme, pragmatisme, logique.

Othilie : riche, prospère (germanique). Ce prénom très rare est porté par près de 500 personnes en France. Dans l'Hexagone, Othilie est plus traditionnellement usité en Alsace. Variantes : Othélie, Ottilie. Caractérologie : bienveillance, paix, finesse, conscience, analyse.

Otilia : riche, prospère (germanique). Ce prénom très rare est porté par près de 130 personnes en France. Caractérologie : pragmatisme, communication, logique, optimisme, gestion.

Ouarda : rose (arabe). Ce prénom est porté par environ 1 000 personnes en France. Tendance : stable. Variantes : Oirda, Ourda. Caractérologie : sens des responsabilités, analyse, influence, équilibre, famille.

Ouardia : rose (arabe). Ce prénom rare est porté par près de 500 personnes en France. Caractérologie : bienveillance, conseil, conscience, logique, paix.

Ouidad : fidèle et affectionnée (arabe). Ce prénom très rare est porté par près de 150 personnes en France. Variantes : Ouidade, Ouided. Caractérologie : rêve, rectitude, humanité, raisonnement, ouverture d'esprit.

Oulfa : entente, harmonie (arabe). Ce prénom très rare est porté par près de 200 personnes en France. Caractérologie : audace, direction, indépendance, assurance, dynamisme.

Oumaïma : jeune mère (arabe). Ce prénom rare est porté par près de 700 personnes en France. Variantes : Oum, Ouma. Caractérologie : direction, indépendance, audace, logique, dynamisme.

Oumayma : jeune mère (arabe). Ce prénom rare est porté par près de 600 personnes en France. Variantes : Omaya, Oumou, Umay, Umayma, Oumy. Caractérologie : vitalité, stratégie, achèvement, réalisation, ardeur.

Ourdia : rose (arabe). Ce prénom très rare est porté par près de 300 personnes en France. Caractérologie : originalité, découverte, énergie, audace, analyse.

Oxana : hospitalier (grec). Ce prénom très rare est porté par près de 400 personnes en France. Variantes : Oxane, Oxanna, Oxanne. Caractérologie : audace, direction, dynamisme, indépendance, assurance.

Oxane : hospitalier (grec). Ce prénom très rare est porté par près de 130 personnes en France. Caractérologie : découverte, énergie, audace, séduction, originalité.

Palmyre : palmiers (hébreu). Ce prénom rare est porté par près de 700 personnes en France. Variantes : Palma, Palmira, Palmire. Caractérologie : idéalisme, sympathie, réalisation, altruisme, intégrité.

Paloma : colombe (espagnol). Ce prénom, porté par environ 5 000 Françaises, figure dans le top 200 national. Tendance : en croissance modérée. Paloma se rapporte également à la Vierge de la Paloma (Notre-Dame-de-la-Colombe, à Madrid). Caractérologie : persévérance, structure, sécurité, efficacité, réussite.

Paméla : sucré (grec). Ce prénom est porté par environ 9 000 personnes en France. Il ne devrait pas être attribué à plus de 50 bébés en 2012. Variantes : Pam, Pamella. Caractérologie : sympathie, communication, pratique, enthousiasme, réalisation.

Paola : petit, faible (latin). Ce prénom est porté par environ 7 000 personnes en France. Il est relativement peu attribué aujourd'hui. Dans l'Hexagone, Paola est plus traditionnellement usité en Bretagne. Variante : Paolina. Caractérologie : altruisme, idéalisme, réflexion, dévouement, intégrité.

Paoline : petit, faible (latin). Ce prénom très rare est porté par près de 180 personnes en France. Caractérologie : rêve, bonté, rectitude, raisonnement, humanité.

Pâquerette : perle (grec). Ce prénom est porté par environ 1 000 personnes en France. Tendance : stable. Caractérologie : relationnel, médiation, ressort, finesse, intuition.

Paquita : libre (latin). Ce prénom rare est porté par près de 900 personnes en France. Caractérologie : structure, persévérance, action, sécurité, organisation.

Pascale : passage (hébreu). Ce prénom est porté par environ 100 000 personnes en France. Il ne devrait pas être attribué à plus de 50 bébés en 2012. Caractérologie : pratique, communication, enthousiasme, sympathie, adaptation.

Pascaline : passage (hébreu). Ce prénom est porté par environ 11 000 personnes en France. Il ne devrait pas être attribué à plus de 50 bébés en 2012. Caractérologie : stratégie, achèvement, décision, vitalité, cœur.

Patricia : noble personne (latin). Ce prénom est porté par environ 202 000 personnes en France. Il ne devrait pas être attribué à plus de 50 bébés en 2012. Variantes : Patriciane, Patricie, Patrizia, Patsy, Pattie, Patty. Caractérologie : énergie, gestion, découverte, originalité, audace.

Paula : petit, faible (latin). Ce prénom est porté par environ 4 000 personnes en France. Il ne devrait pas être attribué à plus de 50 bébés en 2012. Paula est très en vogue en Espagne. Variante : Pola. Caractérologie : paix, bienveillance, conscience, conseil, sagesse.

Paule : petit, faible (latin). Ce prénom est porté par environ 26 000 personnes en France. Il ne devrait pas être attribué à plus de 50 bébés en 2012. Caractérologie : autorité, énergie, innovation, ambition, cœur.

Paulette : petit, faible (latin). Ce prénom est porté par environ 142 000 personnes en France. Il ne devrait pas être attribué à plus de 50 bébés en 2012. Caractérologie : autorité, énergie, innovation, organisation, bonté.

Paulina : petit, faible (latin). Ce prénom très rare est porté par près de 400 personnes en France. Caractérologie : sociabilité, réceptivité, diplomatie, décision, cœur.

Pauline : petit, faible (latin). Ce prénom, porté par environ 131 000 Françaises, figure dans le top 50 national. Tendance : en décroissance modérée. Après une éclipse d'un demi-siècle, Pauline a orchestré son retour en fanfare dans les années 1980. C'est l'un des tout premiers prénoms qui a nourri la vague du rétro. Pauline Bonaparte, sœur de Napoléon Ier, et sainte Pauline, missionnaire belge martyrisée en Chine en 1901, illustrèrent ce prénom. Variantes : Paulia, Pauliana, Paulienne, Paulyne. Caractérologie : paix, résolution, bienveillance, conscience, sympathie.

Paz : or (hébreu), paix (espagnol). Ce prénom est porté par moins de 100 personnes en France. En Espagne, Paz se réfère à la Vierge de la Paix. Caractérologie : sagacité, connaissance, philosophie, spiritualité, originalité.

Pearl : perle (grec). Ce prénom très rare est porté par près de 300 personnes en France. Caractérologie : détermination, bonté, sagacité, connaissance, spiritualité.

Peggy : perle (grec). Ce prénom est porté par environ 17 000 personnes en France. Il ne devrait pas être attribué à plus de 50 bébés en 2012. Variantes : Peg, Peggie. Caractérologie : exigence, équilibre, sens des responsabilités, famille, influence.

Pélagie : haute mer (grec). Ce prénom rare est porté par près de 700 personnes en France. Variantes : Pélage, Pélagia. Caractérologie : audace, direction, détermination, dynamisme, bonté.

Penda : celle qui est pourvue de nombreuses capacités (grec). Ce prénom très rare est porté par près de 400 personnes en France. Tendance : en forte croissance. Variante : Pandora. Caractérologie : méthode, fiabilité, ténacité, engagement, réalisation.

Pénélope : tisserande (grec). Pénélope est l'épouse fidèle d'Ulysse et la mère de Télémaque dans l'*Iliade* et l'*Odyssée* d'Homère. Ce prénom est porté par environ 3 000 personnes en France. Il est relativement peu attribué aujourd'hui. Tendance : en croissance modérée. Variante : Penny. Caractérologie : connaissance, sagacité, originalité, spiritualité, bonté.

Pépita : Dieu ajoutera (hébreu). Ce prénom très rare est porté par près de 200 personnes en France. Pepita est plus particulièrement répandu en Espagne. Caractérologie : efficacité, sécurité, structure, détermination, persévérance.

Périne : petit caillou (grec). Ce prénom rare est porté par près de 700 personnes en France. Variantes : Périna, Périnne. Caractérologie : sécurité, persévérance, structure, efficacité, honnêteté.

Perle : perle (grec). Ce prénom est porté par environ 2 000 personnes en France. Il est très peu attribué aujourd'hui. Variantes : Perla, Perlina, Perline. Caractérologie : réceptivité, diplomatie, sociabilité, loyauté, bonté.

Pernelle : petit caillou (grec). Ce prénom très rare est porté par près de 400 personnes en France. Variantes : Pernille, Péronelle, Péroline, Péronille, Péronne, Péronnelle. Caractérologie : paix, conscience, bienveillance, amitié, conseil.

Perrine : petit caillou (grec). Ce prénom est porté par environ 21 000 personnes en France. Il est relativement peu attribué aujourd'hui. Variantes : Perrina, Perryne. Caractérologie : persévérance, structure, honnêteté, sécurité, efficacité.

Perséphone : celle qui est prospère (grec). Caractérologie : méthode, ténacité, fiabilité, ressort, résolution.

Persia : de Perse (grec). Caractérologie : énergie, découverte, décision, originalité, audace.

Petra : petit caillou (grec). Ce prénom très rare est porté par près de 200 personnes en France. Dans l'Hexagone, Petra est plus traditionnellement usité au Pays basque. Caractérologie : paix, détermination, conscience, bienveillance, conseil.

Pétronille : petit caillou (grec). Ce prénom rare est porté par près de 600 personnes en France. Tendance : en croissance modérée. Caractérologie : humanité, rêve, amitié, rectitude, raisonnement.

Pétula : impatiente (anglais). Ce prénom est porté par moins de 100 personnes en France. Caractérologie : cœur, pragmatisme, optimisme, communication, gestion.

Pétunia : fleur (latin). Caractérologie : résolution, dynamisme, sympathie, curiosité, courage.

Phanie : libre (latin). Ce prénom est porté par moins de 100 personnes en France. Caractérologie : force, ambition, action, décision, habileté.

Phénicia : se rapporte au Phénix qui parvint, dans la mythologie égyptienne, à renaître de ses cendres. Ce prénom est porté par moins de 100 personnes en France. Caractérologie : médiation, intuition, relationnel, amitié, action.

Philadelphia : aimer, frère (grec). Ce prénom est porté par moins de 100 personnes en France. Variante : Philadelphie. Caractérologie : réceptivité, action, sociabilité, réussite, diplomatie.

Philaé : qui aime (grec). Ce prénom très rare est porté par près de 100 personnes en France. Variantes : Phila, Philia, Phillie. Caractérologie : bienveillance, paix, ressort, sympathie, conscience.

Philippa : qui aime les chevaux (grec). Ce prénom très rare est porté par près de 100 personnes en France. Variantes : Filippa, Fily. Variante occitane : Felipa. Caractérologie : équilibre, ressort, famille, sens des responsabilités, influence.

Philippine : qui aime les chevaux (grec). Ce prénom est porté par environ 5 000 personnes en France. Il est peu attribué aujourd'hui. Variante : Philipine. Caractérologie : amitié, paix, conscience, bienveillance, action.

Philomène : qui aime la lune (grec). Ce prénom est porté par environ 5 000 personnes en France. Il est peu attribué aujourd'hui. Tendance : en croissance modérée. Variantes : Filomena, Philoména. Caractérologie : sagacité, spiritualité, connaissance, raisonnement, volonté.

Philys : feuille (grec). Caractérologie : ambition, habileté, passion, force, action.

Phœbé : brillante, lumineuse (grec). Ce prénom rare est porté par près de 700 personnes en France. Phœbé est le nom d'un des satellites de Saturne. Dans la mythologie grecque, Phœbé était l'autre nom d'Artémis. Variantes : Phébée, Phèbe. Caractérologie : bienveillance, conscience, paix, finesse, conseil.

Phuong : phénix, flamboyant (vietnamien). Ce prénom très rare est porté par près de 150 personnes en France. Caractérologie : réflexion, idéalisme, altruisme, intégrité, sympathie.

Pia : pieuse (latin). Ce prénom est porté par environ 2 000 personnes en France. Il est très peu attribué aujourd'hui. Dans l'Hexagone, Pia est plus traditionnellement usité au Pays basque. Caractérologie : vitalité, achèvement, ardeur, leadership, stratégie.

Pierrette : petit caillou (grec). Ce prénom est porté par environ 66 000 personnes en France. Il ne devrait pas être attribué à plus de 50 bébés en 2012. Variantes : Perrette, Pierra, Pierret. Caractérologie : management, ambition, force, passion, habileté.

Pimprenelle : plante des prés à fleurs pourpres. Ce prénom est porté par moins de 100 personnes en France. Caractérologie : vitalité, achèvement, stratégie, ardeur, décision.

Poe : perle (tahitien). Caractérologie : rectitude, humanité, rêve, générosité, ouverture d'esprit.

Idées de prénoms triculturels

Le tableau ci-dessous propose une sélection de prénoms francophones et leurs équivalents anglophones et hispanophones. Cette sélection sera utile aux parents qui souhaitent trouver un prénom dont l'orthographe ou la prononciation reste identique dans de nombreuses régions du monde.

Prénom francophone	Prénom anglophone	Prénom hispanophone
Alexa	Alexa	Alexia
Alicia	Alicia	Alicia
Alison	Alison	Alison
Alyssa	Alyssa	Alyssa
Amélie	Emily	Amelia
Anna	Hannah	Anna, Ana
Barbara	Barbara	Bárbara
Carla	Carla	Carla
Chloé	Chloe	Cloe
Clara	Clara	Clara
Claudia	Claudia	Claudia
Déborah	Deborah	Débora
Eléna	Elena	Elena
Emma	Emma	Emma
Éva, Ève	Ava, Evie	Ava, Eva
Gabriella	Gabriella	Gabriela
Inès	–	Inés
Jade	Jade	Jade
Julia	Julia	Julia
Laura	Laura	Laura
Lara	Lara	Lara
Lina	Lina	Lina
Lola	Lola	Lola
Lisa	Lisa	Luisa
Lucie	Lucy	Lucía
Madeleine, Madeline	Madeleine, Madeline	Magdalena
Marie	Mary	María
Maude	Maud	Maud
Maya	Maya	Maïa, Maya
Mélissa	Melissa	Melisa
Mia	Mia	Mía
Nora(h)	Norah	Nora
Nicole	Nicole	Nicole
Olivia	Olivia	Olivia
Pauline	Pauline	Paula, Paulina
Rose	Rose	Rosa
Sarah	Sarah	Sara
Sophie, Sofia	Sophie, Sofia	Sofía
Valentine	Valentina	Valentina
Victoria	Victoria	Victoria
Zoé	Zoe	Zoé

Poema : perle des mers profondes (tahitien). Ce prénom est porté par moins de 100 personnes en France. Caractérologie : volonté, structure, honnêteté, sens du devoir, efficacité.

Pollyanna : celle qui élève (hébreu). Ce prénom est porté par moins de 100 personnes en France. Variante : Pollyanne. Caractérologie : diplomatie, loyauté, sociabilité, réceptivité, cœur.

Pomme : ce prénom issu du calendrier révolutionnaire se rapporte au nom du fruit. Il est porté par moins de 100 personnes en France. Sainte Fleur, religieuse auvergnate du XIVe siècle, est la patronne de Pomme. Variante : Pomeline. Caractérologie : achèvement, ardeur, vitalité, volonté, stratégie.

Precillia : ancien (latin). Ce prénom rare est porté par près de 700 personnes en France. Variante : Precilia. Caractérologie : fiabilité, ténacité, méthode, décision, cœur.

Prescilia : ancien (latin). Ce prénom est porté par environ 2 000 personnes en France. Il ne devrait pas être attribué à plus de 50 bébés en 2012. Variante : Prescylia. Caractérologie : réceptivité, diplomatie, sociabilité, résolution, sympathie.

Prescilla : ancien (latin). Ce prénom est porté par environ 1 000 personnes en France. Tendance : stable. Caractérologie : découverte, bonté, détermination, énergie, audace.

Prescillia : ancien (latin). Ce prénom est porté par environ 5 000 personnes en France. Il ne devrait pas être attribué à plus de 50 bébés en 2012. Caractérologie : énergie, découverte, audace, sympathie, résolution.

Prima : premier (latin). Caractérologie : enthousiasme, communication, pratique, adaptation, réalisation.

Princesse : celle qui est au-dessus (latin). Ce prénom très rare est porté par près de 140 personnes en France. Caractérologie : rêve, humanité, rectitude, amitié, détermination.

Prisca : ancien (latin). Ce prénom est porté par environ 4 000 personnes en France. Il ne devrait pas être attribué à plus de 50 bébés en 2012. Variante : Priska. Caractérologie : créativité, pragmatisme, optimisme, communication, sociabilité.

Priscilia : ancien (latin). Ce prénom est porté par environ 1 000 personnes en France. Tendance : stable. Caractérologie : famille, sens des responsabilités, équilibre, influence, exigence.

Priscilla : ancien (latin). Ce prénom est porté par environ 13 000 personnes en France. Il ne devrait pas être attribué à plus de 50 bébés en 2012. Caractérologie : humanité, rectitude, rêve, générosité, tolérance.

Priscille : ancien (latin). Ce prénom est porté par environ 2 000 personnes en France. Il ne devrait pas être attribué à plus de 50 bébés en 2012. Caractérologie : sécurité, résolution, structure, sympathie, persévérance.

Priscillia : ancien (latin). Ce prénom est porté par environ 8 000 personnes en France. Il ne devrait pas être attribué à plus de 50 bébés en 2012. Variantes : Priscila, Prissie, Pricilla, Pricillia. Caractérologie : altruisme, intégrité, idéalisme, dévouement, réflexion.

Privela : charisme, princesse (breton). Caractérologie : sociabilité, diplomatie, cœur, réussite, réceptivité.

Priya : qui est aimée (sanscrit). Ce prénom très rare est porté par près de 130 personnes en France. Tendance : en forte croissance. Caractérologie : conscience, paix, conseil, bienveillance, sagesse.

Prudence : prudente (latin). Ce prénom rare est porté par près de 900 personnes en France. Variantes : Prudencia, Prudie, Prudy. Caractérologie : audace, énergie, découverte, originalité, sympathie.

Prune : ce prénom issu du calendrier révolutionnaire désigne le fruit du prunier. Il est porté par environ 2 000 personnes en France, mais il est peu attribué aujourd'hui. Sainte Fleur, religieuse auvergnate du XIVe siècle, est la patronne de Prune. Variante : Prunelle. Caractérologie : intuition, relationnel, médiation, cœur, fidélité.

Pulchérie : beauté (latin). Ce prénom très rare est porté par près de 300 personnes en France. Caractérologie : méditation, sympathie, savoir, ressort, intelligence.

Quinta : cinquième (latin). Variante : Quinte. Caractérologie : innovation, autorité, énergie, attention, décision.

Quiterie : calme et tranquille (latin). Ce prénom basque est porté par près de 300 personnes en France. Variante occitane : Quiteira. Caractérologie : dynamisme, curiosité, courage, indépendance, sensibilité.

Quitterie : calme et tranquille (latin). Ce prénom est porté par environ 1 000 personnes en France. Il est très peu attribué aujourd'hui. Variante : Quitteri. Caractérologie : sagacité, connaissance, spiritualité, sensibilité, originalité.

Rabia : jardin (arabe). Ce prénom est porté par environ 2 000 personnes en France. Ancienne esclave affranchie par son maître au VIIIe siècle, celle qui fut surnommée « la sainte de Basra » était une mystique musulmane originaire d'Iraq. Elle a introduit dans le soufisme la nécessité de vénérer Dieu de manière désintéressée, afin que la foi ne soit pas guidée par l'attrait d'une récompense ou la crainte de représailles. Variantes : Rabah, Rabha, Rabiya, Rabiye, Rabiaa. Caractérologie : sécurité, persévérance, efficacité, honnêteté, structure.

Rachel : brebis (hébreu). Ce prénom est porté par environ 39 000 personnes en France. Il est relativement peu attribué aujourd'hui. Dans l'Ancien Testament, Rachel est l'épouse de Jacob et la mère du grand patriarche Joseph. Caractérologie : diplomatie, réceptivité, sociabilité, loyauté, détermination.

Rachèle : brebis (hébreu). Ce prénom rare est porté par près de 700 personnes en France. Tendance : en croissance modérée. Caractérologie : résolution, connaissance, sagacité, spiritualité, originalité.

Rachelle : brebis (hébreu). Ce prénom est porté par environ 4 000 personnes en France. Il ne devrait pas être attribué à plus de 50 bébés en 2012. Caractérologie : innovation, autorité, énergie, ambition, résolution.

Rachida : bien guidée, qui a la foi (arabe). Ce prénom est porté par environ 6 000 personnes en France. Il ne devrait pas être attribué à plus de 50 bébés en 2012. Caractérologie : leadership, vitalité, achèvement, stratégie, ardeur.

Radegonde : conseil, guerre (germanique). Ce prénom très rare est porté par près de 150 personnes en France. Caractérologie : énergie, volonté, innovation, autorité, réalisation.

Radia : comblée (arabe). Ce prénom est porté par environ 1 000 personnes en France. Tendance : stable. Variantes : Radhia, Rida. Caractérologie : conscience, bienveillance, sagesse, paix, conseil.

Radija : comblée (arabe). Ce prénom très rare est porté par près de 400 personnes en France. Variantes : Radidja, Rhadija. Caractérologie : connaissance, originalité, philosophie, sagacité, spiritualité.

Rafaëla : Dieu a guéri (hébreu). Ce prénom très rare est porté par près de 300 personnes en France. Dans l'Hexagone, Rafaëla est plus traditionnellement usité au Pays basque. Variantes : Raffaëla, Rafaëlla. Variante basque : Rafæla. Caractérologie : ambition, décision, force, habileté, logique.

Rahma : qui pardonne (arabe). Ce prénom est porté par environ 2 000 personnes en France. Il est peu attribué aujourd'hui. Tendance : en croissance modérée. Variante : Rahima. Caractérologie : curiosité, dynamisme, indépendance, charisme, courage.

Rai : confiance (japonais). Caractérologie : direction, assurance, indépendance, dynamisme, audace.

Raïa : proche de Dieu (hébreu), variante de Raya. Variante : Rahia. Caractérologie : diplomatie, réceptivité, bonté, loyauté, sociabilité.

Raïssa : déluge (arabe). Ce prénom est porté par environ 2 000 personnes en France.

Il ne devrait pas être attribué à plus de 50 bébés en 2012. Caractérologie : ténacité, engagement, méthode, fiabilité, sens du devoir.

Raja : espoir (arabe). Ce prénom rare est porté par près de 1 000 personnes en France. Variantes : Radja, Rajah. Caractérologie : communication, pragmatisme, optimisme, créativité, sociabilité.

Rajaa : espoir (arabe). Ce prénom rare est porté par près de 500 personnes en France. Variante : Rajae. Caractérologie : fiabilité, sens du devoir, ténacité, méthode, engagement.

Rama : élevée (hébreu). Ce prénom très rare est porté par près de 200 personnes en France. Tendance : en forte croissance. Caractérologie : bienveillance, paix, conscience, conseil, sagesse.

Ramia : habileté (arabe). Ce prénom est porté par moins de 100 personnes en France. Caractérologie : conscience, bienveillance, paix, conseil, sagesse.

Ramona : qui conseille avec sagesse (germanique). Ce prénom très rare est porté par près de 400 personnes en France. Dans l'Hexagone, Ramona est plus traditionnellement usité au Pays basque. Variante occitane : Raimonda. Caractérologie : habileté, ambition, force, volonté, résolution.

Rana : riche et noble (arabe). Ce prénom très rare est porté par près de 400 personnes en France. Caractérologie : méditation, intelligence, détermination, indépendance, savoir.

Randa : arbuste odorant (arabe), protection (scandinave). Ce prénom très rare est porté par près de 300 personnes en France. Caractérologie : diplomatie, sociabilité, réceptivité, loyauté, détermination.

Rania : riche et noble (arabe). Ce prénom est porté par environ 5 000 personnes en France. Il est relativement peu attribué aujourd'hui. Variantes : Raniha, Rahnia, Rhania, Ranya. Caractérologie : spiritualité, connaissance, détermination, sagacité, originalité.

Raphaële : Dieu a guéri (hébreu). Ce prénom est porté par environ 3 000 personnes en France. Il ne devrait pas être attribué à plus de 50 bébés en 2012. Variantes : Rafaële, Rafaëlle. Caractérologie : pragmatisme, communication, ressort, optimisme, sympathie.

Raphaëlla : Dieu a guéri (hébreu). Ce prénom rare est porté par près de 500 personnes en France. Variante : Raphaëla. Caractérologie : diplomatie, réceptivité, sociabilité, cœur, action.

Raphaëlle : Dieu a guéri (hébreu). Ce prénom est porté par environ 10 000 personnes en France. Il est relativement peu attribué aujourd'hui. Caractérologie : conscience, bienveillance, sympathie, paix, ressort.

Raquel : brebis (hébreu). Ce prénom rare est porté par près de 800 personnes en France. Raquel est très répandu dans les pays hispanophones. Caractérologie : relationnel, intuition, fidélité, médiation, détermination.

Rayana : forme féminine de Rayan : petite reine (irlandais), belle, désaltérée (arabe). Ce prénom très rare est porté par près de 200 personnes en France. Variantes : Rahiana, Raïana, Raya, Rayenne, Rayhane.

Caractérologie : conseil, bienveillance, paix, conscience, sagesse.

Raymonde : qui conseille avec sagesse (germanique). Ce prénom est porté par environ 93 000 personnes en France. Il ne devrait pas être attribué à plus de 50 bébés en 2012. Variantes : Raymonda, Raymone. Caractérologie : découverte, audace, énergie, caractère, réussite.

Rébecca : rassasiée (hébreu). Ce prénom est porté par environ 12 000 personnes en France. Il est relativement peu attribué aujourd'hui. À la mort de Sarah, Eliezer est chargé de trouver une épouse pour Isaac. Il est séduit par la beauté et la générosité de Rébecca qui lui offre l'eau de son puits et en abreuve ses bêtes. Eliezer présente Rébecca à Isaac et une belle histoire d'amour naît de cette rencontre. Né quelques instants avant Jacob, Ésaü est considéré comme l'aîné de leurs jumeaux, celui auquel Isaac doit transmettre l'Alliance. Mais Rébecca préfère Jacob et l'aide à usurper la bénédiction qu'Isaac croit donner à Ésaü. Variante : Rébeca. Variante basque : Rebeka. Caractérologie : direction, dynamisme, décision, gestion, audace.

Régina : reine (latin). Ce prénom est porté par environ 3 000 personnes en France. Il ne devrait pas être attribué à plus de 50 bébés en 2012. Regina est très répandu en Italie. En France, ce prénom est plus traditionnellement usité en Alsace et en Corse. Caractérologie : intégrité, idéalisme, réflexion, altruisme, décision.

Régine : reine (latin). Ce prénom est porté par environ 57 000 personnes en France. Il ne devrait pas être attribué à plus de 50 bébés en 2012. Caractérologie : ténacité, méthode, fiabilité, engagement, sens du devoir.

Réhan : basilique (arabe). Variantes : Raïan, Raïane, Rayhan, Réhane. Caractérologie : bienveillance, paix, conscience, conseil, détermination.

Reiko : enfant de la gratitude, enfant de la grâce (japonais). Caractérologie : efficacité, structure, persévérance, sécurité, honnêteté.

Reine : reine (latin). Ce prénom est porté par environ 19 000 personnes en France. Il ne devrait pas être attribué à plus de 50 bébés en 2012. Variante basque et occitane : Reina. Caractérologie : conscience, paix, bienveillance, conseil, sagesse.

Réjane : reine (latin). Ce prénom est porté par environ 9 000 personnes en France. Il ne devrait pas être attribué à plus de 50 bébés en 2012. Variantes : Réjanne, Réjeane, Réjine. Caractérologie : ambition, force, habileté, passion, résolution.

Renalde : qui conseille avec sagesse (germanique). Variante : Rayna. Caractérologie : découverte, audace, originalité, énergie, détermination.

Renata : renaître (latin). Ce prénom très rare est porté par près de 400 personnes en France. Variante : Renate. Caractérologie : originalité, découverte, audace, détermination, énergie.

Renda : arbuste odorant (arabe), protection (scandinave). Ce prénom est porté par moins de 100 personnes en France. Caractérologie : influence, équilibre, sens des responsabilités, famille, décision.

Renée : renaître (latin). Ce prénom est porté par environ 123 000 personnes en France. Il ne devrait pas être attribué à plus de 50 bébés en 2012. Variante : Rena. Caractérologie : diplomatie, réceptivité, sociabilité, loyauté, bonté.

Reva : voûte céleste (tahitien), rassasiée (hébreu). Ce prénom est porté par moins de 100 personnes en France. Caractérologie : dynamisme, audace, direction, détermination, indépendance.

Rexana : aube (perse). Caractérologie : réflexion, idéalisme, décision, intégrité, altruisme.

Reyhan : contraction féminine de Ryan et Rayane. Ce prénom très rare est porté par près de 200 personnes en France. Caractérologie : ambition, habileté, force, détermination, action.

Rhéa : fleur, protectrice des cités (grec/latin). Ce prénom est porté par moins de 100 personnes en France. Dans la mythologie grecque, Rhéa désespère de voir Cronos avaler ses nouveau-nés (il pense ainsi échapper à la prophétie selon laquelle un de ses fils le détrônera). Elle cache Zeus en Crète et présente à Cronos une pierre entourée de langes en guise d'enfant, ce qu'il s'empresse d'avaler. Cette supercherie permet à Zeus d'accomplir son destin à l'âge adulte : il détrône son père et le force à restituer ses frères. Dans la mythologie romaine, Rhéa est l'autre nom de Cybèle, la mère des dieux associée à la terre et la fertilité. Caractérologie : curiosité, dynamisme, détermination, indépendance, courage.

Rhéane : fleur, protectrice des cités (grec/latin). Voir Rhéa. Caractérologie : équilibre, sens des responsabilités, résolution, exigence, famille, ouverture d'esprit.

Rhoda : rose (grec). Ce prénom est porté par moins de 100 personnes en France. Variantes : Rhode, Rhodia. Caractérologie : audace, dynamisme, indépendance, direction, assurance.

Rhonda : rivière (celte). Ce prénom est porté par moins de 100 personnes en France. Caractérologie : conscience, paix, bienveillance, détermination, volonté.

Riana : petite reine (irlandais), belle, désaltérée (arabe). Ce prénom est porté par moins de 100 personnes en France. Tendance : en forte croissance. Variantes : Ryana, Ryhana. Caractérologie : connaissances, spiritualité, décision, originalité, sagacité.

Richarde : puissant gouverneur (germanique). Ce prénom très rare est porté par près de 160 personnes en France. Caractérologie : pragmatisme, communication, résolution, optimisme, créativité.

Riham : pluie fine (arabe). Ce prénom très rare est porté par près de 200 personnes en France. Caractérologie : efficacité, persévérance, honnêteté, structure, sécurité.

Rihana : ce prénom moderne a grandi en Angleterre avant d'apparaître en France en 2002. Il doit tout ou partie de son existence à Ryan, dont le succès a inspiré plusieurs dérivés féminins. Dans la mythologie galloise, Rhiannon est la déesse de la Fertilité et de la Lune. Ce prénom très rare est porté par près de 200 personnes en France. Tendance : en forte croissance. Caractérologie : conscience, résolution, conseil, paix, sagesse.

Rihanna : voir Rihana. Nul doute que la chanteuse antillaise Rihanna (de son vrai nom Robyn Fenty) a accéléré l'émergence de ce prénom. Les premières Rihanna de France sont nées en 2005. Ce prénom rare est porté par près de 700 personnes en France. Tendance : en forte croissance. Variante : Rihana. Caractérologie : médiation, relationnel, fidélité, adaptabilité, intuition.

Rima : antilope (arabe). Ce prénom rare est porté par près de 500 personnes en France. Variantes : Reem, Rim, Rym, Ryma, Rime. Caractérologie : curiosité, dynamisme, courage, charisme, indépendance.

Rina : joie, bonheur (hébreu). Ce prénom est porté par environ 1 000 personnes en France. Tendance : en forte croissance. Caractérologie : paix, bienveillance, conscience, conseil, détermination.

Rinda : don de Dieu (grec). Caractérologie : résolution, dynamisme, audace, direction, indépendance.

Rita : perle (grec). Ce prénom est porté par environ 6 000 personnes en France. Il est très peu attribué aujourd'hui. Rita est très répandu en Italie. Variante : Ritta. Caractérologie : créativité, pragmatisme, sociabilité, optimisme, communication.

Rivka : rassasiée (hébreu). Ce prénom très rare est porté par près de 400 personnes en France. Caractérologie : savoir, méditation, indépendance, intelligence, sagesse.

Rizlane : gazelle (arabe). Ce prénom très rare est porté par près de 400 personnes en France. Variante : Rhizlane. Caractérologie : structure, sécurité, efficacité, détermination, persévérance.

Roanna : en ascension, bois de santal (sanscrit), roux (irlandais). Variantes : Roanne, Rohanna, Rohanne. Caractérologie : réflexion, idéalisme, altruisme, détermination, intégrité.

Robanne : contraction de Roberte et Anne. Caractérologie : influence, décision, famille, équilibre, sens des responsabilités.

Roberte : brillant, gloire (germanique). Ce prénom est porté par environ 8 000 personnes en France. Il ne devrait pas être attribué à plus de 50 bébés en 2012. Variante : Roberta. Caractérologie : médiation, adaptabilité, fidélité, relationnel, intuition.

Robertine : brillant, gloire (germanique). Ce prénom très rare est porté par près de 400 personnes en France. Variantes : Robine, Robyn. Caractérologie : connaissance, spiritualité, sagacité, originalité, philosophie.

Rocca : reposée (germanique). Caractérologie : méthode, ténacité, engagement, fiabilité, analyse.

Rogatienne : requête (latin). Ce prénom est porté par moins de 100 personnes en France. Caractérologie : idéalisme, décision, réflexion, altruisme, intégrité.

Rohana : en ascension, bois de santal (sanscrit), roux (irlandais). Caractérologie : pratique, communication, enthousiasme, adaptation, décision.

Rolande : gloire du pays (germanique). Ce prénom est porté par environ 28 000 personnes en France. Il ne devrait pas être attribué à plus de 50 bébés en 2012. Caractérologie : famille, sens des responsabilités, logique, équilibre, caractère.

Rollande : gloire du pays (germanique). Ce prénom est porté par environ 1 000 personnes en France. Tendance : stable. Caractérologie : humanité, rectitude, rêve, volonté, analyse.

Romaine : romaine (latin). Ce prénom est porté par environ 1 000 personnes en France. Tendance : stable. Caractérologie : communication, enthousiasme, pratique, décision, caractère.

Romana : romaine (latin). Ce prénom très rare est porté par près de 140 personnes en France. Variantes : Romanella, Romanie, Romélie, Romina. Caractérologie : ambition, force, habileté, décision, caractère.

Romance : de Rome (latin), chanson sentimentale (français). Ce prénom très rare est porté par près de 300 personnes en France. Caractérologie : caractère, sens des responsabilités, logique, équilibre, famille.

Romane : romaine (latin). Ce prénom, porté par environ 42 000 Françaises, figure dans le top 50 national. Tendance : stable. Bien que les premières Romane de France soient nées en 1912, ce prénom est longtemps resté inconnu. Ses attributions, limitées dans des proportions infimes, restent de mise jusqu'à leur envol dans les années 1990. La popularité de l'actrice française Romane Bohringer a joué un rôle décisif dans cette évolution. Caractérologie : pragmatisme, communication, optimisme, détermination, volonté.

Romarine : se rapporte au romarin, plante dont le nom signifie « rosée de mer » (latin). Caractérologie : communication, pratique, résolution, enthousiasme, volonté.

Roméa : de Rome (latin). Ce prénom est porté par moins de 100 personnes en France. Dans l'Hexagone, Romea est plus traditionnellement usité au Pays basque. Variantes : Roma, Romée. Caractérologie : sagacité, connaissance, spiritualité, caractère, décision.

Romy : romaine (latin). Ce prénom est porté par environ 4 000 personnes en France. Il figure dans le top 200 national. Tendance : en forte croissance. Caractérologie : ardeur, vitalité, achèvement, stratégie, leadership.

Ronnie : porter la victoire (grec). Caractérologie : pragmatisme, communication, créativité, sociabilité, optimisme.

Rosa : rose (latin). Ce prénom est porté par environ 9 000 personnes en France. Il est très peu attribué aujourd'hui. Tendance : en croissance modérée. Rosa est très répandu dans les pays hispanophones et en Italie. Caractérologie : stratégie, achèvement, ardeur, vitalité, leadership.

Rosabelle : rose (latin). Ce prénom est porté par moins de 100 personnes en France. Variantes : Rosabel, Rosabella, Rozabel. Caractérologie : achèvement, vitalité, stratégie, raisonnement, détermination.

Rosalia : rose (latin). Ce prénom rare est porté par près de 500 personnes en France. Caractérologie : communication, enthousiasme, raisonnement, pratique, adaptation.

Rosalie : rose (latin). Ce prénom est porté par environ 9 000 personnes en France. Il est relativement peu attribué aujourd'hui. Rosalie est très en vogue au Québec. Variante : Rosali. Caractérologie : intelligence, logique, méditation, décision, savoir.

ROSE

Fête : 23 août

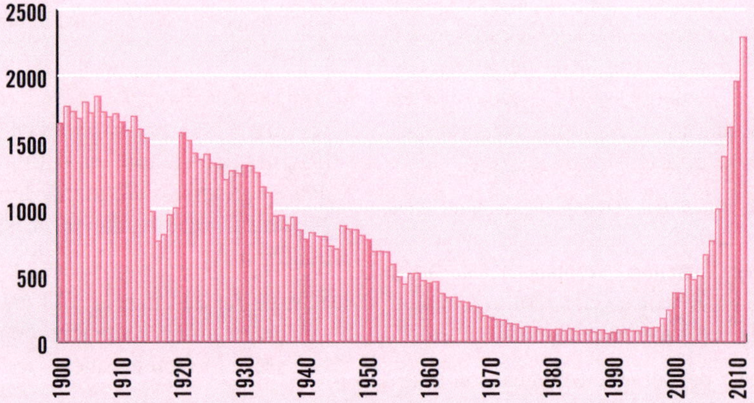

Étymologie : du latin *rosa*, « rose ». Dans l'Antiquité, la rose était la fleur d'Aphrodite, la déesse grecque de l'Amour et de la Beauté. De nombreux poètes immortalisèrent ce symbole de la féminité qui devint Vénus à l'époque romaine. Rose entame sa carrière au Ve siècle et fleurit sous différentes formes, simples, composées ou contractées, dans tous les pays européens. Sa prospérité prenant fin durant le haut Moyen Âge, Rosemonde se raréfie en attendant le retour de Rosine au XIXe siècle.

Au XXe siècle, Rose devient une source prolifique de prénoms composés, mais elle est délaissée dans sa forme simple. Qu'importe, puisqu'elle revient de plus belle aujourd'hui. Happée par la vogue des prénoms rétro, Rose a fait un bond de 12 places pour s'imposer au 23e rang du classement français. Sa carrière est promise à un bel avenir.

À l'international, Rose peine à renaître en dehors du Québec, mais Lily-Rose, nouvelle star des compositions françaises, grandit en Angleterre, au Canada et en Suisse (voir le zoom qui lui est dédié).

Sainte Rose de Lima, une religieuse dominicaine aussi connue sous le nom d'Isabelle de Florès, vécut au XVIe siècle au Pérou. Elle est la patronne de l'Amérique latine, des Philippines, des fleuristes, des horticulteurs et des jardiniers.

.../

Rose *(suite)*

Statistiques : Rose est le 76e prénom féminin le plus donné en France depuis le début du XXIe siècle. On peut estimer qu'il sera attribué à une fille sur 171 en 2012. Dans les compositions de Rose, Marie-Rose et Rose-Marie sont de loin les plus portées en France.

Rosaline : contraction de Rosa et Line. Ce prénom très rare est porté par près de 200 personnes en France. Variantes : Rosalina, Rosalyn. Caractérologie : communication, pratique, analyse, résolution, enthousiasme.

Rosamée : contraction de Rose et Aimée. Caractérologie : structure, persévérance, sécurité, détermination, volonté.

Rosana : rose (latin). Ce prénom très rare est porté par près de 400 personnes en France. Variantes : Rosane, Rosanna, Rossana. Caractérologie : courage, dynamisme, indépendance, curiosité, détermination.

Rosanne : rose (latin). Ce prénom très rare est porté par près de 500 personnes en France. Caractérologie : sens du devoir, structure, honnêteté, efficacité, résolution.

Rosario : rose (latin). Ce prénom rare est porté par près de 700 personnes en France. Variantes : Rosaire, Rosalio. Caractérologie : énergie, séduction, audace, découverte, originalité.

Rose : rose (latin). Ce prénom est porté par environ 52 000 personnes en France. Il figure dans le top 50 national. Voir le zoom dédié à Rose. Variantes : Rosaura, Rosaure, Rosaire, Rosalba, Rosalio, Rosaria, Roscœ, Rosemonde, Roselle, Rosier. Caractérologie : décision, communication, pratique, enthousiasme, adaptation.

Roseline : contraction de Rose et Line. Ce prénom est porté par environ 17 000 personnes en France. Il ne devrait pas être attribué à plus de 50 bébés en 2012. Variantes : Roselena, Roselene. Caractérologie : résolution, intelligence, savoir, méditation, analyse.

Rosella : rose (latin). Ce prénom très rare est porté par près de 190 personnes en France. Caractérologie : audace, dynamisme, direction, décision, logique.

Roselyne : contraction de Rose et Lyne. Ce prénom est porté par environ 23 000 personnes en France. Il ne devrait pas être attribué à plus de 50 bébés en 2012. Caractérologie : analyse, découverte, énergie, audace, sympathie.

Rose-Marie : forme composée de Rose et Marie. Ce prénom est porté par environ 10 000 personnes en France. Il ne devrait pas être attribué à plus de 50 bébés en 2012. Caractérologie : structure, sécurité, persévérance, résolution, volonté.

Rosemary : contraction de Rose et Mary. Ce prénom très rare est porté par près de 300 personnes en France. Variantes : Rosemarie, Rosemay. Caractérologie : bienveillance, paix, conscience, volonté, réalisation.

Rosemonde : rose (latin). Ce prénom est porté par environ 2 000 personnes en France. Il ne devrait pas être attribué à plus de 50 bébés en 2012. Caractérologie : idéalisme, altruisme, intégrité, détermination, volonté.

Rosette : rose (latin). Ce prénom est porté par environ 5 000 personnes en France. Il ne devrait pas être attribué à plus de 50 bébés en 2012. Variantes : Rosetta, Rosita. Caractérologie : adaptation, pratique, communication, détermination, enthousiasme.

Rosine : rose (latin). Ce prénom est porté par environ 6 000 personnes en France. Il ne devrait pas être attribué à plus de 50 bébés en 2012. Variantes : Rosin, Rosina, Rosiane. Caractérologie : passion, habileté, détermination, ambition, force.

Rosy : rose (latin). Ce prénom rare est porté par près de 900 personnes en France. Tendance : en forte croissance. Variantes : Rosée, Rosi, Rosia, Rosie. Caractérologie : énergie, audace, découverte, séduction, originalité.

Roxana : aube (perse). Ce prénom très rare est porté par près de 200 personnes en France. Variantes : Roxanna, Roxie, Roxine, Roxy. Caractérologie : autorité, innovation, énergie, décision, ambition.

Roxane : aube (perse). Ce prénom, porté par environ 15 000 Françaises, figure dans le top 200 national. Tendance : stable. Au IVe siècle, Roxane épousa Alexandre le Grand et devint reine de Macédoine. Caractérologie : curiosité, indépendance, détermination, dynamisme, courage.

Roxanne : aube (perse). Ce prénom est porté par environ 3 000 personnes en France. Il est peu attribué aujourd'hui. Caractérologie : autorité, innovation, résolution, énergie, ambition.

Rozenn : rose (latin). Ce prénom breton est porté par environ 4 000 personnes en France. Il ne devrait pas être attribué à plus de 50 bébés en 2012. Variantes : Roza, Rozanne, Rozen. Caractérologie : médiation, relationnel, adaptabilité, fidélité, intuition.

Ruby : rougeâtre (latin). Ce prénom très rare est porté par près de 500 personnes en France. Tendance : en forte croissance. Variante : Rubis. Caractérologie : communication, optimisme, créativité, pragmatisme, sociabilité.

Rufina : rouge (basque). Ce prénom est porté par moins de 100 personnes en France. Caractérologie : famille, équilibre, sens des responsabilités, raisonnement, détermination.

Ruth : compagne, amie (hébreu). Ce prénom est porté par environ 2 000 personnes en France. Il ne devrait pas être attribué à plus de 50 bébés en 2012. Caractérologie : sécurité, structure, efficacité, persévérance, honnêteté.

Saadia : heureuse, que le destin favorise (arabe). Ce prénom rare est porté par près de 800 personnes en France. Tendance : en croissance modérée. Variantes : Saad, Saada. Caractérologie : force, ambition, passion, management, habileté.

Sabah : beauté fraîche comme le matin (arabe). Ce prénom est porté par environ 3 000 personnes en France. Il ne devrait pas être attribué à plus de 50 bébés en 2012. Variantes : Saba, Sabahe, Sabbah, Sabéha, Sabiha. Caractérologie : fiabilité, ténacité, méthode, sens du devoir, engagement.

Sabia : douce (irlandais). Ce prénom est porté par moins de 100 personnes en France. Caractérologie : découverte, audace, énergie, originalité, séduction.

Sabina : habitante d'Italie centrale (latin). Ce prénom rare est porté par près de 800 personnes en France. Tendance : en croissance modérée. Sabina est très répandu dans les pays hispanophones, dans les pays slaves, en Italie et au Portugal. Caractérologie : dynamisme, direction, audace, indépendance, détermination.

Sabine : habitante d'Italie centrale (latin). Ce prénom est porté par environ 62 000 personnes en France. Il ne devrait pas être attribué à plus de 50 bébés en 2012. L'enlèvement des Sabines par Romulus et ses troupes provoqua une guerre entre les Sabins (habitants d'un territoire d'Italie centrale) et les Romains. Cet évènement fut déterminant dans le processus de formation de Rome. En mémoire de sainte Sabine, martyre romaine au ve siècle, la basilique Sainte-Sabine fut édifiée à Rome. Caractérologie : énergie, découverte, originalité, décision, audace.

Sabra : cactus épineux (hébreu). Ce prénom très rare est porté par près de 300 personnes en France. Les femmes originaires d'Israël sont parfois appelées sabras à cause du tempérament qui leur est prêté : elles seraient, comme les cactus, un peu « piquantes » en apparence mais douces à l'intérieur. Sabra est également une forme de Sabria. Caractérologie : sens du devoir, structure, honnêteté, efficacité, persévérance.

Sabria : calme et patiente (arabe). Ce prénom très rare est porté par près de 400 personnes en France. Variantes : Sabra, Sabriya, Sabrya. Caractérologie : originalité, séduction, énergie, découverte, audace.

Sabrina : cactus épineux (hébreu). Sabrina est également le nom d'une rivière du pays de Galles dans laquelle la princesse Sabrina se serait noyée. Ce prénom est porté par environ 94 000 personnes en France. Il est relativement peu attribué aujourd'hui. Variante : Sabryna. Caractérologie : indépendance, direction, dynamisme, audace, détermination.

Sabrine : cactus épineux (hébreu). Ce prénom est porté par environ 2 000 personnes en France. Il est très peu attribué aujourd'hui. Caractérologie : dynamisme, indépendance, courage, curiosité, décision.

Sacha : défense de l'humanité (grec). Ce prénom est porté par environ 3 000 personnes en France. Il est relativement peu attribué aujourd'hui. Sacha figure dans le palmarès des prénoms mixtes. Voir l'encadré dédié à ce sujet. Caractérologie : découverte, énergie, séduction, audace, originalité.

Sadia : heureuse, que le destin favorise (arabe). Ce prénom est porté par environ

2 000 personnes en France. Il ne devrait pas être attribué à plus de 50 bébés en 2012. Variantes : Sadie, Sadio. Caractérologie : indépendance, savoir, méditation, intelligence, sagesse.

Safa : pure (arabe). Ce prénom est porté par environ 2 000 personnes en France. Il est relativement peu attribué aujourd'hui. Tendance : en croissance modérée. Variantes : Safaa, Safæ. Caractérologie : humanité, rectitude, tolérance, générosité, rêve.

Safia : pure, amie préférée (arabe), sagesse (grec). Ce prénom est porté par environ 5 000 personnes en France. Il est relativement peu attribué aujourd'hui. Tendance : en croissance modérée. Variantes : Safya, Safiya. Caractérologie : altruisme, idéalisme, intégrité, réflexion, dévouement.

Sahar : crépuscule (arabe), lune (hébreu). Ce prénom très rare est porté par près de 170 personnes en France. Variante : Shahar. Caractérologie : réceptivité, sociabilité, diplomatie, bonté, loyauté.

Sahra : fleur, blancheur lumineuse (arabe). Ce prénom est porté par environ 2 000 personnes en France. Il est très peu attribué aujourd'hui. Caractérologie : sociabilité, diplomatie, loyauté, réceptivité, bonté.

Saïda : heureuse, que le destin favorise (arabe). Ce prénom est porté par environ 4 000 personnes en France. Il ne devrait pas être attribué à plus de 50 bébés en 2012. Caractérologie : connaissance, sagacité, spiritualité, originalité, philosophie.

Sakae : prospérité (japonais). Caractérologie : indépendance, assurance, direction, audace, dynamisme.

Sakina : bien-être, maison du paradis (arabe). Ce prénom est porté par environ 2 000 personnes en France. Il est très peu attribué aujourd'hui. Variante : Soukina. Caractérologie : direction, audace, indépendance, décision, dynamisme.

Sakura : fleur de cerisier (japonais). Ce prénom est porté par moins de 100 personnes en France. Tendance : en forte croissance. Caractérologie : vitalité, stratégie, achèvement, ardeur, gestion.

Salamata : paix, salut (arabe). Ce prénom très rare est porté par près de 200 personnes en France. Variantes : Salimata, Salimatou, Sélimata. Caractérologie : dynamisme, indépendance, curiosité, organisation, courage.

Saliha : intègre, équitable (arabe). Ce prénom est porté par environ 3 000 personnes en France. Il ne devrait pas être attribué à plus de 50 bébés en 2012. Variante : Salia. Caractérologie : audace, découverte, énergie, originalité, séduction.

Salila : eau (sanscrit). Caractérologie : intégrité, réflexion, idéalisme, altruisme, dévouement.

Salima : pure, intacte, en sécurité (arabe). Ce prénom est porté par environ 6 000 personnes en France. Il ne devrait pas être attribué à plus de 50 bébés en 2012. Variante : Salama. Caractérologie : assurance, dynamisme, direction, indépendance, audace.

Sally : princesse (hébreu). Ce prénom rare est porté par près de 500 personnes en France. Variantes : Sallie, Saly. Caractérologie : conscience, sagesse, bienveillance, paix, conseil.

Salma : intacte, saine (arabe). Ce prénom est porté par environ 6 000 personnes en France. Il figure dans le top 200 national. Tendance : stable. Caractérologie : dynamisme, audace, direction, indépendance, assurance.

Salomé : pacifique, calme (hébreu). Ce prénom, porté par environ 19 000 Françaises, figure dans le top 100 national. Tendance : stable. Veuve d'Alexandre Jannée, Salomé prit la régence du royaume d'Israël en 76 av. J.-C. Usant de fermeté et de diplomatie, elle évita les guerres et offrit à son peuple plusieurs décennies de prospérité. Un demi-siècle plus tard, Salomé, la fille d'Hérodiade, se rendit encore plus célèbre. La jeune princesse dansa si bien devant Hérode Antipas qu'il lui offrit d'exaucer n'importe lequel de ses vœux. À l'instigation de sa mère, elle demanda la tête de Jean-Baptiste, laquelle lui fut livrée sur un plateau. Cette scène fut immortalisée par Titien, le Caravage et de nombreux peintres. Variantes : Saloméa, Salomée. Caractérologie : réceptivité, diplomatie, sociabilité, loyauté, caractère.

Saloni : belle (sanscrit). Caractérologie : savoir, méditation, résolution, intelligence, analyse.

Saloua : réconfort (arabe). Ce prénom rare est porté par près de 900 personnes en France. Variante : Séloua. Caractérologie : exigence, influence, famille, équilibre, sens des responsabilités.

Salvadora : sauveur (latin). Ce prénom est porté par moins de 100 personnes en France. Variante : Salvatora. Caractérologie : pragmatisme, communication, optimisme, créativité, raisonnement.

Salwa : réconfort (arabe). Ce prénom rare est porté par près de 700 personnes en France. Caractérologie : relationnel, médiation, intuition, adaptabilité, fidélité.

Samantha : celle qui écoute (araméen). Ce prénom est porté par environ 17 000 personnes en France. Il est très peu attribué aujourd'hui. Variantes : Samanta, Sammantha. Caractérologie : dynamisme, curiosité, courage, attention, indépendance.

Samara : conversation intime pendant la nuit (arabe). Ce prénom très rare est porté par près de 300 personnes en France. Variante : Samar. Caractérologie : ambition, force, habileté, passion, management.

Samia : élevée, admirable (arabe). Ce prénom est porté par environ 14 000 personnes en France. Il est peu attribué aujourd'hui. Variantes : Sama, Samah, Samæ, Samiha, Samiya, Sémiha. Caractérologie : méditation, savoir, intelligence, indépendance, sagesse.

Samira : conversation intime pendant la nuit (arabe). Ce prénom est porté par environ 12 000 personnes en France. Il est très peu attribué aujourd'hui. Variante : Sémira. Caractérologie : savoir, intelligence, indépendance, sagesse, méditation.

Samra : la brune (arabe). Ce prénom très rare est porté par près de 400 personnes en France. Variante : Semra. Caractérologie : sagacité, originalité, connaissance, spiritualité, philosophie.

Samuelle : Son nom est Dieu (hébreu). Ce prénom très rare est porté par près de 300 personnes en France. Variantes : Samuela, Samuella. Caractérologie : sagacité, spiritualité, originalité, connaissance, philosophie.

Samya : élevée, admirable (arabe). Ce prénom rare est porté par près de 900 personnes en France. Tendance : en croissance modérée. Caractérologie : dynamisme, courage, indépendance, réalisation, curiosité.

Sana : élévation, élégance (arabe). Ce prénom est porté par environ 6 000 personnes en France. Il figure dans le top 200 national. Tendance : en croissance modérée. Variantes : Sanæ, Sanah, Sanna, Sena. Caractérologie : stratégie, vitalité, leadership, ardeur, achèvement.

Sanaa : élévation, élégance (arabe). Ce prénom est porté par environ 2 000 personnes en France. Il est peu attribué aujourd'hui. Tendance : en croissance modérée. Caractérologie : idéalisme, altruisme, intégrité, réflexion, dévouement.

Sandie : défense de l'humanité (grec). Ce prénom est porté par environ 4 000 personnes en France. Il ne devrait pas être attribué à plus de 50 bébés en 2012. Variantes : Sandi, Sandia. Caractérologie : originalité, sagacité, détermination, spiritualité, connaissance.

Sandra : défense de l'humanité (grec). Ce prénom est porté par environ 102 000 personnes en France. Il est peu attribué aujourd'hui. Sandra est très répandu en Italie. Variante : Saundra. Caractérologie : enthousiasme, communication, pratique, adaptation, détermination.

Sandrina : défense de l'humanité (grec). Ce prénom est porté par environ 1 000 personnes en France. Tendance : stable. Dans l'Hexagone, Sandrina est plus traditionnellement usité au Pays basque. Caractérologie : stratégie, ardeur, vitalité, achèvement, résolution.

Sandrine : défense de l'humanité (grec). Ce prénom est porté par environ 238 000 personnes en France. Il ne devrait pas être attribué à plus de 50 bébés en 2012. Sandrine se fête le 2 avril avec sa patronne, Alexandra. Variantes : Sandryne, Sendrine. Caractérologie : créativité, décision, optimisme, pragmatisme, communication.

Sandy : défense de l'humanité (grec). Ce prénom est porté par environ 16 000 personnes en France. Il ne devrait pas être attribué à plus de 50 bébés en 2012. Caractérologie : altruisme, réalisation, idéalisme, intégrité, réflexion.

Sania : élévation, élégance (arabe). Ce prénom rare est porté par près de 800 personnes en France. Variante : Sanya. Caractérologie : habileté, ambition, passion, force, résolution.

Santana : vénérée (latin). Ce prénom très rare est porté par près de 160 personnes en France. Variantes : Santa, Santine. Caractérologie : spiritualité, sagacité, originalité, connaissance, philosophie.

Saphia : sagesse (grec). Ce prénom très rare est porté par près de 500 personnes en France. Caractérologie : rêve, rectitude, humanité, ouverture d'esprit, ressort.

Sara : princesse (hébreu). Ce prénom, porté par environ 20 000 Françaises, figure dans le top 100 national. Tendance : en croissance modérée. Patronne des Gitans, sainte Sara est fêtée le 24 mai. Ce prénom est très en vogue en Italie, en Espagne, au Portugal, en Grèce et dans les communautés musulmanes francophones. Variante : Saura. Caractérologie : pragmatisme, communication, sociabilité, créativité, optimisme.

SARAH

Fête : 9 octobre

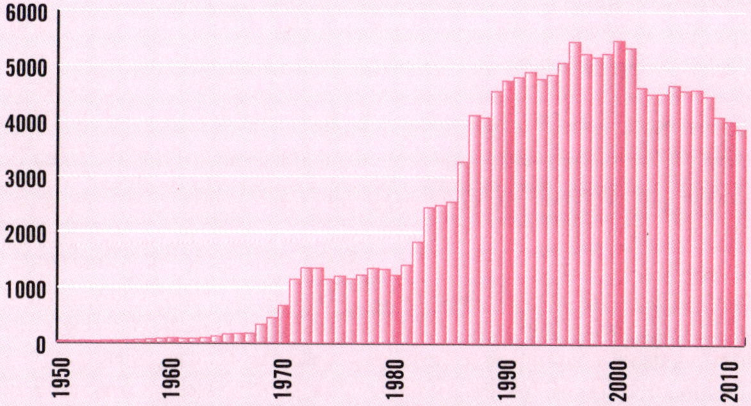

Étymologie : de l'hébreu *saray,* « princesse ». La diffusion de Sarah remonte à plusieurs siècles dans les pays anglophones, mais son émergence française est récente. Peu donné au début du XXe siècle, abandonné entre 1940 et 1960, ce prénom s'élance dans les années 1990, au moment où la vogue des prénoms bibliques fait renaître plusieurs célébrités de l'Ancien Testament. C'est ainsi que Sarah grandit aux côtés de Léa, Éva, Ethan et Noah. Elle plafonne toutefois rapidement, culminant à la 8e place du palmarès français en 2000. Malgré son déclin subséquent, elle a toujours la faveur de nombreux parents.

Dans les régions francophones, Sarah poursuit brillamment sa carrière. Elle se classe dans les 20 premiers rangs des palmarès wallon, suisse romand et québécois. Et si elle décline aux États-Unis, sa sœur Sara grandit dans l'ensemble du Vieux Continent. Elle vient de décrocher la 4e place du classement espagnol et sa cote monte dans les communautés arabes et musulmanes du monde entier. Reste-t-il encore un pays où les deux Sara(h) sont inusitées ?

Épouse d'Abraham dans la Bible, **Sarah** a le don de la beauté mais pas celui de la maternité. Aussi ne peut-elle réprimer un rire lorsqu'un ange vient lui annoncer qu'elle mettra au monde un enfant à l'âge de 90 ans. Son fils, le bien-nommé Isaac (de l'hébreu : « rire »), naîtra dans l'année.

.../

Sarah *(suite)*

Connue sous le nom de « Sara la Noire », **sainte Sarah** est la patronne des Gitans. Elle est honorée le 25 mai.

Personnalités célèbres : Sarah Bernhardt (1844-1923), actrice française de théâtre ; Sarah Vaughan (1924-1990), pianiste et chanteuse américaine ; Sarah Biasini, actrice française ; Sarah Slean, chanteuse canadienne ; Sarah Théry, chanteuse française.

Statistiques : Sarah est le 7e prénom féminin le plus donné en France depuis le début du XXIe siècle. On peut estimer qu'il sera attribué à une fille sur 101 en 2012. **Sara** devrait prénommer une fille sur 380 et figurer au 80e rang de ce palmarès.

Sarah : princesse (hébreu). Ce prénom est porté par environ 147 000 personnes en France. Il figure dans le top 50 national. Voir le zoom dédié à Sarah. Caractérologie : intuition, relationnel, fidélité, médiation, adaptabilité.

Sarah-Lou : forme composée de Sarah et Lou. Ce prénom très rare est porté par près de 180 personnes en France. Caractérologie : originalité, découverte, énergie, audace, analyse.

Saria : fortune, richesse, celle qui marche (arabe). Ce prénom est porté par moins de 100 personnes en France. Variante : Sarya. Caractérologie : pratique, communication, enthousiasme, générosité, adaptation.

Sarina : contraction de Sarah et Anna. Ce prénom très rare est porté par près de 200 personnes en France. Caractérologie : force, habileté, ambition, passion, décision.

Sarra : fleur, blancheur lumineuse (arabe). Ce prénom est porté par environ 1 000 personnes en France. Tendance : stable. Variante : Sarha. Caractérologie : communication, pratique, adaptation, enthousiasme, générosité.

Sasha : défense de l'humanité (grec). Ce prénom est porté par environ 4 000 personnes en France. Il figure dans le top 200 national. Tendance : en forte croissance. Variante : Sascha. Caractérologie : optimisme, créativité, pragmatisme, sociabilité, communication.

Saskia : saxonne (hollandais). Ce prénom rare est porté par près de 600 personnes en France. Tendance : en croissance modérée. Caractérologie : influence, sens des responsabilités, équilibre, famille, exigence.

Sati : vérité (sanscrit). Ce prénom est porté par moins de 100 personnes en France. Variante : Satya. Caractérologie : engagement, ténacité, méthode, sens du devoir, fiabilité.

Satine : satiné, poli (français). Ce prénom rare est porté par près de 800 personnes en France. Caractérologie : énergie, originalité, audace, découverte, décision.

Savannah : grande plaine verdoyante (espagnol). Ce prénom est porté par environ 2 000 personnes en France. Il est relativement peu attribué aujourd'hui. Tendance : en forte croissance. Variantes : Savana,

Savanah, Savanna. Caractérologie : vitalité, achèvement, ardeur, leadership, stratégie.

Saveria : maison neuve (basque). Ce prénom très rare est porté par près de 400 personnes en France. Caractérologie : optimisme, créativité, pragmatisme, communication, résolution.

Savina : habitante d'Italie centrale (latin). Ce prénom très rare est porté par près de 120 personnes en France. Variante : Savine. Caractérologie : enthousiasme, pratique, communication, adaptation, détermination.

Sawsane : lys des vallées (arabe). Ce prénom très rare est porté par près de 200 personnes en France. Variantes : Sawsan, Sawsana, Sawsene, Sawsen, Sawssane, Sawssen. Caractérologie : énergie, ambition, autorité, innovation, autonomie.

Scarlett : de couleur écarlate (latin). Ce prénom rare est porté par près de 600 personnes en France. Tendance : en forte croissance. Caractérologie : ambition, résolution, habileté, organisation, force.

Schérazade : femme de la haute ville (prénom arabe d'origine perse). Ce prénom très rare est porté par près de 200 personnes en France. Variante : Schéhérazade. Caractérologie : résolution, rectitude, rêve, humanité, ouverture d'esprit.

Sébastienne : respectée, vénérée (grec). Ce prénom rare est porté par près de 500 personnes en France. Variantes : Bastienne, Sébastiane. Caractérologie : originalité, audace, découverte, décision, énergie.

Sécil : aveugle (latin). Voir Cécile. Ce prénom très rare est porté par près de 160 personnes en France. Caractérologie : communication, pratique, enthousiasme, décision, adaptation.

Séda : grande dame (arménien). Ce prénom très rare est porté par près de 500 personnes en France. Caractérologie : médiation, fidélité, relationnel, adaptabilité, intuition.

Séfora : pierre précieuse bleue (hébreu). Ce prénom très rare est porté par près de 200 personnes en France. Caractérologie : audace, détermination, indépendance, dynamisme, direction.

Ségolène : victoire (germanique). Ce prénom est porté par environ 5 000 personnes en France. Il ne devrait pas être attribué à plus de 50 bébés en 2012. Variante : Ségolaine. Caractérologie : énergie, autorité, innovation, amitié, ambition.

Segonde : seconde (latin). Caractérologie : bienveillance, volonté, paix, conscience, réalisation.

Séham : flèches (arabe). Ce prénom est porté par moins de 100 personnes en France. Caractérologie : audace, direction, assurance, indépendance, dynamisme.

Seiko : qui mène avec succès (japonais). Caractérologie : énergie, découverte, audace, originalité, décision.

Séléna : solennelle (latin). Ce prénom est porté par environ 4 000 personnes en France. Il est relativement peu attribué aujourd'hui. Caractérologie : réceptivité, diplomatie, loyauté, sociabilité, bonté.

Sélène : solennelle (latin). Ce prénom est porté par environ 1 000 personnes en France. Il est relativement peu attribué aujourd'hui. Tendance : en forte croissance. Variantes : Selen, Sélénia, Selenna. Caractérologie :

famille, équilibre, influence, exigence, sens des responsabilités.

Selia : aveugle (latin). Voir Cécile. Ce prénom très rare est porté par près de 300 personnes en France. Caractérologie : détermination, autorité, innovation, énergie, ambition.

Sélima : pure, intacte, en sécurité (arabe). Ce prénom très rare est porté par près de 300 personnes en France. Caractérologie : audace, découverte, originalité, énergie, décision.

Sélin : lune (grec). Ce prénom est porté par environ 1 000 personnes en France. Tendance : stable. Variante : Sélina. Caractérologie : audace, découverte, énergie, détermination, originalité.

Selma : intacte, saine (arabe), protection divine (germanique). Ce prénom est porté par environ 6 000 personnes en France. Il figure dans le top 200 national. Tendance : stable. Caractérologie : dynamisme, curiosité, courage, indépendance, charisme.

Selvi : forêt (latin). Ce prénom très rare est porté par près de 140 personnes en France. Caractérologie : méthode, détermination, fiabilité, engagement, ténacité.

Sema : ciel (turc), signe (grec). Ce prénom rare est porté par près de 600 personnes en France. Caractérologie : relationnel, fidélité, intuition, médiation, adaptabilité.

Sémia : élevée, admirable (arabe). Ce prénom très rare est porté par près de 300 personnes en France. Caractérologie : réceptivité, sociabilité, diplomatie, résolution, loyauté.

Seona : Dieu fait grâce (hébreu). Seona est très répandu en Écosse. Caractérologie : rectitude, rêve, humanité, tolérance, générosité.

Séphora : siffler (arabe), oiselle (hébreu). Ce prénom est porté par environ 3 000 personnes en France. Il est peu attribué aujourd'hui. Dans l'Ancien Testament, Séphora est l'épouse de Moïse. Variante : Céphora. Caractérologie : direction, audace, résolution, dynamisme, ressort.

Séraphine : ardente (hébreu). Ce prénom est porté par environ 1 000 personnes en France. Tendance : stable. Variantes : Sérafina, Séraphina, Séraphie. Caractérologie : audace, découverte, détermination, action, énergie.

Séréna : sereine (latin). Ce prénom est porté par environ 5 000 personnes en France. Il est relativement peu attribué aujourd'hui. Séréna est en vogue en Corse. Variante : Séren. Caractérologie : ardeur, vitalité, achèvement, stratégie, résolution.

Serine : sereine (latin). Ce prénom rare est porté par près de 1 000 personnes en France. Variante : Serina. Caractérologie : indépendance, intelligence, méditation, détermination, savoir.

Servane : qui est respectueuse (breton). Ce prénom est porté par environ 3 000 personnes en France. Il ne devrait pas être attribué à plus de 50 bébés en 2012. Caractérologie : communication, pragmatisme, optimisme, créativité, résolution.

Servanne : qui est respectueuse (breton). Ce prénom très rare est porté par près de 400 personnes en France. Caractérologie : achèvement, stratégie, décision, ardeur, vitalité.

Sévane : nom d'un lac d'Arménie (arménien). Ce prénom est porté par moins de 100 personnes en France. Variante : Sévan.

Caractérologie : pratique, générosité, enthousiasme, communication, adaptation.

Séverine : grave, sérieuse (latin). Ce prénom est porté par environ 94 000 personnes en France. Il ne devrait pas être attribué à plus de 50 bébés en 2012. Variantes : Sévéra, Sévériane, Sévérienne, Séverina, Séveryne. Caractérologie : connaissance, originalité, sagacité, détermination, spiritualité.

Seyda : maîtrise de soi (arabe). Ce prénom très rare est porté par près de 170 personnes en France. Caractérologie : rêve, humanité, rectitude, ouverture d'esprit, réalisation.

Shade : ombre (anglais). Ce prénom très rare est porté par près de 300 personnes en France. Caractérologie : audace, dynamisme, direction, indépendance, assurance.

Shaïa : palace féerique (irlandais). Caractérologie : réceptivité, loyauté, diplomatie, bonté, sociabilité.

Shaïma : d'une grande beauté (arabe). Ce prénom est porté par environ 2 000 personnes en France. Il est peu attribué aujourd'hui. Variante : Shayma. Caractérologie : paix, bienveillance, sagesse, conscience, conseil.

Shaïna : belle (yiddish). Ce prénom est porté par environ 3 000 personnes en France. Il est relativement peu attribué aujourd'hui. Tendance : en croissance modérée. Variantes : Shaïnesse, Shainez, Shayna, Sheïna. Caractérologie : sagacité, originalité, spiritualité, connaissance, résolution.

Shakira : présent le plus désiré (arabe). Ce prénom très rare est porté par près de 200 personnes en France. Caractérologie : méthode, ténacité, fiabilité, sens du devoir, engagement.

Shamsi : mon petit soleil (arabe). Shamsi est particulièrement répandu au Maroc. Caractérologie : influence, éthique, famille, équilibre, exigence.

Shana : Dieu fait grâce (hébreu). Ce prénom est porté par environ 6 000 personnes en France. Il figure dans le top 200 national. Tendance : en croissance modérée. Variantes : Shanaé, Shanaël, Shanaëlle. Caractérologie : savoir, intelligence, méditation, sagesse, indépendance.

Shanice : Dieu fait grâce (hébreu). Ce prénom rare est porté par près de 800 personnes en France. Tendance : en forte croissance. Caractérologie : découverte, détermination, audace, séduction, originalité.

Shanna : Dieu fait grâce (hébreu). Shanna signifie également « amour » aux Comores. Ce prénom est porté par environ 2 000 personnes en France. Il est relativement peu attribué aujourd'hui. Tendance : en forte croissance. Caractérologie : pratique, communication, générosité, adaptation, enthousiasme.

Shannon : expérience, sagesse (irlandais). Se rapporte également au nom du plus long fleuve d'Irlande et des îles britanniques. Ce prénom est porté par environ 2 000 personnes en France. Il est très peu attribué aujourd'hui. L'usage de ce prénom mixte a évolué : aujourd'hui, Shannon est presque exclusivement féminin. Variantes : Shanon, Shannen, Shanone, Shannone. Caractérologie : structure, sécurité, efficacité, persévérance, honnêteté.

Shanti : calme, sereine (sanscrit). Ce prénom très rare est porté par près de 110 personnes en France. Caractérologie : achèvement, vitalité, stratégie, finesse, résolution.

Shanyce : Dieu fait grâce (hébreu). Ce prénom très rare est porté par près de 200 personnes en France. Tendance : en forte croissance. Variantes : Shanie, Shany, Shanys. Caractérologie : créativité, optimisme, pragmatisme, communication, cœur.

Sharleen : force (germanique). Ce prénom très rare est porté par près de 300 personnes en France. Variantes : Sharlen, Sharlène. Caractérologie : innovation, détermination, autorité, ambition, énergie.

Sharon : plaine déserte (hébreu). Ce prénom est porté par environ 2 000 personnes en France. Il est très peu attribué aujourd'hui. Ce prénom mixte est largement féminin en France et dans les pays anglophones. Caractérologie : pragmatisme, optimisme, créativité, résolution, communication.

Sharone : plaine déserte (hébreu). Ce prénom très rare est porté par près de 200 personnes en France. Caractérologie : force, ambition, habileté, décision, passion.

Shauna : Dieu fait grâce (hébreu). Ce prénom très rare est porté par près de 500 personnes en France. Shauna est répandu en Irlande. Variantes : Shaine, Shane, Shanée, Shawnee. Caractérologie : innovation, autonomie, énergie, autorité, ambition.

Shéhérazade : femme de la haute ville (prénom arabe d'origine perse). Ce prénom rare est porté par près de 800 personnes en France. Shéhérazade est l'héroïne mythique des Mille et Une Nuits. Variantes : Chéhérazade, Chéhrazad, Chéhrazade, Chérazad, Shéérazade. Caractérologie : autorité, innovation, ambition, énergie, détermination.

Sheila : aveugle (latin). Voir Cécile. Ce prénom rare est porté par près de 700 personnes en France. Variantes : Sheela, Shelley. Caractérologie : idéalisme, résolution, intégrité, réflexion, altruisme.

Sheïma : d'une grande beauté (arabe). Ce prénom très rare est porté par près de 500 personnes en France. Caractérologie : autorité, innovation, énergie, détermination, ambition.

Shelby : la ferme de la colline (anglo-saxon). Ce prénom très rare est porté par près de 200 personnes en France. Ce prénom est mixte dans les pays anglophones mais il reste à ce jour exclusivement féminin en France. Caractérologie : vitalité, achèvement, attention, stratégie, cœur.

Shérazade : femme de la haute ville (prénom arabe d'origine perse). Ce prénom est porté par environ 1 000 personnes en France. Il est très peu attribué aujourd'hui. Caractérologie : paix, conscience, bienveillance, conseil, décision.

Sherine : charmante, agréable (arabe, perse). Ce prénom est porté par environ 2 000 personnes en France. Il est relativement peu attribué aujourd'hui. Tendance : en croissance modérée. Variante : Shirine. Caractérologie : équilibre, sens des responsabilités, famille, influence, résolution.

Sherley : prairie ensoleillée (anglais). Ce prénom rare est porté par près de 600 personnes en France. Caractérologie : diplomatie, sympathie, ressort, réceptivité, sociabilité.

Sheryl : cerisier (latin). Ce prénom très rare est porté par près de 300 personnes en France. Caractérologie : bienveillance, paix, conscience, action, bonté.

Shina : fidèle, loyale (japonais). Ce prénom est porté par moins de 100 personnes en France. Caractérologie : résolution, équilibre, sens des responsabilités, famille, influence.

Shirel : cerisier (latin). Ce prénom est porté par environ 1 000 personnes en France. Tendance : stable. Variante : Shyrel. Caractérologie : détermination, sens des responsabilités, bienveillance, exigence, famille.

Shirley : prairie ensoleillée (anglais). Ce prénom est porté par environ 4 000 personnes en France. Il ne devrait pas être attribué à plus de 50 bébés en 2012. Caractérologie : bienveillance, paix, conscience, action, cœur.

Shona : Dieu fait grâce (hébreu). Ce prénom rare est porté par près de 600 personnes en France. Shona est très répandu en Écosse. Variante : Shonah. Caractérologie : générosité, communication, pratique, enthousiasme, adaptation.

Sian : Dieu fait grâce (hébreu). Ce prénom est porté par moins de 100 personnes en France. Caractérologie : savoir, détermination, intelligence, méditation, indépendance.

Siana : Dieu fait grâce (hébreu). Ce prénom très rare est porté par près de 200 personnes en France. Tendance : en forte croissance. Variantes : Sinead, Sheona. Caractérologie : originalité, spiritualité, sagacité, connaissance, résolution.

Sibel : prophétesse (grec). Ce prénom est porté par environ 2 000 personnes en France. Il ne devrait pas être attribué à plus de 50 bébés en 2012. Variantes : Cybèle, Cybelle. Caractérologie : intuition, relationnel, médiation, gestion, décision.

Sibille : prophétesse (grec). Ce prénom très rare est porté par près de 150 personnes en France. Caractérologie : curiosité, dynamisme, courage, gestion, décision.

Sibylle : prophétesse (grec). Ce prénom est porté par environ 2 000 personnes en France. Il est très peu attribué aujourd'hui. Dans l'Antiquité, la Sibylle était une prêtresse qui avait reçu d'Apollon le don de prophétie. Une des sibylles les plus connues est celle de Cumes. Selon la légende, elle vendit au roi Tarquin les Livres sibyllins, recueils de prophéties censés contenir tout l'avenir de Rome. Variantes : Sibyl, Sibylline. Caractérologie : pragmatisme, communication, optimisme, décision, cœur.

Sidney : habitante de Sidon (latin). Voir Sidonie. Ce prénom rare est porté par près de 800 personnes en France. Variante : Sidaine. Caractérologie : persévérance, structure, sécurité, réussite, décision.

Sidonie : habitante de Sidon (latin). Ce prénom est porté par environ 5 000 personnes en France. Il est peu attribué aujourd'hui. Sidon, l'une des plus vieilles cités de la Phénicie, aurait été fondée par Canaan, le petit-fils de Noé. Cette ville au destin exceptionnel surmonta les destructions infligées par les Perses (en 343), puis par les Assyriens (en 677). Située sur la côte libanaise, Sidon est appelée Sayda aujourd'hui. Variantes : Sidony, Sydonie. Variante basque : Sidonia. Caractérologie : communication, pragmatisme, détermination, optimisme, volonté.

Siegrid : victoire, paix (germanique). Ce prénom est porté par moins de 100 personnes en France. Caractérologie : stratégie, achèvement, détermination, réalisation, vitalité.

Sienna : se rapporte à Sienne, ville toscane d'Italie (Siena en italien). Ce prénom très rare est porté par près de 400 personnes en France. Tendance : en forte croissance. Variante : Siena. Caractérologie : engagement, méthode, fiabilité, ténacité, sens du devoir.

Sierra : chaîne de montagne (espagnol). Ce prénom géographique est en vogue aux États-Unis. Il se réfère à la Sierra Nevada, la chaîne de montagne la plus connue de l'ouest de ce pays. Caractérologie : intelligence, savoir, détermination, méditation, indépendance.

Sigrid : victoire, paix (germanique). Ce prénom est porté par environ 1 000 personnes en France. Tendance : stable. Caractérologie : pratique, communication, adaptation, enthousiasme, réalisation.

Siham : flèches (arabe). Ce prénom est porté par environ 5 000 personnes en France. Il est peu attribué aujourd'hui. Caractérologie : curiosité, dynamisme, indépendance, courage, charisme.

Sihame : flèches (arabe). Ce prénom est porté par environ 1 000 personnes en France. Tendance : stable. Caractérologie : audace, direction, dynamisme, décision, indépendance.

Sihem : flèches (arabe). Ce prénom est porté par environ 2 000 personnes en France. Il est peu attribué aujourd'hui. Variante : Siheme. Caractérologie : rêve, ouverture d'esprit, rectitude, humanité, décision.

Sila : réunion (turc). Ce prénom rare est porté par près de 500 personnes en France. Caractérologie : énergie, audace, découverte, originalité, séduction.

Siloé : nom d'une ancienne source d'eau située près du mur sud de Jérusalem (Israël). Ce prénom rare est porté par près de 600 personnes en France. Tendance : en forte croissance. Caractérologie : analyse, famille, sens des responsabilités, équilibre, résolution.

Silvana : forêt (latin). Ce prénom est porté par environ 1 000 personnes en France. Tendance : stable. Variantes : Silva, Silvaine, Silvanie. Caractérologie : famille, sens des responsabilités, équilibre, influence, décision.

Silvia : forêt (latin). Ce prénom est porté par environ 2 000 personnes en France. Tendance : en forte croissance. Dans l'Hexagone, Silvia est plus traditionnellement usité en Corse. Variante : Silbia. Caractérologie : humanité, rêve, rectitude, générosité, tolérance.

Silviane : forêt (latin). Ce prénom rare est porté par près de 500 personnes en France. Caractérologie : direction, audace, dynamisme, indépendance, décision.

Simone : qui est exaucée (hébreu). Ce prénom est porté par environ 142 000 personnes en France. Tendance : en forte croissance. Professeur de philosophie et auteur de nombreux essais, Simone de Beauvoir est l'une des plus grandes avocates du féminisme au XXe siècle. Variantes : Simona, Simonetta, Simonette, Simonne. Caractérologie : communication, enthousiasme, détermination, volonté, pratique.

Sindy : divine (latin). Ce prénom est porté par environ 2 000 personnes en France. Il ne devrait pas être attribué à plus de 50 bébés en 2012. Caractérologie : ambition, force, résolution, habileté, réalisation.

Siobhan : Dieu fait grâce (hébreu). Ce prénom très rare est porté par près de 120 personnes en France. Variante : Siobhane. Caractérologie : énergie, découverte, audace, décision, attention.

Siona : ce prénom biblique se rapporte au second nom du mont Hermon, en Israël. Ce prénom est porté par moins de 100 personnes en France. Caractérologie : fiabilité, méthode, ténacité, engagement, détermination.

Siranouche : belle femme (arménien). Caractérologie : curiosité, dynamisme, résolution, analyse, courage.

Sirin : charmante, agréable (arabe, perse). Ce prénom très rare est porté par près de 200 personnes en France. Variantes : Cirine, Sheryne, Sirine, Siryne. Caractérologie : sens des responsabilités, famille, détermination, équilibre, influence.

Sirine : charmante, agréable (arabe, perse). Ce prénom est porté par environ 5 000 personnes en France. Il figure dans le top 200 national. Tendance : stable. Caractérologie : relationnel, intuition, fidélité, médiation, décision.

Sissi : aveugle (latin). Voir Cécile. Ce prénom très rare est porté par près de 100 personnes en France. Caractérologie : pragmatisme, communication, optimisme, sociabilité, créativité.

Sita : sillon (sanscrit). Ce prénom est porté par moins de 100 personnes en France. Caractérologie : méthode, ténacité, engagement, sens du devoir, fiabilité.

Sixtine : lisse, polie (grec). Ce prénom est porté par environ 3 000 personnes en France. Il est relativement peu attribué aujourd'hui. Caractérologie : autorité, détermination, innovation, énergie, ambition.

Sloane : guerrière (celte). Ce prénom rare est porté par près de 800 personnes en France. Variante : Sloanne. Caractérologic : optimisme, communication, pragmatisme, sociabilité, créativité.

Smahan : sublime, de haut rang (arabe). Ce prénom très rare est porté par près de 130 personnes en France. Caractérologie : bonté, sociabilité, réceptivité, diplomatie, loyauté.

Smina : fleur de jasmin (arabe). Ce prénom est porté par moins de 100 personnes en France. Caractérologie : fidélité, relationnel, médiation, résolution, intuition.

Soane : forme de Jeanne couramment usitée dans les îles de Wallis-et-Futuna. Soane peut également être considéré comme une variante de Sohane. Ce prénom très rare est porté par près de 400 personnes en France. Tendance : en forte croissance. Caractérologie : rêve, humanité, générosité, rectitude, ouverture d'esprit.

Soazig : forme bretonne de Françoise : libre (latin). Ce prénom est porté par environ 1 000 personnes en France. Tendance : stable. Caractérologie : originalité, action, énergie, découverte, audace.

Sofia : sagesse (grec), pure, amie préférée (arabe). Ce prénom est porté par environ 15 000 personnes en France. Il figure dans le top 100 national. Tendance : stable. Sofia est très répandu dans les pays slaves, hispanophones, et en Italie. Caractérologie : audace, découverte, énergie, originalité, séduction.

Sohane : étoile (arabe). Ce prénom est porté par environ 1 000 personnes en France. Il est peu attribué aujourd'hui. Variantes : Soana, Soane, Soanna, Soanne, Sohana, Sohann, Sohanne. Caractérologie : stratégie, vitalité, achèvement, leadership, ardeur.

Soizic : forme bretonne de Françoise : libre (latin). Ce prénom est porté par environ 5 000 personnes en France. Il est très peu attribué aujourd'hui. Variante : Soazic. Caractérologie : altruisme, idéalisme, intégrité, réflexion, logique.

Solange : solennelle (latin). Ce prénom est porté par environ 65 000 personnes en France. Il ne devrait pas être attribué à plus de 50 bébés en 2012. Au XIe siècle, sainte Solange froissa les susceptibilités d'un seigneur en refusant de l'épouser. Dépité, il l'assassina. Sainte Solange est la patronne de Bourges et du Berry. Caractérologie : dynamisme, indépendance, direction, audace, sympathie.

Soléa : solennelle (latin). Ce prénom très rare est porté par près de 150 personnes en France. Caractérologie : spiritualité, connaissance, philosophie, sagacité, originalité.

Soléane : contraction de Soléa et Anne. Ce prénom très rare est porté par près de 200 personnes en France. Variantes : Soléanne, Soliane, Solianne. Caractérologie : habileté, ambition, management, passion, force.

Soledad : solitude (espagnol). Ce prénom rare est porté par près de 700 personnes en France. Caractérologie : équilibre, sens des responsabilités, famille, influence, caractère.

Solen : solennelle (latin). Ce prénom est porté par environ 1 000 personnes en France. Tendance : stable. Caractérologie : médiation, intuition, adaptabilité, fidélité, relationnel.

Solena : solennelle (latin). Ce prénom très rare est porté par près de 300 personnes en France. Dans l'Hexagone, Solena est plus traditionnellement usité en Bretagne. Variantes : Solan, Solenna. Caractérologie : optimisme, pragmatisme, communication, créativité, sociabilité.

Solène : solennelle (latin). Ce prénom est porté par environ 30 000 personnes en France. Il figure dans le top 200 national. Tendance : en décroissance modérée. Variante : Silana. Caractérologie : sagesse, savoir, intelligence, indépendance, méditation.

Solenn : solennelle (latin). Ce prénom est porté par environ 6 000 personnes en France. Il est peu attribué aujourd'hui. Caractérologie : indépendance, méditation, intelligence, sagesse, savoir.

Solenne : solennelle (latin). Ce prénom est porté par environ 5 000 personnes en France. Il ne devrait pas être attribué à plus de 50 bébés en 2012. Caractérologie : pratique, communication, enthousiasme, adaptation, générosité.

Variations orthographiques et inventions

Les inventions enrichissent chaque année le patrimoine français des prénoms. Qu'ils se traduisent par l'apparition de nouvelles consonances ou par la combinaison de plusieurs prénoms, ces choix sont de plus en plus prisés par les parents.

La plupart des combinaisons sont vouées à rester uniques et anonymes. Cependant, une poignée d'entre elles parviennent à se diffuser. C'est le cas de Nathaël (Nathan et Maël), Mathéis (Mathéo et Mathis) et Anaé (Anne et Hanaé), qui ont acquis une notoriété nationale.

Autre alternative en faveur, le recours aux variations s'est accentué cette dernière décennie. L'opération est simple : l'orthographe du prénom est altérée, mais sa prononciation reste inchangée. Pas un prénom d'envergure n'échappe à cette pratique. Même les plus improbables. Avec leurs trois lettres, Léo, Tom, Éva et Zoé semblaient hors d'atteinte, et pourtant… leurs homonymes Lého, Tome, Eeva et Zoey ne cessent de grandir, gonflant le cortège des Maëll, Enzzo, Anays, Camill et Mannon, pour ne citer que les plus visibles d'entre eux. Notons qu'avec plus de 700 naissances estimées pour 2012, Nolhan obtient la palme de la plus forte progression.

Dans ce contexte, on ne s'étonne plus que de nouveaux venus fassent tant d'émules en se couvrant de gloire. Comme Rihana, qui, à moins de 10 ans, est déjà affublée d'une quinzaine de variantes. Ou Aïdan, dont les dérivés se multiplient en France et dans les pays anglophones. Reste Kylian qui, du haut de ses trente-cinq déclinaisons, détient le nombre record des altérations.

Le phénomène des inventions n'est pas nouveau et les attributions de prénoms difficiles à porter ne datent pas d'hier. Rappelons toutefois qu'un prénom très rare, écrit avec une variante orthographique peu commune ou complexe, risque d'être mal vécu. Cela peut en effet obliger la personne à répéter l'orthographe précise de son prénom tout au long de sa vie. Sans compter le problème identitaire que cela représente. Des témoignages en ce sens sont régulièrement envoyés à www.MeilleursPrenoms.com : leurs auteurs déplorent l'absence de leur prénom dans les ouvrages de référence. Leur démarche procède d'une quête de reconnaissance, d'un besoin de prouver que leur prénom existe. D'où la nécessité pour les parents de se poser les bonnes questions.

Soline : solennelle (latin). Ce prénom est porté par environ 4 000 personnes en France. Il est relativement peu attribué aujourd'hui. Tendance : en croissance modérée. Variantes : Soliane, Solianne, Solyane, Solyne. Caractérologie : intuition, décision, logique, relationnel, médiation.

Solveig : gardienne du foyer (vieux scandinave). En ancien norvégien, Solveig signifie également « maison pleine de force ».

Ce prénom est porté par environ 1 000 personnes en France. Il est très peu attribué aujourd'hui. Tendance : en forte croissance. Variante : Solweig. Caractérologie : réussite, achèvement, vitalité, logique, stratégie.

Somaya : parfaite, élevée (arabe). Ce prénom très rare est porté par près de 200 personnes en France. Caractérologie : diplomatie, réceptivité, loyauté, sociabilité, réalisation.

Sona : grande, élancée (arménien). Ce prénom très rare est porté par près de 110 personnes en France. Caractérologie : structure, sécurité, persévérance, honnêteté, efficacité.

Sonia : sagesse (grec). Ce prénom est porté par environ 81 000 personnes en France. Il est relativement peu attribué aujourd'hui. Sonia est très répandu dans les pays slaves. Caractérologie : persévérance, sécurité, structure, décision, efficacité.

Sonja : sagesse (grec). Ce prénom rare est porté par près de 800 personnes en France. En dehors de l'Hexagone, Sonja est particulièrement répandu dans les pays slaves. Caractérologie : dynamisme, curiosité, charisme, courage, indépendance.

Sonya : sagesse (grec). Ce prénom rare est porté par près de 700 personnes en France. Sonya est particulièrement répandu en Russie. Variantes : Sonnia, Sonny. Caractérologie : relationnel, intuition, médiation, fidélité, adaptabilité.

Sophia : sagesse (grec). Ce prénom est porté par environ 11 000 personnes en France. Il est relativement peu attribué aujourd'hui. Sophia est très répandu en Russie. Caractérologie : dynamisme, curiosité, action, indépendance, courage.

Sophie : sagesse (grec). Ce prénom, porté par environ 234 000 Françaises, figure dans le top 200 national. Tendance : en décroissance modérée. Au IIe siècle, sainte Sophie refusa d'abjurer et fut condamnée au martyre par l'empereur Hadrien. Sophie (Sofia) est le prénom de la reine d'Espagne. Variantes : Sofia, Sofie, Sofy, Sophy. Caractérologie : rectitude, humanité, rêve, décision, action.

Soraya : beauté des étoiles (arabe, perse). Ce prénom est porté par environ 9 000 personnes en France. Il est relativement peu attribué aujourd'hui. Une princesse iranienne a illustré ce prénom au milieu du XXe siècle. Caractérologie : sagacité, connaissance, philosophie, spiritualité, originalité.

Soria : clarté du soleil (cambodgien). Ce prénom rare est porté par près de 700 personnes en France. Caractérologie : ardeur, stratégie, vitalité, achèvement, leadership.

Soriane : clarté du soleil (cambodgien). Ce prénom très rare est porté par près de 100 personnes en France. Caractérologie : humanité, rectitude, détermination, ouverture d'esprit, générosité.

Sorya : clarté du soleil (cambodgien). Ce prénom très rare est porté par près de 300 personnes en France. Tendance : en forte croissance. Variante : Soriya. Caractérologie : famille, sens des responsabilités, équilibre, influence, exigence.

Souad : heureuse, chanceuse (arabe). Ce prénom est porté par environ 3 000 personnes en France. Tendance : en croissance modérée. Variantes : Souaad, Souade, Souhad, Souhade, Souadou, Suheda.

Caractérologie : conscience, bienveillance, conseil, sagesse, paix.

Soufia : dévouée (arabe). Ce prénom très rare est porté par près de 160 personnes en France. Caractérologie : ambition, analyse, force, habileté, passion.

Souhila : préparer, faciliter un projet (arabe). Ce prénom rare est porté par près de 800 personnes en France. Variantes : Sohéila, Souhéila, Souhaïla, Souhayla, Souheyla, Souhéla. Caractérologie : fiabilité, ténacité, méthode, logique, engagement.

Soukaïna : bien-être, maison du paradis (arabe). Ce prénom est porté par environ 2 000 personnes en France. Il est peu attribué aujourd'hui. Variantes : Soukayna, Soukéina. Caractérologie : autorité, énergie, décision, logique, innovation.

Soumaya : parfaite, élevée (arabe). Ce prénom est porté par environ 2 000 personnes en France. Il est peu attribué aujourd'hui. Tendance : en forte croissance. Caractérologie : dynamisme, curiosité, courage, indépendance, réussite.

Souméya : parfaite, élevée (arabe). Ce prénom rare est porté par près de 800 personnes en France. Caractérologie : humanité, rêve, caractère, rectitude, réussite.

Soumia : parfaite, élevée (arabe). Ce prénom est porté par environ 2 000 personnes en France. Il ne devrait pas être attribué à plus de 50 bébés en 2012. Variantes : Soumiya, Soumya. Caractérologie : influence, équilibre, famille, sens des responsabilités, analyse.

Sounia : sagesse (grec). Ce prénom très rare est porté par près de 200 personnes en France. Caractérologie : sagacité, connaissance, spiritualité, analyse, résolution.

Souria : beauté des étoiles (arabe, perse). Ce prénom très rare est porté par près de 400 personnes en France. Variantes : Soraïa, Soreya, Souraya, Sourya. Caractérologie : intuition, médiation, relationnel, fidélité, analyse.

Stacy : résurrection (grec). Ce prénom est porté par environ 5 000 personnes en France. Il est peu attribué aujourd'hui. Variantes : Stacey, Stacie. Caractérologie : énergie, audace, découverte, organisation, originalité.

Stanislawa : commandeur glorieux (slave). Ce prénom est porté par environ 2 000 personnes en France. Il ne devrait pas être attribué à plus de 50 bébés en 2012. Variante : Stanislava. Caractérologie : relationnel, médiation, intuition, gestion, décision.

Stecy : résurrection (grec). Ce prénom est porté par environ 2 000 personnes en France. Il ne devrait pas être attribué à plus de 50 bébés en 2012. Variantes : Steacy, Stecie. Caractérologie : humanité, rectitude, rêve, cœur, gestion.

Steffy : couronnée (grec). Ce prénom rare est porté par près de 1 000 personnes en France. Variantes : Steffi, Steffie, Stephie, Stephy. Caractérologie : idéalisme, dévouement, altruisme, réflexion, intégrité.

Stella : étoile (latin). Ce prénom est porté par environ 13 000 personnes en France. Il figure dans le top 200 national. Tendance : stable. Dans l'Hexagone, Stella est plus traditionnellement usité en Corse. Caractérologie : éthique, équilibre, famille, influence, gestion.

Stelly : étoile (latin). Ce prénom très rare est porté par près de 400 personnes en France. Variantes : Stellie, Stellina. Caractérologie : enthousiasme, communication, cœur, pratique, gestion.

Stéphania : couronnée (grec). Ce prénom rare est porté par près de 600 personnes en France. Variante : Stefania. Caractérologie : pratique, communication, enthousiasme, sensibilité, action.

Stéphanie : couronnée (grec). Ce prénom est porté par environ 233 000 personnes en France. Il ne devrait pas être attribué à plus de 50 bébés en 2012. Italienne du XVIe siècle, sainte Stéphanie entra dans les ordres à l'âge de 15 ans et se consacra aux malades et aux plus déshérités. Variantes : Stefanie, Stephany. Caractérologie : ressort, intelligence, savoir, méditation, finesse.

Sterenn : astre (breton). Ce prénom rare est porté par près de 1 000 personnes en France. Variante : Steren. Caractérologie : courage, dynamisme, curiosité, indépendance, résolution.

Stessy : résurrection (grec). Ce prénom est porté par environ 2 000 personnes en France. Il est très peu attribué aujourd'hui. Variante : Stessie. Caractérologie : achèvement, ardeur, vitalité, stratégie, leadership.

Suki : aimée (japonais). Caractérologie : sens des responsabilités, famille, influence, équilibre, organisation.

Sultana : désigne les princes de certains pays musulmans. Ce prénom très rare est porté par près de 170 personnes en France. Variante : Sultan. Caractérologie : intelligence, savoir, organisation, méditation, indépendance.

Summer : l'été (anglais). Ce prénom est porté par moins de 100 personnes en France. Caractérologie : habileté, détermination, ambition, force, passion.

Sunny : ensoleillé (anglais). Ce prénom est porté par moins de 100 personnes en France. Caractérologie : amitié, créativité, optimisme, communication, pragmatisme.

Susan : lys (hébreu). Ce prénom rare est porté par près de 700 personnes en France. Tendance : en croissance modérée. Caractérologie : loyauté, sociabilité, bonté, réceptivité, diplomatie.

Susana : lys (hébreu). Ce prénom très rare est porté par près de 400 personnes en France. Tendance : en forte croissance. En dehors de l'Hexagone, Susana est particulièrement répandu dans les pays anglophones et en Italie. Variantes : Sue, Susanna. Caractérologie : enthousiasme, communication, adaptation, pratique, générosité.

Susie : lys (hébreu). Ce prénom rare est porté par près de 600 personnes en France. Variantes : Suzi, Suzy. Caractérologie : audace, direction, dynamisme, indépendance, décision.

Suzanne : lys (hébreu). Ce prénom est porté par environ 140 000 personnes en France. Il est relativement peu attribué aujourd'hui. Injustement accusée d'adultère par deux vieillards dont elle osa repousser les avances, Suzanne fut défendue et sauvée par le prophète Daniel. Cet épisode biblique est représenté dans des peintures de Rembrandt et de nombreux artistes. Plusieurs saintes illustrèrent ce prénom. Variantes : Susanne, Suzan, Suzane, Suzanna. Caractérologie : indépendance, direction, audace, dynamisme, assurance.

Suzelle : lys (hébreu). Ce prénom rare est porté par près de 1 000 personnes en France. Dans l'Hexagone, Suzel est plus traditionnellement usité en Alsace. Variante : Suzel. Caractérologie : audace, assurance, dynamisme, direction, indépendance.

Suzette : lys (hébreu). Ce prénom est porté par environ 6 000 personnes en France. Il ne devrait pas être attribué à plus de 50 bébés en 2012. Caractérologie : force, ambition, sensibilité, organisation, habileté.

Suzie : lys (hébreu). Ce prénom est porté par environ 3 000 personnes en France. Il est peu attribué aujourd'hui. Tendance : en croissance modérée. Caractérologie : ambition, décision, force, habileté, passion.

Suzon : lys (hébreu). Ce prénom est porté par environ 1 000 personnes en France. Il est très peu attribué aujourd'hui. Caractérologie : curiosité, dynamisme, courage, charisme, indépendance.

Suzy : lys (hébreu). Ce prénom est porté par environ 5 000 personnes en France. Il ne devrait pas être attribué à plus de 50 bébés en 2012. Caractérologie : direction, audace, dynamisme, indépendance, assurance.

Svetlana : lumineux (slave). Ce prénom rare est porté par près de 800 personnes en France. Caractérologie : persévérance, structure, sécurité, efficacité, gestion.

Swann : cygne (anglais). Ce prénom est porté par environ 1 000 personnes en France. Il est peu attribué aujourd'hui. Voir l'encadré dédié aux prénoms mixtes. Caractérologie : achèvement, vitalité, stratégie, ardeur, leadership.

Sybil : prophétesse (grec). Ce prénom très rare est porté par près de 400 personnes en France. Caractérologie : persévérance, efficacité, structure, sécurité, organisation.

Sybille : prophétesse (grec). Ce prénom est porté par environ 3 000 personnes en France. Tendance : en croissance modérée. Variante : Sybile. Caractérologie : communication, détermination, pragmatisme, optimisme, bonté.

Sydney : habitante de Sidon (latin). Ce prénom rare est porté par près de 1 000 personnes en France. Caractérologie : relationnel, intuition, fidélité, médiation, réalisation.

Sylia : aveugle (latin). Voir Cécile. Ce prénom rare est porté par près de 500 personnes en France. Tendance : en croissance modérée. Variantes : Silia, Silke, Silya, Sylla, Syllia. Caractérologie : pragmatisme, optimisme, communication, créativité, sociabilité.

Sylvaine : forêt (latin). Ce prénom est porté par environ 9 000 personnes en France. Il ne devrait pas être attribué à plus de 50 bébés en 2012. Variantes : Sylva, Sylvana, Sylvane, Sylvanie, Sylvanna, Sylvène, Sylvina, Sylvine, Sylvienne. Caractérologie : ambition, réalisation, force, habileté, bonté.

Sylvanie : forêt (latin). Ce prénom rare est porté par près de 800 personnes en France. Caractérologie : vitalité, achèvement, cœur, réussite, stratégie.

Sylvia : forêt (latin). Ce prénom est porté par environ 20 000 personnes en France. Il ne devrait pas être attribué à plus de 50 bébés en 2012. Caractérologie : intelligence, savoir, méditation, indépendance, réalisation.

Sylviane : forêt (latin). Ce prénom est porté par environ 50 000 personnes en France. Il ne devrait pas être attribué à plus de 50 bébés en 2012. Caractérologie : achèvement, bonté, vitalité, stratégie, réalisation.

Sylvianne : forêt (latin). Ce prénom est porté par environ 2 000 personnes en France. Il ne devrait pas être attribué à plus de 50 bébés en 2012. Caractérologie : persévérance, réalisation, structure, sympathie, sécurité.

Sylvie : forêt (latin). Ce prénom est porté par environ 355 000 personnes en France. Il ne devrait pas être attribué à plus de 50 bébés en 2012. Sainte Sylvie, la mère du pape Grégoire le Grand, a illustré ce prénom au VIe siècle. Variante : Silvie. Caractérologie : relationnel, médiation, intuition, cœur, réussite.

Syna : ensemble, union (grec). Caractérologie : séduction, découverte, audace, originalité, énergie.

Syriana : seigneur (grec). Ce prénom est porté par moins de 100 personnes en France. Tendance : en forte croissance. Variantes : Syriane, Syrianna, Syrianne. Caractérologie : équilibre, famille, détermination, sens des responsabilités, influence.

Syrine : charmante, agréable (arabe, perse). Ce prénom est porté par environ 3 000 personnes en France. Il est relativement peu attribué aujourd'hui. Tendance : en forte croissance. Variante : Syrina. Caractérologie : rêve, décision, rectitude, tolérance, humanité.

Tabatha : gazelle (grec, araméen). Ce prénom très rare est porté par près de 300 personnes en France. Caractérologie : force, passion, ambition, management, habileté.

Tahia : la déesse de l'Amour qui agit la nuit (tahitien). Ce prénom est porté par moins de 100 personnes en France. Caractérologie : adaptation, communication, enthousiasme, pratique, générosité.

Tahira : pureté, innocence (arabe). Ce prénom est porté par moins de 100 personnes en France. Tendance : en forte croissance. Caractérologie : optimisme, créativité, communication, pragmatisme, sociabilité.

Tahlia : rosée (hébreu). Ce prénom est porté par moins de 100 personnes en France. Caractérologie : équilibre, famille, sens des responsabilités, organisation, influence.

Taïna : fée (slave). Ce prénom est porté par environ 2 000 personnes en France. Il est peu attribué aujourd'hui. Caractérologie : décision, altruisme, réflexion, résolution, dévouement.

Taïs : lien, bandage (grec). Ce prénom rare est porté par près de 600 personnes en France. Tendance : en croissance modérée. Caractérologie : fiabilité, méthode, ténacité, engagement, sens du devoir.

Takara : trésor (japonais). Caractérologie : intelligence, savoir, sagesse, méditation, indépendance.

Taki : cascade (japonais). Caractérologie : curiosité, indépendance, dynamisme, charisme, courage.

Tal : rosée (hébreu). Ce prénom est porté par moins de 100 personnes en France. Variantes : Talila, Talilah, Telila, Telilah.

Caractérologie : famille, équilibre, sens des responsabilités, influence, organisation.

Talia : rosée (hébreu), lumière du paradis (arabe). Talia pourrait également signifier « jeune agneau » en araméen. Ce prénom est porté par environ 1 000 personnes en France. Il est peu attribué aujourd'hui. Variantes : Tali, Talie, Talya. Caractérologie : méditation, savoir, organisation, intelligence, indépendance.

Talina : jour de la naissance (latin). Ce prénom très rare est porté par près de 180 personnes en France. Variante : Taline. Caractérologie : communication, enthousiasme, décision, pratique, gestion.

Taline : jour de la naissance (latin). Ce prénom très rare est porté par près de 180 personnes en France. Caractérologie : connaissance, sagacité, résolution, spiritualité, organisation.

Tam : centre, cœur, esprit (vietnamien). Ce prénom est porté par moins de 100 personnes en France. Caractérologie : connaissance, philosophie, sagacité, spiritualité, originalité.

Tama : bijou (japonais). Caractérologie : vitalité, achèvement, leadership, ardeur, stratégie.

Tamako : l'enfant joyaux (japonais). Caractérologie : connaissance, sagacité, spiritualité, originalité, philosophie.

Tamala : bijou (japonais). Caractérologie : optimisme, communication, pragmatisme, créativité, organisation.

Tamar : palmier (hébreu). Ce prénom très rare est porté par près de 140 personnes en France. Caractérologie : achèvement, leadership, vitalité, ardeur, stratégie.

Tamara : palmier (hébreu). Ce prénom est porté par environ 4 000 personnes en France. Il est peu attribué aujourd'hui. Caractérologie : altruisme, idéalisme, réflexion, intégrité, dévouement.

Tami : peuple (japonais). Variantes : Tamia, Tamie, Tamy. Caractérologie : savoir, intelligence, sagesse, méditation, indépendance.

Tamiko : enfant du peuple (japonais). Caractérologie : conscience, bienveillance, paix, conseil, sagesse.

Tammy : palmier (hébreu). Ce prénom est porté par moins de 100 personnes en France. Variantes : Tamara, Tammi, Tammie, Thamara. Caractérologie : rectitude, rêve, humanité, réalisation, ouverture d'esprit.

Tanaïs : fée (slave). Ce prénom très rare est porté par près de 200 personnes en France. Variantes : Tana, Tanys. Caractérologie : innovation, détermination, autorité, énergie, ambition.

Tania : fée (slave). Ce prénom est porté par environ 9 000 personnes en France. Il est relativement peu attribué aujourd'hui. Caractérologie : humanité, rectitude, rêve, décision, tolérance.

Tanya : fée (slave). Ce prénom est porté par environ 1 000 personnes en France. Il est très peu attribué aujourd'hui. Variantes : Tanaya, Tanina. Caractérologie : connaissance, sagacité, spiritualité, philosophie, originalité.

Taous : paon (arabe). Ce prénom très rare est porté par près de 300 personnes en France. Caractérologie : gestion, méthode, ténacité, engagement, fiabilité.

Tara : raisonnable (arabe), tour, colline rocailleuse (celte). Ce prénom est porté par environ 2 000 personnes en France. Il est peu attribué aujourd'hui. Variante : Thara. Caractérologie : fiabilité, méthode, engagement, ténacité, sens du devoir.

Tareen : tour, colline rocailleuse (celte). Caractérologie : humanité, ouverture d'esprit, rectitude, rêve, décision.

Tatiana : fée (slave). Ce prénom est porté par environ 15 000 personnes en France. Il est peu attribué aujourd'hui. Variantes : Taunia, Taunya, Tatia, Tatiane, Tatianne, Tatienne, Tatyana. Caractérologie : communication, créativité, optimisme, décision, pragmatisme.

Tatjana : fée (slave). Ce prénom est porté par moins de 100 personnes en France. Variante : Tanja. Caractérologie : persévérance, structure, sécurité, honnêteté, efficacité.

Téa : Dieu (grec). Ce prénom est porté par environ 1 000 personnes en France. Il est peu attribué aujourd'hui. Tendance : en croissance modérée. Caractérologie : ambition, force, passion, habileté, management.

Téana : fée (slave), Dieu (grec). Contraction de Téa et Anna. Ce prénom est porté par moins de 100 personnes en France. Tendance : en forte croissance. Variantes : Téanna, Téane, Téanne. Caractérologie : curiosité, charisme, courage, dynamisme, indépendance.

Tehani : celle qui est aimée, chérie (tahitien). Ce prénom très rare est porté par près de 140 personnes en France. Caractérologie : attention, communication, enthousiasme, pratique, décision.

Tehila : compliment (hébreu). Ce prénom très rare est porté par près de 130 personnes en France. Tendance : en forte croissance. Caractérologie : résolution, audace, direction, finesse, dynamisme.

Tehora : pure (hébreu). Caractérologie : détermination, méthode, ténacité, fiabilité, sensibilité.

Télia : puissance, combat (germanique). Ce prénom très rare est porté par près de 140 personnes en France. Caractérologie : relationnel, résolution, médiation, organisation, intuition.

Telma : protection divine (germanique). Ce prénom très rare est porté par près de 400 personnes en France. Caractérologie : bienveillance, conscience, paix, conseil, organisation.

Temoe : coucher de soleil (tahitien). Caractérologie : ténacité, méthode, fiabilité, engagement, caractère.

Teora : vie (tahitien). Caractérologie : gestion, ambition, habileté, passion, force. Térébentine : ce prénom du calendrier révolutionnaire, non attribué jusqu'à présent, a été choisi par Cécile Duflot pour sa fille. La térébenthine est une résine semi-liquide extraite de certains conifères. Le choix de la jeune femme politique française fera-t-il des émules ? Caractérologie : idéalisme, rectitude, tolérance, réflexion, humanité.

Teresa : qui récolte (grec). Ce prénom est porté par environ 2 000 personnes en France. Il ne devrait pas être attribué à plus de 50 bébés en 2012. Teresa est très répandu au Portugal. Variante : Tereza. Caractérologie : courage, décision, curiosité, dynamisme, indépendance.

THAÏS

Fête : 8 octobre

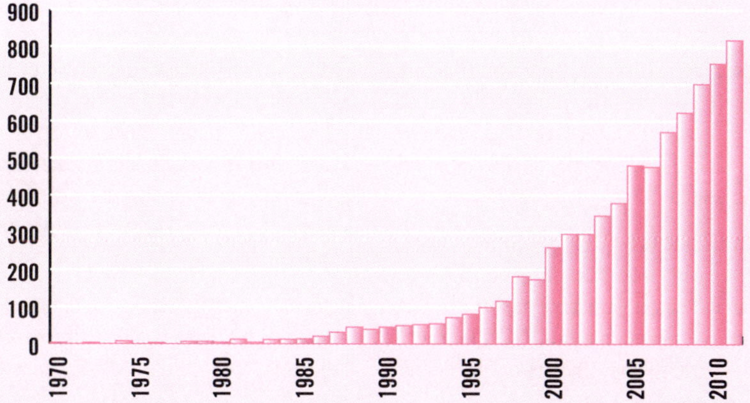

Étymologie : probablement du grec, « lien, bandage ». Ce prénom oublié aurait pu disparaître des registres de la planète s'il n'avait pas émergé en France dans les années 1990. Sans avoir connu d'envolée fulgurante, Thaïs doit sa percée à sa grande constance. Reconnaissons qu'elle possède plus d'un atout dans son sac. Sa jeunesse, qui l'inscrit dans une thématique de renouvellement, et sa terminaison, qui la place dans le sillon doré de Maëlys, ont facilité son ascension dans le top 100 national. En 2012, Thaïs devrait prénommer un peu plus de 800 Françaises.

Les amateurs de prénoms français se réjouiront que l'on recense si peu de Thaïs en dehors de l'Hexagone. Quelques dizaines tout au plus en Wallonie, et quelques-unes en Romandie et au Québec.

Célèbre courtisane athénienne du IVe siècle avant J.-C., **Thaïs** fut pendant longtemps la maîtresse d'Alexandre le Grand. Après la mort de ce dernier, elle jeta son dévolu sur Ptolémée (premier roi égyptien de cette dynastie), qu'elle épousa.

Comédienne et courtisane repentie, **sainte Thaïs** se convertit au christianisme et termina ses jours religieuse. Son histoire a été narrée par Anatole France, et reprise par Jules Massenet dans la célèbre *Méditation de Thaïs*.

.../

Thaïs *(suite)*

Personnalité célèbre : Thaïs Oliveira, mannequin brésilien.

Statistiques : Thaïs est le 143e prénom féminin le plus donné en France depuis le début du XXIe siècle. On peut estimer qu'il sera attribué à une fille sur 478 en 2012.

Terry : qui récolte (grec). Ce prénom très rare est porté par près de 300 personnes en France. Variantes : Teri, Terri. Caractérologie : séduction, énergie, découverte, originalité, audace.

Tess : qui récolte (grec). Ce prénom est porté par environ 5 000 personnes en France. Il figure dans le top 200 national. Tendance : en croissance modérée. Caractérologie : idéalisme, altruisme, intégrité, réflexion, dévouement.

Tessa : qui récolte (grec). Ce prénom est porté par environ 5 000 personnes en France. Il figure dans le top 200 national. Tendance : en croissance modérée. Variante : Thessa. Caractérologie : indépendance, dynamisme, direction, assurance, audace.

Tessy : qui récolte (grec). Ce prénom très rare est porté par près de 400 personnes en France. Variante : Tessie. Caractérologie : méditation, intelligence, sagesse, indépendance, savoir.

Teva : grande voyageuse (tahitien), ange (cambodgien). Écrit avec un accent, Téva signifie également « fruit de la nature » en hébreu. Ce prénom est porté par moins de 100 personnes en France. Caractérologie : optimisme, pragmatisme, communication, sociabilité, créativité.

Texa : qui récolte (grec). Caractérologie : audace, découverte, originalité, séduction, énergie.

Thaïs : lien, bandage (grec). Ce prénom est porté par environ 7 000 personnes en France. Il figure dans le top 100 national. Voir le zoom dédié à Thaïs. Variante : Thays. Caractérologie : pratique, adaptation, communication, enthousiasme, générosité.

Thalassa : mer (grec). Caractérologie : rectitude, ouverture d'esprit, humanité, rêve, gestion.

Thalia : rosée (hébreu). Ce prénom est porté par environ 2 000 personnes en France. Il est peu attribué aujourd'hui. Caractérologie : famille, équilibre, sens des responsabilités, influence, organisation.

Thalie : jour de la naissance (latin). Ce prénom très rare est porté par près de 200 personnes en France. Dans la mythologie grecque, Thalie, la fille de Zeus et de Mnémosyne (déesse de la Mémoire), est la muse de la Comédie. Caractérologie : autorité, énergie, résolution, innovation, finesse.

Tham : grâce (vietnamien). Caractérologie : équilibre, sens des responsabilités, famille, exigence, influence.

Thamila : tourterelle (kabyle). Caractérologie : autorité, innovation, gestion, énergie, ambition.

Thana : compliment (arabe). Ce prénom est porté par moins de 100 personnes en France. Caractérologie : force, ambition, habileté, passion, finesse.

Thanh : fin, clair, couleur bleue ou muraille (idée de solidité), achevé (vietnamien). Ce prénom très rare est porté par près de 200 personnes en France. Caractérologie : sens des responsabilités, équilibre, famille, influence, sensibilité.

Thao : respectueuse de ses parents (vietnamien). Ce prénom est porté par moins de 100 personnes en France. Caractérologie : vitalité, achèvement, stratégie, ardeur, leadership.

Théa : Dieu (grec). Voir Théodora. Ce prénom est porté par environ 3 000 personnes en France. Il est relativement peu attribué aujourd'hui. Caractérologie : sagacité, connaissance, spiritualité, originalité, attention.

Théana : Dieu (grec), ou contraction de Théa et Anna. Ce prénom très rare est porté par près de 200 personnes en France. Variantes : Théane, Théanna, Théanne, Thela. Caractérologie : structure, persévérance, sécurité, efficacité, sensibilité.

Théïa : dans la mythologie grecque, Théia est la fille de Gaia. Ce prénom est porté par moins de 100 personnes en France. Caractérologie : connaissance, détermination, spiritualité, sagacité, sensibilité.

Thelma : protection divine (germanique). Ce prénom est porté par environ 1 000 personnes en France. Il est peu attribué aujourd'hui. Caractérologie : dynamisme, curiosité, courage, organisation, finesse.

Thémis : fille d'Ouranos et Gaia, Thémis épousa Zeus et devint l'ordonnatrice des rites, des oracles et des lois. Elle est la seule Titanide qui vécut aux côtés des divinités de l'Olympe. Ce prénom très rare est porté par près de 400 personnes en France. Caractérologie : intuition, relationnel, résolution, médiation, finesse.

Théodora : don de Dieu (grec). Ce prénom rare est porté par près de 900 personnes en France. Impératrice de Byzance au IIe siècle, sainte Théodora rétablit le culte des icônes. Variantes : Téodora, Théodoria, Théodorine. Caractérologie : attention, dynamisme, curiosité, caractère, courage.

Théola : envoyée de Dieu (grec). Caractérologie : savoir, intelligence, méditation, gestion, attention.

Théoline : contraction de Théo et Line. Ce prénom est porté par moins de 100 personnes en France. Caractérologie : relationnel, intuition, finesse, adaptabilité, médiation.

Théona : Dieu (grec). Caractérologie : attention, altruisme, idéalisme, intégrité, réflexion.

Théonie : Dieu (grec). Ce prénom est porté par moins de 100 personnes en France. Variante : Théone. Caractérologie : ténacité, engagement, méthode, fiabilité, finesse.

Théophania : apparition divine (grec). Variante : Théophanie. Caractérologie : savoir, intelligence, méditation, action, sensibilité.

Théophila : qui aime les dieux (grec). Ce prénom est porté par moins de 100 personnes en France. Variante : Théophilia. Caractérologie : méthode, ténacité, fiabilité, sensibilité, raisonnement.

Théotine : honorer Dieu (grec). Ce prénom est porté par moins de 100 personnes en France. Caractérologie : conscience, paix, bienveillance, finesse, conseil.

Théoxane : Dieu, hospitalier (grec). Ce prénom est porté par moins de 100 personnes en France. Variantes : Téoxana, Téoxanna, Téoxanne, Téoxena, Téoxène, Téoxenna, Téoxenne, Théoxanna, Théoxanne, Théoxena, Théoxène, Théoxenna, Théoxenne. Caractérologie : force, habileté, passion, ambition, management.

Thérésa : qui récolte (grec). Ce prénom est porté par environ 2 000 personnes en France. Il ne devrait pas être attribué à plus de 50 bébés en 2012. Variantes : Thérésia, Thérézia, Thérézina. Caractérologie : résolution, ténacité, fiabilité, méthode, finesse.

Thérèse : qui récolte (grec). Ce prénom est porté par environ 123 000 personnes en France. Il ne devrait pas être attribué à plus de 50 bébés en 2012. Issue d'une noble famille espagnole, sainte Thérèse d'Avila fonda de nombreux monastères au XVIe siècle. Elle laissa à la postérité de nombreux écrits spirituels. Variante : Thérèze. Caractérologie : détermination, ambition, force, habileté, sensibilité.

Thi : poème (vietnamien). Ce prénom est porté par environ 1 000 personnes en France. Tendance : stable. Variantes : Thia, Thy, Thya. Caractérologie : innovation, autorité, ambition, énergie, autonomie.

Thifaine : apparition divine (grec). Ce prénom très rare est porté par près de 200 personnes en France. Variantes : Thiphaine, Thyphaine. Caractérologie : altruisme, intégrité, attention, idéalisme, décision.

Thiffany : apparition divine (grec). Ce prénom très rare est porté par près de 130 personnes en France. Variantes : Thifanie, Thifany, Thiphanie. Caractérologie : stratégie, action, achèvement, vitalité, attention.

Thom : ananas, parfumée (vietnamien). Caractérologie : médiation, intuition, relationnel, fidélité, adaptabilité.

Thora : tonnerre (scandinave). Variantes : Thorina, Thorine. Caractérologie : vitalité, achèvement, stratégie, ardeur, leadership.

Thu : automne (vietnamien). Ce prénom est porté par moins de 100 personnes en France. Caractérologie : méthode, fiabilité, engagement, ténacité, sens du devoir.

Thuy : eau (vietnamien). Ce prénom très rare est porté par près de 300 personnes en France. Caractérologie : réceptivité, sociabilité, loyauté, diplomatie, bonté.

Tia : diminutif des prénoms se terminant par « tia ». Ce prénom rare est porté par près de 800 personnes en France. Variante : Tya. Caractérologie : communication, pragmatisme, optimisme, créativité, sociabilité.

Tiana : fée (slave). Ce prénom rare est porté par près de 600 personnes en France. Variantes : Tia, Tiana, Tianna, Tyana, Tyanna. Caractérologie : altruisme, idéalisme, réflexion, résolution, intégrité.

Tiare : fleur (tahitien). Ce prénom est porté par moins de 100 personnes en France. Caractérologie : vitalité, achèvement, détermination, ardeur, stratégie.

Tifanny : apparition divine (grec). Ce prénom rare est porté par près de 600 personnes en France. Caractérologie : vitalité, achèvement, stratégie, ardeur, résolution.

Tifany : apparition divine (grec). Ce prénom est porté par environ 2 000 personnes en France. Il ne devrait pas être attribué à plus de 50 bébés en 2012. Caractérologie : pratique, détermination, communication, enthousiasme, adaptation.

Tifenn : apparition divine (grec). Ce prénom est porté par environ 2 000 personnes en France. Il est très peu attribué aujourd'hui. Variantes : Tifaine, Tiffaine, Tifene, Tiffène, Tiffen, Tiphène. Caractérologie : courage, dynamisme, charisme, curiosité, indépendance.

Tiffanie : apparition divine (grec). Ce prénom est porté par environ 2 000 personnes en France. Il ne devrait pas être attribué à plus de 50 bébés en 2012. Variantes : Tifanie, Tiffani. Caractérologie : intelligence, méditation, savoir, détermination, indépendance.

Tiffany : apparition divine (grec). Ce prénom est porté par environ 16 000 personnes en France. Il est peu attribué aujourd'hui. Caractérologie : résolution, idéalisme, intégrité, altruisme, réflexion.

Timéa : honorer Dieu (grec). Ce prénom très rare est porté par près de 500 personnes en France. Caractérologie : pratique, adaptation, communication, résolution, enthousiasme.

Timothée : honorer Dieu (grec). Ce prénom très rare est porté par près de 300 personnes en France. Variante : Timothéa. Caractérologie : dynamisme, curiosité, courage, attention, caractère.

Tina : diminutif d'Augustina et de Christina. Ce prénom est porté par environ 3 000 personnes en France. Il est peu attribué aujourd'hui. Caractérologie : passion, force, ambition, habileté, décision.

Tiphaine : apparition divine (grec). Ce prénom est porté par environ 17 000 personnes en France. Il est relativement peu attribué aujourd'hui. Dans l'Hexagone, Tiphaine est plus traditionnellement usité en Bretagne avec cette orthographe. Caractérologie : dynamisme, audace, attention, direction, action.

Tiphanie : apparition divine (grec). Ce prénom est porté par environ 4 000 personnes en France. Il ne devrait pas être attribué à plus de 50 bébés en 2012. Caractérologie : ressort, finesse, audace, dynamisme, direction.

Tiphany : apparition divine (grec). Ce prénom rare est porté par près de 800 personnes en France. Caractérologie : pragmatisme, communication, optimisme, sensibilité, action.

Tomo : connaissance, intelligence (japonais). Caractérologie : intégrité, idéalisme, réflexion, altruisme, dévouement.

Tonia : inestimable (latin), fleur (grec). Ce prénom très rare est porté par près de 200 personnes en France. Variantes : Tonya, Tonina. Caractérologie : découverte, énergie, audace, originalité, détermination.

Tori : oiseau (japonais). Ce prénom est porté par moins de 100 personnes en France. Caractérologie : force, ambition, habileté, management, passion.

Tosca : étrusque (latin). Ce prénom très rare est porté par près de 200 personnes en France. Caractérologie : structure, sécurité, efficacité, persévérance, gestion.

Toscane : étrusque (latin). Ce prénom rare est porté par près de 600 personnes en France. Caractérologie : découverte, audace, énergie, organisation, originalité.

Touria : étoile des Pléiades dans la constellation du Taureau (arabe). Ce prénom rare est porté par près de 700 personnes en France.

Variantes : Touraya, Touriya. Caractérologie : pratique, gestion, enthousiasme, communication, logique.

Tova : conciliante (hébreu). Ce prénom est porté par moins de 100 personnes en France. Caractérologie : sécurité, persévérance, structure, efficacité, honnêteté.

Tovia : bonté divine (hébreu). Caractérologie : persévérance, sécurité, efficacité, structure, honnêteté.

Tracy : qui récolte (grec). Ce prénom est porté par environ 4 000 personnes en France. Il est très peu attribué aujourd'hui. Variantes : Tracey, Tracie, Trecy, Tressy. Caractérologie : organisation, fiabilité, méthode, engagement, ténacité.

Tricia : noble personne (latin). Ce prénom très rare est porté par près de 300 personnes en France. Variante : Trycia. Caractérologie : influence, sens des responsabilités, équilibre, organisation, famille.

Tristana : étymologie possible : révolte, tumulte (celte). Ce prénom très rare est porté par près de 160 personnes en France. Dans l'Hexagone, Tristana est plus traditionnellement usité en Bretagne. Caractérologie : pragmatisme, communication, optimisme, créativité, résolution.

Trixie : heureuse, qui rend heureuse (latin). Caractérologie : efficacité, honnêteté, persévérance, structure, sécurité.

Tsipora : petit oiseau (hébreu). Ce prénom très rare est porté par près de 180 personnes en France. Caractérologie : ambition, passion, force, habileté, management.

Tuana : talent, savoir (vietnamien). Ce prénom très rare est porté par près de 300 personnes en France. Tendance : en forte croissance. Caractérologie : enthousiasme, gestion, pratique, communication, adaptation.

Typhaine : apparition divine (grec). Ce prénom est porté par environ 4 000 personnes en France. Il est très peu attribué aujourd'hui. Variantes : Tyffaine, Typhène. Caractérologie : force, action, ambition, habileté, attention.

Typhanie : apparition divine (grec). Ce prénom est porté par environ 1 000 personnes en France. Tendance : stable. Variante : Tyffanie. Caractérologie : vitalité, stratégie, achèvement, ressort, finesse.

Uguette : esprit, intelligence (germanique). Ce prénom est porté par moins de 100 personnes en France. Caractérologie : rectitude, humanité, ouverture d'esprit, rêve, sympathie.

Ulrike : puissance (germanique). Ce prénom est porté par moins de 100 personnes en France. Variantes : Ulrica, Ulrique. Caractérologie : structure, sécurité, efficacité, persévérance, honnêteté.

Ulyssia : courroucée (latin). Ce prénom est porté par moins de 100 personnes en France. Caractérologie : spiritualité, connaissance, sagacité, originalité, philosophie.

Uma : dans la mythologie hindouiste, Uma est l'un des noms de la déesse Parvati. Ce prénom très rare est porté par près de 150 personnes en France. Caractérologie : ambition, force, management, passion, habileté.

Uranie : céleste (grec). Ce prénom très rare est porté par près de 100 personnes en France. Dans la mythologie grecque, Uranie, la fille de Zeus et de Mnémosyne (déesse de la Mémoire), est la muse de l'Astronomie. Variantes : Urana, Urane, Urania. Caractérologie : audace, énergie, originalité, découverte, détermination.

Urbaine : de la ville (latin). Ce prénom est porté par moins de 100 personnes en France. Variantes : Urbane, Urbanie. Caractérologie : connaissance, sagacité, spiritualité, organisation, détermination.

Urielle : Dieu est ma lumière (hébreu). Ce prénom très rare est porté par près de 200 personnes en France. Variantes : Uria, Uriah, Urias, Uriel, Uriela. Variante bretonne : Uriell. Caractérologie : audace, direction, dynamisme, assurance, indépendance.

Urrea : l'or (basque). Caractérologie : idéalisme, altruisme, intégrité, détermination, réflexion.

Ursula : ours (latin). Ce prénom rare est porté par près de 1 000 personnes en France. Caractérologie : loyauté, sociabilité, réceptivité, diplomatie, bonté.

Ursule : ours (latin). Ce prénom est porté par environ 1 000 personnes en France. Tendance : stable. Variantes : Ursine, Ursuline. Caractérologie : paix, décision, conscience, bienveillance, conseil.

Usoa : colombe (basque). Caractérologie : diplomatie, réceptivité, bonté, sociabilité, loyauté.

Uta : poème (japonais). Caractérologie : conseil, bienveillance, conscience, paix, gestion.

Vaea : souveraine qui a partagé l'océan (tahitien). Ce prénom est porté par moins de 100 personnes en France. Caractérologie : intuition, relationnel, médiation, fidélité, adaptabilité.

Vahiné : épouse, femme (tahitien). Caractérologie : curiosité, indépendance, dynamisme, courage, décision.

Vaiana : l'eau de la grotte (tahitien). Ce prénom très rare est porté par près de 200 personnes en France. Caractérologie : décision, enthousiasme, communication, adaptation, pratique.

Vaïla : vivre (slave). Caractérologie : rectitude, rêve, humanité, ouverture d'esprit, générosité.

Vainui : grande pour l'éternité (tahitien). Ce prénom est porté par moins de 100 personnes en France. Caractérologie : fiabilité, engagement, ténacité, méthode, détermination.

Vaitea : eau claire de la cascade (tahitien). Ce prénom est porté par moins de 100 personnes en France. Caractérologie : méthode, fiabilité, sécurité, détermination, résolution.

Vaitiare : fleur éternelle (tahitien). Ce prénom est porté par moins de 100 personnes en France. Caractérologie : persévérance, sécurité, détermination, structure, efficacité.

Valda : celle qui gouverne (norvégien). Ce prénom est porté par moins de 100 personnes en France. Caractérologie : fiabilité, ténacité, méthode, engagement, sens du devoir.

Valentina : vaillant (latin). Ce prénom rare est porté par près de 1 000 personnes en France. Tendance : en croissance modérée. Caractérologie : vitalité, achèvement, stratégie, organisation, résolution.

Valentine : vaillant (latin). Ce prénom est porté par environ 30 000 personnes en France. Il figure dans le top 100 national. Tendance : stable. Variantes : Vale, Valantine, Valence, Valencia, Valencina, Valentia, Valentiane, Valentienne. Caractérologie : communication, pragmatisme, optimisme, détermination, organisation.

Valéria : courageuse (latin). Ce prénom rare est porté par près de 700 personnes en France. Caractérologie : découverte, énergie, originalité, audace, détermination.

Valériane : se rapporte à la valériane, plante médicinale aux propriétés calmantes. Ce prénom est porté par environ 1 000 personnes en France. Tendance : stable. Variante : Valérianne. Caractérologie : sens des responsabilités, résolution, famille, équilibre, influence.

Valérie : courageuse (latin). Ce prénom est porté par environ 247 000 personnes en France. Il ne devrait pas être attribué à plus de 50 bébés en 2012. Au XIe siècle, sainte Valérie refusa de participer à une fête païenne alors que son époux venait de mourir. Elle fut violemment battue et succomba à ses blessures quelques jours plus tard. Variantes : Vaka, Valérienne, Valérina, Valérine, Valeska, Vallonia. Caractérologie : décision, humanité, rêve, rectitude, tolérance.

Valia : vaillante (latin). Ce prénom est porté par moins de 100 personnes en France. Caractérologie : altruisme, réflexion, idéalisme, intégrité, dévouement.

Harmonie d'un prénom avec son patronyme

Selon un sondage réalisé en 2011 sur le site MeilleursPrenoms.com, la sonorité est un élément essentiel du processus d'attribution d'un prénom. L'originalité vient au deuxième rang des critères, devant l'harmonie du prénom avec son patronyme (voir les résultats du sondage p. **557**). Si les fautes de goût évidentes sautent aux yeux (exemple : Aude Javel, Emma Taume ou Jean Roule), peut-on éviter tous les pièges ?

Il n'existe pas de règle qui garantisse un mariage harmonieux. Chaque prénom est unique et ne s'accorde pas de la même manière. C'est à vous de faire confiance à ce que vous ressentez lorsque vous l'associez avec votre nom de famille. Mais en cas de doute persistant, un examen objectif s'impose. Il s'agit de prononcer, syllabe par syllabe, le nom à la suite du prénom. Ce procédé révélera tout frottement indélicat (exemple : Mathilde Degest), et toute liaison inutile (exemple : Antonin Nimbert). S'il faut donner une règle, disons qu'un assemblage heureux évite les prénoms dont les terminaisons sont identiques au commencement des patronymes.

Un dernier élément doit être pris en compte : généralement, les prénoms longs s'harmonisent mieux avec les patronymes courts. C'est la raison pour laquelle les prénoms composés s'accordent si bien avec ces derniers (Marie-Amélie Daust est bien plus gracieux que Marie-Amélie de Paradimont).

Vanessa : papillon (grec). Ce prénom est porté par environ 79 000 personnes en France. Il est peu attribué aujourd'hui. Ce prénom inventé par Jonathan Swift au XVIIIe siècle était le surnom d'Hester, une des femmes que l'écrivain irlandais a aimées. Variantes : Vanesa, Vannessa. Caractérologie : humanité, rêve, rectitude, tolérance, générosité.

Vania : papillon (grec). Ce prénom très rare est porté par près de 200 personnes en France. Variantes : Vana, Vanie, Vannie, Vanny. Caractérologie : médiation, relationnel, intuition, fidélité, résolution.

Vanille : nom du fruit du vanillier (latin). Ce prénom est porté par environ 1 000 personnes en France. Tendance : stable. Caractérologie : pragmatisme, communication, optimisme, résolution, créativité.

Vanina : Dieu fait grâce (hébreu), la pluie chasse la tristesse (tahitien). Ce prénom est porté par environ 3 000 personnes en France. Il ne devrait pas être attribué à plus de 50 bébés en 2012. Vanina est répandu en Corse. Variante : Vannina. Caractérologie : savoir, intelligence, méditation, indépendance, décision.

Varda : rose (hébreu). Ce prénom est porté par moins de 100 personnes en France. Variantes : Vardia, Vardiella, Vardina. Caractérologie : assurance, direction, dynamisme, audace, indépendance.

Varina : étrangère (grec). Caractérologie : loyauté, réceptivité, sociabilité, décision, diplomatie.

Vassilia : reine (grec). Ce prénom est porté par moins de 100 personnes en France. Caractérologie : sociabilité, bonté, réceptivité, loyauté, diplomatie.

Vasthie : belle (perse). Ce prénom est porté par moins de 100 personnes en France. Variante : Vastie. Caractérologie : communication, attention, pratique, enthousiasme, décision.

Vélia : jour de la naissance (latin). Ce prénom est porté par moins de 100 personnes en France. Variante : Vélina. Caractérologie : méthode, ténacité, fiabilité, engagement, décision.

Venise : se rapporte à Venise, ville d'Italie. Ce prénom très rare est porté par près de 300 personnes en France. Variante : Vénusia. Caractérologie : intuition, médiation, relationnel, fidélité, détermination.

Vénus : déesse romaine de l'Amour (latin). Ce prénom très rare est porté par près de 200 personnes en France. Variante : Vénissia. Caractérologie : altruisme, dévouement, intégrité, idéalisme, réflexion.

Véra : vrai (latin), foi (slave). Ce prénom est porté par environ 1 000 personnes en France. Tendance : stable. Notons que la variante Veera est en vogue en Finlande. Variantes : Veera, Veira, Viera. Caractérologie : dynamisme, indépendance, direction, audace, détermination.

Vérane : vrai (latin), foi (slave). Ce prénom rare est porté par près de 500 personnes en France. Variante : Vérana. Caractérologie : diplomatie, réceptivité, sociabilité, loyauté, décision.

Verena : vrai (latin), foi (slave). Ce prénom très rare est porté par près de 300 personnes en France. Caractérologie : intuition, détermination, médiation, fidélité, relationnel.

Verna : vérité (latin). Caractérologie : paix, bienveillance, détermination, conseil, conscience.

Veronica : porter la victoire (grec). Ce prénom rare est porté par près de 1 000 personnes en France. Veronica est répandu en Italie. Variantes : Verona, Veronika. Caractérologie : éthique, équilibre, famille, analyse, volonté.

Véronique : porter la victoire (grec). Ce prénom est porté par environ 230 000 personnes en France. Il ne devrait pas être attribué à plus de 50 bébés en 2012. Sainte Véronique essuya avec son voile le visage de Jésus pendant son calvaire. Cette étoffe devenue célèbre aurait gardé l'empreinte des traits du Christ. Véronique est la patronne des lingères et des photographes. Caractérologie : intégrité, analyse, idéalisme, altruisme, volonté.

Vesna : printemps (slave). Ce prénom très rare est porté par près de 400 personnes en France. Caractérologie : sagacité, connaissance, spiritualité, originalité, philosophie.

Via : couleur jaune, blonde (latin). Caractérologie : curiosité, dynamisme, charisme, courage, indépendance.

Vianca : clair (germanique). Caractérologie : audace, énergie, découverte, originalité, résolution.

Vianna : contraction de Vi et Anna. Variante : Viana. Caractérologie : sociabilité, réceptivité, diplomatie, loyauté, décision.

Vicky : victorieuse (latin). Ce prénom est porté par environ 2 000 personnes en France. Il est très peu attribué aujourd'hui. Variantes : Vicki, Vickie. Caractérologie : intelligence, indépendance, savoir, méditation, sagesse.

Victoire : victorieuse (latin). Ce prénom est porté par environ 12 000 personnes en France. Il figure dans le top 200 national. Tendance : stable. Caractérologie : relationnel, intuition, caractère, médiation, logique.

Victoria : victorieuse (latin). Ce prénom est porté par environ 25 000 personnes en France. Il figure dans le top 100 national. Tendance : stable. Variantes : Viktoria, Toria. Caractérologie : intelligence, méditation, gestion, savoir, logique.

Victorine : victorieuse (latin). Ce prénom est porté par environ 6 000 personnes en France. Il est très peu attribué aujourd'hui. Variantes : Victoriana, Victorie, Victorienne, Victorina. Caractérologie : sagacité, connaissance, volonté, spiritualité, raisonnement.

Vida : aimée, chérie (hébreu). Ce prénom est porté par moins de 100 personnes en France. Caractérologie : rectitude, humanité, générosité, rêve, ouverture d'esprit.

Vienne : vivante (latin). Ce prénom est porté par moins de 100 personnes en France. Caractérologie : paix, bienveillance, conseil, conscience, sagesse.

Vilma : protectrice résolue (germanique). Ce prénom très rare est porté par près de 200 personnes en France. Caractérologie : enthousiasme, communication, générosité, adaptation, pratique.

Vincente : qui triomphe (latin). Ce prénom est porté par environ 1 000 personnes en France. Tendance : stable. Variantes : Vinca, Vincenza. Caractérologie : sociabilité, réceptivité, diplomatie, loyauté, bonté.

Vinciane : qui triomphe (latin). Ce prénom est porté par environ 2 000 personnes en France. Il ne devrait pas être attribué à plus de 50 bébés en 2012. Variante : Vincianne. Caractérologie : originalité, énergie, décision, découverte, audace.

Violaine : se rapporte à la violette, fleur aux pétales violets (latin). Ce prénom est porté par environ 8 000 personnes en France. Il ne devrait pas être attribué à plus de 50 bébés en 2012. C'est au poète et écrivain Paul Claudel que l'on doit l'invention de ce prénom. Violaine est le personnage principal de la pièce de théâtre *L'Annonce faite à Marie*, c'est aussi le nom d'un petit village de l'Ain. Variantes : Viola, Violène, Violine. Caractérologie : équilibre, logique, éthique, famille, caractère.

Violetta : se rapporte à la violette, fleur aux pétales violets (latin). Ce prénom rare est porté par près de 700 personnes en France. En dehors de l'Hexagone, Violetta est particulièrement répandu dans les pays slaves et hispanophones. Variante : Violeta. Caractérologie : logique, énergie, découverte, audace, caractère.

Violette : ce prénom issu du calendrier révolutionnaire se rapporte à la violette, fleur aux pétales violets. Il est porté par environ 17 000 personnes et figure dans le top 200 national. Tendance : en croissance modérée. Caractérologie : humanité, rêve, rectitude, caractère, logique.

Virgilia : qui porte une canne (latin). Ce prénom est porté par moins de 100 personnes en France. Caractérologie : équilibre, famille, sens des responsabilités, réussite, influence.

Virginia : pure, vierge (latin). Ce prénom est porté par environ 3 000 personnes en France. Il ne devrait pas être attribué à plus de 50 bébés en 2012. Variante : Virgina. Caractérologie : vitalité, décision, achèvement, stratégie, réussite.

Virginie : pure, vierge (latin). Ce prénom est porté par environ 164 000 personnes en France. Il ne devrait pas être attribué à plus de 50 bébés en 2012. Riche veuve au XVIIe siècle, sainte Virginie consacra sa vie à secourir les pauvres tout en élevant ses deux enfants. Elle créa plusieurs écoles et fonda un institut religieux. Variante : Virginy. Caractérologie : pratique, communication, adaptation, enthousiasme, générosité.

Viridiana : florissante (grec). Ce prénom très rare est porté par près de 140 personnes en France. Variantes : Virdis, Virida, Viridienne. Caractérologie : influence, famille, équilibre, détermination, sens des responsabilités.

Virna : vérité (latin). Ce prénom est porté par moins de 100 personnes en France. Caractérologie : direction, dynamisme, indépendance, audace, résolution.

Vitaline : vie (latin). Ce prénom très rare est porté par près de 140 personnes en France. Variantes : Vita, Vitalie. Caractérologie : gestion, intuition, médiation, décision, relationnel.

Vittoria : victorieuse (latin). Ce prénom très rare est porté par près de 300 personnes en France. Caractérologie : famille, exigence, équilibre, sens des responsabilités, influence.

Viviane : vivante (latin). Ce prénom est porté par environ 49 000 personnes en France. Il est très peu attribué aujourd'hui. Dans la légende arthurienne, Viviane est la protectrice du royaume d'Avalon et de l'épée sacrée Excalibur. Elle élève Lancelot qui devient l'un des chevaliers les plus célèbres de la Table ronde. En faisant tourner neuf fois son voile magique autour de Merlin, elle fait de ce dernier son « amant éternel ». Caractérologie : innovation, énergie, ambition, autorité, décision.

Vivianne : vivante (latin). Voir Viviane. Ce prénom est porté par environ 1 000 personnes en France. Tendance : stable. Variantes : Bibiane, Bibianne, Viva, Vivian, Viviana, Vivianka, Vivienna, Viviene, Vivienne. Caractérologie : famille, équilibre, détermination, sens des responsabilités, influence.

Wacila : maturation spirituelle (arabe). Ce prénom est porté par moins de 100 personnes en France. Caractérologie : persévérance, sécurité, efficacité, résolution, structure.

Wadislawa : gouverneur puissant et renommé (slave). Ce prénom est porté par moins de 100 personnes en France. Variante : Vladia. Caractérologie : détermination, communication, enthousiasme, adaptation, pratique.

Wafa : fidèle (arabe). Ce prénom est porté par environ 1 000 personnes en France. Tendance : stable. Caractérologie : honnêteté, efficacité, sécurité, persévérance, structure.

Wafaa : fidèle (arabe). Ce prénom très rare est porté par près de 500 personnes en France. Variantes : Waffa, Wafæ. Caractérologie : découverte, énergie, originalité, audace, séduction.

Wallis : du pays de Galles (anglais). Ce prénom est porté par moins de 100 personnes en France. Variante : Wally. Caractérologie : fiabilité, méthode, ténacité, engagement, décision.

Waltraud : courageuse à la bataille (germanique). Ce prénom est porté par moins de 100 personnes en France. Variante : Waltrude. Caractérologie : innovation, énergie, résolution, autorité, organisation.

Wanda : branche fine (germanique). Ce prénom est porté par environ 3 000 personnes en France. Tendance : en croissance modérée. Wanda est très répandu dans les pays anglophones et en Allemagne. Variantes : Vanda, Venda, Wandeline, Wenda. Caractérologie : savoir, sagesse, intelligence, méditation, indépendance.

Warda : rose (arabe). Ce prénom rare est porté par près de 800 personnes en France. Caractérologie : sociabilité, diplomatie, loyauté, réceptivité, résolution.

Wassila : maturation spirituelle (arabe). Ce prénom est porté par environ 2 000 personnes en France. Il est très peu attribué aujourd'hui. Caractérologie : enthousiasme, pratique, adaptation, communication, détermination.

Wassima : belle, gracieuse (arabe). Ce prénom très rare est porté par près de 170 personnes en France. Caractérologie : ténacité, méthode, engagement, fiabilité, détermination.

Wendy : branche fine (germanique). Ce prénom est porté par environ 11 000 personnes en France. Il est relativement peu attribué aujourd'hui. Variantes : Wendi, Wendie. Caractérologie : ardeur, vitalité, achèvement, stratégie, leadership.

Whitney : île blanche (anglais). Ce prénom rare est porté par près de 700 personnes en France. Caractérologie : dynamisme, curiosité, courage, finesse, ressort.

Widad : fidèle, affectionnée (arabe). Ce prénom rare est porté par près de 600 personnes en France. Variantes : Wided, Wydad. Caractérologie : dynamisme, curiosité, courage, indépendance, résolution.

Wilhelmine : protectrice résolue (germanique). Ce prénom très rare est porté par près de 130 personnes en France. Variante : Vilhelmine. Caractérologie : diplomatie, réceptivité, sociabilité, bonté, loyauté.

Wilma : protectrice résolue (germanique). Ce prénom très rare est porté par près de 200 personnes en France. Wilma est en vogue en Finlande et en Norvège. Variantes : Vilma, Wylma. Caractérologie : sécurité, structure, persévérance, décision, efficacité.

Winifred : amie de la paix (germanique). Ce prénom est porté par moins de 100 personnes en France. Variante : Winifried. Caractérologie : savoir, intelligence, indépendance, méditation, caractère.

Winnie : gardienne sacrée (germanique). Ce prénom est porté par moins de 100 personnes en France. Caractérologie : sociabilité, réceptivité, diplomatie, loyauté, bonté.

Winona : gardienne sacrée (germanique). Ce prénom très rare est porté par près de 200 personnes en France. Variante : Wynona. Caractérologie : détermination, structure, persévérance, sécurité, efficacité.

Wissal : couple harmonieux (arabe). Ce prénom rare est porté par près de 800 personnes en France. Caractérologie : relationnel, décision, intuition, médiation, fidélité.

Wissem : honorée de médailles (arabe). Ce prénom très rare est porté par près de 500 personnes en France. Variantes : Wissam, Wissame. Caractérologie : sagacité, spiritualité, connaissance, originalité, décision.

Withney : île blanche (anglais). Ce prénom très rare est porté par près de 190 personnes en France. Caractérologie : découverte, énergie, audace, ressort, finesse.

Wladyslawa : gouverneur puissant et renommé (slave). Ce prénom très rare est porté par près de 400 personnes en France. Caractérologie : ténacité, méthode, réussite, fiabilité, cœur.

Xana : forme galicienne de Jeanne. Dans la mythologie asturienne, Xana est une petite fée. Ce prénom est porté par moins de 100 personnes en France. Tendance : en forte croissance. Dans l'Hexagone, Xana est plus traditionnellement usité au Pays basque. Caractérologie : efficacité, sécurité, structure, persévérance, honnêteté.

Xanthia : jaune (grec). Variantes : Xanthe, Xantia. Caractérologie : découverte, détermination, énergie, audace, sensibilité.

Xavière : variante francisée de Xabiere qui signifie « maison neuve » en basque. Ce prénom rare est porté par près de 800 personnes en France. Variantes : Xaverine, Xaviera. Caractérologie : pratique, communication, enthousiasme, décision, caractère.

Xena : hospitalier (grec). Ce prénom est porté par moins de 100 personnes en France. Tendance : en forte croissance. Caractérologie : achèvement, vitalité, ardeur, stratégie, leadership.

Xénia : hospitalier (grec). Ce prénom très rare est porté par près de 190 personnes en France. Caractérologie : force, ambition, habileté, passion, décision.

Xuan : printemps, jeunesse (vietnamien). Ce prénom est porté par moins de 100 personnes en France. Caractérologie : famille, équilibre, sens des responsabilités, influence, exigence.

Xylia : forêt (latin). Variante : Xylina. Caractérologie : habileté, ambition, force, raisonnement, passion.

Yacine : se rapporte aux premières lettres de la 36e sourate du Coran (arabe). Ce prénom très rare est porté par près de 200 personnes en France. Caractérologie : communication, enthousiasme, pratique, résolution, sympathie.

Yaël : forme bretonne et basque de Joëlle : chèvre sauvage (hébreu). Ce prénom est porté par environ 3 000 personnes en France. Il est relativement peu attribué aujourd'hui. Tendance : en forte croissance. Voir l'encadré dédié aux prénoms mixtes. Caractérologie : connaissance, spiritualité, sagacité, originalité, bonté.

Yaëlle : forme bretonne et basque de Joëlle : chèvre sauvage (hébreu). Ce prénom est porté par environ 3 000 personnes en France. Il est relativement peu attribué aujourd'hui. Tendance : en croissance modérée. Yaëlle peut également être orthographiée sans tréma. Caractérologie : influence, éthique, équilibre, famille, sympathie.

Yaffa : belle (hébreu). Ce prénom est porté par moins de 100 personnes en France. Caractérologie : pragmatisme, communication, optimisme, créativité, sociabilité.

Yamina : éthique, morale (arabe). Ce prénom est porté par environ 9 000 personnes en France. Il est très peu attribué aujourd'hui. Variantes : Yamma, Yaminah, Yemina, Yeminah. Caractérologie : altruisme, idéalisme, intégrité, détermination, réalisation.

Yamini : nuit (sanscrit). Caractérologie : force, ambition, réussite, habileté, décision.

Yanna : Dieu fait grâce (hébreu). Ce prénom très rare est porté par près de 400 personnes en France. Dans l'Hexagone, Yanna est plus traditionnellement usité en Bretagne. Variante : Yana. Caractérologie : audace, dynamisme, indépendance, direction, assurance.

Yasmina : fleur de jasmin (arabe). Ce prénom est porté par environ 13 000 personnes en France. Il est peu attribué aujourd'hui. Variante : Iasmina. Caractérologie : innovation, énergie, autorité, réussite, décision.

Yasmine : fleur de jasmin (arabe). Ce prénom est porté par environ 18 000 personnes en France. Il figure dans le top 100 national. Tendance : stable. Variantes : Yasmin, Yasmeen, Yassmine. Caractérologie : énergie, découverte, audace, décision, réussite.

Yasu : calme, pacifique (japonais). Caractérologie : communication, pragmatisme, optimisme, créativité, sociabilité.

Yelena : éclat du soleil (grec). Ce prénom rare est porté par près de 1 000 personnes en France. Tendance : en croissance modérée. Caractérologie : cœur, vitalité, achèvement, stratégie, ardeur.

Yen : paix, hirondelle (vietnamien). Ce prénom est porté par moins de 100 personnes en France. Caractérologie : achèvement, vitalité, ardeur, stratégie, leadership.

Yeva : vie, donner la vie (hébreu). Ce prénom est porté par moins de 100 personnes en France. En revanche, Yeva est assez répandu en Arménie. Caractérologie : habileté, force, passion, réussite, ambition.

Ylana : arbre (hébreu). Ce prénom très rare est porté par près de 300 personnes en France. Tendance : en forte croissance. Caractérologie : ambition, habileté, force, passion, cœur.

Yléana : éclat du soleil (grec). Ce prénom est porté par moins de 100 personnes en France. Caractérologie : structure, persévérance, efficacité, amitié, honnêteté.

Ylona : éclat du soleil (grec). Ce prénom rare est porté par près de 800 personnes en France. Caractérologie : engagement, fiabilité, cœur, méthode, ténacité.

Ymen : croyance, foi (arabe). Ce prénom très rare est porté par près de 110 personnes en France. Caractérologie : communication, enthousiasme, pratique, adaptation, générosité.

Ynès : sympathique, généreuse (arabe), chaste, pure (grec). Ce prénom rare est porté par près de 800 personnes en France. Caractérologie : rêve, ouverture d'esprit, humanité, rectitude, générosité.

Yoanna : Dieu fait grâce (hébreu). Ce prénom très rare est porté par près de 400 personnes en France. Variantes bretonnes : Yoanie, Yoannie. Caractérologie : indépendance, méditation, savoir, intelligence, sagesse.

Yohanna : Dieu fait grâce (hébreu). Ce prénom très rare est porté par près de 500 personnes en France. Tendance : en forte croissance. Variantes : Yohana, Yohanne. Caractérologie : paix, bienveillance, sagesse, conscience, conseil.

Yoko : l'enfant du soleil (japonais). Ce prénom est porté par moins de 100 personnes en France. Caractérologie : créativité, communication, pragmatisme, optimisme, sociabilité.

Le palmarès des 100 prénoms féminins du XXe siècle

Les prénoms ci-dessous sont classés par ordre décroissant d'attribution. Marie, Jeanne et Françoise sont les trois prénoms féminins les plus attribués du siècle dernier.

1. Marie	26. Simone	51. Cécile	76. Laetitia
2. Jeanne	27. Paulette	52. Élisabeth	77. Pauline
3. Françoise	28. Valérie	53. Laurence	78. Mireille
4. Anne	29. Jeannine	54. Lucie	79. Annick
5. Monique	30. Sophie	55. Aurélie	80. Audrey
6. Catherine	31. Sandrine	56. Virginie	81. Charlotte
7. Jacqueline	32. Céline	57. Dominique	82. Nadine
8. Madeleine	33. Stéphanie	58. Henriette	83. Béatrice
9. Isabelle	34. Véronique	59. Josette	84. Mélanie
10. Nathalie	35. Odette	60. Claire	85. Évelyne
11. Suzanne	36. Chantal	61. Claudine	86. Michelle
12. Marguerite	37. Yvette	62. Marthe	87. Delphine
13. Sylvie	38. Annie	63. Maria	88. Josiane
14. Yvonne	39. Geneviève	64. Danielle	89. Micheline
15. Hélène	40. Lucienne	65. Corinne	90. Éliane
16. Martine	41. Brigitte	66. Caroline	91. Mathilde
17. Denise	42. Patricia	67. Christelle	92. Léa
18. Nicole	43. Thérèse	68. Élodie	93. Karine
19. Marcelle	44. Raymonde	69. Gisèle	94. Joséphine
20. Christine	45. Georgette	70. Bernadette	95. Agnès
21. Germaine	46. Colette	71. Florence	96. Liliane
22. Renée	47. Julie	72. Juliette	97. Laura
23. Christiane	48. Michèle	73. Ginette	98. Élise
24. Louise	49. Émilie	74. Camille	99. Fernande
25. Andrée	50. Alice	75. Simone	100. Marion

Yolaine : aube (grec), violette (latin). Ce prénom est porté par environ 4 000 personnes en France. Il ne devrait pas être attribué à plus de 50 bébés en 2012. Variante : Yola. Caractérologie : altruisme, sympathie, idéalisme, analyse, intégrité.

Yolanda : aube (grec), violette (latin). Ce prénom rare est porté par près de 700 personnes en France. Caractérologie : idéalisme, altruisme, intégrité, volonté, réalisation.

Yolande : aube (grec), violette (latin). Ce prénom est porté par environ 45 000 personnes en France. Il ne devrait pas être attribué à plus de 50 bébés en 2012. Caractérologie : fiabilité, ténacité, méthode, réalisation, volonté.

Yolène : aube (grec), violette (latin). Ce prénom est porté par environ 1 000 personnes en France. Tendance : stable. Variante : Yoline. Caractérologie : sécurité, persévérance, efficacité, structure, bonté.

Yona : colombe (hébreu). Ce prénom est porté par environ 1 000 personnes en France. Il est très peu attribué aujourd'hui. Prénom masculin dans l'Ancien Testament, Yona est presque exclusivement employé au féminin de nos jours. Variantes : Yonah, Yonna. Caractérologie : innovation, autorité, énergie, ambition, autonomie.

Yori : fiable, digne de confiance (japonais). Caractérologie : sens du devoir, ténacité, méthode, engagement, fiabilité.

Youna : if (celte). Ce prénom est porté par environ 2 000 personnes en France. Il est peu attribué aujourd'hui. Dans l'Hexagone, Youna est plus traditionnellement usité en Bretagne. Caractérologie : fiabilité, méthode, ténacité, amitié, engagement.

Yousra : qui a bon caractère (arabe). Ce prénom est porté par environ 3 000 personnes en France. Il est relativement peu attribué aujourd'hui. Variantes : Yossra, Yosra, Yousria, Yusra. Caractérologie : rectitude, raisonnement, humanité, rêve, tolérance.

Youssra : qui a bon caractère (arabe). Ce prénom est porté par environ 1 000 personnes en France. Il est très peu attribué aujourd'hui. Caractérologie : ambition, autorité, logique, innovation, énergie.

Ysaline : Dieu est serment (hébreu). Ce prénom rare est porté par près de 1 000 personnes en France. Caractérologie : décision, structure, cœur, persévérance, sécurité.

Ysalis : Dieu est serment (hébreu). Ce prénom très rare est porté par près de 110 personnes en France. Caractérologie : efficacité, honnêteté, structure, persévérance, sécurité.

Ysandre : cette petite cousine de Lysandre est apparue pour la première fois au Québec en 2004. Variantes : Isandre, Izandre, Yzandre. Caractérologie : curiosité, charisme, réalisation, courage, indépendance.

Ysanne : contraction d'Yseult et Anne. Variantes : Ysann, Ysanna. Caractérologie : paix, bienveillance, conscience, conseil, sagesse.

Ysatis : se rapporte à l'isatis, le renard blanc d'Arctique. Ysatis est également le nom d'un parfum très connu. Ce prénom très rare est porté par près de 170 personnes en France. Tendance : en forte croissance. Variantes : Isathis, Isatis. Caractérologie : générosité, pratique, communication, enthousiasme, adaptation.

Ysaure : habitante d'Isaurie (grec). Ce prénom est porté par moins de 100 personnes en France. Caractérologie : sympathie, achèvement, vitalité, stratégie, résolution.

Yse : Dieu est serment (hébreu). Ce prénom très rare est porté par près de 300 personnes en France. Tendance : en forte croissance. Variante : Ysée. Caractérologie : ténacité, méthode, sens du devoir, engagement, fiabilité.

Yseult : belle (celte). Ce prénom très rare est porté par près de 400 personnes en France. Dans la légende médiévale de *Tristan et Iseut*, Tristan était éperdument amoureux d'Iseut la blonde, mais il dut se résoudre à épouser Iseut aux blanches mains. Le récit

Les prénoms autour du monde

Les effets de la globalisation n'épargnent pas les prénoms. De Melbourne à Washington, en passant par Paris, les stars du moment partent à la conquête de vastes empires. Ainsi, Ethan, Lucas (Luca, Lukas), Gabriel et Noah rencontrent un succès retentissant en Europe et dans les pays anglophones. Chez les filles, c'est à l'échelle planétaire qu'Emma, Éva (Ava), Lily et Zoé se propagent. Dans le même temps, la décote des stars d'hier prend des ampleurs inédites. Ainsi, après avoir longtemps brillé, Nicholas, Thomas, Laura et Chloé accusent une décroissance généralisée dans de nombreux pays.

L'engouement pour les prénoms venus d'ailleurs est l'une des dynamiques de cette globalisation. Il permet la diffusion de prénoms oubliés, de choix inédits, inventés ou débusqués à l'autre bout du monde. Les parents désireux de trouver la perle rare ont d'autant plus de facilité qu'Internet leur ouvre toutes les frontières. Cette liberté s'est traduite par l'essor de prénoms hindous, perses, et indiens d'Amérique (exemple : Cheyenne, Indira) aux États-Unis comme en Angleterre. En France, cette quête d'exotisme a introduit des nouveautés chinoises (Meï, Tao), indiennes (Kéo), japonaises (Hanaé), slaves (Milan, Sonia), scandinaves (Astrid, Liv et Sven) et tahitiennes (Hina, Moana). Sans oublier l'introduction d'innombrables succès européens.

Au milieu de cette déferlante, la vague des prénoms anglo-américains est toujours puissante, mais l'influence des choix européens est devenue incontournable. La percée de petits noms italiens (Carla, Clara, Enzo, Matteo, Timeo), grecs (Yanis), espagnols (Inès, Lola) et irlandais (Aïdan, Évan, Kylian) n'est pas uniquement observée dans leurs terres d'origine. Ils se répandent dans toute l'Europe et bien au-delà (outre-Atlantique notamment).

Évidemment, tous les prénoms ne s'exportent pas n'importe où. Les succès d'Océane, de Camille, Romane et Manon n'ont guère fait d'émules en dehors des contrées francophones. Il est vrai que ces sonorités sont spécifiquement françaises. Reste que pour s'adapter à un pays d'accueil, de petits moyens font souvent l'affaire. Pour s'épanouir en terres hispanophones, il suffit à Anna de se délester d'un « n ». Pour séduire les parents anglophones, quoi de plus simple pour Nicolas que d'arborer un « h » ? Il arrive aussi qu'un prénom change du tout au tout. C'est le cas d'Ethan qui s'est transformé en Izan pour conquérir l'Espagne. Une stratégie qui porte ses fruits.

de cette passion tragique a transcendé les siècles et inspiré nombre de poètes et musiciens. Variantes : Yseut, Ysold, Ysolde, Ysolt. Caractérologie : pratique, communication, cœur, enthousiasme, gestion.

Ysia : déesse, souveraine (grec). Ce prénom est porté par moins de 100 personnes en France. Caractérologie : idéalisme, altruisme, intégrité, dévouement, réflexion.

Ysoline : Dieu est serment (hébreu). Ce prénom très rare est porté par près de 170 personnes en France. Caractérologie : rêve, humanité, rectitude, raisonnement, bonté.

Yuala : peuple, valeur (celte). Caractérologie : influence, sens des responsabilités, famille, équilibre, exigence.

Yue : lune (chinois). Caractérologie : bienveillance, conseil, paix, amitié, conscience.

Yuki : neige (japonais). Ce prénom est porté par moins de 100 personnes en France. Caractérologie : pratique, enthousiasme, adaptation, communication, générosité.

Yukiko : enfant de la neige (japonais). Ce prénom est porté par moins de 100 personnes en France. Caractérologie : sociabilité, loyauté, réceptivité, logique, diplomatie.

Yuko : enfant gracieuse (japonais). Ce prénom est porté par moins de 100 personnes en France. Caractérologie : humanité, ouverture d'esprit, rectitude, rêve, générosité.

Yulika : fleur de lotus (japonais). Caractérologie : intelligence, savoir, organisation, méditation, indépendance.

Yumi : belle révérence (japonais). Ce prénom très rare est porté par près de 180 personnes en France. Tendance : en forte croissance. Caractérologie : curiosité, charisme, dynamisme, courage, indépendance.

Yuna : se rapporte au nom d'une sainte de Belle-Île-en-Terre (breton). Ce prénom est porté par environ 2 000 personnes en France. Il est relativement peu attribué aujourd'hui. Tendance : en croissance modérée. Caractérologie : originalité, spiritualité, sagacité, cœur, connaissance.

Yvana : if (celte), bien né, jeune guerrier (vieil irlandais), ou forme galloise de Jeanne Ce prénom rare est porté par près de 600 personnes en France. Tendance : en croissance modérée. Variante : Yva. Caractérologie : humanité, rectitude, rêve, réussite, ouverture d'esprit.

Yvanna : if (celte), bien né, jeune guerrier (vieil irlandais), ou forme galloise de Jeanne Ce prénom très rare est porté par près de 400 personnes en France. Variantes : Yvane, Yvanne, Yvonna. Caractérologie : indépendance, réalisation, courage, dynamisme, curiosité.

Yveline : if (celte). Ce prénom est porté par environ 9 000 personnes en France. Il ne devrait pas être attribué à plus de 50 bébés en 2012. Caractérologie : amitié, diplomatie, sociabilité, loyauté, réceptivité.

Yvette : if (celte). Ce prénom est porté par environ 158 000 personnes en France. Il ne devrait pas être attribué à plus de 50 bébés en 2012. Caractérologie : sagesse, savoir, intelligence, indépendance, méditation.

Yvonne : if (celte). Ce prénom est porté par environ 111 000 personnes en France. Il ne devrait pas être attribué à plus de 50 bébés en 2012. Caractérologie : curiosité, dynamisme, courage, indépendance, volonté.

Zahia : splendeur, lumière (arabe). Ce prénom est porté par environ 1 000 personnes en France. Tendance : en forte croissance. Variante : Zahya. Caractérologie : ouverture d'esprit, rectitude, humanité, rêve, générosité.

Zahira : rayonnante (arabe). Ce prénom très rare est porté par près de 300 personnes en France. Variante : Zahéra. Caractérologie : intégrité, altruisme, idéalisme, dévouement, réflexion.

Zahra : fleur, blancheur lumineuse (arabe). Ce prénom est porté par environ 3 000 personnes en France. Il est relativement peu attribué aujourd'hui. Tendance : en forte croissance. Variante : Zarha. Caractérologie : humanité, générosité, rectitude, ouverture d'esprit, rêve.

Zaïa : splendeur, lumière (arabe). Ce prénom très rare est porté par près de 400 personnes en France. Caractérologie : innovation, énergie, autorité, autonomie, ambition.

Zaïna : belle (arabe). Ce prénom rare est porté par près de 700 personnes en France. Tendance : en forte croissance. Caractérologie : famille, sens des responsabilités, décision, équilibre, influence.

Zaïnab : belle, qui console (arabe). Ce prénom très rare est porté par près de 400 personnes en France. Variantes : Zaïneb, Zéinab, Zéinabou, Zéine, Zéineb, Zinab. Caractérologie : force, ambition, décision, habileté, attention.

Zakia : intelligente, pure (arabe). Ce prénom est porté par environ 1 000 personnes en France. Tendance : stable. Variantes : Zakiya, Zakya. Caractérologie : communication, optimisme, créativité, pragmatisme, sociabilité.

Zara : fleur, blancheur lumineuse (arabe). Ce prénom rare est porté par près de 600 personnes en France. Tendance : en croissance modérée. Variante : Zarah. Caractérologie : direction, audace, dynamisme, indépendance, assurance.

Zazie : libre (latin). Ce prénom très rare est porté par près de 120 personnes en France. Caractérologie : sécurité, persévérance, résolution, structure, efficacité.

Zehra : fleur, blancheur lumineuse (arabe). Ce prénom rare est porté par près de 700 personnes en France. Caractérologie : structure, sécurité, persévérance, décision, efficacité.

Zéina : décoration (arabe). Ce prénom très rare est porté par près de 200 personnes en France. Tendance : en forte croissance. Caractérologie : audace, dynamisme, direction, résolution, indépendance.

Zelda : vie (grec). Ce prénom très rare est porté par près de 300 personnes en France. Variantes : Zilda, Zélida, Zéliha. Caractérologie : créativité, pragmatisme, optimisme, communication, sociabilité.

Zélia : solennelle (latin). Ce prénom est porté par environ 2 000 personnes en France. Il est très peu attribué aujourd'hui. Tendance : en croissance modérée. Caractérologie : vitalité, achèvement, détermination, stratégie, ardeur.

Zélie : solennelle (latin). Ce prénom est porté par environ 6 000 personnes en France. Il figure dans le top 100 national. Tendance : en forte croissance. Caractérologie : pragmatisme, communication, optimisme, créativité, sociabilité.

ZOÉ

Fête : 2 mai

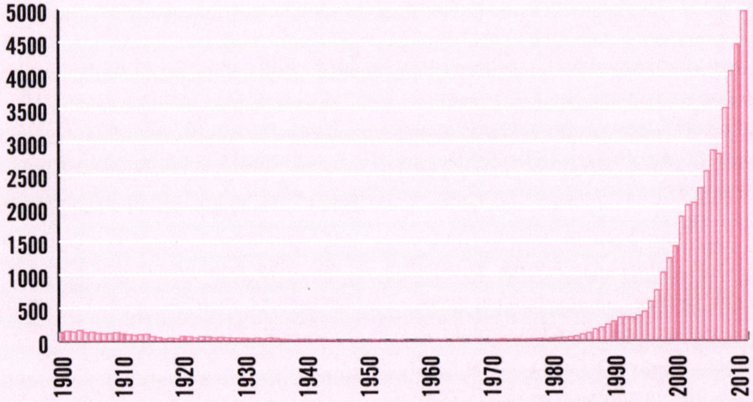

Étymologie : du grec *zoè*, « vie ». Peu attribuée en dehors du XIXe siècle, Zoé émerge dans le sillon de Pauline dans les années 1980. Soulevée par une vague rétro, elle s'impose dans le top 20 français en 2006 et galvanise les espoirs de Rose et Zélie, bourgeons naissants dont la dernière floraison remonte au XIXe siècle. En 2012, Zoé devrait se classer au 3e rang du classement national.

En dehors de l'Hexagone, Zoé renaît aux États-Unis dans les années 1990 et perce aujourd'hui dans les 30 premiers choix. Il n'en fallait pas moins pour relancer sa carrière en Angleterre, où elle avait pourtant connu un succès précoce. Dans le même temps, Zoé fleurit dans son jardin francophone ; elle brille désormais dans les groupes de tête wallon, romand et québécois.

Esclave en Turquie au Ier siècle, **sainte Zoé** refusa d'abjurer sa foi chrétienne à son maître. Elle mourut martyre en 127.

Zoé Phyrogénète fut impératrice d'Orient de 1028 à 1050. Après avoir fait assassiner son vieux mari Romain III, elle éleva son amant et futur époux Michel IV au pouvoir. À la mort de ce dernier, elle jeta son dévolu sur Michel le Calfat, figure impopulaire dont elle se débarrassa rapidement. N'ayant pas perdu le goût pour l'aventure, elle épousa Constantin IX en troisièmes noces, heureux élu auprès duquel elle termina paisiblement ses jours.

.../

Zoé *(suite)*

Personnalités célèbres : Zoé Caldwell, actrice américaine ; Zoé Valdès, poète, romancière et scénariste française d'origine cubaine ; Zoé Félix, actrice française ; Zoé, compositrice et chanteuse française.

Statistiques : Zoé est le 21e prénom féminin le plus donné en France depuis le début du XXIe siècle. On peut estimer qu'il sera attribué à une fille sur 79 en 2012.

Zelina : solennelle (latin). Ce prénom est porté par moins de 100 personnes en France. Dans l'Hexagone, Zelina est plus traditionnellement usité au Pays basque. Variante : Zéline. Caractérologie : engagement, méthode, fiabilité, ténacité, détermination.

Zéna : hospitalier (grec). Ce prénom très rare est porté par près de 170 personnes en France. Variante : Zénon. Caractérologie : autorité, innovation, énergie, autonomie, ambition.

Zénaïde : hospitalier (grec). Ce prénom très rare est porté par près de 200 personnes en France. Variante : Zénia. Caractérologie : autorité, énergie, innovation, ambition, résolution.

Zéphirine : vent doux (grec). Ce prénom est porté par moins de 100 personnes en France. Caractérologie : intuition, fidélité, médiation, action, relationnel.

Zeyneb : belle, qui console (arabe). Ce prénom très rare est porté par près de 400 personnes en France. Tendance : en forte croissance. Caractérologie : courage, curiosité, dynamisme, indépendance, sensibilité.

Zeynep : belle, qui console (arabe). Ce prénom est porté par environ 2 000 personnes en France. Il est peu attribué aujourd'hui. Tendance : en croissance modérée. Caractérologie : direction, audace, dynamisme, indépendance, assurance.

Zhora : fleur, blancheur lumineuse (arabe). Ce prénom très rare est porté par près de 110 personnes en France. Caractérologie : originalité, énergie, séduction, découverte, audace.

Zia : trembler (hébreu). Zia est également originaire de la tradition maya, ce qui explique sa notoriété en Amérique du Sud. Ce prénom est porté par environ 1 000 personnes en France. Il est relativement peu attribué aujourd'hui. Tendance : en forte croissance. Caractérologie : humanité, rêve, rectitude, générosité, tolérance.

Zineb : belle, qui console (arabe). Ce prénom est porté par environ 2 000 personnes en France. Il est peu attribué aujourd'hui. Tendance : en croissance modérée. Variante : Zina. Caractérologie : sociabilité, réceptivité, finesse, diplomatie, loyauté.

Zipporah : petit oiseau (hébreu). Caractérologie : dynamisme, direction, audace, action, indépendance.

Zita : lettre alphabétique grecque (grec). Ce prénom corse et basque est porté par près de 300 personnes en France. Caractérologie : intuition, médiation, relationnel, fidélité, adaptabilité.

Zoé : vie (grec). Ce prénom est porté par environ 42 000 personnes en France. Il figure dans le top 50 national. Voir le zoom dédié à Zoé. Variantes : Zéa, Zoée. Caractérologie : dynamisme, indépendance, direction, audace, assurance.

Zoélie : vie (grec). Ce prénom très rare est porté par près de 200 personnes en France. Variantes : Zoéline, Zoëlla, Zoëlle, Soélie. Caractérologie : rectitude, analyse, humanité, ouverture d'esprit, rêve.

Zofia : sagesse (grec). Ce prénom très rare est porté par près de 200 personnes en France. Caractérologie : communication, enthousiasme, adaptation, pratique, générosité.

Zohra : fleur, blancheur lumineuse (arabe). Ce prénom est porté par environ 6 000 personnes en France. Il est peu attribué aujourd'hui. Tendance : en croissance modérée. Caractérologie : curiosité, dynamisme, charisme, courage, indépendance.

Zora : fleur, blancheur lumineuse (arabe), aurore (slave). Ce prénom est porté par environ 2 000 personnes en France. Il est très peu attribué aujourd'hui. Variantes : Zorah, Zorha. Caractérologie : conscience, paix, bienveillance, conseil, sagesse.

Zoubida : fleur d'œillet (arabe). Ce prénom rare est porté par près de 1 000 personnes en France. Variante : Zoubaïda. Caractérologie : équilibre, gestion, famille, sens des responsabilités, logique.

Zuria : blanche (basque). Caractérologie : sociabilité, communication, créativité, pragmatisme, optimisme.

♂

Prénoms masculins

Aadil : juste (arabe). Ce prénom très rare est porté par près de 120 personnes en France. Caractérologie : altruisme, idéalisme, intégrité, dévouement, réflexion.

Aaron : esprit (hébreu). Ce prénom est porté par environ 10 000 personnes en France. Il figure dans le top 50 national. Voir le zoom dédié à Aaron. Variante : Ayron. Caractérologie : ténacité, méthode, décision, engagement, fiabilité.

Aban : abbé (celte). Caractérologie : intégrité, idéalisme, altruisme, réflexion, dévouement.

Abbes : austère (arabe). Ce prénom très rare est porté par près de 300 personnes en France. Variantes : Abbas, Abasse. Caractérologie : sociabilité, réceptivité, loyauté, diplomatie, bonté.

Abdallah : serviteur de Dieu (arabe). Ce prénom est porté par environ 4 000 personnes en France. Il est relativement peu attribué aujourd'hui. Tendance : en croissance modérée. Variantes : Abdelah, Abdelila, Abdelilah. Caractérologie : gestion, découverte, énergie, audace, originalité.

Abdel : serviteur de Dieu (arabe). Ce prénom est porté par environ 4 000 personnes en France. Il est peu attribué aujourd'hui. Variantes : Ab-del, Abd-el, Abdelali. Caractérologie : paix, bienveillance, conscience, conseil, gestion.

Abdèlaziz : serviteur du Tout-Puissant (arabe). Ce prénom est porté par environ 2 000 personnes en France. Il ne devrait pas être attribué à plus de 50 bébés en 2012. Variantes : Abdelhaziz, Abdelazize, Abdelazziz, Abdellaziz. Forme composée : Abdel-Aziz. Caractérologie : détermination, audace, énergie, découverte, sensibilité.

Abdelhakim : serviteur de Celui qui est sage (arabe). Ce prénom est porté par environ 1 000 personnes en France. Tendance : stable. Caractérologie : pratique, communication, résolution, enthousiasme, finesse.

Abdelhamid : serviteur de Celui qui est loué (arabe). Ce prénom rare est porté par près de 1 000 personnes en France. Variante : Abdelhamed. Caractérologie : courage, dynamisme, finesse, curiosité, résolution.

Abdeljalil : serviteur de Celui qui est grand (arabe). Ce prénom très rare est porté par près de 300 personnes en France. Caractérologie : découverte, énergie, audace, détermination, organisation.

Abdelkader : serviteur du Puissant (arabe). Ce prénom est porté par environ 9 000 personnes en France. Il est peu attribué aujourd'hui. Variante : Abdulkadir. Variante composée : Abdel-Kader. Caractérologie : idéalisme, altruisme, résolution, organisation, intégrité.

Abdelkarim : serviteur de Celui qui est généreux (arabe). Ce prénom est porté par environ 1 000 personnes en France. Tendance : stable. Variantes : Abdelkrim, Abdelkrime. Caractérologie : méthode, fiabilité, organisation, ténacité, résolution.

Abdellah : serviteur de Dieu (arabe). Ce prénom est porté par environ 2 000 personnes en France. Il est très peu attribué aujourd'hui. Caractérologie : organisation, rectitude, humanité, rêve, finesse.

AARON

Fête : 1er juillet

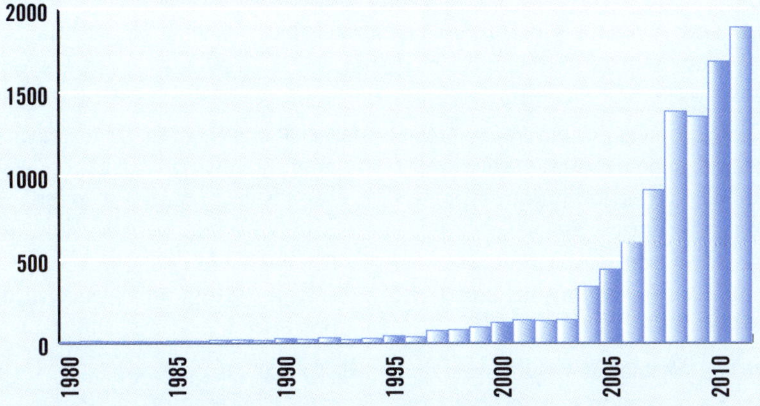

Étymologie : Aaron signifie « esprit » en hébreu, mais il a certainement une origine égyptienne ancienne. Au VIIe siècle, Aaron, médecin d'Alexandrie, rédigea une compilation de traités de médecine dans lesquels la petite variole est mentionnée pour la première fois.

Ce prénom de l'Ancien Testament se diffuse à la fin du XVe siècle dans les pays anglophones. Il y rencontre un vif succès et s'illustre parmi les 200 choix masculins les plus attribués jusque dans les années 1980, où il s'impose dans les tops 30 anglais et américain. Son repli est concomitant avec son envol européen. Stimulé par un succès précoce dans les pays scandinaves, Aaron (Aron pour les Suédois) se propage à l'ensemble du Vieux Continent. Sa diffusion française s'est particulièrement accélérée depuis 2006 : le nombre d'enfants nés sous ce nom a quadruplé. Sauf incident de parcours, Aaron évoluera dans le top 40 national en 2012.

Aaron se décline peu en dehors d'Haroun, une forme arabe peu répandue signifiant « messager », et Ayron, une variante rarissime née dans l'Hexagone en 2000.

Issu de la prestigieuse tribu des Lévi, **Aaron**, le frère cadet de Moïse dans l'Ancien Testament, intercède auprès du pharaon pour demander la libération de son peuple. Malgré l'épisode du Veau d'or (durant l'absence prolongée de Moïse, Aaron cède aux pressions du peuple et crée ce substitut symbolique de Dieu), il est pardonné et élevé au rang de grand prêtre. Il meurt en haut de la montagne Hor sans avoir pu entrer en Terre promise.

.../

Aaron *(suite)*

Personnalités célèbres : Aaron Eckhart, acteur américain né en 1968 ; Aaron Fernandez, réalisateur et scénariste mexicain né en 1972 ; AaRon, groupe de musique français acronyme de Artificial animals Riding On Neverland.

Statistiques : Aaron est le 104e prénom masculin le plus donné du XXIe siècle en France. On peut estimer qu'il sera attribué à un garçon sur 217 en 2012.

Abdelmalek : serviteur du Souverain suprême (arabe). Ce prénom rare est porté par près de 700 personnes en France. Variante : Abdelmalik. Forme composée : Abdel-Malik. Caractérologie : pragmatisme, communication, optimisme, créativité, organisation.

Abdelrahim : serviteur de Celui qui est bon (arabe). Ce prénom très rare est porté par près de 200 personnes en France. Variantes : Abdelghani, Abdelrani, Abderahim, Abderrahim. Caractérologie : dynamisme, audace, direction, résolution, finesse.

Abderrahmane : serviteur du Miséricordieux (arabe). Ce prénom est porté par environ 1 000 personnes en France. Il est très peu attribué aujourd'hui. Tendance : en croissance modérée. Variantes : Abderahman, Abderahmane, Abderrahman. Caractérologie : idéalisme, altruisme, attention, décision, intégrité.

Abdon : serviteur (hébreu). Ce prénom très rare est porté par près de 300 personnes en France. Caractérologie : altruisme, idéalisme, intégrité, réflexion, volonté.

Abdou : serviteur de Dieu (arabe). Ce prénom rare est porté par près de 700 personnes en France. Tendance : en croissance modérée. Caractérologie : méditation, intelligence, indépendance, organisation, savoir.

Abdullah : serviteur de Dieu (arabe). Ce prénom rare est porté par près de 900 personnes en France. Variantes : Abdala, Abdela, Abdella, Abdellali, Abdoul, Abdoulah, Abdoullah, Abdul. Caractérologie : savoir, intelligence, méditation, organisation, indépendance.

Abed : celui qui est pieux (arabe). Ce prénom rare est porté par près de 500 personnes en France. Tendance : en croissance modérée. Variante : Abid. Caractérologie : pragmatisme, optimisme, créativité, communication, sociabilité.

Abel : souffle, respiration (hébreu). Ce prénom est porté par environ 9 000 personnes en France. Il est relativement peu attribué aujourd'hui. Tendance : en croissance modérée. Dans le livre de la Genèse, Abel, le fils d'Adam et Ève, s'attire les foudres de son frère Caïn lorsque Dieu accepte l'offrande du premier et refuse celle du second. Dévoré par la jalousie, Caïn assassine Abel. Cette tragédie a inspiré de nombreux artistes, peintres et poètes. Variantes : Abélard, Abelardo, Abelin, Abelino. Caractérologie : fidélité, intuition, médiation, relationnel, organisation.

Abiel : Dieu est mon père (hébreu). Caractérologie : médiation, intuition, organisation, relationnel, résolution.

Aboubacar : petit chameau (arabe). Ce prénom rare est porté par près de 800 personnes en France. Tendance : en croissance modérée. Premier calife de l'islam, Abu Bakr prit la succession du prophète Mahomet en 632 et poursuivit le processus de conquête de terres arabes. Variantes : Aboubakar, Aboubakari, Aboubaker, Aboubakr, Boubakary, Boubakeur, Boubker. Caractérologie : organisation, autorité, innovation, énergie, raisonnement.

Abraham : père des nations (hébreu). Ce prénom est porté par environ 1 000 personnes en France. Tendance : stable. Variantes : Aba, Avraham. Variante basque : Abarran. Caractérologie : vitalité, stratégie, achèvement, leadership, ardeur.

Abriel : né en avril (latin). Caractérologie : relationnel, médiation, intuition, résolution, organisation.

Absalon : mon père est paix (hébreu). Caractérologie : énergie, innovation, autorité, organisation, ambition.

Acacio : fleur protectrice du mal (grec). Ce prénom est porté par moins de 100 personnes en France. Caractérologie : découverte, audace, originalité, énergie, analyse.

Achille : qui a de belles lèvres (grec). Ce prénom, porté par environ 6 000 Français, figure dans le top 200 national. Tendance : en croissance modérée. Afin de le rendre immortel, Thétis plongea son fils Achille dans le Styx, fleuve réservé aux dieux. Le corps d'Achille devint invulnérable, excepté au talon par lequel Thétis l'avait tenu. En perçant son pied d'une flèche fatale, Pâris mit fin aux exploits d'un des plus grands héros de la mythologie grecque. Aujourd'hui encore, on désigne par « talon d'Achille » le point faible d'une personne. Variantes : Achile, Achilles, Aghiles. Caractérologie : dynamisme, curiosité, courage, décision, indépendance.

Achraf : honorable (arabe). Ce prénom est porté par environ 2 000 personnes en France. Il est très peu attribué aujourd'hui. Variante : Ashraf. Caractérologie : audace, direction, dynamisme, indépendance, analyse.

Adaïa : parure divine (hébreu). Caractérologie : originalité, sagacité, philosophie, connaissance, spiritualité.

Adalbert : noble, brillant (germanique). Ce prénom très rare est porté par près de 110 personnes en France. Variantes : Adalard, Adelbert. Caractérologie : idéalisme, intégrité, altruisme, décision, gestion.

Adam : fait de terre rouge (hébreu). Des origines babyloniennes ou phéniciennes pourraient également donner à Adam la signification de « homme » ou « humanité ». Ce prénom, porté par environ 32 000 Français, figure dans le top 50 national. Voir le zoom dédié à Adam. Variantes : Adan, Adame, Adamo, Adao, Damek, Damica, Damicke. Caractérologie : dynamisme, direction, audace, indépendance, assurance.

Adama : fait de terre rouge (hébreu). Voir Adam. Ce prénom est porté par environ 2 000 personnes en France. Il est peu attribué aujourd'hui. Tendance : en croissance modérée. Caractérologie : diplomatie, loyauté, réceptivité, sociabilité, bonté.

Adams : fait de terre rouge (hébreu). Voir Adam. Ce prénom très rare est porté par près de 150 personnes en France. Caractérologie : sociabilité, réceptivité, bonté, diplomatie, loyauté.

ADAM

Fête : 16 mai

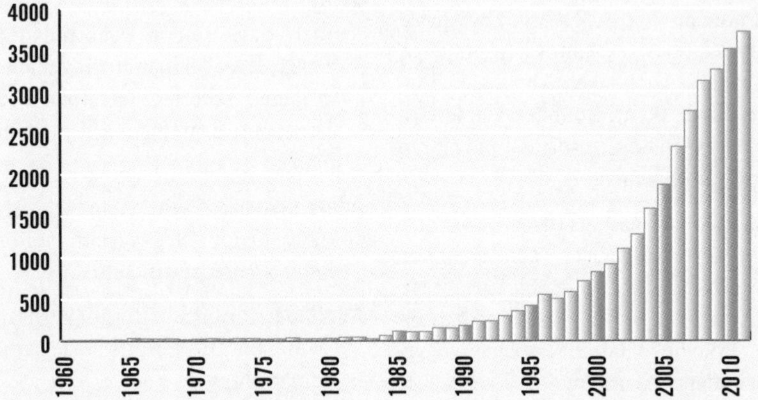

Étymologie : de l'hébreu *adamah* et *adom*, « fait de terre rouge ». Des origines babyloniennes ou phéniciennes signifiant « homme », « humanité » lui sont également associées. Ce vieux prénom est recensé dans les pays anglo-saxons à partir du VIIe siècle, mais sa diffusion est bien plus tardive en France. Rarissime au début des années 1950, Adam prénomme moins de 10 Français chaque année. À partir des années 1990, l'engouement pour les prénoms de l'Ancien Testament le soulève dans le sillon de Nathan, Noah, Gabriel et Raphaël. Après avoir séduit les parents parisiens, Adam s'est imposé dans le top 20 français en 2010.

Valeur sûre en Irlande (top 20) et dans les pays anglophones (tops 30), Adam grandit également en Espagne et dans les pays francophones. Il est notamment l'un des cinq prénoms les plus attribués à Bruxelles depuis 2000. Les Arabes vénèrent Adam en sa qualité de premier homme et de premier prophète, une dimension multiculturelle qui a favorisé son succès. Gageons que sa carrière internationale n'est pas terminée.

Dans le livre de la Genèse, **Adam**, le premier homme créé par Dieu, coule des jours heureux avec Ève dans le jardin des Délices. Mais ce bonheur tranquille s'interrompt lorsque le couple goûte au fruit défendu de l'arbre de la connaissance du bien et du mal. Pour les punir de leur désobéissance, Dieu les chasse du jardin d'Éden, vouant Adam et ses descendants au travail et aux réalités de la vie sur terre. Adam est le patron des jardiniers.

…/

Adam *(suite)*

Personnalités célèbres : Adam de la Halle, auteur compositeur français de chansons et rondeaux du XIIIe siècle ; Adam Sandlers, acteur américain.

Statistiques : Adam est le 42e prénom masculin le plus donné en France depuis le début du XXIe siècle. On peut estimer qu'il sera attribué à un garçon sur 110 en 2012.

Addison : fils d'Adam (anglais). Ce prénom est porté par moins de 100 personnes en France. Caractérologie : optimisme, communication, pragmatisme, volonté, résolution.

Adei : qui montre du respect (basque). Caractérologie : décision, innovation, énergie, ambition, autorité.

Adel : noble (germanique). Ce prénom est porté par environ 6 000 personnes en France. Il est relativement peu attribué aujourd'hui. Caractérologie : persévérance, sécurité, structure, efficacité, honnêteté.

Adelin : noble (germanique). Ce prénom très rare est porté par près de 500 personnes en France. Variantes : Adelino, Adelio, Hedelin. Caractérologie : ouverture d'esprit, humanité, rêve, résolution, rectitude.

Adem : variante arabe d'Adam. Ce prénom est porté par environ 4 000 personnes en France. Il figure dans le top 200 national. Tendance : en forte croissance. Caractérologie : curiosité, dynamisme, indépendance, courage, charisme.

Adhémar : noble, illustre (germanique). Ce prénom est porté par moins de 100 personnes en France. Variantes : Adelmard, Adelmo, Adémar. Caractérologie : découverte, énergie, originalité, audace, détermination.

Adiel : parure divine (hébreu). Ce prénom est porté par moins de 100 personnes en France. Caractérologie : persévérance, décision, structure, sécurité, efficacité.

Adil : juste (arabe). Ce prénom est porté par environ 4 000 personnes en France. Il est relativement peu attribué aujourd'hui. Variantes : Adile, Adlâne, Adlen, Adlène. Caractérologie : achèvement, stratégie, ardeur, leadership, vitalité.

Adler : aigle (germanique). Caractérologie : structure, persévérance, sécurité, efficacité, détermination.

Adnane : s'installer (arabe). Ce prénom rare est porté par près de 700 personnes en France. Tendance : en croissance modérée. Variantes : Adnan, Adnen, Adnène. Caractérologie : adaptation, pratique, communication, enthousiasme, générosité.

Adolphe : noble, loup (germanique). Ce prénom est porté par environ 4 000 personnes en France. Il ne devrait pas être attribué à plus de 50 bébés en 2012. Variantes : Adelphe, Adolf, Adolfo, Adolph, Adolpho. Caractérologie : finesse, volonté, connaissance, sagacité, réalisation.

Adonis : Seigneur (hébreu). Ce prénom rare est porté par près de 800 personnes en France. Tendance : en croissance modérée. Variante basque : Adon. Caractérologie : force, ambition, habileté, décision, caractère.

Adrian : habitant d'Adria, Italie (grec). Ce prénom est porté par environ 4 000 personnes en France. Il est peu attribué aujourd'hui. Adrian est très en vogue en Norvège et en Espagne. Variante : Adryan. Caractérologie : relationnel, intuition, fidélité, médiation, détermination.

Adriano : habitant d'Adria, Italie (grec). Ce prénom est porté par environ 2 000 personnes en France. Il est peu attribué aujourd'hui. Tendance : en croissance modérée. Caractérologie : résolution, achèvement, vitalité, stratégie, volonté.

Adriel : la majesté de Dieu (hébreu). Ce prénom très rare est porté par près de 160 personnes en France. Variante : Adrial. Caractérologie : ténacité, méthode, fiabilité, engagement, détermination.

Adrien : habitant d'Adria, Italie (grec). Ce prénom, porté par environ 104 000 Français, figure dans le top 100 national. Tendance : en décroissance modérée. Ce prénom fut porté par plusieurs saints et six papes. Adrien est le patron des gardiens de prison et des bourreaux. Il est aussi invoqué, avec saint Roch, contre les maladies contagieuses. Variante : Adryen. Variante basque : Adiran. Caractérologie : paix, bienveillance, conscience, conseil, décision.

Aedan : petit feu (celte). Ce prénom très rare est porté par près de 110 personnes en France. Tendance : en forte croissance. Caractérologie : savoir, intelligence, sagesse, indépendance, méditation.

Ael : forme bretonne d'Ange : messager (grec). Ce prénom très rare est porté par près de 400 personnes en France. Tendance : en forte croissance. Variante : Aelig. Caractérologie : idéalisme, altruisme, dévouement, réflexion, intégrité.

Afif : chaste (arabe). Ce prénom très rare est porté par près de 300 personnes en France. Caractérologie : persévérance, structure, efficacité, sécurité, honnêteté.

Agathon : bonté, gentillesse (grec). Ce prénom est porté par moins de 100 personnes en France. Caractérologie : communication, enthousiasme, pratique, adaptation, sensibilité.

Agénor : d'un grand courage (grec). Ce prénom breton est porté par moins de 100 personnes en France. Caractérologie : conscience, paix, décision, bienveillance, conseil.

Agnan : chaste, pur (grec). Ce prénom très rare est porté par près de 170 personnes en France. Caractérologie : assurance, indépendance, audace, direction, dynamisme.

Agnel : chaste, pur (grec). Ce prénom est porté par moins de 100 personnes en France. Variante : Agnan. Variante bretonne : Noan. Caractérologie : créativité, communication, pragmatisme, sympathie, optimisme.

Agustin : consacré par les augures (latin). Ce prénom très rare est porté par près de 150 personnes en France. Dans l'Hexagone, Agustin est plus traditionnellement usité au Pays basque. Variantes : Agosti, Agostinho, Agostino, Agustinho, Agustino. Caractérologie : détermination, innovation, énergie, autorité, bonté.

Ahmed : digne d'éloges (arabe). Ce prénom est porté par environ 17 000 personnes en France. Il figure dans le top 200 national. Tendance : stable. Théologien au IXe siècle,

Ahmed Ibn Hanbal est l'un des fondateurs de l'école hanbalite, l'une des quatre écoles qui régissent les lois islamiques. Variantes : Aimad, Ahmad, Ahmet, Ahmadou, Ahmid, Amadou, Mamoudou. Caractérologie : persévérance, structure, honnêteté, sécurité, efficacité.

Aïdan : petit feu (celte). Se rapporte également à Aodh, prénom porté par le fils du roi Lir dans la mythologie irlandaise. Ce prénom rare est porté par près de 1 000 personnes en France. Tendance : en forte croissance. Notons qu'Aidan s'est francisé avec l'utilisation du tréma alors que ses origines celtiques en contredisent l'usage. Variantes : Aden, Aedan. Caractérologie : relationnel, fidélité, intuition, médiation, résolution.

Aimable : aimable (latin). Ce prénom très rare est porté par près de 300 personnes en France. Variantes : Amable, Amavel, Mavel. Caractérologie : détermination, sagacité, connaissance, spiritualité, organisation.

Aiman : qui conseille avec sagesse (germanique). Avec un tréma, Aïman signifie « heureux » en arabe. Ce prénom très rare est porté par près de 400 personnes en France. Caractérologie : décision, intuition, relationnel, médiation, fidélité.

Aimé : qui est aimé (latin). Ce prénom est porté par environ 16 000 personnes en France. Il ne devrait pas être attribué à plus de 50 bébés en 2012. Caractérologie : autorité, énergie, innovation, détermination, ambition.

Aïmen : heureux (arabe). Ce prénom rare est porté par près de 800 personnes en France. Caractérologie : détermination, influence, équilibre, famille, sens des responsabilités.

Aimeric : puissant (germanique). Ce prénom rare est porté par près de 700 personnes en France. Dans l'Hexagone, Aimeric est plus traditionnellement usité en Occitanie. Variantes : Aimerick, Aimery, Amery. Variantes basques : Aimar, Aimard. Caractérologie : méthode, ténacité, fiabilité, résolution, engagement.

Aïssa : Jésus (arabe), Dieu sauve (hébreu). Ce prénom est porté par environ 3 000 personnes en France. Il est peu attribué aujourd'hui. Tendance : en croissance modérée. Caractérologie : fiabilité, ténacité, sens du devoir, méthode, engagement.

Aitor : père de tous les Basques (mythologie basque). Ce prénom très rare est porté par près de 100 personnes en France. Tendance : en forte croissance. Caractérologie : idéalisme, altruisme, intégrité, réflexion, dévouement.

Akash : ciel (sanscrit). Ce prénom est porté par moins de 100 personnes en France. Caractérologie : efficacité, sécurité, structure, persévérance, honnêteté.

Akemi : beauté naissante (japonais). Caractérologie : créativité, optimisme, détermination, pragmatisme, communication.

Akim : Dieu a établi (hébreu). Ce prénom est porté par environ 4 000 personnes en France. Il ne devrait pas être attribué à plus de 50 bébés en 2012. Caractérologie : savoir, intelligence, indépendance, méditation, sagesse.

Akira : très intelligent (japonais). Ce prénom est porté par moins de 100 personnes en France. Variante : Akio. Caractérologie : honnêteté, structure, sécurité, efficacité, persévérance.

Akram : noble et généreux (arabe). Ce prénom est porté par environ 1 000 personnes en France. Il est peu attribué aujourd'hui. Caractérologie : ambition, force, habileté, passion, management.

Al : beau, calme (celte). Ce prénom très rare est porté par près de 200 personnes en France. Caractérologie : méthode, ténacité, engagement, sens du devoir, fiabilité.

Ala : noble, admirable (arabe). Ce prénom est porté par moins de 100 personnes en France. Variante : Alaa. Caractérologie : séduction, découverte, audace, énergie, originalité.

Aladin : d'une grande loyauté (arabe). Ce prénom très rare est porté par près de 130 personnes en France. Caractérologie : dynamisme, courage, indépendance, détermination, curiosité.

Alain : beau, calme (celte). Ce prénom est porté par environ 455 000 personnes en France. Il ne devrait pas être attribué à plus de 50 bébés en 2012. Dominicain breton au XVe siècle, saint Alain de La Roche fonda plusieurs confréries du Rosaire en France, en Allemagne et aux Pays-Bas. Caractérologie : direction, indépendance, détermination, audace, dynamisme.

Alan : beau, calme (celte). Ce prénom est porté par environ 18 000 personnes en France. Il est relativement peu attribué aujourd'hui. Dans l'Hexagone, Alan est plus traditionnellement usité en Bretagne et en Occitanie. Variantes : Alane, Alanig, Alann, Alen, Alenn, Lan, Lanig. Caractérologie : innovation, autorité, énergie, autonomie, ambition.

Alaric : roi de tous (germanique). Ce prénom très rare est porté par près de 400 personnes en France. Variantes bretonnes : Alar, Alarig. Variante occitane : Alari. Caractérologie : ardeur, achèvement, vitalité, stratégie, leadership.

Albain : blanc (latin). Ce prénom est porté par moins de 100 personnes en France. Caractérologie : optimisme, communication, pragmatisme, détermination, organisation.

Alban : blanc (latin). Ce prénom est porté par environ 21 000 personnes en France. Il figure dans le top 200 national. Tendance : stable. Variante : Albano. Caractérologie : communication, pragmatisme, créativité, optimisme, gestion.

Albéric : noble, brillant (germanique). Ce prénom est porté par environ 1 000 personnes en France. Tendance : stable. Caractérologie : découverte, énergie, audace, décision, gestion.

Albert : noble, brillant (germanique). Ce prénom est porté par environ 77 000 personnes en France. Il est très peu attribué aujourd'hui. Évêque de Ratisbonne au XIIIe siècle, saint Albert consacra une grande partie de sa vie à la réflexion et à l'enseignement. Il est le patron des scientifiques. Variantes : Albérie, Albertin, Alibert, Bel, Béla, Elbert. Variante alsacienne : Albrecht. Caractérologie : persévérance, structure, gestion, décision, sécurité.

Alberto : noble, brillant (germanique). Ce prénom est porté par environ 2 000 personnes en France. Il ne devrait pas être attribué à plus de 50 bébés en 2012. Alberto est très répandu en Espagne. Variantes : Alberti, Albertino. Caractérologie :

détermination, direction, audace, dynamisme, raisonnement.

Albin : blanc (latin). Ce prénom est porté par environ 3 000 personnes en France. Il est peu attribué aujourd'hui. Variante : Albino. Caractérologie : relationnel, médiation, organisation, intuition, détermination.

Alcée : poète lyrique grec qui chanta des hymnes à la beauté, à l'amour et à la mort vers 64-58 av. J.-C. Il est considéré comme l'inventeur des vers « alcaïques » qui furent ensuite empruntés par Horace. Ce prénom est porté par moins de 100 personnes en France. Caractérologie : habileté, force, management, passion, ambition.

Alcibiade : nom d'un général et homme politique grec du ve siècle av. J.-C. Ce prénom est porté par moins de 100 personnes en France. Caractérologie : énergie, autorité, innovation, gestion, décision.

Alcide : voir Alcibiade. Ce prénom corse est porté par près de 1 000 personnes en France. Caractérologie : méditation, détermination, savoir, intelligence, indépendance.

Alderic : noble, puissant (germanique). Ce prénom très rare est porté par près de 130 personnes en France. Variante : Alderick. Caractérologie : méditation, savoir, indépendance, intelligence, détermination.

Aldo : noble (germanique). Ce prénom est porté par environ 3 000 personnes en France. Il ne devrait pas être attribué à plus de 50 bébés en 2012. Aldo est très répandu en Italie. Variante : Alde. Caractérologie : découverte, audace, énergie, séduction, originalité.

Aldous : vieil ami (anglais). Caractérologie : rectitude, humanité, ouverture d'esprit, générosité, rêve.

Aldric : noble, puissant (germanique). Ce prénom rare est porté par près de 1 000 personnes en France. Variante : Aldrick. Caractérologie : sociabilité, diplomatie, réceptivité, bonté, loyauté.

Aldwin : vieil ami (anglais). Ce prénom très rare est porté par près de 130 personnes en France. Caractérologie : idéalisme, altruisme, intégrité, décision, réflexion.

Alessandro : défense de l'humanité (grec). Ce prénom est porté par environ 2 000 personnes en France. Il est relativement peu attribué aujourd'hui. Tendance : en croissance modérée. Alessandro est très répandu en Italie. Variantes : Alejandro, Alessio. Caractérologie : rectitude, humanité, rêve, logique, caractère.

Alex : défense de l'humanité (grec). Ce prénom est porté par environ 26 000 personnes en France. Il figure dans le top 200 national. Tendance : stable. Variante : Alec. Caractérologie : exigence, influence, famille, équilibre, sens des responsabilités.

Alexander : défense de l'humanité (grec). Ce prénom est porté par environ 2 000 personnes en France. Il est très peu attribué aujourd'hui. Alexander est très répandu dans les pays anglophones, germanophones et scandinaves. Variantes : Sancho, Sander, Sanders, Skender, Xander, Xandre. Caractérologie : volonté, pratique, enthousiasme, communication, raisonnement.

ALEXANDRE

Fête : 22 avril

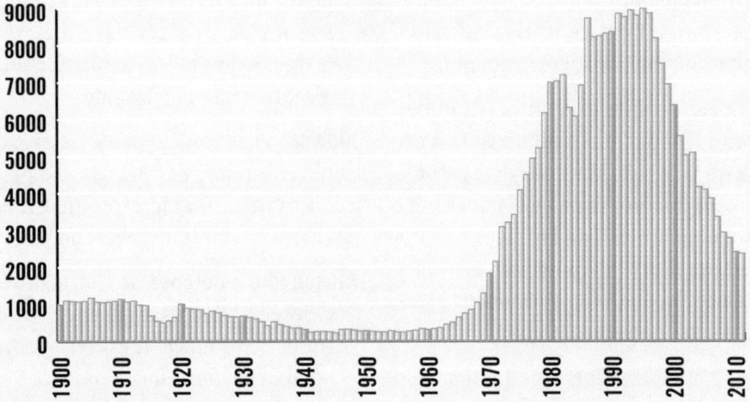

Étymologie : du grec *alexein*, « repousser, défendre », et *andros*, « l'homme, l'ennemi », d'où la signification « défense de l'humanité ». Ce vieux prénom a été porté par bon nombre de saints, papes, empereurs et rois du monde entier. Bien qu'il n'ait jamais envahi les maternités françaises, Alexandre n'a pas connu d'éclipse. Son attribution, de discrète à modeste, reste constante au fil du temps, jusqu'à son envol dans les années 1960. Alexandre ne tarde pas à se couvrir de gloire puisqu'il brille, de 1976 à 2006, dans les 10 premiers rangs de classement.

Sa décrue, entamée en 2003, engendre le rebond éphémère d'Alexis. Mais c'est ensemble que ce duo décline aujourd'hui dans le top 30 français. Alexandre se consolera de l'engouement que lui manifestent les parents parisiens : il était le 7e choix le plus prisé de la capitale en 2010.

En dehors de l'Hexagone, Alexandre et ses variantes sont plébiscitées en Europe et dans les pays anglophones. Ce dernier se maintient dans les tops 20 suisse romand, wallon et québécois tandis qu'Alejandro et Alessandro dominent les palmarès italien et espagnol. Quant à Alexander, il se porte bien dans les pays anglophones et évolue dans les 40 premiers rangs des prénoms allemands, autrichiens et scandinaves.

.../

Alexandre *(suite)*

Roi de la Macédoine à l'âge de 20 ans, **Alexandre le Grand** (356 av. J.-C. - 323 av. J.-C.), ou Alexandre III, se rendit maître de l'Empire perse à l'issue de nombreuses batailles. Il fonda, au cours de ses campagnes, une soixantaine de cités avant de mourir au combat à 33 ans. En mémoire de son fondateur, la ville égyptienne d'Alexandrie a gardé son nom.

Alexandre II, tsar de Russie à la fin du XIXe siècle, humanisa la justice, abolit le servage des paysans et s'engagea dans des réformes démocratiques qui diminuèrent les privilèges des classes nobles. Il fut assassiné à Saint-Pétersbourg en 1881.

Alexandre Dumas (1802-1870), écrivain français et auteur de nombreux romans historiques, connut un succès mondial avec *Les Trois Mousquetaires* et *Le Comte de Monte-Cristo*.

Statistiques : Alexandre est le 11e prénom masculin le plus donné en France depuis le début du XXIe siècle. On peut estimer qu'il sera attribué à un garçon sur 174 en 2012. **Alexis** devrait prénommer un garçon sur 176 et figurer au 15e rang de ce palmarès.

Alexandre : défense de l'humanité (grec). Ce prénom est porté par environ 260 000 personnes en France. Il figure dans le top 50 national. Voir le zoom dédié à Alexandre. Variantes : Aleksandar, Aleksandre, Ales, Alesander, Alexan, Alexandros. Caractérologie : caractère, enthousiasme, logique, communication, pratique.

Alexandro : défense de l'humanité (grec). Ce prénom très rare est porté par près de 400 personnes en France. Caractérologie : caractère, logique, ténacité, méthode, fiabilité.

Alexi : défense de l'humanité (grec). Ce prénom est porté par environ 1 000 personnes en France. Il est peu attribué aujourd'hui. Caractérologie : sens des responsabilités, famille, équilibre, détermination, raisonnement.

Alexis : défense de l'humanité (grec). Ce prénom, porté par environ 126 000 Français, figure dans le top 50 national. Tendance : en décroissance modérée. Au XIVe siècle, saint Alexis renonça à ses activités de marchand florentin pour vivre dans la prière et la pauvreté. Contrairement à son usage en France, Alexis est essentiellement féminin aux États-Unis. Caractérologie : intelligence, méditation, raisonnement, détermination, savoir.

Alexy : défense de l'humanité (grec). Ce prénom est porté par environ 4 000 personnes en France. Il est peu attribué aujourd'hui. Variantes : Alexei, Alexian, Alexys. Caractérologie : engagement, ténacité, fiabilité, méthode, bonté.

Alfonso : noble, vif (germanique). Ce prénom très rare est porté par près de 500 personnes en France. Caractérologie : énergie, autorité, ambition, innovation, autonomie.

Alfred : noble paix (germanique). Ce prénom est porté par environ 22 000 personnes en France. Il ne devrait pas être attribué à plus de 50 bébés en 2012. Alfred le Grand, roi anglo-saxon, et saint Alfred, évêque de Hildesheim (en Allemagne), ont illustré ce prénom au IXe siècle. Variantes : Alfrède, Alfie, Alfy, Alphie, Eldrid. Caractérologie : direction, logique, audace, caractère, dynamisme.

Alfredo : noble paix (germanique). Ce prénom rare est porté par près de 1 000 personnes en France. Dans l'Hexagone, Alfredo est plus traditionnellement usité au Pays basque. Caractérologie : connaissance, logique, sagacité, spiritualité, caractère.

Ali : noble, admirable (arabe). Ce prénom est porté par environ 21 000 personnes en France. Il figure dans le top 200 national. Tendance : stable. Cousin du prophète Mahomet et époux de sa fille Fatimah, Ali fut le quatrième calife « orthodoxe » de l'islam. Caractérologie : structure, honnêteté, persévérance, efficacité, sécurité.

Alim : sage, raisonnable (arabe). Ce prénom très rare est porté par près de 200 personnes en France. Caractérologie : ardeur, achèvement, stratégie, vitalité, leadership.

Alistair : oculiste (grec). Ce prénom très rare est porté par près de 300 personnes en France. Tendance : en forte croissance. Variante : Alister. Caractérologie : passion, force, ambition, habileté, organisation.

Alix : de noble lignée (germanique). Ce prénom est porté par environ 6 000 personnes en France. Il est relativement peu attribué aujourd'hui. Alix figure dans le palmarès dédié aux prénoms mixtes. Voir cet encadré. Caractérologie : innovation, autorité, énergie, logique, ambition.

Allain : beau, calme (celte). Ce prénom est porté par environ 2 000 personnes en France. Il ne devrait pas être attribué à plus de 50 bébés en 2012. Caractérologie : ténacité, méthode, fiabilité, engagement, détermination.

Allan : beau, calme (celte). Ce prénom est porté par environ 16 000 personnes en France. Il est relativement peu attribué aujourd'hui. Variante : Allen. Caractérologie : méthode, ténacité, fiabilité, engagement, sens du devoir.

Amilcar : chef carthaginois, Hamilcar Barca battit l'armée romaine en Sicile pendant la première guerre punique. Variante : Hamilcar. Caractérologie : communication, générosité, pratique, adaptation, enthousiasme.

Aloïs : très sage (vieil allemand). Ce prénom est porté par environ 4 000 personnes en France. Il est relativement peu attribué aujourd'hui. Tendance : en croissance modérée. Caractérologie : médiation, intuition, logique, relationnel, fidélité.

Aloïse : très sage (vieil allemand). Ce prénom très rare est porté par près de 500 personnes en France. Caractérologie : raisonnement, méditation, intelligence, détermination, savoir.

Alonzo : nom castillan dérivé d'un patronyme germanique. Ce prénom très rare est porté par près de 300 personnes en France. Caractérologie : relationnel, intuition, fidélité, adaptabilité, médiation.

Alpha : désigne la première lettre de l'alphabet grec. Ce prénom très rare est porté par près de 400 personnes en France. Variante : Alfa. Caractérologie : médiation, intuition, relationnel, fidélité, adaptabilité.

Alphée : dans la mythologie grecque, Alphée se transforme en fleuve pour rejoindre sa bien-aimée, la nymphe Aréthuse. Ce prénom est porté par moins de 100 personnes en France. Caractérologie : sociabilité, réceptivité, diplomatie, amitié, loyauté.

Alphonse : noble, vif (germanique). Ce prénom est porté par environ 12 000 personnes en France. Tendance : en croissance modérée. Variantes : Alfons, Alfonse, Alonso, Alonzo, Alphonso. Caractérologie : idéalisme, intégrité, réflexion, altruisme, bonté.

Alric : roi de tous (germanique). Ce prénom très rare est porté par près de 300 personnes en France. Variantes : Alrick, Alrik. Caractérologie : sagesse, savoir, intelligence, méditation, indépendance.

Altman : vieil homme (germanique). Caractérologie : originalité, spiritualité, sagacité, connaissance, organisation.

Alvaro : juste, raisonnable (germanique). Ce prénom très rare est porté par près de 400 personnes en France. Variante : Alvar. Caractérologie : influence, famille, équilibre, sens des responsabilités, analyse.

Alvin : noble et fidèle (germanique). Ce prénom est porté par environ 1 000 personnes en France. Il est très peu attribué aujourd'hui. Variantes : Alvine, Alvino, Alvyn, Alwin. Caractérologie : méthode, engagement, ténacité, fiabilité, résolution.

Aly : noble, admirable (arabe). Ce prénom très rare est porté par près de 400 personnes en France. Caractérologie : sociabilité, loyauté, réceptivité, diplomatie, bonté.

Amadéo : amour de Dieu (latin). Ce prénom très rare est porté par près de 200 personnes en France. Variante : Amadeus. Caractérologie : créativité, communication, optimisme, volonté, pragmatisme.

Amador : amoureux (espagnol). Ce prénom est porté par moins de 100 personnes en France. Caractérologie : sagacité, connaissance, philosophie, spiritualité, originalité.

Amadou : digne d'éloges (arabe). Ce prénom est porté par environ 2 000 personnes en France. Il est peu attribué aujourd'hui. Caractérologie : direction, dynamisme, audace, assurance, indépendance.

Amaël : chef, prince (celte). Ce prénom est porté par environ 1 000 personnes en France. Il est peu attribué aujourd'hui. Tendance : en croissance modérée. Caractérologie : courage, curiosité, dynamisme, indépendance, charisme.

Amand : qui est aimé (latin). Ce prénom est porté par environ 1 000 personnes en France. Tendance : stable. Variante : Amandin. Caractérologie : bienveillance, paix, conseil, conscience, sagesse.

Amandio : qui est aimé (latin). Ce prénom est porté par moins de 100 personnes en France. Variante : Amando. Caractérologie : communication, pratique, caractère, enthousiasme, décision.

Amar : bâtisseur (arabe). Ce prénom est porté par environ 6 000 personnes en France. Il est très peu attribué aujourd'hui. Variantes : Amara, Ammar. Caractérologie : bienveillance, paix, sagesse, conscience, conseil.

Amaram : manguier (sanscrit). Caractérologie : adaptabilité, relationnel, fidélité, intuition, médiation.

Amarand : aimer (latin). Caractérologie : méditation, intelligence, indépendance, décision, savoir.

Amarin : aimer (latin). Caractérologie : réceptivité, loyauté, sociabilité, diplomatie, détermination.

Amaury : puissant (germanique). Ce prénom est porté par environ 15 000 personnes en France. Il figure dans le top 100 national. Tendance : en croissance modérée. Variante : Amory. Caractérologie : savoir, indépendance, méditation, intelligence, réalisation.

Ambroise : immortel (grec). Ce prénom est porté par environ 4 000 personnes en France. Il est peu attribué aujourd'hui. Tendance : en croissance modérée. Saint Ambroise fut l'un des plus grands liturgistes de l'Église. Docteur de l'Église latine, il mourut archevêque de Milan au IVe siècle. Variantes : Ambrose, Ambrosio. Caractérologie : direction, audace, dynamisme, décision, caractère.

Amed : digne d'éloges (arabe). Ce prénom très rare est porté par près de 200 personnes en France. Caractérologie : curiosité, dynamisme, charisme, courage, indépendance.

Amédé : amour de Dieu (latin). Ce prénom très rare est porté par près de 400 personnes en France. Caractérologie : innovation, énergie, ambition, autorité, autonomie.

Amédée : amour de Dieu (latin). Ce prénom est porté par environ 3 000 personnes en France. Il ne devrait pas être attribué à plus de 50 bébés en 2012. Variante : Amédéo. Caractérologie : bienveillance, conseil, paix, conscience, sagesse.

Amélien : travailleur (germanique). Ce prénom très rare est porté par près de 300 personnes en France. Variante : Amélio. Caractérologie : dynamisme, courage, curiosité, résolution, indépendance.

Amiel : peuple de Dieu (hébreu). Ce prénom très rare est porté par près de 130 personnes en France. Caractérologie : ténacité, engagement, méthode, fiabilité, détermination.

Amin : loyal, digne de confiance (arabe). Ce prénom est porté par environ 3 000 personnes en France. Il est peu attribué aujourd'hui. Caractérologie : dynamisme, direction, audace, indépendance, décision.

Amine : loyal, digne de confiance (arabe). Ce prénom est porté par environ 16 000 personnes en France. Il figure dans le top 100 national. Tendance : stable. Caractérologie : paix, conscience, conseil, bienveillance, résolution.

Amir : prince (arabe), proclamé (hébreu). Ce prénom est porté par environ 4 000 personnes en France. Il est relativement peu attribué aujourd'hui. Tendance : en croissance modérée. Caractérologie : curiosité, dynamisme, indépendance, courage, charisme.

Amiram : mon peuple est puissant (hébreu). Caractérologie : direction, audace, assurance, indépendance, dynamisme.

Amos : né des dieux, fardeau (hébreu). Ce prénom très rare est porté par près de 200 personnes en France. Caractérologie : pragmatisme, communication, optimisme, sociabilité, créativité.

Amour : amour (latin). Ce prénom très rare est porté par près de 180 personnes en France. Caractérologie : dynamisme, curiosité, indépendance, courage, raisonnement.

An : paix (vietnamien). Ce prénom est porté par moins de 100 personnes en France. Caractérologie : influence, famille, sens des responsabilités, équilibre, exigence.

Anaclet : grâce (hébreu). Ce prénom est porté par moins de 100 personnes en France. Caractérologie : diplomatie, loyauté, sociabilité, réceptivité, organisation.

Anaël : grâce (hébreu). Ce prénom est porté par environ 2 000 personnes en France. Il est peu attribué aujourd'hui. Tendance : en croissance modérée. Variante : Enaël. Caractérologie : équilibre, sens des responsabilités, influence, exigence, famille.

Anaïa : Dieu a répondu (hébreu), frère (basque). Caractérologie : force, ambition, habileté, résolution, passion.

Anas : sociable, sympathique (arabe). Ce prénom est porté par environ 4 000 personnes en France. Il figure dans le top 200 national. Tendance : en croissance modérée. Variante : Anes. Caractérologie : ambition, force, management, habileté, passion.

Anass : sociable, sympathique (arabe). Ce prénom est porté par environ 1 000 personnes en France. Il est peu attribué aujourd'hui. Variante : Anasse. Caractérologie : générosité, rêve, rectitude, humanité, tolérance.

Anastase : résurrection (grec). Ce prénom très rare est porté par près de 200 personnes en France. Variante : Anastasio. Caractérologie : achèvement, vitalité, ardeur, stratégie, leadership.

Anatole : aube, soleil levant (grec). Ce prénom est porté par environ 5 000 personnes en France. Il est relativement peu attribué aujourd'hui. Variante basque : Anatoli. Caractérologie : organisation, énergie, audace, découverte, originalité.

Ancelin : serviteur (latin). Ce prénom très rare est porté par près de 300 personnes en France. Variantes : Ancel, Ancelot. Caractérologie : fiabilité, ténacité, méthode, engagement, détermination.

Andelin : noble (germanique). Caractérologie : courage, indépendance, décision, dynamisme, curiosité.

Andéol : force, courage (grec). Ce prénom très rare est porté par près de 150 personnes en France. Chrétien parti évangéliser le sud de la Gaule au IIIe siècle, Andéol fut mis à mort par l'empereur Septime. Une commune ardéchoise porte son nom. Caractérologie : direction, audace, dynamisme, indépendance, assurance.

Anderson : force, courage (grec). Ce prénom rare est porté par près de 700 personnes en France. Variantes : Ander, Anders. Caractérologie : détermination, rêve, volonté, rectitude, humanité.

Andoni : inestimable (latin), fleur (grec). Ce prénom très rare est porté par près de 500 personnes en France. Dans l'Hexagone, Andoni est plus traditionnellement usité au Pays basque. Variantes : Andere, Andolin. Caractérologie : pratique, communication, enthousiasme, décision, caractère.

André : force, courage (grec). Ce prénom est porté par environ 363 000 personnes en France. Il est peu attribué aujourd'hui. Frère de saint Pierre, saint André fut le premier disciple de Jésus. Il parcourut l'Asie Mineure et la Grèce pour y prêcher l'Évangile et mourut crucifié à Patras. Saint André est le patron des pêcheurs et des poissonniers. Variantes : Andrei, Andric, Andrien, Andry. Variantes occitanes : Andreu, Andrieu. Variante basque : Xandres. Caractérologie : famille, éthique, équilibre, influence, décision.

Andrea : force, courage (grec). Ce prénom est porté par environ 5 000 personnes en France. Il est relativement peu attribué aujourd'hui. Tendance : en croissance modérée. Au masculin, Andrea est particulièrement répandu en Italie. Dans l'Hexagone, il est en faveur en Corse et au Pays basque (voir l'encadré dédié aux prénoms mixtes). Caractérologie : intelligence, savoir, méditation, indépendance, décision.

Andres : force, courage (grec). Ce prénom rare est porté par près de 600 personnes en France. Tendance : en forte croissance. Caractérologie : connaissance, spiritualité, sagacité, originalité, résolution.

Andrew : force, courage (grec). Ce prénom est porté par environ 3 000 personnes en France. Il est peu attribué aujourd'hui. Caractérologie : loyauté, diplomatie, sociabilité, réceptivité, résolution.

Andy : force, courage (grec). Ce prénom est porté par environ 10 000 personnes en France. Il figure dans le top 200 national. Tendance : stable. Variante : Anddy. Caractérologie : achèvement, stratégie, réalisation, vitalité, ardeur.

Ange : messager (grec). Ce prénom est porté par environ 10 000 personnes en France. Il est relativement peu attribué aujourd'hui. Tendance : en croissance modérée. Caractérologie : humanité, rectitude, rêve, générosité, tolérance.

Angel : messager (grec). Ce prénom est porté par environ 6 000 personnes en France. Il est relativement peu attribué aujourd'hui. Variantes : Angéli, Angelus, Angély, Angie, Angy. Caractérologie : optimisme, communication, sympathie, pragmatisme, créativité.

Angelin : messager (grec). Ce prénom très rare est porté par près de 300 personnes en France. Variante : Angelino. Caractérologie : ambition, habileté, force, sympathie, résolution.

Angelo : messager (grec). Ce prénom est porté par environ 9 000 personnes en France. Il est relativement peu attribué aujourd'hui. Tendance : en croissance modérée. Angelo est très répandu en Italie. Variante : Angelito. Caractérologie : intégrité, idéalisme, altruisme, cœur, réflexion.

Anh : reflet, rayon lumineux (vietnamien). Ce prénom très rare est porté par près de 190 personnes en France. Caractérologie : découverte, énergie, séduction, originalité, audace.

Anibal : à la grâce de Baal (dieu phénicien). Ce prénom est porté par moins de 100 personnes en France. Variante : Annibal. Caractérologie : pragmatisme, communication, détermination, optimisme, organisation.

Anice : invincible (grec). Ce prénom très rare est porté par près de 200 personnes en France. Caractérologie : curiosité, dynamisme, courage, indépendance, décision.

ANTOINE

Fête : 13 juin

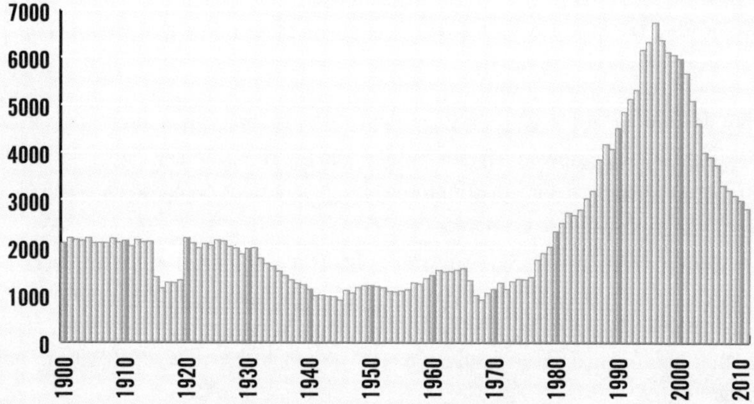

Étymologie : du latin *antonius*, « inestimable », ou du grec *anthos*, « fleur ». Du temps des Romains à nos jours, ce prénom porté par une vingtaine de saints a été modérément attribué. Il a cependant connu des périodes de faveur grâce à des pics de popularité aux XVIe et XVIIe siècles. Les années 1980-1990 marquent également l'époque de sa dernière envolée mondiale. Mais à l'issue d'une belle carrière en Europe et dans les pays occidentaux sous différentes formes (Antonio en Italie, Anton en Suède, Anthony en Angleterre et aux États-Unis, etc.), son reflux international s'accentue. Bien qu'il figure parmi les 10 choix préférés des parents québécois, espagnols et parisiens, Antoine devrait chuter à la 28e place du classement national en 2012.

Cette tendance n'est pas sans affecter ses déclinaisons. Particulièrement touchés, les anglophones Anthony et Tony affichent une décrue importante. Mais la forme française Antonin n'est pas pour autant épargnée. Reste Titouan qui, en se maintenant dans le top 60 masculin, tire son épingle du jeu. Ce dérivé occitan doit sans doute sa popularité à l'identité bretonne qu'il cultive si bien. En 2012, Titouan devrait prénommer un garçon sur 71 dans l'Hexagone.

Saint Antoine de Padoue, franciscain portugais du XIIIe siècle, est reconnu pour les talents de prédicateur qu'il a exercés dans toute l'Europe. Professeur de théologie à Padoue,

.../

Antoine *(suite)*

il a été proclamé docteur de l'Église en 1946. Ce saint est le patron des pauvres et de la mousson. Il est également invoqué pour retrouver les objets perdus.

Antoine de Saint-Exupéry (1900-1944), aviateur et écrivain français, a écrit de nombreux romans inspirés de ses voyages. Le conte poétique et philosophique *Le Petit Prince*, paru en 1943, est son œuvre la plus connue.

Statistiques : Antoine est le 12e prénom masculin le plus donné en France depuis le début du XXIe siècle. On peut estimer qu'il sera attribué à un garçon sur 146 en 2012. Marc-Antoine et Pierre-Antoine sont ses formes composées les plus portées aujourd'hui.

Anicet : invincible (grec). Ce prénom est porté par environ 1 000 personnes en France. Tendance : stable. Caractérologie : connaissance, spiritualité, sagacité, organisation, détermination.

Anil : vent (sanscrit). Ce prénom très rare est porté par près de 300 personnes en France. Caractérologie : rêve, rectitude, humanité, décision, ouverture d'esprit.

Anis : sociable, sympathique (arabe). Ce prénom est porté par environ 7 000 personnes en France. Il figure dans le top 200 national. Tendance : en croissance modérée. Variantes : Aniss, Anisse, Anys. Caractérologie : savoir, intelligence, indépendance, méditation, détermination.

Anouar : lumière (arabe). Ce prénom est porté par environ 1 000 personnes en France. Tendance : stable. Variante : Anoir. Caractérologie : méditation, décision, intelligence, savoir, logique.

Anselme : protection divine (germanique). Ce prénom est porté par environ 2 000 personnes en France. Il est très peu attribué aujourd'hui. Variante : Anselmo. Caractérologie : exigence, famille, sens des responsabilités, équilibre, influence.

Anthelme : protection divine (germanique). Ce prénom très rare est porté par près de 130 personnes en France. Caractérologie : bienveillance, attention, paix, gestion, conscience.

Anthime : protection divine (germanique). Ce prénom très rare est porté par près de 400 personnes en France. Tendance : en forte croissance. Variantes : Anthyme, Antime. Caractérologie : sagacité, connaissance, spiritualité, résolution, finesse.

Anthony : inestimable (latin), fleur (grec). Ce prénom est porté par environ 169 000 personnes en France. Il figure dans le top 200 national. Tendance : en décroissance modérée. Variantes : Anthonie, Anthoni, Anthonny, Antonie. Caractérologie : spiritualité, connaissance, originalité, sagacité, sensibilité.

Antoine : inestimable (latin), fleur (grec). Ce prénom est porté par environ 203 000 personnes en France. Il figure dans le top 50 national. Voir le zoom dédié à Antoine. Variantes : Anthoine, Antonetto. Variante basque : Antolin. Caractérologie : bienveillance, conscience, conseil, résolution, paix.

Anton : inestimable (latin), fleur (grec). Ce prénom est porté par environ 3 000 personnes en France. Il est relativement peu attribué aujourd'hui. Tendance : en croissance modérée. Anton est particulièrement répandu dans les pays scandinaves et slaves. Variante basque : Antton. Variante corse : Antone. Caractérologie : autorité, innovation, énergie, ambition, autonomie.

Antoni : inestimable (latin), fleur (grec). Ce prénom est porté par environ 1 000 personnes en France. Tendance : stable. Variante : Antonie. Caractérologie : autorité, énergie, innovation, ambition, détermination.

Antonin : inestimable (latin), fleur (grec). Ce prénom, porté par environ 24 000 Français, figure dans le top 100 national. Tendance : stable. Empereur romain au IIe siècle, Antonin le Pieux pacifia son empire et en favorisa le développement social et économique. Sa piété envers l'empereur Hadrien, son père adoptif, lui valut son titre de « pieux ». ♦ Prélat italien, saint Antonin devint archevêque de Florence en 1446. Variantes : Anthonin, Tonin. Caractérologie : bienveillance, paix, conscience, conseil, décision.

Antonio : inestimable (latin), fleur (grec). Ce prénom est porté par environ 18 000 personnes en France. Il est peu attribué aujourd'hui. Antonio est particulièrement répandu dans les pays hispanophones, au Portugal et en Italie. Caractérologie : méditation, intelligence, savoir, décision, indépendance.

Antony : inestimable (latin), fleur (grec). Ce prénom est porté par environ 16 000 personnes en France. Il est peu attribué aujourd'hui. Variante : Antonny. Caractérologie : ambition, force, passion, habileté, management.

Anwar : lumière (arabe). Ce prénom très rare est porté par près de 300 personnes en France. Tendance : en forte croissance. Caractérologie : communication, résolution, adaptation, enthousiasme, pratique.

Aodren : au-dessus, royal (celte). Ce prénom très rare est porté par près de 200 personnes en France. Caractérologie : communication, enthousiasme, pratique, décision, caractère.

Apollinaire : qui vient d'Apollonia (grec). Ce prénom très rare est porté par près de 130 personnes en France. Variante : Appolinaire. Caractérologie : structure, persévérance, sécurité, cœur, logique.

Apollon : fils de Léto et Zeus, Apollon est l'un des dieux les plus adorés de la mythologie gréco-romaine. Héroïque au combat, il est aussi doté de nombreux talents artistiques. Il est souvent présenté comme le dieu du Soleil, des Arts et de la Musique. Ce prénom est porté par moins de 100 personnes en France. Variantes : Apollo, Apolon. Caractérologie : fiabilité, méthode, engagement, ténacité, cœur.

Ara : lumière (hébreu). Se rapporte également au nom d'un roi dans la mythologie arménienne. Ce prénom est porté par moins de 100 personnes en France. Caractérologie : relationnel, intuition, adaptabilité, médiation, fidélité.

Arad : il descend (hébreu). Caractérologie : sens des responsabilités, famille, équilibre, exigence, influence.

Aram : magnificence, éminence (arménien). Ce prénom très rare est porté par près de 100 personnes en France. Caractérologie : équilibre, famille, sens des responsabilités, influence, exigence.

Aramis : Aramis est l'un des trois valeureux mousquetaires du roman d'Alexandre Dumas. Ce prénom est porté par moins de 100 personnes en France. Caractérologie : intelligence, savoir, indépendance, méditation, sagesse.

Aran : forêt (thaïlandais). Ce prénom est porté par moins de 100 personnes en France. Caractérologie : spiritualité, connaissance, sagacité, originalité, résolution.

Arcade : qui vient d'Arcadie (latin). Ce prénom très rare est porté par près de 200 personnes en France. Variantes : Arcadie, Arcadius, Arcady. Caractérologie : détermination, découverte, énergie, audace, originalité.

Archange : nom de saint qui fut archevêque de Florence vers 151. Ce prénom très rare est porté par près de 130 personnes en France. Caractérologie : communication, pratique, enthousiasme, sympathie, ressort.

Archibald : audacieux (germanique). Ce prénom très rare est porté par près de 300 personnes en France. Tendance : en forte croissance. Variantes : Archambaud, Ubald, Ubaldo. Caractérologie : ténacité, fiabilité, méthode, engagement, organisation.

Archimède : maître de la pensée (grec). Ce prénom est porté par moins de 100 personnes en France. Savant grec du IIIe siècle, Archimède a inventé le principe de physique qui porte son nom. Ce dernier établit qu'un corps immergé dans un fluide subit une poussée verticale qui le fait remonter vers la surface. Caractérologie : intelligence, indépendance, méditation, savoir, sagesse.

Arda : celui dont le règne est conforme à la loi (arménien). Ce prénom est porté par environ 1 000 personnes en France. Il est relativement peu attribué aujourd'hui. Tendance : en forte croissance. Caractérologie : influence, équilibre, famille, exigence, sens des responsabilités.

Areg : soleil (arménien). Variantes : Arek, Arev. Caractérologie : méthode, fiabilité, engagement, décision, ténacité.

Arezki : prénom kabyle dont la signification est inconnue. Ce prénom rare est porté par près de 700 personnes en France. Variantes : Areski, Ariski, Arizki, Rezki, Rizki. Caractérologie : sagacité, connaissance, résolution, finesse, spiritualité.

Argan : argent (breton). Ce prénom très rare est porté par près de 180 personnes en France. Caractérologie : courage, dynamisme, curiosité, indépendance, décision.

Argi : lumière (basque). Caractérologie : ambition, passion, habileté, force, management.

Arie : lion (hébreu). Ce prénom très rare est porté par près de 300 personnes en France. Tendance : en forte croissance. Variante : Ari. Caractérologie : conscience, paix, bienveillance, conseil, décision.

Ariel : lion de Dieu (hébreu). Ce prénom est porté par environ 1 000 personnes en France. Il est très peu attribué aujourd'hui. Tendance : en croissance modérée. Dans l'Ancien Testament, le prophète Isaïe utilise ce nom pour désigner la ville de Jérusalem. Variante : Arel. Caractérologie : rectitude, humanité, tolérance, rêve, détermination.

Arif : celui qui détient la Connaissance (arabe). Ce prénom très rare est porté par près de 300 personnes en France. Caractérologie : sagacité, originalité, spiritualité, connaissance, philosophie.

Arii : roi (tahitien). Caractérologie : énergie, autorité, innovation, ambition, autonomie.

Ariihere : roi de l'amour (tahitien). Caractérologie : audace, dynamisme, résolution, direction, indépendance.

Aris : courageux, brave (arménien). Ce prénom très rare est porté par près de 200 personnes en France. Caractérologie : intuition, relationnel, médiation, fidélité, adaptabilité.

Aristide : le meilleur (grec). Ce prénom est porté par environ 3 000 personnes en France. Il est très peu attribué aujourd'hui. Tendance : en croissance modérée. Variantes : Ariste, Aristides. Caractérologie : structure, persévérance, résolution, sécurité, efficacité.

Aristote : supérieur (grec). Nom du célèbre philosophe grec (384-322 av. J.-C.). Ce prénom très rare est porté par près de 180 personnes en France. Caractérologie : achèvement, vitalité, décision, stratégie, ardeur.

Arius : immortel (grec). Caractérologie : charisme, dynamisme, curiosité, courage, indépendance.

Armand : fort, armé (germanique). Ce prénom est porté par environ 31 000 personnes en France. Il est relativement peu attribué aujourd'hui. Variantes : Arman, Armant, Mandy. Variantes occitanes : Aman, Amans. Caractérologie : bienveillance, paix, conscience, conseil, détermination.

Armando : fort, armé (germanique). Ce prénom est porté par environ 1 000 personnes en France. Tendance : stable. Dans l'Hexagone, Armando est plus traditionnellement usité au Pays basque. Caractérologie : optimisme, communication, décision, caractère, pragmatisme.

Armel : prince, ours (celte). Ce prénom est porté par environ 4 000 personnes en France. Il est très peu attribué aujourd'hui. Caractérologie : méthode, ténacité, fiabilité, engagement, détermination.

Armen : l'arménien (arménien). Ce prénom très rare est porté par près de 120 personnes en France. Tendance : en forte croissance. Variante : Armin. Caractérologie : équilibre, famille, sens des responsabilités, influence, détermination.

Arnaud : aigle, gouverneur (germanique). Ce prénom est porté par environ 129 000 personnes en France. Il est relativement peu attribué aujourd'hui. Abbé dans le monastère de Sainte-Sabine, saint Arnaud vécut à Padoue au XIIIe siècle. Jeté au cachot par le gouverneur tyrannique de la région, il mourut au bout de huit années d'emprisonnement. Dans l'Hexagone, Arnaud est plus traditionnellement usité en Occitanie. Caractérologie : audace, énergie, découverte, originalité, détermination.

Arnauld : aigle, gouverneur (germanique). Ce prénom est porté par environ 2 000 personnes en France. Il ne devrait pas être attribué à plus de 50 bébés en 2012. Variantes : Arnald, Arnaut, Arne, Arnie. Caractérologie : ambition, force, passion, habileté, décision.

ARTHUR

Fête : 15 novembre

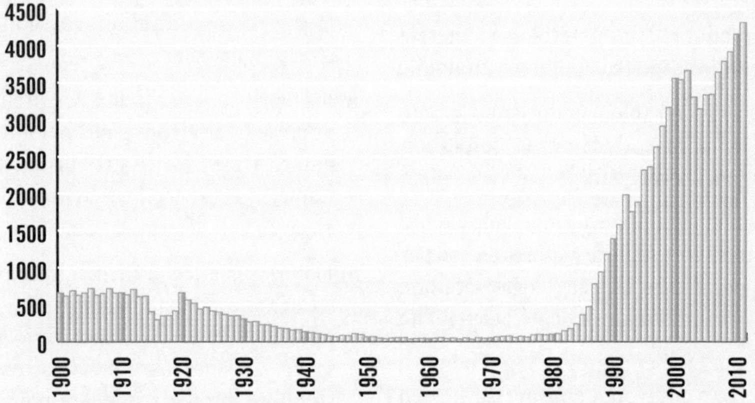

Étymologie : du celte *arzh*, « ours ». Figure légendaire de la littérature médiévale, Arthur est l'un des premiers prénoms celtes à s'être diffusé en France. Nourri par de nombreux récits folkloriques dès le VIe siècle, il grandit en Bretagne avant de conquérir l'ensemble de la Gaule. Sa carrière est florissante en Angleterre et en France, où il connaît une belle amplitude jusqu'à la fin du Moyen Âge. Au XIXe siècle, Arthur renaît dans les pays anglophones, mais il peine à s'élever en France, en dépit de l'élan insufflé par Arthur Rimbaud. Ce n'est qu'à la fin du XXe siècle que son nouvel essai est transformé : Arthur se propage de telle sorte qu'il entre en 2007 dans le top 20 national. Il est aujourd'hui autant prisé à Paris que dans l'ensemble de l'Hexagone.

Arthur fait moins d'émules à l'échelle internationale. À l'exception de l'Irlande qui lui reste fidèle, il peine à s'épanouir en Europe. Sa percée dans les tops 20 québécois et romand fera-t-elle des émules ?

Arthur, ou **Artus**, le roi légendaire des Bretons, repoussa les armées anglo-saxonnes qui tentaient d'envahir la Bretagne. Ses exploits, contés au XIIe siècle par Chrétien de Troyes, en font l'un des chevaliers les plus connus des romans de la Table ronde.

Personnalités célèbres : Arthur Shopenhauer, philosophe allemand (1788-1860) ; Arthur Rimbaud, poète français (1854-1891) ; Arthur Conan Doyle, écrivain et auteur de *Sherlock*

…/

Arthur *(suite)*

Holmes (1859-1930) ; Arthur Rubinstein, pianiste virtuose américain (1887-1982) ; Arthur Miller, dramaturge américain (1915-2005) ; Arthur H., chanteur français né en 1966 ; Arthur, humoriste et présentateur de télévision né en 1966.

Statistiques : Arthur est le 18e prénom masculin le plus donné en France depuis le début du XXIe siècle. On peut estimer qu'il sera attribué à un garçon sur 95 en 2012. Par contraste, le rarissime **Artus** sera attribué à un garçon sur 15 000.

Arnault : aigle, gouverneur (germanique). Ce prénom est porté par environ 1 000 personnes en France. Tendance : stable. Caractérologie : bienveillance, paix, conscience, organisation, résolution.

Arno : aigle, gouverneur (germanique). Ce prénom est porté par environ 2 000 personnes en France. Il est peu attribué aujourd'hui. Dans l'Hexagone, Arno est plus traditionnellement usité au Pays basque. Caractérologie : détermination, optimisme, pragmatisme, créativité, communication.

Arnold : aigle, gouverneur (germanique). Ce prénom est porté par environ 2 000 personnes en France. Il ne devrait pas être attribué à plus de 50 bébés en 2012. Arnold est très répandu en Allemagne. En France, il est plus traditionnellement usité en Alsace et dans les Flandres. Variantes : Arnaldo, Arnould, Arnoux. Caractérologie : autorité, innovation, énergie, volonté, analyse.

Aron : esprit (hébreu). Ce prénom rare est porté par près de 800 personnes en France. Tendance : en forte croissance. Caractérologie : communication, adaptation, pratique, enthousiasme, résolution.

Arsène : masculin (grec). Ce prénom est porté par environ 7 000 personnes en France. Il est relativement peu attribué aujourd'hui. Tendance : en croissance modérée. Variantes : Arsenio, Arsenius. Caractérologie : passion, force, ambition, habileté, décision.

Arthémon : divin (latin). Ce prénom est porté par moins de 100 personnes en France. Variantes : Artème, Artémon, Arthème, Arthène. Caractérologie : volonté, découverte, énergie, audace, détermination.

Arthur : ours (celte). Ce prénom est porté par environ 76 000 personnes en France. Il figure dans le top 50 national. Voir le zoom dédié à Arthur. Variantes : Arthaud, Artur. Caractérologie : énergie, découverte, audace, originalité, organisation.

Arthus : ours (celte). Ce prénom rare est porté par près de 700 personnes en France. Caractérologie : organisation, bienveillance, conscience, conseil, paix.

Artizar : étoile du matin (basque). Caractérologie : générosité, pratique, communication, enthousiasme, adaptation.

Artur : ours (celte). Ce prénom rare est porté par près de 600 personnes en France. Tendance : en forte croissance. Caractérologie : sens des responsabilités, famille, gestion, influence, équilibre.

Arturo : ours (celte). Ce prénom très rare est porté par près de 160 personnes en France. En dehors de l'Hexagone, Arturo est particulièrement répandu dans les pays hispanophones et en Italie. Caractérologie : pragmatisme, optimisme, organisation, raisonnement, communication.

Artus : ours (celte). Ce prénom très rare est porté par près de 500 personnes en France. Variantes : Arzel, Arzu. Caractérologie : gestion, méditation, intelligence, savoir, indépendance.

Aslan : lion (turc). Ce prénom très rare est porté par près de 190 personnes en France. Tendance : en forte croissance. Variante : Arslan. Caractérologie : intuition, relationnel, fidélité, adaptabilité, médiation.

Assad : semblable à un lion (arabe). Ce prénom très rare est porté par près de 200 personnes en France. Variante : Hassad. Caractérologie : leadership, achèvement, stratégie, vitalité, ardeur.

Assane : beau (arabe). Ce prénom très rare est porté par près de 200 personnes en France. Caractérologie : découverte, originalité, énergie, audace, séduction.

Atef : celui qui compatit (arabe). Ce prénom très rare est porté par près de 300 personnes en France. Variantes : Ataf, Atif. Caractérologie : curiosité, indépendance, charisme, dynamisme, courage.

Athanaël : présent de Dieu (hébreu). Ce prénom est porté par moins de 100 personnes en France. Caractérologie : gestion, achèvement, vitalité, stratégie, attention.

Athanase : immortel (grec). Ce prénom rare est porté par près de 600 personnes en France. Variantes : Athanas, Athos. Caractérologie : famille, équilibre, finesse, sens des responsabilités, influence.

Athmane : homme sage (germanique). Ce prénom très rare est porté par près de 100 personnes en France. Variantes : Athman, Atman, Atmane. Caractérologie : ambition, habileté, passion, force, sensibilité.

Atilla : Dieu est exalté (hébreu). Ce prénom très rare est porté par près de 400 personnes en France. Variantes : Atila, Atilio, Attila, Attilius, Attilo. Caractérologie : autorité, innovation, énergie, organisation, ambition.

Atoa : d'une grande bravoure (tahitien). Caractérologie : dynamisme, direction, audace, indépendance, assurance.

Aubert : noble, brillant (germanique). Ce prénom très rare est porté par près de 400 personnes en France. Variantes : Aubertin, Aubrey, Aubri. Caractérologie : persévérance, gestion, structure, sécurité, décision.

Aubin : blanc (latin). Ce prénom est porté par environ 4 000 personnes en France. Il est relativement peu attribué aujourd'hui. Caractérologie : médiation, intuition, résolution, relationnel, organisation.

Aubry : noble, brillant (germanique). Ce prénom très rare est porté par près de 400 personnes en France. Caractérologie : ténacité, méthode, gestion, fiabilité, engagement.

Audoin : se rapporte à saint Hadouin, évêque du Mans au VIIe siècle. Il érigea une abbaye portant son nom dans la paroisse d'Aurion, dans le Maine. Ce prénom est porté par moins de 100 personnes en France. Caractérologie : dynamisme, direction, volonté, indépendance, assurance.

AUGUSTIN

Fête : 28 août

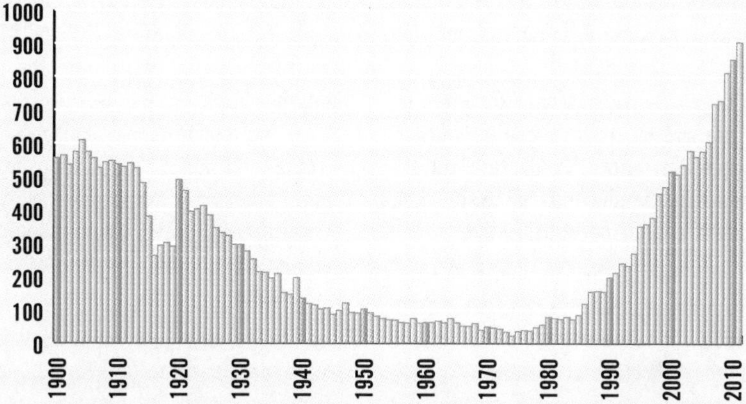

Étymologie : du latin *augustinus*, « consacré par les augures ». Ce prénom, apparu dès les premiers temps du christianisme, se propage grâce à la popularité de saint Augustin, théologien du IVe siècle considéré comme le plus important docteur de l'Église. Au Moyen Âge, la postérité d'un autre saint, Augustin de Canterbury, intensifie la vogue de ce prénom en Angleterre. Il est plus discret en France jusqu'au XIXe siècle, où il prend une certaine ampleur, sans toutefois dépasser celle d'Auguste.

Il se raréfie au XXe siècle, mais la vogue du rétro le fait renaître à Paris dans les années 1990. Il grandit de telle sorte qu'il vient de s'imposer dans le top 40 parisien et dans le top 80 national. Gageons que son ascension n'est pas terminée.

À l'international, Agustín est en vogue dans plusieurs pays d'Amérique latine.

Élevé par une mère chrétienne et un père incroyant, **saint Augustin** naît à Tagaste (en Tunisie), en 354. Élève brillant, il enseigne la rhétorique à Milan et se convertit au christianisme avant de retourner en Afrique, où il devient évêque d'Hippone. *Les Confessions* font partie des nombreux écrits qui ont fondamentalement marqué l'histoire de l'Église. Saint Augustin est le patron des imprimeurs.

Moine italien au VIe siècle, **saint Augustin de Canterbury** partit évangéliser l'Angleterre ; il parvint à convertir le roi du Kent et plusieurs milliers de ses sujets.

.../

Augustin *(suite)*

Personnalités célèbres : Agustín Lara, chanteur et compositeur mexicain (1897-1970) ; Augustin Lesage, peintre français (1876-1954) ; Augustin Legrand, comédien français né en 1975.

Statistiques : Augustin est le 107e prénom masculin le plus donné en France depuis le début du XXIe siècle. On peut estimer qu'il sera attribué à un garçon sur 453 en 2012.

Audran : au-dessus, royal (celte). Ce prénom rare est porté par près de 500 personnes en France. Variantes : Audrain, Audren. Caractérologie : indépendance, résolution, curiosité, dynamisme, courage.

Audric : noble, puissant (germanique). Ce prénom est porté par environ 2 000 personnes en France. Il ne devrait pas être attribué à plus de 50 bébés en 2012. Variante : Adrick. Caractérologie : réceptivité, sociabilité, loyauté, bonté, diplomatie.

Audry : noble, puissant (germanique). Ce prénom très rare est porté par près de 170 personnes en France. Caractérologie : sens des responsabilités, équilibre, famille, influence, réussite.

Auguste : vénérable, grand (latin). Ce prénom est porté par environ 20 000 personnes en France. Il est relativement peu attribué aujourd'hui. Tendance : en croissance modérée. Auguste est le nom de postérité d'Octave, le fils adoptif de Jules César. Ses qualités exceptionnelles de gestionnaire et de chef de guerre lui permirent de gouverner un vaste Empire romain et d'y établir la *pax Romana*, une paix qui dura plusieurs siècles. Variantes : August, Augusto, Gusto, Guste. Caractérologie : ténacité, fiabilité, méthode, amitié, organisation.

Augustin : consacré par les augures (latin). Ce prénom est porté par environ 18 000 personnes en France. Il figure dans le top 100 national. Voir le zoom dédié à Augustin. Variante : Gustin. Caractérologie : sécurité, structure, résolution, persévérance, sympathie.

Aumaric : puissant (germanique). Caractérologie : pragmatisme, optimisme, sociabilité, communication, créativité.

Aurel : en or (latin). Ce prénom rare est porté par près de 500 personnes en France. Tendance : en croissance modérée. Caractérologie : optimisme, communication, pragmatisme, décision, créativité.

Aurèle : en or (latin). Ce prénom est porté par environ 1 000 personnes en France. Il est peu attribué aujourd'hui. Tendance : en croissance modérée. Caractérologie : stratégie, achèvement, ardeur, vitalité, décision.

Aurélien : en or (latin). Ce prénom, porté par environ 76 000 Français, figure dans le top 200 national. Tendance : en décroissance modérée. Archevêque d'Arles au VIe siècle, saint Aurélien fonda deux monastères, l'un pour les hommes et l'autre pour les femmes. Variantes : Aurélian, Aurélio, Aurian, Auriol, Orélien. Caractérologie : sécurité, structure, persévérance, détermination, efficacité.

Aurre : en or (latin), devant (basque). Caractérologie : rêve, humanité, rectitude, ouverture d'esprit, décision.

Austin : consacré par les augures (latin). Ce prénom est porté par moins de 100 personnes en France. Caractérologie : communication, pratique, décision, gestion, enthousiasme.

Auxence : augmenter (latin). Ce prénom rare est porté par près de 600 personnes en France. Caractérologie : autorité, innovation, énergie, ambition, autonomie.

Avédis : porteur de bonnes nouvelles (arménien). Ce prénom est porté par moins de 100 personnes en France. Caractérologie : équilibre, famille, influence, résolution, sens des responsabilités.

Avel : vent (breton). Ce prénom est porté par moins de 100 personnes en France. Caractérologie : ténacité, fiabilité, méthode, sens du devoir, engagement.

Avelino : souffle, respiration (hébreu). Ce prénom très rare est porté par près de 170 personnes en France. Caractérologie : logique, bienveillance, paix, caractère, conscience.

Aventin : avènement (latin). Ce prénom est porté par moins de 100 personnes en France. Ce prénom ancien n'est plus attribué actuellement. Caractérologie : engagement, méthode, fiabilité, ténacité, sens du devoir.

Avi : père de tous (hébreu). Ce prénom très rare est porté par près de 300 personnes en France. Caractérologie : charisme, curiosité, dynamisme, courage, indépendance.

Aviel : Dieu est mon père (hébreu). Ce prénom très rare est porté par près de 110 personnes en France. Caractérologie : structure, persévérance, sécurité, efficacité, décision.

Aviv : printemps (hébreu). Caractérologie : idéalisme, altruisme, intégrité, dévouement, réflexion.

Avner : père de la flamme (hébreu). Ce prénom très rare est porté par près de 150 personnes en France. Caractérologie : conscience, bienveillance, paix, conseil, résolution.

Awen : noble ami (irlandais). Ce prénom très rare est porté par près de 400 personnes en France. Dans l'Hexagone, Awen est plus traditionnellement usité en Bretagne. Variante : Aven. Caractérologie : intelligence, sagesse, savoir, méditation, indépendance.

Axel : mon père est paix (hébreu). Ce prénom est porté par environ 63 000 personnes en France. Il figure dans le top 50 national. Tendance : stable. Le 21 mars célèbre la mémoire d'un saint évêque danois qui vécut au XIIe siècle. Variante : Aksel. Caractérologie : famille, équilibre, éthique, exigence, influence.

Aydan : petit feu (celte). Voir Aïdan. Ce prénom rare est porté par près de 500 personnes en France. Tendance : en forte croissance. Variante : Ayden. Caractérologie : intégrité, réflexion, réalisation, idéalisme, altruisme.

Aylan : clair de lune (turc). Ce prénom très rare est porté par près de 400 personnes en France. Tendance : en forte croissance. Caractérologie : achèvement, vitalité, amitié, ardeur, stratégie.

Ayman : heureux (arabe). Ce prénom est porté par environ 2 000 personnes en France.

Il est relativement peu attribué aujourd'hui. Caractérologie : humanité, rêve, rectitude, ouverture d'esprit, réussite.

Aymen : heureux (arabe). Ce prénom est porté par environ 3 000 personnes en France. Il figure dans le top 200 national. Tendance : en croissance modérée. Variantes : Aymane, Aymon. Caractérologie : ténacité, fiabilité, méthode, engagement, réalisation.

Aymeric : puissant (germanique). Ce prénom est porté par environ 20 000 personnes en France. Il est relativement peu attribué aujourd'hui. Variantes : Amalric, Aymerie, Aymerik. Variante basque : Ainaut. Caractérologie : relationnel, médiation, intuition, amitié, réalisation.

Aymerick : puissant (germanique). Ce prénom est porté par environ 2 000 personnes en France. Il est très peu attribué aujourd'hui. Caractérologie : fiabilité, bonté, méthode, réalisation, ténacité.

Ayoub : repentir (arabe). Ce prénom est porté par environ 9 000 personnes en France. Il figure dans le top 100 national. Tendance : stable. Variante : Ayoube. Caractérologie : énergie, innovation, autorité, ambition, gestion.

Azad : noble, libre (arménien). Ce prénom très rare est porté par près de 500 personnes en France. Caractérologie : découverte, audace, originalité, séduction, énergie.

Azedine : la religion est puissante (arabe). Ce prénom rare est porté par près de 800 personnes en France. Variantes : Azdin, Azeddine. Caractérologie : énergie, autorité, innovation, ambition, résolution.

Aziz : aimé, précieux, puissant (arabe). Ce prénom est porté par environ 3 000 personnes en France. Il ne devrait pas être attribué à plus de 50 bébés en 2012. Calife fatimide, Al-Aziz Billah ordonna la construction de la mosquée d'Al-Hâlim au Caire en 380. Variantes : Aaziz, Azize, Azouz, Azziz. Caractérologie : ambition, habileté, force, passion, management.

Azzedine : la religion est puissante (arabe). Ce prénom est porté par environ 1 000 personnes en France. Tendance : stable. Variantes : Azzdine, Azzedine. Caractérologie : ouverture d'esprit, rectitude, humanité, rêve, résolution.

Bachir : qui annonce une bonne nouvelle (arabe). Ce prénom est porté par environ 2 000 personnes en France. Il ne devrait pas être attribué à plus de 50 bébés en 2012. Caractérologie : dynamisme, courage, indépendance, organisation, curiosité.

Badis : prénom kabyle qui fut celui d'un roi, Badis le Hammadite, au XIe siècle. Ce prénom est porté par environ 1 000 personnes en France. Il est peu attribué aujourd'hui. Caractérologie : achèvement, leadership, ardeur, vitalité, stratégie.

Badr : pleine lune, zénith (arabe). Ce prénom rare est porté par près de 1 000 personnes en France. Variantes : Bader, Badre. Caractérologie : intelligence, savoir, indépendance, méditation, sagesse.

Badredine : la religion à son zénith (arabe). Ce prénom très rare est porté par près de 190 personnes en France. Variantes : Badradine, Badreddine. Caractérologie : vitalité, achèvement, stratégie, ardeur, résolution.

Bakar : seul, unique (basque). Ce prénom est porté par moins de 100 personnes en France. Caractérologie : paix, bienveillance, sagesse, conscience, conseil.

Bakary : patronyme répandu dans de nombreux pays d'Afrique. Ce prénom est porté par environ 1 000 personnes en France. Il est très peu attribué aujourd'hui. Variante : Bakari. Caractérologie : structure, persévérance, sécurité, efficacité, honnêteté.

Balthazar : Dieu protège le roi (grec). Ce prénom est porté par environ 1 000 personnes en France. Il est peu attribué aujourd'hui. Tendance : en croissance modérée. Selon la tradition chrétienne, Balthazar, l'un des trois Rois mages venus d'Orient, se laissa guider par une étoile jusqu'à Bethléem. Lorsqu'il se présenta devant l'Enfant Jésus, il lui offrit de la myrrhe pour l'honorer comme roi. ♦ Dans l'Ancien Testament, Balthazar, le roi de Babylone, organise un festin. Durant la fête, une inscription mystérieuse apparaît sur les murs. Captif du roi, le prophète Daniel interprète ce message et annonce la fin imminente du royaume. La prophétie se réalise avec l'assassinat de Balthazar dans la nuit. Variante : Balthasar. Caractérologie : habileté, force, ambition, passion, organisation.

Bao : protection, précieux (vietnamien). Ce prénom très rare est porté par près de 110 personnes en France. Tendance : en forte croissance. Caractérologie : rectitude, humanité, générosité, ouverture d'esprit, rêve.

Baptiste : immerger (grec). Ce prénom, porté par environ 81 000 Français, figure dans le top 50 national. Tendance : en décroissance modérée. Au cours des siècles, Baptiste s'est plus particulièrement diffusé au XVIIIe et XIXe siècle, avant de disparaître jusque dans les années 1980. Le retour de Jean-Baptiste lui a donné un élan durable puisqu'il progresse dans le top 25 français depuis la fin des années 1990. Fils de Zacharie et Élisabeth, saint Jean le Baptiste naquit en Palestine au Ier siècle. Infatigable prêcheur des foules qui s'amassaient sur les rives du Jourdain, il baptisa Jésus et de nombreux convertis dans l'eau du fleuve. Il est le patron des cordeliers, des rémouleurs et des tonneliers. Caractérologie : diplomatie, sociabilité, détermination, réceptivité, loyauté.

Le top 20 masculin en 2012

Afin de vous donner une image plus complète des prénoms les plus attribués en 2012, deux palmarès complémentaires vous sont proposés.

Le premier établit le top 20 des prénoms masculins par ordre décroissant d'attribution. Chaque prénom est considéré comme une entité unique et classé selon sa fréquence d'attribution estimée pour 2012.

Le second fonctionne de la même manière, mais il inclut, pour chaque prénom donné (exemple : Lucas), la fréquence d'attribution de ses variantes (Luca, Luka(s), Loucas, etc.). En donnant une dimension phonétique au classement qui en résulte, on peut mesurer, dans sa globalité, l'importance des prénoms phares d'aujourd'hui.

Palmarès 1 : chaque prénom est classé selon sa fréquence d'attribution individuelle

1. Nathan
2. Lucas
3. Jules
4. Enzo
5. Gabriel
6. Louis
7. Arthur
8. Raphaël
9. Mathis
10. Ethan
11. Noah
12. Hugo
13. Léo
14. Timéo
15. Tom
16. Adam
17. Théo
18. Mathéo
19. Yanis
20. Maël

Observations

Inconcevable l'an passé, la victoire de Nathan sur Lucas pourrait se concrétiser en 2012. Une première pour ce prénom dont l'histoire est récente en France. Sa victoire, si courte soit-elle, confirme la renaissance des prénoms de l'Ancien Testament. Et ce ne sont pas les formidables progressions de Gabriel, Raphaël, Noah et Adam qui viendront le contredire.

La palme des meilleurs sauts n'en revient pas moins à Arthur, qui gagne 9 places de classement en un an, et à Jules qui se place troisième. La preuve que les prénoms médiévaux et rétro ne sont pas en reste. De son côté, Maël bénéficie de la vogue des désinences en « el » et s'impose dans le groupe de tête. Il faut dire que son identité bretonne l'y avait déjà prédisposé. Enfin, le rebond de Léo n'a pas empêché le reflux des terminaisons en « éo ». Théo et Mathéo poursuivent leur déclin et rejoindront bientôt Maxime, Clément et Thomas dans le top 30 national.

…/

Le top 20 masculin en 2012 *(suite)*

Palmarès 2 : la fréquence d'attribution du prénom inclut celle de ses variantes

Dans ce classement, les variantes les plus importantes (uniquement celles dont on peut estimer qu'elles seront attribuées à plus de 500 enfants en 2012) sont indiquées en italique.

1. Lucas, *Luca, Luka(s)*
2. Nathan
3. Mathis, *Mathys*
4. Noah, *Noa*
5. Mathéo, *Matteo, Mateo*
6. Raphaël, *Rafaël*
7. Jules
8. Enzo
9. Louis
10. Gabriel
11. Nolan, *Nolann, Nolhan*
12. Timéo, *Tyméo*
13. Ethan
14. Hugo
15. Arthur
16. Théo, *Téo*
17. Léo
18. Tom
19. Adam
20. Maël

Observations

Dans cette configuration, Lucas et ses déclinaisons reprennent la tête du classement tandis que Jules doit céder du terrain à Mathis, Noah et Mathéo. Soutenu par la croissance exponentielle de Nolhan, Nolan bondit au 11e rang et relègue Yanis dans le top 30 national. Notons la chute brutale de Thomas et le repli de Kylian qui, malgré le soutien d'une armée d'homophones, ne parvient plus à se maintenir dans le tableau.

Pour plus d'information sur les prénoms ci-dessus, voir les encadrés qui leur ont été consacrés.

Baptistin : immerger (grec). Ce prénom très rare est porté par près de 400 personnes en France. Caractérologie : sociabilité, diplomatie, loyauté, réceptivité, résolution.

Barack : béni (arabe, hébreu). Variante : Barrak. Caractérologie : sens des responsabilités, influence, équilibre, exigence, famille.

Baran : bélier (russe). Ce prénom très rare est porté par près de 400 personnes en France. Caractérologie : réflexion, altruisme, intégrité, idéalisme, décision.

Barclay : bois de bouleau (anglais, irlandais). Caractérologie : vitalité, stratégie, achèvement, ardeur, gestion.

Barea : fruit de mer (basque). Caractérologie : altruisme, intégrité, idéalisme, réflexion, détermination.

Barnabé : fils du prophète (hébreu). Ce prénom est porté par environ 1 000 personnes en France. Tendance : stable. Variantes basques : Barnaba, Barnabe. Caractérologie : savoir, intelligence, méditation, indépendance, résolution.

Barry : aux cheveux clairs (irlandais). Ce prénom est porté par moins de 100 personnes en France. Variante : Barrie. Caractérologie : indépendance, audace, assurance, direction, dynamisme.

Barthélemy : fils de Tolomai (araméen). Ce prénom est porté par environ 4 000 personnes en France. Il ne devrait pas être attribué à plus de 50 bébés en 2012. Variantes : Bario, Barthélemi, Bortolo. Variante basque : Bartolo. Variante occitane : Bertomieu. Caractérologie : audace, dynamisme, direction, réalisation, finesse.

Bartholomé : fils de Tolomai (araméen). Ce prénom très rare est porté par près de 120 personnes en France. Variantes : Bartolomé, Bartoloméo. Caractérologie : audace, finesse, direction, dynamisme, analyse.

Baruch : béni (hébreu). Caractérologie : ardeur, achèvement, stratégie, gestion, vitalité.

Basile : roi (grec). Ce prénom est porté par environ 7 000 personnes en France. Il figure dans le top 200 national. Tendance : stable. Variante : Basil. Variantes basques : Basilio, Bazil, Bazile. Caractérologie : optimisme, organisation, communication, pragmatisme, détermination.

Bassem : celui qui sourit (arabe). Ce prénom très rare est porté par près de 300 personnes en France. Variantes : Bassam, Bessem. Caractérologie : originalité, découverte, énergie, séduction, audace.

Bastian : respecté, vénéré (grec). Ce prénom est porté par environ 2 000 personnes en France. Il est peu attribué aujourd'hui. Dans l'Hexagone, Bastian est plus traditionnellement usité en Bretagne. Caractérologie : pratique, communication, enthousiasme, adaptation, résolution.

Bastien : respecté, vénéré (grec). Ce prénom est porté par environ 48 000 personnes en France. Il figure dans le top 100 national. Tendance : en décroissance modérée. Caractérologie : savoir, méditation, intelligence, indépendance, décision.

Batiste : immerger (grec). Ce prénom est porté par environ 1 000 personnes en France. Il est peu attribué aujourd'hui. Tendance : en croissance modérée. Variante : Battista. Caractérologie : méthode, fiabilité, ténacité, engagement, décision.

Baudouin : audacieux, amical (germanique). Ce prénom est porté par environ 1 000 personnes en France. Tendance : stable. Variante : Baudoin. Caractérologie : volonté, bienveillance, paix, conscience, raisonnement.

Bay : septième-né, ou né au mois de juillet (vietnamien). Caractérologie : innovation, ambition, énergie, autorité, autonomie.

Beaudoin : audacieux, amical (germanique). Variante : Beaudouin. Caractérologie : force, ambition, volonté, analyse, habileté.

Béchir : qui apporte les bonnes nouvelles (arabe). Ce prénom rare est porté par près de 600 personnes en France. Caractérologie : rêve, humanité, ouverture d'esprit, rectitude, sensibilité.

Békir : qui apporte les bonnes nouvelles (arabe). Ce prénom très rare est porté par près de 300 personnes en France. Caractérologie : altruisme, idéalisme, intégrité, réflexion, dévouement.

Ben : diminutif des prénoms formés avec Ben. Ce prénom est porté par environ 2 000 personnes en France. Il est peu attribué aujourd'hui. Tendance : en croissance modérée. Caractérologie : générosité, pratique, enthousiasme, adaptation, communication.

Beñat : force, ours (germanique). Ce prénom basque est porté par près de 130 personnes en France. Caractérologie : conseil, bienveillance, conscience, paix, sagesse.

Benedetto : béni (latin). Ce prénom est porté par moins de 100 personnes en France. Variantes : Benilde, Benedict, Benito. Caractérologie : rectitude, ouverture d'esprit, humanité, rêve, caractère.

Benjamin : fils du Sud (hébreu). Ce prénom, porté par environ 139 000 Français, figure dans le top 100 national. Tendance : en décroissance modérée. Personnage biblique, Benjamin est le fils de Jacob et Rachel. En le mettant au monde, Rachel le prénomma Ben Oni (« fils de ma douleur »), avant de décéder. Mais Jacob, qui ne put se résoudre à tant de tristesse, opta pour un prénom signifiant « fils du Sud ». Benjamin est le père de la tribu des Benjaminites dont Saül, le premier roi d'Israël, est descendant. ◆ Prédicateur en Perse, saint Benjamin fut condamné au martyre par le roi Yezdegerd au Ve siècle. Variantes : Benji, Bunyamin, Bunyamine. Caractérologie : audace, énergie, découverte, originalité, détermination.

Benoist : béni (latin). Ce prénom est porté par environ 1 000 personnes en France. Tendance : stable. Caractérologie : créativité, pragmatisme, décision, optimisme, communication.

Benoît : béni (latin). Ce prénom est porté par environ 118 000 personnes en France. Il est relativement peu attribué aujourd'hui. Issu d'une famille noble italienne au IVe siècle, saint Benoît se retira pour méditer dans une caverne à la fin de ses études. Il fonda douze monastères, dont l'abbaye du Mont-Cassin, près de Naples. Caractérologie : médiation, relationnel, fidélité, intuition, adaptabilité.

Benoni : béni (latin). Ce prénom est porté par moins de 100 personnes en France. Variante : Benony. Caractérologie : dynamisme, charisme, courage, curiosité, indépendance.

Béranger : esprit, ours (germanique). Ce prénom rare est porté par près de 600 personnes en France. Caractérologie : sagacité, connaissance, spiritualité, originalité, détermination.

Bérenger : esprit, ours (germanique). Ce prénom est porté par environ 1 000 personnes en France. Tendance : stable. Variante occitane : Berengier. Caractérologie : intuition, relationnel, fidélité, médiation, adaptabilité.

Bernard : force, ours (germanique). Ce prénom est porté par environ 372 000 personnes en France. Il ne devrait pas être attribué à plus de 50 bébés en 2012. Originaire de Lyon, saint Barnard devint archevêque de Vienne sur le Rhône en 810. Les liens politiques qu'il tissa à la cour de Charlemagne en firent un personnage influent. Il fonda l'abbaye de Romans à la fin de sa vie. Variantes : Barnard, Bernhard, Bernat, Bernd, Bernie, Berny. Caractérologie : ambition, force, habileté, détermination, passion.

Bernardin : force, ours (germanique). Ce prénom très rare est porté par près de 300 personnes en France. Caractérologie : décision, méthode, fiabilité, ténacité, engagement.

Bernardo : force, ours (germanique). Ce prénom très rare est porté par près de 300 personnes en France. En dehors de l'Hexagone, Bernardo est particulièrement répandu dans les pays hispanophones. Caractérologie : détermination, curiosité, dynamisme, volonté, courage.

Berthold : brillant, illustre (germanique). Ce prénom est porté par moins de 100 personnes en France. Caractérologie : communication, pratique, finesse, enthousiasme, analyse.

Bertin : brillant, illustre (germanique). Ce prénom rare est porté par près de 1 000 personnes en France. Variante : Bertil. Caractérologie : dynamisme, curiosité, charisme, courage, indépendance.

Bertrand : brillant, corbeau (germanique). Ce prénom est porté par environ 62 000 personnes en France. Il ne devrait pas être attribué à plus de 50 bébés en 2012. Variantes : Belt, Beltig, Bertram, Bertranet, Bertranot. Variante basque : Bertran. Caractérologie : ambition, autorité, détermination, énergie, innovation.

Berty : brillant, illustre (germanique). Ce prénom très rare est porté par près de 100 personnes en France. Variantes : Berthie, Bertie. Caractérologie : spiritualité, connaissance, originalité, philosophie, sagacité.

Béryl : pierre précieuse vert pâle (grec). Ce prénom très rare est porté par près de 120 personnes en France. Tendance : en forte croissance. Caractérologie : stratégie, vitalité, ardeur, achèvement, bonté.

Bilal : eau, rafraîchissement (arabe). Ce prénom, porté par environ 11 000 Français, figure dans le top 200 national. Tendance : stable. Bilal fut une personnalité importante de l'islam. Noir affranchi, il devint vers l'an 600 le premier muezzin de l'islam. Devenu trésorier général, il participa à l'administration de l'Empire musulman jusqu'à la mort de Mahomet. Ce prénom a été découvert dans l'Hexagone dans les années 1980. Variantes : Belal, Bellal, Bilail, Bilale, Bilele, Bilhal, Billale, Bylel. Caractérologie : rectitude, rêve, humanité, tolérance, gestion.

Bildad : aimé (hébreu). Caractérologie : courage, curiosité, dynamisme, indépendance, organisation.

Bilel : eau, rafraîchissement (arabe). Ce prénom est porté par environ 5 000 personnes en France. Il est relativement peu attribué aujourd'hui. Caractérologie : persévérance, structure, sécurité, efficacité, honnêteté.

Bill : protecteur résolu (germanique). Ce prénom est porté par moins de 100 personnes en France. Caractérologie : achèvement, stratégie, leadership, ardeur, vitalité.

Billal : eau, rafraîchissement (arabe). Ce prénom est porté par environ 2 000 personnes en France. Il est très peu attribué aujourd'hui. Caractérologie : créativité, pragmatisme, gestion, communication, optimisme.

Billel : eau, rafraîchissement (arabe). Ce prénom est porté par environ 1 000 personnes en France. Tendance : stable.

Caractérologie : spiritualité, originalité, sagacité, connaissance, philosophie.

Billy : protecteur résolu (germanique). Ce prénom est porté par environ 2 000 personnes en France. Il ne devrait pas être attribué à plus de 50 bébés en 2012. Variante : Bily. Caractérologie : équilibre, famille, sens des responsabilités, influence, exigence.

Bixente : forme basque de Vincent : qui triomphe (latin). Cette forme basque de Vincent est portée par près de 600 personnes en France. Caractérologie : savoir, intelligence, méditation, sagesse, indépendance.

Bjorn : ours (scandinave). Ce prénom très rare est porté par près de 130 personnes en France. Caractérologie : découverte, audace, énergie, originalité, décision.

Blaise : qui balbutie (latin). Ce prénom est porté par environ 3 000 personnes en France. Il ne devrait pas être attribué à plus de 50 bébés en 2012. Variante : Blaize. Caractérologie : pratique, communication, décision, enthousiasme, gestion.

Blake : foncé, ou clair (anglais). Ce prénom est porté par moins de 100 personnes en France. Caractérologie : fiabilité, ténacité, engagement, méthode, gestion.

Blanc : clair (germanique). Variantes basques : Blanko, Blanco. Caractérologie : découverte, audace, énergie, originalité, organisation.

Bobby : brillant, gloire (germanique). Ce prénom très rare est porté par près de 130 personnes en France. Variantes : Bob, Boby. Caractérologie : autonomie, autorité, innovation, ambition, énergie.

Bogdan : présent de Dieu (slave). Ce prénom très rare est porté par près de 300 personnes en France. Variante : Bodhan. Caractérologie : savoir, intelligence, méditation, volonté, réalisation.

Bojan : conflit (tchèque). Ce prénom est porté par moins de 100 personnes en France. Caractérologie : famille, équilibre, sens des responsabilités, influence, exigence.

Bonaventure : chanceux (latin). Ce prénom très rare est porté par près de 110 personnes en France. Caractérologie : diplomatie, sociabilité, analyse, volonté, réceptivité.

Boniface : bonne figure, heureuse destinée (latin). Ce prénom très rare est porté par près de 400 personnes en France. Caractérologie : détermination, autorité, énergie, innovation, raisonnement.

Borg : qui vit dans un château (scandinave). Caractérologie : bienveillance, paix, conscience, sagesse, conseil.

Boris : combattant, guerrier (slave). Ce prénom est porté par environ 15 000 personnes en France. Il est très peu attribué aujourd'hui. Boris est très répandu dans les pays slaves. Variantes : Borislav, Borris, Borya. Caractérologie : altruisme, réflexion, idéalisme, dévouement, intégrité.

Bosco : bois (latin). Ce prénom est porté par moins de 100 personnes en France. Caractérologie : rectitude, humanité, organisation, générosité, ouverture d'esprit.

Boualem : chef, meneur de troupe (arabe). Ce prénom rare est porté par près de 800 personnes en France. Variantes : Boualam, Bouhalem. Caractérologie : équilibre, famille, sens des responsabilités, gestion, caractère.

Boubacar : petit chameau (arabe). Ce prénom rare est porté par près de 1 000 personnes en France. Tendance : en croissance modérée. Variantes : Boubakar, Boubaker. Caractérologie : idéalisme, intégrité, altruisme, organisation, analyse.

Bradley : terrain déboisé (anglais). Ce prénom est porté par environ 1 000 personnes en France. Il est très peu attribué aujourd'hui. Variantes : Brad, Bradan, Braden, Bradin, Bradleigh, Bradlie, Bradly, Brady. Caractérologie : ténacité, fiabilité, cœur, méthode, réussite.

Brahim : père des nations (hébreu). Ce prénom est porté par environ 8 000 personnes en France. Il est peu attribué aujourd'hui. Variantes : Braham, Brahima, Brahime. Caractérologie : famille, équilibre, sens des responsabilités, exigence, influence.

Branislav : protection, gloire (slave). Ce prénom est porté par moins de 100 personnes en France. Caractérologie : habileté, ambition, force, organisation, détermination.

Brayan : puissance, noblesse, respect (celte). Ce prénom est porté par environ 3 000 personnes en France. Il est peu attribué aujourd'hui. Variante : Brayane. Caractérologie : connaissance, sagacité, originalité, spiritualité, décision.

Brendan : prince (celte), épée (scandinave). Ce prénom est porté par environ 2 000 personnes en France. Il ne devrait pas être attribué à plus de 50 bébés en 2012. Dans l'Hexagone, Brendan est plus traditionnellement usité en Bretagne. Variante : Brandan. Caractérologie : méthode, ténacité, résolution, engagement, fiabilité.

Brendon : épée (scandinave). Ce prénom très rare est porté par près de 400 personnes en France. Variantes : Brandy, Brondon. Caractérologie : altruisme, idéalisme, intégrité, réflexion, volonté.

Brenton : qui habite près d'une colline (celte). Variante : Brent. Caractérologie : sagacité, connaissance, spiritualité, originalité, philosophie.

Brett : qui vient de Grande-Bretagne (latin). Ce prénom est porté par moins de 100 personnes en France. Variantes : Bret, Brit. Caractérologie : médiation, relationnel, intuition, adaptabilité, fidélité.

Briac : puissance, noblesse, respect (celte). Ce prénom est porté par environ 1 000 personnes en France. Il est très peu attribué aujourd'hui. Caractérologie : gestion, bienveillance, conscience, paix, conseil.

Brian : puissance, noblesse, respect (celte). Ce prénom est porté par environ 8 000 personnes en France. Il est très peu attribué aujourd'hui. Caractérologie : vitalité, stratégie, achèvement, décision, ardeur.

Brice : tacheté, moucheté (celte). Ce prénom est porté par environ 27 000 personnes en France. Il est peu attribué aujourd'hui. Caractérologie : autorité, innovation, autonomie, ambition, énergie.

Brieg : puissance, noblesse, respect (celte). Ce prénom très rare est porté par près de 200 personnes en France. Variante : Briag. Caractérologie : curiosité, courage, dynamisme, indépendance, charisme.

Brieuc : puissance, noblesse, respect (celte). Ce prénom est porté par environ 2 000 personnes en France. Il est très peu attribué aujourd'hui. Variante : Brieux. Caractérologie : engagement, fiabilité, méthode, ténacité, sens du devoir.

Les prénoms masculins les plus portés aujourd'hui

Les prénoms les plus portés en France ne sont pas ceux qui y sont les plus attribués aujourd'hui. Le tableau ci-dessous nous en fait la démonstration. Ces prénoms sont classés par ordre décroissant, du 1er au 50e prénom le plus porté en 2011.
Les dates entre parenthèses indiquent les années record d'attribution de chaque prénom pour la période de 1900 à 2011.

1. Jean (1946)
2. Michel (1947)
3. Pierre (1921)
4. Philippe (1963)
5. Alain (1950)
6. Nicolas (1980)
7. Patrick (1956)
8. Bernard (1947)
9. Christophe (1969)
10. Daniel (1947)
11. André (1920)
12. Christian (1949)
13. Jacques (1946)
14. Claude (1936)
15. Gérard (1949)
16. Laurent (1970)
17. Frédéric (1973)
18. Éric (1965)
19. Julien (1985)
20. David (1972)
21. Stéphane (1971)
22. Sébastien (1977)
23. Pascal (1962)
24. Thierry (1964)
25. Olivier (1971)
26. François (1900)
27. Alexandre (1995)
28. Thomas (2000)
29. René (1920)
30. Didier (1958)
31. Robert (1921)
32. Dominique (1958)
33. Vincent (1981)
34. Louis (1900)
35. Paul (1901)
36. Roger (1921)
37. Bruno (1963)
38. Guillaume (1984)
39. Marc (1957)
40. Guy (1947)
41. Jérôme (1974)
42. Antoine (1996)
43. Maxime (1992)
44. Georges (1901)
45. Marcel (1920)
46. Serge (1952)
47. Jean-Pierre (1947)
48. Romain (1987)
49. Franck (1965)
50. Yves (1947)

Jean est le seul prénom masculin qui soit porté par plus d'un million de Français. En ayant prénommé plus de 600 000 garçons, **Michel** distance **Pierre** dans la catégorie des 500 000 individus. De **Philippe** à **Éric**, la fréquence des prénoms portés varie dans une tranche de 400 000 à 300 000. Au 50e rang, **Yves** est porté par environ 170 000 Français.

Brivael : puissance, respect, prince (celte). Ce prénom est porté par moins de 100 personnes en France. Caractérologie : paix, détermination, bienveillance, organisation, conscience.

Broderick : fils de grand gouverneur (gallois). Caractérologie : structure, volonté, analyse, persévérance, sécurité.

Bronislas : protection, gloire (slave). Ce prénom est porté par moins de 100 personnes en France. Caractérologie : autorité, innovation, détermination, raisonnement, énergie.

Bronislaw : protection, gloire (slave). Ce prénom très rare est porté par près de 300 personnes en France. Variantes : Bronislav, Brunislaw. Caractérologie : découverte, énergie, audace, décision, logique.

Bruce : patronyme de lointaine ascendance normande et scandinave devenu prénom (écossais). Ce prénom est porté par environ 2 000 personnes en France. Il ne devrait pas être attribué à plus de 50 bébés en 2012. Caractérologie : ténacité, méthode, engagement, fiabilité, sens du devoir.

Bruno : armure, couleur brune (germanique). Ce prénom est porté par environ 209 000 personnes en France. Il est peu attribué aujourd'hui. Originaire de Cologne au XIIe siècle, saint Bruno fut ermite dans le massif des Chartreuses. Il y établit une communauté religieuse qui appliquait la règle des Chartreux : la solitude en cellules, les chants liturgiques communs et le travail manuel. Après avoir été conseiller du pape Urbain II, il se retira dans une communauté cartusienne qu'il fonda en Italie. Variantes : Bruneau, Brunon, Brunot. Caractérologie : indépendance, intelligence, savoir, méditation, raisonnement.

Bryan : puissance, noblesse, respect (celte). Ce prénom est porté par environ 22 000 personnes en France. Il figure dans le top 200 national. Tendance : en décroissance modérée. Variante : Bryann. Caractérologie : bienveillance, paix, conscience, conseil, décision.

Bryce : tacheté, moucheté (celte). Ce prénom très rare est porté par près de 400 personnes en France. Caractérologie : vitalité, achèvement, sympathie, ardeur, stratégie.

Burak : aux dix mille sources (arménien). Ce prénom rare est porté par près de 800 personnes en France. Tendance : en croissance modérée. Caractérologie : ardeur, vitalité, stratégie, achèvement, organisation.

Byron : étable (anglais). Ce prénom très rare est porté par près de 500 personnes en France. Tendance : en forte croissance. Caractérologie : intuition, relationnel, adaptabilité, médiation, fidélité.

Cadet : prénom masculin révolutionnaire rendu célèbre grâce à la chanson *Cadet Rousselle* (1792). Ce prénom est porté par moins de 100 personnes en France. Caractérologie : famille, sens des responsabilités, influence, équilibre, organisation.

Caleb : audacieux (hébreu). Ce prénom très rare est porté par près de 160 personnes en France. Tendance : en forte croissance. Caractérologie : dynamisme, curiosité, courage, indépendance, organisation.

Calhoun : petit bois (irlandais). Variante : Colhoun. Caractérologie : réceptivité, bonté, diplomatie, sociabilité, loyauté.

Calixte : le plus beau (grec). Ce prénom est porté par environ 1 000 personnes en France. Il est très peu attribué aujourd'hui. Tendance : en forte croissance. Variantes : Cali, Calix, Calliste, Callixte. Caractérologie : décision, réceptivité, sociabilité, logique, diplomatie.

Callum : colombe (latin). Ce prénom est porté par moins de 100 personnes en France. Caractérologie : ambition, passion, habileté, force, management.

Calvin : chauve (latin). Ce prénom est porté par environ 3 000 personnes en France. Il est relativement peu attribué aujourd'hui. Caractérologie : savoir, indépendance, méditation, intelligence, décision.

Camel : parfait, achevé (arabe). Ce prénom rare est porté par près de 800 personnes en France. Variante : Camal. Caractérologie : méditation, indépendance, intelligence, sagesse, savoir.

Cameron : nez crochu (écossais). Ce prénom est porté par environ 3 000 personnes en France. Il est relativement peu attribué aujourd'hui. Tendance : en forte croissance. Variantes : Camron, Camerone, Kameron. Caractérologie : volonté, raisonnement, équilibre, sens des responsabilités, famille.

Camille : jeune assistant de cérémonies (étrusque). Ce prénom, porté par environ 33 000 Français, figure dans le top 200 national. Tendance : en croissance modérée. Infirmier au XVIe siècle, saint Camille se rendit célèbre en créant l'ordre des Camilliens. Grâce à cet ordre religieux, les conditions de soins prodigués dans les hôpitaux s'améliorèrent. Le pape Léon XIII l'a déclaré protecteur des hôpitaux, des infirmes et des infirmiers. Variantes : Camil, Camillo, Camilo, Kamillo. Caractérologie : énergie, innovation, ambition, résolution, autorité.

Candide : d'un blanc éclatant (latin). Ce prénom est porté par moins de 100 personnes en France. Variante : Candido. Caractérologie : résolution, efficacité, structure, sécurité, persévérance.

Carl : force (germanique). Ce prénom est porté par environ 4 000 personnes en France. Il est peu attribué aujourd'hui. Dans l'Hexagone, Carl est plus traditionnellement usité en Alsace. Variante occitane : Carle. Caractérologie : sagesse, intelligence, méditation, savoir, indépendance.

Carlo : force (germanique). Ce prénom est porté par environ 2 000 personnes en France. Il ne devrait pas être attribué à plus de 50 bébés en 2012. Carlo est particulièrement répandu en Italie. Caractérologie :

méthode, raisonnement, ténacité, fiabilité, engagement.

Carlos : force (germanique). Ce prénom est porté par environ 10 000 personnes en France. Il ne devrait pas être attribué à plus de 50 bébés en 2012. Carlos est très répandu en Espagne et au Portugal. Variantes : Carles, Carlito. Caractérologie : audace, énergie, découverte, originalité, logique.

Carmelo : vigne divine (hébreu). Ce prénom est porté par environ 1 000 personnes en France. Tendance : stable. Variantes : Carmel, Carmello. Caractérologie : sécurité, persévérance, caractère, structure, logique.

Carol : force (germanique). Ce prénom très rare est porté par près de 500 personnes en France. Variantes : Carolus, Caryl. Caractérologie : fiabilité, ténacité, engagement, méthode, logique.

Casimir : assemblée, paix (slave). Ce prénom est porté par environ 3 000 personnes en France. Il ne devrait pas être attribué à plus de 50 bébés en 2012. Variantes : Casimiro, Casimo, Kasimir, Kazimir. Caractérologie : ouverture d'esprit, rêve, humanité, rectitude, générosité.

Cassien : vide (latin). Ce prénom est porté par moins de 100 personnes en France. Variantes : Cassian, Cassius. Caractérologie : connaissance, sagacité, spiritualité, originalité, détermination.

Cécil : aveugle (latin). Voir Cécile. Ce prénom très rare est porté par près de 110 personnes en France. Variantes : Cécilien, Cécilio. Caractérologie : dynamisme, curiosité, courage, indépendance, charisme.

Cédric : chef de bataille (anglais). Ce prénom est porté par environ 150 000 personnes en France. Il est peu attribué aujourd'hui. Moine anglais au VIIe siècle, saint Cédric évangélisa les Saxons et devint évêque. Fondateur de plusieurs abbayes, il mourut de la peste en soignant les malades qui en étaient infectés. Variantes : Céderic, Cédrique, Cédrix, Cédryc, Ceydric, Sédric. Caractérologie : paix, sagesse, conscience, bienveillance, conseil.

Cédrick : chef de bataille (anglais). Ce prénom est porté par environ 2 000 personnes en France. Il ne devrait pas être attribué à plus de 50 bébés en 2012. Caractérologie : habileté, force, ambition, passion, management.

Cédrik : chef de bataille (anglais). Ce prénom rare est porté par près de 800 personnes en France. Caractérologie : découverte, énergie, audace, originalité, séduction.

Célestin : qui se rapporte au ciel (latin). Ce prénom est porté par environ 4 000 personnes en France. Il est peu attribué aujourd'hui. Variantes : Céleste, Celestino, Colestin. Caractérologie : paix, organisation, bienveillance, résolution, conscience.

Célian : aveugle (latin). Ce prénom est porté par environ 3 000 personnes en France. Il est relativement peu attribué aujourd'hui. Caractérologie : ardeur, détermination, stratégie, achèvement, vitalité.

Célien : aveugle (latin). Ce prénom très rare est porté par près de 300 personnes en France. Caractérologie : adaptation, communication, pratique, générosité, enthousiasme.

Célio : aveugle (latin). Ce prénom très rare est porté par près de 400 personnes en France. Caractérologie : stratégie, achèvement, ardeur, vitalité, raisonnement.

Celyan : aveugle (latin). Ce prénom très rare est porté par près de 400 personnes en France. Tendance : en forte croissance. Caractérologie : conseil, paix, bienveillance, conscience, bonté.

Cémil : beau (arabe). Ce prénom très rare est porté par près de 120 personnes en France. Variantes : Cem, Cemal. Caractérologie : sens des responsabilités, famille, équilibre, influence, exigence.

César : tête aux cheveux longs (latin). Ce prénom est porté par environ 6 000 personnes en France. Il est relativement peu attribué aujourd'hui. En latin, César (ou Cæsar) est le titre honorifique qui désigne les empereurs de l'Empire. Brillant homme d'État romain, Jules César (11-44 av. J.-C.) conquit la Gaule et repoussa les frontières de son empire jusqu'au Rhin. Peu après avoir été nommé consul et dictateur à vie, il fut assassiné par des conspirateurs en plein sénat. C'est Brutus, son protégé, qui l'acheva du 23e et ultime coup de poignard. Saint César de Bus, le fondateur des Pères de la doctrine chrétienne, porta également ce prénom au XVIIe siècle. Variantes : Césaire, Césare. Caractérologie : dynamisme, audace, direction, indépendance, décision.

Ceslaw : gloire immense (slave). Ce prénom est porté par moins de 100 personnes en France. Variantes : Ceslas, Ceszlaw. Caractérologie : rectitude, rêve, humanité, ouverture d'esprit, générosité.

Ceylan : prénom moderne mixte qui désigne le Sri Lanka. Ce prénom est porté par moins de 100 personnes en France. Caractérologie : conseil, conscience, amitié, bienveillance, paix.

Chabane : se rapporte au huitième mois de l'année lunaire musulmane (arabe). Ce prénom très rare est porté par près de 200 personnes en France. Caractérologie : spiritualité, connaissance, sagacité, finesse, organisation.

Chad : bataille, guerrier (celte). Ce prénom très rare est porté par près de 400 personnes en France. Caractérologie : sagacité, spiritualité, connaissance, originalité, philosophie.

Chadi : au chant mélodieux (arabe). Ce prénom très rare est porté par près de 400 personnes en France. Caractérologie : spiritualité, originalité, connaissance, sagacité, philosophie.

Chafik : bienveillant (arabe). Ce prénom rare est porté par près de 500 personnes en France. Caractérologie : intuition, relationnel, médiation, raisonnement, organisation.

Chahine : le roi des rois (arabe). Chahine est également un prénom arménien d'origine persane. Ce prénom rare est porté par près de 1 000 personnes en France. Tendance : en forte croissance. Variantes : Chahan, Chahin. Caractérologie : pratique, communication, enthousiasme, adaptation, résolution.

Chaï : un présent (hébreu). Ce prénom très rare est porté par près de 120 personnes en France. Caractérologie : pratique, enthousiasme, communication, générosité, adaptation.

Chaïm : vie (hébreu). Ce prénom est porté par moins de 100 personnes en France. Variante : Chaym. Caractérologie : méditation, savoir, intelligence, sagesse, indépendance.

Prénoms qui montent et perles rares

Qu'on le veuille ou non, la mode influence la façon dont nous prénommons nos enfants. Tel un baromètre qui prédit le temps, elle désigne les prénoms les plus tendance, et par défaut ceux qui le sont le moins. Source d'inspiration pour les uns, elle est aussi indispensable aux parents qui souhaitent attribuer un prénom original ou à contre-courant.

Les choix de prénoms rares ne dérogent pas à cette emprise invisible. De nombreuses variantes profitent du succès de leurs homophones pour faire carrière (exemples : Noa, Lukas, Ema, Cloé, etc.). Il en va de même pour les inventions qui fusionnent les syllabes de plusieurs prénoms à la fois, mais dont les désinences restent guidées par la mode. Adriel, Mathéïs et Évaëlle constituent des créations uniques, mais leur terminaison les rend presque immédiatement familiers. Des nouveautés parviennent à afficher leur différence, comme Zéphyr, Florin, Élissandre et Auxane qui se distinguent de loin. Mais ce phénomène de distinction n'est-il pas lui-même devenu « branché » ?

Difficile donc d'échapper à la mode… Heureusement que celle-ci laisse une place à la créativité ! La marmite des prénoms de demain mitonne bien des saveurs, voyons d'un peu plus près les tendances qui s'en dégagent.

Les prénoms dans l'air du temps

Cette année, les choix en faveur du top 100 affichent une certaine diversité. Dans le répertoire féminin, Charlie, Emy, Faustine, Inaya, Léana, Lily, Louane, Luna, Manel, Maya, Mila, Nour, Rose et Zélie sont les étoiles filantes du moment. De leur côté, Aaron, Ilan, Ilyes, Kaïs, Kenzo, Liam, Louka, Mahé, Naël, Nathaël, Noam, Nolan, Rafaël, Soan et Tiago ont enregistré les plus fortes progressions masculines.

Les prénoms de demain

En 2012, Lily-Rose, Léona et Sasha devraient s'imposer dans le top 100 féminin. Sauf incident de parcours, Charlie, Maé et Sacha feront de même dans le tableau masculin.

Dans le même temps, des graines de star s'élèvent dans le top 300. Les plus brillantes ont été classées ci-dessous par ordre alphabétique :

Garçons : Achille, Adem, Andrea, Ange, Camille, Clovis, Côme, Djibril, Elliot, Isaac, Joachim, Léandro, Léonard, Lino, Lisandro, Malone, Marceau, Milan, Milo, Naïm, Nolhan, Paolo, Renan, Sévan, Sohan, Tao, Tyméo, Yaël, Ylan et Yvane.

Filles : Ava, Céleste, Célestine, Éden, Éloane, Érine, Giulia, (H)anaé, Ilyana, Iris, Kelya, Kiara, Laly, Lia, Liloo, Lilwenn, Line, Louisa, Louison, Maé, Maélie, Maéline, Malia, Mia, Noélie, Nora, Romy, Syrine, Tessa, Violette et Yaëlle.

…/

Prénoms qui montent et perles rares *(suite)*

Les choix originaux

En voilà des petits noms que l'on ne rencontre pas si souvent. Dans l'air du temps, ces derniers ne devraient pas être attribués à plus de 500 enfants en 2012 :

Filles : Aela, Aglaé, Aliette, Amaia, Amira, Anthéa, Athénaïs, Chanel, Éléanor, Ella, Éloane, Énéa, Érin, Évane, Fantine, Flavia, Guillaumette, Iliana, Janelle, June, Kelya, Léanne, Léonise, Lia, Lilas, Liséa, Loann, Lorie, Maena, Maïna, Maiwen, Mayane, Naïs, Naëlle, Paola, Séléna, Shaïma, Sherine, Shirel, Sila, Taïna, Talia, Tia, Tya, Ylona, Yuna.

Garçons : Adriel, Aramis, Arthus, Auxence, Cory, Dario, Dayan, Eliel, Élio, Erwann, Etan, Évane, Flavio, Gad, Hippolyte, Iban, Imanol, Jad, Jibril, Kenan, Kévan, Léo-Paul, Lior, Loïs, Loric, Louan, Lubin, Maceo, Manoa, Mao, Marco, Matisse, Maxim, Mel, Owen, Paco, Roméo, Sam, Sandro, Siméon, Solal, Swan, Tao, Thélio, Théotime, Timaël, Ulysse, Yoni.

Les perles rares

Trésors cachés à découvrir, ces prénoms devraient être attribués à moins de 100 Français(es) en 2012.

Filles : Adria, Aelis, Aelle, Airelle, Amalys, Ambérine, Auxane, Aventine, Chloris, Cyprielle, Éolia, Euphémie, Eurélie, Eurielle, Evana, Fara, Gala, Imaé, Laelia, Laïa, Laora, Lénora, Lis, Mai-Li, Moa, Naïg, Néva, Orama, Oria, Oxane, Philae, Poema, Rhéane, Rosanne, Séraphine, Sohanne, Soléa, Soléane, Summer, Tanaïs, Teora, Téoxanne, Thara, Théoline, Théonie, Théotine, Tyana, Uma, Xana, Ysalis, Zazie.

Garçons : Abriel, Aden, Alphée, Amiel, Antime, Audoin, Aumaric, Aventin, Bosco, Cassien, Ciaran, Cosme, Cyriel, Daegan, Dao, Edgard, Eliad, Élior, Éole, Etane, Ferréol, Gamiel, Helory, Iago, Joao, Kéo, Kolia, Laël, Laelien, Laurys, Lemuel, Léonor, Léopaul, Lilien, Lilo, Manua, Olan, Orion, Orso, Paol, Priam, Rodin, Teoman, Téophile, Octavien, Roan, Suliac, Télio, Thao, Ugolin, Yoram, Zéphyr.

La génération 2000

Nés dans les années 2000 en France, ces jeunes prénoms grandissent au fil des ans :

Filles : Anaya, Aéva, Arwen, Azia, Écrin, Éléonie, Éliséa, Érelle, Flores, Framboise, Hadria, Izzie, Iloa, Lally, Laurella, Laya, Léolia, Léonella, Lillie, Lilo, Linoa, Lisanne, Liséa, Lissia, Lizéa, Lomane, Lou-Éva, Maelyn, Manoli, Meï, Mélana, Nany, Nao, Nela, Nova, Nymphéa, Oliane, Ona, Orchidée, Rihanna, Ryane, Shai, Shanya, Sohane, Tahira, Thana, Xana.

Garçons : Agénor, Alonzo, Darian, Diango, Dolan, Eloïm, Elvio, Évence, Ethane, Éthaniel, Faust, Gilane, Guerlain, Jaden, Kéane, Kéoni, Lenzo, Lilo, Lilouan, Loevan, Manoa, Maelo, Maho, Manéo, Mathéis, Maxent, Mayan, Mayas, Milhane, Milio, Nathéo, Nikos, Pharell, Reyane, Thelo, Théliau, Thémis, Théoden, Théossian, Tinéo, Timaël, Tilian, Tilio, Ylian.

Chaker : reconnaissant (arabe). Ce prénom très rare est porté par près de 130 personnes en France. Variantes : Chakir, Chakour, Chokri, Choukri. Caractérologie : audace, direction, sensibilité, dynamisme, détermination.

Chakib : rétribution, don (arabe). Ce prénom rare est porté par près de 800 personnes en France. Caractérologie : originalité, gestion, connaissance, sagacité, spiritualité.

Chalom : paix (hébreu). Ce prénom est porté par moins de 100 personnes en France. Caractérologie : sagacité, connaissance, spiritualité, philosophie, originalité.

Cham : travailleur assidu (vietnamien). Ce prénom est porté par moins de 100 personnes en France. Caractérologie : savoir, intelligence, méditation, indépendance, sagesse.

Chan : arbuste aromatique (cambodgien). Ce prénom est porté par moins de 100 personnes en France. Caractérologie : ambition, management, habileté, passion, force.

Charef : de haut rang (arabe). Ce prénom très rare est porté par près de 130 personnes en France. Variantes : Charaf, Charif, Sharif. Caractérologie : découverte, audace, énergie, détermination, raisonnement.

Charlélie : contraction de Charles et Élie. Ce prénom rare est porté par près de 600 personnes en France. Variante : Charlély. Caractérologie : innovation, autorité, énergie, ambition, décision.

Charlemagne : force (germanique). Ce prénom très rare est porté par près de 400 personnes en France. Héritier du royaume de Pépin le Bref, Charlemagne fut roi des Francs de 768 à 814 et empereur d'Occident de 800 à 814. Caractérologie : bienveillance, paix, conscience, réalisation, ressort.

Charles : force (germanique). Ce prénom, porté par environ 113 000 Français, figure dans le top 200 national. Tendance : stable. Issu d'une famille noble italienne, saint Charles fit le choix de vivre pauvrement et d'accomplir sa vocation religieuse. Archevêque de Milan, il créa des écoles destinées à l'éducation des prêtres et soigna lui-même les malades de la peste en 1576. Dix rois de France, sept empereurs d'Allemagne, deux rois d'Angleterre, treize rois de Suède, plusieurs rois d'Espagne et nombre de princes ont porté ce prénom. Variantes : Charle, Charlet, Charlot. Variantes basques : Karol, Thales. Caractérologie : détermination, communication, pragmatisme, optimisme, créativité.

Charles-Antoine : forme composée de Charles et Antoine. Ce prénom rare est porté par près de 800 personnes en France. Caractérologie : rêve, rectitude, humanité, finesse, analyse.

Charles-Édouard : forme composée de Charles et Édouard. Ce prénom est porté par environ 1 000 personnes en France. Tendance : stable. Caractérologie : vitalité, achèvement, stratégie, volonté, raisonnement.

Charles-Élie : forme composée de Charles et Élie. Ce prénom très rare est porté par près de 200 personnes en France. Caractérologie : résolution, spiritualité, sagacité, originalité, connaissance.

Charles-Henri : forme composée de Charles et Henri. Ce prénom est porté par environ 2 000 personnes en France. Il ne devrait pas être attribué à plus de 50 bébés en 2012.

Caractérologie : pratique, communication, adaptation, enthousiasme, décision.

Charles-Louis : forme composée de Charles et Louis. Ce prénom très rare est porté par près de 150 personnes en France. Caractérologie : connaissance, logique, sagacité, spiritualité, décision.

Charley : force (germanique). Ce prénom rare est porté par près de 1 000 personnes en France. Caractérologie : sympathie, altruisme, idéalisme, intégrité, ressort.

Charlie : force (germanique). Ce prénom est porté par environ 8 000 personnes en France. Il figure dans le top 200 national. Tendance : en forte croissance. Charlie figure dans le palmarès des prénoms mixtes. Voir l'encadré dédié à ce sujet. Variante : Charli. Caractérologie : médiation, relationnel, intuition, fidélité, détermination.

Charly : force (germanique). Ce prénom est porté par environ 15 000 personnes en France. Il figure dans le top 200 national. Tendance : en croissance modérée. Caractérologie : structure, sécurité, persévérance, efficacité, action.

Cheick : le maître que l'expérience a rempli de sagesse (arabe). Ce prénom très rare est porté par près de 500 personnes en France. Variantes : Cheik, Cheikh. Caractérologie : enthousiasme, pratique, communication, adaptation, finesse.

Chems : soleil (arabe). Ce prénom très rare est porté par près de 150 personnes en France. Variantes : Chams, Shams, Shems, Shemsy. Caractérologie : optimisme, pragmatisme, communication, créativité, sociabilité.

Chems-Eddine : forme composée de Chems et Eddine. Ce prénom très rare est porté par près de 170 personnes en France. Caractérologie : habileté, force, ambition, passion, détermination.

Chérif : de haut rang (arabe). Ce prénom est porté par environ 2 000 personnes en France. Il ne devrait pas être attribué à plus de 50 bébés en 2012. Variantes : Chériff, Sherif. Caractérologie : ténacité, fiabilité, engagement, méthode, logique.

Chi : nouvelle génération (chinois). Ce prénom est porté par moins de 100 personnes en France. Caractérologie : intuition, médiation, relationnel, adaptabilité, fidélité.

Chiheb : étoile (arabe). Ce prénom est porté par moins de 100 personnes en France. Variante : Chihab. Caractérologie : vitalité, stratégie, ardeur, achèvement, finesse.

Chiraz : lion (arménien). Caractérologie : intuition, relationnel, médiation, fidélité, adaptabilité.

Chrétien : messie (grec). Ce prénom très rare est porté par près de 300 personnes en France. Dans l'Hexagone, Chrétien est plus traditionnellement usité en Alsace. Caractérologie : direction, indépendance, dynamisme, attention, audace.

Chris : diminutif des prénoms formés avec Chris. Ce prénom est porté par environ 4 000 personnes en France. Il est relativement peu attribué aujourd'hui. Tendance : en croissance modérée. Variante : Chrys. Caractérologie : pratique, communication, enthousiasme, adaptation, générosité.

Christian : messie (grec). Ce prénom est porté par environ 359 000 personnes en France. Il est peu attribué aujourd'hui. Un martyr polonais fêté le 12 novembre aurait vécu au XIIIe siècle. Pas moins de dix rois danois ont illustré ce prénom. Variantes : Christ, Christel, Christiæn, Christien, Christin, Kristian. Caractérologie : relationnel, décision, intuition, attention, médiation.

Christoph : porte-Christ (grec). Ce prénom très rare est porté par près de 120 personnes en France. Caractérologie : achèvement, vitalité, action, stratégie, raisonnement.

Christophe : porte-Christ (grec). Ce prénom est porté par environ 366 000 personnes en France. Il est peu attribué aujourd'hui. Selon la légende, saint Christophe, passeur syrien au IIIe siècle, aida un enfant à traverser les eaux tumultueuses d'un fleuve. Lorsqu'il découvrit que ce dernier était le Christ, il se fit baptiser. Saint Christophe est le patron des voyageurs. Découvreur de l'Amérique, Christophe Colomb est le plus illustre des navigateurs (1451-1506). Variantes : Christo, Christobal, Christos, Christy, Chrystophe. Caractérologie : persévérance, sécurité, finesse, analyse, structure.

Christopher : porte-Christ (grec). Ce prénom est porté par environ 36 000 personnes en France. Il est peu attribué aujourd'hui. Variantes : Christofer, Chrystopher, Kristofer. Caractérologie : logique, méthode, ténacité, fiabilité, attention.

Ciaran : brun (irlandais). Ce prénom est porté par moins de 100 personnes en France. Caractérologie : autonomie, autorité, résolution, énergie, ambition.

Cicéron : homme d'État et célèbre orateur romain (16 av. J.-C.). Caractérologie : fiabilité, raisonnement, ténacité, engagement, méthode.

Clair : illustre (latin). Ce prénom très rare est porté par près de 400 personnes en France. Caractérologie : méditation, sagesse, intelligence, savoir, indépendance.

Clancy : descendant (irlandais). Caractérologie : engagement, ténacité, méthode, fiabilité, sympathie.

Clarence : illustre (latin). Ce prénom est porté par environ 1 000 personnes en France. Il est peu attribué aujourd'hui. Tendance : en croissance modérée. Variantes : Clarel, Clarens, Claris, Clarius. Caractérologie : sagacité, connaissance, spiritualité, originalité, résolution.

Clark : secrétaire, clerc (anglais). Ce prénom très rare est porté par près de 110 personnes en France. Caractérologie : humanité, rectitude, organisation, ouverture d'esprit, rêve.

Claude : boiteux (latin). Ce prénom est porté par environ 317 000 personnes en France. Il ne devrait pas être attribué à plus de 50 bébés en 2012. Jésuite au XVIIe siècle, saint Claude fut le confesseur de sainte Marguerite-Marie. Variantes : Claudie, Claudien, Claudino, Claudius, Clodius. Caractérologie : audace, direction, indépendance, dynamisme, assurance.

Claudio : boiteux (latin). Ce prénom est porté par environ 1 000 personnes en France. Tendance : stable. Caractérologie : réceptivité, sociabilité, diplomatie, raisonnement, loyauté.

Claudy : boiteux (latin). Ce prénom est porté par environ 1 000 personnes en France. Tendance : stable. Variantes occitanes : Glaudi, Claudi. Variantes basques : Kauldi, Klaudi, Klaudio. Caractérologie : pratique, communication, adaptation, réalisation, enthousiasme.

CLÉMENT

Fête : 23 novembre

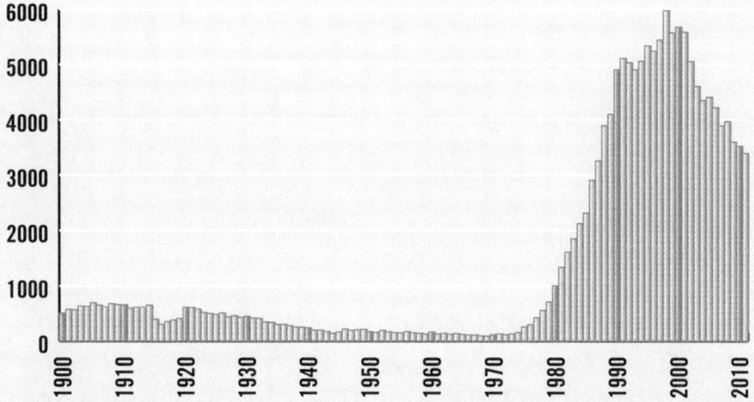

Étymologie : du latin *clemens*, « douceur, bonté ». La renommée de ce prénom, porté par quatorze papes, est immense. Pour autant, Clément n'a jamais connu d'engouement comparable à celui de référents chrétiens qui, tels Jean ou Pierre, prénommèrent tant d'enfants. Boudé en Angleterre et dans les pays anglophones, Clément n'a guère été populaire en France qu'au Moyen Âge. Modestement attribué au XIXe siècle, il s'éclipse une grande partie du siècle suivant avant de renaître dans les années 1990. C'est en devenant le 8e choix préféré des Français en 1998 qu'il obtient son meilleur classement. Malgré son reflux, Clément s'établit au 21e rang du palmarès national aujourd'hui.

Rarissime à l'échelle internationale, Clément est peu attribué dans les terres francophones romandes et québécoises. Il fait beaucoup mieux en Belgique où il évolue dans les 30 premiers rangs wallons. Notons que les attributions de son féminin ont connu une belle amplitude au début du troisième millénaire. On peut anticiper la naissance d'environ 2 000 petites Clémence en France cette année.

Saint Clément de Rome, le premier pape qui porta ce prénom, est le troisième successeur de saint Pierre. C'est à la tête d'une Église encore naissante qu'il écrivit une lettre aux Corinthiens, missive historique qui marqua la première intervention de l'Église de Rome sur une autre Église. Jugé trop influent, saint Clément aurait subi le martyre par noyade sous le règne de Trajan. Il est le patron des bateliers et des marins. .../

Clément *(suite)*

Pape italien, **Clément VII** (1478-1534) est célèbre pour s'être opposé au divorce d'Henri VIII et de Catherine d'Aragon. Il excommunia le roi anglais lorsqu'il se remaria avec sa maîtresse, Anne Boleyn. Cette action est à l'origine du schisme anglican.

Personnalités célèbres : Clément Ader, ingénieur français précurseur de l'aviation (1841-1925) ; Clément Janequin, compositeur français (1485-1558).

Statistiques : Clément est le 10e prénom masculin le plus donné en France depuis le début du XXIe siècle. On peut estimer qu'il sera attribué à un garçon sur 121 en 2012.

Clayton : qui habite sur un sol d'argile (anglais). Ce prénom très rare est porté par près de 300 personnes en France. Variante : Clay. Caractérologie : altruisme, idéalisme, organisation, intégrité, bonté.

Clément : douceur, bonté (latin). Ce prénom est porté par environ 140 000 personnes en France. Il figure dans le top 50 national. Voir le zoom dédié à Clément. Variante : Clémenceau. Variante corse : Clemente. Caractérologie : altruisme, idéalisme, intégrité, réflexion, dévouement.

Clémentin : douceur, bonté (latin). Ce prénom très rare est porté par près de 180 personnes en France. Caractérologie : dynamisme, indépendance, curiosité, courage, charisme.

Cléo : gloire, célébrité (grec). Ce prénom très rare est porté par près de 300 personnes en France. Caractérologie : achèvement, leadership, vitalité, stratégie, ardeur.

Cléophas : célébration (grec). Ce prénom est porté par moins de 100 personnes en France. Caractérologie : connaissance, sagacité, spiritualité, cœur, originalité.

Cliff : falaise (anglais). Ce prénom très rare est porté par près de 200 personnes en France. Caractérologie : réflexion, intégrité, altruisme, raisonnement, idéalisme.

Clifford : ville proche d'une falaise (anglais). Ce prénom très rare est porté par près de 130 personnes en France. Caractérologie : indépendance, audace, direction, dynamisme, logique.

Clint : village sur une colline (anglo-saxon). Ce prénom est porté par moins de 100 personnes en France. Variante : Clinton. Caractérologie : honnêteté, structure, efficacité, persévérance, sécurité.

Clotaire : gloire, puissance (germanique). Ce prénom est porté par environ 2 000 personnes en France. Il ne devrait pas être attribué à plus de 50 bébés en 2012. Clotaire fut illustré par quatre rois mérovingiens et fut très populaire chez les Francs du Ve au VIIIe siècle. Variante : Clothaire. Caractérologie : réceptivité, sociabilité, diplomatie, raisonnement, détermination.

Clovis : illustre au combat (germanique). Ce prénom est porté par environ 5 000 personnes en France. Il est relativement peu attribué aujourd'hui. Tendance : en croissance modérée. Clovis, roi des Francs de 481 à 511, se fit baptiser par l'évêque de Reims en 496. Il est considéré comme le premier roi catholique de France. Caractérologie : vitalité, achèvement, ardeur, stratégie, logique.

Clyde : qui habite près de la rivière Clyde (celte). Ce prénom très rare est porté par près de 300 personnes en France. Caractérologie : persévérance, sécurité, structure, sympathie, efficacité.

Cody : coussin (anglo-saxon). Ce prénom très rare est porté par près de 400 personnes en France. Variante : Coddy. Caractérologie : réceptivité, sociabilité, loyauté, diplomatie, bonté.

Colas : victoire du peuple (grec). Ce prénom rare est porté par près de 600 personnes en France. Caractérologie : curiosité, dynamisme, courage, charisme, indépendance.

Colbert : cou (latin). Ce prénom très rare est porté par près de 300 personnes en France. Caractérologie : communication, pratique, enthousiasme, adaptation, analyse.

Colby : ville minière (anglais). Caractérologie : pratique, communication, adaptation, enthousiasme, générosité.

Coleman : mineur (anglais). Variantes : Cole, Colman. Caractérologie : rêve, rectitude, humanité, volonté, ouverture d'esprit.

Colin : victoire du peuple (grec). Ce prénom est porté par environ 5 000 personnes en France. Il est relativement peu attribué aujourd'hui. Variante : Collin. Variante basque : Kolin. Caractérologie : habileté, ambition, force, raisonnement, passion.

Colomban : colombe (latin). Ce prénom corse est porté par près de 110 personnes en France. Tendance : en forte croissance. Caractérologie : organisation, optimisme, communication, pragmatisme, volonté.

Côme : univers (grec). Ce prénom, porté par environ 5 000 Français, figure dans le top 200 national. Tendance : en croissance modérée. Médecin syrien au IIIe siècle, saint Côme consacra sa vie à soigner les pauvres avant d'être condamné au martyre par Lysias, le gouverneur de la région. Il est le patron des médecins. Caractérologie : rêve, humanité, rectitude, tolérance, volonté.

Cong : intelligent (chinois). Ce prénom est porté par moins de 100 personnes en France. Caractérologie : créativité, communication, pragmatisme, sympathie, optimisme.

Conogan : blanc, courage (breton). Caractérologie : amitié, conseil, conscience, paix, bienveillance.

Conrad : conseiller courageux (germanique). Ce prénom très rare est porté par près de 500 personnes en France. Variantes : Conrado, Corado. Caractérologie : dynamisme, volonté, direction, raisonnement, audace.

Constant : constant (latin). Ce prénom est porté par environ 6 000 personnes en France. Il est peu attribué aujourd'hui. Variante : Constans. Caractérologie : intelligence, savoir, indépendance, gestion, méditation.

Constantin : constant (latin). Ce prénom est porté par environ 2 000 personnes en France. Il est très peu attribué aujourd'hui. Tendance : en croissance modérée. De nombreux empereurs d'Orient, plusieurs saints et un pape ont porté ce prénom. Le 21 mai célèbre saint Constantin Ier le Grand, le plus célèbre d'entre eux. Constantin le Grand imposa le christianisme à son empire après s'être converti en 313. En renommant Byzance Constantinople (« la ville de Constantin »), il dota l'Empire romain d'une seconde capitale. Variantes : Costa,

Constantino, Costantino. Caractérologie : communication, pragmatisme, optimisme, résolution, analyse.

Corentin : ami (celte). Ce prénom est porté par environ 52 000 personnes en France. Il figure dans le top 100 national. Tendance : en décroissance modérée. Variantes : Coranthin, Corantin, Corentyn. Caractérologie : achèvement, vitalité, stratégie, raisonnement, ardeur.

Corneille : cornu, corneille (latin). Ce prénom très rare est porté par près de 120 personnes en France. Variantes : Cornelis, Cornelius, Cornely, Cornil, Korneli. Caractérologie : adaptation, communication, pratique, enthousiasme, analyse.

Corto : petit (espagnol). Ce prénom très rare est porté par près de 500 personnes en France. Caractérologie : force, ambition, habileté, passion, raisonnement.

Corwin : ami intime (anglais). Ce prénom est porté par moins de 100 personnes en France. Variantes : Corwinn, Corwyn, Corwynn. Caractérologie : énergie, autorité, innovation, raisonnement, ambition.

Cory : ravin, crevasse (irlandais). Ce prénom très rare est porté par près de 120 personnes en France. Variante : Corey. Caractérologie : savoir, méditation, logique, indépendance, intelligence.

Cosme : univers (grec). Ce prénom très rare est porté par près de 170 personnes en France. Caractérologie : innovation, autorité, volonté, ambition, énergie.

Court : cour de justice (anglais). Ce prénom est porté par moins de 100 personnes en France. Variantes : Courte, Courtlin. Caractérologie : courage, dynamisme, curiosité, indépendance, analyse.

Craig : rocher (irlandais). Ce prénom très rare est porté par près de 110 personnes en France. Caractérologie : diplomatie, loyauté, réceptivité, bonté, sociabilité.

Crépin : crépu (latin). Ce prénom très rare est porté par près de 200 personnes en France. Variante occitane : Crispin. Caractérologie : relationnel, intuition, médiation, fidélité, cœur.

Crescent : croître (latin). Ce prénom très rare est porté par près de 150 personnes en France. Variante : Crescence. Caractérologie : paix, bienveillance, organisation, conscience, détermination.

Cristian : messie (grec). Ce prénom très rare est porté par près de 200 personnes en France. Tendance : en forte croissance. Variantes : Cristiano, Christiano, Cristino. Variante occitane : Crestian. Caractérologie : pratique, communication, gestion, décision, enthousiasme.

Cristobal : porte-Christ (grec). Ce prénom très rare est porté par près de 200 personnes en France. Caractérologie : rêve, rectitude, humanité, gestion, logique.

Cristophe : porte-Christ (grec). Ce prénom très rare est porté par près de 150 personnes en France. Variantes : Cristofe, Cristopher, Cristovao. Caractérologie : découverte, énergie, attention, audace, logique.

Curt : enclos (latin). Ce prénom est porté par moins de 100 personnes en France. Caractérologie : ambition, passion, habileté, force, management.

Curtis : enclos (latin). Ce prénom est porté par environ 1 000 personnes en France. Il est peu attribué aujourd'hui. Tendance : en forte croissance. Variante : Kurtis. Caractérologie : idéalisme, altruisme, réflexion, organisation, intégrité.

Cyprien : qui vient de Chypre (grec). Ce prénom est porté par environ 8 000 personnes en France. Il est relativement peu attribué aujourd'hui. Variantes : Ciprian, Ciprien, Cipriano, Cyprian, Cypriano. Caractérologie : idéalisme, altruisme, amitié, intégrité, réflexion.

Cyr : seigneur (grec). Ce prénom très rare est porté par près de 300 personnes en France. Caractérologie : ambition, autorité, innovation, énergie, autonomie.

Cyrano : habitant de Cyrène, ancienne ville grecque. Cyrano est également le prénom du héros romantique de *Cyrano de Bergerac*, pièce de théâtre d'Edmond Rostand (1897). Ce prénom est porté par moins de 100 personnes en France. Caractérologie : ténacité, fiabilité, méthode, amitié, raisonnement.

Cyrian : seigneur (grec). Ce prénom très rare est porté par près de 400 personnes en France. Caractérologie : intelligence, savoir, méditation, décision, cœur.

Cyriaque : seigneur (grec). Ce prénom est porté par environ 1 000 personnes en France. Tendance : stable. Variantes : Cyriac, Cyrius. Variante basque : Ziriako. Caractérologie : humanité, rectitude, cœur, action, rêve.

Cyriel : seigneur (grec). Ce prénom très rare est porté par près de 120 personnes en France. Caractérologie : idéalisme, altruisme, réflexion, intégrité, cœur.

Cyril : seigneur (grec). Ce prénom est porté par environ 86 000 personnes en France. Il est peu attribué aujourd'hui. Caractérologie : persévérance, structure, honnêteté, sécurité, efficacité.

Cyrille : seigneur (grec). Ce prénom est porté par environ 34 000 personnes en France. Il ne devrait pas être attribué à plus de 50 bébés en 2012. Variantes : Ciryl, Cyrile. Caractérologie : communication, pragmatisme, optimisme, cœur, créativité.

Cyrus : seigneur (grec), soleil (perse). Ce prénom très rare est porté par près de 190 personnes en France. Tendance : en forte croissance. Cyrus II le Grand, fondateur de l'Empire perse, vécut au VIe siècle av. J.-C. Variantes : Cyrius, Sirius, Syrius. Caractérologie : courage, dynamisme, indépendance, charisme, curiosité.

Daegan : journée lumineuse (scandinave). Caractérologie : dynamisme, courage, curiosité, indépendance, réalisation.

Daël : vallée (vieil anglais). Ce prénom est porté par moins de 100 personnes en France. Caractérologie : ténacité, fiabilité, méthode, sens du devoir, engagement.

Dagan : terre, grains (hébreu). Ce prénom est porté par moins de 100 personnes en France. Variantes : Daeg, Dag, Dagane, Dagen. Caractérologie : rêve, humanité, rectitude, réalisation, ouverture d'esprit.

Dale : vallée (vieil anglais). Ce prénom est porté par moins de 100 personnes en France. Caractérologie : structure, sécurité, persévérance, honnêteté, efficacité.

Daley : fils de l'assemblée (irlandais). Caractérologie : relationnel, réussite, médiation, cœur, intuition.

Dalil : guide (arabe). Ce prénom rare est porté par près de 800 personnes en France. Caractérologie : diplomatie, sociabilité, réceptivité, bonté, loyauté.

Dalmar : la mer (latin). Caractérologie : fiabilité, ténacité, sens du devoir, méthode, engagement.

Damian : dompter (grec). Ce prénom rare est porté par près de 600 personnes en France. Tendance : en forte croissance. Variante : Damiano. Caractérologie : conseil, bienveillance, paix, décision, conscience.

Damien : dompter (grec). Ce prénom, porté par environ 122 000 Français, figure dans le top 200 national. Tendance : en décroissance modérée. Médecin syrien au IIIe siècle, saint Damien consacra sa vie à soigner les pauvres avant d'être condamné au martyre par Lysias, le gouverneur de la région. Il est le patron des médecins. Variantes : Damiens, Damon. Caractérologie : autorité, innovation, ambition, énergie, décision.

Dan : il fait justice (hébreu). Ce prénom est porté par environ 4 000 personnes en France. Il est peu attribué aujourd'hui. Personnage biblique, Dan est le patriarche de la tribu des Danites, l'une des douze tribus d'Israël. Variantes : Dane, Dann. Caractérologie : direction, audace, indépendance, dynamisme, assurance.

Danaos : dans la mythologie grecque, Danaos est choisi par les dieux pour devenir roi d'Argos. Caractérologie : caractère, volonté, intégrité, réflexion, dévouement.

Danick : l'étoile du matin (slave). Ce prénom est porté par moins de 100 personnes en France. Caractérologie : conscience, organisation, paix, bienveillance, détermination.

Daniel : Dieu est mon juge (hébreu). Ce prénom est porté par environ 365 000 personnes en France. Il est relativement peu attribué aujourd'hui. Daniel est l'un des quatre grands prophètes de l'Ancien Testament. Lorsqu'il est capturé par Nabuchodonosor, le roi de Babylone, il ne reste pas longtemps son prisonnier : ses visions divines et sa faculté d'expliquer les songes en font rapidement l'un de ses plus proches conseillers. ♦Prêtre solitaire, saint Daniel le Styliste a vécu en Asie Mineure au Ve siècle. Variantes : Danaël, Danijel, Danilo, Danillo, Danyl. Caractérologie : intégrité, idéalisme, réflexion, altruisme, résolution.

Danny : Dieu est mon juge (hébreu). Ce prénom est porté par environ 2 000 personnes en France. Il est peu attribué aujourd'hui. Tendance : en croissance modérée.

Caractérologie : persévérance, structure, sécurité, efficacité, réalisation.

Dante : endurant (latin). Ce prénom rare est porté par près de 600 personnes en France. Tendance : en forte croissance. Variante : Dantes. Caractérologie : ambition, habileté, management, force, passion.

Danton : nom de l'homme politique français (1759-1794). Ce prénom est porté par moins de 100 personnes en France. Caractérologie : courage, curiosité, dynamisme, caractère, indépendance.

Dany : Dieu est mon juge (hébreu). Ce prénom est porté par environ 16 000 personnes en France. Il est peu attribué aujourd'hui. Variante : Dani. Caractérologie : achèvement, vitalité, réussite, stratégie, ardeur.

Dao : philosophies (vietnamien). Ce prénom est porté par moins de 100 personnes en France. Caractérologie : intuition, relationnel, médiation, fidélité, adaptabilité.

Daoud : aimé, chéri (hébreu). Ce prénom rare est porté par près de 600 personnes en France. Tendance : en croissance modérée. Caractérologie : rêve, rectitude, générosité, humanité, ouverture d'esprit.

Daouda : aimé, chéri (hébreu). Ce prénom rare est porté par près de 800 personnes en France. Caractérologie : innovation, autorité, énergie, ambition, autonomie.

Dara : chêne (celte). Ce prénom très rare est porté par près de 130 personnes en France. Caractérologie : bienveillance, conscience, paix, conseil, sagesse.

Darcy : homme au teint mat (irlandais). Ce prénom est porté par moins de 100 personnes en France. Contrairement à son usage dans les pays anglophones, Darcy est féminin en France. Variante : Darcie. Caractérologie : bienveillance, conscience, réussite, paix, conseil.

Darian : détenteur du bien (grec). Ce prénom est porté par moins de 100 personnes en France. Caractérologie : résolution, intuition, fidélité, adaptabilité, médiation.

Dario : détenteur du bien (latin). Ce prénom est porté par environ 2 000 personnes en France. Il est très peu attribué aujourd'hui. Caractérologie : relationnel, intuition, adaptabilité, médiation, fidélité.

Darius : détenteur du bien (latin). Darius est également une forme latine du perse antique Daraya-Vahu. Ce prénom rare est porté par près de 1 000 personnes en France. Tendance : en croissance modérée. Trois rois perses ont porté ce prénom. Darius Ier, l'un des plus grands souverains de l'Asie occidentale, était d'une énergie et d'une intelligence débordantes. Il reconstitua l'unité de l'Empire perse et la légua à son fils Darius II. Vaincu par Alexandre, son petit-fils, Darius III, fut le dernier descendant des Achéménides. Caractérologie : humanité, tolérance, rectitude, rêve, générosité.

Daron : nom d'une province historique d'Arménie (arménien). Ce prénom est porté par moins de 100 personnes en France. Caractérologie : connaissance, sagacité, spiritualité, détermination, volonté.

Darren : grand (irlandais). Ce prénom rare est porté par près de 600 personnes en France. Tendance : en croissance modérée. Variante : Daren. Caractérologie : famille, résolution, équilibre, influence, sens des responsabilités.

Les sonorités d'aujourd'hui et de demain

Penchons-nous sur les sons, les rythmes et les parcours empruntés par les prénoms dont la gloire est confirmée ou dont l'existence est à découvrir. En s'imposant dans le top 20 français, Gabriel, Raphaël et Timéo ont diversifié l'éventail des sonorités les plus en vue. Pour autant, ces prénoms s'égrènent, cette année encore, en deux syllabes et en moins de six lettres en moyenne. Diminutifs (Sacha, Théo), importés (Enzo, Lola, Yanis), bibliques ou rétro (Louis, Noah, Jules), ces minimalistes triomphent sous toutes les formes. Tour d'horizon des sonorités dans l'air du temps.

Les juxtapositions de voyelles

Léo a beau rebondir, le déclin des terminaisons en « éo » se précise avec la chute de Théo. Pour autant, l'élan insufflé par Timéo fait des émules : n'a-t-il pas engendré l'apparition de Tinéo et Manéo au début des années 2000 ? Sans oublier Ivanhoé, chevalier du Moyen Âge surgi du passé. Fort de ses 60 occurrences françaises, Ivanhoé n'est plus seulement le héros du roman de Walter Scott !

Autre juxtaposition de voyelles dans l'air du temps : celle du « oa » de Noah. Son succès a facilité la percée de Noa, Noam et Manoah, et celle d'étoiles ascendantes comme Dao, Tao et Paolo. Ces mariages de voyelles inspireront-ils les combinaisons de demain ? Le « aé » de Mahé s'élève déjà dans le top 100, mais il risque d'être concurrencé par les « io » d'Elio, Alessio, Fabio et Tilio. Affaire à suivre…

Les « o »

Les désinences en « o » pâtissent du reflux d'Enzo et Hugo, mais la relève se prépare déjà avec l'essor de Kenzo, Lorenzo, Diego, Nino et Tiago dans le top 100 national. Sans oublier Milo, Lisandro et Léandro qui se profilent à l'horizon.

Les « an »

Les consonances irlandaises, que l'on croyait désavouées avec la chute de Dylan, reviennent en force depuis 2003. Menées par Evan, elles ont permis l'envol de Nolan, Noan, Loan et Titouan, avant le retour d'Elouan. Dans ce contexte, les petits noms qui riment avec eux (exemples : Nathan, Ethan, Estéban, Soan, Ilan et les plus rares Célian, Milan et Sévan) fleurissent même s'ils sont dépourvus d'une origine gaélique.

Les nouveaux « el » et « is »

La montée des prénoms bibliques donne, depuis la fin des années 1990, un bel essor à Raphaël et Gabriel. C'est une aubaine pour Maël, qui prend un nouveau départ en bondissant dans le top 20, et une chance que Naël et Nathaël saisiront peut-être pour percer dans le groupe de tête. De leur côté, Yanis et Mathis favorisent la poussée de Kaïs, Clovis et Mathéis. Ces derniers devancent encore largement les émergents Adriel, Éthaniel et Timaël.

…/

Les sonorités d'aujourd'hui et de demain *(suite)*

L'attrait des sonorités venues d'ailleurs

Nombre de prénoms qui enrichissent le patrimoine français sont importés de pays voisins (Allemagne, Angleterre, Espagne, Italie, Irlande). La percée du grec Yanis, des slaves Sacha et Milan, et des scandinaves Niels, Solveig et Sven en témoigne. Nous observons par ailleurs que les prénoms exotiques séduisent de plus en plus de parents. Certains, comme Kéo, sont issus de la culture indienne. D'autres sont originaires d'îles lointaines, comme Téva à Tahiti ou Tao en Asie. De nombreux prénoms venus d'ailleurs peuvent être découverts au fil des pages de cet ouvrage.

Daryl : aimé (anglo-saxon). Ce prénom rare est porté par près de 1 000 personnes en France. Variantes : Darrel, Darryl. Caractérologie : équilibre, famille, influence, sens des responsabilités, réalisation.

Dave : aimé, chéri (hébreu). Ce prénom rare est porté par près de 1 000 personnes en France. Caractérologie : dynamisme, curiosité, courage, charisme, indépendance.

David : aimé, chéri (hébreu). Ce prénom, porté par environ 299 000 Français, figure dans le top 200 national. Tendance : stable. Jeune berger, David se distingua à la cour du roi grâce à ses talents de poète et de musicien hors pair. Il épousa la fille du roi Saül, et s'il commit l'adultère avec Bethsabée, son repentir n'en fut pas moins exemplaire. Devenu roi, David rassembla les Hébreux et leur offrit Jérusalem pour capitale. ♦ Dans la Bible, David terrasse le géant Goliath avec sa fronde, mettant un terme à la guerre qui oppose les Philistins à l'armée d'Israël. Cette scène de bravoure a inspiré Michel-Ange, Rembrandt et nombre de peintres et artistes. Variantes : Daivy, Deve. Caractérologie : engagement, ténacité, méthode, sens du devoir, fiabilité.

Davide : aimé, chéri (hébreu). Ce prénom rare est porté par près de 500 personnes en France. Caractérologie : rêve, ouverture d'esprit, rectitude, décision, humanité.

Davis : fils de David (anglais). Ce prénom très rare est porté par près de 200 personnes en France. Variantes : Davidson, Davison. Caractérologie : direction, dynamisme, audace, assurance, indépendance.

Davor : amour (croate). Ce prénom est porté par moins de 100 personnes en France. Caractérologie : équilibre, affection, conseil, conscience, volonté.

Davut : aimé, chéri (hébreu). Ce prénom très rare est porté par près de 140 personnes en France. Caractérologie : audace, énergie, originalité, gestion, découverte.

Davy : aimé, chéri (hébreu). Ce prénom est porté par environ 9 000 personnes en France. Il est très peu attribué aujourd'hui. Caractérologie : sagacité, connaissance, spiritualité, réussite, originalité.

Dawid : élancé, protecteur (arabe). Ce prénom est porté par moins de 100 personnes en France. Caractérologie : curiosité, dynamisme, courage, indépendance, résolution.

Dawson : aimé, chéri (hébreu). Ce prénom rare est porté par près de 1 000 personnes en France. Dawson a été attribué pour la première fois dans l'Hexagone en 1999.

La série Dawson, apparue sur TF1 en janvier de cette même année, aura vraisemblablement influencé quelques parents. Variante : Dowson. Caractérologie : efficacité, persévérance, sécurité, structure, caractère.

Dayan : juge (hébreu). Ce prénom rare est porté par près de 500 personnes en France. Tendance : en croissance modérée. Variante : Dayane. Caractérologie : humanité, rectitude, générosité, réalisation, ouverture d'esprit.

Dean : vallée (vieil anglais). Ce prénom rare est porté par près de 500 personnes en France. Tendance : en forte croissance. Caractérologie : exigence, influence, famille, équilibre, sens des responsabilités.

Delane : enfant de rival (irlandais). Variantes : Delaine, Delainey, Delan, Delaney, Delano, Delayno. Caractérologie : découverte, énergie, audace, séduction, originalité.

Delmar : mer (latin). Variantes : Delmor, Delmore. Caractérologie : habileté, passion, force, détermination, ambition.

Delphin : dauphin (latin). Ce prénom rare est porté par près de 700 personnes en France. Bien qu'il soit relativement répandu en Belgique, le dérivé masculin Delphe est rarissime en France. Variante : Dauphin. Variante basque : Delfin. Caractérologie : audace, énergie, découverte, cœur, action.

Demba : prénom sénégalais dont la signification est inconnue. Ce prénom est porté par environ 1 000 personnes en France. Il est très peu attribué aujourd'hui. Tendance : en forte croissance. Caractérologie : sagacité, connaissances, philosophie, originalité, spiritualité.

Démétrien : amoureux de la terre (grec). Caractérologie : sociabilité, créativité, optimisme, pragmatisme, communication.

Denis : fils de Dieu (grec). Ce prénom est porté par environ 135 000 personnes en France. Il est peu attribué aujourd'hui. Denis se rapporte à Dionysos, le dieu du Vin dans la mythologie grecque. Il est aussi appelé Bacchus par les Romains. ◆ Missionnaire en Gaule au IIIe siècle, saint Denis fut le premier évêque de Paris. L'empereur Domitien le jugea trop influent et le fit décapiter sur le mont des Martyrs (aujourd'hui connu sous le nom de Montmartre). Saint Denis est le patron de la France. Caractérologie : bienveillance, paix, conseil, détermination, conscience.

Deniz : fils de Dieu (grec). Ce prénom rare est porté par près de 900 personnes en France. Caractérologie : structure, sécurité, persévérance, efficacité, honnêteté.

Denovan : puissant gouverneur (celte). Ce prénom très rare est porté par près de 200 personnes en France. Caractérologie : pratique, communication, adaptation, caractère, enthousiasme.

Denys : fils de Dieu (grec). Ce prénom est porté par environ 1 000 personnes en France. Tendance : stable. Variantes : Dennis, Deny, Dennys. Caractérologie : méthode, fiabilité, engagement, ténacité, réalisation.

Derek : gouverneur du peuple (germanique). Ce prénom très rare est porté par près de 300 personnes en France. Variantes : Darrick, Darrik, Darryk, Dereck, Derrick. Caractérologie : savoir, intelligence, indépendance, méditation, sagesse.

Désiré : désiré (latin). Ce prénom est porté par environ 6 000 personnes en France. Il ne devrait pas être attribué à plus de 50 bébés en 2012. Variantes : Désir, Désirat. Caractérologie : conseil, paix, bienveillance, détermination, conscience.

Desmond : homme du monde (celte). Ce prénom est porté par moins de 100 personnes en France. Caractérologie : réceptivité, diplomatie, sociabilité, caractère, loyauté.

Devin : poète (celte). Ce prénom est porté par moins de 100 personnes en France. Caractérologie : idéalisme, intégrité, réflexion, dévouement, altruisme.

Devon : bœuf (irlandais). Ce prénom très rare est porté par près de 300 personnes en France. Tendance : en forte croissance. Variante : Davon. Caractérologie : conscience, bienveillance, paix, conseil, volonté.

Devrig : petit cours d'eau (gallois). Ce prénom est porté par moins de 100 personnes en France. Caractérologie : relationnel, médiation, intuition, fidélité, adaptabilité.

Devy : aimé, chéri (hébreu). Ce prénom très rare est porté par près de 200 personnes en France. Variante : Dewi. Caractérologie : médiation, relationnel, intuition, fidélité, adaptabilité.

Dewitt : blanc (germanique). Caractérologie : rectitude, rêve, humanité, ouverture d'esprit, générosité.

Diango : prénom malien dont la signification est inconnue. Ce prénom est porté par moins de 100 personnes en France. Variante : Django. Caractérologie : volonté, réussite, indépendance, curiosité, charisme.

Dick : puissant gouverneur (celte). Ce prénom est porté par moins de 100 personnes en France. Variante : Dix. Caractérologie : rectitude, ouverture d'esprit, rêve, humanité, générosité.

Didier : désiré, attendu (latin). Ce prénom est porté par environ 223 000 personnes en France. Il ne devrait pas être attribué à plus de 50 bébés en 2012. Archevêque de Vienne au VIIe siècle, saint Didier fut assassiné sur l'ordre de la reine Brunehaut. la population scella son crime à jamais en bâtissant la commune de Saint-Didier-de-Chalaronne autour du tombeau de l'archevêque. Variante : Diadie. Caractérologie : persévérance, sécurité, structure, efficacité, honnêteté.

Diego : supplanter, talonner (hébreu). Ce prénom est porté par environ 12 000 personnes en France. Il figure dans le top 100 national. Tendance : stable. Diego est une forme espagnole de Jacques très en vogue en Espagne. Variante : Diegue. Caractérologie : sécurité, structure, persévérance, volonté, efficacité.

Dieter : gouverneur du peuple (germanique). Ce prénom très rare est porté par près de 130 personnes en France. Caractérologie : spiritualité, sagacité, connaissance, originalité, philosophie.

Dietmar : peuple célèbre (germanique). Ce prénom est porté par moins de 100 personnes en France. Caractérologie : connaissance, spiritualité, originalité, résolution, sagacité.

Dietrich : gouverneur du peuple (germanique). Ce prénom est porté par moins de 100 personnes en France. Dans l'Hexagone, Dietrich est plus traditionnellement usité en

Alsace. Variante : Diebold. Caractérologie : méthode, fiabilité, ténacité, engagement, sensibilité.

Dilan : mer (gallois). Ce prénom rare est porté par près de 1 000 personnes en France. Variantes : Dillan, Dilane, Dilhan. Caractérologie : méthode, fiabilité, ténacité, engagement, résolution.

Dimitri : amoureux de la terre (grec). Ce prénom est porté par environ 36 000 personnes en France. Il est relativement peu attribué aujourd'hui. Demetrios est très répandu en Grèce. Variantes : Dimitrios, Dimitris. Caractérologie : innovation, énergie, autorité, ambition, autonomie.

Dimitry : amoureux de la terre (grec). Ce prénom est porté par environ 2 000 personnes en France. Il est très peu attribué aujourd'hui. Caractérologie : habileté, force, ambition, management, passion.

Dinh : nom de famille répandu au Vietnam (vietnamien). La famille des Dinh a été à la tête de la dynastie du même nom. Ce prénom est porté par moins de 100 personnes en France. Caractérologie : achèvement, ardeur, vitalité, leadership, stratégie.

Dino : divin (latin). Ce prénom est porté par environ 1 000 personnes en France. Tendance : stable. Caractérologie : équilibre, famille, influence, sens des responsabilités, volonté.

Diogène : de la famille de Dieu (grec). Ce prénom corse est porté par moins de 100 personnes en France. Caractérologie : audace, découverte, originalité, énergie, volonté.

Diogo : supplanter, talonner (hébreu). Ce prénom rare est porté par près de 600 personnes en France. Tendance : en croissance modérée. Caractérologie : dynamisme, charisme, courage, indépendance, curiosité.

Dionisio : Fils de Dieu (grec). Dionysos est le dieu du Vin dans la mythologie grecque. Ce prénom est porté par moins de 100 personnes en France. Variantes : Dion, Dioni, Dionis. Caractérologie : résolution, sécurité, structure, volonté, persévérance.

Dixon : fils de Dick (anglais). Ce prénom est porté par moins de 100 personnes en France. Caractérologie : communication, pragmatisme, créativité, caractère, optimisme.

Djamal : d'une grande beauté physique et morale (arabe). Ce prénom est porté par environ 2 000 personnes en France. Tendance : en croissance modérée. Variante : Djamale. Caractérologie : courage, dynamisme, indépendance, curiosité, charisme.

Djamel : d'une grande beauté physique et morale (arabe). Ce prénom est porté par environ 7 000 personnes en France. Il ne devrait pas être attribué à plus de 50 bébés en 2012. Variantes : Djamele, Djamil. Caractérologie : altruisme, idéalisme, intégrité, réflexion, dévouement.

Djemel : d'une grande beauté physique et morale (arabe). Ce prénom rare est porté par près de 700 personnes en France. Variante : Djemal. Caractérologie : sécurité, structure, persévérance, efficacité, honnêteté.

Djibril : équivalent arabe de Gabriel : force de Dieu (hébreu). Ce prénom est porté par environ 4 000 personnes en France. Il est relativement peu attribué aujourd'hui. Tendance : en croissance modérée. Dans le Coran, Djibril est l'ange porteur d'ordres et de châtiments divins. C'est lui qui révèle le Coran à Mahomet. Variantes : Djibril, Jibril. Caractérologie : idéalisme, organisation, réflexion, gestion, intégrité.

Djilali : respectable (kabyle). Ce prénom est porté par environ 1 000 personnes en France. Tendance : stable. Caractérologie : adaptation, enthousiasme, générosité, pratique, communication.

Domenico : qui appartient au Seigneur (latin). Ce prénom rare est porté par près de 900 personnes en France. En dehors de l'Hexagone, Domenico est particulièrement répandu en Italie. Caractérologie : analyse, équilibre, famille, volonté, éthique.

Domingo : qui appartient au Seigneur (latin). Ce prénom très rare est porté par près de 500 personnes en France. Variante : Domingos. Variante occitane : Domenge. Caractérologie : découverte, énergie, audace, caractère, originalité.

Dominique : qui appartient au Seigneur (latin). Ce prénom est porté par environ 219 000 personnes en France. Il ne devrait pas être attribué à plus de 50 bébés en 2012. Originaire de Castille, saint Dominique de Guzman fut prédicateur dans les campagnes du Languedoc. Il eut pour mission de combattre l'hérésie cathare et de ramener les Albigeois à la foi catholique. Fondateur en 1206 de l'ordre des Frères prêcheurs (plus tard appelé ordre des Dominicains), il est l'un des pères de l'Inquisition. Variantes : Dom, Domingo, Dominic, Dominico, Dominick, Dominik. Variantes basques : Menaut, Mingo. Caractérologie : caractère, force, ambition, habileté, logique.

Domitien : celui qui a soumis (latin). Ce prénom est porté par moins de 100 personnes en France. Variante : Domitian. Caractérologie : stratégie, ardeur, achèvement, volonté, vitalité.

Don : puissant gouverneur (celte). Ce prénom rare est porté par près de 600 personnes en France. Caractérologie : conscience, bienveillance, paix, conseil, volonté.

Donagan : fête (arménien). Caractérologie : réalisation, réceptivité, diplomatie, sociabilité, volonté.

Donald : puissant gouverneur (celte). Ce prénom rare est porté par près de 1 000 personnes en France. Caractérologie : audace, originalité, découverte, énergie, caractère.

Donatien : présent de Dieu (latin). Ce prénom est porté par environ 3 000 personnes en France. Il ne devrait pas être attribué à plus de 50 bébés en 2012. Variantes : Donat, Donatio. Caractérologie : énergie, autorité, innovation, détermination, volonté.

Donovan : puissant gouverneur (celte). Ce prénom est porté par environ 6 000 personnes en France. Il est relativement peu attribué aujourd'hui. Variantes : Donavan, Donovane, Donovann. Caractérologie : méthode, ténacité, fiabilité, engagement, volonté.

Doran : descendant de l'exil (irlandais). Ce prénom est porté par moins de 100 personnes en France. Caractérologie : intelligence, savoir, résolution, volonté, méditation.

Dorian : grec (latin). Ce prénom est porté par environ 30 000 personnes en France. Il figure dans le top 200 national. Tendance : en décroissance modérée. Variantes : Doriand, Doriann. Caractérologie : savoir, décision, caractère, intelligence, méditation.

Les prénoms basques, bretons et occitans

Les prénoms les plus attribués sur le plan national font décidément recette en régions. De la Picardie à la Provence, en passant par l'Auvergne, les classements régionaux font place belle à Emma, Chloé, Lucas et Nathan, les stars du palmarès français. Cela ne signifie pas que les prénoms à forte identité régionale aient disparu. Redécouverts et attribués par davantage de parents chaque année, ces derniers sont en plein essor, notamment en Bretagne, au Pays basque et en Occitanie. Certains gardent une identité régionale très marquée. Le très provençal Naïs, le basque Iban, et les bretons Armel et Lenaig sont presque exclusivement attribués dans leurs régions respectives. D'autres, comme Andrea ou Mael, revendiquent une identité régionale tout en se propageant en dehors de leurs frontières.

D'autres encore connaissent tant de succès que leurs origines s'en trouvent oubliées. Après leur diffusion dans l'ensemble de la France, de nombreux parents oublient que Mathéo, Inès et Anaïs sont bretons, basques ou occitans.

Parce qu'ils grandissent dans l'ombre de stars nationales, ces prénoms apparaissent rarement dans les classements régionaux. Pour leur redonner une voix, nous avons réuni la garde montante des prénoms de tradition et d'identité basques, bretonnes et occitanes. Ils sont dépourvus d'accents, conformément à l'usage traditionnel.

Les basques

Filles : Adela, Adriana, Agate, Alicia, Alienor, Amaia, Amaya, Amelia, Ana, Andrea, Aurora, Beatriz, Elaura, Elena, Enea, Erika, Ida, Ines, Joana, Juliana, Karla, Katarina, Lois, Lorea, Maia, Maialen, Maika, Maite, Maitena, Maria, Marika, Marta, Mercedes, Mendy, Mila, Milia, Nahia, Sandrina.

Garçons : Agustin, Alfredo, Andoni, Andrea, Aitor, Armando, Arno, Diego, Estéban, Eneko, Ettore, Faustin, Fabrizio, Felipe, Goran, Iban, Javier, Julian, Jaime, Joan, Jon, Julio, Leandro, Martin, Manuel, Mikel, Ozan, Paco, Pablo, Rafael, Ruben, Saverio, Stefan, Yael, Yan, Yoann, Yohan, Youcef, Yorick, Zacharia.

Notons qu'à la tête du palmarès basque, Ines, Alicia, Elena, Rafael, Estéban et Martin maintiennent leur suprématie.

.../

Les prénoms basques, bretons et occitans *(suite)*

Les bretons

Filles : Aela, Aelig, Alana, Annaig, Armelle, Enora, Fanta, Gaelle, Gwenaelle, Gwenola, Jocelyne, Katell, Lara, Lenaig, Lena, Liza, Loane, Louane, Maela, Maelie, Maeline, Maelis, Maelyne, Maelle, Maelys, Maïna, Maiwen, Marianna, Melaine, Morane, Morgane, Noela, Nolwenn, Paola, Tiphaine, Servane, Soizic, Sterenn, Rozen, Yaëlle.

Garçons : Alan, Armel, Arthur, Bastian, Brendan, Brieuc, Elouan, Evan, Ewan, Gael, Goulven, Gildas, Gurvan, Gwenaël, Gwendal, Josselin, Judicael, Kenan, Loan, Loïc, Mael, Malo, Matheo, Morgan, Pol, Renan, Ronan, Suliac, Tanguy, Titouan*, Yaël, Yann, Yoan, Youenn, Yves.

Dans les prénoms bretons, Maelys, Lena, Louane, Arthur, Matheo et Evan détiennent les records d'attribution.

Les occitans

Filles : Adria, Aelis, Alicia, Alienor, Amelia, Anaïs, Anna, Auda, Beatriz, Blanca, Bruna, Catarina, Carla, Clara, Clelia, Cloè, Elena, Eleonor, Elis, Emilia, Eugenia, Eulalia, Flavia, Flora, Flores, Ines, Isolina, Jana, Joana, Juliana, Justina, Lois, Maria, Mila, Naïs.

Garçons : Agustin, Auban, Aubin, Aumaric, Alan, Andeol, Andrea, Andrieu, Antime, Antoni, Arnaud, Carles, Calixte, Cosme, Emilian, Enric, Esteve, Fabian, Felix, Felip, Guibert, Guilhem, Jan, Joan, Jordan, Jordi, Julian, Leon, Lino, Lois, Martin, Matias, Roman, Titouan, Vivian, Vital.

Dans la sélection occitane, les choix dominants sont Ines, Clara et Anaïs au féminin, et Martin, Titouan et Roman au masculin. Sur le plan national, Iban, Paco, Rafaël, Aelis, Eleonor et Maïa sont les choix régionaux qui ont connu les plus fortes progressions.

* Bien que Titouan ait des origines occitanes, il est presque exclusivement attribué en Bretagne aujourd'hui.

Doris : grec (latin). Ce prénom très rare est porté par près de 300 personnes en France. Caractérologie : relationnel, médiation, intuition, fidélité, adaptabilité.

Doryan : grec (latin). Ce prénom est porté par environ 1 000 personnes en France. Il est très peu attribué aujourd'hui. Variante : Doryann. Caractérologie : dynamisme, volonté, réalisation, curiosité, courage.

Douglas : rivière bleu foncé (celte). Ce prénom est porté par environ 1 000 personnes en France. Tendance : stable. Variante : Doug. Caractérologie : spiritualité, sagacité, connaissance, originalité, réussite.

Dov : ours (hébreu). Ce prénom très rare est porté par près de 300 personnes en France. Caractérologie : énergie, découverte, audace, originalité, séduction.

Dragan : précieux (slave). Ce prénom rare est porté par près de 600 personnes en France. Tendance : en croissance modérée. Caractérologie : altruisme, intégrité, idéalisme, décision, réussite.

Drake : dragon (latin). Variante : Drago. Caractérologie : communication, créativité, pragmatisme, optimisme, détermination.

Driss : études, connaissance (arabe). Ce prénom est porté par environ 4 000 personnes en France. Il est peu attribué aujourd'hui. Variantes : Dris, Dryss, Drice, Drisse. Caractérologie : sens des responsabilités, équilibre, famille, influence, exigence.

Duane : de petite taille, brun (irlandais). Ce prénom très rare est porté par près de 120 personnes en France. Variantes : Doan, Doane. Caractérologie : rectitude, humanité, générosité, ouverture d'esprit, rêve.

Duarte : gardien (portugais). Ce prénom très rare est porté par près de 150 personnes en France. Caractérologie : conscience, bienveillance, paix, organisation, résolution.

Duc : désir (vietnamien). Ce prénom très rare est porté par près de 150 personnes en France. Caractérologie : audace, direction, indépendance, dynamisme, assurance.

Duncan : tête brune (celte). Ce prénom est porté par environ 1 000 personnes en France. Il est très peu attribué aujourd'hui. Variante : Dunkan. Caractérologie : créativité, communication, optimisme, pragmatisme, sociabilité.

Dusan : spirituel (slave). Ce prénom est porté par moins de 100 personnes en France. Caractérologie : découverte, originalité, énergie, audace, séduction.

Dusty : se rapporte au patronyme Dustin qui signifie : « pierre de Thor » (scandinave). Ce prénom très rare est porté par près de 170 personnes en France. Variante : Dustin. Caractérologie : réalisation, vitalité, stratégie, achèvement, organisation.

Dylan : mer (gallois). Ce prénom est porté par environ 63 000 personnes en France. Il figure dans le top 100 national. Tendance : en décroissance modérée. Variantes : Dylane, Dylann, Dyllan. Caractérologie : réceptivité, sociabilité, diplomatie, réalisation, sympathie.

Ea : feu (irlandais). Caractérologie : sens des responsabilités, équilibre, famille, influence, exigence.

Eban : voir Even. Ce prénom est porté par moins de 100 personnes en France. Caractérologie : sécurité, efficacité, persévérance, honnêteté, structure.

Eddie : diminutif des prénoms formés avec Ed. Ce prénom est porté par environ 4 000 personnes en France. Il ne devrait pas être attribué à plus de 50 bébés en 2012. Variantes : Ed, Eddi, Edi, Edie. Caractérologie : intégrité, altruisme, réflexion, idéalisme, dévouement.

Eddine : religion (arabe). Ce prénom très rare est porté par près de 190 personnes en France. Tendance : en forte croissance. Caractérologie : dynamisme, curiosité, courage, indépendance, charisme.

Eddy : diminutif des prénoms formés avec Ed. Ce prénom est porté par environ 24 000 personnes en France. Il est peu attribué aujourd'hui. Variante : Edy. Caractérologie : relationnel, médiation, intuition, fidélité, adaptabilité.

Éden : paradis (hébreu). Ce prénom est porté par environ 2 000 personnes en France. Il est relativement peu attribué aujourd'hui. Tendance : en forte croissance. Éden est un personnage de l'Ancien Testament dont on sait peu de choses. Dans la Bible, le jardin d'Éden désigne le lieu où vécurent Adam et Ève, le premier couple de l'humanité. Voir l'encadré dédié à aux prénoms mixtes. Caractérologie : énergie, innovation, autonomie, ambition, autorité.

Eder : beau (basque). Ce prénom est porté par moins de 100 personnes en France. Caractérologie : dynamisme, courage, indépendance, curiosité, charisme.

Edern : de très grande taille (gallois). Ce prénom très rare est porté par près de 300 personnes en France. Caractérologie : direction, assurance, audace, dynamisme, indépendance.

Edgar : lance riche (germanique). Ce prénom est porté par environ 5 000 personnes en France. Il est relativement peu attribué aujourd'hui. Dans l'Hexagone, Edgar est plus traditionnellement usité dans les Flandres. Caractérologie : stratégie, vitalité, achèvement, détermination, réalisation.

Edgard : lance riche (germanique). Ce prénom est porté par environ 3 000 personnes en France. Il ne devrait pas être attribué à plus de 50 bébés en 2012. Caractérologie : réalisation, communication, pratique, enthousiasme, détermination.

Edis : gardien des richesses (germanique). Ce prénom est porté par moins de 100 personnes en France. Caractérologie : autorité, innovation, ambition, décision, énergie.

Edmond : riche protecteur (germanique). Ce prénom est porté par environ 21 000 personnes en France. Il ne devrait pas être attribué à plus de 50 bébés en 2012. Variantes : Edmée, Edmon, Edmondo, Edmont, Edmund. Caractérologie : autorité, innovation, énergie, volonté, ambition.

Édouard : gardien des richesses (germanique). Ce prénom est porté par environ 41 000 personnes en France. Il est relativement peu attribué aujourd'hui. Couronné roi d'Angleterre en 1041, Édouard fut l'un des souverains les plus aimés des Anglais. Pieux et bon, il protégea les pauvres en diminuant leurs impôts et en favorisant le développement d'une justice pour tous. Contrairement à ses successeurs, il s'efforça de préserver la paix sous son règne. Il est appelé « saint Édouard le Confesseur » en hommage à sa compassion et à sa capacité d'écoute. Caractérologie : courage, curiosité, raisonnement, volonté, dynamisme.

Édric : prospère, puissant (germanique). Ce prénom est porté par moins de 100 personnes en France. Caractérologie : optimisme, communication, pragmatisme, créativité, sociabilité.

Edris : puissant gouverneur (germanique). Ce prénom est porté par moins de 100 personnes en France. Caractérologie : dynamisme, direction, indépendance, audace, détermination.

Eduardo : gardien des richesses (germanique). Ce prénom rare est porté par près de 800 personnes en France. Eduardo est répandu en Italie. Variante : Edouardo. Caractérologie : volonté, courage, dynamisme, curiosité, analyse.

Edur : neige (basque). Caractérologie : optimisme, pragmatisme, communication, sociabilité, créativité.

Edward : gardien des richesses (germanique). Ce prénom est porté par environ 2 000 personnes en France. Il est peu attribué aujourd'hui. Tendance : en croissance modérée. Variantes : Édard, Édouart, Edvard, Edwart. Caractérologie : innovation, autorité, énergie, décision, ambition.

Edwin : riche ami (anglais). Ce prénom est porté par environ 3 000 personnes en France. Il est très peu attribué aujourd'hui. Variantes : Edvin, Edwyn. Caractérologie : innovation, autorité, énergie, autonomie, ambition.

Efflam : rayonnant, brillant (breton). Ce prénom très rare est porté par près de 200 personnes en France. Caractérologie : intelligence, caractère, savoir, méditation, indépendance.

Egan : feu (celte). Ce prénom est porté par moins de 100 personnes en France. Variantes : Egann, Egon. Caractérologie : indépendance, curiosité, dynamisme, courage, charisme.

Egun : jour (basque). Caractérologie : sympathie, sociabilité, réceptivité, loyauté, diplomatie.

Éli : le Seigneur est mon Dieu (hébreu). Ce prénom très rare est porté par près de 400 personnes en France. En dehors de l'Hexagone, Éli est particulièrement répandu en Israël. Variantes : Éliel, Éllis, Élly, Ély, Héli, Hélie. Caractérologie : ambition, habileté, passion, force, management.

Élia : le Seigneur est mon Dieu (hébreu). Ce prénom corse est porté par près de 300 personnes en France. Dans l'Hexagone, Élia est plus traditionnellement usité en Corse. Variantes : Élya, Elyo, Ilia, Ilya. Caractérologie : idéalisme, réflexion, altruisme, détermination, intégrité.

Eliad : Dieu éternel (hébreu). Variante : Elead. Caractérologie : persévérance, structure, sécurité, efficacité, décision.

Éliam : dieu du peuple (hébreu). Ce prénom très rare est porté par près de 130 personnes en France. Caractérologie : ténacité, détermination, méthode, fiabilité, engagement.

ÉLIE, ELIOTT

Fête : 20 juillet

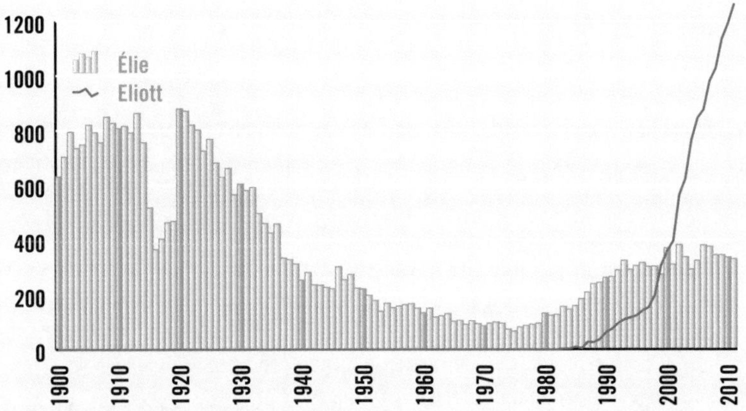

Étymologie : il est vraisemblable qu'Eliott se rattache, comme Élie, à une forme francisée du nom hébreu Elijah signifiant « le Seigneur est mon Dieu ». Son histoire est ancienne puisqu'on le recense sous la forme d'Élias chez les Grecs et les Latins. Élias et ses formes dérivées se propagent essentiellement à partir du IXe siècle, après le martyre de saint Élie, un prêtre espagnol de Cordoue. Ellis, Eliott, Hélias et Élie reviennent en faveur durant la réformation protestante, mais c'est au XIXe siècle, aux côtés du Heli breton, qu'Élie prend toute son ampleur en France. Il décline à partir des années 1920 mais il renaît, grâce à Eliott, dans les années 1980.

Eliott apparaît pour la première fois en France en 1983, l'année suivant l'immense succès d'*E.T.*, le film de Steven Spielberg. Elliot, son jeune héros, inspire tant de parents que ce prénom rebondit aux États-Unis en même temps qu'il émerge en France. Depuis, Eliott et ses homonymes ont fait leur chemin : ils se placent aux 30e et 33e rangs parisien et national.

Elies est particulièrement en vogue en Bretagne, mais les formes anciennes Heli, Eliez et Elion ont totalement disparu en France. Eliott est la forme orthographique la plus attribuée dans l'Hexagone.

Prophète de l'Ancien Testament, **Élie** annonce à Achab, le roi d'Israël, que son culte impie sera sanctionné par la colère du dieu Yahvé. Après plusieurs années de sécheresse, Élie

…/

Élie, Eliott *(suite)*

convoque le peuple et les prêtres de Baal sur le mont Carmel. Il prédit alors le retour de la pluie au peuple converti d'Israël. Plus tard, lorsque Jéhu succède au roi Achab, Élie choisit Élisée comme successeur avant de s'élever vers le ciel sur un char de feu.

Personnalité célèbre : George Eliott, de son vrai nom Mary Ann Evans, écrivaine anglaise (1819-1880).

Statistiques : Eliott est le 95e prénom masculin le plus donné en France depuis le début du XXIe siècle. On peut estimer qu'il sera attribué à un garçon sur 325 en 2012. Par contraste, **Élie** devrait prénommer moins d'un garçon sur 1 000 cette année.

Élian : le Seigneur est mon Dieu (hébreu). Ce prénom est porté par environ 3 000 personnes en France. Il est peu attribué aujourd'hui. Caractérologie : dynamisme, curiosité, courage, indépendance, décision.

Élias : le Seigneur est mon Dieu (hébreu). Ce prénom est porté par environ 9 000 personnes en France. Il figure dans le top 200 national. Tendance : stable. Variantes : Éliasse, Ellias, Hélias. Caractérologie : énergie, autorité, ambition, détermination, innovation.

Eliaz : le Seigneur est mon Dieu (hébreu). Ce prénom breton est porté par près de 400 personnes en France. Variante : Eliez. Caractérologie : achèvement, vitalité, stratégie, ardeur, détermination.

Élie : le Seigneur est mon Dieu (hébreu). Ce prénom est porté par environ 21 000 personnes en France. Il est relativement peu attribué aujourd'hui. Prophète de l'Ancien Testament, Élie annonce à Achab, roi d'Israël, que son culte impie sera sanctionné par la colère du dieu Yahvé. Après plusieurs années de sécheresse, il prédit le retour de la pluie au peuple converti d'Israël. Lorsque Jéhu succède à Achab, Élie choisit Élisée comme successeur avant de s'élever vers le ciel sur un char de feu. Caractérologie : efficacité, sécurité, structure, honnêteté, persévérance.

Eliel : le Seigneur est mon Dieu (hébreu). Ce prénom très rare est porté par près de 190 personnes en France. Tendance : en forte croissance. Caractérologie : sagacité, philosophie, connaissance, spiritualité, originalité.

Eliezer : le Seigneur est mon Dieu (hébreu). Ce prénom très rare est porté par près de 200 personnes en France. Caractérologie : stratégie, vitalité, ardeur, achèvement, leadership.

Elijah : le Seigneur est mon Dieu (hébreu). Ce prénom est porté par environ 1 000 personnes en France. Il est relativement peu attribué aujourd'hui. Tendance : en forte croissance. Caractérologie : rêve, rectitude, humanité, tolérance, détermination.

Élio : le Seigneur est mon Dieu (hébreu). Ce prénom est porté par environ 3 000 personnes en France. Il est relativement peu attribué aujourd'hui. Caractérologie : courage, curiosité, indépendance, dynamisme, analyse.

Élior : Dieu est ma lumière (hébreu). Ce prénom très rare est porté par près de 140 personnes en France. Tendance : en forte croissance. Caractérologie : découverte, raisonnement, audace, séduction, originalité.

Eliot : le Seigneur est mon Dieu (hébreu). Ce prénom est porté par environ 7 000 personnes en France. Il figure dans le top 200 national. Tendance : en croissance modérée. Caractérologie : indépendance, intelligence, savoir, méditation, raisonnement.

Eliott : le Seigneur est mon Dieu (hébreu). Ce prénom est porté par environ 12 000 personnes en France. Il figure dans le top 100 national. Voir le zoom dédié à Eliott. Caractérologie : tolérance, rectitude, humanité, rêve, analyse.

Élisée : Dieu a aidé (hébreu). Ce prénom rare est porté par près de 700 personnes en France. Variantes : Élisien, Elisio. Variante basque : Eliseo. Caractérologie : audace, direction, dynamisme, indépendance, détermination.

Elliot : le Seigneur est mon Dieu (hébreu). Ce prénom est porté par environ 5 000 personnes en France. Il figure dans le top 200 national. Tendance : en croissance modérée. Caractérologie : analyse, direction, audace, dynamisme, indépendance.

Elliott : le Seigneur est mon Dieu (hébreu). Ce prénom est porté par environ 1 000 personnes en France. Il est peu attribué aujourd'hui. Caractérologie : communication, enthousiasme, raisonnement, pratique, adaptation.

Elmer : noble, célèbre (germanique). Variante : Ulmer. Caractérologie : vitalité, achèvement, leadership, stratégie, ardeur.

Elmo : amical (grec). Ce prénom est porté par moins de 100 personnes en France. Caractérologie : rectitude, humanité, rêve, volonté, ouverture d'esprit.

Éloan : lumière (celte). Ce prénom rare est porté par près de 900 personnes en France. Tendance : en forte croissance. Notons qu'Eloan peut s'orthographier sans accent. Variantes : Eloann, Iloan. Caractérologie : relationnel, intuition, fidélité, adaptabilité, médiation.

Éloi : élu (latin). Ce prénom est porté par environ 5 000 personnes en France. Il est relativement peu attribué aujourd'hui. Caractérologie : découverte, énergie, audace, originalité, logique.

Eloïm : la main de Dieu (hébreu). Ce prénom est porté par moins de 100 personnes en France. Caractérologie : rectitude, humanité, volonté, générosité, analyse.

Eloïs : illustre au combat (germanique). Ce prénom très rare est porté par près de 200 personnes en France. Tendance : en forte croissance. Caractérologie : décision, paix, bienveillance, conscience, logique.

Elouan : lumière (celte). Ce prénom, porté par environ 5 000 Français, figure dans le top 200 national. Tendance : stable. Originaire d'Irlande, saint Elouan mena une vie d'ermite en Bretagne au VIIe siècle. Il est honoré dans une chapelle de Saint-Guen (Côtes-d'Armor), où se trouve son tombeau. Variante : Elouen. Caractérologie : curiosité, indépendance, dynamisme, courage, charisme.

Éloy : élu (latin). Ce prénom très rare est porté par près de 190 personnes en France. Tendance : en forte croissance. Caractérologie :

communication, enthousiasme, pratique, adaptation, bonté.

Elrad : Dieu commande (hébreu). Caractérologie : décision, méthode, fiabilité, ténacité, engagement.

Elric : roi de tous (germanique). Ce prénom rare est porté par près de 500 personnes en France. Variante : Elrick. Caractérologie : intuition, relationnel, médiation, fidélité, adaptabilité.

Elton : de la vieille ville (anglais). Ce prénom très rare est porté par près de 140 personnes en France. Caractérologie : communication, pratique, enthousiasme, adaptation, générosité.

Elvin : noble et fidèle (germanique). Ce prénom très rare est porté par près de 400 personnes en France. Variante : Elwin. Caractérologie : ambition, management, passion, force, habileté.

Elvis : sage (scandinave). Ce prénom est porté par environ 2 000 personnes en France. Il ne devrait pas être attribué à plus de 50 bébés en 2012. Variante : Elwis. Caractérologie : ténacité, méthode, fiabilité, engagement, résolution.

Élyas : le Seigneur est mon Dieu (hébreu). Ce prénom est porté par environ 1 000 personnes en France. Il est relativement peu attribué aujourd'hui. Tendance : en forte croissance. Variante : Élyass. Caractérologie : achèvement, sympathie, stratégie, vitalité, ardeur.

Élyes : le Seigneur est mon Dieu (hébreu). Ce prénom est porté par environ 3 000 personnes en France. Il est relativement peu attribué aujourd'hui. Tendance : en croissance modérée. Variantes : Élies, Éliesse, Élyess, Élyesse, Hélies. Caractérologie : pratique, communication, enthousiasme, adaptation, bonté.

Élysée : Dieu est serment (hébreu). Ce prénom est porté par moins de 100 personnes en France. Caractérologie : ambition, passion, force, habileté, sympathie.

Elzéar : le Seigneur est mon Dieu (hébreu). Ce prénom est porté par moins de 100 personnes en France. Variante : Elzéard. Caractérologie : méthode, fiabilité, ténacité, engagement, détermination.

Emanuel : Dieu est avec nous (hébreu). Ce prénom rare est porté par près de 800 personnes en France. Tendance : en forte croissance. Caractérologie : vitalité, achèvement, ardeur, stratégie, leadership.

Émeric : puissant (germanique). Ce prénom est porté par environ 9 000 personnes en France. Il est peu attribué aujourd'hui. Variantes : Emerik, Emery, Émeryc, Emmeric, Emmerie, Emmery. Caractérologie : stratégie, achèvement, ardeur, leadership, vitalité.

Émerick : puissant (germanique). Ce prénom est porté par environ 2 000 personnes en France. Il est très peu attribué aujourd'hui. Caractérologie : audace, dynamisme, direction, assurance, indépendance.

Emerson : fils d'Emery (vieil anglais). Ce prénom très rare est porté par près de 200 personnes en France. Caractérologie : habileté, détermination, force, volonté, ambition.

Émile : travailleur (germanique). Ce prénom est porté par environ 53 000 personnes en France. Il est relativement peu attribué aujourd'hui. Général romain, Lucius Æmilius Paullus vainquit Persée, le dernier roi de Macédoine, à Pydna. Au IIIe siècle, saint Émile fut condamné au martyre à Carthage pour avoir proclamé sa foi. Variantes : Emil, Emilian, Emiland, Emiliano, Emilion, Emille, Mil, Milio. Caractérologie : vitalité, achèvement, stratégie, leadership, ardeur.

Émilien : travailleur (germanique). Ce prénom est porté par environ 17000 personnes en France. Il figure dans le top 200 national. Tendance : stable. Ermite espagnol, saint Émilien fonda l'ermitage de San Millan à Tarragone au VIe siècle. Caractérologie : engagement, ténacité, méthode, sens du devoir, fiabilité.

Emilio : travailleur (germanique). Ce prénom est porté par environ 2000 personnes en France. Il est peu attribué aujourd'hui. Tendance : en croissance modérée. Emilio est particulièrement répandu dans les pays hispanophones. Caractérologie : intégrité, altruisme, idéalisme, raisonnement, volonté.

Émin : loyal, digne de confiance (arabe). Ce prénom très rare est porté par près de 400 personnes en France. Variante : Émine. Caractérologie : charisme, indépendance, dynamisme, curiosité, courage.

Emir : décret (turc). Ce prénom est porté par environ 1000 personnes en France. Il est peu attribué aujourd'hui. Tendance : en croissance modérée. Variantes : Emire, Emirhan, Emircan. Caractérologie : humanité, rectitude, rêve, ouverture d'esprit, générosité.

Emmanuel : Dieu est avec nous (hébreu). Ce prénom est porté par environ 121000 personnes en France. Il est relativement peu attribué aujourd'hui. En donnant ce nom à l'enfant que portait une jeune femme vierge, le prophète Isaïe désigna avec une certaine ambiguïté le messie à venir. Par la suite, Emmanuel a été identifié au Christ par les chrétiens. Variante basque : Imanol. Caractérologie : adaptation, générosité, enthousiasme, pratique, communication.

Emre : frère (turc). Ce prénom est porté par environ 2000 personnes en France. Il est très peu attribué aujourd'hui. Variantes : Emra, Emrah. Caractérologie : courage, indépendance, charisme, dynamisme, curiosité.

Emrick : maître de maison (germanique). Ce prénom très rare est porté par près de 500 personnes en France. Variantes : Emric. Caractérologie : indépendance, curiosité, dynamisme, courage, charisme.

Emrys : immortel (grec). Ce prénom très rare est porté par près de 400 personnes en France. Variante : Emris. Caractérologie : force, habileté, ambition, détermination, réalisation.

Eneko : à moi (basque). Eneko est également une forme basque d'Ignace signifiant « feu » en latin. Ce prénom très rare est porté par près de 500 personnes en France. Caractérologie : énergie, découverte, audace, séduction, originalité.

Enes : ami (turc). Ce prénom est porté par environ 2000 personnes en France. Il est relativement peu attribué aujourd'hui. Caractérologie : intuition, relationnel, fidélité, médiation, résolution.

ENZO

Fête : 13 juillet

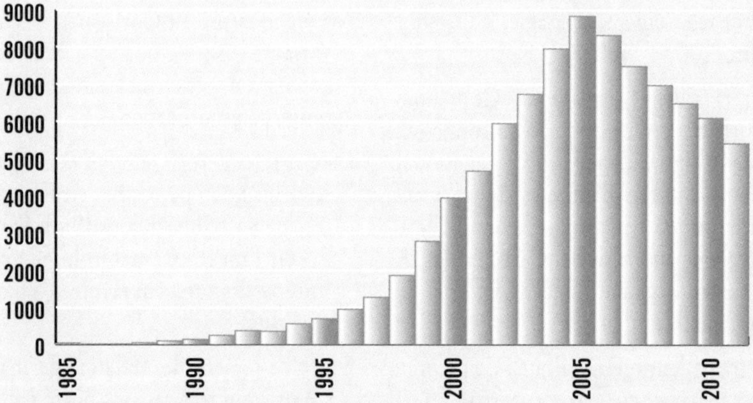

Étymologie : forme italienne d'Henri, du germain *heim*, « maison », et *ric*, « puissant », d'où la signification « maître de maison ». Fils naturel de l'empereur germanique Frédéric II, Enzo devint roi de Sardaigne en 1242. Il s'illustra par son courage en combattant, aux côtés de son père, contre le pape et les Génois à la Meloria. Mais après avoir conquis une grande partie du Milanais, il fut vaincu et capturé. Prisonnier, il fut assigné à résidence dans un palais bolonais où il établit une cour somptueuse jusqu'à sa mort, en 1272.

Enzo et Lilou font partie des prénoms dont la gloire est sortie des écrans. C'est en 1988 que *Le Grand Bleu* paraît au cinéma et qu'Enzo, l'un de ses héros, séduit le public. L'impact du film de Luc Besson est immédiat. Propulsé au zénith à une vitesse fulgurante, Enzo trône pendant trois ans sur le palmarès français… avant de céder sa couronne à Lucas. Il devrait précéder Jules au 4e rang du tableau masculin en 2012.

Le repli d'Enzo survient après celui de Matteo, mais la vague d'inspiration italienne est inépuisable ; la relève s'annonce déjà avec Lorenzo, bien placé dans le top 60 français. En dehors de l'Hexagone, Enzo a le vent en poupe en Italie, en Wallonie et en Suisse romande.

Personnalités célèbres : Enzo Ferrari (1898-1998) est le créateur italien de la Ferrari, l'automobile la plus rapide et la plus chère du monde ; Enzo Enzo est le nom de scène de Körin Ternovtzeff, chanteuse, auteur et interprète française.

…/

Enzo *(suite)*

Statistiques : Enzo est le 2e prénom masculin le plus donné en France depuis le début du XXIe siècle. On peut estimer qu'il sera attribué à un garçon sur 76 en 2012.

Enguerran : ange, corbeau (germanique). Voir Enguerrand. Ce prénom rare est porté par près de 700 personnes en France. Variante : Engueran. Caractérologie : fiabilité, méthode, détermination, ténacité, bonté.

Enguerrand : ange, corbeau (germanique). Ce prénom est porté par environ 1 000 personnes en France. Tendance : stable. Enguerrand de Marigny fut le ministre du roi Philippe IV le Bel, mais c'est grâce aux *Rois maudits,* de Maurice Druon, que ce prénom a été redécouvert. Variante : Enguerand. Caractérologie : sympathie, vitalité, stratégie, achèvement, réalisation.

Enis : ami (turc). Ce prénom rare est porté par près de 700 personnes en France. Tendance : en forte croissance. Variantes : Enis, Ennis, Enys. Caractérologie : résolution, diplomatie, sociabilité, réceptivité, loyauté.

Enogat : qui combat avec honneur (breton). Ce prénom est porté par moins de 100 personnes en France. Caractérologie : achèvement, vitalité, ardeur, stratégie, leadership.

Enoha : parfums (tahitien). Ce prénom très rare est porté par près de 400 personnes en France. Tendance : en forte croissance. Caractérologie : sagacité, philosophie, spiritualité, originalité, connaissances.

Enos : homme (hébreu). Caractérologie : passion, ambition, force, habileté, management.

Enrick : maître de maison (germanique). Ce prénom rare est porté par près de 700 personnes en France. Variantes : Enric, Enrik. Caractérologie : famille, équilibre, influence, sens des responsabilités, exigence.

Enrico : maître de maison (germanique). Ce prénom rare est porté par près de 600 personnes en France. En dehors de l'Hexagone, Enrico est particulièrement répandu en Italie. Variante : Enriko. Caractérologie : audace, indépendance, direction, dynamisme, raisonnement.

Enrique : maître de maison (germanique). Ce prénom est porté par environ 2 000 personnes en France. Il est peu attribué aujourd'hui. Enrique est très répandu en Espagne. Caractérologie : habileté, ambition, force, passion, management.

Enver : beauté, intelligence (turc). Ce prénom est porté par moins de 100 personnes en France. Caractérologie : ambition, innovation, autorité, autonomie, énergie.

Enzo : maître de maison (germanique). Ce prénom est porté par environ 88 000 personnes en France. Il figure dans le top 50 national. Voir le zoom dédié à Enzo. Variante : Enso. Caractérologie : équilibre, influence, éthique, famille, exigence.

Éole : soleil (breton), vent (grec). Ce prénom est porté par moins de 100 personnes en France. Dans la mythologie grecque, Éole est le dieu du Vent. Caractérologie : dynamisme, direction, audace, indépendance, assurance.

Éos : l'aurore (grec). Dans la mythologie grecque, Éos est la déesse de l'aurore. Caractérologie : enthousiasme, pratique, générosité, adaptation, communication.

Éphraïm : fructueux (hébreu). Ce prénom très rare est porté par près de 300 personnes en France. Variante : Éphrem. Caractérologie : connaissance, spiritualité, sagacité, ressort, réalisation.

Érasme : qui est aimé (grec). Ce prénom est porté par moins de 100 personnes en France. Caractérologie : originalité, sagacité, spiritualité, connaissance, décision.

Ercole : superbe présent (italien). Ce prénom est porté par moins de 100 personnes en France. Caractérologie : persévérance, analyse, efficacité, sécurité, structure.

Eren : saint (turc). Ce prénom est porté par environ 1 000 personnes en France. Il est peu attribué aujourd'hui. Caractérologie : paix, bienveillance, conscience, sagesse, conseil.

Erhan : conscient (hébreu). Ce prénom très rare est porté par près de 300 personnes en France. Variantes : Eran, Érane. Caractérologie : innovation, autorité, ambition, énergie, décision.

Éric : noble souverain (germanique). Voir Erik. Ce prénom est porté par environ 307 000 personnes en France. Il est peu attribué aujourd'hui. Caractérologie : ambition, force, passion, habileté, management.

Erich : noble souverain (germanique). Ce prénom très rare est porté par près de 300 personnes en France. Caractérologie : savoir, intelligence, méditation, indépendance, sagesse.

Erick : noble souverain (germanique). Ce prénom est porté par environ 6 000 personnes en France. Tendance : en croissance modérée. Variante : Erico. Caractérologie : indépendance, dynamisme, audace, direction, assurance.

Erik : noble souverain (germanique). Ce prénom est porté par environ 3 000 personnes en France. Il ne devrait pas être attribué à plus de 50 bébés en 2012. Plus de vingt rois suédois et danois ont porté ce prénom. Saint Erik, roi de Suède, améliora la condition des femmes et christianisa son pays au XIIe siècle. Il mourut assassiné par un prince danois à Uppsala. Caractérologie : sagacité, philosophie, connaissance, spiritualité, originalité.

Ernest : qui mérite (germanique). Ce prénom est porté par environ 14 000 personnes en France. Il est très peu attribué aujourd'hui. Tendance : en croissance modérée. Variantes : Arnst, Erneste, Ernesto, Ernie, Erno, Ernst. Caractérologie : résolution, idéalisme, intégrité, altruisme, réflexion.

Erol : noble (anglais), fort, courageux (turc). Ce prénom très rare est porté par près de 300 personnes en France. Caractérologie : énergie, découverte, originalité, audace, logique.

Éros : dieu de l'Amour dans la mythologie grecque. Ce prénom très rare est porté par près de 400 personnes en France. Caractérologie : pratique, communication, enthousiasme, adaptation, décision.

Ervin : ami (germanique). Ce prénom très rare est porté par près de 300 personnes en France. Caractérologie : originalité, audace, découverte, énergie, séduction.

Erwan : if (celte). Ce prénom est porté par environ 34 000 personnes en France. Il figure dans le top 200 national. Tendance : en décroissance modérée. Variantes : Ervan, Ervin, Erwoan. Caractérologie : sagacité, spiritualité, originalité, connaissance, détermination.

Erwann : if (celte). Ce prénom est porté par environ 6 000 personnes en France. Il est relativement peu attribué aujourd'hui. Caractérologie : communication, pragmatisme, optimisme, créativité, résolution.

Erwin : ami (germanique). Ce prénom est porté par environ 2 000 personnes en France. Il ne devrait pas être attribué à plus de 50 bébés en 2012. Variante : Erwine. Caractérologie : équilibre, sens des responsabilités, famille, exigence, influence.

Ésaïe : Dieu est mon salut (hébreu). Ce prénom très rare est porté par près de 400 personnes en France. Fils d'Isaac et de Rébecca dans la Bible, Ésaü donne son droit d'aînesse à son frère Jacob en échange d'un plat de lentilles. Caractérologie : communication, pratique, enthousiasme, détermination, adaptation.

Estéban : couronné (grec). Ce prénom, porté par environ 21 000 Français, figure dans le top 50 national. Tendance : en croissance modérée. Cette forme espagnole d'Étienne a émergé dans les années 1980, au moment où le dessin animé les *Cités d'Or* était diffusé pour la première fois. Estéban, le personnage héroïque de cette série, a fait bien des émules. Variantes : Estebane, Estebann, Estefan, Estevan, Estheban. Caractérologie : optimisme, communication, créativité, pragmatisme, sociabilité.

Estève : couronné (grec). Ce prénom très rare est porté par près de 200 personnes en France. Dans l'Hexagone, Estève est plus traditionnellement usité en Occitanie. Variantes basques : Estebe, Istebe. Caractérologie : honnêteté, persévérance, structure, sécurité, efficacité.

Ethan : fort, ferme (hébreu). Ce prénom est porté par environ 31 000 personnes en France. Il figure dans le top 50 national. Voir le zoom dédié à Ethan. Variantes : Etan, Etane, Etann, Ethane, Ethann. Caractérologie : pratique, enthousiasme, adaptation, communication, sensibilité.

Éthaniel : contraction d'Ethan et Daniel. Ce prénom est porté par moins de 100 personnes en France. Caractérologie : intuition, relationnel, finesse, médiation, résolution.

Étienne : couronné (grec). Ce prénom est porté par environ 56 000 personnes en France. Il est relativement peu attribué aujourd'hui. De nombreux saints, un pape et un roi de Hongrie ont porté ce prénom. Célébré le 26 décembre, saint Étienne est l'un des premiers diacres martyrs de l'Église. Caractérologie : humanité, rectitude, rêve, tolérance, générosité.

Ettore : constant, qui retient (grec). Ce prénom est porté par moins de 100 personnes en France. Dans l'Hexagone, Ettore est plus traditionnellement usité au Pays basque. Variante : Etore. Caractérologie : intuition, relationnel, fidélité, médiation, adaptabilité.

Eudes : noble, fortuné (latin). Ce prénom rare est porté par près de 500 personnes en France. Variante : Eudelin. Caractérologie : idéalisme, intégrité, réflexion, altruisme, dévouement.

ETHAN

Fête : pas de fête connue

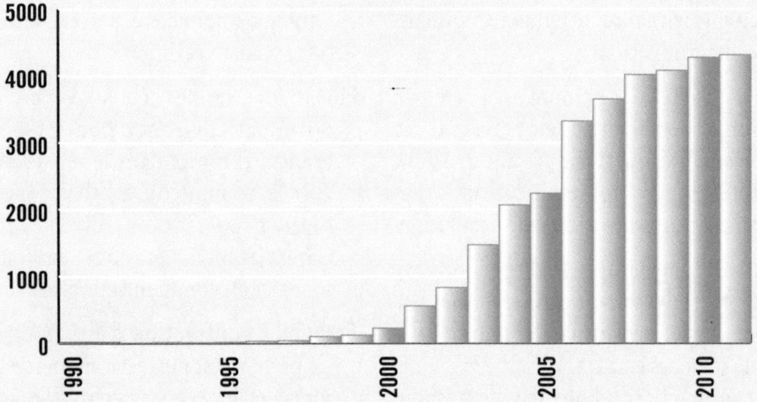

Étymologie : forme d'Etan qui signifie en hébreu « fort, ferme ». Redécouvert outre-Atlantique dans les années 1990, ce prénom biblique renaît après deux millénaires d'éclipse. Et de quelle manière ! Les effets de son jaillissement se mesurent à l'échelle planétaire. Son parcours français ne fait pas figure d'exception. Après avoir timidement émergé en 1989 (3 naissances), puis plus résolument les années suivantes, Ethan s'est envolé : il s'affiche aujourd'hui au 10e rang du classement national.

Deux éléments expliquent ce succès foudroyant. D'une part, il est évident que la montée de Nathan a favorisé celle d'Ethan. L'ascension de ce duo phonétiquement proche s'observe aussi bien en France que dans les pays anglophones. D'autre part, sa carrière a été galvanisée par la gloire des terminaisons en « an ».

En dehors de l'Hexagone, Ethan est en vogue dans de nombreux pays. Il vient de bondir dans les tops 10 australien et américain et s'envole dans le top 20 anglais. Il fait encore mieux dans les pays francophones, où il se distingue dans les premiers rangs wallon et romand. Reste le Québec, où son absence peut être justifiée par son identité anglophone. Notons que la forme hébraïque Etan (aussi orthographiée Etân) est peu usitée en France.

Etan est un prénom porté par trois personnages de l'Ancien Testament. Le premier, lévite, chante et joue de la cymbale pendant le transfert de l'Arche à Jérusalem ; le deuxième,

.../

Ethan *(suite)*

fils de Mahol, fait preuve d'une si grande sagesse qu'elle est comparée à celle du roi Salomon ; le troisième, personnage dont on sait peu de choses, est l'un des petits-fils de Judas.

Personnalité célèbre : Ethan Coen est un cinéaste américain qui a produit, avec son frère Joel, les films *Fargo* et *The Barber.*

Statistiques : Ethan est le 32e prénom masculin le plus donné en France depuis le début du XXIe siècle. On peut estimer qu'il sera attribué à un garçon sur 95 en 2012.

Eudore : beau présent (grec). Ce prénom est porté par moins de 100 personnes en France. Caractérologie : dynamisme, analyse, courage, indépendance, caractère.

Eugène : bien né (grec). Ce prénom est porté par environ 29 000 personnes en France. Il ne devrait pas être attribué à plus de 50 bébés en 2012. Au VIe siècle, saint Eugène de Carthage défendit l'Église malgré les persécutions d'Huméric, le roi des Vandales. Un pape du début du VIIe siècle illustra également ce prénom. Variantes : Eugen, Eugénien, Eugenius, Eugenio. Caractérologie : pratique, cœur, communication, enthousiasme, adaptation.

Eusebio : pieux (grec). Ce prénom très rare est porté par près de 190 personnes en France. Dans l'Hexagone, Eusebio est plus traditionnellement usité au Pays basque. Variante francisée : Eusèbe. Caractérologie : méthode, ténacité, décision, fiabilité, logique.

Eustache : récolte abondante (grec). Ce prénom rare est porté par près de 500 personnes en France. Caractérologie : gestion, audace, direction, attention, dynamisme.

Eutrope : de tempérament calme (grec). Ce prénom est porté par moins de 100 personnes en France. Caractérologie : autorité, énergie, cœur, innovation, logique.

Evan : if (celte), bien né, jeune guerrier (vieil irlandais), ou forme galloise de Jean. Ce prénom est porté par environ 29 000 personnes en France. Il figure dans le top 50 national. Voir le zoom dédié à Evan. Variante : Évane. Caractérologie : famille, équilibre, éthique, influence, exigence.

Evandre : if (celte). Caractérologie : paix, conscience, bienveillance, résolution, conseil.

Evann : voir Evan. Ce prénom est porté par environ 3 000 personnes en France. Il est relativement peu attribué aujourd'hui. Caractérologie : sociabilité, diplomatie, loyauté, réceptivité, bonté.

Evans : voir Evan. Ce prénom rare est porté par près de 800 personnes en France. Variante : Évence. Caractérologie : philosophie, connaissance, spiritualité, sagacité, originalité.

Évariste : agréable (grec). Ce prénom rare est porté par près de 800 personnes en France. Variante : Evaristo. Caractérologie : altruisme, idéalisme, détermination, intégrité, réflexion.

EVAN

Fête : 3 mai

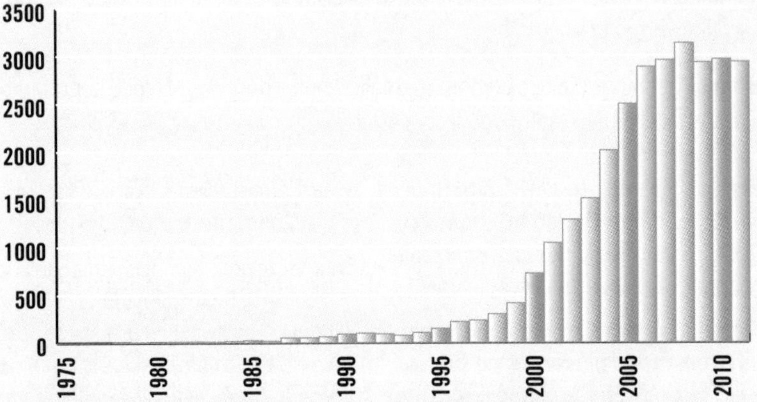

Étymologie : dans la tradition bretonne, l'origine de ce prénom associé à Yves signifie « if » en celte. Mais d'autres étymologies établies outre-Manche sont recevables. Evan pourrait être rattaché à *Iefan*, une forme galloise de Jean, tout comme il pourrait signifier « bien né » ou « jeune guerrier » en ancien irlandais. À moins qu'il ne revendique un lien avec Ésus, le dieu gaulois de la Guerre.

À l'exception du pays de Galles où ses occurrences se multiplient à partir du XVIe siècle, Evan n'a guère été attribué autrement que sous une forme patronymique (Evan, Ievan). C'est bien plus tard que le prénom se propage hors du berceau gallois pour gagner l'Angleterre, puis les pays anglophones. Comment expliquer sa percée récente dans l'Hexagone ?

L'engouement pour les prénoms irlando-bretons a bien évidemment favorisé son essor à la fin des années 1990. L'offensive du trio Evan, Kylian et Rayan n'a-t-il pas conquis la France ? La débâcle d'Yves a également favorisé la carrière de ce jeune héritier. De sorte qu'en 2012, Evan pourrait s'imposer dans le top 20 français. Il a déjà inspiré un certain nombre de variantes. Citons Ewan, Evann et Erwan pour celles qui sont les plus données. Au féminin, Évane, Evanne et Evana sont des perles rares en pleine expansion.

En dehors de l'Hexagone, Evan s'affiche dans le top 20 suisse romand et grandit dans les tops 100 belge et québécois. L'engouement que les parents hispanophones lui manifestent

.../

Evan *(suite)*

a permis à Ivan de s'établir aux portes du top 10 espagnol en 2009. Mais son recul dans les pays anglophones signale la fin d'une carrière internationale.

Prédicateur méthodiste gallois, **Evan Roberts** est à l'origine du mouvement du Réveil (mouvement des Églises pentecôtistes) au début du XXe siècle au pays de Galles.

Statistiques : Evan est le 38e prénom masculin le plus donné en France depuis le début du XXIe siècle. On peut estimer qu'il sera attribué à un garçon sur 140 en 2012.

Even : if (celte), bien né, jeune guerrier (vieil irlandais), ou forme galloise de Jean. Ce prénom rare est porté par près de 800 personnes en France. Variante : Iwen. Caractérologie : dynamisme, direction, audace, indépendance, assurance.

Évrard : puissant ours sauvage (germanique). Ce prénom très rare est porté par près de 300 personnes en France. Dans l'Hexagone, Evrard est plus traditionnellement usité en Alsace et dans les Flandres. Variantes : Éberhard, Everard, Everhard. Caractérologie : audace, découverte, originalité, énergie, décision.

Ewan : voir Evan. Ce prénom est porté par environ 5 000 personnes en France. Il est relativement peu attribué aujourd'hui. Variante : Ewann. Caractérologie : savoir, indépendance, méditation, intelligence, sagesse.

Ewen : voir Even. Ce prénom est porté par environ 7 000 personnes en France. Il figure dans le top 200 national. Tendance : stable. Dans l'Hexagone, Ewen est plus traditionnellement usité en Bretagne. Variantes : Ewenn, Ewin, Evyn, Evon, Iwan. Caractérologie : réceptivité, diplomatie, sociabilité, bonté, loyauté.

Exuperi : surpasser (latin). Dans l'Hexagone, Exuperi est plus traditionnellement usité au Pays basque. Caractérologie : cœur, force, habileté, logique, ambition.

Eymeric : puissant (germanique). Ce prénom rare est porté par près de 700 personnes en France. Variantes : Eymard, Eymerick. Caractérologie : équilibre, sens des responsabilités, famille, sympathie, influence.

Eytan : fort, ferme (hébreu). Ce prénom rare est porté par près de 600 personnes en France. Tendance : en croissance modérée. Variante : Eythan. Caractérologie : intuition, relationnel, médiation, adaptabilité, fidélité.

Ézéchiel : Dieu donne la force (hébreu). Ce prénom rare est porté par près de 600 personnes en France. Tendance : en croissance modérée. Caractérologie : énergie, innovation, ambition, autorité, autonomie.

Ezio : aigle (italien). Ce prénom rare est porté par près de 500 personnes en France. Tendance : en forte croissance. Caractérologie : autorité, énergie, innovation, autonomie, ambition.

Fabian : fève (latin). Ce prénom est porté par environ 4000 personnes en France. Il est très peu attribué aujourd'hui. Dans l'Hexagone, Fabian est plus traditionnellement usité en Occitanie. Variante : Fabiano. Caractérologie : famille, éthique, équilibre, détermination, influence.

Fabien : fève (latin). Ce prénom est porté par environ 108 000 personnes en France. Il est peu attribué aujourd'hui. Caractérologie : direction, audace, indépendance, décision, dynamisme.

Fabio : fève (latin). Ce prénom est porté par environ 6000 personnes en France. Il est relativement peu attribué aujourd'hui. Fabio est très répandu en Italie. Variante : Fabricio. Caractérologie : famille, influence, équilibre, éthique, exigence.

Fabrice : fabricateur (latin). Ce prénom est porté par environ 131 000 personnes en France. Il ne devrait pas être attribué à plus de 50 bébés en 2012. Au XIXe siècle, Stendhal a contribué à la vogue de ce prénom en faisant de Fabrice del Dongo le héros de son roman *La Chartreuse de Parme*. ♦ On sait peu de choses sur saint Fabrice de Tolède, si ce n'est qu'il mourut martyr au IIIe siècle. Caractérologie : vitalité, stratégie, résolution, achèvement, analyse.

Fabrizio : fabricateur (latin). Ce prénom rare est porté par près de 600 personnes en France. Dans l'Hexagone, Fabrizio est plus traditionnellement usité au Pays basque. Caractérologie : découverte, audace, originalité, séduction, énergie.

Fadi : celui qui porte secours (arabe). Ce prénom rare est porté par près de 600 personnes en France. Tendance : en forte croissance. Variante : Fady. Caractérologie : intuition, adaptabilité, médiation, relationnel, fidélité.

Fadil : vertueux (arabe). Ce prénom très rare est porté par près de 200 personnes en France. Variantes : Fadel, Fodel, Fodil, Foudil. Caractérologie : audace, découverte, originalité, énergie, raisonnement.

Faël : heureux présage (arabe). Ce prénom très rare est porté par près de 190 personnes en France. Caractérologie : sagesse, paix, bienveillance, conseil, conscience.

Fahad : panthère, léopard (arabe). Ce prénom très rare est porté par près de 200 personnes en France. Variantes : Fahd, Fahde, Fahed. Caractérologie : médiation, relationnel, adaptabilité, fidélité, intuition.

Fahim : intelligent, qui apprend facilement (arabe). Ce prénom rare est porté par près de 600 personnes en France. Tendance : en forte croissance. Variantes : Fahem, Fahmi. Caractérologie : ambition, autonomie, innovation, autorité, énergie.

Fanch : forme bretonne de François : libre (latin). Ce prénom très rare est porté par près de 300 personnes en France. Caractérologie : audace, énergie, originalité, découverte, séduction.

Faniel : heureux (vieil anglais). Variante : Fane. Caractérologie : résolution, analyse, intuition, médiation, relationnel.

Fantin : enfant (latin). Ce prénom très rare est porté par près de 400 personnes en France. Caractérologie : énergie, innovation, ambition, résolution, autorité.

Faouzi : qui aura du succès (arabe). Ce prénom est porté par environ 2000 personnes en France. Il ne devrait pas être attribué à plus de 50 bébés en 2012. Variante :

Faousi. Caractérologie : analyse, équilibre, influence, famille, sens des responsabilités.

Farès : chevalier, valeureux comme un lion (arabe). Ce prénom est porté par environ 5 000 personnes en France. Il est relativement peu attribué aujourd'hui. Variantes : Faress, Faresse. Caractérologie : efficacité, sécurité, structure, persévérance, décision.

Farid : unique (arabe). Ce prénom est porté par environ 17 000 personnes en France. Il est très peu attribué aujourd'hui. Variantes : Faride, Farrid, Férid. Caractérologie : intuition, adaptabilité, relationnel, médiation, fidélité.

Faris : chevalier, valeureux comme un lion (arabe). Ce prénom très rare est porté par près de 400 personnes en France. Caractérologie : achèvement, stratégie, ardeur, leadership, vitalité.

Farouk : celui qui discerne le bien du mal (arabe). Ce prénom est porté par environ 2 000 personnes en France. Il ne devrait pas être attribué à plus de 50 bébés en 2012. Variantes : Farik, Faruk. Caractérologie : altruisme, intégrité, idéalisme, gestion, logique.

Fathi : victorieux (arabe). Ce prénom rare est porté par près de 1 000 personnes en France. Variantes : Fathy, Fati, Fethy. Caractérologie : achèvement, vitalité, ardeur, stratégie, leadership.

Fatih : victorieux (arabe). Ce prénom est porté par environ 2 000 personnes en France. Tendance : en croissance modérée. Variantes : Fatah, Fatèh. Caractérologie : ambition, force, habileté, management, passion.

Faust : heureux, fortuné (latin). Ce prénom est porté par moins de 100 personnes en France. Variante : Fauste. Caractérologie : structure, sécurité, organisation, persévérance, efficacité.

Faustin : heureux, fortuné (latin). Ce prénom est porté par environ 1 000 personnes en France. Il est peu attribué aujourd'hui. Tendance : en croissance modérée. Dans l'Hexagone, Faustin est plus traditionnellement usité au Pays basque. Variantes : Faustino, Fausto. Caractérologie : humanité, rectitude, rêve, détermination, raisonnement.

Fawzi : qui aura du succès (arabe). Ce prénom très rare est porté par près de 400 personnes en France. Variantes : Faïz, Fauzi. Caractérologie : intuition, relationnel, médiation, fidélité, décision.

Fayçal : juge (arabe). Ce prénom est porté par environ 3 000 personnes en France. Il ne devrait pas être attribué à plus de 50 bébés en 2012. Variantes : Faïçal, Faïsal, Faïssal, Fayçel, Faysal, Fayssal. Caractérologie : enthousiasme, pratique, communication, adaptation, générosité.

Federico : pouvoir de la paix (germanique). Ce prénom très rare est porté par près de 400 personnes en France. Federico est très répandu dans les pays hispanophones et en Italie. Caractérologie : logique, médiation, relationnel, caractère, intuition.

Félicien : heureux (latin). Ce prénom est porté par environ 3 000 personnes en France. Il ne devrait pas être attribué à plus de 50 bébés en 2012. Variantes : Félice, Feliciano. Caractérologie : logique, tolérance, rêve, humanité, rectitude.

Felipe : qui aime les chevaux (grec). Ce prénom rare est porté par près de 800 personnes en France. Tendance : en croissance modérée. Dans l'Hexagone, Felipe est plus traditionnellement usité au Pays basque. Variante occitane : Felip. Caractérologie : stratégie, sympathie, vitalité, achèvement, analyse.

Félix : heureux (latin). Ce prénom est porté par environ 25 000 personnes en France. Il figure dans le top 200 national. Tendance : stable. Variantes basques et bretonnes : Feliz, Filiz, Heliz. Caractérologie : intuition, relationnel, médiation, analyse, fidélité.

Ferdinand : courageux, aventurier (germanique). Ce prénom est porté par environ 6 000 personnes en France. Il est peu attribué aujourd'hui. Tendance : en forte croissance. Variante : Ferdi. Caractérologie : communication, pragmatisme, résolution, optimisme, volonté.

Fergus : choix (irlandais). Ce prénom est porté par moins de 100 personnes en France. Caractérologie : sympathie, sécurité, persévérance, structure, analyse.

Fernand : courageux, aventurier (germanique). Ce prénom est porté par environ 41 000 personnes en France. Il ne devrait pas être attribué à plus de 50 bébés en 2012. Navigateur portugais, Fernand de Magellan a découvert en 1520 le détroit auquel il a donné son nom. Caractérologie : achèvement, vitalité, volonté, stratégie, détermination.

Fernando : courageux, aventurier (germanique). Ce prénom est porté par environ 4 000 personnes en France. Il ne devrait pas être attribué à plus de 50 bébés en 2012. Fernando est très répandu dans les pays hispanophones et au Portugal. Variante : Fernandez. Caractérologie : résolution, courage, dynamisme, volonté, curiosité.

Ferréol : de fer (latin). Ce prénom très rare est porté par près de 200 personnes en France. Variantes : Féréol, Ferrero, Ferruccio, Ferrucio, Feruccio, Ferucio, Ferrer. Caractérologie : savoir, intelligence, méditation, indépendance, logique.

Féthi : victorieux (arabe). Ce prénom rare est porté par près de 700 personnes en France. Caractérologie : enthousiasme, pratique, communication, attention, adaptation.

Fiacre : se rapporte à saint Fiacre, moine irlandais qui vécut en France au VIIe siècle. Il est le patron des jardiniers. Ce prénom est porté par moins de 100 personnes en France. Caractérologie : résolution, sens des responsabilités, famille, équilibre, analyse.

Filipe : qui aime les chevaux (grec). Ce prénom est porté par environ 2 000 personnes en France. Il ne devrait pas être attribué à plus de 50 bébés en 2012. Variantes : Filip, Filipo. Caractérologie : pratique, sympathie, analyse, communication, enthousiasme.

Finn : blanc, clair (celte). Ce prénom est porté par moins de 100 personnes en France. Caractérologie : indépendance, méditation, intelligence, sagesse, savoir.

Firmin : fermeté, rigueur (latin). Ce prénom est porté par environ 3 000 personnes en France. Il est très peu attribué aujourd'hui. Saint Firmin, évêque d'Uzès au VIe siècle, est invoqué pour l'aide aux caractères faibles. Variante basque : Fermin. Caractérologie : paix, bienveillance, conseil, conscience, volonté.

Flavien : couleur jaune, blond (latin). Ce prénom est porté par environ 13 000 personnes en France. Il est peu attribué aujourd'hui. Variantes : Flavian, Flavy. Caractérologie : famille, équilibre, caractère, sens des responsabilités, logique.

Flavio : couleur jaune, blond (latin). Ce prénom est porté par environ 3 000 personnes en France. Il est relativement peu attribué aujourd'hui. Caractérologie : diplomatie, sociabilité, loyauté, analyse, réceptivité.

Fleury : fleur (latin). Ce prénom très rare est porté par près de 300 personnes en France. Variantes : Fiore, Fiorello, Fleuret, Fleuri, Fleuris. Caractérologie : conscience, bienveillance, sympathie, paix, analyse.

Flint : ruisseau (anglo-saxon). Caractérologie : sagacité, spiritualité, connaissance, analyse, originalité.

Floran : floraison (latin). Ce prénom rare est porté par près de 500 personnes en France. Variantes : Florant, Florancio. Caractérologie : analyse, pragmatisme, communication, optimisme, résolution.

Floréal : floraison (latin). Ce nom désignait également la période du printemps dans le calendrier révolutionnaire. Ce prénom rare est porté par près de 600 personnes en France. Caractérologie : conscience, paix, bienveillance, logique, décision.

Florent : floraison (latin). Ce prénom est porté par environ 65 000 personnes en France. Il est relativement peu attribué aujourd'hui. Caractérologie : altruisme, idéalisme, réflexion, intégrité, logique.

Florentin : floraison (latin). Ce prénom est porté par environ 5 000 personnes en France. Il est peu attribué aujourd'hui. Variante : Florentino. Caractérologie : découverte, énergie, audace, analyse, originalité.

Florestan : floraison (latin). Ce prénom très rare est porté par près de 300 personnes en France. Caractérologie : réceptivité, sociabilité, diplomatie, décision, logique.

Florian : floraison (latin). Ce prénom est porté par environ 123 000 personnes en France. Il figure dans le top 200 national. Tendance : en décroissance modérée. Saint Florian est le patron de l'Autriche. Variantes : Florain, Floriant, Florien, Florin, Floride, Flory, Floryan. Variante basque : Floriano. Caractérologie : détermination, pratique, raisonnement, communication, enthousiasme.

Florient : floraison (latin). Ce prénom rare est porté par près de 600 personnes en France. Caractérologie : idéalisme, altruisme, intégrité, réflexion, analyse.

Florimond : floraison (latin). Ce prénom rare est porté par près de 700 personnes en France. Variante : Florimon. Caractérologie : méditation, savoir, intelligence, caractère, logique.

Floris : floraison (latin). Ce prénom rare est porté par près de 800 personnes en France. Dans l'Hexagone, Floris est plus traditionnellement usité au Pays basque. Variante : Florice. Caractérologie : sagacité, philosophie, raisonnement, spiritualité, originalité.

Floyd : cheveux gris (gallois). Ce prénom très rare est porté par près de 130 personnes en France. Caractérologie : achèvement, vitalité, ardeur, leadership, stratégie.

Foad : généreux, qui a du cœur (arabe). Ce prénom très rare est porté par près de 100 personnes en France. Caractérologie : leadership, vitalité, stratégie, achèvement, ardeur.

Fortunato : chanceux (latin). Ce prénom est porté par moins de 100 personnes en France. Variante : Fortuna. Caractérologie : fiabilité, analyse, ténacité, méthode, résolution.

Foster : gardien de forêt (anglais). Caractérologie : fidélité, intuition, relationnel, médiation, décision.

Fouad : généreux, qui a du cœur (arabe). Ce prénom est porté par environ 5 000 personnes en France. Il ne devrait pas être attribué à plus de 50 bébés en 2012. Variantes : Fouaad, Fouade, Fouede, Fouhad. Caractérologie : adaptabilité, relationnel, intuition, fidélité, médiation.

Foucauld : peuple de la forêt (germanique). Se rapporte également à Charles de Foucauld, prêtre assassiné en 1916 à Tamanrasset. Ce prénom très rare est porté par près de 400 personnes en France. Variante : Foucault. Caractérologie : intuition, médiation, adaptabilité, relationnel, fidélité.

Foued : généreux, qui a du cœur (arabe). Ce prénom rare est porté par près de 1 000 personnes en France. Variante : Fouhed. Caractérologie : bienveillance, conscience, caractère, paix, conseil.

Franc : libre (latin). Ce prénom est porté par environ 1 000 personnes en France. Tendance : stable. Caractérologie : équilibre, détermination, sens des responsabilités, famille, raisonnement.

Francesco : libre (latin). Ce prénom est porté par environ 2 000 personnes en France. Il ne devrait pas être attribué à plus de 50 bébés en 2012. Francesco est très répandu en Italie. Caractérologie : enthousiasme, pratique, communication, raisonnement, détermination.

Francis : libre (latin). Ce prénom est porté par environ 129 000 personnes en France. Il ne devrait pas être attribué à plus de 50 bébés en 2012. Variante : Francys. Caractérologie : savoir, intelligence, méditation, analyse, résolution.

Francisco : libre (latin). Ce prénom est porté par environ 7 000 personnes en France. Il ne devrait pas être attribué à plus de 50 bébés en 2012. Francisco est très répandu en Espagne. Caractérologie : détermination, spiritualité, connaissance, raisonnement, sagacité.

Francisque : libre (latin). Ce prénom est porté par environ 1 000 personnes en France. Tendance : stable. Caractérologie : analyse, audace, énergie, découverte, résolution.

Franck : libre (latin). Ce prénom est porté par environ 171 000 personnes en France. Il est peu attribué aujourd'hui. Caractérologie : stratégie, achèvement, détermination, vitalité, raisonnement.

Francky : libre (latin). Ce prénom est porté par environ 2 000 personnes en France. Il ne devrait pas être attribué à plus de 50 bébés en 2012. Variantes : Franco, Francki, Franckie, Franki, Frankie. Variantes bretonnes : Soaig, Soizic. Caractérologie : sympathie, sens des responsabilités, équilibre, famille, analyse.

Le palmarès des prénoms de la Suisse romande

Ce palmarès a été effectué par l'Office fédéral suisse de la statistique (OFS). Les prénoms sont classés par ordre décroissant d'attribution.

1. Luca(s)*	6. Matteo	11. Thomas	16. Nolan
2. Nathan	7. Alexandre	12. David	17. Ethan
3. Noah	8. Maxime	13. Evan	18. Diego
4. Gabriel	9. Arthur	14. Louis	19. Hugo
5. Rafael**	10. Théo	15. Samuel	20. Benjamin

Commentaires et observations

Il s'en est fallu d'un cheveu que Nathan conserve, pour la troisième année consécutive, le trône suisse romand. Mais grâce au succès de ses deux orthographes, c'est Luca(s) qui l'emporte. D'autres bouleversements affectent ce millésime 2009. La renaissance des prénoms de l'Ancien Testament, qui se dessinait déjà l'an passé, se précise nettement. Dans le sillon de Nathan, l'ascension de Noah, Gabriel et Rafael est aussi remarquable qu'en France voisine, et si David est en fin de carrière, sa relève est déjà assurée par Benjamin. Dans ce contexte, Samuel pourrait repartir à l'assaut du sommet !

Dans les prénoms en perte de vitesse, le repli de Léo s'est accentué et Enzo a dégringolé dans les dédales du classement. Malgré tout, les désinences en « o » font de la résistance. En rebondissant au sixième rang, Matteo est même devenu leur nouvelle figure de proue. Il a sans doute inspiré le rebond d'Hugo et la percée de Diego dans le top 20. Pour autant, les consonances irlandaises qui n'ont pas dit leur dernier mot. Evan, l'étoile filante de ce palmarès, ne donne-t-il pas des ailes à Nolan et Ethan ?

En 2011, Tiago pourrait prêter main forte à Matteo et s'imposer dans le panthéon des prénoms romands.

Horizon 2012

L'essor fulgurant de Maël pourrait faire de ce choix breton un digne successeur de Loïc. D'autant que la place, longtemps occupée par ce dernier, s'est libérée. La nouvelle génération de prénoms bretons est en marche…

* Luca, avec ses quatre lettres, serait au deuxième rang du classement sans le soutien de Lucas.

** Rafael est nettement plus attribué en Romandie que Raphaël, sa forme française et anglophone. Notons que la cinquième position de Rafael prend en compte le niveau d'attribution de Raphaël.

François : libre (latin). Ce prénom est porté par environ 267 000 personnes en France. Il est relativement peu attribué aujourd'hui. De nombreux saints ont porté ce prénom. Le 4 octobre célèbre la fête de saint François d'Assise, le plus connu d'entre eux. Touché par la grâce, saint François d'Assise se dépouilla de ses vêtements, vendit ses biens au profit des pauvres, fonda un ordre qui porta son nom et partit évangéliser les campagnes. Il prêcha la foi aux musulmans de Syrie et d'Égypte et plaida pour l'arrêt de la guerre opposant chrétiens et musulmans auprès du sultan de Damiette. Fêté le 24 janvier, saint François de Sales est le patron des journalistes. Caractérologie : structure, sécurité, persévérance, raisonnement, détermination.

François-Xavier : forme composée de François et Xavier. Ce prénom est porté par environ 7 000 personnes en France. Il ne devrait pas être attribué à plus de 50 bébés en 2012. Jésuite missionnaire au XVIe siècle, saint François-Xavier partit sur la demande du pape Paul III prêcher en Indes orientales et au Japon. Il est le patron des missionnaires. Caractérologie : volonté, intuition, médiation, relationnel, analyse.

Frank : libre (latin). Ce prénom est porté par environ 11 000 personnes en France. Il ne devrait pas être attribué à plus de 50 bébés en 2012. Caractérologie : courage, dynamisme, curiosité, indépendance, détermination.

Franklin : libre (latin). Ce prénom rare est porté par près de 700 personnes en France. Caractérologie : persévérance, résolution, structure, sécurité, analyse.

Franky : libre (latin). Ce prénom rare est porté par près de 700 personnes en France. Caractérologie : créativité, optimisme, communication, pragmatisme, détermination.

Frantz : libre (latin). Ce prénom est porté par environ 5 000 personnes en France. Il ne devrait pas être attribué à plus de 50 bébés en 2012. Variante : Frans. Caractérologie : structure, sécurité, sensibilité, persévérance, détermination.

Franz : libre (latin). Ce prénom rare est porté par près de 1 000 personnes en France. Franz est très répandu en Allemagne. Caractérologie : médiation, fidélité, détermination, relationnel, intuition.

Fraser : fraise (écossais). Caractérologie : ténacité, engagement, méthode, fiabilité, résolution.

Fred : pouvoir de la paix (germanique). Ce prénom est porté par environ 4 000 personnes en France. Il ne devrait pas être attribué à plus de 50 bébés en 2012. Variante : Frede. Caractérologie : famille, équilibre, sens des responsabilités, influence, volonté.

Freddy : pouvoir de la paix (germanique). Ce prénom est porté par environ 16 000 personnes en France. Il ne devrait pas être attribué à plus de 50 bébés en 2012. Variantes : Freddi, Freddie, Fredi, Fredj, Fredo. Caractérologie : vitalité, stratégie, ardeur, volonté, achèvement.

Frédéric : pouvoir de la paix (germanique). Ce prénom est porté par environ 307 000 personnes en France. Il est peu attribué aujourd'hui. Ce grand prénom royal a été porté par une trentaine de souverains germaniques, prusses, danois et norvégiens. Surnommé Barberousse,

Frédéric Ier fut le premier roi de Prusse au XVIIIe siècle. Son fils et successeur, Frédéric II le Grand, réorganisa ses États et fit de son armée une force militaire redoutable. Intellectuel francophile, il tissa des liens avec Voltaire et les plus grands savants de son époque. Caractérologie : dynamisme, curiosité, logique, courage, caractère.

Frederick : pouvoir de la paix (germanique). Ce prénom est porté par environ 5 000 personnes en France. Il ne devrait pas être attribué à plus de 50 bébés en 2012. Variantes : Frederi, Frederich, Frederico, Fredric, Friedrich, Fritz. Caractérologie : méditation, savoir, volonté, intelligence, raisonnement.

Frederik : pouvoir de la paix (germanique). Ce prénom est porté par environ 1 000 personnes en France. Tendance : stable. Caractérologie : fiabilité, méthode, engagement, ténacité, caractère.

Fredy : pouvoir de la paix (germanique). Ce prénom est porté par environ 2 000 personnes en France. Il ne devrait pas être attribué à plus de 50 bébés en 2012. Caractérologie : ténacité, méthode, fiabilité, engagement, volonté.

Fridolin : elfe, conseiller (germanique). Ce prénom est porté par moins de 100 personnes en France. Caractérologie : bienveillance, conscience, paix, logique, caractère.

Fulbert : peuple brillant (germanique). Ce prénom rare est porté par près de 600 personnes en France. Caractérologie : enthousiasme, communication, adaptation, pratique, analyse.

Fulgence : fulgurant (latin). Ce prénom est porté par moins de 100 personnes en France. Variantes : Fulgencio, Fulgent. Caractérologie : direction, dynamisme, audace, cœur, indépendance.

Fulvio : couleur jaune, blond (latin). Ce prénom est porté par moins de 100 personnes en France. Variante : Fulvien. Caractérologie : ténacité, méthode, fiabilité, engagement, logique.

Gabin : qui vient de Gabium, une ancienne ville d'Italie centrale (latin). Ce prénom est porté par environ 19 000 personnes en France. Il figure dans le top 50 national. Voir le zoom dédié à Gabin. Caractérologie : paix, bienveillance, conscience, conseil, décision.

Gabriel : force de Dieu (hébreu). Ce prénom est porté par environ 93 000 personnes en France. Il figure dans le top 50 national. Voir le zoom dédié à Gabriel. Variantes : Gabe, Gabi, Gabirel, Gabriele, Gabryel. Caractérologie : altruisme, idéalisme, détermination, amitié, intégrité.

Gaby : force de Dieu (hébreu). Ce prénom est porté par environ 1 000 personnes en France. Il est très peu attribué aujourd'hui. Tendance : en forte croissance. Caractérologie : force, ambition, habileté, passion, management.

Gad : chanceux, heureux (hébreu). Ce prénom très rare est porté par près de 200 personnes en France. Caractérologie : communication, pratique, enthousiasme, réalisation, adaptation.

Gadiel : fortune de Dieu (hébreu). Caractérologie : intuition, relationnel, réussite, médiation, cœur.

Gaël : seigneur généreux (breton). Ce prénom, porté par environ 30 000 Français, figure dans le top 200 national. Tendance : stable. Ancien peuple celte, les Gaëls s'établirent en Irlande à la fin du ve siècle. En Bretagne, Gæl s'orthographie souvent sans tréma. Variante : Gælig. Caractérologie : méditation, savoir, intelligence, cœur, indépendance.

Gaétan : de Gaète, ville d'Italie (latin). Ce prénom est porté par environ 48 000 personnes en France. Il figure dans le top 200 national. Tendance : stable. Gaëtan s'orthographie également avec un tréma. Variante : Gaéthan. Caractérologie : communication, enthousiasme, pratique, générosité, adaptation.

Gaetano : de Gaète, ville d'Italie (latin). Ce prénom rare est porté par près de 600 personnes en France. Caractérologie : altruisme, réflexion, dévouement, intégrité, idéalisme.

Gaïus : masculin de Gaia, déesse de la mythologie grecque. Caractérologie : communication, générosité, pratique, adaptation, enthousiasme.

Gall : valeureux, héroïque (irlandais). Caractérologie : charisme, indépendance, dynamisme, curiosité, courage.

Gamal : chameau (arabe). Ce prénom très rare est porté par près de 160 personnes en France. Caractérologie : connaissance, sagacité, réussite, spiritualité, originalité.

Gamiel : Dieu est ma récompense (hébreu). Caractérologie : relationnel, sympathie, intuition, médiation, réalisation.

Gang : petite montagne (chinois). Caractérologie : loyauté, diplomatie, sociabilité, réceptivité, bonté.

Garry : lance, gouverner (germanique). Ce prénom est porté par environ 1 000 personnes en France. Tendance : en croissance modérée. Caractérologie : influence, famille, sens des responsabilités, exigence, équilibre.

GABIN

Fête : 19 février

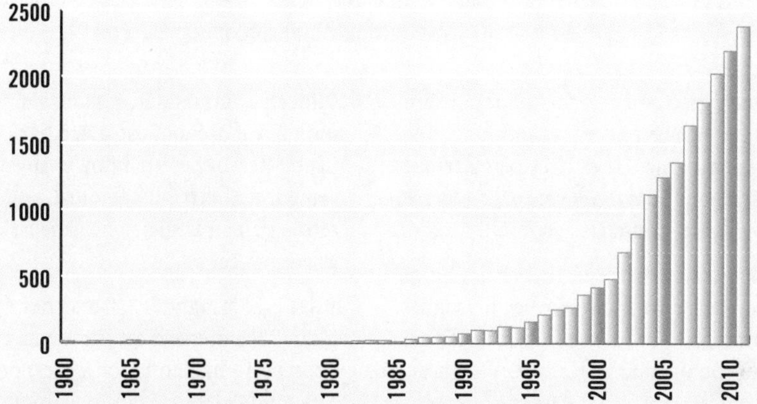

Étymologie : se rapporte à *Gabinus*, un nom latin qui signifiait : « qui vient de Gabium » (ce terme désigne une ancienne ville du Latium, en Italie centrale). Mais l'origine pouvant expliquer l'essor de ce prénom est très différente. Gabin aurait pour ancêtre Gauvain, le neveu du roi Arthur. Chevalier de la Table Ronde, Gauvain avait toutes les qualités d'un gentleman et portait souvent l'épée Excalibur. Selon la légende, sa force se trouvait décuplée avec la lumière du soleil. Véhiculée par les légendes arthuriennes au Moyen Âge, la popularité de ce personnage assura au prénom une large diffusion en France et en Grande-Bretagne*.

Gawain réapparaît en Écosse au XVIe siècle, mais c'est sous la forme de Gabin que ce choix renaît depuis peu dans l'Hexagone (il a franchi le seuil des 20 attributions en 1986). L'acteur Jean Gabin (1904-1976) a peut-être contribué à son succès, et peu importe que son nom de naissance ait été Jean Alexis Moncorgé. Gabin (et Gavin) figurent aujourd'hui dans les 40 premiers rangs des classements français et américains.

Personnalité célèbre : Gabin Nuissier, chorégraphe français.

Sous le règne de l'empereur Dioclétien au IIIe siècle, **saint Gavino** mourut martyr avec sa fille en Sardaigne.

* Gawain était alors l'équivalent anglais de Gauvain. .../

G

Gabin *(suite)*

Dans l'Ancien Testament, **Jabin**, le roi de Hazor (en Galilée), dirige une coalition contre les Israélites. Il est vaincu par les troupes de Josué et la ville est brûlée.

Statistiques : Gabin est le 68e prénom masculin le plus donné en France depuis le début du XXIe siècle. On peut estimer qu'il sera attribué à un garçon sur 172 en 2012.

Gary : lance, gouverner (germanique). Ce prénom est porté par environ 5 000 personnes en France. Il est très peu attribué aujourd'hui. Caractérologie : paix, sagesse, bienveillance, conscience, conseil.

Gaspard : gardien du trésor (hébreu). Ce prénom est porté par environ 10 000 personnes en France. Il figure dans le top 100 national. Voir le zoom dédié à Gaspard. Variantes : Caspar, Casper, Gaspar, Jasper. Caractérologie : optimisme, communication, créativité, pragmatisme, réalisation.

Gaston : accueillant (germanique). Ce prénom est porté par environ 27 000 personnes en France. Il est peu attribué aujourd'hui. Tendance : en croissance modérée. Évêque d'Arras, Gaston (ou saint Vaast) aurait été l'instructeur religieux de Clovis avant son baptême. Caractérologie : fiabilité, engagement, méthode, ténacité, sens du devoir.

Gatien : accueillant (germanique). Ce prénom est porté par environ 2 000 personnes en France. Il est peu attribué aujourd'hui. Caractérologie : sociabilité, réceptivité, diplomatie, résolution, loyauté.

Gaultier : commander, gouverner (germanique). Ce prénom rare est porté par près de 500 personnes en France. Variante : Gaulthier. Caractérologie : communication, détermination, enthousiasme, amitié, pratique.

Gauthier : commander, gouverner (germanique). Ce prénom est porté par environ 14 000 personnes en France. Il est relativement peu attribué aujourd'hui. Caractérologie : stratégie, achèvement, vitalité, attention, action.

Gautier : commander, gouverner (germanique). Ce prénom est porté par environ 8 000 personnes en France. Il est peu attribué aujourd'hui. Caractérologie : rêve, détermination, humanité, amitié, rectitude.

Gauvain : faucon de plaine (gallois). Ce prénom très rare est porté par près de 400 personnes en France. Gauvain, le neveu du roi Arthur, est considéré comme l'un des meilleurs chevaliers de la Table ronde. Variantes : Gavin, Gauvin. Caractérologie : optimisme, pragmatisme, réalisation, amitié, communication.

Gaylord : gaillard (vieux français). Ce prénom est porté par environ 2 000 personnes en France. Il ne devrait pas être attribué à plus de 50 bébés en 2012. Variante : Gaylor. Caractérologie : dynamisme, audace, réalisation, analyse, direction.

Gédéon : qui coupe les arbres (hébreu). Ce prénom très rare est porté par près de 300 personnes en France. Caractérologie : originalité, énergie, découverte, caractère, audace.

Genès : naissance (latin). Ce prénom est porté par moins de 100 personnes en France. Variante : Genest. Caractérologie : curiosité, charisme, indépendance, dynamisme, courage.

Genseric : puissant gouverneur (scandinave). Ce prénom est porté par moins de 100 personnes en France. Caractérologie : force, sympathie, ambition, résolution, habileté.

Geoffray : la paix de Dieu (germanique). Ce prénom est porté par environ 1 000 personnes en France. Tendance : stable. Caractérologie : relationnel, médiation, intuition, fidélité, décision.

Geoffrey : la paix de Dieu (germanique). Ce prénom est porté par environ 27 000 personnes en France. Il est très peu attribué aujourd'hui. Variante : Gottfried. Caractérologie : bienveillance, paix, conscience, sagesse, conseil.

Geoffroy : la paix de Dieu (germanique). Ce prénom est porté par environ 8 000 personnes en France. Il ne devrait pas être attribué à plus de 50 bébés en 2012. Dans l'Hexagone, Geoffroy est plus traditionnellement usité dans les Flandres. Variantes : Geoffroi, Gœffrey. Caractérologie : connaissance, sagacité, originalité, spiritualité, philosophie.

George : labourer le sol (grec). Ce prénom rare est porté par près de 1 000 personnes en France. Caractérologie : optimisme, créativité, pragmatisme, communication, sociabilité.

Georges : labourer le sol (grec). Ce prénom est porté par environ 185 000 personnes en France. Il est très peu attribué aujourd'hui. Soldat romain né en Cappadoce, saint Georges mourut martyr en 303 sous le règne de Dioclétien. Une légende raconte qu'il aurait tué un dragon dans un camp libyen afin de sauver une princesse qui allait lui être sacrifiée. Patron de l'Angleterre, saint Georges a inspiré la création de la croix de Saint-Georges, récompense attribuée aux plus braves et courageux. George Washington, le premier président des États-Unis, et plusieurs rois d'Angleterre ont illustré ce prénom. Variantes : Georgie, Georgio, Georgy, Jurgen, Jorj. Variante basque : Gorka. Variante bretonne : Yun. Caractérologie : structure, sécurité, persévérance, efficacité, détermination.

Gérald : lance, gouverner (germanique). Ce prénom est porté par environ 30 000 personnes en France. Il ne devrait pas être attribué à plus de 50 bébés en 2012. Variantes : Géralde, Geraldo, Geraldy. Caractérologie : sociabilité, réceptivité, diplomatie, réalisation, sympathie.

Gérard : lance puissante (germanique). Ce prénom est porté par environ 313 000 personnes en France. Il ne devrait pas être attribué à plus de 50 bébés en 2012. Abbé de Brogne au Xe siècle, saint Gérard réforma plusieurs abbayes dans le nord-est de la France. Variantes : Gérardin, Gerardo, Gerbert, Gerhard. Variante alsacienne : Guerard. Caractérologie : décision, achèvement, vitalité, stratégie, réussite.

Géraud : lance, gouverner (germanique). Ce prénom est porté par environ 2 000 personnes en France. Il ne devrait pas être attribué à plus de 50 bébés en 2012. Géraud d'Aurillac, comte et fondateur de l'abbaye d'Aurillac, vécut au IXe siècle. Caractérologie : relationnel, médiation, intuition, sympathie, réalisation.

GABRIEL

Fête : 29 septembre

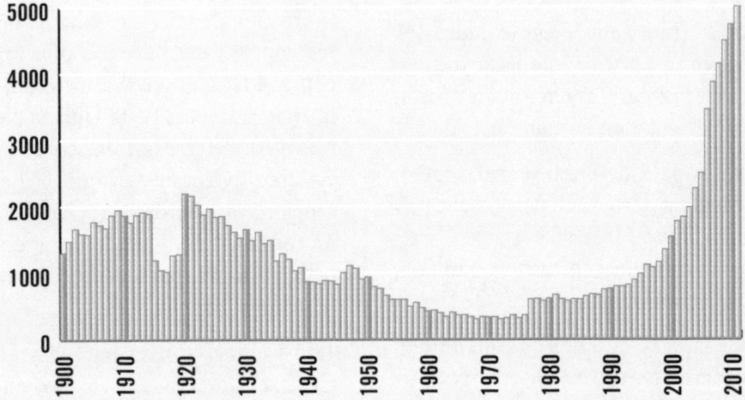

Étymologie : de l'hébreu *gabor* et *el*, « force de Dieu ». Après avoir connu une certaine faveur au Moyen Âge, l'engouement pour ce prénom s'estompe et se déplace de la France aux pays anglophones. Plusieurs siècles d'éclipse partielle lui sont imposés avant qu'il ne renaisse à la fin des années 1990. Après l'inconstance des grands débuts, plus rien ne semble entraver l'élan qui le porte aujourd'hui. Le jaillissement de Raphaël, qui rime avec lui, a encouragé ce retour, mais c'est à l'essor des prénoms bibliques qu'il doit avant tout sa gloire. Il trône sur le classement parisien depuis 2007 et devrait bondir au 5e rang du palmarès français en 2012.

Comme la plupart des référents bibliques, Gabriel jouit d'une immense notoriété internationale. Bien que sa popularité soit variable selon les pays, il descend rarement en seconde division des classements. Il est plus particulièrement en faveur dans les régions francophones de la Belgique, de la Suisse et du Canada. De son côté, le féminin Gabrielle reprend des couleurs : ce prénom devrait être attribué à environ 1 200 Françaises en 2012. Il devance Gabriella qui reste essentiellement implanté dans les pays hispanophones et anglo-saxons. Gabriel se prête peu aux variations, mais le diminutif Gaby est attribué dans les deux genres.

Gabriel est vénéré dans le judaïsme, le christianisme et l'islam. Dans l'Ancien Testament, il est le messager du ciel qui aide le prophète Daniel à interpréter ses songes. Il apparaît sous la même forme dans le Nouveau Testament pour annoncer à Marie qu'elle va mettre

.../

Gabriel *(suite)*

au monde l'Enfant Jésus. Enfin, dans le Coran, **Djibril** (équivalent arabe de Gabriel) est considéré comme l'ange porteur d'ordres et de châtiments divins. C'est lui qui révèle le Coran à Mahomet.

L'archange Gabriel est le patron des postiers et de nombreux métiers de la communication.

Statistiques : Gabriel est le 28e prénom masculin le plus donné en France depuis le début du XXIe siècle. On peut estimer qu'il sera attribué à un garçon sur 82 en 2012. Jean-Gabriel, le composé de Gabriel le plus porté, devrait être attribué une vingtaine de fois.

Germain : de même sang (latin). Ce prénom est porté par environ 15 000 personnes en France. Il est très peu attribué aujourd'hui. Variante : Germano. Variante basque et occitane : German. Caractérologie : sécurité, structure, réalisation, persévérance, détermination.

Germinal : période du début du printemps dans le calendrier révolutionnaire. Ce prénom très rare est porté par près de 400 personnes en France. Caractérologie : sagacité, sympathie, connaissance, réalisation, spiritualité.

Gérôme : nom sacré (grec). Ce prénom est porté par environ 1 000 personnes en France. Tendance : stable. Voir Jérôme. Caractérologie : rêve, tolérance, volonté, rectitude, humanité.

Gervais : prêt au combat (germanique). Ce prénom est porté par environ 3 000 personnes en France. Il ne devrait pas être attribué à plus de 50 bébés en 2012. Caractérologie : détermination, humanité, rectitude, rêve, réalisation.

Gery : diminutif de Gérard et de Gérald. Ce prénom est porté par environ 1 000 personnes en France. Tendance : stable. Variante : Gerry. Caractérologie : autorité, innovation, ambition, autonomie, énergie.

Ghaïs : vigoureux (arabe). Ce prénom très rare est porté par près de 190 personnes en France. Caractérologie : achèvement, vitalité, action, ardeur, stratégie.

Gharib : nom d'un des personnages des *Mille et Une Nuits*. Ce prénom est porté par moins de 100 personnes en France. Caractérologie : intégrité, idéalisme, altruisme, action, réflexion.

Ghislain : doux (germanique). Ce prénom est porté par environ 11 000 personnes en France. Il ne devrait pas être attribué à plus de 50 bébés en 2012. Variantes : Ghyslain, Gyslain. Caractérologie : sympathie, intelligence, méditation, savoir, ressort.

Giacomo : supplanter, substituer (hébreu). Ce prénom très rare est porté par près de 500 personnes en France. Tendance : en forte croissance. Giacomo est très répandu en Italie. Caractérologie : idéalisme, intégrité, altruisme, logique, réussite.

Gidéon : qui coupe les arbres (hébreu). Ce prénom est porté par moins de 100 personnes en France. Caractérologie : rêve, rectitude, ouverture d'esprit, humanité, caractère.

GASPARD

Fête : 28 décembre, 6 janvier

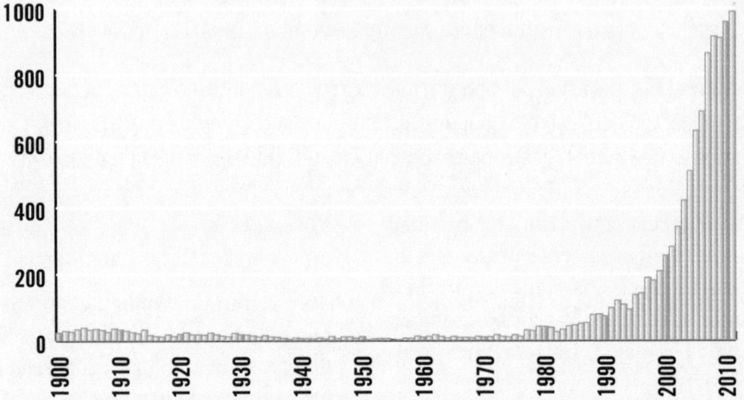

Étymologie : Gapard se rapporte à *ghizbar*, un nom hébreu d'origine perse signifiant « gardien du trésor ». *L'Évangile selon saint Matthieu* raconte que des Mages venus d'Orient se laissèrent guider par une étoile jusqu'à Bethléem, pour honorer Jésus nouveau-né. Au VIe siècle, l'Église donne à ces mages les noms de Gaspard, Melchior et Balthazar, mais c'est au XIIe siècle que leur double reconnaissance, liturgique et iconographique, lance la carrière des prénoms.

Gaspard est en faveur du Moyen Âge au début du XIXe siècle, mais il se raréfie ensuite, au point de ne prénommer aucun Français en 1955. Sa renaissance est singulièrement lente jusqu'à la fin des années 1980, où ses attributions frémissent à Paris. En attendant la gloire nationale, Gaspard s'est élevé aux portes du top 20 parisien en 2010.

Dans les peintures du XIIe siècle, Gaspard apparaît sous les traits d'un jeune homme imberbe au teint clair, agenouillé pour offrir l'or à Jésus. À ses côtés, Melchior, le plus âgé des trois, offre l'encens pendant que Balthazar, le roi maure coiffé d'un turban, tend la myrrhe. Ensemble, ils représentent les peuples et les continents connus de l'époque; l'Asie, l'Europe et l'Afrique. Cet épisode biblique fut également immortalisé par Rubens au début du XVIIe siècle.

Saint Gaspard del Bufalo, évangélisateur italien au XVIIIe siècle, est fêté le 28 décembre.

…/

Gaspard *(suite)*

Personnalités célèbres : Gaspard Koenig, écrivain français né en 1982 ; Gaspard Ulliel, acteur français né en 1984 ; Gaspard Proust, humoriste français.

Statistiques : Gaspard est le 111e prénom masculin le plus donné en France depuis le début du XXIe siècle. On peut estimer qu'il sera attribué à un garçon sur 414 en 2012. Notons que son féminin Gasparine est inattribué depuis 1927.

Gil : diminutif des prénoms formés avec Gil. Ce prénom est porté par environ 3 000 personnes en France. Il ne devrait pas être attribué à plus de 50 bébés en 2012. Caractérologie : énergie, autorité, ambition, autonomie, innovation.

Gilane : contraction de Gilles et Anne. Ce prénom est porté par moins de 100 personnes en France. Caractérologie : communication, pragmatisme, détermination, créativité, amitié.

Gilbert : promesse brillante (germanique). Ce prénom est porté par environ 123 000 personnes en France. Il ne devrait pas être attribué à plus de 50 bébés en 2012. Évêque de Meaux au XIIe siècle, saint Gilbert fonda deux monastères, l'un dans l'Allier et l'autre dans le Puy-de-Dôme. Variantes : Wilbert. Caractérologie : direction, dynamisme, audace, indépendance, sympathie.

Gilberto : promesse brillante (germanique). Ce prénom très rare est porté par près de 300 personnes en France. Gilberto est très répandu dans les pays hispanophones, au Brésil et au Portugal. Caractérologie : méditation, savoir, logique, intelligence, cœur.

Gildas : chevelure (celte). Ce prénom est porté par environ 7 000 personnes en France. Il ne devrait pas être attribué à plus de 50 bébés en 2012. Variantes : Jildas, Jildaz. Variante corse : Gilda. Caractérologie : connaissance, spiritualité, originalité, réalisation, sagacité.

Gilles : bouclier protecteur de chevaux (grec). Ce prénom est porté par environ 163 000 personnes en France. Il est très peu attribué aujourd'hui. De nombreuses légendes entourent ce prénom. Ermite dans le Gard au Ve siècle, saint Gilles fit bâtir un monastère sur l'un des chemins de Compostelle. Depuis, ce lieu est devenu le village de Saint-Gilles-du-Gard. ♦ On dit que l'égide, origine étymologique de Gilles, était le bouclier miraculeux d'Athéna et de Zeus. Variantes : Ghiles, Giles, Gilles, Gilian, Gillian, Gill. Variante occitane : Geli. Caractérologie : cœur, énergie, autorité, innovation, décision.

Gillian : bouclier protecteur de chevaux (grec). Ce prénom rare est porté par près de 600 personnes en France. Caractérologie : énergie, bonté, autorité, innovation, détermination.

Gino : royal (latin). Ce prénom est porté par environ 5 000 personnes en France. Il est peu attribué aujourd'hui. Gino est très répandu en Italie. Variantes : Gine, Ginno. Caractérologie : idéalisme, altruisme, intégrité, réflexion, dévouement.

Giordano : descendre (hébreu). Ce prénom est porté par moins de 100 personnes en France. Dans l'Hexagone, Giordano est plus traditionnellement usité au Pays basque. Caractérologie : diplomatie, sociabilité, volonté, réceptivité, réalisation.

Giorgio : labourer le sol (grec). Ce prénom très rare est porté par près de 300 personnes en France. Giorgio est particulièrement répandu en Italie. Caractérologie : vitalité, ardeur, leadership, achèvement, stratégie.

Giovanni : Dieu fait grâce (hébreu). Ce prénom est porté par environ 9 000 personnes en France. Il est relativement peu attribué aujourd'hui. Giovanni est très répandu en Italie. Variantes : Giovani, Giovany, Giovanny. Caractérologie : audace, direction, dynamisme, caractère, réussite.

Girard : lance puissante (germanique). Ce prénom très rare est porté par près de 200 personnes en France. Dans l'Hexagone, Girard est plus traditionnellement usité en Occitanie. Variante : Giraud. Caractérologie : communication, optimisme, créativité, pragmatisme, réussite.

Gireg : ambre (celte). Ce prénom est porté par moins de 100 personnes en France. Variantes : Guéric, Guérric, Guirec, Guireg. Caractérologie : ambition, énergie, autorité, autonomie, innovation.

Giuseppe : Dieu ajoutera (hébreu). Ce prénom est porté par environ 2 000 personnes en France. Il ne devrait pas être attribué à plus de 50 bébés en 2012. Giuseppe est très répandu en Italie. Caractérologie : décision, habileté, force, ambition, cœur.

Glen : vallée boisée (irlandais). Ce prénom très rare est porté par près de 500 personnes en France. Caractérologie : sociabilité, réceptivité, diplomatie, loyauté, cœur.

Glenn : vallée boisée (irlandais). Ce prénom est porté par environ 1 000 personnes en France. Tendance : stable. Caractérologie : cœur, méditation, intelligence, savoir, indépendance.

Godard : divinement ferme (germanique). Caractérologie : fiabilité, ténacité, méthode, réussite, engagement.

Godefroy : la paix de Dieu (germanique). Ce prénom rare est porté par près de 900 personnes en France. Variante : Godefroi. Caractérologie : indépendance, volonté, courage, dynamisme, curiosité.

Goliath : exilé (hébreu). Caractérologie : rêve, humanité, rectitude, raisonnement, action.

Gonthier : combat, armée (germanique). Ce prénom est porté par moins de 100 personnes en France. Dans l'Hexagone, Gonthier est plus traditionnellement usité en Alsace. Caractérologie : paix, conscience, bienveillance, sensibilité, action.

Gontran : combat, corbeau (germanique). Ce prénom rare est porté par près de 800 personnes en France. Variante : Gontrand. Caractérologie : achèvement, vitalité, stratégie, résolution, ardeur.

Gonzague : nom d'une famille noble italienne du XVIe siècle. Ce prénom est porté par environ 2 000 personnes en France. Il ne devrait pas être attribué à plus de 50 bébés en 2012. Caractérologie : conscience, paix, conseil, bienveillance, cœur.

Gonzalo : loup (celte). Ce prénom très rare est porté par près de 110 personnes en France.

Variantes : Gonzalès, Gonzalve. Caractérologie : rectitude, humanité, rêve, ouverture d'esprit, cœur.

Goran : croix sacrée (basque). Ce prénom rare est porté par près de 900 personnes en France. Caractérologie : indépendance, audace, direction, dynamisme, résolution.

Gordon : colline triangulaire (anglais). Ce prénom très rare est porté par près de 400 personnes en France. Caractérologie : audace, dynamisme, direction, caractère, indépendance.

Gottlieb : amour de Dieu (latin). Ce prénom est porté par moins de 100 personnes en France. Caractérologie : altruisme, idéalisme, intégrité, amitié, raisonnement.

Goulven : blanc, heureux (breton). Ce prénom est porté par environ 1 000 personnes en France. Tendance : stable. Variante : Goulwen. Caractérologie : sens des responsabilités, équilibre, amitié, famille, volonté.

Gracien : grâce (latin). Ce prénom est porté par moins de 100 personnes en France. Variante : Grace. Caractérologie : communication, optimisme, résolution, pragmatisme, sympathie.

Graham : maison grise (anglo-saxon). Ce prénom est porté par moins de 100 personnes en France. Variante : Grahem. Caractérologie : pratique, communication, ressort, réalisation, enthousiasme.

Grant : grand, généreux (anglais). Ce prénom est porté par moins de 100 personnes en France. Caractérologie : paix, bienveillance, conseil, conscience, décision.

Gratien : grâce (latin). Ce prénom rare est porté par près de 800 personnes en France. Variantes : Gratian, Graziano. Caractérologie : loyauté, sociabilité, résolution, réceptivité, diplomatie.

Greg : veilleur, vigilant (grec). Ce prénom rare est porté par près de 700 personnes en France. Variantes : Graig, Gregg. Caractérologie : direction, audace, indépendance, assurance, dynamisme.

Grégoire : veilleur, vigilant (grec). Ce prénom est porté par environ 23 000 personnes en France. Il est relativement peu attribué aujourd'hui. Auteur des *Dialogues* et pape en 590, Grégoire Ier le Grand est l'un des quatre Pères de l'Église d'Occident. Sa popularité alimenta la vogue de ce prénom pendant des siècles. Parmi ses successeurs, quinze papes se firent prénommer Grégoire. Caractérologie : communication, pragmatisme, optimisme, créativité, sociabilité.

Grégory : veilleur, vigilant (grec). Ce prénom est porté par environ 90 000 personnes en France. Il est relativement peu attribué aujourd'hui. Variantes : Gregor, Grégori, Grégorie, Grégorio. Caractérologie : dynamisme, courage, charisme, curiosité, indépendance.

Griffin : qui a des cheveux rouges (celte). Variante : Griffith. Caractérologie : sens des responsabilités, équilibre, famille, influence, exigence.

Guénaël : blanc, heureux, prince (breton). Ce prénom est porté par environ 2 000 personnes en France. Il ne devrait pas être attribué à plus de 50 bébés en 2012. Variante : Ganaël. Caractérologie : loyauté, sympathie, sociabilité, réceptivité, diplomatie.

Guénhaël : blanc, heureux, généreux (breton). Ce prénom très rare est porté par près de 300 personnes en France.

Caractérologie : autorité, énergie, ambition, amitié, innovation.

Guénolé : blanc, heureux, valeur (breton). Ce prénom rare est porté par près de 800 personnes en France. Caractérologie : savoir, indépendance, méditation, intelligence, sympathie.

Guérande : célèbre nom des salines bretonnes de Guérande. Caractérologie : optimisme, communication, pragmatisme, sympathie, réalisation.

Guerino : qui protège (germanique). Ce prénom est porté par moins de 100 personnes en France. Variantes : Guérin, Guerrino. Caractérologie : logique, ambition, force, habileté, cœur.

Guerric : puissant protecteur (germanique). Ce prénom très rare est porté par près de 400 personnes en France. Variante : Gueric. Caractérologie : rectitude, sympathie, ouverture d'esprit, rêve, humanité.

Guewen : blanc, heureux (breton). Ce prénom très rare est porté par près de 400 personnes en France. Caractérologie : optimisme, créativité, sympathie, communication, pragmatisme.

Gui : forêt (germanique). Ce prénom très rare est porté par près de 150 personnes en France. Dans l'Hexagone, Gui est plus traditionnellement usité en Occitanie. Caractérologie : autonomie, autorité, innovation, ambition, énergie.

Guilhem : protecteur résolu (germanique). Ce prénom est porté par environ 7 000 personnes en France. Il est peu attribué aujourd'hui. Dans l'Hexagone, Guilhem est plus traditionnellement usité en Occitanie. Caractérologie : communication, enthousiasme, pratique, ressort, sympathie.

Guilian : protecteur résolu (germanique). Ce prénom très rare est porté par près de 200 personnes en France. Variantes : Gislain, Guilain, Guillain, Guillian, Guislain, Guylain, Guylian. Caractérologie : énergie, innovation, résolution, sympathie, autorité.

Guillaume : protecteur résolu (germanique). Ce prénom, porté par environ 208 000 Français, figure dans le top 200 national. Tendance : en décroissance modérée. À la mort d'Édouard le Confesseur, Guillaume de Normandie affirma qu'il était le successeur désigné du roi anglais. Mais son cousin Harold le prit de vitesse et se fit couronner à sa place. Guillaume souleva une armée et partit à la conquête du trône anglais. Vainqueur, il se fit couronner en 1066 et devint l'un des souverains les plus puissants de l'Occident. De nombreux saints ont porté ce prénom. Variantes : Guilem, Guilhelm, Guilherme, Guillermo, Guilhaume, Guillemin, Guyllaume, Gwilherm. Caractérologie : relationnel, médiation, intuition, réussite, cœur.

Guillem : protecteur résolu (germanique). Ce prénom rare est porté par près de 600 personnes en France. Dans l'Hexagone, Guillem est plus traditionnellement usité en Occitanie. Caractérologie : originalité, sagacité, connaissance, amitié, spiritualité.

Guirec : ambre (celte). Ce prénom très rare est porté par près de 400 personnes en France. Caractérologie : idéalisme, altruisme, réflexion, sympathie, intégrité.

Le palmarès des prénoms de la Wallonie

Ce palmarès est fondé sur les dernières données diffusées par l'Institut national de statistique de la Belgique. Les prénoms sont classés par ordre décroissant d'attribution.

1. Nathan
2. Noah
3. Lucas
4. Hugo
5. Louis
6. Théo
7. Mathéo
8. Tom
9. Arthur
10. Ethan
11. Maxime
12. Gabriel
13. Romain
14. Antoine
15. Thomas
16. Sacha
17. Alexandre
18. Mathis
19. Noa
20. Nicolas

Commentaires et observations

En tête du palmarès wallon pour la quatrième année consécutive, Nathan réalise l'exploit : il tient tête à Noah qui trône pourtant sur l'ensemble du classement belge. Il repousse également Mathéo, un formidable concurrent dont la forme française est préférée à la forme italienne (Matteo).

Le déclin des juxtapositions de voyelles n'est pas d'actualité, mais celui des prénoms irlando-bretons se précise : Ethan s'essouffle dans le top 20, Evan perd pied dans le top 60 et Kyllian dégringole dans le top 200. Un temps dérouté, le Breton Arthur reprend tout de même trois places de classement.

En 2012, Sacha et Mathis devraient poursuivre leur carrière ascendante. Ils ne progressent toutefois pas autant que Jules qui a gravi 40 marches pour se placer 22e. La concomitance de son ascension française n'est sans doute pas un hasard. Ni celle de Gabriel, dont on voit les effets bénéfiques se produire en Wallonie.

Dans les prénoms déclinants, Thomas a consommé sa gloire et chutera davantage, mais moins que Nicolas qui sortira du top 20.

Horizon 2013

Aux portes du panthéon wallon, Yanis est bien placé pour renouer avec le succès. Propulsés par une croissance fulgurante, Aaron et Timéo ont également toutes les chances de s'imposer dans le groupe de tête.

Guiseppe : Dieu ajoutera (hébreu). Ce prénom rare est porté par près de 1 000 personnes en France. Giuseppe est très répandu en Italie. Caractérologie : habileté, ambition, force, décision, cœur.

Gunther : combat, armée (germanique). Ce prénom très rare est porté par près de 400 personnes en France. Variante : Gunter. Caractérologie : communication, pratique, action, enthousiasme, sensibilité.

Gurval : sagesse, bravoure, valeur (breton). Ce prénom est porté par moins de 100 personnes en France. Caractérologie : humanité, rêve, rectitude, ouverture d'esprit, réalisation.

Gurvan : sagesse (breton). Ce prénom est porté par environ 2 000 personnes en France. Il ne devrait pas être attribué à plus de 50 bébés en 2012. Variantes : Gurvann, Gurwan. Caractérologie : réceptivité, réalisation, sociabilité, diplomatie, bonté.

Gustave : combattant (germanique). Ce prénom est porté par environ 9 000 personnes en France. Il est relativement peu attribué aujourd'hui. Tendance : en forte croissance. Variantes : Gustav, Gustavo. Caractérologie : curiosité, dynamisme, cœur, réussite, courage.

Guy : forêt (germanique). Ce prénom est porté par environ 202 000 personnes en France. Il ne devrait pas être attribué à plus de 50 bébés en 2012. Dans l'Hexagone, Guy est plus traditionnellement usité dans les Flandres. Caractérologie : achèvement, vitalité, stratégie, ardeur, leadership.

Gweltaz : chevelure (celte). Ce prénom très rare est porté par près de 300 personnes en France. Caractérologie : attention, persévérance, structure, sécurité, cœur.

Gwen : blanc, heureux (breton). Ce prénom très rare est porté par près de 400 personnes en France. Variante : Gwenn. Caractérologie : fiabilité, ténacité, engagement, méthode, sens du devoir.

Gwenaël : blanc, heureux, prince (breton). Ce prénom est porté par environ 9 000 personnes en France. Il est très peu attribué aujourd'hui. Variantes : Gwanal, Gwanaël, Gwenal, Gwenel, Gwenhaël, Gwennaël. Caractérologie : sécurité, efficacité, persévérance, structure, bonté.

Gwendal : blanc, heureux, paiement (breton). Ce prénom est porté par environ 5 000 personnes en France. Il est très peu attribué aujourd'hui. Caractérologie : pratique, réalisation, communication, enthousiasme, bonté.

Gwenole : blanc, heureux, valeur (breton). Ce prénom rare est porté par près de 900 personnes en France. Variante : Gwennole. Caractérologie : rectitude, cœur, humanité, ouverture d'esprit, rêve.

Gwenvaël : contraction de Gwenn et Maël. Ce prénom très rare est porté par près de 200 personnes en France. Caractérologie : habileté, force, ambition, amitié, réalisation.

Habib : aimé, généreux (arabe). Ce prénom est porté par environ 3 000 personnes en France. Il est très peu attribué aujourd'hui. Caractérologie : structure, persévérance, efficacité, sécurité, honnêteté.

Hacène : qui excelle (arabe). Ce prénom est porté par environ 1 000 personnes en France. Tendance : en forte croissance. Variante : Hacen. Caractérologie : intégrité, altruisme, réflexion, dévouement, idéalisme.

Hadi : qui guide au droit chemin (arabe). Ce prénom très rare est porté par près de 500 personnes en France. Variantes : Haddi, Hady. Caractérologie : sécurité, efficacité, honnêteté, persévérance, structure.

Hadj : grand voyageur (arabe). Ce prénom rare est porté par près de 600 personnes en France. Tendance : en croissance modérée. Caractérologie : dynamisme, curiosité, courage, indépendance, charisme.

Hadriel : la majesté de Dieu (hébreu). Ce prénom est porté par moins de 100 personnes en France. Caractérologie : pragmatisme, créativité, communication, décision, optimisme.

Hadrien : habitant d'Adria, Italie (grec). Ce prénom est porté par environ 5 000 personnes en France. Il est peu attribué aujourd'hui. Homme politique brillant et cultivé, Hadrien succéda à Trajan en 117 et régna sur l'Empire romain jusqu'en 138. Il réorganisa l'administration et protégea son empire des invasions barbares en fortifiant ses frontières jusqu'en Angleterre, où il édifia le mur qui porte son nom aujourd'hui. Dans la littérature, Hadrien a inspiré un roman de Marguerite Yourcenar et les écrits de nombreux écrivains. Variante : Hadrian. Caractérologie : découverte, énergie, audace, résolution, originalité.

Hafid : celui qui protège (arabe). Ce prénom est porté par environ 1 000 personnes en France. Tendance : en forte croissance. Variantes : Hafed, Hafide. Caractérologie : dynamisme, audace, direction, indépendance, assurance.

Haï : rivière (vietnamien). Ce prénom est porté par moins de 100 personnes en France. Caractérologie : dévouement, réflexion, altruisme, idéalisme, intégrité.

Haïm : la vie (hébreu). Ce prénom très rare est porté par près de 200 personnes en France. Variante : Haym. Caractérologie : efficacité, persévérance, structure, honnêteté, sécurité.

Hakim : qui est juste et sage (arabe). Ce prénom est porté par environ 9 000 personnes en France. Il est peu attribué aujourd'hui. Variantes : Hachim, Hakime. Caractérologie : conseil, bienveillance, conscience, sagesse, paix.

Hal : puissant général d'armée (scandinave). Caractérologie : créativité, communication, optimisme, sociabilité, pragmatisme.

Halil : amitié, loyauté (turc). Ce prénom rare est porté par près de 700 personnes en France. Tendance : en croissance modérée. Caractérologie : conseil, conscience, paix, bienveillance, sagesse.

Halim : indulgent (arabe). Ce prénom est porté par environ 1 000 personnes en France. Tendance : en croissance modérée. Variante : Halime. Caractérologie : intelligence, savoir, méditation, indépendance, sagesse.

Hamdi : rendre grâce (arabe). Ce prénom rare est porté par près de 600 personnes en France. Caractérologie : management, force, habileté, ambition, passion.

Hamed : digne d'éloges (arabe). Ce prénom est porté par environ 2 000 personnes en France. Il ne devrait pas être attribué à plus de 50 bébés en 2012. Caractérologie : structure, persévérance, sécurité, honnêteté, efficacité.

Hamid : digne d'éloges (arabe). Ce prénom est porté par environ 3 000 personnes en France. Il ne devrait pas être attribué à plus de 50 bébés en 2012. Variantes : Hamida, Hamide, Hamidou. Caractérologie : vitalité, stratégie, achèvement, ardeur, leadership.

Hamilton : château fort (anglais). Ce prénom est porté par moins de 100 personnes en France. Caractérologie : réceptivité, sociabilité, diplomatie, sensibilité, raisonnement.

Hamza : puissant (arabe). Ce prénom est porté par environ 9 000 personnes en France. Il figure dans le top 200 national. Tendance : en croissance modérée. Variantes : Amza, Hamsa. Caractérologie : méthode, fiabilité, ténacité, engagement, sens du devoir.

Hans : Dieu fait grâce (hébreu). Ce prénom est porté par environ 2 000 personnes en France. Il ne devrait pas être attribué à plus de 50 bébés en 2012. Dans l'Hexagone, Hans est plus traditionnellement usité en Alsace. Variante : Hänsel. Caractérologie : paix, bienveillance, conscience, sagesse, conseil.

Harald : puissant général d'armée (scandinave). Ce prénom très rare est porté par près de 200 personnes en France. Caractérologie : ardeur, leadership, achèvement, stratégie, vitalité.

Haris : fils d'Henri (germanique). Ce prénom rare est porté par près de 500 personnes en France. Tendance : en croissance modérée. Caractérologie : autonomie, autorité, énergie, innovation, ambition.

Harley : la prairie du lièvre (anglais). Ce prénom est porté par moins de 100 personnes en France. Caractérologie : bienveillance, paix, conscience, amitié, action.

Harold : puissant général d'armée (scandinave). Ce prénom est porté par environ 3 000 personnes en France. Il ne devrait pas être attribué à plus de 50 bébés en 2012. Variante : Arold. Caractérologie : ténacité, raisonnement, fiabilité, méthode, engagement.

Haroun : exalté (arabe). Ce prénom rare est porté par près de 800 personnes en France. Tendance : en forte croissance. Variantes : Arun, Arouna, Harouna, Harun. Caractérologie : courage, dynamisme, résolution, curiosité, analyse.

Harrison : fils d'Henri (germanique). Ce prénom très rare est porté par près de 200 personnes en France. Tendance : en forte croissance. Variante : Harris. Caractérologie : enthousiasme, communication, adaptation, résolution, pratique.

Harry : maître de foyer (germanique). Ce prénom est porté par environ 4 000 personnes en France. Il est peu attribué aujourd'hui. Tendance : en forte croissance. Variante : Hary. Caractérologie : intelligence, indépendance, action, savoir, méditation.

Hasan : beau (arabe). Ce prénom est porté par environ 2 000 personnes en France. Il est très peu attribué aujourd'hui. Variantes :

Assan, Assen, Hassane. Caractérologie : connaissance, spiritualité, philosophie, sagacité, originalité.

Hassan : beau (arabe). Ce prénom est porté par environ 4 000 personnes en France. Il est peu attribué aujourd'hui. Caractérologie : force, ambition, management, passion, habileté.

Hassen : beau (arabe). Ce prénom est porté par environ 2 000 personnes en France. Il ne devrait pas être attribué à plus de 50 bébés en 2012. Variantes : Hassein, Hassene. Caractérologie : pragmatisme, communication, créativité, optimisme, sociabilité.

Hatem : générosité (arabe). Ce prénom rare est porté par près de 900 personnes en France. Tendance : en forte croissance. Variantes : Atime, Hatim, Hatime. Caractérologie : médiation, intuition, fidélité, relationnel, sensibilité.

Hayden : se rapporte au compositeur Josef Haydn (1732-1809). Hayden est également une nouvelle forme d'Aidan. Ce prénom rare est porté par près de 600 personnes en France. Tendance : en forte croissance. Caractérologie : réalisation, créativité, pragmatisme, optimisme, communication.

Hector : constant, qui retient (grec). Ce prénom est porté par environ 4 000 personnes en France. Il est relativement peu attribué aujourd'hui. Fils d'Andromaque et Priam, Hector est l'un des héros de la guerre de Troie dans la mythologie grecque. Caractérologie : paix, conscience, logique, bienveillance, attention.

Hèdi : qui guide au droit chemin (arabe). Ce prénom est porté par environ 3 000 personnes en France. Il est peu attribué aujourd'hui. Variantes : Heddi, Heddy, Hèdy. Caractérologie : vitalité, stratégie, ardeur, achèvement, leadership.

Heinrich : maître de maison (germanique). Ce prénom est porté par moins de 100 personnes en France. Heinrich est très répandu en Allemagne. Variantes : Heinrick, Heinz. Caractérologie : réceptivité, sociabilité, diplomatie, loyauté, bonté.

Hélian : éclat du soleil (grec). Ce prénom très rare est porté par près de 140 personnes en France. Caractérologie : structure, sécurité, persévérance, efficacité, décision.

Héliodore : don du soleil (grec). Ce prénom est porté par moins de 100 personnes en France. Variante : Éléodore. Caractérologie : caractère, dynamisme, audace, direction, logique.

Hélios : soleil (grec). Dans la mythologie grecque, Hélios est le dieu du Soleil et de la Lumière. Ce prénom très rare est porté par près de 500 personnes en France. Variantes : Hélias, Hélio. Caractérologie : découverte, énergie, audace, logique, décision.

Helmut : protection, casque (germanique). Ce prénom très rare est porté par près de 180 personnes en France. Helmut est très répandu en Allemagne. Variantes : Hellmut, Hellmuth, Helmi. Caractérologie : intelligence, savoir, méditation, indépendance, finesse.

Helori : noble, seigneur, généreux (breton). Ce prénom est porté par moins de 100 personnes en France. Variante : Helory. Caractérologie : persévérance, structure, logique, efficacité, sécurité.

Henri : maître de maison (germanique). Ce prénom est porté par environ 167 000 personnes en France. Il est peu attribué aujourd'hui. Ce prénom royal fut porté par quatre rois de France, huit rois anglais et plusieurs souverains castillans et germaniques. Surnommé le Vert-Galant en référence à ses nombreuses maîtresses, Henri IV est resté dans l'histoire comme un roi doué d'une grande intelligence politique. Assassiné en 1610 par Ravaillac, un catholique fanatique, il fut pleuré par le peuple envers lequel il avait été généreux. Le 13 juillet célèbre un empereur germanique du XIe siècle, Henri II, qui œuvra pour la propagation de la foi chrétienne. Variantes : Endrick, Hendrick, Hendrik, Hendrix, Henrie, Hendryk, Henrick, Henrik, Henrico, Henriko, Henryk. Caractérologie : altruisme, idéalisme, intégrité, réflexion, dévouement.

Henrique : maître de maison (germanique). Ce prénom est porté par environ 1 000 personnes en France. Tendance : en croissance modérée. Caractérologie : originalité, sagacité, connaissance, philosophie, spiritualité.

Henry : maître de maison (germanique). Ce prénom est porté par environ 7 000 personnes en France. Il est très peu attribué aujourd'hui. Tendance : en croissance modérée. Dans l'Hexagone, Henry est plus traditionnellement usité dans les Flandres. Caractérologie : spiritualité, connaissance, sagacité, originalité, action.

Heol : soleil (breton), vent (grec). Ce prénom est porté par moins de 100 personnes en France. Caractérologie : ténacité, engagement, fiabilité, méthode, sens du devoir.

Herald : le porteur de nouvelles (anglais). Ce prénom est porté par moins de 100 personnes en France. Caractérologie : créativité, communication, optimisme, pragmatisme, détermination.

Herbert : soldat glorieux (germanique). Ce prénom rare est porté par près de 800 personnes en France. Variantes : Hébert, Herb, Heribert. Caractérologie : méthode, fiabilité, engagement, ténacité, sensibilité.

Herbod : audacieux (germanique). Dans l'Hexagone, Herbod est plus traditionnellement usité en Bretagne. Caractérologie : caractère, méditation, savoir, intelligence, attention.

Hercule : gloire majestueuse (grec). Ce prénom est porté par moins de 100 personnes en France. Variantes : Ercole, Hercules. Caractérologie : dévouement, intégrité, altruisme, idéalisme, réflexion.

Herenui : grand amour (tahitien). Caractérologie : dynamisme, curiosité, courage, indépendance, séduction.

Hermann : soldat (germanique). Ce prénom est porté par environ 2 000 personnes en France. Il ne devrait pas être attribué à plus de 50 bébés en 2012. Dans l'Hexagone, Hermann est plus traditionnellement usité en Alsace. Variantes : Erman, Hermand, Herman, Hermelin. Caractérologie : détermination, audace, dynamisme, direction, indépendance.

Hermès : dans la mythologie grecque, Hermès est le fils de Maia et Zeus. Il est le dieu des Voyageurs et le messager des dieux. Ce prénom très rare est porté par près de 200 personnes en France. Variante : Ermès. Caractérologie : énergie, découverte, audace, décision, originalité.

Hérode : grand roi de Judée en 37 av. J.-C., Hérode a procuré à son royaume un développement économique prospère. Il est à l'origine de la construction de plusieurs villes et monuments historiques que l'on peut encore visiter de nos jours. Ce prénom est porté par moins de 100 personnes en France. Caractérologie : dynamisme, direction, audace, indépendance, assurance.

Hervé : fort, combattant (celte). Ce prénom est porté par environ 128 000 personnes en France. Il ne devrait pas être attribué à plus de 50 bébés en 2012. Aveugle de naissance, saint Hervé vécut au VIe siècle. La légende raconte que ce moine breton marchait accompagné d'un loup en guise de guide. Très populaire en Bretagne, saint Hervé est le protecteur des chevaux. Variante : Harvey. Variantes bretonnes : Herve, Veig. Caractérologie : sécurité, persévérance, efficacité, structure, honnêteté.

Hess : don de Dieu (hébreu). Caractérologie : sens des responsabilités, famille, équilibre, influence, exigence.

Hicham : celui qui est généreux (arabe). Ce prénom est porté par environ 5 000 personnes en France. Il est très peu attribué aujourd'hui. Variantes : Icham, Hichame, Hicheme, Ichaï. Caractérologie : famille, équilibre, influence, sens des responsabilités, exigence.

Hichem : celui qui est généreux (arabe). Ce prénom est porté par environ 2 000 personnes en France. Il est très peu attribué aujourd'hui. Variantes : Ichem, Hicheme. Caractérologie : audace, indépendance, dynamisme, direction, assurance.

Hilaire : joyeux (latin). Ce prénom est porté par environ 2 000 personnes en France. Il ne devrait pas être attribué à plus de 50 bébés en 2012. Caractérologie : détermination, vitalité, stratégie, ardeur, achèvement.

Hippolyte : dompteur de chevaux (grec). Ce prénom est porté par environ 5 000 personnes en France. Il est relativement peu attribué aujourd'hui. Variantes : Hipolyte, Hippolite, Hippolythe, Hypolite, Hypolyte, Hyppolite, Hyppolyte. Caractérologie : raisonnement, idéalisme, altruisme, sensibilité, intégrité.

Hoang : rose (vietnamien). Au Vietnam, la rose est le symbole de l'amour. Ce prénom très rare est porté par près de 200 personnes en France. Caractérologie : rêve, générosité, humanité, rectitude, ouverture d'esprit.

Hoarii : ami du roi (tahitien). Caractérologie : sens des responsabilités, équilibre, famille, influence, exigence.

Hocine : excellence, beauté (arabe). Ce prénom est porté par environ 4 000 personnes en France. Il est très peu attribué aujourd'hui. Caractérologie : idéalisme, intégrité, altruisme, raisonnement, réflexion.

Hodei : nuage (basque). Caractérologie : énergie, découverte, audace, volonté, originalité.

Hoel : noble, au-dessus (celte). Ce prénom très rare est porté par près de 400 personnes en France. Caractérologie : ténacité, méthode, fiabilité, engagement, sens du devoir.

Homère : otage, promesse, sécurité (grec). Ce prénom est porté par moins de 100 personnes en France. Poète épique grec, auteur de l'*Iliade* et de l'*Odyssée*, Homère aurait vécu au VIIIe siècle av. J.-C. Ses textes occupent une place importante dans la culture classique européenne. Caractérologie : autorité, énergie, ambition, innovation, volonté.

HUGO

Fête : 1er avril

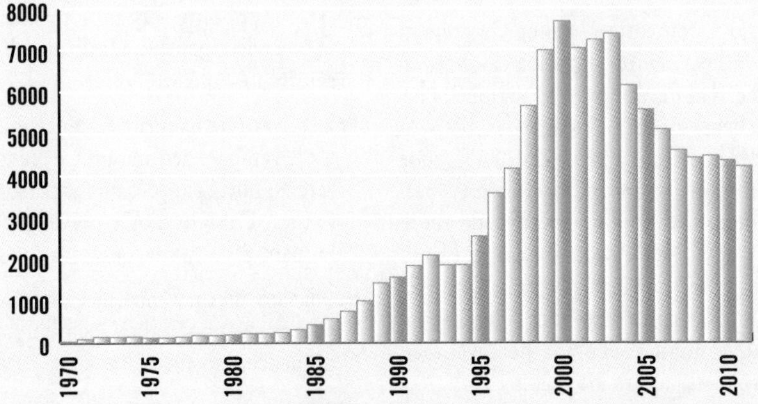

Étymologie : du germain *hug*, « esprit, intelligence ». Patronyme que l'auteur des *Misérables* a rendu mondialement célèbre, Hugo a pourtant été peu attribué avant les années 1980. Il doit son succès éclair à sa terminaison en « o », sa petite taille (quatre lettres) et sa jeunesse. Après s'être imposé au 4e rang du palmarès en 2000, son reflux se précise. Il devrait toutefois se maintenir, à Paris comme dans l'ensemble de l'Hexagone, dans les 17 premiers rangs de classements.

Il est difficile de déterminer si les campagnes publicitaires et l'image sexy de la marque Hugo Boss ont influencé sa redécouverte. Toujours est-il que sa notoriété a dépassé celle d'Hugues, un grand nom du Moyen Âge dont on aurait pu attendre la renaissance. Un temps portés par la gloire d'Hugo, les élans d'Ugo sont vite retombés. Ce dernier figure néanmoins dans le top 300 national, loin devant le rarissime Hugolin.

Dans les régions francophones, Hugo est davantage attribué en Romandie qu'au Québec, mais c'est en Belgique qu'il bat tous les records (dans le top 20 wallon depuis 2006). Dans le reste de l'Europe, il est fréquemment choisi par les parents suédois et espagnols.

Hugues Capet est le fondateur de la troisième dynastie des rois de France. De nombreux comtes et ducs illustrèrent ce prénom en France.

.../

Hugo *(suite)*

Saint Hugues fut évêque de Grenoble, puis bénédictin de la Chaise-Dieu au XIIe siècle.

Personnalité célèbre : Hugo Chávez, président du Venezuela depuis le 2 février 1999.

Statistiques : Hugo est le 5e prénom masculin le plus donné en France depuis le début du XXIe siècle. On peut estimer qu'il sera attribué à un garçon sur 97 en 2012.

Honoré : honoré (latin). Ce prénom est porté par environ 3 000 personnes en France. Il ne devrait pas être attribué à plus de 50 bébés en 2012. Variantes : Honorat, Honorin. Caractérologie : communication, pratique, générosité, adaptation, enthousiasme.

Horace : voir (grec). Ce prénom très rare est porté par près de 200 personnes en France. Tendance : en forte croissance. Variantes : Horacio, Horatio, Otis. Caractérologie : découverte, audace, énergie, logique, décision.

Horacio : voir (grec). Ce prénom très rare est porté par près de 190 personnes en France. Tendance : en forte croissance. Variante : Horatio. Caractérologie : raisonnement, harmonie, volonté, affection, conseil.

Hosni : excellence, beauté (arabe). Ce prénom très rare est porté par près de 200 personnes en France. Variantes : Housni, Houssni. Caractérologie : réceptivité, résolution, diplomatie, loyauté, sociabilité.

Houcine : excellence, beauté (arabe). Ce prénom rare est porté par près de 800 personnes en France. Variante : Houssine. Caractérologie : communication, pragmatisme, créativité, optimisme, analyse.

Howard : esprit courageux (germanique). Ce prénom très rare est porté par près de 130 personnes en France. Caractérologie : paix, bienveillance, volonté, conscience, résolution.

Hubert : esprit brillant (germanique). Ce prénom est porté par environ 47 000 personnes en France. Il ne devrait pas être attribué à plus de 50 bébés en 2012. Fils d'un duc d'Aquitaine, au VIIe siècle, Hubert chassait dans la forêt des Ardennes lorsqu'il remarqua une croix plantée entre les bois d'un magnifique cerf. Cet incident, qui le fit s'engager dans la vie monastique, fait également de saint Hubert le patron des chasseurs. Caractérologie : diplomatie, sociabilité, loyauté, réceptivité, finesse.

Hugo : esprit, intelligence (germanique). Ce prénom est porté par environ 107 000 personnes en France. Il figure dans le top 50 national. Voir le zoom dédié à Hugo. Variante : Ugo. Caractérologie : bienveillance, paix, conscience, conseil, sagesse.

Hugolin : esprit, intelligence (germanique). Ce prénom très rare est porté par près de 100 personnes en France. Variante : Ugolin. Caractérologie : logique, découverte, audace, énergie, action.

Hugues : esprit, intelligence (germanique). Ce prénom est porté par environ 23 000 personnes en France. Il est très peu attribué aujourd'hui. Hugues Capet, fondateur de la troisième dynastie des rois de France au Xe siècle, et saint Hugues, évêque de Grenoble en 1080, illustrèrent ce prénom. Variantes : Hugh, Ugue, Ugues. Caractérologie : idéalisme, altruisme, amitié, intégrité, réflexion.

Humbert : esprit brillant (germanique). Ce prénom très rare est porté par près de 500 personnes en France. Variante : Humberto. Variante basque : Umbert. Caractérologie : influence, équilibre, famille, sens des responsabilités, sensibilité.

Huseyin : beauté (arabe). Ce prénom est porté par environ 1 000 personnes en France. Il est très peu attribué aujourd'hui. Variantes : Hossein, Hussein. Caractérologie : action, sociabilité, diplomatie, amitié, réceptivité.

Huy : projection de lumière, splendide (vietnamien). Ce prénom est porté par moins de 100 personnes en France. Caractérologie : humanité, rêve, générosité, rectitude, ouverture d'esprit.

Hyacinthe : pierre (grec). Ce prénom est porté par environ 2 000 personnes en France. Il ne devrait pas être attribué à plus de 50 bébés en 2012. Variantes : Hyacinth, Hyacinte. Caractérologie : enthousiasme, communication, pratique, ressort, finesse.

Iago : supplanter, talonner (hébreu). Ce prénom est porté par moins de 100 personnes en France. Variante : Yago. Caractérologie : dynamisme, courage, indépendance, curiosité, charisme.

Ian : Dieu fait grâce (hébreu). Ce prénom est porté par environ 1 000 personnes en France. Il est très peu attribué aujourd'hui. Variante : Iain. Caractérologie : paix, conscience, résolution, bienveillance, conseil.

Ianis : Dieu fait grâce (hébreu). Ce prénom est porté par environ 1 000 personnes en France. Il est très peu attribué aujourd'hui. Variante : Iannis. Caractérologie : originalité, spiritualité, sagacité, connaissance, résolution.

Iban : forme basque de Jean : Dieu fait grâce (hébreu). Ce prénom est porté par environ 2 000 personnes en France. Il est peu attribué aujourd'hui. Caractérologie : achèvement, vitalité, détermination, ardeur, stratégie.

Ibrahim : père des nations (hébreu). Ce prénom est porté par environ 9 000 personnes en France. Il figure dans le top 200 national. Tendance : stable. Caractérologie : paix, bienveillance, conscience, conseil, sagesse.

Ibrahima : père des nations (hébreu). Ce prénom est porté par environ 2 000 personnes en France. Il est peu attribué aujourd'hui. Caractérologie : connaissance, spiritualité, originalité, sagacité, philosophie.

Ido : son témoin (hébreu). Ce prénom est porté par moins de 100 personnes en France. Dans l'Ancien Testament, Ido fut le grand-père du prophète Zacharie. Caractérologie : innovation, énergie, autorité, autonomie, ambition.

Idris : prince, ardeur (celte). Ce prénom est porté par environ 2 000 personnes en France. Il est peu attribué aujourd'hui. Caractérologie : dynamisme, curiosité, charisme, indépendance, courage.

Idriss : études, connaissance (arabe). Ce prénom est porté par environ 4 000 personnes en France. Il est relativement peu attribué aujourd'hui. Variantes : Idrissa, Idrisse, Ydris, Ydriss. Caractérologie : conseil, bienveillance, paix, conscience, sagesse.

Ignace : feu (latin). Ce prénom est porté par environ 2 000 personnes en France. Il ne devrait pas être attribué à plus de 50 bébés en 2012. Variantes : Ignaci, Ignacy, Ignazio. Caractérologie : enthousiasme, pratique, communication, résolution, sympathie.

Igor : fils, protection (germanique). Ce prénom est porté par environ 3 000 personnes en France. Il ne devrait pas être attribué à plus de 50 bébés en 2012. Igor est très répandu en Russie. Caractérologie : méthode, ténacité, sens du devoir, fiabilité, engagement.

Ihsan : bienveillant, humble (arabe). Ce prénom très rare est porté par près de 300 personnes en France. Variante : Ihsane. Caractérologie : famille, équilibre, influence, détermination, sens des responsabilités.

Ilan : arbre (hébreu). Ce prénom est porté par environ 9 000 personnes en France. Il figure dans le top 100 national. Tendance : en forte croissance. Variantes : Hilan, Ilane, Ilhan, Illan, Ilann. Caractérologie : réflexion, altruisme, idéalisme, intégrité, décision.

Ilario : joyeux (latin). Ce prénom basque est porté par près de 400 personnes en France. Variante : Hilario. Variantes occitanes : Hilari, Lari. Caractérologie : ambition, autorité, innovation, énergie, analyse.

Ildebert : brillante bataille (germanique). Ce prénom est porté par moins de 100 personnes en France. Variante : Hildebert. Caractérologie : sociabilité, pragmatisme, communication, optimisme, créativité.

Ilhan : arbre (hébreu). Ce prénom est porté par environ 2 000 personnes en France. Il est relativement peu attribué aujourd'hui. Tendance : en forte croissance. Caractérologie : passion, force, ambition, décision, habileté.

Ilian : qui vient de Dieu (arabe), le Seigneur est mon Dieu (hébreu). Ce prénom est porté par environ 3 000 personnes en France. Il est relativement peu attribué aujourd'hui. Tendance : en croissance modérée. Ilian est en vogue dans les pays slaves, notamment en Bulgarie. Variantes : Iliane, Ylian, Yliane. Caractérologie : idéalisme, réflexion, décision, altruisme, intégrité.

Ilias : qui vient de Dieu (arabe), le Seigneur est mon Dieu (hébreu). Ce prénom est porté par environ 3 000 personnes en France. Il est peu attribué aujourd'hui. Variantes : Iliass, Iliasse. Caractérologie : indépendance, courage, dynamisme, curiosité, charisme.

Ilies : qui vient de Dieu (arabe), le Seigneur est mon Dieu (hébreu). Ce prénom est porté par environ 3 000 personnes en France. Il est relativement peu attribué aujourd'hui. Variantes : Iliess, Iliesse. Caractérologie : réflexion, idéalisme, altruisme, décision, intégrité.

Illan : arbre (hébreu), jeunesse (basque). Ce prénom rare est porté par près de 1 000 personnes en France. Tendance : en forte croissance. Caractérologie : décision, pratique, communication, adaptation, enthousiasme.

Ilyan : qui vient de Dieu (arabe), le Seigneur est mon Dieu (hébreu). Ce prénom est porté par environ 2 000 personnes en France. Il est relativement peu attribué aujourd'hui. Tendance : en forte croissance. Caractérologie : connaissances, sympathie, résolution, sagacité, spiritualité.

Ilyas : qui vient de Dieu (arabe), le Seigneur est mon Dieu (hébreu). Ce prénom est porté par environ 3 000 personnes en France. Il est relativement peu attribué aujourd'hui. Variantes : Ilya, Ilyass, Ilyasse. Caractérologie : communication, enthousiasme, pratique, générosité, adaptation.

Ilyes : qui vient de Dieu (arabe), le Seigneur est mon Dieu (hébreu). Ce prénom est porté par environ 10 000 personnes en France. Il figure dans le top 100 national. Tendance : en forte croissance. Variantes : Illies, Illyes, Ilyess, Ilyesse. Caractérologie : résolution, savoir, sympathie, méditation, intelligence.

Imad : celui qui soutient (arabe). Ce prénom est porté par environ 2 000 personnes en France. Il est peu attribué aujourd'hui. Variantes : Imade, Imed. Forme composée : Imad-Eddine. Caractérologie : rectitude, générosité, humanité, rêve, tolérance.

Imran : fleurissant, épanoui (arabe). Ce prénom est porté par environ 1 000 personnes en France. Il est relativement peu attribué aujourd'hui. Tendance : en forte croissance. Variantes : Amran, Imrane. Caractérologie : autorité, innovation, énergie, ambition, résolution.

Iñaki : feu (latin). Ce prénom très rare est porté par près de 300 personnes en France. Variante : Inacio. Caractérologie : habileté, ambition, passion, force, décision.

Indiana : divin (latin), nom d'un État américain. Ce prénom est porté par moins de 100 personnes en France. Caractérologie : spiritualité, connaissance, originalité, sagacité, résolution.

Indy : divin (latin). Ce prénom très rare est porté par près de 150 personnes en France. Caractérologie : méditation, intelligence, savoir, indépendance, sagesse.

Innocent : innocent (latin). Ce prénom très rare est porté par près de 300 personnes en France. Caractérologie : engagement, ténacité, analyse, méthode, fiabilité.

Ioan : Dieu fait grâce (hébreu). Ce prénom très rare est porté par près de 180 personnes en France. Variante : Ioanes. Caractérologie : créativité, pragmatisme, communication, optimisme, décision.

Ioen : voir Even. Ce prénom est porté par moins de 100 personnes en France. Caractérologie : philosophie, sagacité, connaissance, originalité, spiritualité.

Irénée : paix (grec). Ce prénom est porté par environ 2 000 personnes en France. Il ne devrait pas être attribué à plus de 50 bébés en 2012. Caractérologie : adaptabilité, intuition, médiation, fidélité, relationnel.

Iris : arc-en-ciel (grec). Ce prénom est porté par moins de 100 personnes en France. Caractérologie : direction, assurance, audace, indépendance, dynamisme.

Irmin : se rapporte à Irmin, dieu païen (germanique). Ce prénom est porté par moins de 100 personnes en France. Caractérologie : rectitude, humanité, rêve, ouverture d'esprit, générosité.

Irvin : beau (celte). Ce prénom très rare est porté par près de 500 personnes en France. Variantes : Earvin, Irvine, Irving, Irwin. Caractérologie : altruisme, intégrité, idéalisme, dévouement, réflexion.

Isaac : rire (hébreu). Ce prénom, porté par environ 5 000 Français, figure dans le top 200 national. Tendance : en forte croissance. Personnage biblique, Isaac est le fils de Sarah et Abraham. Lorsque Sarah apprend à l'âge de 90 ans qu'elle attend un enfant, elle est secouée d'un petit rire, d'où l'origine (« rire ») du prénom Isaac. En succédant à Abraham, Isaac devient le deuxième grand patriarche d'Israël. Variantes : Isa, Isaak, Isac. Caractérologie : éthique, exigence, équilibre, influence, famille.

Isaïe : Dieu est mon salut (hébreu). Ce prénom très rare est porté par près de 400 personnes en France. Variantes : Isaï, Jesaïa. Caractérologie : intelligence, savoir, méditation, indépendance, détermination.

Isao : mérite, exploit (japonais). Ce prénom est porté par moins de 100 personnes en France. Caractérologie : management, ambition, force, passion, habileté.

Isas : celui qui mérite (japonais). Caractérologie : pragmatisme, optimisme, créativité, communication, sociabilité.

Ishak : équivalent arabe d'Isaac : rire (hébreu). Ce prénom très rare est porté par près de 500 personnes en France. Tendance : en forte croissance. Caractérologie : communication, créativité, optimisme, sociabilité, pragmatisme.

Isidore : don d'Isis (grec). Ce prénom est porté par environ 2 000 personnes en France. Tendance : en forte croissance. Variantes : Isidor, Isidoro. Caractérologie : savoir, intelligence, résolution, méditation, volonté.

Islem : salut et paix dans la soumission à Dieu (arabe). Ce prénom rare est porté par près de 600 personnes en France. Tendance : en croissance modérée. Variante : Islam. Caractérologie : méthode, engagement, fiabilité, ténacité, résolution.

Ismaël : Dieu a entendu (hébreu). Ce prénom arabe est porté par environ 11 000 personnes en France. Il figure dans le top 200 national. Tendance : en croissance modérée. Caractérologie : courage, curiosité, indépendance, dynamisme, détermination.

Ismaïl : Dieu a entendu (hébreu). Ce prénom arabe est porté par environ 4 000 personnes en France. Il est relativement peu attribué aujourd'hui. Tendance : en croissance modérée. Variantes : Esmaël, Ismayil, Ismaïla. Caractérologie : humanité, rectitude, générosité, tolérance, rêve.

Isman : protection (hébreu). Caractérologie : réceptivité, sociabilité, loyauté, diplomatie, décision.

Ismet : celui qui protège (arabe). Ce prénom très rare est porté par près de 140 personnes en France. Variante : Samet. Caractérologie : pratique, communication, enthousiasme, adaptation, décision.

Israël : qui débat avec Dieu (hébreu). Ce prénom rare est porté par près de 600 personnes en France. Caractérologie : autorité, innovation, détermination, énergie, ambition.

Issa : Jésus (arabe), Dieu sauve (hébreu). Ce prénom est porté par environ 3 000 personnes en France. Il est relativement peu attribué aujourd'hui. Tendance : en croissance modérée. Caractérologie : enthousiasme, communication, pratique, générosité, adaptation.

Issam : engagement (arabe). Ce prénom est porté par environ 3 000 personnes en France. Il est relativement peu attribué aujourd'hui. Variantes : Isam, Issame. Caractérologie : savoir, intelligence, indépendance, méditation, sagesse.

Ivan : voir Evan. Ce prénom est porté par environ 8 000 personnes en France. Il est peu attribué aujourd'hui. Ivan est très répandu dans les pays slaves. Variante : Ivann. Caractérologie : décision, audace, direction, dynamisme, indépendance.

Ivo : if (celte). Ce prénom très rare est porté par près de 180 personnes en France. Dans l'Hexagone, Ivo est plus traditionnellement usité en Bretagne. Variante : Yvo. Caractérologie : dynamisme, audace, direction, indépendance, assurance.

Iwan : voir Evan. Ce prénom très rare est porté par près de 500 personnes en France. Dans l'Hexagone, Iwan est plus traditionnellement usité en Bretagne. Caractérologie : diplomatie, sociabilité, réceptivité, loyauté, détermination.

Iyad : soutien (arabe). Ce prénom rare est porté par près de 700 personnes en France. Tendance : en forte croissance. Caractérologie : pratique, communication, enthousiasme, réalisation, adaptation.

Izan : fort, ferme (hébreu). Izan est une forme ibérique d'Ethan. Véritable adaptation phonétique de l'anglais aux règles d'orthographe de l'espagnol, Izan est en vogue en Espagne actuellement. Caractérologie : énergie, découverte, originalité, détermination, audace.

Le palmarès des prénoms du Québec

Ce palmarès a été effectué par la Régie des rentes du Québec. Les prénoms sont classés par ordre décroissant d'attribution.

1. William	6. Samuel	11. Mathis*	16. Benjamin
2. Thomas	7. Gabriel	12. Félix	17. Justin
3. Olivier	8. Alexis	13. Eliott	18. Zachary
4. Jacob	9. Lucas*	14. Antoine	19. Noah*
5. Nathan	10. Raphaël*	15. Xavier	20. Émile

Commentaires et observations

William défie les pronostics en gardant sa couronne : à l'exception de 2008, où Thomas l'avait détrôné, ce choix est largement en tête des attributions depuis 2004. Éternels seconds, Olivier et Thomas marquent le pas et pourraient être supplantés par les étoiles filantes Lucas et Raphaël. Ce duo a ouvert la voie à d'autres prétendants au titre : Eliott, Jacob et Mathis convoitent les sommets et s'élèvent à vive allure. Coïncidence ou non, Eliott prend depuis l'an 2000 une ampleur croissante en France.

On observe par ailleurs que l'engouement pour les prénoms rétro ne se limite pas à l'Europe francophone. Émile, Justin et Félix font écho au succès d'Alexandre, Arthur, Louis et Jules en France, en Romandie et en Wallonie.

Cédant sa place à Justin, Alexandre quitte le top 20 québécois à l'issue d'une belle carrière. Il devrait être rejoint par Émile qui aura bien du mal à résister à Charles. Mais c'est peut-être Théo qui leur prendra la place : ce prénom du top 30 a gagné 20 places de classement en un an !

Horizon 2013

Arthur, figure légendaire de la littérature médiévale, pointe au 55e rang du classement, mais sa croissance est fulgurante. Gageons qu'il bousculera bientôt les rangs du panthéon québécois. Cela ne devrait pas empêcher Adam, tout proche du top 20, de tenter lui aussi sa chance.

* Les classements de Raphaël, Mathis et Lucas tiennent compte du nombre d'attributions de leurs variantes respectives (Rafael, Mathys, Matis, Luca).

Jaber : celui qui réconforte (arabe). Ce prénom très rare est porté par près de 130 personnes en France. Tendance : en forte croissance. Variante : Jabir. Caractérologie : rêve, résolution, humanité, rectitude, ouverture d'esprit.

Jack : supplanter, talonner (hébreu). Ce prénom est porté par environ 10 000 personnes en France. Il est peu attribué aujourd'hui. Tendance : en croissance modérée. Jack est très en vogue en Irlande et en Angleterre. Variantes : Jac, Jacq, Jacmé. Caractérologie : sagacité, connaissance, spiritualité, originalité, organisation.

Jacki : supplanter, talonner (hébreu). Ce prénom est porté par environ 2 000 personnes en France. Il ne devrait pas être attribué à plus de 50 bébés en 2012. Caractérologie : intelligence, indépendance, savoir, méditation, organisation.

Jackie : supplanter, talonner (hébreu). Ce prénom est porté par environ 15 000 personnes en France. Il ne devrait pas être attribué à plus de 50 bébés en 2012. Caractérologie : communication, optimisme, pragmatisme, détermination, organisation.

Jackson : fils de Jacques (vieil anglais). Ce prénom rare est porté par près de 600 personnes en France. Tendance : en croissance modérée. Caractérologie : énergie, autorité, innovation, ambition, organisation.

Jacky : supplanter, talonner (hébreu). Ce prénom est porté par environ 62 000 personnes en France. Il ne devrait pas être attribué à plus de 50 bébés en 2012. Caractérologie : audace, découverte, originalité, énergie, gestion.

Jacob : supplanter, talonner (hébreu). Ce prénom est porté par environ 2 000 personnes en France. Il ne devrait pas être attribué à plus de 50 bébés en 2012. Fils d'Isaac et de Rébecca dans la Bible, Jacob rachète à son frère jumeau Ésaü son droit d'aînesse contre un plat de lentilles. Léa et Rachel, ses épouses successives, mettent au monde les futurs patriarches des douze tribus d'Israël. Variantes : Jacobin, Iacob, Iacov. Variante basque : Jacobe. Caractérologie : structure, persévérance, sécurité, organisation, efficacité.

Jacques : supplanter, talonner (hébreu). Ce prénom est porté par environ 340 000 personnes en France. Il est peu attribué aujourd'hui. Jacques de Molay, le dernier grand maître des Templiers, est célèbre pour avoir lancé une malédiction sur les Capétiens avant de périr sur le bûcher à Paris, en 1314. Deux apôtres du Christ, martyrs à Rome au Ier siècle, portèrent ce prénom. Jacques le Majeur et Jacques le Mineur sont respectivement fêtés les 25 juillet et 3 mai. Variantes : Jacque, Jacquelin, Jacquemin, Jacquot, Jaques, Jeacques. Variante bretonne : Kou. Variantes irlandaises : Seamus, Shamus. Caractérologie : efficacité, structure, persévérance, sécurité, honnêteté.

Jacquie : supplanter, talonner (hébreu). Ce prénom rare est porté par près de 700 personnes en France. Variantes : Jacqui, Jacquies, Jacquis, Jacquit. Caractérologie : communication, résolution, pratique, enthousiasme, adaptation.

Jacquy : supplanter, talonner (hébreu). Ce prénom est porté par environ 2 000 personnes en France. Il ne devrait pas être attribué à plus de 50 bébés en 2012. Variante : Jaquy. Caractérologie : originalité, découverte, énergie, audace, séduction.

Jad : présent de Dieu (arabe). Ce prénom rare est porté par près de 1 000 personnes en France. Caractérologie : exigence, sens des responsabilités, influence, équilibre, famille.

Jaden : ce dérivé masculin de Jade, né en France dans les années 2000, désigne une pierre fine de couleur verte. Ce prénom très rare est porté par près de 300 personnes en France. Tendance : en forte croissance. Variantes : Jade, Jayden. Caractérologie : connaissance, sagacité, originalité, philosophie, spiritualité.

Jaï : victorieux (sanscrit). Caractérologie : fidélité, intuition, adaptabilité, médiation, relationnel.

Jaime : supplanter, talonner (hébreu). Ce prénom rare est porté par près de 800 personnes en France. Jaime est très répandu en Espagne et au Portugal. En France, il est plus traditionnellement usité au Pays basque. Variantes : Jaume, Jayme. Caractérologie : loyauté, sociabilité, résolution, diplomatie, réceptivité.

Jaky : supplanter, talonner (hébreu). Ce prénom rare est porté par près de 700 personnes en France. Variantes : Jakes, Jaki, Jakie. Variante bretonne : Jak. Caractérologie : médiation, adaptabilité, intuition, fidélité, relationnel.

Jalil : qui est grand (arabe). Ce prénom rare est porté par près de 800 personnes en France. Variantes : Djelal, Djelali, Djeloul, Djelloul, Jalal, Jalale, Jalel, Jallal, Jelal. Caractérologie : ambition, management, force, habileté, passion.

Jamal : d'une grande beauté physique et morale (arabe). Ce prénom est porté par environ 3 000 personnes en France. Il ne devrait pas être attribué à plus de 50 bébés en 2012. Variantes : Jamale, Jamil, Jémil. Caractérologie : ambition, autorité, innovation, autonomie, énergie.

Jamel : d'une grande beauté physique et morale (arabe). Ce prénom est porté par environ 4 000 personnes en France. Il ne devrait pas être attribué à plus de 50 bébés en 2012. Caractérologie : énergie, audace, originalité, découverte, séduction.

James : supplanter, talonner (hébreu). Ce prénom est porté par environ 19 000 personnes en France. Il est peu attribué aujourd'hui. Variantes : Jame, Jamie, Jammes. Caractérologie : optimisme, communication, créativité, pragmatisme, sociabilité.

Jameson : fils de James (anglais). Ce prénom est porté par moins de 100 personnes en France. Caractérologie : énergie, découverte, audace, originalité, caractère.

Jamie : supplanter, talonner (hébreu). Ce prénom très rare est porté par près de 140 personnes en France. Tendance : en forte croissance. Variante : Jaimie. Caractérologie : fidélité, relationnel, intuition, décision, médiation.

Jamy : supplanter, talonner (hébreu). Ce prénom très rare est porté par près de 400 personnes en France. Variante : Jammy. Caractérologie : sécurité, structure, efficacité, réalisation, persévérance.

Jan : Dieu fait grâce (hébreu). Ce prénom est porté par environ 1 000 personnes en France. Tendance : en croissance modérée. Dans l'Hexagone, Jan est plus traditionnellement usité en Occitanie. Caractérologie : sagesse, intelligence, savoir, méditation, indépendance.

Janick : Dieu fait grâce (hébreu). Ce prénom est porté par environ 2 000 personnes en France. Il ne devrait pas être attribué à plus de 50 bébés en 2012. Variantes : Janic, Janik, Janis, Janssen. Caractérologie : détermination, communication, pratique, enthousiasme, organisation.

Janis : Dieu fait grâce (hébreu). Ce prénom très rare est porté par près de 400 personnes en France. Caractérologie : ambition, passion, habileté, détermination, force.

Janvier : correspond au mois de l'année (latin). Ce prénom très rare est porté par près de 140 personnes en France. Caractérologie : sagacité, connaissance, originalité, résolution, spiritualité.

Jany : Dieu fait grâce (hébreu). Ce prénom est porté par environ 1 000 personnes en France. Tendance : stable. Variante : Janny. Caractérologie : découverte, audace, énergie, séduction, originalité.

Jao : se rapporte au nom d'une divinité inca. Ce prénom est porté par moins de 100 personnes en France. Tendance : en forte croissance. Jao est assez répandu en Amérique latine. Caractérologie : ambition, habileté, force, management, passion.

Jarod : celui qui descendra (hébreu). Ce prénom est porté par environ 2 000 personnes en France. Il est très peu attribué aujourd'hui. Caractérologie : pragmatisme, créativité, communication, sociabilité, optimisme.

Jaroslaw : le printemps de gloire (slave). Ce prénom est porté par moins de 100 personnes en France. Variante : Jaroslav. Caractérologie : idéalisme, intégrité, altruisme, détermination, raisonnement.

Jasmin : fleur de jasmin (perse). Ce prénom très rare est porté par près de 400 personnes en France. Variante : Yasmin. Caractérologie : pratique, enthousiasme, communication, adaptation, résolution.

Jason : Dieu sauve (hébreu). Ce prénom est porté par environ 19 000 personnes en France. Il est relativement peu attribué aujourd'hui. Variante : Djason. Caractérologie : originalité, énergie, découverte, séduction, audace.

Jauffrey : la paix de Dieu (germanique). Ce prénom très rare est porté par près de 200 personnes en France. Variantes : Aufrey, Auffrey, Jauffret, Jaufre. Caractérologie : relationnel, sympathie, analyse, intuition, médiation.

Javier : maison neuve (basque). Ce prénom rare est porté par près de 800 personnes en France. Javier est très répandu en Espagne et au Portugal. Caractérologie : réceptivité, diplomatie, sociabilité, loyauté, décision.

Jawad : celui qui est bon et généreux (arabe). Ce prénom est porté par environ 3 000 personnes en France. Il est peu attribué aujourd'hui. Variantes : Djawad, Jawade, Jawed. Caractérologie : enthousiasme, communication, adaptation, générosité, pratique.

Jay : victorieux (sanscrit), diminutif de prénoms anglophones commençant par le préfixe « Ja ». Ce prénom très rare est porté par près de 130 personnes en France. Caractérologie : humanité, rêve, générosité, ouverture d'esprit, rectitude.

Jayden : Dieu sauve (hébreu). Ce prénom très rare est porté par près de 300 personnes en France. Tendance : en forte croissance. Variante : Jaiden. Caractérologie : dynamisme, réalisation, indépendance, courage, curiosité.

Jayson : Dieu sauve (hébreu). Ce prénom est porté par environ 2 000 personnes en France. Il est peu attribué aujourd'hui. Variantes : Jaison, Jeason, Jeson, Jeyson. Caractérologie : optimisme, pragmatisme, créativité, communication, sociabilité.

Jean : Dieu fait grâce (hébreu). Ce prénom, porté par environ 1 246 000 Français, figure dans le top 100 national. Tendance : stable. Jean est prénom masculin le plus porté dans l'Hexagone. Voir Jean-Baptiste. Variantes : Hane, Jen, Jovanny, Jovanny, Sion, Wanne. Caractérologie : adaptation, pratique, générosité, communication, enthousiasme.

Jean-Baptiste : forme composée de Jean et Baptiste. Ce prénom est porté par environ 39 000 personnes en France. Il est peu attribué aujourd'hui. Fils de Zacharie et d'Élisabeth, Jean naquit en Palestine au Ier siècle. Infatigable prêcheur des foules qui s'amassaient sur les rives du Jourdain, il baptisa Jésus et de nombreux convertis dans l'eau du fleuve. C'est pourquoi il fut surnommé Jean le Baptiste (aujourd'hui Jean-Baptiste). Il est le patron des Québécois, des cordeliers, des rémouleurs et des tonneliers. Caractérologie : audace, énergie, découverte, résolution, originalité.

Jean-Charles : forme composée de Jean et Charles. Ce prénom est porté par environ 18 000 personnes en France. Il ne devrait pas être attribué à plus de 50 bébés en 2012. Caractérologie : paix, bienveillance, conseil, conscience, décision.

Jean-Christophe : forme composée de Jean et Christophe. Ce prénom est porté par environ 30 000 personnes en France. Il ne devrait pas être attribué à plus de 50 bébés en 2012. Caractérologie : sagacité, spiritualité, connaissance, sensibilité, raisonnement.

Jean-Claude : forme composée de Jean et Claude. Ce prénom est porté par environ 146 000 personnes en France. Il ne devrait pas être attribué à plus de 50 bébés en 2012. Caractérologie : structure, sécurité, efficacité, persévérance, honnêteté.

Jean-David : forme composée de Jean et David. Ce prénom est porté par environ 1 000 personnes en France. Tendance : stable. Caractérologie : méditation, savoir, indépendance, intelligence, résolution.

Jean-Denis : forme composée de Jean et Denis. Ce prénom est porté par environ 2 000 personnes en France. Il ne devrait pas être attribué à plus de 50 bébés en 2012. Caractérologie : humanité, rectitude, rêve, détermination, tolérance.

Jean-Emmanuel : forme composée de Jean et Emmanuel. Ce prénom est porté par environ 1 000 personnes en France. Tendance : en croissance modérée. Caractérologie : équilibre, famille, influence, sens des responsabilités, exigence.

Les prénoms BCBG

Qu'ils soient attribués par esprit de tradition, par snobisme ou par hasard, les prénoms BCBG passionnent et font couler beaucoup d'encre. Ce sujet n'a jamais été autant discuté sur les forums de sites internet dédiés aux prénoms. Il semblerait même que le côté péjoratif associé au label s'atténue. Or, en s'assouplissant, l'étiquette BCBG est devenue plus vague. Confusion d'autant plus excusable que l'essor de la culture bobo a brouillé quelques pistes.

Premier pilier élémentaire : un « bon » prénom BCBG doit marquer un signe d'appartenance à un milieu social bourgeois. Prenons l'exemple de Marie-Charlotte et Anne-Claire, très prisés à la fin des années 1960 par les cadres supérieurs : ils évoquent, aujourd'hui encore, des origines privilégiées. Mais à l'heure de l'Internet, les modes font et défont toujours plus rapidement la cote d'un prénom. C'est ainsi que, victimes de leur succès, un nombre croissant de choix BCBG se répandent dans l'ensemble de la société. Issus des années 1990, Camille, Antoine et Thomas en ont fait les frais : en se banalisant, ils ont perdu leur précieuse étiquette. Il en va de même aujourd'hui pour Arthur, Louis, Capucine et Louise, qui prospèrent à Paris comme dans l'Ain ou dans le Pas-de-Calais. Et la question s'impose : existe-t-il encore des prénoms BCBG endurants ?

De toute évidence, oui. Ils doivent cependant rassembler certaines caractéristiques. Ainsi, les choix peu communs sont acceptables, mais les perles rares sont préférables. Et qu'on ne s'empresse pas de puiser dans un registre trop moderne. Car seuls les prénoms anciens sont légitimes : ne se transmettent-ils pas, la plupart du temps, de génération en génération ? Précisons par ailleurs que, d'une manière générale, les saints correspondant aux prénoms BCBG ne figurent pas sur les calendriers. En cas de doute, un prénom royal inusité sera toujours une valeur refuge. Alors, que les amateurs se rassurent, il y aura toujours des prénoms bon chic, bon genre… à moins que ce label ne devienne lui-même trop à la mode !

Notre sélection de prénoms vraiment BCBG :
Filles : Agathe, Aglaé, Aliénor, Alix, Antoinette, Apolline, Astrid, Aude, Bénédicte, Bérénice, Bérengère, Bertille, Blanche, Brunhilde, Capucine, Céleste, Clémence, Clothilde, Colombe, Constance, Daphné, Dauphine, Diane, Domitille, Églantine, Éléonore, Eudoxie, Eugénie, Garance, Gersande, Hortense, Irénée, Isaure, Juliette, Léopoldine, Louise, Mahaut, Margot, Marguerite, Marie, Pénélope, Pétronille, Pia, Priscille, Roxane, Ségolène, Sixtine, Sybille, Tiphaine, Toinon, Violaine.

Garçons : Adrien, Amaury, Ambroise, Ancelin, Anselme, Armand, Arthur, Augustin, Baudoin, Cassien, Célestin, Charles-Édouard, Clément, Côme, Constant, Constantin, Cyprien, Cyriaque, Edgar, Édouard, Éloi, Enguerrand, Étienne, Eudes, Ferréol, Foulques, Gaspard,

…/

Les prénoms BCBG *(suite)*

Gauthier, Gauvain, Geoffroy, Gustave, Gonzague, Grégoire, Guillaume, Henri, Hippolyte, Hubert, Jean, Josselin, Lothaire, Louis, Maïeul, Mathurin, Mayeul, Raoul, Rodrigue, Stanislas, Tancrède, Théobald, Théophile, Tibault, Vianney, Virgile.

Jean-François : forme composée de Jean et François. Ce prénom est porté par environ 91 000 personnes en France. Il ne devrait pas être attribué à plus de 50 bébés en 2012. Caractérologie : savoir, intelligence, méditation, détermination, raisonnement.

Jean-Gabriel : forme composée de Jean et Gabriel. Ce prénom est porté par environ 1 000 personnes en France. Tendance : stable. Caractérologie : communication, pratique, enthousiasme, sympathie, résolution.

Jean-Jacques : forme composée de Jean et Jacques. Ce prénom est porté par environ 47 000 personnes en France. Il ne devrait pas être attribué à plus de 50 bébés en 2012. Caractérologie : connaissance, spiritualité, sagacité, originalité, philosophie.

Jean-Joseph : forme composée de Jean et Joseph. Ce prénom est porté par environ 1 000 personnes en France. Tendance : stable. Caractérologie : honnêteté, sécurité, structure, efficacité, persévérance.

Jean-Lou : forme composée de Jean et Lou. Ce prénom rare est porté par près de 800 personnes en France. Tendance : en croissance modérée. Caractérologie : équilibre, influence, exigence, famille, sens des responsabilités.

Jean-Louis : forme composée de Jean et Louis. Ce prénom est porté par environ 69 000 personnes en France. Il ne devrait pas être attribué à plus de 50 bébés en 2012. Caractérologie : sagacité, connaissance, décision, spiritualité, logique.

Jean-Loup : forme composée de Jean et Loup. Ce prénom est porté par environ 3 000 personnes en France. Il ne devrait pas être attribué à plus de 50 bébés en 2012. Caractérologie : efficacité, structure, persévérance, sympathie, sécurité.

Jean-Luc : forme composée de Jean et Luc. Ce prénom est porté par environ 107 000 personnes en France. Il ne devrait pas être attribué à plus de 50 bébés en 2012. Caractérologie : communication, pratique, enthousiasme, adaptation, générosité.

Jean-Marc : forme composée de Jean et Marc. Ce prénom est porté par environ 83 000 personnes en France. Il ne devrait pas être attribué à plus de 50 bébés en 2012. Caractérologie : réceptivité, sociabilité, résolution, diplomatie, loyauté.

Jean-Marie : forme composée de Jean et Marie. Ce prénom est porté par environ 72 000 personnes en France. Il ne devrait pas être attribué à plus de 50 bébés en 2012. Caractérologie : engagement, ténacité, méthode, fiabilité, résolution.

Jean-Matthieu : forme composée de Jean et Matthieu. Ce prénom très rare est porté par près de 300 personnes en France. Caractérologie : audace, détermination, dynamisme, sensibilité, direction.

Jean-Michel : forme composée de Jean et Michel. Ce prénom est porté par environ 78 000 personnes en France. Il ne devrait pas être attribué à plus de 50 bébés en 2012. Caractérologie : stratégie, vitalité, ardeur, décision, achèvement.

Jeannot : Dieu fait grâce (hébreu). Ce prénom est porté par environ 2 000 personnes en France. Il ne devrait pas être attribué à plus de 50 bébés en 2012. Caractérologie : spiritualité, originalité, sagacité, connaissance, philosophie.

Jean-Pascal : forme composée de Jean et Pascal. Ce prénom est porté par environ 4 000 personnes en France. Il ne devrait pas être attribué à plus de 50 bébés en 2012. Caractérologie : indépendance, audace, direction, dynamisme, bonté.

Jean-Patrick : forme composée de Jean et Patrick. Ce prénom est porté par environ 2 000 personnes en France. Il ne devrait pas être attribué à plus de 50 bébés en 2012. Caractérologie : intégrité, décision, cœur, idéalisme, altruisme.

Jean-Paul : forme composée de Jean et Paul. Ce prénom est porté par environ 76 000 personnes en France. Il ne devrait pas être attribué à plus de 50 bébés en 2012. Caractérologie : ambition, passion, force, habileté, bonté.

Jean-Philippe : forme composée de Jean et Philippe. Ce prénom est porté par environ 43 000 personnes en France. Il ne devrait pas être attribué à plus de 50 bébés en 2012. Caractérologie : structure, persévérance, sécurité, sympathie, ressort.

Jean-Pierre : forme composée de Jean et Pierre. Ce prénom est porté par environ 184 000 personnes en France. Il ne devrait pas être attribué à plus de 50 bébés en 2012. Caractérologie : relationnel, fidélité, intuition, médiation, décision.

Jean-Roch : forme composée de Jean et Roch. Ce prénom très rare est porté par près de 400 personnes en France. Caractérologie : logique, réceptivité, décision, diplomatie, sociabilité.

Jean-Sébastien : forme composée de Jean et Sébastien. Ce prénom est porté par environ 5 000 personnes en France. Il ne devrait pas être attribué à plus de 50 bébés en 2012. Caractérologie : méditation, savoir, intelligence, indépendance, décision.

Jean-Victor : forme composée de Jean et Victor. Ce prénom très rare est porté par près de 400 personnes en France. Caractérologie : intégrité, idéalisme, altruisme, volonté, analyse.

Jean-Yves : forme composée de Jean et Yves. Ce prénom est porté par environ 33 000 personnes en France. Il ne devrait pas être attribué à plus de 50 bébés en 2012. Caractérologie : diplomatie, sociabilité, réceptivité, loyauté, réalisation.

Jeff : la paix de Dieu (germanique). Ce prénom est porté par environ 1 000 personnes en France. Tendance : en croissance modérée. Variante : Jef. Caractérologie : humanité, générosité, rectitude, rêve, tolérance.

Jefferson : fils de Geoffroy (anglais). Ce prénom est porté par environ 1 000 personnes en France. Tendance : stable. Caractérologie : vitalité, achèvement, ardeur, stratégie, décision.

Jeffrey : la paix de Dieu (germanique). Ce prénom est porté par environ 2 000 personnes en France. Il ne devrait pas être attribué à plus de 50 bébés en 2012. Variante : Jeffry. Caractérologie : communication, pratique, enthousiasme, adaptation, décision.

Jehan : Dieu fait grâce (hébreu). Ce prénom rare est porté par près de 800 personnes en France. Caractérologie : intuition, relationnel, médiation, adaptabilité, fidélité.

Jeoffrey : la paix de Dieu (germanique). Ce prénom est porté par environ 1 000 personnes en France. Tendance : stable. Variante : Jeoffray. Caractérologie : humanité, rectitude, rêve, tolérance, décision.

Jérémi : Dieu élève (hébreu). Ce prénom est porté par environ 1 000 personnes en France. Tendance : stable. Variantes : Gérémie, Gérémy, Jérémi, Jéremiah, Jérémias. Caractérologie : résolution, sens des responsabilités, famille, influence, équilibre.

Jérémie : Dieu élève (hébreu). Ce prénom est porté par environ 30 000 personnes en France. Il est peu attribué aujourd'hui. Personnage biblique, Jérémie est l'un des trois grands prophètes d'Israël. Obéissant à une volonté divine, il prédit à son peuple que ses faiblesses morales et religieuses seraient châtiées par Yahvé. Ses oracles se concrétisèrent lorsque la ville de Jérusalem et son temple furent détruits. L'immense peine de Jérémie est illustrée dans les Lamentations de Jérémie, dans l'Ancien Testament. Caractérologie : relationnel, médiation, intuition, résolution, fidélité.

Jérémy : Dieu élève (hébreu). Ce prénom, porté par environ 131 000 Français, figure dans le top 200 national. Tendance : en décroissance modérée. Voir Jérémie. Caractérologie : structure, persévérance, détermination, sécurité, réalisation.

Jérôme : nom sacré (grec). Ce prénom est porté par environ 201 000 personnes en France. Il est très peu attribué aujourd'hui. Au Ve siècle, saint Jérôme traduisit de l'hébreu en latin une grande partie de la Bible. Il est le patron des traducteurs. Variantes : Gérôme, Géronimo, Jéronime, Jéronimo, Yerom. Variante basque : Jerolin. Caractérologie : communication, enthousiasme, volonté, pratique, résolution.

Jerry : nom sacré (grec). Ce prénom est porté par environ 1 000 personnes en France. Tendance : stable. Caractérologie : fiabilité, résolution, méthode, ténacité, engagement.

Jerzy : labourer le sol (grec). Ce prénom est porté par moins de 100 personnes en France. Caractérologie : optimisme, communication, décision, action, pragmatisme.

Jesse : un présent (hébreu). Ce prénom rare est porté par près de 1 000 personnes en France. Jesse est en vogue en Finlande actuellement. On le trouve orthographié avec ou sans accent dans l'Hexagone. Variante : Jess. Caractérologie : méthode, fiabilité, ténacité, sens du devoir, engagement.

Jessim : grand, majestueux (arabe). Ce prénom est porté par environ 1 000 personnes en France. Il est peu attribué aujourd'hui. Tendance : en croissance modérée. Variante : Jassim. Caractérologie : adaptation, communication, pratique, enthousiasme, résolution.

Jessy : un présent (hébreu). Ce prénom est porté par environ 11 000 personnes en France. Il est relativement peu attribué aujourd'hui. Variantes : Djessy, Jessi. Caractérologie : équilibre, sens des responsabilités, famille, influence, exigence.

Jésus : Dieu sauve (hébreu). Ce prénom est porté par environ 2 000 personnes en France. Tendance : en forte croissance. Caractérologie : loyauté, réceptivité, diplomatie, sociabilité, bonté.

Jibriel : contraction de Jibril et Gabriel. Caractérologie : détermination, diplomatie, organisation, sociabilité, réceptivité.

Jibril : équivalent arabe de Gabriel : force de Dieu (hébreu). Ce prénom est porté par environ 2 000 personnes en France. Il est peu attribué aujourd'hui. Dans le Coran, Djibril est l'ange porteur d'ordres et de châtiments divins. C'est lui qui révèle le Coran à Mahomet. Variantes : Gibril, Jebril. Caractérologie : conseil, bienveillance, organisation, conscience, sagesse.

Jilani : nom du fondateur de la Qadiriya, branche soufie de l'islam créée au XIe siècle en Iraq. Ce prénom très rare est porté par près de 150 personnes en France. Caractérologie : dynamisme, direction, détermination, indépendance, assurance.

Jillian : de la famille romaine de Iule (latin). Ce prénom très rare est porté par près de 170 personnes en France. Variante : Jilian. Caractérologie : structure, efficacité, persévérance, détermination, sécurité.

Jim : supplanter, talonner (hébreu). Ce prénom est porté par environ 2 000 personnes en France. Il ne devrait pas être attribué à plus de 50 bébés en 2012. Variante : Gim. Caractérologie : dynamisme, curiosité, courage, charisme, indépendance.

Jimmy : supplanter, talonner (hébreu). Ce prénom est porté par environ 34 000 personnes en France. Il est relativement peu attribué aujourd'hui. Variantes : Djimmy, Gimmy, Jimi, Jimy. Caractérologie : sagacité, spiritualité, connaissance, réalisation, originalité.

Joachim : Dieu a établi (hébreu). Ce prénom est porté par environ 9 000 personnes en France. Il est relativement peu attribué aujourd'hui. Tendance : en croissance modérée. Roi de Juda au VIe siècle, Joachim complota avec les Égyptiens contre le protectorat babylonien dirigé par Nabuchodonosor. Variantes : Akim, Kimo, Joachin, Joackim, Joakim, Joakin, Jochim, Johakim. Caractérologie : indépendance, curiosité, analyse, dynamisme, courage.

Joan : Dieu fait grâce (hébreu). Ce prénom est porté par environ 5 000 personnes en France. Il est relativement peu attribué aujourd'hui. Dans l'Hexagone, Joan est plus traditionnellement usité au Pays basque. Caractérologie : sens du devoir, engagement, méthode, ténacité, fiabilité.

Joannes : Dieu fait grâce (hébreu). Ce prénom est porté par environ 2 000 personnes en France. Tendance : en croissance modérée. Variantes basques : Joanes, Joanko. Caractérologie : conscience, paix, conseil, sagesse, bienveillance.

Joanny : Dieu fait grâce (hébreu). Ce prénom est porté par environ 1 000 personnes en France. Tendance : stable. Variantes : Joannet, Joanni, Joannic, Joannick, Joannin, Joanis, Joannis, Joany. Caractérologie : sagesse, méditation, indépendance, savoir, intelligence.

Les prénoms de rois

La vogue du rétro a fait renaître bien des prénoms oubliés. Curieusement, cet engouement ne s'est pas propagé aux prénoms royaux qui, à l'exception de Louis, restent peu attribués. Prenons le temps de revisiter l'histoire sous cet angle particulier. Qui sait… Charles, Henri, François, Jean ou Philippe pourraient revenir dans les prochaines années… Les noms de ces monarques sont classés par ordre chronologique. Ils retracent les dynasties successives des Carolingiens, des Capétiens, des Valois et des Bourbons.

Les Carolingiens (715-987)	**Les Capétiens (987-1328)**
Pépin le Bref	Hugues Capet
Charles Ier ou Charlemagne	Robert II le Pieux
Louis Ier le Pieux	Henri Ier
Charles II le Chauve	Philippe Ier
Louis II le Bègue	Louis VI le Gros
Louis III	Louis VII le Jeune
Carloman	Philippe II Auguste
Charles le Gros	Louis VIII le Lion
Eudes	Louis IX le Saint
Charles III le Simple	Philippe III le Hardi
Robert Ier	Philippe IV le Bel
Raoul de Bourgogne	Louis X le Hutin
Louis IV d'Outremer	Philippe V le Long
Louis V le Fainéant	Charles IV le Bel

Les Valois (1328-1589)	**Les Bourbons (1589-1830)**
Philippe VI de Valois	Henri IV le Vert-Galant
Jean II le Bon	Louis XIII le Juste
Charles V le Sage	Louis XIV le Grand
Charles VI le Fol	Louis XV le Bien-Aimé
Charles VII le Victorieux	Louis XVI
Louis XI	Louis XVIII
Charles VIII l'Affable	Charles X
Louis XII Père du peuple	
François Ier le Roi Chevalier	**Les Orléans (1830-1848)**
Henri II	Louis-Philippe Ier
François II	
Charles IX	
Henri III	

Joao : Dieu fait grâce (hébreu). Ce prénom est porté par environ 3 000 personnes en France. Il est peu attribué aujourd'hui. Tendance : en forte croissance. Caractérologie : originalité, énergie, découverte, séduction, audace.

Joaquim : Dieu a établi (hébreu). Voir Joachim. Ce prénom est porté par environ 3 000 personnes en France. Il est peu attribué aujourd'hui. Tendance : en croissance modérée. Caractérologie : dynamisme, curiosité, courage, indépendance, logique.

Joaquin : Dieu fait grâce (hébreu). Ce prénom rare est porté par près de 1 000 personnes en France. Tendance : en forte croissance. En dehors de l'Hexagone, Joaquin est particulièrement répandu en Espagne. Caractérologie : bienveillance, conscience, paix, détermination, raisonnement.

Joas : supplanter, talonner (hébreu). Ce prénom est porté par moins de 100 personnes en France. Caractérologie : altruisme, intégrité, réflexion, idéalisme, dévouement.

Job : Dieu a établi (hébreu). Ce prénom est porté par moins de 100 personnes en France. Caractérologie : rêve, ouverture d'esprit, humanité, générosité, rectitude.

Jocelyn : étymologie possible : doux prince (germanique). Ce prénom est porté par environ 12 000 personnes en France. Il ne devrait pas être attribué à plus de 50 bébés en 2012. Saint Josse, le fils du roi des Bretons Judaël, refusa le trône de son père au VIIe siècle. Voir Judicaël. Variantes : Jocelin, Joscelyn. Caractérologie : adaptation, pratique, communication, amitié, enthousiasme.

Jody : diminutif de Joseph et de Joël. Ce prénom très rare est porté par près de 200 personnes en France. Caractérologie : réalisation, humanité, ouverture d'esprit, rêve, rectitude.

Joé : diminutif des prénoms formés avec Jo. Ce prénom est porté par environ 2 000 personnes en France. Il ne devrait pas être attribué à plus de 50 bébés en 2012. Caractérologie : optimisme, communication, pragmatisme, créativité, sociabilité.

Joël : Dieu est Dieu (hébreu). Ce prénom est porté par environ 134 000 personnes en France. Il est peu attribué aujourd'hui. Joël est l'un des douze « petits prophètes » de l'Ancien Testament. Il convainquit le peuple de se repentir de son éloignement de Dieu. Cette pénitence fit cesser la sécheresse et l'invasion de sauterelles qu'il avait prophétisées. Caractérologie : famille, éthique, influence, équilibre, exigence.

Joévin : Jupiter, jeune (latin). Ce prénom très rare est porté par près de 300 personnes en France. Caractérologie : pragmatisme, optimisme, décision, communication, caractère.

Joey : Dieu est Dieu (hébreu). Ce prénom est porté par environ 2 000 personnes en France. Il est peu attribué aujourd'hui. Caractérologie : audace, dynamisme, direction, indépendance, assurance.

Joffrey : la paix de Dieu (germanique). Ce prénom est porté par environ 7 000 personnes en France. Il ne devrait pas être attribué à plus de 50 bébés en 2012. Variantes : Jœffrey, Jofrey, Joffray, Joffre. Caractérologie : structure, persévérance, efficacité, sécurité, résolution.

Johan : Dieu fait grâce (hébreu). Ce prénom est porté par environ 31 000 personnes en France. Il figure dans le top 200 national. Tendance : stable. Dans l'Hexagone, Johan est plus traditionnellement usité en Alsace. Variante : Johane. Caractérologie : pratique, enthousiasme, communication, adaptation, générosité.

Johann : Dieu fait grâce (hébreu). Ce prénom est porté par environ 18 000 personnes en France. Il est relativement peu attribué aujourd'hui. Caractérologie : force, ambition, habileté, passion, management.

Johannes : Dieu fait grâce (hébreu). Ce prénom rare est porté par près de 600 personnes en France. Johannes est très répandu en Allemagne. Variantes : Johanes, Johanne, Johannis, Johanny, Johany. Caractérologie : curiosité, courage, dynamisme, charisme, indépendance.

John : Dieu fait grâce (hébreu). Ce prénom est porté par environ 13 000 personnes en France. Il est peu attribué aujourd'hui. Caractérologie : intuition, médiation, relationnel, fidélité, adaptabilité.

Johnny : Dieu fait grâce (hébreu). Ce prénom est porté par environ 15 000 personnes en France. Il est très peu attribué aujourd'hui. Caractérologie : énergie, originalité, découverte, audace, séduction.

Johnson : fils de John (anglais). Ce prénom très rare est porté par près de 150 personnes en France. Caractérologie : curiosité, indépendance, dynamisme, courage, charisme.

Johny : Dieu fait grâce (hébreu). Ce prénom est porté par environ 2 000 personnes en France. Il ne devrait pas être attribué à plus de 50 bébés en 2012. Variantes : Djohnny, Jhon, Jhonny, Jonnhy, Jonny, Jony. Caractérologie : idéalisme, intégrité, réflexion, altruisme, dévouement.

Jolan : vallée aux chênes morts (indien d'Amérique du Nord). Ce prénom est porté par environ 1 000 personnes en France. Il est peu attribué aujourd'hui. Caractérologie : connaissance, spiritualité, sagacité, originalité, philosophie.

Jon : Dieu fait grâce (hébreu). Ce prénom rare est porté par près de 600 personnes en France. Dans l'Hexagone, Jon est plus traditionnellement usité au Pays basque. Caractérologie : communication, pratique, enthousiasme, adaptation, générosité.

Jonaël : contraction de Jonas et Joël. Ce prénom très rare est porté par près de 110 personnes en France. Caractérologie : communication, pragmatisme, optimisme, créativité, sociabilité.

Jonas : colombe (hébreu). Ce prénom est porté par environ 5 000 personnes en France. Il est relativement peu attribué aujourd'hui. Lorsque Dieu ordonne à Jonas de convertir la ville païenne de Ninive, il fuit sa mission en s'embarquant sur un bateau. Mais un violent orage éclate et l'équipage doit jeter Jonas par-dessus bord afin d'apaiser la colère divine. Avalé par une baleine, Jonas se repent et accepte son mandat. L'ordre religieux est promptement rétabli à Ninive et Dieu épargne la ville de ses châtiments. Maints peintres et artistes ont immortalisé ces scènes bibliques. Variantes : Jonah, Yonas. Caractérologie : découverte, énergie, audace, séduction, originalité.

Jonatan : Dieu a donné (hébreu). Ce prénom très rare est porté par près de 400 personnes en France. Caractérologie : communication, pragmatisme, optimisme, sociabilité, créativité.

Jonathan : Dieu a donné (hébreu). Ce prénom est porté par environ 102 000 personnes en France. Il est relativement peu attribué aujourd'hui. Dans l'Ancien Testament, Jonathan, le fils du roi Saül, est le jeune officier qui repousse l'armée ennemie en tuant le général des Philistins. Son courage, sa générosité et son intelligence sont légendaires. Variantes : Janathan, Johnatan, Johnathan, Jonathane, Jonathann, Jonnathan. Caractérologie : intuition, médiation, fidélité, finesse, relationnel.

Joran : labourer le sol (grec). Ce prénom rare est porté par près de 500 personnes en France. Dans l'Hexagone, Joran est plus traditionnellement usité en Bretagne. Caractérologie : structure, sécurité, efficacité, persévérance, décision.

Jordan : descendre (hébreu). Ce prénom, porté par environ 51 000 Français, figure dans le top 200 national. Tendance : en décroissance modérée. Dans l'Hexagone, Jordan est plus traditionnellement usité en Occitanie. Variantes : Djordan, Jourdain. Caractérologie : décision, ambition, force, caractère, habileté.

Jordane : descendre (hébreu). Ce prénom est porté par environ 3 000 personnes en France. Il ne devrait pas être attribué à plus de 50 bébés en 2012. Variantes : Djordan, Jordann, Jordhan. Caractérologie : persévérance, structure, sécurité, décision, caractère.

Jordi : labourer le sol (grec). Ce prénom est porté par environ 1 000 personnes en France. Tendance : stable. Dans l'Hexagone, Jordi est plus traditionnellement usité en Occitanie et en Catalogne. Variante : Jorgi. Caractérologie : diplomatie, sociabilité, réceptivité, loyauté, bonté.

Jordy : labourer le sol (grec). Ce prénom est porté par environ 3 000 personnes en France. Il ne devrait pas être attribué à plus de 50 bébés en 2012. Caractérologie : humanité, rectitude, rêve, tolérance, réussite.

Jorge : labourer le sol (grec). Ce prénom est porté par environ 2 000 personnes en France. Il ne devrait pas être attribué à plus de 50 bébés en 2012. Jorge est très répandu dans les pays hispanophones et au Portugal. Caractérologie : innovation, énergie, autorité, décision, ambition.

Joris : labourer le sol (grec). Ce prénom est porté par environ 14 000 personnes en France. Il est relativement peu attribué aujourd'hui. Variantes : Jauris, Jorick, Jorris, Jory, Jorys. Caractérologie : ambition, force, habileté, management, passion.

José : Dieu ajoutera (hébreu). Ce prénom est porté par environ 53 000 personnes en France. Il est très peu attribué aujourd'hui. José est très répandu en Espagne et au Portugal. Caractérologie : méthode, fiabilité, sens du devoir, ténacité, engagement.

Joseph : Dieu ajoutera (hébreu). Ce prénom, porté par environ 158 000 Français, figure dans le top 200 national. Tendance : stable. Dans l'Ancien Testament, Joseph est le fils préféré de Jacob. Afin de se venger de lui, ses frères jaloux le vendent comme esclave et le font passer pour mort. Malgré sa nouvelle condition, Joseph, qui a le don d'interpréter les rêves, est remarqué par le pharaon. Il le nomme gouverneur, ce qui épargne la famine aux Égyptiens. Plus tard, Joseph pardonne à ses frères et renoue avec sa famille. ◆ Saint Joseph, l'époux de la Vierge Marie, est célébré le 19 mars. Il est le patron des charpentiers. Variantes : Josef,

Joséphin, Josy. Caractérologie : autorité, innovation, énergie, ambition, autonomie.

Joshua : Dieu aidera (hébreu). Ce prénom est porté par environ 7000 personnes en France. Il figure dans le top 200 national. Tendance : en croissance modérée. Variantes : Josiah, Jossua, Josua, Josuah, Josuha. Caractérologie : sociabilité, réceptivité, loyauté, bonté, diplomatie.

Josian : Dieu ajoutera (hébreu). Ce prénom est porté par environ 1 000 personnes en France. Tendance : stable. Dans l'Hexagone, Josian est plus traditionnellement usité au Pays basque. Caractérologie : dynamisme, indépendance, curiosité, courage, résolution.

Josias : Dieu me soutient (hébreu). Ce prénom très rare est porté par près de 300 personnes en France. Caractérologie : autorité, innovation, autonomie, ambition, énergie.

Josse : étymologie possible : doux prince (germanique). Ce prénom très rare est porté par près de 300 personnes en France. Saint Josse, le fils du roi des Bretons Judaël, refusa le trône de son père au VIIe siècle. Variante : Joss. Caractérologie : dynamisme, curiosité, indépendance, courage, charisme.

Josselin : étymologie possible : doux prince (germanique). Voir Josse. Ce prénom est porté par environ 5 000 personnes en France. Il est très peu attribué aujourd'hui. Variantes : Josselyn, Judoc. Caractérologie : analyse, structure, persévérance, résolution, sécurité.

Josserand : se rapporte à Gauz, divinité teutonne (germanique). Ce prénom est porté par moins de 100 personnes en France. Caractérologie : équilibre, résolution, famille, sens des responsabilités, volonté.

Josué : Dieu aidera (hébreu). Ce prénom est porté par environ 3 000 personnes en France. Il est peu attribué aujourd'hui. Variante : Jossué. Caractérologie : indépendance, intelligence, savoir, méditation, sagesse.

Jovan : Jupiter, jeune (latin). Ce prénom breton est porté par près de 300 personnes en France. Caractérologie : passion, volonté, habileté, ambition, force.

Joyce : allégresse (latin). Ce prénom très rare est porté par près de 500 personnes en France. Caractérologie : ténacité, méthode, engagement, fiabilité, bonté.

Juan : Dieu fait grâce (hébreu). Ce prénom est porté par environ 8 000 personnes en France. Il est peu attribué aujourd'hui. Juan est très répandu en Espagne. Caractérologie : autorité, innovation, énergie, autonomie, ambition.

Jude : loué, félicité (hébreu). Ce prénom rare est porté par près de 900 personnes en France. Caractérologie : ténacité, engagement, méthode, fiabilité, sens du devoir.

Judicaël : seigneur généreux (breton). Ce prénom est porté par environ 3 000 personnes en France. Il ne devrait pas être attribué à plus de 50 bébés en 2012. Fils aîné de Judaël, le roi de Domnonée, saint Judicaël refusa la couronne et se retira dans le monastère de Gaël. Il dut cependant monter sur le trône lorsque son frère (saint Josse) déclina ce même honneur. Roi des Bretons malgré lui, saint Judicaël gouverna avec sagesse pendant vingt ans. Variantes : Jekel, Jezekael, Jikael, Jikel, Judikael. Caractérologie : relationnel, intuition, fidélité, médiation, résolution.

JULES

Fête : 12 avril

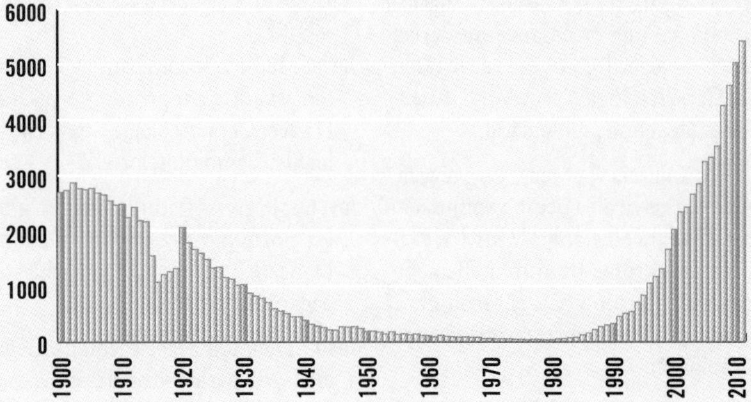

Étymologie : conformément à ses origines latines, Jules se rapporte à la grande famille romaine de Iule. Usité du temps de Rome à nos jours, ce prénom est relativement peu attribué en France. Il connaît un pic de popularité à la Renaissance et au XIXe siècle, mais sa faveur n'est pas durable. Au plus bas dans les années 1970 (il pâtit du succès de Julien), il est même menacé de disparition. Mais à partir des années 1990, les prénoms de source antique romaine reculent au profit de choix plus rétro. Une opportunité que Jules saisit pour s'envoler avec Louis.

Dans l'Hexagone comme dans les régions francophones, Jules renaît à une vitesse fulgurante. Il a bondi au 3e rang du classement français en progressant de 15 places en deux ans. C'est à pas de géant qu'il s'est imposé dans les tops 30 suisse romand et wallon. Enfin, il s'est affiché pour la première fois dans les 100 premiers prénoms québécois en 2009. Son retour à l'échelle mondiale n'est pas encore d'actualité, mais ce triomphe pourrait faire des émules. En attendant, Julian éclipse encore largement Jules en dehors des pays francophones.

Brillant homme d'État romain, **Jules César** (101-44 av. J.-C.) conquit la Gaule et repoussa les frontières de son empire jusqu'au Rhin. Peu après avoir été nommé consul et dictateur à vie, il fut assassiné par des conspirateurs en plein sénat. C'est Brutus, son protégé, qui l'acheva du vingt-troisième et ultime coup de poignard. …/

Jules *(suite)*

Saint Jules est le premier pape romain qui choisit ce prénom au IVe siècle. Durant sa papauté, il fit construire de nombreuses églises à Rome et établit la primauté de la capitale italienne sur les autres Églises. Saint Jules est le patron des vidangeurs.

Jules II, le pape qui succéda à Pie III en 1503, restaura la puissance politique des papes en Italie.

Personnalités célèbres : Jules Verne est l'auteur français de *Vingt Mille Lieues sous les mers*, *L'Île mystérieuse*, et *Le Tour du monde en quatre-vingts jours*, romans parus dans les années 1870. Jules Renard, écrivain français (1864-1910), est particulièrement célèbre pour sa nouvelle *Poil de carotte*.

Statistiques : Jules est le 22e prénom masculin le plus donné en France depuis le début du XXIe siècle. On peut estimer qu'il sera attribué à un garçon sur 76 en 2012.

Jules : de la famille romaine de Iule (latin). Ce prénom est porté par environ 68 000 personnes en France. Il figure dans le top 50 national. Voir le zoom dédié à Jules. Caractérologie : engagement, fiabilité, méthode, ténacité, sens du devoir.

Julian : de la famille romaine de Iule (latin). Ce prénom est porté par environ 12 000 personnes en France. Il figure dans le top 200 national. Tendance : stable. Dans l'Hexagone, Julian est plus traditionnellement usité en Occitanie et au Pays basque. Caractérologie : ténacité, décision, méthode, engagement, fiabilité.

Julien : de la famille romaine de Iule (latin). Ce prénom, porté par environ 300 000 Français, figure dans le top 100 national. Tendance : en décroissance modérée. On sait peu de choses sur ce saint si ce n'est qu'il inspira Gustave Flaubert dans *La Légende de saint Julien l'Hospitalier*. Au XIXe siècle, Stendhal a contribué à la vogue de ce prénom en faisant de Julien Sorel le héros de son roman *Le Rouge et le Noir*. Actuellement, la popularité de Jules dépasse celle de Julien. Variantes : Julen, Juliann, Juliano, Jullian, Jullien. Caractérologie : ambition, force, passion, habileté, détermination.

Julio : de la famille romaine de Iule (latin). Ce prénom est porté par environ 1 000 personnes en France. Tendance : en croissance modérée. Dans l'Hexagone, Julio est plus traditionnellement usité au Pays basque. Variantes : Giuliano, Giulio. Caractérologie : efficacité, persévérance, raisonnement, sécurité, structure.

Julius : de la famille romaine de Iule (latin). Ce prénom très rare est porté par près de 300 personnes en France. Tendance : en forte croissance. Caractérologie : réceptivité, loyauté, sociabilité, bonté, diplomatie.

Junien : mois de juin (latin). Ce prénom est porté par moins de 100 personnes en France. Variante : Jun. Caractérologie : autorité, énergie, innovation, ambition, détermination.

Junior : jeunesse (latin). Ce prénom rare est porté par près de 1 000 personnes en France. Variante : Juvenal. Caractérologie : bienveillance, détermination, paix, raisonnement, conscience.

Juste : juste (latin). Ce prénom très rare est porté par près de 200 personnes en France. Variante : Just. Caractérologie : communication, enthousiasme, pratique, organisation, adaptation.

Justin : juste (latin). Ce prénom est porté par environ 13 000 personnes en France. Il figure dans le top 200 national. Tendance : stable. Variantes : Justinien, Justino, Justo, Justyn, Tin. Variante bretonne : Jestin. Caractérologie : pragmatisme, optimisme, organisation, résolution, communication.

K

Kaan : celui qui gouverne (turc). Ce prénom rare est porté par près de 900 personnes en France. Tendance : en croissance modérée. Caractérologie : réflexion, idéalisme, altruisme, intégrité, dévouement.

Kacem : juste (arabe). Ce prénom très rare est porté par près de 300 personnes en France. Tendance : en forte croissance. Variantes : Kacim, Kassim, Kazim. Caractérologie : paix, bienveillance, conscience, organisation, conseil.

Kader : riche, puissant (arabe). Ce prénom est porté par environ 2 000 personnes en France. Il ne devrait pas être attribué à plus de 50 bébés en 2012. Variantes : Kada, Kadda, Kadder. Caractérologie : optimisme, pragmatisme, créativité, communication, décision.

Kadir : riche, puissant (arabe). Ce prénom rare est porté par près de 800 personnes en France. Caractérologie : philosophie, connaissance, originalité, sagacité, spiritualité.

Kaelig : seigneur généreux (breton). Ce prénom très rare est porté par près de 400 personnes en France. Variante : Kael. Caractérologie : altruisme, détermination, intégrité, idéalisme, bonté.

Kaï : mer (hawaïen). Ce prénom est porté par moins de 100 personnes en France. Caractérologie : pragmatisme, sociabilité, optimisme, créativité, communication.

Kaïs : fierté (arabe). Ce prénom est porté par environ 5 000 personnes en France. Il figure dans le top 100 national. Tendance : en forte croissance. Variantes : Caïs, Caïss, Kaïss, Kays. Caractérologie :

méthode, ténacité, fiabilité, engagement, sens du devoir.

Kaléo : voix (hawaïen). Caractérologie : ambition, courage, habileté, audace, organisation.

Kalvin : chauve (latin). Ce prénom est porté par environ 1 000 personnes en France. Il est peu attribué aujourd'hui. Tendance : en croissance modérée. Caractérologie : paix, conscience, bienveillance, organisation, détermination.

Kamal : parfait, achevé (arabe). Ce prénom est porté par environ 3 000 personnes en France. Il ne devrait pas être attribué à plus de 50 bébés en 2012. Variante : Kamale. Caractérologie : organisation, médiation, intuition, relationnel, fidélité.

Kamel : parfait, achevé (arabe). Ce prénom est porté par environ 13 000 personnes en France. Il est très peu attribué aujourd'hui. Variantes : Kamil, Kemal, Kemel, Kemil. Caractérologie : famille, sens des responsabilités, influence, équilibre, organisation.

Kan : d'un blanc éclatant (latin). Prénom breton. Caractérologie : leadership, vitalité, achèvement, ardeur, stratégie.

Kane : petite bataille (celte), beau (gallois), homme, ciel de l'est (hawaïen). Ce prénom est porté par moins de 100 personnes en France. Kane est également usité au Japon. Caractérologie : efficacité, persévérance, structure, sécurité, honnêteté.

Kaori : puissant, fort (japonais). Caractérologie : idéalisme, intégrité, réflexion, altruisme, dévouement.

Karan : ami (breton). Ce prénom est porté par moins de 100 personnes en France. Variante : Karanteg. Caractérologie : décision, idéalisme, altruisme, réflexion, intégrité.

Karel : pur (grec). Ce prénom rare est porté par près de 500 personnes en France. Tendance : en croissance modérée. Dans l'Hexagone, Karel est plus traditionnellement usité dans les Flandres. Caractérologie : diplomatie, réceptivité, sociabilité, gestion, décision.

Karim : bien né, généreux (arabe). Ce prénom est porté par environ 36 000 personnes en France. Il est relativement peu attribué aujourd'hui. Variantes : Carim, Karam, Karem, Karime, Karym. Caractérologie : originalité, spiritualité, connaissance, philosophie, sagacité.

Karl : force (germanique). Ce prénom est porté par environ 9 000 personnes en France. Il est peu attribué aujourd'hui. Karl est répandu dans les pays scandinaves et en Allemagne. Variantes : Karlo, Karlos. Caractérologie : éthique, famille, influence, équilibre, organisation.

Kazuo : le premier-né (japonais). Caractérologie : intuition, fidélité, organisation, médiation, relationnel.

Keane : forme francisée de Cian, de l'irlandais : « ancien ». Ce prénom est porté par moins de 100 personnes en France. Variantes : Kéan, Kéann. Caractérologie : générosité, idéalisme, rectitude, réflexion, loyauté.

Keanu : l'air de la montagne (hawaïen). Ce prénom très rare est porté par près de 140 personnes en France. Caractérologie : savoir, indépendance, intelligence, méditation, organisation.

Kéhila : le rassembleur (hébreu). Caractérologie : dynamisme, audace, direction, résolution, finesse.

Keith : le vent (celte). Ce prénom très rare est porté par près de 130 personnes en France. Caractérologie : vitalité, achèvement, stratégie, ardeur, finesse.

Kelan : élancé (irlandais). Ce prénom est porté par moins de 100 personnes en France. Variante : Kéalan. Caractérologie : intelligence, savoir, méditation, indépendance, gestion.

Kelian : contestation ou église (irlandais). Ce prénom est porté par environ 2 000 personnes en France. Il est peu attribué aujourd'hui. Variantes : Kealan, Keelan, Keelyan, Kelan, Keliann, Keilan, Kelyan, Keylian. Caractérologie : sagacité, connaissance, gestion, spiritualité, décision.

Kelig : seigneur généreux (breton). Ce prénom très rare est porté par près de 200 personnes en France. Caractérologie : passion, force, habileté, ambition, sympathie.

Kelil : parfait (hébreu). Caractérologie : persévérance, sécurité, structure, efficacité, honnêteté.

Kellian : contestation ou église (irlandais). Ce prénom rare est porté par près de 900 personnes en France. Caractérologie : résolution, dynamisme, direction, audace, organisation.

Kelvin : petite rivière (celte). Ce prénom est porté par environ 1 000 personnes en France. Il est très peu attribué aujourd'hui. Caractérologie : autorité, ambition, innovation, énergie, autonomie.

Kelyan : contestation ou église (irlandais). Ce prénom est porté par environ 2 000 personnes en France. Il est relativement peu attribué aujourd'hui. Tendance : en croissance modérée. Caractérologie : découverte, sympathie, organisation, courage, découverte.

Kemuel : qui aide Dieu (hébreu). Ce prénom très rare est porté par près de 120 personnes en France. Caractérologie : ténacité, engagement, fiabilité, méthode, sens du devoir.

Ken : identique (japonais). Diminutif des prénoms formés avec Ken. Ce prénom est porté par environ 1 000 personnes en France. Tendance : stable. Caractérologie : pragmatisme, optimisme, communication, créativité, sociabilité.

Kenan : beau (celte). Ce prénom est porté par environ 2 000 personnes en France. Il est peu attribué aujourd'hui. Caractérologie : ouverture d'esprit, humanité, rêve, rectitude, générosité.

Kendal : rivière de la vallée (celte). Ce prénom très rare est porté par près de 140 personnes en France. Variante : Kendall. Caractérologie : relationnel, intuition, organisation, fidélité, médiation.

Kenji : prénom traditionnellement attribué au deuxième garçon au Japon. Ce prénom est porté par environ 1 000 personnes en France. Il est peu attribué aujourd'hui. Tendance : en croissance modérée. Caractérologie : sécurité, structure, persévérance, efficacité, résolution.

Kennard : garde royale (vieil anglais). Caractérologie : méthode, fiabilité, sécurité, détermination, résolution.

Kennedy : chef casqué (irlandais). Ce prénom est porté par moins de 100 personnes en France. Caractérologie : influence, sens des responsabilités, équilibre, exigence, famille.

Kenneth : très beau (irlandais). Ce prénom rare est porté par près de 600 personnes en France. Tendance : en croissance modérée. Caractérologie : énergie, audace, originalité, découverte, sensibilité.

Kenny : très beau (irlandais). Ce prénom est porté par environ 6 000 personnes en France. Il est relativement peu attribué aujourd'hui. Variante : Keny. Caractérologie : conscience, conseil, bienveillance, sagesse, paix.

Kent : limite (celte). Ce prénom est porté par moins de 100 personnes en France. Caractérologie : audace, découverte, énergie, séduction, originalité.

Kentin : cinquième (latin). Ce prénom rare est porté par près de 800 personnes en France. Caractérologie : ambition, autonomie, innovation, autorité, énergie.

Kenzi : trésor (arabe). Ce prénom très rare est porté par près de 500 personnes en France. Tendance : en forte croissance. Variante : Kenzy. Caractérologie : diplomatie, sociabilité, attention, réceptivité, loyauté.

Kenzo : trésor (arabe). Ce prénom est porté par environ 7 000 personnes en France. Il figure dans le top 100 national. Tendance : en forte croissance. Caractérologie : vitalité, achèvement, stratégie, ardeur, sensibilité.

Kéo : se rapporte à Keokuk, chef indien qui vécut dans les années 1830 (Amérique du Nord). Ce prénom très rare est porté par près de 300 personnes en France. Caractérologie : méthode, fiabilité, sécurité, détermination, résolution.

Keoni : dérivé hawaïen de John : Dieu fait grâce (hébreu). Ce prénom est porté par moins de 100 personnes en France. Variante : Keon. Caractérologie : générosité, rectitude, ouverture d'esprit, rêve, humanité.

Kéran : poutre de bois (arménien). Ce prénom rare est porté par près de 700 personnes en France. Tendance : en forte croissance. Caractérologie : engagement, ténacité, méthode, fiabilité, détermination.

Kerem : vigne (hébreu). Ce prénom rare est porté par près de 600 personnes en France. Tendance : en forte croissance. Caractérologie : intelligence, sagesse, indépendance, savoir, méditation.

Kerwan : brun (irlandais). Ce prénom très rare est porté par près de 300 personnes en France. Variante : Kervin. Caractérologie : intégrité, idéalisme, altruisme, réflexion, résolution.

Keryan : dérivé de Kerrien, éponyme d'une commune du Finistère (Bretagne). Ce prénom rare est porté par près de 700 personnes en France. Variantes : Kerian, Keryann, Kyrian. Caractérologie : intuition, relationnel, médiation, décision, fidélité.

Kévan : beau garçon (irlandais). Ce prénom rare est porté par près de 600 personnes en France. Tendance : en croissance modérée. Variantes : Keven, Keyvan, Kewan. Caractérologie : ambition, habileté, management, force, passion.

Kévin : beau garçon (irlandais). Ce prénom, porté par environ 162 000 Français, figure dans le top 200 national. Tendance : en décroissance modérée. Ermite irlandais au VIe siècle, saint Kévin est le fondateur du monastère de Glendalough, situé près de Dublin. Kévin a été le prénom le plus attribué de l'Hexagone de 1989 à 1994. Variantes : Keveen, Keevin, Kevine, Kevy, Kewin. Caractérologie : indépendance, savoir, méditation, intelligence, sagesse.

Kevyn : beau garçon (irlandais). Ce prénom rare est porté par près de 700 personnes en France. Caractérologie : énergie, originalité, découverte, séduction, audace.

Keyne : beauté, richesse (celte). Ce prénom est porté par moins de 100 personnes en France. Caractérologie : bienveillance, conscience, paix, conseil, sagesse.

Kéziah : arbuste dont l'écorce produit des épices (hébreu). Ce prénom rare est porté par près de 900 personnes en France. Tendance : en croissance modérée. Caractérologie : équilibre, décision, famille, sens des responsabilités, attention.

Khaled : éternel (arabe). Ce prénom est porté par environ 3 000 personnes en France. Il est très peu attribué aujourd'hui. Caractérologie : gestion, dynamisme, curiosité, courage, attention.

Khalid : éternel (arabe). Ce prénom est porté par environ 4 000 personnes en France. Il ne devrait pas être attribué à plus de 50 bébés en 2012. Caractérologie : rectitude, humanité, rêve, tolérance, organisation.

Khalil : ami fidèle (arabe). Ce prénom est porté par environ 2 000 personnes en France. Il est relativement peu attribué aujourd'hui. Tendance : en croissance modérée. Variantes : Khallil, Khélil. Caractérologie : passion, force, ambition, habileté, organisation.

Kian : ancien (irlandais), prénom perse se rapportant aux quatre éléments de la vie : l'eau, la terre, le feu et l'air. Ce prénom très rare est porté par près de 150 personnes en France. Variantes : Cian, Kyan. Caractérologie : passion, force, ambition, habileté, décision.

Kieran : brun (irlandais). Ce prénom rare est porté par près de 800 personnes en France. Variantes : Keir, Keiran. Caractérologie : ténacité, résolution, méthode, fiabilité, engagement.

Kilian : contestation ou église (irlandais). Ce prénom est porté par environ 10 000 personnes en France. Il figure dans le top 200 national. Tendance : en décroissance modérée. Caractérologie : réceptivité, sociabilité, diplomatie, gestion, décision.

Killiam : contestation ou église (irlandais). Ce prénom est porté par moins de 100 personnes en France. Caractérologie : organisation, méthode, engagement, ténacité, fiabilité.

Killian : contestation ou église (irlandais). Ce prénom, porté par environ 21 000 Français, figure dans le top 200 national. Tendance : en décroissance modérée. Évangéliste en Bavière au VIIe siècle, saint Kilian voulut baptiser le duc Gosbert à Wurtzbourg, mais la concubine de ce dernier, craignant d'être mise à l'écart, le fit assassiner. Variantes : Kilan, Kiliane, Kiliann, Killiane, Killiann, Kilien, Killien, Killyan, Kilyan, Kilyann. Caractérologie : curiosité, dynamisme, décision, gestion, courage.

Le palmarès des prénoms composés en 2012

Ci-dessous le top 20 des prénoms composés masculins, estimé pour l'année 2012. Le classement a été effectué par ordre décroissant d'attribution.

1. Mohamed-Amine
2. Jean-Baptiste
3. Pierre-Louis
4. Marc-Antoine
5. Mohamed-Ali
6. Paul
7. Pierre-Antoine
8. Louis-Marie
9. Paul-Émile
10. Jean-Paul
11. Mohamed-Lamine
12. Pierre-Marie
13. Paul-Antoine
14. Jean-François
15. Pierre-Alexandre
16. Jean-Philippe
17. Pierre-Emmanuel
18. Jean-Pierre
19. Jean-Luc
20. Jean-Marc

Commentaires et observations

En 2010, Mohamed-Amine a tourné une page importante de l'histoire des prénoms composés. D'une part, il a supplanté Jean-Baptiste qui régnait sans partage depuis 1982. D'autre part, sa consécration rend éclatante la percée des compositions arabes. Aboutissement d'un phénomène d'envergure entamé dans les années 1980, quatre d'entre elles se sont imposées dans le top 20 (et trois s'y maintiennent encore cette année). Les assemblages traditionnels n'ont pas pour autant disparu. Au demeurant, Mohamed et ses 51 formes composées ne pèsent pas lourd à côté de Pierre, Louis et Paul qui en comptent 300. Il n'y a pas de quoi inquiéter Jean qui compose à lui seul 248 duos. Notons qu'en attendant de renaître sous sa forme individuelle, Jean s'affiche à sept reprises dans ce tableau.

Le reste du classement marie classicisme et modernité. Guidés par Pierre-Louis, les composés avec Pierre poursuivent leur progression en s'alliant avec de grands classiques. Antoine et Paul se disputent le haut du pavé (Léo-Paul et Marc-Antoine progressent dans les 6 premiers rangs), mais le jaillissement de Louis-Marie leur vole la vedette. Avec Pierre-Marie au 12e rang, Marie serait-il prêt à reprendre du service ?

Kilyan : contestation ou église (irlandais). Ce prénom est porté par environ 2 000 personnes en France. Il est relativement peu attribué aujourd'hui. Tendance : en croissance modérée. Caractérologie : rêve, humanité, résolution, sympathie, rectitude.

Kim : plaine royale (afrikaans), de l'or (vietnamien). Ce prénom est porté par environ 1 000 personnes en France. Tendance : stable. Caractérologie : influence, famille, équilibre, sens des responsabilités, exigence.

Kiran : faisceau lumineux (sanscrit), brune (irlandais). Ce prénom très rare est porté par près de 200 personnes en France. Tendance : en forte croissance. Variante : Kyran. Caractérologie : force, résolution, ambition, habileté, passion.

Kirk : celui qui passe du temps à l'église (norvégien). Ce prénom est porté par moins de 100 personnes en France. Caractérologie : ténacité, méthode, sens du devoir, fiabilité, engagement.

Kiron : le maître sage (grec). Dans la mythologie grecque, Chiron est le fils de la nymphe Philyre et de Chronos. Centaure pacifique et cultivé, il enseigne la sagesse aux héros Achille, Ulysse, Castor et Pollux. Caractérologie : sens du devoir, structure, honnêteté, efficacité, persévérance.

Klaus : victoire du peuple (grec). Ce prénom très rare est porté par près de 140 personnes en France. Variante : Claus. Caractérologie : direction, indépendance, audace, dynamisme, organisation.

Kleber : bâtisseur (germanique). Ce prénom est porté par environ 3 000 personnes en France. Il ne devrait pas être attribué à plus de 50 bébés en 2012. Variante : Klebert. Caractérologie : force, passion, ambition, habileté, management.

Koffi : né un vendredi (Afrique de l'Ouest). Ce prénom est porté par moins de 100 personnes en France. Caractérologie : réceptivité, loyauté, sociabilité, bonté, diplomatie.

Kolia : voix du Seigneur (hébreu). Ce prénom est porté par moins de 100 personnes en France. Variante : Kolya. Caractérologie : optimisme, pragmatisme, communication, organisation, raisonnement.

Konan : intelligent, guerrier (anglo-saxon). Ce prénom est porté par moins de 100 personnes en France. Dans l'Hexagone, Konan est plus traditionnellement usité en Bretagne. Variantes : Conan, Connor, Conor. Caractérologie : direction, audace, dynamisme, assurance, indépendance.

Kong : glorieux (chinois). Ce prénom est porté par moins de 100 personnes en France. Caractérologie : médiation, relationnel, intuition, fidélité, adaptabilité.

Konrad : conseiller courageux (germanique). Ce prénom est porté par moins de 100 personnes en France. Tendance : en forte croissance. Caractérologie : humanité, rêve, rectitude, détermination, volonté.

Konur : personnage mythologique (scandinave). Caractérologie : méditation, intelligence, savoir, indépendance, logique.

Korentin : ami (celte). Ce prénom très rare est porté par près de 400 personnes en France. Variante : Korantin. Caractérologie : méditation, intelligence, savoir, indépendance, sagesse.

Koshi : serviteur de Dieu (finnois). Caractérologie : ardeur, achèvement, vitalité, leadership, stratégie.

Kosmos : univers (grec). Variante : Cosmos. Caractérologie : adaptabilité, médiation, intuition, relationnel, fidélité.

Kostia : combattant (germanique). Ce prénom est porté par moins de 100 personnes en France. En dehors de l'Hexagone, Kostia est particulièrement répandu en Finlande. Caractérologie : adaptation, pratique, enthousiasme, communication, générosité.

Kovar : forgeron (tchèque). Caractérologie : fiabilité, méthode, engagement, sens du devoir, ténacité.

Kraig : rocher (irlandais). Caractérologie : autorité, innovation, énergie, ambition, autonomie.

Kris : diminutif des prénoms formés avec « Chris ». Ce prénom rare est porté par près de 500 personnes en France. Variantes : Kriss, Krys. Caractérologie : pragmatisme, optimisme, communication, créativité, sociabilité.

Kristen : messie (grec). Ce prénom très rare est porté par près de 400 personnes en France. Kristen est répandu dans les pays scandinaves. En France, il est plus traditionnellement usité en Bretagne. Caractérologie : famille, équilibre, influence, éthique, détermination.

Kristiansem : fils de Christian (hollandais). Caractérologie : pratique, adaptation, enthousiasme, communication, décision.

Kurt : enclos (latin). Ce prénom rare est porté par près de 600 personnes en France. Caractérologie : sagesse, indépendance, intelligence, savoir, méditation.

Kyle : élancé (irlandais) ou diminutif moderne de Kylian. Ce prénom rare est porté par près de 800 personnes en France. Tendance : en forte croissance. Caractérologie : ardeur, stratégie, vitalité, achèvement, sympathie.

Kylian : contestation ou église (irlandais). Ce prénom est porté par environ 20 000 personnes en France. Il figure dans le top 50 national. Tendance : stable. Soulevés par une vague d'inspiration irlandaise, Kylian et ses dérivés ont connu leur apogée française au début des années 2000. Variantes : Kiel, Kylan, Kyliann, Kylliann, Kylyan, Kyliane, Kylien. Caractérologie : idéalisme, résolution, altruisme, intégrité, sympathie.

Kyllian : contestation ou église (irlandais). Ce prénom est porté par environ 8 000 personnes en France. Il figure dans le top 200 national. Tendance : stable. Caractérologie : décision, pragmatisme, communication, optimisme, cœur.

Ladislas : gouverneur puissant et renommé (slave). Ce prénom rare est porté par près de 700 personnes en France. Variantes : Ladislav, Ladix, Lao. Caractérologie : découverte, audace, originalité, énergie, séduction.

Laël : dédié à Dieu (hébreu). Ce prénom très rare est porté par près de 180 personnes en France. Caractérologie : enthousiasme, pratique, communication, adaptation, générosité.

Laelien : se rapporte à Lælianu, patronyme d'une famille espagnole noble du IIIe siècle. Ce prénom est porté par moins de 100 personnes en France. Caractérologie : structure, sécurité, persévérance, efficacité, décision.

Laïd : origine possible : rétribution (arabe). Ce prénom rare est porté par près de 800 personnes en France. Caractérologie : stratégie, ardeur, leadership, achèvement, vitalité.

Lamar : qui vient de la mer (latin). Caractérologie : idéalisme, altruisme, intégrité, dévouement, réflexion.

Lambert : pays, brillant (germanique). Ce prénom est porté par environ 1 000 personnes en France. Tendance : stable. Dans l'Hexagone, Lambert est plus traditionnellement usité dans les Flandres. Variantes : Lambrecht, Lanbert. Caractérologie : vitalité, achèvement, décision, stratégie, gestion.

Lamine : loyal, digne de confiance (arabe). Ce prénom est porté par environ 1 000 personnes en France. Il est très peu attribué aujourd'hui. Tendance : en croissance modérée. Caractérologie : rêve, détermination, ouverture d'esprit, rectitude, humanité.

Lancelot : assistant (vieux français). Ce prénom est porté par environ 1 000 personnes en France. Tendance : stable. Enlevé par la fée Viviane à la mort de son père, Lancelot devient l'un des chevaliers les plus célèbres de la Table ronde. Variante : Lance. Caractérologie : gestion, dynamisme, audace, indépendance, direction.

Landry : gouverneur (anglais). Ce prénom est porté par environ 3 000 personnes en France. Il est très peu attribué aujourd'hui. Caractérologie : intuition, relationnel, médiation, réussite, cœur.

Larbi : celui qui est arabe (arabe). Ce prénom est porté par environ 1 000 personnes en France. Tendance : stable. Caractérologie : influence, gestion, équilibre, sens des responsabilités, famille.

Larry : couronné de lauriers (latin). Ce prénom rare est porté par près de 1 000 personnes en France. Caractérologie : loyauté, diplomatie, sociabilité, réceptivité, bonté.

Lassana : beau (arabe). Ce prénom est porté par environ 1 000 personnes en France. Il est très peu attribué aujourd'hui. Variantes : Alassan, Alassane, Lassane, Lassen. Caractérologie : sens du devoir, ténacité, engagement, fiabilité, méthode.

Laszlo : gouverneur puissant et renommé (slave). Ce prénom très rare est porté par près de 300 personnes en France. Variante : Laslo. Caractérologie : ténacité, sens du devoir, méthode, fiabilité, engagement.

Latif : sophistiqué, attentionné (arabe). Ce prénom est porté par moins de 100 personnes en France. Caractérologie : enthousiasme, pratique, logique, gestion, communication.

Laurent : couronné de lauriers (latin). Ce prénom est porté par environ 308 000 personnes en France. Il est très peu attribué aujourd'hui. Diacre du pape Sixte II au IIIe siècle, saint Laurent distribua le trésor de l'Église aux pauvres au lieu de le donner à son persécuteur, l'empereur Valérien. Il subit le martyre trois jours après celui du pape. Il est le patron des archivistes, des bibliothécaires et des cuisiniers. Variantes : Lars, Laurel, Laurens, Laurentin, Laurentino, Laurentz, Laurenz, Lavr, Lawrence, Lorentz. Variante bretonne : Laorans. Caractérologie : détermination, direction, dynamisme, audace, organisation.

Laurian : couronné de lauriers (latin). Ce prénom très rare est porté par près de 150 personnes en France. Caractérologie : ténacité, méthode, fiabilité, engagement, décision.

Lauric : couronné de lauriers (latin). Ce prénom très rare est porté par près de 200 personnes en France. Variantes : Laurick, Lauris. Caractérologie : direction, dynamisme, audace, indépendance, assurance.

Lazare : Dieu a secouru (hébreu). Ce prénom est porté par environ 1 000 personnes en France. Il est peu attribué aujourd'hui. Tendance : en forte croissance. Variantes : Lazar, Lazaro, Lazhar. Caractérologie : réflexion, altruisme, intégrité, idéalisme, détermination.

Léandre : homme, lion (grec). Ce prénom est porté par environ 6 000 personnes en France. Il figure dans le top 200 national. Tendance : en croissance modérée. Caractérologie : originalité, audace, découverte, énergie, décision.

Leandro : homme, lion (grec). Ce prénom est porté par environ 2 000 personnes en France. Il est relativement peu attribué aujourd'hui. Tendance : en forte croissance. Dans l'Hexagone, Leandro est plus traditionnellement usité au Pays basque. Caractérologie : conscience, paix, bienveillance, volonté, analyse.

Lee : clairière (anglais), poétique (irlandais), force, tranchant, debout (chinois). Lee et Li sont également des patronymes qui signifient « prune » en chinois. Ce prénom très rare est porté par près de 200 personnes en France. Variante : Li. Caractérologie : sens du devoir, méthode, fiabilité, engagement, ténacité.

Leeroy : clairière du roi (anglais). Ce prénom rare est porté par près de 600 personnes en France. Tendance : en croissance modérée. Caractérologie : achèvement, vitalité, stratégie, raisonnement, bonté.

Léger : peuple, lance (germanique). Ce prénom est porté par moins de 100 personnes en France. Caractérologie : fidélité, intuition, médiation, relationnel, cœur.

Lélio : celui qui communique (italien). Ce prénom très rare est porté par près de 400 personnes en France. Caractérologie : force, ambition, passion, habileté, analyse.

Lemuel : consacré à Dieu (hébreu). Ce prénom est porté par moins de 100 personnes en France. Caractérologie : découverte, originalité, énergie, audace, séduction.

LÉO

Fête : 10 novembre

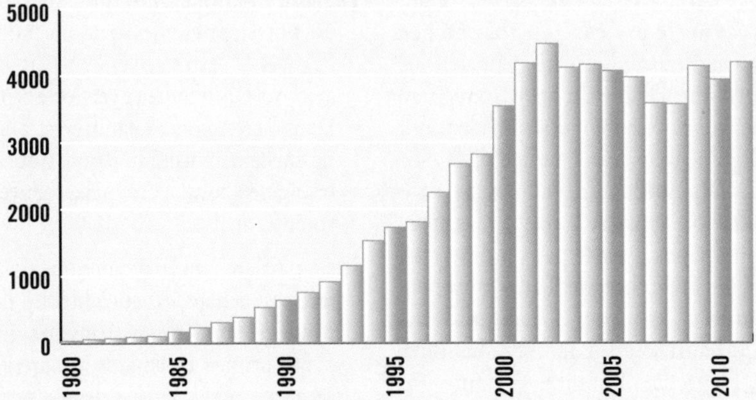

Étymologie : du latin *leo*, « lion ». Il ne faut pas confondre Léo, le dérivé de Léon avec Léa, dont l'origine est hébraïque. Toutefois, on peut admettre que la gloire de l'une ait favorisé l'émergence de l'autre. Avantagé par ses trois lettres et son « éo », Léo est devenu un choix prisé dans les années 1990. Mais comme le repli de Théo le suggère, cette terminaison fait moins recette aujourd'hui. En 2012, Léo devrait tout juste se maintenir dans les 20 premiers rangs parisiens et nationaux.

C'est peut-être le moment où Léon se dévoilera au grand jour. Ce dernier prend tout juste son envol et devrait prénommer 700 Français en 2012. Il vole la vedette à Léopold, un choix germanique peu attribué (250 naissances estimées pour 2012), mais d'une constance infaillible. Son cousin Léo-Paul ne l'a pas attendu ; il figure depuis dix ans dans l'élite des prénoms composés français (voir l'article dédié à ce sujet).

En dehors de l'Hexagone, le reflux de Léo se précise dans les régions francophones belge, suisse et québécoise, dans les pays scandinaves et en Angleterre. Qu'il est loin, le temps où Tony Blair enflamma la cote de ce prénom en l'attribuant à son fils…

Léon a été porté par six empereurs byzantins, deux empereurs romains, un roi de la Petite-Arménie et treize papes. Le pape **saint Léon le Grand** marqua l'histoire en convainquant

…/

Léo *(suite)*

Attila, roi des Huns, de renoncer à l'assaut de Rome au Ve siècle. Il obtint ensuite que la population soit épargnée durant le sac de Rome par les Vandales.

Personnalités célèbres : Léo Ferré, poète et musicien français (1916-1991) ; Leo McCarey, cinéaste américain (1898-1969).

Statistiques : Léo est le 14e prénom masculin le plus donné en France depuis le début du XXIe siècle. On peut estimer qu'il sera attribué à un garçon sur 98 en 2012.

Lénaïc : éclat du soleil (grec). Ce prénom est porté par environ 1 000 personnes en France. Il est très peu attribué aujourd'hui. Tendance : en croissance modérée. Dans l'Hexagone, Lenaïc est plus traditionnellement usité en Bretagne, avec ou sans tréma. Variantes : Lenaïck, Lenaïk. Caractérologie : vitalité, stratégie, achèvement, décision, ardeur.

Lenny : lion (latin). Ce prénom est porté par environ 14 000 personnes en France. Il figure dans le top 50 national. Tendance : en croissance modérée. Caractérologie : indépendance, méditation, intelligence, savoir, bonté.

Léno : éclat du soleil (grec). Ce prénom est porté par moins de 100 personnes en France. Caractérologie : autorité, innovation, autonomie, énergie, ambition.

Lény : lion (latin). Ce prénom est porté par environ 5 000 personnes en France. Il figure dans le top 200 national. Tendance : en forte croissance. Variante : Léni. Caractérologie : diplomatie, réceptivité, sociabilité, loyauté, cœur.

Lenzo : couronné de lauriers (latin). Ce prénom rare est porté par près de 600 personnes en France. Tendance : en forte croissance. Caractérologie : rectitude, humanité, finesse, générosité, ouverture d'esprit.

Léo : lion (latin). Ce prénom est porté par environ 68 000 personnes en France. Il figure dans le top 50 national. Voir le zoom dédié à Léo. Caractérologie : curiosité, charisme, indépendance, dynamisme, courage.

Léon : lion (latin). Ce prénom, porté par environ 33 000 Français, figure dans le top 200 national. Tendance : en croissance modérée. Ce prénom fut porté par six empereurs byzantins, deux empereurs romains, un roi de la Petite Arménie et treize papes. Au Ve siècle, le pape saint Léon le Grand convainquit Attila, le roi des Huns, de renoncer à l'assaut de Rome. Il négocia ensuite pour que les Romains soient épargnés par les Vandales durant le sac de Rome. Léon est très en vogue en Allemagne. Variantes : Léonid, Léonidas, Léontin. Variante occitane : Leon. Caractérologie : énergie, innovation, autorité, ambition, autonomie.

Léonard : lion (latin). Ce prénom est porté par environ 8 000 personnes en France. Il est relativement peu attribué aujourd'hui. Tendance : en croissance modérée. Originaire de Toscane, Léonard de Vinci, peintre, architecte, sculpteur et inventeur génial, termina ses jours près d'Amboise en 1519. Le 6 novembre célèbre la mémoire d'un saint qui fut ermite dans la forêt orléanaise. Variantes : Léonar, Leonhard, Loni, Lonni, Lonis, Lony, Lonny. Caractérologie : bienveillance, paix, conscience, volonté, raisonnement.

Léonardo : lion (latin). Ce prénom est porté par environ 1 000 personnes en France. Il est très peu attribué aujourd'hui. Tendance : en croissance modérée. Leonardo est très répandu en Italie. Caractérologie : pragmatisme, optimisme, caractère, communication, logique.

Léonce : lion (latin). Ce prénom est porté par environ 2 000 personnes en France. Tendance : en forte croissance. Variante : Leoncio. Caractérologie : altruisme, idéalisme, intégrité, réflexion, dévouement.

Léonel : lion (latin). Ce prénom rare est porté par près de 700 personnes en France. Tendance : en croissance modérée. Caractérologie : ouverture d'esprit, rêve, rectitude, générosité, humanité.

Léonis : compassion (grec). Ce prénom est porté par moins de 100 personnes en France. Tendance : en forte croissance. Caractérologie : résolution, intuition, médiation, analyse, relationnel.

Léonor : compassion (grec). Ce prénom est porté par moins de 100 personnes en France. Caractérologie : spiritualité, sagacité, originalité, analyse, connaissance.

Léontin : lion (latin). Ce prénom est porté par moins de 100 personnes en France. Caractérologie : force, raisonnement, habileté, ambition, passion.

Léo-Paul : forme composée de Léo et Paul. Ce prénom est porté par environ 1 000 personnes en France. Il est très peu attribué aujourd'hui. Caractérologie : direction, audace, indépendance, dynamisme, cœur.

Léopold : peuple courageux (germanique). Ce prénom est porté par environ 7 000 personnes en France. Il est relativement peu attribué aujourd'hui. Variantes : Léopaul, Léopol, Leopoldo. Caractérologie : connaissance, sagacité, spiritualité, amitié, volonté.

Leroy : roi (vieux français). Ce prénom très rare est porté par près de 130 personnes en France. Caractérologie : enthousiasme, communication, amitié, pratique, raisonnement.

Lévi : qui accompagne (hébreu). Ce prénom rare est porté par près de 700 personnes en France. Tendance : en croissance modérée. Caractérologie : enthousiasme, communication, pratique, adaptation, générosité.

Levy : qui accompagne (hébreu). Ce prénom rare est porté par près de 700 personnes en France. Caractérologie : innovation, énergie, ambition, autorité, bonté.

Liam : le peuple pour moi (hébreu). Liam est également un diminutif irlandais de William. Ce prénom est porté par environ 8 000 personnes en France. Il figure dans le top 100 national. Tendance : en forte croissance. Variante : Lyam. Caractérologie : achèvement, vitalité, stratégie, ardeur, leadership.

Liborio : liberté (latin). Ce prénom est porté par moins de 100 personnes en France. Liborio est plus particulièrement usité au Portugal et en Espagne. Caractérologie : force, passion, ambition, habileté, analyse.

Lié : se rapporte à Bacchus, dieu du Vin dans l'Antiquité (latin). Ce prénom très rare est porté par près de 110 personnes en France. Caractérologie : force, habileté, passion, management, ambition.

Liebert : libéré (latin). Ce prénom est porté par moins de 100 personnes en France. Caractérologie : force, ambition, management, habileté, passion.

Lilian : lys (latin). Ce prénom est porté par environ 22 000 personnes en France. Il figure dans le top 100 national. Tendance : stable. Variantes : Lilien, Lillian. Caractérologie : résolution, communication, optimisme, pragmatisme, créativité.

Lilio : lys (latin). Ce prénom très rare est porté par près de 160 personnes en France. Tendance : en forte croissance. Caractérologie : optimisme, communication, élégance, organisation, créativité.

Lilo : ce qui est mien est à Lui (hébreu). Au masculin, Lilo est porté par près de 160 Français. Tendance : en forte croissance. Caractérologie : logique, optimisme, sociabilité, communication, créativité.

Lilouan : contraction de Lilian et Louan. Ce prénom très rare est porté par près de 110 personnes en France. Tendance : en forte croissance. Caractérologie : influence, équilibre, attention, conscience, exigence.

Lilyan : lys (latin). Ce prénom très rare est porté par près de 300 personnes en France. Caractérologie : innovation, énergie, autorité, amitié, détermination.

Lin : cascade (anglais). Ce prénom très rare est porté par près de 300 personnes en France. Caractérologie : achèvement, vitalité, stratégie, leadership, ardeur.

Lino : lin (grec). Ce prénom est porté par environ 3 000 personnes en France. Il est relativement peu attribué aujourd'hui. Tendance : en forte croissance. Caractérologie : curiosité, dynamisme, courage, logique, indépendance.

Lionel : lion (latin). Ce prénom est porté par environ 86 000 personnes en France. Il est très peu attribué aujourd'hui. Caractérologie : sécurité, structure, persévérance, efficacité, logique.

Lionnel : lion (latin). Ce prénom est porté par environ 2 000 personnes en France. Il ne devrait pas être attribué à plus de 50 bébés en 2012. Caractérologie : réflexion, altruisme, idéalisme, logique, intégrité.

Lior : la lumière est à moi (hébreu). Ce prénom très rare est porté par près de 300 personnes en France. Variante : Lyor. Caractérologie : analyse, humanité, rectitude, rêve, ouverture d'esprit.

Lisandre : Dieu est serment (hébreu). Ce prénom très rare est porté par près de 120 personnes en France. Tendance : en forte croissance. Caractérologie : résolution, ambition, autorité, innovation, énergie.

Lisandro : Dieu est serment (hébreu). Ce prénom est porté par environ 1 000 personnes en France. Il figure dans le top 200 national. Tendance : en forte croissance. Variante : Lisandre. Caractérologie : résolution, ambition, autorité, innovation, énergie.

Livio : olive (latin). Ce prénom est porté par environ 2 000 personnes en France. Il est relativement peu attribué aujourd'hui.

Tendance : en forte croissance. Caractérologie : méthode, ténacité, fiabilité, raisonnement, engagement.

Lloyd : cheveux gris (gallois). Ce prénom très rare est porté par près de 500 personnes en France. Caractérologie : découverte, audace, séduction, énergie, originalité.

Loan : lumière (celte). Ce prénom, porté par environ 7 000 Français, figure dans le top 200 national. Tendance : en croissance modérée. Après être sorti du berceau breton qui l'avait vu naître dans les années 1980, Loan s'est propagé dans toute la France. Aujourd'hui, Loan est essentiellement masculin. Caractérologie : influence, équilibre, famille, éthique, exigence.

Loann : lumière (celte). Voir Loan. Ce prénom est porté par environ 2 000 personnes en France. Il est peu attribué aujourd'hui. Caractérologie : réceptivité, sociabilité, loyauté, diplomatie, bonté.

Loeiz : illustre au combat (germanique). Ce prénom très rare est porté par près de 200 personnes en France. Tendance : en forte croissance. Caractérologie : efficacité, structure, sécurité, persévérance, analyse.

Loevan : prénom breton dérivé de sainte Sève. Voir Lœva. Ce prénom rare est porté par près de 600 personnes en France. Tendance : en forte croissance. Caractérologie : conscience, raisonnement, conseil, caractère, sagesse.

Lofti : doux, attentionné envers les autres (arabe). Ce prénom est porté par moins de 100 personnes en France. Variantes : Lofty, Loufti. Caractérologie : ambition, force, habileté, passion, analyse.

Logan : prairie (irlandais). Ce prénom est porté par environ 10 000 personnes en France. Il est relativement peu attribué aujourd'hui. Note importante : Logan est le nom de marque d'une voiture commercialisée en Europe par Dacia, la filiale roumaine de Renault. Variantes : Logann, Loghan. Caractérologie : structure, persévérance, sécurité, sympathie, efficacité.

Lohan : lumière (celte). Voir Loan. Ce prénom est porté par environ 3 000 personnes en France. Il figure dans le top 200 national. Tendance : en forte croissance. Variante : Lohann. Caractérologie : indépendance, courage, curiosité, dynamisme, charisme.

Loïc : illustre au combat (germanique). Ce prénom est porté par environ 102 000 personnes en France. Il figure dans le top 200 national. Tendance : en décroissance modérée. La ressemblance phonétique avec Loïg a fait renaître cette forme provençale de Louis en Bretagne, puis dans l'ensemble de l'Hexagone, à la fin des années 1980. Variantes : Lomig, Lowik. Caractérologie : logique, optimisme, communication, pragmatisme, créativité.

Loïck : illustre au combat (germanique). Voir Loïc. Ce prénom est porté par environ 3 000 personnes en France. Il ne devrait pas être attribué à plus de 50 bébés en 2012. Caractérologie : énergie, découverte, audace, originalité, raisonnement.

Loïk : illustre au combat (germanique). Voir Loïc. En Bretagne, ce dernier s'orthographie le plus souvent sans tréma. Ce prénom rare est porté par près de 700 personnes en France. Variante : Loïg. Caractérologie : fidélité, relationnel, intuition, médiation, analyse.

Loïs : illustre au combat (germanique). Ce prénom est porté par environ 5 000 personnes en France. Il est relativement peu attribué aujourd'hui. Dans l'Hexagone, ce prénom mixte est plus traditionnellement usité en Occitanie. Caractérologie : innovation, autorité, analyse, ambition, énergie.

Loman : enfant nu (gaélique). Nom d'un saint irlandais qui vécut au Ve siècle. Ce prénom est porté par moins de 100 personnes en France. Caractérologie : autonomie, caractère, innovation, énergie, ambition.

Long : dragon (chinois), cheveux (vietnamien). Ce prénom est porté par moins de 100 personnes en France. Caractérologie : optimisme, cœur, pragmatisme, créativité, communication.

Lorenzo : couronné de lauriers (latin). Ce prénom est porté par environ 17 000 personnes en France. Il figure dans le top 50 national. Tendance : en croissance modérée. Lorenzo est très répandu en Italie. Variantes : Laurenzo, Lenzo, Lorent, Lorenz. Caractérologie : équilibre, famille, influence, raisonnement, éthique.

Loric : couronné de lauriers (latin). Ce prénom rare est porté par près de 800 personnes en France. Tendance : en forte croissance. Variante : Lorick. Caractérologie : créativité, optimisme, pragmatisme, communication, raisonnement.

Lorik : couronné de lauriers (latin). Ce prénom rare est porté par près de 1 000 personnes en France. Tendance : en forte croissance. Caractérologie : fidélité, relationnel, médiation, raisonnement, intuition.

Loris : couronné de lauriers (latin). Ce prénom est porté par environ 11 000 personnes en France. Il figure dans le top 100 national. Tendance : en croissance modérée. Variantes : Lorian, Lorin, Lorrain, Lorry, Lory, Lorys. Caractérologie : direction, dynamisme, audace, indépendance, logique.

Lorris : couronné de lauriers (latin). Ce prénom rare est porté par près de 600 personnes en France. Caractérologie : autorité, innovation, énergie, ambition, analyse.

Lothaire : illustre guerrier (germanique). Ce prénom très rare est porté par près de 300 personnes en France. Variantes : Lothar, Luther. Caractérologie : connaissance, sagacité, spiritualité, sensibilité, raisonnement.

Lou : illustre au combat (germanique), lumière (celte). Ce prénom est porté par environ 2 000 personnes en France. Il est peu attribué aujourd'hui. Ce prénom mixte est essentiellement attribué aux filles aujourd'hui. Caractérologie : créativité, optimisme, sociabilité, communication, pragmatisme.

Louan : lumière (celte). Voir Loan. Ce prénom rare est porté par près de 1 000 personnes en France. Variante : Louen. Caractérologie : intégrité, altruisme, idéalisme, dévouement, réflexion.

Louca : lumière (latin). Ce prénom est porté par environ 2 000 personnes en France. Il est relativement peu attribué aujourd'hui. Tendance : en forte croissance. Caractérologie : originalité, spiritualité, sagacité, connaissances, philosophie.

LOUIS

Fête : 25 août

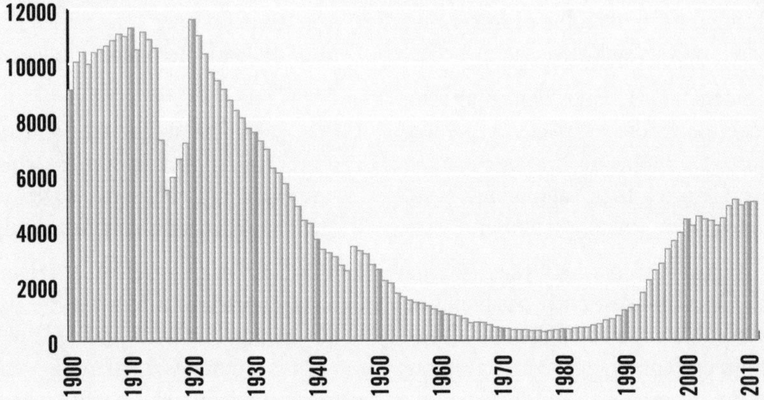

Étymologie : du germain *hold*, « célèbre » et de *wig*, « combat », d'où le sens : « illustre au combat ». Louis le Pieux, le fils de Charlemagne, était roi d'Aquitaine lorsqu'il fut couronné empereur à Aix-la-Chapelle en 813. Son sacre traça la voie d'une longue dynastie de Louis : dix-sept rois français portant ce prénom se sont succédé jusqu'au XIXe siècle. Malgré ce prestigieux passé, Louis n'a guère été attribué en France.

Après avoir battu des records d'impopularité à la fin du XVIIe siècle, suite à l'exécution de Louis XVI, il renaît au XIXe siècle. L'engouement qu'il suscite se traduit, au siècle suivant, par la naissance de 11 600 Louis en 1920, son dernier point culminant. Il aura bien du mal à renouveler l'exploit, car l'éventail des choix s'étant considérablement élargi, peu de prénoms sont aussi massivement attribués. Peu importe, puisque Louis relève le défi aujourd'hui : il s'affiche au 5e et 6e rang des palmarès parisien et national, un double classement historique.

Comme bien d'autres prénoms bibliques, Louis cultive une carrière internationale. Il se place, aux côtés de Lewis et Luís, dans le top 60 de nombreux pays anglophones et hispanophones. Sans oublier l'Allemagne où il est devenu le 7e prénom le plus donné. Il s'illustre parmi les 40 premiers choix des parents wallons, suisses romands et québécois.

.../

Louis *(suite)*

Plus communément appelé Saint Louis, **Louis IX** fut roi de France de 1226 à 1270. Passionné par la théologie dès son plus jeune âge, le souverain fit preuve de piété tout au long de sa vie. À l'origine de la construction de la Sainte-Chapelle à Paris, il dirigea plusieurs croisades pour soutenir les royaumes chrétiens d'Orient affaiblis. Il mourut en 1270, lors de sa huitième croisade, sous les remparts de Tunis. Saint Louis est le patron des coiffeurs et des passementiers.

Louis XIV (1638-1715) accéda au trône à l'âge de 5 ans. Afin de le préparer à son règne personnel, le jeune Louis fut placé, pendant dix-huit ans, sous la régence de sa mère, Anne d'Autriche. Conseillé par Colbert, il développa le commerce et réorganisa l'armée, l'administration et les finances du pays. Contemporain de Molière, La Fontaine et Lully, le Roi-Soleil a favorisé le rayonnement des arts et des sciences de la France dans le monde.

Louis Pasteur (1822-1895), chimiste et biologiste français, découvrit le processus de pasteurisation et le vaccin contre la rage au XIXe siècle. **Louis Aragon** a fondé le mouvement surréaliste français au début du XXe siècle.

Statistiques : Louis est le 9e prénom masculin le plus donné en France depuis le début du XXIe siècle. On peut estimer qu'il sera attribué à un garçon sur 82 en 2012.

Loucas : lumière (latin). Ce prénom est porté par environ 2 000 personnes en France. Il est relativement peu attribué aujourd'hui. Tendance : en forte croissance. Caractérologie : leadership, vitalité, stratégie, ardeur, achèvement.

Louis : illustre au combat (germanique). Ce prénom est porté par environ 221 000 personnes en France. Il figure dans le top 50 national. Voir le zoom dédié à Louis. Variantes : Lewis, Lowie. Caractérologie : persévérance, structure, sécurité, efficacité, raisonnement.

Louis-Alexandre : forme composée de Louis et Alexandre. Ce prénom très rare est porté par près de 200 personnes en France. Caractérologie : caractère, savoir, intelligence, logique, méditation.

Louis-Marie : forme composée de Louis et Marie. Ce prénom est porté par environ 2 000 personnes en France. Il ne devrait pas être attribué à plus de 50 bébés en 2012. Caractérologie : curiosité, dynamisme, courage, caractère, logique.

Louison : illustre au combat (germanique). Ce prénom est porté par environ 3 000 personnes en France. Il est relativement peu attribué aujourd'hui. De plus en plus féminin, Louison est désormais porté par un nombre égal de filles et de garçons. Caractérologie : décision, bienveillance, paix, conscience, logique.

Louis-Victor : forme composée de Louis et Victor. Ce prénom très rare est porté par près de 140 personnes en France. Caractérologie : direction, dynamisme, audace, organisation, analyse.

LUCAS

Fête : 18 octobre

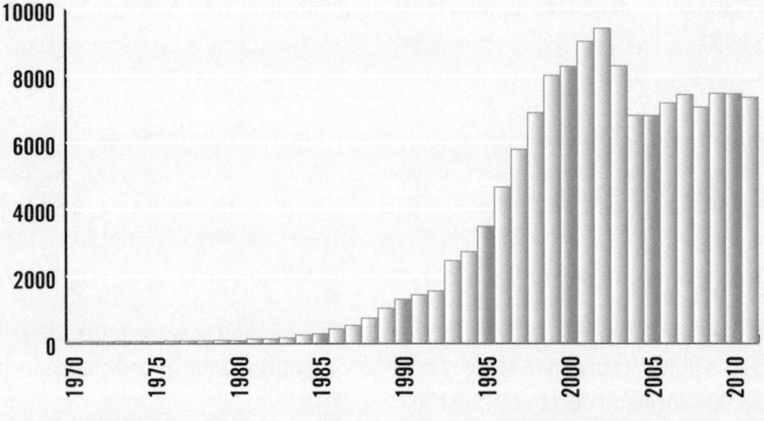

Étymologie : dérivé de Luc, du latin *lux*, « lumière ». Cette forme ancienne de Luc, que l'on croyait disparue, resurgit dans les années 1980 sous l'apparence d'un nouveau prénom. Sa diffusion, initialement modeste, prend une telle ampleur que Lucas est propulsé au sommet du classement en 2002. Enzo le détrône pendant trois ans, mais son rival revient au score et règne de plus belle. La suprématie de Lucas semble toutefois contestée aujourd'hui, par Nathan* cette fois, et la couronne pourrait bien lui échapper pour de bon.

Lucas fait toujours des émules en dehors de l'Hexagone. Qu'ils soient Luca, Lukas, Luke ou Louka, les dérivés de Luc rayonnent en haut du palmarès de nombreux pays européens et francophones. Si la Wallonie, le Québec et la Suède privilégient l'orthographe française de Lucas, les Suisses francophones se passent plus volontiers du « s » final. C'est le cas des parents italiens qui ont fait de Luca l'un de leurs choix préférés. En Allemagne, en Autriche et en Lituanie, c'est Lukas qui l'emporte, tout comme Luke dans les pays anglophones. Notons qu'en France les formes européennes de Lucas évoluent encore loin derrière ce dernier. Mais un nouveau venu pourrait bousculer cette ordonnance : surgi de nulle part, Louka s'envole à un rythme effréné. Il a franchi la barrière des 1 000 attributions en 2010 et il vient de percer dans le top 70 national. Une étoile filante à ne pas quitter des yeux.

* Si l'on prend on compte le nombre d'attributions de ses variantes, Luca(s) domine encore largement le palmarès masculin, mais sans l'apport de Luka(s) et Louka(s), c'est Nathan qui l'emporte.

.../

Lucas *(suite)*

Saint Lucas, missionnaire dominicain, vécut au Japon au XVIIe siècle.

Personnalités célèbres : Lucas Belvaux, acteur et réalisateur belge né en 1961 ; George Lucas, cinéaste et producteur américain de *La Guerre des étoiles*.

Statistiques : Lucas est le premier prénom masculin le plus donné en France depuis le début du XXIe siècle. On peut estimer qu'il sera attribué à un garçon sur 56 en 2012.

Louka : lumière (latin). Ce prénom est porté par environ 6 000 personnes en France. Il figure dans le top 100 national. Tendance : en forte croissance. Variantes : Loukas, Louki. Caractérologie : famille, équilibre, influence, sens des responsabilités, gestion.

Lounès : compagnon de fortune (arabe). Ce prénom est porté par environ 1 000 personnes en France. Il est peu attribué aujourd'hui. Variante : Lounis. Caractérologie : audace, découverte, énergie, originalité, séduction.

Loup : loup (latin). Ce prénom est porté par environ 1 000 personnes en France. Il est très peu attribué aujourd'hui. Caractérologie : innovation, autorité, énergie, autonomie, ambition.

Loyd : cheveux gris (gallois). Ce prénom très rare est porté par près de 160 personnes en France. Caractérologie : médiation, fidélité, intuition, relationnel, adaptabilité.

Loys : illustre au combat (germanique). Ce prénom très rare est porté par près de 300 personnes en France. Caractérologie : vitalité, achèvement, ardeur, stratégie, leadership.

Luan : lumière (celte). Voir Loan. Ce prénom très rare est porté par près de 400 personnes en France. Caractérologie : enthousiasme, pratique, communication, adaptation, générosité.

Lubin : loup (latin). Ce prénom est porté par environ 2 000 personnes en France. Il est relativement peu attribué aujourd'hui. Caractérologie : honnêteté, sécurité, persévérance, structure, efficacité.

Luc : lumière (latin). Ce prénom est porté par environ 59 000 personnes en France. Il est relativement peu attribué aujourd'hui. Saint Luc parcourut la Gaule, l'Italie et la Macédoine dans l'objectif d'évangéliser ces régions. Auteur du troisième des quatre Évangiles, il mourut martyr au Ier siècle. Il est le patron des peintres. Caractérologie : réflexion, intégrité, altruisme, idéalisme, dévouement.

Luca : lumière (latin). Ce prénom est porté par environ 12 000 personnes en France. Il figure dans le top 100 national. Tendance : en forte croissance. Voir le zoom dédié à Lucas. Caractérologie : dynamisme, audace, direction, indépendance, assurance.

Lucas : lumière (latin). Ce prénom est porté par environ 135 000 personnes en France. Il figure dans le top 50 national. Voir le zoom dédié à Lucas. Variantes : Lucca, Luck, Lucka, Luckas, Lucke. Caractérologie : réceptivité, sociabilité, diplomatie, bonté, loyauté.

Luciano : lumière (latin). Ce prénom est porté par environ 2 000 personnes en France. Il est très peu attribué aujourd'hui. Tendance : en forte croissance. Luciano est très répandu en Italie. Variantes : Lucian, Lucio. Variante corse : Lucius. Caractérologie : enthousiasme, communication, résolution, pratique, analyse.

Lucien : lumière (latin). Ce prénom est porté par environ 90 000 personnes en France. Il est relativement peu attribué aujourd'hui. Évêque de Beauvais, saint Lucien évangélisa les campagnes au IIIe siècle. Caractérologie : dynamisme, direction, audace, indépendance, assurance.

Lucky : lumière (latin). Ce prénom très rare est porté par près de 190 personnes en France. Caractérologie : idéalisme, dévouement, intégrité, altruisme, réflexion.

Ludger : nation, lance (germanique). Ce prénom est porté par moins de 100 personnes en France. Caractérologie : ténacité, méthode, fiabilité, engagement, cœur.

Ludovic : illustre au combat (germanique). Ce prénom est porté par environ 122 000 personnes en France. Il est peu attribué aujourd'hui. Caractérologie : équilibre, influence, famille, exigence, raisonnement.

Ludovick : illustre au combat (germanique). Ce prénom très rare est porté par près de 200 personnes en France. Variantes : Ludo, Ludovic, Ludovik. Variante basque : Lodoviko. Caractérologie : connaissance, sagacité, spiritualité, originalité, logique.

Ludwig : illustre au combat (germanique). Ce prénom est porté par environ 3 000 personnes en France. Il ne devrait pas être attribué à plus de 50 bébés en 2012. Dans l'Hexagone, Lidwig est plus traditionnellement usité en Alsace. Variantes : Ludwick, Ludwik. Caractérologie : ténacité, engagement, méthode, fiabilité, sympathie.

Luigi : illustre au combat (germanique). Ce prénom est porté par environ 4 000 personnes en France. Il est peu attribué aujourd'hui. Luigi est très répandu en Italie. En France, il est plus traditionnellement usité en Corse. Variantes : Luidgi, Luidji, Luiggi. Caractérologie : structure, persévérance, sécurité, honnêteté, efficacité.

Luis : illustre au combat (germanique). Ce prénom est porté par environ 7 000 personnes en France. Il est relativement peu attribué aujourd'hui. Tendance : en croissance modérée. Luís est très répandu dans les pays hispanophones et au Portugal. Variante : Luiz. Caractérologie : méditation, intelligence, savoir, indépendance, sagesse.

Luka : lumière (latin). Ce prénom est porté par environ 6 000 personnes en France. Il figure dans le top 200 national. Tendance : en croissance modérée. Caractérologie : rectitude, humanité, rêve, organisation, tolérance.

Lukas : lumière (latin). Ce prénom est porté par environ 7 000 personnes en France. Il figure dans le top 200 national. Tendance : en décroissance modérée. Lukas est très en vogue en Allemagne et en Autriche. Caractérologie : dynamisme, audace, direction, indépendance, organisation.

Luke : lumière (latin). Ce prénom rare est porté par près de 900 personnes en France. Luke est très en vogue dans les pays anglophones. Caractérologie : fiabilité, méthode, engagement, ténacité, sens du devoir.

Lydéric : puissant, glorieux (germanique). Ce prénom très rare est porté par près de 300 personnes en France. Dans l'Hexagone, Lydéric est plus traditionnellement usité dans les Flandres. Variante : Ludéric. Caractérologie : persévérance, sécurité, structure, efficacité, sympathie.

Lyès : Seigneur Dieu (arabe). Ce prénom est porté par environ 2 000 personnes en France. Il est peu attribué aujourd'hui. Variante : Lyess. Caractérologie : spiritualité, connaissance, sagacité, originalité, cœur.

Lylian : lys (latin). Ce prénom est porté par environ 1 000 personnes en France. Il est peu attribué aujourd'hui. Caractérologie : direction, dynamisme, audace, résolution, sympathie.

Lyonel : lion (latin). Ce prénom rare est porté par près de 700 personnes en France. Caractérologie : médiation, relationnel, intuition, cœur, fidélité.

Lysandre : contraction des prénoms commençant par le préfixe « Ly » et Alexandre. Ce prénom rare est porté par près de 500 personnes en France. Tendance : en forte croissance. Variante : Lysander. Caractérologie : réalisation, force, ambition, habileté, bonté.

M

M : dans le langage phonétique des textos, M pourrait s'apparenter au verbe aimer. Mais ce prénom est né en 1961, bien avant l'apparition des téléphones portables, et bien avant de devenir le nom de scène du chanteur Mathieu Chedid. D'autres lettres ont depuis fait leur chemin, mais on peut douter que les enfants prénommés A, N ou X feront des envieux. M est porté par près de 170 personnes en France.

Macaire : bienheureux (grec). Ce prénom est porté par moins de 100 personnes en France. Variantes : Makari, Makary. Caractérologie : dynamisme, curiosité, courage, indépendance, résolution.

Macéo : arme médiévale, ou « du domaine de Matthieu » (vieux français). Ce prénom est porté par environ 1 000 personnes en France. Il est peu attribué aujourd'hui. Variantes : Mace, Macey, Macy. Caractérologie : volonté, innovation, énergie, ambition, autonomie.

Madani : de la ville (arabe). Ce prénom rare est porté par près de 600 personnes en France. Tendance : en forte croissance. Caractérologie : équilibre, sens des responsabilités, famille, influence, résolution.

Maddox : fils du bienfaiteur (gallois). Caractérologie : intelligence, méditation, sagesse, indépendance, savoir.

Madiane : se rapporte à un nom de ville (arabe). Ce prénom est porté par moins de 100 personnes en France. Caractérologie : sociabilité, réceptivité, loyauté, diplomatie, résolution.

MAËL

Fête : 24 mai

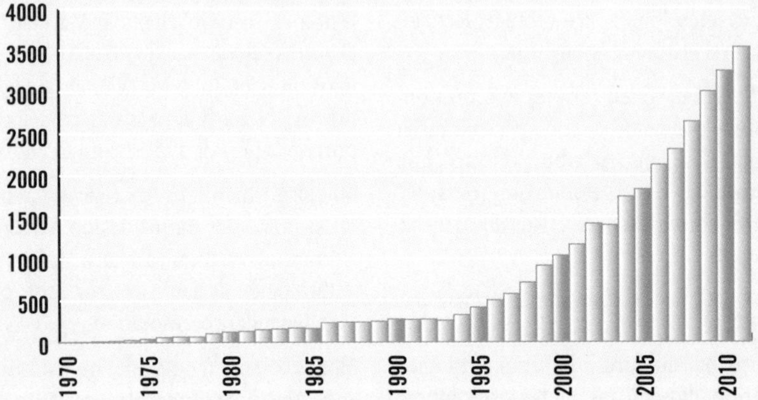

Étymologie : du celte, « chef, prince ». Maël a longtemps été méconnu en dehors de son Armorique natale. Il le serait encore si la vague des prénoms bretons ne l'avait pas révélé. Parti avec une longueur d'avance sur Mathéo, Maël s'impose dans le top 40 français à la fin des années 1990. Il semble avoir atteint ses limites lorsque l'essor des prénoms bibliques lui redonne des ailes : le « el » de Maël ne rime-t-il pas avec Gabriel et Raphaël ? Fort de ce soutien inespéré, Maël pourrait bondir au 20e rang du classement en 2012.

Les dérivés de Maël sont nombreux, en particulier au féminin. En forte croissance, Maëlle, Maëlla, Maëlie et Maëly se distinguent de leur groupe. Elles sont toutefois distancées par Maëlys qui est devenue, en quelques années, un choix incontournable. Les dérivés masculins se font plus discrets : citons Amaël, Maëlan, Maëlig et Mel parmi ceux qui progressent le plus.

Maël fait peu d'émules à l'international, mais il figure dans les tops 100 suisse romand et wallon.

Comme il est coutume de le faire en Bretagne, Mael et ses formes dérivées peuvent s'orthographier sans tréma.

.../

Maël *(suite)*

D'origine irlandaise ou galloise, **saint Maël** est le neveu de saint Patrick (le patron des Irlandais) et le frère de Rieg. On sait peu de choses sur ce saint qui vécut au Vᵉ siècle.

Statistiques : Maël est le 44ᵉ prénom masculin le plus donné en France depuis le début du XXIᵉ siècle. On peut estimer qu'il sera attribué à un garçon sur 116 en 2012. Seules quatre formes composées ont été recensées sur les registres d'état civil. Il s'agit, par ordre décroissant d'attribution, de Jean-Maël, Yann-Maël, Pierre-Maël, et Louis-Maël.

Madjid : noble, glorieux (arabe). Ce prénom est porté par environ 1 000 personnes en France. Tendance : en croissance modérée. Variantes : Madgid, Majide. Caractérologie : énergie, audace, découverte, originalité, séduction.

Maé : chef, prince (celte). Ce prénom est porté par environ 2 000 personnes en France. Il figure dans le top 200 national. Tendance : en forte croissance. Maé figure dans le palmarès des prénoms mixtes. Voir l'encadré dédié à ce sujet. Caractérologie : autorité, innovation, ambition, énergie, autonomie.

Maël : chef, prince (celte). Ce prénom est porté par environ 32 000 personnes en France. Il figure dans le top 50 national. Voir le zoom dédié à Maël. Variantes : Amaël, Maëlig, Maëlo, Mahel, Mel, Mélaire. Caractérologie : efficacité, persévérance, structure, sécurité, honnêteté.

Maëlan : chef, prince (celte). Ce prénom rare est porté par près de 1 000 personnes en France. Tendance : en forte croissance. Variantes : Maëlann, Maëlien. Caractérologie : énergie, autorité, innovation, autonomie, ambition.

Maëlig : chef, prince (celte). Ce prénom très rare est porté par près de 300 personnes en France. Caractérologie : relationnel, intuition, réussite, médiation, cœur.

Magnus : le grand (latin). Ce prénom est porté par moins de 100 personnes en France. Magnus est assez répandu dans les pays scandinaves. Il est particulièrement en vogue en Norvège actuellement. Caractérologie : communication, bonté, enthousiasme, réalisation, pratique.

Mahdi : loué, félicité pour sa droiture (arabe). Ce prénom est porté par environ 2 000 personnes en France. Il est relativement peu attribué aujourd'hui. Tendance : en forte croissance. Variantes : Madi, Mady. Caractérologie : habileté, force, passion, ambition, management.

Mahé : don de Dieu (hébreu). Ce prénom est porté par environ 3 000 personnes en France. Il figure dans le top 100 national. Tendance : en forte croissance. Mahé s'écrit également sans accent. Variante : Mazen. Caractérologie : humanité, rectitude, rêve, générosité, tolérance.

Maher : celui qui excelle (arabe). Ce prénom rare est porté par près de 600 personnes en France. Tendance : en croissance modérée. Variante : Mahir. Caractérologie : ouverture d'esprit, rectitude, rêve, décision, humanité.

Mahin : puissant, extraordinaire (sanscrit). Caractérologie : idéalisme, résolution, réflexion, altruisme, intégrité.

Mahmoud : digne d'éloges (arabe). Ce prénom est porté par environ 1 000 personnes en France. Tendance : en croissance modérée. Variante : Mamoud. Caractérologie : pragmatisme, optimisme, créativité, sociabilité, communication.

Maïeul : le mois de mai (latin). Ce prénom est porté par moins de 100 personnes en France. Caractérologie : intelligence, savoir, méditation, indépendance, détermination.

Maixent : le plus grand (latin). Ce prénom très rare est porté par près de 300 personnes en France. Caractérologie : audace, découverte, énergie, caractère, décision.

Majid : noble, glorieux (arabe). Ce prénom est porté par environ 1 000 personnes en France. Tendance : stable. Variante : Majdi. Caractérologie : indépendance, assurance, direction, audace, dynamisme.

Majoric : grand (latin). Ce prénom est porté par moins de 100 personnes en France. Caractérologie : équilibre, sens des responsabilités, influence, famille, logique.

Malcolm : disciple de sainte Colombe (celte). Ce prénom est porté par environ 1 000 personnes en France. Tendance : stable. Variante : Malcom. Caractérologie : conseil, bienveillance, sagesse, conscience, paix.

Malek : doué, roi (arabe). Ce prénom est porté par environ 2 000 personnes en France. Il est peu attribué aujourd'hui. Tendance : en croissance modérée. Caractérologie : sens des responsabilités, famille, équilibre, influence, organisation.

Malik : doué, roi (arabe). Ce prénom est porté par environ 9 000 personnes en France. Il est relativement peu attribué aujourd'hui. Variantes : Maelick, Malik, Malike, Melek, Mélih, Mélik. Caractérologie : ambition, autorité, organisation, innovation, énergie.

Mallory : prince sage (celte). Ce prénom rare est porté par près de 600 personnes en France. Variantes : Malaury, Mallaury. Caractérologie : paix, réussite, conscience, bienveillance, logique.

Malo : prince sage (celte). Ce prénom est porté par environ 8 000 personnes en France. Il figure dans le top 100 national. Tendance : stable. Variante : Malou. Caractérologie : curiosité, dynamisme, courage, indépendance, charisme.

Malone : ancien patronyme irlandais signifiant : « serviteur de saint John ». Ce prénom est porté par environ 2 000 personnes en France. Il est relativement peu attribué aujourd'hui. Tendance : en forte croissance. Variante : Malonn. Caractérologie : bienveillance, volonté, paix, conscience, conseil.

Malory : prince sage (celte). Ce prénom très rare est porté par près de 300 personnes en France. Caractérologie : pratique, communication, réalisation, enthousiasme, analyse.

Malvin : ami de l'assemblée (celte). Ce prénom très rare est porté par près de 200 personnes en France. Variante : Malween. Caractérologie : stratégie, vitalité, achèvement, ardeur, résolution.

Mandé : jeune, passionné (breton). Ce prénom est porté par moins de 100 personnes en France. Caractérologie : autorité, énergie, ambition, autonomie, innovation.

Mandel : amande (allemand). Caractérologie : fiabilité, ténacité, engagement, méthode, sens du devoir.

Manech : Dieu fait grâce (hébreu), d'une intelligence suprême (sanscrit). Ce prénom très rare est porté par près de 200 personnes en France. Caractérologie : vitalité, ardeur, leadership, stratégie, achèvement.

Manéo : contraction de Manuel et Néo. Ce prénom est porté par moins de 100 personnes en France. Caractérologie : communication, créativité, pratique, optimisme, adaptation.

Manfred : homme de paix (germanique). Ce prénom rare est porté par près de 600 personnes en France. Caractérologie : intelligence, méditation, savoir, détermination, volonté.

Mango : Dieu est avec nous (hébreu). Caractérologie : audace, volonté, réalisation, énergie, découverte.

Mani : joyau (sanscrit). Ce prénom très rare est porté par près de 300 personnes en France. Caractérologie : énergie, décision, ambition, autorité, innovation.

Manoah : reposé, apaisé (hébreu). Ce prénom très rare est porté par près de 500 personnes en France. Tendance : en forte croissance. Dans l'Ancien Testament, Manoah est le père de Samson. Variante : Manoa. Caractérologie : connaissance, spiritualité, caractère, sagacité, originalité.

Manoé : contraction d'Emmanuel et Noé. Ce prénom très rare est porté par près de 400 personnes en France. Tendance : en forte croissance. Caractérologie : pragmatisme, volonté, optimisme, créativité, communication.

Manoël : contraction d'Emmanuel et Joël. Ce prénom rare est porté par près de 600 personnes en France. Variantes : Manaël, Mano, Manoé, Manolis, Manolito, Manolo. Caractérologie : paix, bienveillance, conseil, conscience, caractère.

Mansour : victorieux (arabe). Ce prénom rare est porté par près de 1 000 personnes en France. Tendance : en croissance modérée. Variante : Manssour. Caractérologie : volonté, sociabilité, diplomatie, réceptivité, raisonnement.

Manu : Dieu est avec nous (hébreu). Ce prénom très rare est porté par près de 500 personnes en France. Dans l'Hexagone, Manu est plus traditionnellement usité au Pays basque. Caractérologie : sécurité, efficacité, structure, persévérance, honnêteté.

Manua : l'oiseau porteur de bonheur (tahitien). Caractérologie : persévérance, structure, honnêteté, sens du devoir, efficacité.

Manuel : Dieu est avec nous (hébreu). Ce prénom est porté par environ 33 000 personnes en France. Il est peu attribué aujourd'hui. Manuel est très répandu dans les pays hispanophones. Dans l'Hexagone, il est plus traditionnellement usité au Pays basque. Caractérologie : pragmatisme, créativité, communication, optimisme, sociabilité.

Marc : se rapporte à Mars, dieu romain de la Guerre (latin). Ce prénom est porté par environ 203 000 personnes en France. Il est relativement peu attribué aujourd'hui. Évêque d'Alexandrie et martyr au Ier siècle, saint Marc fut l'un des quatre évangélistes. Il est le patron des vitriers. Variantes : Marcande, Marck. Caractérologie : habileté, force, management, ambition, passion.

Marc-Alexandre : forme composée de Marc et Alexandre. Ce prénom très rare est porté par près de 400 personnes en France. Caractérologie : intuition, médiation, relationnel, volonté, raisonnement.

Marcande : contraction de Marc et André. Caractérologie : curiosité, indépendance, décision, dynamisme, courage.

Marc-Antoine : forme composée de Marc et Antoine. Ce prénom est porté par environ 5 000 personnes en France. Il est peu attribué aujourd'hui. Caractérologie : énergie, audace, découverte, volonté, analyse.

Marceau : se rapporte à Mars, dieu romain de la Guerre (latin). Ce prénom est porté par environ 8 000 personnes en France. Il figure dans le top 200 national. Tendance : en croissance modérée. Caractérologie : ambition, force, passion, habileté, résolution.

Marcel : se rapporte à Mars, dieu romain de la Guerre (latin). Ce prénom est porté par environ 185 000 personnes en France. Il est très peu attribué aujourd'hui. Tendance : en forte croissance. Saint Marcel Ier, pape et martyr au IVe siècle, illustra ce prénom. Variantes : Marcian, Marcien, Marcio. Caractérologie : intelligence, indépendance, savoir, décision, méditation.

Marcelin : se rapporte à Mars, dieu romain de la Guerre (latin). Ce prénom est porté par environ 1 000 personnes en France. Tendance : stable. Caractérologie : détermination, enthousiasme, communication, pratique, adaptation.

Marcellin : se rapporte à Mars, dieu romain de la Guerre (latin). Ce prénom est porté par environ 1 000 personnes en France. Tendance : en croissance modérée. Variante : Marcello. Caractérologie : sens des responsabilités, famille, influence, équilibre, résolution.

Marco : se rapporte à Mars, dieu romain de la Guerre (latin). Ce prénom est porté par environ 7 000 personnes en France. Il est peu attribué aujourd'hui. Marco est très répandu en Italie. Variantes : Marcos, Marko. Caractérologie : analyse, courage, dynamisme, curiosité, indépendance.

Marc-Olivier : forme composée de Marc et Olivier. Ce prénom rare est porté par près de 800 personnes en France. Caractérologie : volonté, vitalité, achèvement, stratégie, analyse.

Marcus : se rapporte à Mars, dieu romain de la Guerre (latin). Ce prénom est porté par environ 1 000 personnes en France. Il est peu attribué aujourd'hui. Tendance : en croissance modérée. Caractérologie : optimisme, communication, créativité, sociabilité, pragmatisme.

Marek : se rapporte à Mars, dieu romain de la Guerre (latin). Ce prénom très rare est porté par près de 300 personnes en France. Caractérologie : pragmatisme, créativité, communication, optimisme, détermination.

Marian : celui qui élève (hébreu). Ce prénom est porté par environ 1000 personnes en France. Tendance : stable. Caractérologie : réceptivité, décision, sociabilité, diplomatie, loyauté.

Mariano : celui qui élève (hébreu). Ce prénom est porté par environ 1 000 personnes en France. Tendance : stable. Mariano est très répandu dans les pays hispanophones.

Variante : Marianno. Caractérologie : détermination, force, ambition, volonté, habileté.

Marien : celui qui élève (hébreu). Ce prénom rare est porté par près de 600 personnes en France. Caractérologie : famille, équilibre, sens des responsabilités, influence, décision.

Marin : mer (latin). Ce prénom est porté par environ 5 000 personnes en France. Il est relativement peu attribué aujourd'hui. Caractérologie : ambition, décision, autorité, innovation, énergie.

Mario : celui qui élève (hébreu). Ce prénom est porté par environ 14 000 personnes en France. Il est peu attribué aujourd'hui. Mario est très répandu en Espagne et en Italie. Caractérologie : diplomatie, réceptivité, loyauté, sociabilité, bonté.

Marius : mer (latin). Ce prénom est porté par environ 27 000 personnes en France. Il figure dans le top 100 national. Tendance : stable. Caractérologie : humanité, rectitude, rêve, générosité, tolérance.

Mark : se rapporte à Mars, dieu romain de la Guerre (latin). Ce prénom est porté par environ 2 000 personnes en France. Il ne devrait pas être attribué à plus de 50 bébés en 2012. Variante : Markus. Caractérologie : connaissance, sagacité, spiritualité, originalité, philosophie.

Marley : de la terre des lacs (vieil anglais). Ce prénom est porté par environ 1 000 personnes en France. Il figure dans le top 200 national. Tendance : en forte croissance. Caractérologie : médiation, relationnel, intuition, réussite, cœur.

Marlon : faucon (anglais). Ce prénom est porté par environ 2 000 personnes en France. Il est peu attribué aujourd'hui. Tendance : en croissance modérée. Variante : Marlone. Caractérologie : audace, dynamisme, caractère, direction, logique.

Marouan : roche, quartz (arabe). Ce prénom rare est porté par près de 700 personnes en France. Caractérologie : volonté, sociabilité, réceptivité, raisonnement, diplomatie.

Marouane : roche, quartz (arabe). Ce prénom est porté par environ 2 000 personnes en France. Il est peu attribué aujourd'hui. Variantes : Maroin, Maroine, Marouen. Caractérologie : spiritualité, connaissance, volonté, sagacité, raisonnement.

Martial : se rapporte à Mars, dieu romain de la Guerre (latin). Ce prénom est porté par environ 29 000 personnes en France. Il ne devrait pas être attribué à plus de 50 bébés en 2012. Variantes : Marcial, Mars, Martel, Marti, Martian, Martie, Marty. Caractérologie : intuition, organisation, médiation, relationnel, fidélité.

Martin : se rapporte à Mars, dieu romain de la Guerre (latin). Ce prénom, porté par environ 43 000 Français, figure dans le top 50 national. Tendance : stable. Martin est très en vogue en Norvège. En France, il est plus traditionnellement usité en Occitanie et au Pays basque. Variante : Martino. Caractérologie : pratique, adaptation, communication, détermination, enthousiasme.

Marvin : ami de la mer (anglais). Ce prénom est porté par environ 10 000 personnes en France. Il est relativement peu attribué aujourd'hui. Variantes : Marveen, Marvine, Marving. Caractérologie : curiosité, dynamisme, courage, décision, indépendance.

Marvyn : ami de la mer (anglais). Ce prénom est porté par environ 1 000 personnes en France. Il est très peu attribué aujourd'hui. Variantes : Marwen, Marwin. Caractérologie : enthousiasme, réalisation, communication, pratique, détermination.

Marwan : roche, quartz (arabe). Ce prénom est porté par environ 5 000 personnes en France. Il est relativement peu attribué aujourd'hui. Caractérologie : intelligence, indépendance, méditation, savoir, résolution.

Marwane : roche, quartz (arabe). Ce prénom est porté par environ 3 000 personnes en France. Il est relativement peu attribué aujourd'hui. Caractérologie : communication, pratique, adaptation, enthousiasme, détermination.

Maryan : celui qui élève (hébreu). Ce prénom rare est porté par près de 600 personnes en France. Variante : Mary. Caractérologie : humanité, rêve, réalisation, rectitude, résolution.

Massimo : le plus grand (latin). Ce prénom rare est porté par près de 900 personnes en France. Caractérologie : management, ambition, force, habileté, passion.

Mateo : don de Dieu (hébreu). Ce prénom est porté par environ 15 000 personnes en France. Il figure dans le top 100 national. Tendance : en décroissance modérée. En faveur dans les années 1990, ce prénom venu d'Espagne a lancé la carrière de Mathéo. Caractérologie : intégrité, idéalisme, altruisme, réflexion, caractère.

Mathéis : contraction de Mathéo et Mathis. Ce prénom très rare est porté par près de 400 personnes en France. Tendance : en forte croissance. Mathéis a été recensé pour la première fois dans l'Hexagone en 2008. Caractérologie : communication, générosité, détermination, adaptation, émotion.

Mathéo : don de Dieu (hébreu). Ce prénom est porté par environ 39 000 personnes en France. Il figure dans le top 50 national. Voir le zoom dédié à Mathéo. Caractérologie : ambition, force, caractère, habileté, attention.

Mathias : don de Dieu (hébreu). Ce prénom est porté par environ 32 000 personnes en France. Il figure dans le top 100 national. Tendance : stable. Mathias est très en vogue en Norvège. Variante : Matias. Caractérologie : force, habileté, passion, ambition, management.

Mathieu : don de Dieu (hébreu). Ce prénom est porté par environ 143 000 personnes en France. Il figure dans le top 100 national. Tendance : en décroissance modérée. Voir le zoom dédié à Mathéo. Variantes : Matei, Matelin, Mathelin, Mattieu, Matvei, Matvey. Variante basque : Mattin. Caractérologie : découverte, énergie, audace, décision, attention.

Mathis : don de Dieu (hébreu). Ce prénom est porté par environ 61 000 personnes en France. Il figure dans le top 50 national. Voir le zoom dédié à Mathis. Caractérologie : originalité, spiritualité, connaissance, philosophie, sagacité.

Mathurin : maturité (latin). Ce prénom est porté par environ 2 000 personnes en France. Il est très peu attribué aujourd'hui. Caractérologie : curiosité, courage, décision, dynamisme, attention.

MATHÉO, MATHIS

Fête : 21 septembre

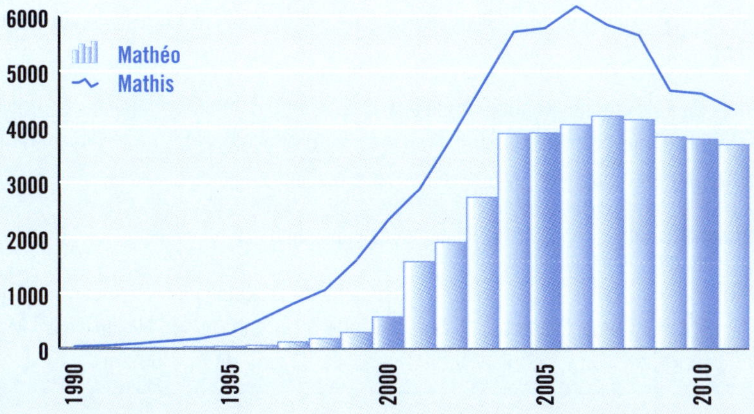

Étymologie : de l'hébreu *mattahïah,* « don de Dieu ». Qui aurait pu croire que Mathieu serait un jour devancé par ses formes dérivées ? La gloire de Mathis et Mathéo est d'autant plus remarquable que ce duo était pratiquement inconnu il y a quinze ans. Ces prénoms ne se contentent pas d'éclipser Mathieu : aujourd'hui, Matteo doit lui aussi s'incliner. Ce dérivé italien avait pourtant atteint une grande popularité à la fin des années 1990. Nul doute que ce pionnier a semé la gloire de Mathéo à ses dépens.

Cette forme française, ou plutôt bretonne, de Mathieu est apparue un an après l'émergence de Matteo. L'engouement des parents pour ce prénom ne s'est pas fait attendre. Son envol s'inscrit, il est vrai, dans la vague des prénoms régionaux qui a popularisé Maëlys, Lena et Maël. De sorte que si les Bretons le connaissent depuis longtemps, c'est dans toute la France que Mathéo prospère aujourd'hui. En 2012, Mathéo devrait se maintenir à la 18e place du palmarès français.

Percepteur des impôts au bureau de douane de Capharnaüm (en Galilée), **saint Matthieu** quitta son travail afin de suivre le Christ. Choisi comme apôtre, il écrivit le premier des quatre Évangiles et partit le prêcher en Éthiopie. Saint Mathieu est le patron des banquiers, des comptables, des douaniers et des inspecteurs des impôts.

.../

Mathéo, Mathis *(suite)*

La carrière de **Mathis** est différente. Bien qu'il ait prénommé quelques garçons au début du XXe siècle, Mathis est pratiquement inconnu en France avant les années 1990. C'est alors qu'il émerge, avec tout l'attrait d'un prénom neuf, et s'impose comme l'héritier moderne de Mathias et Mathieu. Il bondit au 3e rang du palmarès en 2006 et reste aujourd'hui l'un des 10 premiers prénoms français.

En dehors de l'Hexagone, Mathis campe à la 11e place du palmarès québécois et progresse vers le sommet des palmarès wallon, suisse romand et allemand. Sa carrière scandinave est pour l'heure balbutiante.

Personnalité célèbre : Matteo de Pasti, sculpteur italien du XVe siècle.

Statistiques : Mathéo est le 24e prénom masculin le plus donné en France depuis le début du XXIe siècle. On peut estimer qu'il sera attribué à un garçon sur 111 en 2012. **Mathis** devrait prénommer un garçon sur 95 et figurer au 8e rang de ce palmarès.

Mathys : don de Dieu (hébreu). Ce prénom est porté par environ 17 000 personnes en France. Il figure dans le top 50 national. Tendance : stable. Caractérologie : découverte, énergie, audace, réalisation, originalité.

Matis : don de Dieu (hébreu). Ce prénom est porté par environ 5 000 personnes en France. Il est relativement peu attribué aujourd'hui. Variantes : Mathiss, Mathyss, Matiss, Mattis, Matys, Matyss, Matysse. Caractérologie : force, passion, ambition, habileté, management.

Matisse : don de Dieu (hébreu). Ce prénom est porté par environ 2 000 personnes en France. Il est peu attribué aujourd'hui. Caractérologie : résolution, originalité, découverte, énergie, audace.

Matt : diminutif anglophone de Mathew (Mathieu). Ce prénom est porté par environ 2 000 personnes en France. Il est peu attribué aujourd'hui. Tendance : en croissance modérée. Caractérologie : ouverture d'esprit, humanité, générosité, rêve, rectitude.

Matteo : don de Dieu (hébreu). Ce prénom est porté par environ 30 000 personnes en France. Il figure dans le top 100 national. Tendance : en décroissance modérée. Voir le zoom dédié à Mathéo. Variantes : Mathéos, Mateos. Caractérologie : médiation, fidélité, relationnel, intuition, volonté.

Matthéo : don de Dieu (hébreu). Ce prénom est porté par environ 3 000 personnes en France. Il est relativement peu attribué aujourd'hui. Caractérologie : direction, audace, dynamisme, attention, caractère.

Matthew : don de Dieu (hébreu). Ce prénom est porté par environ 3 000 personnes en France. Il est relativement peu attribué aujourd'hui. Variantes : Mathew, Matt, Matteu, Mattew, Mattie, Matthaeus, Mattheus. Caractérologie : rectitude, rêve, humanité, tolérance, finesse.

Matthias : don de Dieu (hébreu). Ce prénom est porté par environ 14 000 personnes en France. Il est relativement peu attribué aujourd'hui. Matthias est très répandu en Allemagne. Variantes : Mattia, Mattias. Caractérologie : audace, direction, dynamisme, indépendance, assurance.

Matthieu : don de Dieu (hébreu). Ce prénom est porté par environ 77 000 personnes en France. Il figure dans le top 200 national. Tendance : en décroissance modérée. Percepteur des impôts au bureau de douane de Capharnaüm (en Galilée), saint Matthieu quitta son travail afin de suivre le Christ. Choisi comme apôtre, il écrivit le premier des quatre Évangiles et partit évangéliser l'Éthiopie. Saint Mathieu est le patron des banquiers, des comptables, des douaniers et des inspecteurs des impôts. Variante : Mattieu. Caractérologie : résolution, savoir, finesse, méditation, intelligence.

Matthis : don de Dieu (hébreu). Ce prénom est porté par environ 3 000 personnes en France. Il est peu attribué aujourd'hui. Variantes : Mattis, Matthys, Mattys. Caractérologie : rectitude, rêve, tolérance, humanité, générosité.

Maudez : jeune, au tempérament passionné (breton). Ce prénom est porté par moins de 100 personnes en France. Caractérologie : savoir, sagesse, méditation, indépendance, intelligence.

Maurice : sombre, foncé (latin). Ce prénom est porté par environ 148 000 personnes en France. Il ne devrait pas être attribué à plus de 50 bébés en 2012. Général de la légion thébaine et martyr au IIIe siècle, saint Maurice est le patron des militaires et des teinturiers. Variantes : Mauricio, Maurilio, Moris, Moriss. Caractérologie : intelligence, méditation, savoir, décision, indépendance.

Maurin : celui qui élève (hébreu). Ce prénom très rare est porté par près de 200 personnes en France. Caractérologie : efficacité, persévérance, structure, détermination, sécurité.

Maverick : l'indépendant (américain). Ce prénom très rare est porté par près de 500 personnes en France. Variante : Mavrick. Caractérologie : dynamisme, résolution, direction, organisation, audace.

Max : le plus grand (latin). Ce prénom est porté par environ 28 000 personnes en France. Il est relativement peu attribué aujourd'hui. Caractérologie : relationnel, intuition, adaptabilité, médiation, fidélité.

Maxandre : contraction de Maxime et Alexandre. Ce prénom très rare est porté par près de 500 personnes en France. Caractérologie : force, ambition, résolution, habileté, volonté.

Maxence : le plus grand (latin). Ce prénom est porté par environ 45 000 personnes en France. Il figure dans le top 50 national. Voir le zoom dédié à Maxime. Caractérologie : diplomatie, réceptivité, sociabilité, loyauté, caractère.

Maxens : le plus grand (latin). Ce prénom rare est porté par près de 800 personnes en France. Variante : Maxance. Caractérologie : persévérance, structure, volonté, sécurité, efficacité.

Maxent : le plus grand (latin). Ce prénom est porté par moins de 100 personnes en France. Variante : Maxen. Caractérologie : volonté, courage, indépendance, curiosité, charisme.

MAXIME

Fête : 14 avril

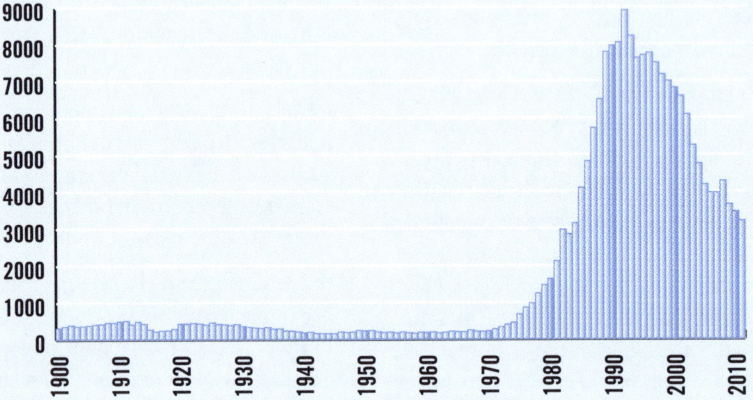

Étymologie : du latin *maximus,* « le plus grand ». Ce prénom a été porté par trois empereurs romains et de nombreux saints. Malgré son antériorité, il est peu attribué avant la fin des années 1970, époque charnière de son envol en France. Il rayonne dans les 5 premiers rangs du classement de 1992 à 2000, avant d'être affecté par le repli des prénoms de source antique romaine. Mais contrairement à Romain, Adrien et Quentin qui s'effondrent, Maxime se positionne encore aux portes du top 20 français. Sa 8e place, obtenue à Paris en 2010, est-elle la clé de sa longévité ?

En dehors de l'Hexagone, la fortune de Maxime est relancée dans les pays francophones : il figure dans les 10 premiers rangs des classements suisse romand et wallon. Non loin de là, Maximilian est devenu le 10e prénom le plus choisi d'Allemagne.

De son côté, Maxence a été attribué à une poignée de garçons jusque dans les années 1970. Ce dérivé de Maxime construit peu à peu sa carrière et progresse dans le top 40 français.

Magnus Clemens Maximus, empereur romain de 383 à 388, établit sa capitale à Trèves et régna sur Rome, la Gaule et l'Espagne. Il fut vaincu par Théodose Ier alors qu'il venait de conquérir l'Italie.

.../

Maxime *(suite)*

Maxence, empereur romain, fut vaincu en 312 par Constantin. De nombreux saints ont porté ce prénom. Le 14 avril honore la mémoire de **saint Maxime**, martyr à Rome au IIIe siècle.

Personnalités célèbres : Maxime Le Forestier, chanteur, auteur, compositeur français ; Maxime Gorki, écrivain russe.

Une **maxime** est une règle de conduite, un principe, et parfois un proverbe. Dans ses *Maximes*, La Rochefoucauld construisit une réflexion sur la nature humaine.

Statistiques : Maxime est le 7e prénom masculin le plus donné en France depuis le début du XXIe siècle. On peut estimer qu'il sera attribué à un garçon sur 128 en 2012. À titre de comparaison, **Maxence** devrait prénommer un garçon sur 162.

Maxim : le plus grand (latin). Ce prénom est porté par environ 2 000 personnes en France. Il est relativement peu attribué aujourd'hui. Caractérologie : paix, conscience, conseil, bienveillance, sagesse.

Maxime : le plus grand (latin). Ce prénom est porté par environ 190 000 personnes en France. Il figure dans le top 50 national. Voir le zoom dédié à Maxime. Variantes : Handi, Maïme, Maximien, Maximin, Maximino, Maximo, Maxym, Maxyme. Caractérologie : médiation, intuition, relationnel, caractère, décision.

Maximilien : le plus grand (latin). Ce prénom est porté par environ 9 000 personnes en France. Il est peu attribué aujourd'hui. Notons que la variante Maximilian est très en vogue en Allemagne actuellement. Variantes : Maximilian, Maximiliano, Maximillien. Caractérologie : innovation, autorité, énergie, volonté, raisonnement.

Maximin : le plus grand (latin). Ce prénom est porté par environ 2 000 personnes en France. Il ne devrait pas être attribué à plus de 50 bébés en 2012. Caractérologie : relationnel, intuition, volonté, médiation, détermination.

Mayan : masculin de Mayane, une contraction de Maya et Anne. Ce prénom est porté par moins de 100 personnes en France. Caractérologie : intégrité, altruisme, réflexion, idéalisme, réalisation.

Mayer : grand (latin). Ce prénom est porté par moins de 100 personnes en France. Caractérologie : résolution, réalisation, achèvement, stratégie, vitalité.

Mayeul : le mois de mai (latin). Ce prénom est porté par environ 1 000 personnes en France. Il est peu attribué aujourd'hui. Prénom breton. Variantes : Maïeul, Mayol. Caractérologie : réussite, découverte, audace, cœur, énergie.

Mayron : celui qui élève (hébreu). Ce prénom est porté par environ 1 000 personnes en France. Il est relativement peu attribué aujourd'hui. Tendance : en forte croissance. Caractérologie : volonté, dynamisme, curiosité, courage, réalisation.

Médard : fort (germanique). Ce prénom très rare est porté par près de 400 personnes en France. Caractérologie : rectitude, ouverture d'esprit, rêve, humanité, détermination.

Meddy : le guide éclairé par Dieu (arabe). Ce prénom est porté par environ 1 000 personnes en France. Tendance : stable. Caractérologie : influence, équilibre, famille, sens des responsabilités, exigence.

Médéric : puissant, fort (germanique). Ce prénom est porté par environ 3 000 personnes en France. Il ne devrait pas être attribué à plus de 50 bébés en 2012. Variante : Médérick. Caractérologie : adaptation, pratique, enthousiasme, communication, générosité.

Medhi : le guide éclairé par Dieu (arabe). Ce prénom est porté par environ 4 000 personnes en France. Il est très peu attribué aujourd'hui. Caractérologie : adaptation, pratique, générosité, communication, enthousiasme.

Mehdi : le guide éclairé par Dieu (arabe). Ce prénom est porté par environ 40 000 personnes en France. Il figure dans le top 100 national. Tendance : stable. Variantes : Meddy, Medhy, Médi, Médy, Mehedi, Meidhi, Meidi, Meidy, Meihdi, Mhedi, Mheidi. Caractérologie : enthousiasme, générosité, pratique, communication, adaptation.

Mehdy : le guide éclairé par Dieu (arabe). Ce prénom est porté par environ 2 000 personnes en France. Il est peu attribué aujourd'hui. Tendance : en croissance modérée. Caractérologie : dynamisme, indépendance, assurance, direction, audace.

Mehmet : digne d'éloges (arabe). Ce prénom est porté par environ 3 000 personnes en France. Il est peu attribué aujourd'hui. Caractérologie : dynamisme, audace, sensibilité, direction, indépendance.

Meinrad : fort, conseiller (germanique). Ce prénom est porté par moins de 100 personnes en France. Caractérologie : autorité, innovation, ambition, énergie, résolution.

Meïr : qui apporte la lumière (hébreu). Ce prénom très rare est porté par près de 200 personnes en France. Caractérologie : intégrité, altruisme, idéalisme, réflexion, dévouement.

Mejdi : noble, glorieux (arabe). Ce prénom très rare est porté par près de 180 personnes en France. Caractérologie : dynamisme, courage, indépendance, curiosité, décision.

Mel : diminutif des prénoms associés à Mel ou forme diminutive de Maël. Ce prénom très rare est porté par près de 400 personnes en France. Caractérologie : communication, optimisme, pragmatisme, créativité, sociabilité.

Mélaine : noir, peau brune (grec). Ce prénom très rare est porté par près de 200 personnes en France. Caractérologie : dynamisme, curiosité, courage, résolution, indépendance.

Melchior : roi (perse). Ce prénom rare est porté par près de 700 personnes en France. Selon la tradition chrétienne, Melchior, l'un des trois Rois mages venus d'Orient, se laissa guider par une étoile jusqu'à Bethléem. Lorsqu'il se présenta devant l'Enfant Jésus, il lui offrit de l'encens pour l'honorer comme roi. Caractérologie : relationnel, médiation, intuition, caractère, logique.

Melville : qui habite sur une mauvaise terre (vieux français). Ce prénom est porté par moins de 100 personnes en France. Variante : Melvil. Caractérologie : idéalisme, réflexion, altruisme, intégrité, dévouement.

Melvin : ami de l'assemblée (celte). Ce prénom est porté par environ 9 000 personnes en France. Il est relativement peu attribué aujourd'hui. Variante : Melvine. Caractérologie : adaptation, communication, pratique, générosité, enthousiasme.

Melvyn : ami de l'assemblée (celte). Ce prénom est porté par environ 4 000 personnes en France. Il est relativement peu attribué aujourd'hui. Variante : Melwin. Caractérologie : direction, audace, amitié, dynamisme, indépendance.

Menahem : qui conforte (hébreu). Ce prénom très rare est porté par près de 300 personnes en France. Caractérologie : découverte, énergie, audace, originalité, séduction.

Mendel : intelligence, sagesse (hébreu). Ce prénom très rare est porté par près de 180 personnes en France. Tendance : en forte croissance. Caractérologie : achèvement, vitalité, ardeur, stratégie, leadership.

Mendy : celui qui élève (hébreu). Ce prénom très rare est porté par près de 400 personnes en France. Variante basque : Mendi. Caractérologie : spiritualité, connaissance, originalité, philosophie, sagacité.

Menno : se rapporte à Menno Simons, réformateur religieux néerlandais qui donna son nom à la secte protestante des Mennonites (1496-1561). Caractérologie : sagacité, caractère, spiritualité, originalité, connaissance.

Ménouar : rayonnant, prospère (arabe). Ce prénom est porté par moins de 100 personnes en France. Caractérologie : famille, équilibre, sens des responsabilités, volonté, raisonnement.

Meo : fils de Tolomai (araméen). Caractérologie : caractère, conscience, paix, conseil, bienveillance.

Meriadec : front (breton). Ce prénom très rare est porté par près de 170 personnes en France. Variante : Meriadeg. Caractérologie : fiabilité, ténacité, méthode, engagement, détermination.

Méric : puissant (germanique). Ce prénom très rare est porté par près de 150 personnes en France. Caractérologie : communication, créativité, pragmatisme, sociabilité, optimisme.

Merlin : faucon (anglais). Ce prénom est porté par environ 2 000 personnes en France. Il est relativement peu attribué aujourd'hui. Dans la légende arthurienne, Merlin, dit l'Enchanteur, est le magicien qui commande les éléments naturels et les animaux. Caractérologie : passion, force, ambition, habileté, management.

Merwan : roche, quartz (arabe). Ce prénom est porté par environ 1 000 personnes en France. Il est très peu attribué aujourd'hui. Tendance : en croissance modérée. Variantes : Merouan, Merouane, Merwane. Caractérologie : médiation, relationnel, intuition, fidélité, résolution.

Meryl : celui qui élève (hébreu). Ce prénom très rare est porté par près de 300 personnes en France. Variantes : Meril, Merryl, Mery, Merry, Meryll. Caractérologie : énergie, ambition, autorité, innovation, sympathie.

Messaoud : porte-bonheur (arabe). Ce prénom est porté par environ 1 000 personnes en France. Tendance : stable. Caractérologie : intelligence, savoir, méditation, caractère, indépendance.

Meven : heureux, joyeux (breton). Ce prénom rare est porté par près de 500 personnes en France. Caractérologie : courage, curiosité, dynamisme, indépendance, charisme.

Michaël : qui est comme Dieu (hébreu). Ce prénom est porté par environ 88 000 personnes en France. Il est peu attribué aujourd'hui. Variante : Micaël. Caractérologie : résolution, famille, sens des responsabilités, influence, équilibre.

Michel : qui est comme Dieu (hébreu). Ce prénom est porté par environ 662 000 personnes en France. Il est peu attribué aujourd'hui. Gouverneur des anges de la milice céleste, l'archange Michel représente les forces du bien dans la Bible. De nombreuses légendes auréolent ce saint qui inspira la construction du Mont-Saint-Michel et de maints édifices religieux. Le roi Louis XI le déclara protecteur du royaume. Saint Michel est le patron de la Normandie, des boulangers, des pâtissiers, des escrimeurs, des parachutistes et des tonneliers. C'est le deuxième prénom le plus porté en France. Variantes : Micha, Michal, Micham, Micheal, Miel, Misha, Mitch. Caractérologie : charisme, curiosité, courage, dynamisme, indépendance.

Mickaël : qui est comme Dieu (hébreu). Ce prénom est porté par environ 119 000 personnes en France. Il est relativement peu attribué aujourd'hui. Variantes : Mickail, Mickel, Mickey, Mihail, Mikhail, Myckaël. Caractérologie : rêve, rectitude, organisation, humanité, détermination.

Miguel : qui est comme Dieu (hébreu). Ce prénom est porté par environ 13 000 personnes en France. Il est peu attribué aujourd'hui. Miguel est très répandu dans les pays hispanophones et au Portugal. Variantes : Migel, Mikel, Miquel. Caractérologie : méthode, engagement, fiabilité, ténacité, bonté.

Mikaël : qui est comme Dieu (hébreu). Ce prénom est porté par environ 19 000 personnes en France. Il est très peu attribué aujourd'hui. Variantes : Mika, Mikaïl, Mikayil, Mikhaël, Miky. Caractérologie : équilibre, sens des responsabilités, organisation, famille, détermination.

Mikaïl : qui est comme Dieu (hébreu). Ce prénom est porté par environ 2 000 personnes en France. Il est peu attribué aujourd'hui. Caractérologie : énergie, innovation, ambition, autorité, organisation.

Mike : qui est comme Dieu (hébreu). Ce prénom est porté par environ 8 000 personnes en France. Il est peu attribué aujourd'hui. Variantes : Mick, Micke, Micky, Myke. Caractérologie : bonté, sociabilité, réceptivité, diplomatie, loyauté.

Mikel : qui est comme Dieu (hébreu). Ce prénom très rare est porté par près de 400 personnes en France. Dans l'Hexagone, Mikel est plus traditionnellement usité au Pays basque. Caractérologie : découverte, audace, énergie, originalité, séduction.

Milan : aimé du peuple (slave). Ce prénom est porté par environ 4 000 personnes en France. Il figure dans le top 200 national. Tendance : en croissance modérée. Variantes : Milane, Milhane, Milian, Millan. Caractérologie : engagement, résolution, méthode, ténacité, fiabilité.

Miles : militaire (latin). Ce prénom très rare est porté par près de 130 personnes en France. Caractérologie : structure, persévérance, sécurité, efficacité, résolution.

Milio : travailleur (germanique). Ce prénom est porté par moins de 100 personnes en France. Variante : Mélio. Caractérologie : raisonnement, ténacité, précision, organisation, fiabilité.

Milko : paix glorieuse (slave). Ce prénom est porté par moins de 100 personnes en France. Variante : Slawomir. Caractérologie : conscience, bienveillance, conseil, paix, raisonnement.

Milo : travailleur (germanique). Ce prénom est porté par environ 3 000 personnes en France. Il figure dans le top 200 national. Tendance : en forte croissance. Variante : Milou. Caractérologie : ténacité, méthode, engagement, fiabilité, analyse.

Milos : plaisant (grec). Ce prénom très rare est porté par près de 200 personnes en France. Caractérologie : audace, logique, énergie, découverte, originalité.

Milton : qui vivait dans un moulin (anglais). Ce prénom est porté par moins de 100 personnes en France. Caractérologie : diplomatie, sociabilité, réceptivité, caractère, logique.

Minh : intelligent, perspicace (vietnamien). Ce prénom très rare est porté par près de 500 personnes en France. Tendance : en forte croissance. Caractérologie : ambition, habileté, passion, force, management.

Miroslav : gloire immense (slave). Ce prénom est porté par moins de 100 personnes en France. Variante : Miroslaw. Caractérologie : innovation, autorité, énergie, raisonnement, ambition.

Moana : océan (tahitien). Ce prénom très rare est porté par près de 140 personnes en France. Caractérologie : achèvement, stratégie, ardeur, vitalité, caractère.

Moché : sauvé des eaux (hébreu). Ce prénom très rare est porté par près de 150 personnes en France. Caractérologie : habileté, ambition, volonté, force, passion.

Modeste : timide, discret (latin). Ce prénom très rare est porté par près de 500 personnes en France. Variante : Modesto. Caractérologie : humanité, rectitude, rêve, caractère, ouverture d'esprit.

Mohamed : digne d'éloges (arabe). Ce prénom est porté par environ 68 000 personnes en France. Il figure dans le top 50 national. Tendance : stable. Variantes : Mahamadou, Mahmadou, Mahmad, Mahmed, Mahmoud, Mahmut, Mohamad, Mohammad, Mohammed, Mohamadou. Caractérologie : courage, curiosité, indépendance, dynamisme, volonté.

Mohamed-Ali : forme composée de Mohamed et Ali. Ce prénom est porté par environ 1 000 personnes en France. Il est peu attribué aujourd'hui. Tendance : en croissance modérée. Caractérologie : rectitude, humanité, rêve, logique, caractère.

Mohamed-Amine : forme composée de Mohamed et Amine. Ce prénom est porté par environ 3 000 personnes en France. Il est relativement peu attribué aujourd'hui. Tendance : en croissance modérée. Voir l'article dédié aux prénoms composés. Variantes : Mohamed-Amin, Mohammed-Amine. Caractérologie : intuition, relationnel, médiation, décision, caractère.

Les prénoms vietnamiens en France

Peu d'ouvrages mentionnent les prénoms vietnamiens. Ils sont pourtant recensés en abondance dans l'Hexagone. Le tableau ci-dessous les présente, sous les formes orthographiques attribuées en France et au Vietnam. Leur genre est précisé en fonction de l'utilisation dans leur pays.

Forme vietnamienne	Forme française	Genre en France	Genre au Vietnam
An	An	Masculin	Mixte
Anh	Anh	Mixte	Mixte
Bão	Bao	Mixte	Masculin
Bãy	Bay	Masculin	Masculin
Châm	Cham	Masculin	Mixte
Nao	Nao	Mixte	Mixte
Hãi	Haï	Masculin	Masculin
Hoàng	Hoang	Masculin	Masculin
Hống	Hong	Mixte	Féminin
Hong	Hong	Mixte	Masculin
Huy	Huy	Masculin	Masculin
Kim	Kim	Mixte	Mixte
Luân	Luan	Féminin	Masculin
Lý	Ly	Mixte	Mixte
Minh	Minh	Mixte	Mixte
Mỹ	My	Féminin	Féminin
Ngọc	Ngoc	Mixte	Mixte
Nguyên, Nguyễn	Nguyen	Masculin	Masculin
Nguyeät	Nguyet	Féminin	Féminin
Phong	Phong	Masculin	Masculin
Phúc	Phuc	Masculin	Mixte
Phũrõng	Phuong	Féminin	Féminin
Quang	Quang	Masculin	Masculin
Quốc	Quoc	Masculin	Masculin
Sang	Seng	Masculin	Masculin
Tâm	Tam	Mixte	Mixte
Tân	Tan	Masculin	Masculin

Les prénoms vietnamiens en France *(suite)*

Forme vietnamienne	Forme française	Genre en France	Genre au Vietnam
Thanh, Thành	Tanh	Mixte	Mixte
Thão	Thao	Mixte	Mixte
Thi	Thi	Féminin	Féminin
Thiên	Thien	Mixte	Masculin
Tao	Tao	Masculin	Masculin
Thôm	Thom	Masculin	Féminin
Thu	Thu	Féminin	Féminin
Thũy	Thuy	Féminin	Féminin
Tiẽn	Tien	Masculin	Mixte
Tong	Tong	Masculin	Masculin
Trân	Tran	Mixte	Mixte
Trọng	Trong	Masculin	Masculin
Tuãn	Tuan	Masculin	Masculin
Tú	Tu	Masculin	Mixte
Viêt	Viet	Masculin	Masculin
Vinh	Vinh	Masculin	Masculin
Xuân	Xuan	Mixte	Mixte
Yen	Yen	Mixte	Mixte

Dans les communautés vietnamiennes francophones et anglophones, une nouvelle génération de prénoms est en train d'émerger. Leur particularité est d'être composés de sons occidentaux et de suffixes vietnamiens. Lan, « l'orchidée », est particulièrement prisé par les parents. Le nombre de petites filles prénommées Y-lan et My-lan se propage d'autant plus que ces prénoms sont faciles à prononcer partout dans le monde. Très tendance également, les combinaisons utilisant les suffixes « Vi » et « Mi ». Nous les retrouvons bien souvent dans les prénoms mixtes.

Autres sonorités dans l'air du temps, les terminaisons en « an » ont permis à des perles rares d'émerger. Luan séduit de plus en plus de parents et pourrait un jour surgir dans les traces de Loan. De son côté, Lou-Anh s'est imposé dans le top 20 féminin des prénoms composés en 2009. Preuve que la mode peut générer des créations multiculturelles uniques. Un mot enfin sur Thom et Tao qui enregistrent des croissances vigoureuses en 2011. On ne peut s'empêcher d'associer leur ascension au succès de Tom et Timéo.

Mohammed : digne d'éloges (arabe). Ce prénom est porté par environ 7 000 personnes en France. Il est relativement peu attribué aujourd'hui. Tendance : en croissance modérée. Caractérologie : volonté, intégrité, altruisme, réflexion, idéalisme.

Mohan : l'enchanteur (sanscrit). Ce prénom est porté par moins de 100 personnes en France. Tendance : en forte croissance. Caractérologie : équilibre, famille, volonté, sens des responsabilités, influence.

Mohand : loué, comblé de louanges (kabyle). Ce prénom est porté par environ 1 000 personnes en France. Tendance : en forte croissance. Caractérologie : volonté, audace, indépendance, dynamisme, direction.

Mohsen : vertueux, charitable (arabe). Ce prénom très rare est porté par près de 110 personnes en France. Variantes : Mohcine, Mohssin, Mohssine, Mouhcine, Mouhssine. Caractérologie : sociabilité, réceptivité, volonté, diplomatie, loyauté.

Moïse : sauvé des eaux (hébreu). Ce prénom est porté par environ 7 000 personnes en France. Il est très peu attribué aujourd'hui. Lorsque le pharaon décrète que les nouveau-nés mâles hébreux doivent être tués, Moïse est placé dans un panier d'osier, puis déposé sur le Nil. Recueilli et adopté par la fille du pharaon, Moïse grandit et devient le prophète du peuple hébreu. Il libère son peuple d'Égypte et lui donne la Loi. Selon la tradition biblique, les dix commandements sont remis à Moïse sur le mont Sinaï. Variantes : Moïses, Moshé, Musa. Caractérologie : intelligence, méditation, savoir, caractère, décision.

Mokhtar : celui qui est juste (arabe). Ce prénom rare est porté par près de 600 personnes en France. Variantes : Moctar, Moktar, Moncef, Mouctar. Caractérologie : audace, énergie, découverte, séduction, originalité.

Montgomery : de la colline (germanique). Ce prénom est porté par moins de 100 personnes en France. Variante : Monty. Caractérologie : autorité, innovation, ambition, énergie, caractère.

Morad : désir (arabe). Ce prénom est porté par environ 3 000 personnes en France. Il ne devrait pas être attribué à plus de 50 bébés en 2012. Variante : Morade. Caractérologie : paix, conscience, sagesse, bienveillance, conseil.

Morgan : né de la mer (breton). Ce prénom est porté par environ 27 000 personnes en France. Il figure dans le top 200 national. Tendance : stable. Variantes : Moran, Morane, Morgann. Caractérologie : caractère, courage, dynamisme, réussite, curiosité.

Morvan : mer blanche (breton). Ce prénom très rare est porté par près de 200 personnes en France. Caractérologie : diplomatie, caractère, réceptivité, sociabilité, décision.

Mouad : protégé par Dieu (arabe). Ce prénom rare est porté par près de 500 personnes en France. Tendance : en croissance modérée. Variantes : Moad, Mohad, Mouaad. Caractérologie : altruisme, réflexion, idéalisme, intégrité, dévouement.

Mouhamed : digne d'éloges (arabe). Ce prénom rare est porté par près de 700 personnes en France. Tendance : en forte croissance. Variantes : Mouhamad, Mouhammad, Muhamed, Muhamet. Caractérologie : caractère, passion, ambition, force, habileté.

Moulay : roi (arabe). Ce prénom rare est porté par près de 900 personnes en France. Caractérologie : sens des responsabilités, famille, influence, équilibre, réalisation.

Mounir : celui qui éclaire (arabe). Ce prénom est porté par environ 6 000 personnes en France. Il est peu attribué aujourd'hui. Variantes : Monir, Mounire. Caractérologie : rêve, humanité, rectitude, analyse, volonté.

Mourad : désir (arabe). Ce prénom est porté par environ 8 000 personnes en France. Il ne devrait pas être attribué à plus de 50 bébés en 2012. Mourad est également un prénom arménien. Variantes : Mourade, Murad. Caractérologie : rêve, rectitude, humanité, analyse, tolérance.

Moussa : sauvé des eaux (arabe). Ce prénom est porté par environ 7 000 personnes en France. Il est relativement peu attribué aujourd'hui. Caractérologie : méditation, savoir, intelligence, sagesse, indépendance.

Moustapha : élu le meilleur (arabe). Ce prénom est porté par environ 2 000 personnes en France. Il est très peu attribué aujourd'hui. Tendance : en croissance modérée. Variantes : Mostafa, Mostapha, Mostéfa, Moustafa. Caractérologie : conscience, réalisation, organisation, bienveillance, paix.

Muhammed : digne d'éloges (arabe). Ce prénom est porté par environ 2 000 personnes en France. Il est peu attribué aujourd'hui. Tendance : en croissance modérée. Variantes : Muhammad, Muhammet. Caractérologie : paix, bienveillance, conscience, sagesse, conseil.

Murphy : de la mer (irlandais). Ce prénom est porté par moins de 100 personnes en France. Caractérologie : réceptivité, sociabilité, ressort, diplomatie, loyauté.

Mustafa : élu le meilleur (arabe). Ce prénom est porté par environ 3 000 personnes en France. Il est peu attribué aujourd'hui. Caractérologie : rêve, gestion, humanité, rectitude, tolérance.

Mustapha : élu le meilleur (arabe). Ce prénom est porté par environ 9 000 personnes en France. Il ne devrait pas être attribué à plus de 50 bébés en 2012. Caractérologie : idéalisme, altruisme, réalisation, organisation, intégrité.

Mylan : aimé du peuple (slave). Ce prénom est porté par environ 1 000 personnes en France. Il est relativement peu attribué aujourd'hui. Tendance : en forte croissance. Caractérologie : réceptivité, sociabilité, réalisation, diplomatie, bonté.

Nabil : noble, honorable (arabe). Ce prénom est porté par environ 11 000 personnes en France. Il est peu attribué aujourd'hui. Variantes : Nabel, Nabile. Caractérologie : intuition, médiation, relationnel, résolution, organisation.

Nacer : protection, victoire (arabe). Ce prénom est porté par environ 1 000 personnes en France. Tendance : en croissance modérée. Variantes : Naceur, Nassar, Nassir. Caractérologie : audace, originalité, énergie, découverte, détermination.

Nacim : air frais (arabe). Ce prénom est porté par environ 1 000 personnes en France. Tendance : stable. Caractérologie : ténacité, fiabilité, engagement, détermination, méthode.

Nadim : compagnon qui boit (arabe). Ce prénom très rare est porté par près de 400 personnes en France. Caractérologie : curiosité, dynamisme, indépendance, courage, décision.

Nadir : précieux, rare (arabe). Ce prénom est porté par environ 4 000 personnes en France. Il est peu attribué aujourd'hui. Variantes : Nader, Nadhir, Nadire, Nédir. Caractérologie : audace, dynamisme, indépendance, direction, résolution.

Nadjim : étoile (arabe). Ce prénom très rare est porté par près de 300 personnes en France. Caractérologie : famille, équilibre, sens des responsabilités, influence, décision.

Naël : qui a étanché sa soif (arabe), diminutif des prénoms formés avec Naël (exemples : Anaël, Gwenaël, Nathanaël, etc.). Ce prénom, porté par environ 7 000 Français, figure dans le top 100 national. Tendance : en forte croissance. Variante : Naïl. Caractérologie : courage, curiosité, indépendance, dynamisme, charisme.

Nagui : sauvé (arabe). Ce prénom très rare est porté par près de 120 personnes en France. Variantes : Nadji, Naguy, Naji. Caractérologie : sagacité, connaissance, résolution, spiritualité, sympathie.

Naguib : de noble naissance (arabe). Ce prénom très rare est porté par près de 200 personnes en France. Variantes : Nadjib, Nagib. Caractérologie : intégrité, altruisme, résolution, idéalisme, sympathie.

Nahil : qui a étanché sa soif (arabe). Ce prénom est porté par environ 1 000 personnes en France. Il figure dans le top 200 national. Tendance : en forte croissance. Variante : Nahel. Caractérologie : passion, détermination, habileté, force, ambition.

Naïm : tendre, doux (arabe, hébreu). Ce prénom est porté par environ 4 000 personnes en France. Il figure dans le top 200 national. Tendance : en forte croissance. Variantes : Naïme, Nahim. Caractérologie : indépendance, direction, audace, dynamisme, détermination.

Najib : de noble naissance (arabe). Ce prénom est porté par environ 1 000 personnes en France. Tendance : stable. Caractérologie : détermination, altruisme, idéalisme, réflexion, intégrité.

Najim : étoile (arabe). Ce prénom rare est porté par près de 700 personnes en France. Tendance : en croissance modérée. Variante : Nejm. Caractérologie : fidélité, médiation, relationnel, intuition, détermination.

Nan : petit phoque (irlandais). Dans l'Hexagone, Nan est plus traditionnellement usité en Bretagne. Caractérologie : médiation, intuition, adaptabilité, fidélité, relationnel.

NATHAN

Fête : 24 août

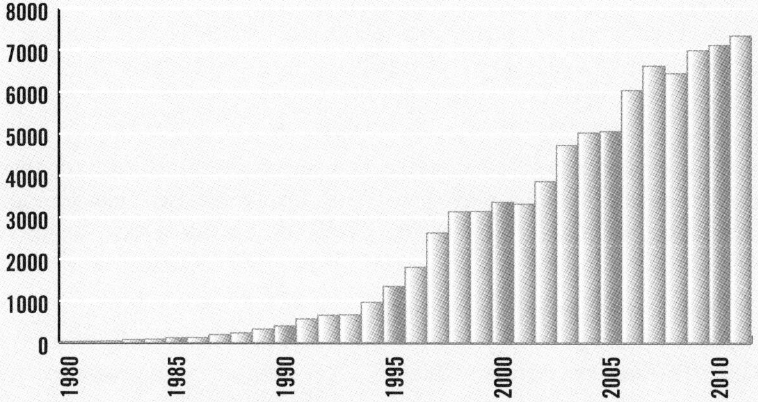

Étymologie : de l'hébreu, « Il a donné ». Il n'a rien à voir avec Nathanaël, prénom porté par le cinquième disciple de Jésus et plusieurs personnages de l'Ancien Testament. Nathan s'est diffusé dans les pays anglophones à partir du XVIe siècle, mais il a peu de passé en France. Redécouvert dans les années 1990, il surfe sur la vague des terminaisons irlandaises (Kylian, Ryan, Evan), et s'envole dans le sillon des prénoms bibliques. En 2012, il pourrait supplanter Lucas et trôner pour la première fois sur le palmarès national.

En dehors de l'Hexagone, cette valeur sûre s'illustre, cette année encore, dans les 50 premiers choix anglais, américains et australiens. Mais c'est dans les régions francophones qu'il rafle les plus beaux trophées : numéro un en Romandie, il brille également dans les tops 5 wallon et québécois.

À noter : il ne faut pas confondre Nathan et Ethan. Malgré une origine hébraïque commune, les significations de ces prénoms sont différentes (voir le zoom dédié à Ethan).

Prophète dans l'Ancien Testament et conseiller du roi David, **Nathan** reproche à ce dernier d'avoir envoyé Urie au front afin d''épouser sa veuve Bethsabée. Il lui annonce qu'il devra écarter son fils aîné du trône au profit de celui qui naîtra de sa nouvelle union. Suivant les injonctions de Nathan, le roi repenti acceptera de sacrer Salomon de son vivant.

.../

Nathan *(suite)*

Personnalités célèbres : Nathan Altman (1889-1970), premier illustrateur des *Contes du chat perché*; Nathan Söderblom (1866-1931), pasteur luthérien suédois qui reçut le prix Nobel de la paix en 1930.

Statistiques : Nathan est le 6e prénom masculin le plus donné en France depuis le début du XXIe siècle. On peut estimer qu'il sera attribué à un garçon sur 56 en 2012.

Nans : fils de Nancy (scandinave). Ce prénom est porté par environ 1 000 personnes en France. Tendance : stable. Caractérologie : communication, optimisme, pragmatisme, sociabilité, créativité.

Nao : fleur de pêcher (vietnamien). Ce prénom très rare est porté par près de 150 personnes en France. Tendance : en forte croissance. Caractérologie : pragmatisme, optimisme, sociabilité, communication, créativité.

Napoléon : nouvelle ville (grec). Ce prénom corse est porté par près de 130 personnes en France. Général héroïque pendant la Révolution française, Napoléon fut sacré empereur en 1804. Il réforma le pays en créant le Code civil et les préfectures, mais ses nombreuses batailles contre la coalition européenne se soldèrent par de cuisantes défaites (campagne de Russie et bataille de Waterloo). Emprisonné et déporté par les Britanniques sur l'île de Sainte-Hélène, il termina sa vie en exil forcé. Caractérologie : réceptivité, sociabilité, diplomatie, loyauté, sympathie.

Narcisse : amour-propre (grec). Ce prénom est porté par environ 1 000 personnes en France. Tendance : stable. Caractérologie : savoir, intelligence, méditation, indépendance, détermination.

Nasser : protection, victoire (arabe). Ce prénom est porté par environ 4 000 personnes en France. Il ne devrait pas être attribué à plus de 50 bébés en 2012. Variantes : Naser, Nasr, Nasri. Caractérologie : méthode, ténacité, engagement, fiabilité, décision.

Nassim : air frais (arabe). Ce prénom est porté par environ 11 000 personnes en France. Il figure dans le top 200 national. Tendance : stable. Variantes : Nacime, Nasim, Nasime, Nassime. Caractérologie : créativité, communication, pragmatisme, optimisme, résolution.

Natale : jour de la naissance (latin). Ce prénom très rare est porté par près de 120 personnes en France. Variantes : Natal, Natalino. Variante basque et occitane : Nadal. Caractérologie : force, ambition, habileté, gestion, passion.

Nathaël : Il a donné (hébreu). Ce prénom est porté par environ 3 000 personnes en France. Il figure dans le top 100 national. Tendance : en forte croissance. Caractérologie : gestion, attention, sagacité, connaissance, spiritualité.

Nathan : Il a donné (hébreu). Ce prénom est porté par environ 82 000 personnes en France. Il figure dans le top 50 national. Voir le zoom dédié à Nathan. Variantes : Natan, Nathalan, Nathane, Nathanel,

Nathel, Nattan, Natthan, Nathy, Nethanel. Caractérologie : structure, efficacité, sécurité, finesse, persévérance.

Nathanaël : Il a donné (hébreu). Ce prénom est porté par environ 9 000 personnes en France. Il figure dans le top 200 national. Tendance : en croissance modérée. Variantes : Natanäel, Nathaël. Caractérologie : ténacité, fiabilité, finesse, méthode, organisation.

Nathaniel : Il a donné (hébreu). Ce prénom est porté par environ 1 000 personnes en France. Tendance : stable. Variante : Nataniel. Caractérologie : pratique, enthousiasme, communication, détermination, sensibilité.

Nathéo : contraction de Nathan et Théo. Ce prénom très rare est porté par près de 300 personnes en France. Tendance : en forte croissance. Caractérologie : intégrité, altruisme, sensibilité, idéalisme, réflexion.

Navid : bonne nouvelle (perse, arabe). Ce prénom est porté par moins de 100 personnes en France. Variante : Naveed. Caractérologie : curiosité, dynamisme, courage, indépendance, résolution.

Nawfel : beau et généreux (arabe). Ce prénom est porté par environ 1 000 personnes en France. Il est peu attribué aujourd'hui. Tendance : en croissance modérée. Variante : Naoufel. Caractérologie : philosophie, connaissances, spiritualité, originalité, sagacité.

Nayel : méritant (arabe). Ce prénom très rare est porté par près de 400 personnes en France. Caractérologie : communication, pratique, enthousiasme, adaptation, bonté.

Nazaire : consacré (hébreu). Ce prénom très rare est porté par près de 300 personnes en France. Caractérologie : réceptivité, sociabilité, résolution, diplomatie, loyauté.

Nazim : celui qui organise, met en ordre (arabe). Ce prénom rare est porté par près de 700 personnes en France. Tendance : en croissance modérée. Caractérologie : idéalisme, altruisme, intégrité, réflexion, décision.

Neal : champion (celte). Ce prénom très rare est porté par près de 300 personnes en France. Variantes : Nigel, Nygel. Caractérologie : indépendance, courage, dynamisme, curiosité, charisme.

Néhémie : Dieu réconforte (hébreu). Ce prénom très rare est porté par près de 200 personnes en France. Variante : Néhémiah. Caractérologie : énergie, découverte, audace, séduction, originalité.

Neil : champion (celte). Ce prénom est porté par environ 1 000 personnes en France. Il est peu attribué aujourd'hui. Variantes : Nel, Nélio, Nello. Caractérologie : persévérance, efficacité, structure, honnêteté, sécurité.

Nelson : fils de Neal (irlandais). Ce prénom est porté par environ 6 000 personnes en France. Il est relativement peu attribué aujourd'hui. Caractérologie : savoir, intelligence, méditation, indépendance, sagesse.

Némo : nom du capitaine de *Vingt Mille Lieues sous les mers*, de Jules Verne. Ce prénom très rare est porté par près de 300 personnes en France. Caractérologie : relationnel, fidélité, intuition, volonté, médiation.

Néo : nouveau (grec). Ce prénom est porté par environ 2 000 personnes en France. Il est peu attribué aujourd'hui. Caractérologie : savoir, intelligence, indépendance, sagesse, méditation.

Néréo : nom d'un dieu marin dans la mythologie grecque. Caractérologie : enthousiasme, communication, pratique, adaptation, générosité.

Nériah : Dieu illumine (hébreu). Caractérologie : audace, direction, dynamisme, indépendance, décision.

Nessim : fleur sauvage (arabe). Ce prénom rare est porté par près de 700 personnes en France. Caractérologie : connaissance, originalité, spiritualité, sagacité, détermination.

Nestor : voyageur, sagesse (grec). Ce prénom rare est porté par près de 1 000 personnes en France. Caractérologie : innovation, autorité, énergie, décision, ambition.

Neven : ciel (breton). Ce prénom très rare est porté par près de 400 personnes en France. Caractérologie : sens des responsabilités, influence, famille, équilibre, exigence.

Nguyen : entier, idée de l'origine (vietnamien). C'est aussi un nom de famille répandu au Vietnam. Ce prénom est porté par moins de 100 personnes en France. Caractérologie : découverte, audace, originalité, cœur, énergie.

Nicholas : victoire du peuple (grec). Ce prénom rare est porté par près de 700 personnes en France. Caractérologie : humanité, décision, rêve, rectitude, logique.

Nicodème : victoire du peuple (grec). Ce prénom très rare est porté par près de 300 personnes en France. Caractérologie : audace, énergie, volonté, découverte, analyse.

Nicolas : victoire du peuple (grec). Ce prénom, porté par environ 386 000 Français, figure dans le top 100 national. Tendance : en décroissance modérée. De nombreux saints et souverains ont porté ce prénom. On doit la création du Père Noël à saint Nicolas, évêque de Myre au IVe siècle, car il manifesta une grande bonté envers les enfants. Il est le patron des enfants et des Russes, celui des brasseurs, des fiancés, des orfèvres, des prêteurs, des écoliers, des clercs, des prisonniers, des navigateurs, des voyageurs, des boulangers, des marchands de vin et des apiculteurs. ◆ Nicolas Copernic est l'astronome polonais qui démontra en 1543 que la Terre n'est pas le centre de l'Univers et qu'elle tourne autour du Soleil. Variantes : Caelan, Nic, Nicaise, Nick, Nickolas, Nicky, Nico, Nicol, Nicolai, Nicolino, Nicolo, Nikita. Variantes bretonnes : Kola, Kolaig, Kolaz, Koldo, Nikolaz. Caractérologie : dynamisme, audace, direction, logique, décision.

Nidal : combat (arabe). Ce prénom très rare est porté par près de 300 personnes en France. Variante : Nidhal. Caractérologie : résolution, sécurité, persévérance, structure, efficacité.

Niels : champion (celte). Ce prénom est porté par environ 2 000 personnes en France. Il est peu attribué aujourd'hui. Caractérologie : découverte, énergie, originalité, résolution, audace.

Nikita : victoire du peuple (grec). Ce prénom très rare est porté par près de 300 personnes en France. Caractérologie : innovation, ambition, énergie, autorité, résolution.

Nikola : victoire du peuple (grec). Ce prénom est porté par environ 1 000 personnes en France. Il est très peu attribué aujourd'hui. Variantes : Nikolas, Nikos. Caractérologie : logique, force, décision, ambition, habileté.

Nil : champion (celte). Nom du fleuve le plus long du monde. Ce prénom rare est porté par près de 600 personnes en France. Variantes : Néala, Nèle. Caractérologie : force, habileté, passion, ambition, management.

Nils : champion (celte). Ce prénom est porté par environ 5 000 personnes en France. Il est relativement peu attribué aujourd'hui. Caractérologie : rectitude, rêve, humanité, tolérance, détermination.

Nino : Dieu fait grâce (hébreu). Ce prénom est porté par environ 7 000 personnes en France. Il figure dans le top 100 national. Tendance : en croissance modérée. Caractérologie : savoir, intelligence, méditation, sagesse, indépendance.

Nixon : fils de Nicolas (anglo-saxon). Ce prénom est porté par moins de 100 personnes en France. Caractérologie : fiabilité, ténacité, méthode, engagement, sens du devoir.

Noa : reposé, apaisé (hébreu). Ce prénom est porté par environ 20 000 personnes en France. Il figure dans le top 50 national. Voir le zoom dédié à Noah. Caractérologie : communication, enthousiasme, adaptation, pratique, générosité.

Noah : reposé, apaisé (hébreu). Ce prénom est porté par environ 34 000 personnes en France. Il figure dans le top 50 national. Voir le zoom dédié à Noah. Variante : Noha. Caractérologie : sociabilité, bonté, réceptivité, diplomatie, loyauté.

Noam : sucré, bonheur (hébreu), douceur, plaisir (arabe). Ce prénom est porté par environ 8 000 personnes en France. Il figure dans le top 100 national. Tendance : en forte croissance. Noam est particulièrement répandu en Israël. Caractérologie : savoir, méditation, caractère, intelligence, indépendance.

Noan : agneau (breton), ou dérivé d'Oanez (une forme bretonne d'Agnès signifiant « chaste, pur » en grec). Ce prénom est porté par environ 1 000 personnes en France. Il est peu attribué aujourd'hui. Noan connaît un bel essor depuis le début des années 2000. Il est très largement masculin. Variantes : Noann, Nohan, Nohann. Caractérologie : vitalité, achèvement, stratégie, ardeur, management.

Noé : reposé, apaisé (hébreu). Ce prénom est porté par environ 24 000 personnes en France. Il figure dans le top 50 national. Voir le zoom dédié à Noé. Caractérologie : sagacité, spiritualité, connaissance, philosophie, originalité.

Noël : jour de la naissance (latin). Ce prénom est porté par environ 36 000 personnes en France. Il ne devrait pas être attribué à plus de 50 bébés en 2012. Variante : Noëlan. Caractérologie : innovation, autonomie, ambition, autorité, énergie.

Noha : esprit, sagesse (arabe). Ce prénom est porté par environ 2 000 personnes en France. Il est relativement peu attribué aujourd'hui. Tendance : en forte croissance. Caractérologie : intuition, relationnel, fidélité, médiation, adaptabilité.

NOA, NOAH, NOÉ

Fête : 10 novembre

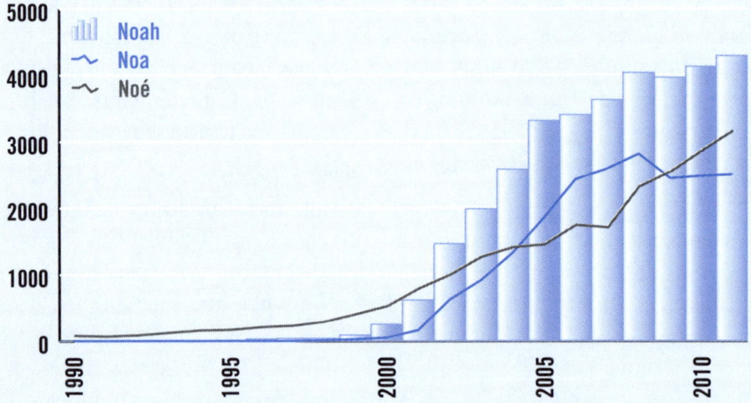

Étymologie : de l'hébreu *noah*, « reposé, apaisé ». Noé n'a guère été usité avant la fin du XXe siècle en France. C'est en 1993 que ce prénom est pour la première fois attribué à plus de cent garçons. Mais son envol ouvre la voie à Noah, qui le rattrape rapidement, et le dépasse en 2002. L'avance de ce dernier est toujours d'actualité : Noah devrait s'afficher au 11e rang du palmarès 2012 et devancer Noé d'une quinzaine de rangs.

Cette réussite alimente l'essor foudroyant de Noa : cette variante, attribuée au premier Français en 1998, figure désormais dans les 35 prénoms masculins les plus choisis. Et si Noa est attribué aux garçons dans 82 % des naissances aujourd'hui, rappelons qu'il était féminin au début de sa carrière.

Le succès de Noah s'est propagé aux pays francophones. Ce prénom s'établit dans les 6 premiers rangs des palmarès wallon et suisse romand, et dans les 21 plus grands choix québécois. En dehors de la zone francophone, Noah se propage en Allemagne, dans les pays scandinaves et anglophones. Sa popularité ne s'est jamais autant mesurée à l'échelle internationale !

Fils de Lamech et descendant de Caïn, **Noé** est l'un des héros de la Bible. Parce qu'il est un homme juste et sincère, Dieu lui permet d'échapper au déluge destiné à noyer les hommes pervertis. Dieu ordonne à Noé de construire une arche et de s'y abriter avec sa famille

…/

Noa, Noah, Noé *(suite)*

et un couple de chaque espèce animale. Après plusieurs semaines de navigation sur une mer déchaînée, la tempête se calme et l'arche échoue sur le mont Ararat, en Turquie. Noé libère alors les animaux destinés à peupler la terre. L'histoire de Noé est mentionnée dans plusieurs passages du Coran. Par ailleurs, on attribue à Noé l'invention du vin.

Statistiques : Noah est le 29e prénom masculin le plus donné en France depuis le début du XXIe siècle. On peut estimer qu'il sera attribué à un garçon sur 96 en 2012. Par comparaison, **Noé** devrait prénommer un garçon sur 130 (contre un sur 170 pour **Noa**).

Noham : sucré, bonheur (hébreu), douceur, plaisir (arabe). Ce prénom est porté par environ 4 000 personnes en France. Il figure dans le top 200 national. Tendance : en forte croissance. Caractérologie : conseil, paix, conscience, bienveillance, caractère.

Nolan : champion (celte). Ce prénom est porté par environ 21 000 personnes en France. Il figure dans le top 50 national. Voir le zoom dédié à Nolan. Variantes : Nohlan, Nolhann, Nolane, Nolhan, Nollan. Caractérologie : bonté, sociabilité, réceptivité, loyauté, diplomatie.

Nolann : champion (celte). Ce prénom est porté par environ 4 000 personnes en France. Il figure dans le top 200 national. Tendance : en croissance modérée. Caractérologie : indépendance, sagesse, savoir, intelligence, méditation.

Nolwen : blanc, heureux (breton). Ce prénom très rare est porté par près de 130 personnes en France. Variante : Nolwenn. Caractérologie : relationnel, intuition, médiation, fidélité, adaptabilité.

Nominoë : roi de Bretagne de 830 à 851, Nominoë délivra les Bretons du joug des Francs. Il est considéré comme le père de la nation bretonne. Ce prénom est porté par moins de 100 personnes en France. Caractérologie : persévérance, structure, efficacité, sécurité, caractère.

Nonna : se rapporte au nom du saint patron de Penmarch (breton). Ce prénom est porté par moins de 100 personnes en France. Caractérologie : structure, persévérance, efficacité, honnêteté, sécurité.

Norbert : célèbre homme du Nord (germanique). Ce prénom est porté par environ 19 000 personnes en France. Il ne devrait pas être attribué à plus de 50 bébés en 2012. Variantes : Nobert, Norberto. Caractérologie : fidélité, intuition, relationnel, médiation, adaptabilité.

Nordine : lumière de la religion (arabe). Ce prénom est porté par environ 8 000 personnes en France. Il ne devrait pas être attribué à plus de 50 bébés en 2012. Variantes : Nordin, Noreddine, Noredine, Norredine. Caractérologie : volonté, indépendance, méditation, intelligence, savoir.

Nori : règle, loi (japonais). Ce prénom est porté par moins de 100 personnes en France. Caractérologie : diplomatie, sociabilité, loyauté, réceptivité, bonté.

NOLAN

Fête : 6 décembre

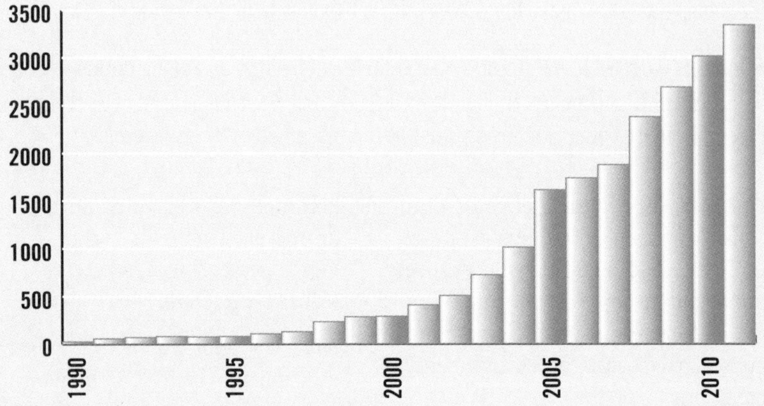

Étymologie : de l'irlandais *nuall*, « champion ». Si Nolan a été découvert récemment, le nom de famille O'Nuallian, « descendant de Nuallan », dont il est dérivé, est ancien. Le père de cette lignée, un seigneur irlandais du IIe siècle, aurait transmis à ses descendants de nombreuses terres. C'est au fil des siècles que les propriétaires terriens ont diffusé ce patronyme à l'ensemble de l'Irlande et des îles britanniques.

L'usage d'O'Nuallian évolue en Grande-Bretagne à partir du XVIe siècle : de la perte de son préfixe à un usage étendu au prénom, la transformation n'est pas des moindres. Cependant, les occurrences patronymiques y éclipsent, aujourd'hui encore, celles du prénom. Vierge de cet héritage historique, Nolan rencontre un succès croissant outre-Atlantique : il pourrait s'imposer dans le top 100 américain avant 2012. Il soulève encore plus d'enthousiasme dans les pays francophones. Surfant sur la vague irlandaise d'Evan, Killian et Rayan, Nolan est devenu le 22e choix des Français en 2011. Son succès, plus vif encore en Helvétie, l'a propulsé au 16e rang romand. Il devrait s'imposer dans le top 20 wallon avant de conquérir le Québec.

Comme Niels, Nolan peut se fêter le 6 décembre.

Personnalités célèbres : Nolan Bushnell, fondateur de la compagnie Atari et des premiers jeux vidéo ; Barry Nolan, acteur et producteur américain.

.../

Nolan *(suite)*

Statistiques : Nolan est le 59e prénom masculin le plus donné en France depuis le début du XXIe siècle. On peut estimer qu'il sera attribué à un garçon sur 123 en 2012.

Norman : homme du Nord (germanique). Ce prénom est porté par environ 2 000 personnes en France. Il ne devrait pas être attribué à plus de 50 bébés en 2012. Variante : Normann. Caractérologie : optimisme, communication, pragmatisme, résolution, volonté.

Nour : lumière (arabe). Ce prénom rare est porté par près de 800 personnes en France. Caractérologie : énergie, découverte, audace, raisonnement, originalité.

Nourdine : lumière de la religion (arabe). Ce prénom est porté par environ 2 000 personnes en France. Il ne devrait pas être attribué à plus de 50 bébés en 2012. Variantes : Nour, Nourddine, Nourdin, Nouri, Noury, Nori, Nory, Nuri. Caractérologie : direction, dynamisme, audace, volonté, analyse.

Nouredine : lumière de la religion (arabe). Ce prénom rare est porté par près de 900 personnes en France. Variantes : Noureddine, Nouridine, Nourredine, Nourreddine. Caractérologie : famille, équilibre, volonté, sens des responsabilités, analyse.

Numa : beau, agréable (arabe). Ce prénom rare est porté par près de 800 personnes en France. Numa Pompilius, le deuxième des sept rois traditionnels de Rome, transforma et modernisa le calendrier romain (715-673 av. J.-C.). Caractérologie : ténacité, méthode, engagement, sens du devoir, fiabilité.

Nuno : grand-père ou moine (latin). Ce prénom est porté par environ 1 000 personnes en France. Tendance : en croissance modérée. Caractérologie : indépendance, direction, audace, assurance, dynamisme.

Océan : océan (grec). Ce prénom très rare est porté par près de 300 personnes en France. Fils d'Ouranos et de Gaia dans la mythologie grecque, Océan est l'aîné des Titans. Son union avec sa sœur Téthys engendre 3 000 fils, les Fleuves, et autant de filles, les Océanides (nymphes de la mer et des eaux). Caractérologie : médiation, relationnel, adaptabilité, intuition, fidélité.

Octave : huitième (latin). Ce prénom est porté par environ 4 000 personnes en France. Il est relativement peu attribué aujourd'hui. Tendance : en croissance modérée. Variante : Octavio. Caractérologie : communication, organisation, optimisme, pragmatisme, volonté.

Octavien : huitième (latin). Ce prénom est porté par moins de 100 personnes en France. Caractérologie : force, achèvement, organisation, raisonnement, leadership.

Odilon : richesse (germanique). Ce prénom très rare est porté par près de 300 personnes en France. Variantes : Odelin, Odil. Variante basque : Odet. Caractérologie : conscience, bienveillance, raisonnement, volonté, paix.

Odin : richesse (germanique). Dans la mythologie scandinave, Odin est le premier des dieux principaux. Il est à la fois le sage, le mage et le roi des dieux. Ce prénom très rare est porté par près de 400 personnes en France. Caractérologie : sens des responsabilités, famille, volonté, influence, équilibre.

Odon : richesse (germanique). Odon se rapporte à également au prénom scandinave Odin. Ce prénom très rare est porté par près de 120 personnes en France. Caractérologie : enthousiasme, communication, pratique, volonté, adaptation.

Odran : pâle (irlandais). Ce prénom très rare est porté par près de 120 personnes en France. Caractérologie : spiritualité, connaissance, sagacité, volonté, résolution.

Ogier : richesse, lance (germanique). Ce prénom est porté par moins de 100 personnes en France. Il est plus traditionnellement usité dans les Flandres. Variante : Oger. Caractérologie : humanité, rêve, rectitude, tolérance, générosité.

Oihan : bosquet, bois (basque). Ce prénom rare est porté par près de 600 personnes en France. Tendance : en croissance modérée. Caractérologie : sociabilité, diplomatie, réceptivité, résolution, loyauté.

Olaf : ancêtre (scandinave). Ce prénom est porté par moins de 100 personnes en France. Nombre de rois danois et suédois ont illustré ce prénom. En Norvège, Olav V, le père du roi Harald, et plusieurs de leurs aïeux ont illustré ce prénom. Caractérologie : intelligence, savoir, indépendance, méditation, sagesse.

Oleg : sacré (scandinave). Ce prénom est porté par moins de 100 personnes en France. Caractérologie : pragmatisme, optimisme, cœur, communication, créativité.

Olindo : aube (grec), violette (latin). Ce prénom est porté par moins de 100 personnes en France. Caractérologie : volonté, sens des responsabilités, équilibre, famille, analyse.

Oliver : olive (latin). Ce prénom est porté par environ 1 000 personnes en France. Il est très peu attribué aujourd'hui.

Caractérologie : rectitude, humanité, rêve, logique, caractère.

Olivier : olive (latin). Ce prénom est porté par environ 267 000 personnes en France. Il est relativement peu attribué aujourd'hui. Évêque irlandais au XVIIe siècle, saint Olivier Plunket fut faussement accusé d'avoir comploté contre la couronne anglaise et fut exécuté. Variantes : Olive, Olliver. Caractérologie : idéalisme, altruisme, raisonnement, intégrité, volonté.

Ollivier : olive (latin). Ce prénom est porté par environ 1 000 personnes en France. Tendance : stable. Caractérologie : communication, caractère, logique, optimisme, pragmatisme.

Omar : le plus haut (arabe). Ce prénom est porté par environ 8 000 personnes en France. Il est relativement peu attribué aujourd'hui. Sur le point d'assassiner le prophète Mahomet, Omar se rendit compte de son erreur et se convertit. Devenu le second calife de l'islam, il entreprit de conquérir la Palestine, la Mésopotamie, l'Égypte et la Perse avant d'être assassiné en 644 par l'un de ses esclaves. Caractérologie : sociabilité, bonté, loyauté, réceptivité, diplomatie.

Omer : le plus haut (arabe). Ce prénom est porté par environ 3 000 personnes en France. Il est très peu attribué aujourd'hui. Caractérologie : équilibre, famille, sens des responsabilités, caractère, influence.

Onésime : utile (grec). Ce prénom très rare est porté par près de 170 personnes en France. Variante : Onézime. Caractérologie : force, ambition, habileté, caractère, décision.

Onofrio : paix (germanique). Ce prénom est porté par moins de 100 personnes en France. Variantes : Humphrey, Onofre. Caractérologie : diplomatie, sociabilité, loyauté, réceptivité, bonté.

Orain : au présent (basque). Caractérologie : communication, pragmatisme, détermination, créativité, optimisme.

Orbert : riche (germanique). Caractérologie : paix, conscience, sagesse, bienveillance, conseil.

Oren : couleur pâle (irlandais). Ce prénom très rare est porté par près de 200 personnes en France. Variante : Oran. Caractérologie : sagacité, originalité, connaissances, spiritualité, philosophie.

Oreste : montagneux (grec). Ce prénom très rare est porté par près de 150 personnes en France. Caractérologie : énergie, innovation, autorité, décision, ambition.

Orian : en or (latin). Ce prénom très rare est porté par près de 200 personnes en France. Caractérologie : communication, pratique, résolution, enthousiasme, adaptation.

Oribel : en or (latin). Prénom basque. Caractérologie : indépendance, savoir, intelligence, logique, méditation.

Oriol : en or (latin). Ce prénom est porté par moins de 100 personnes en France. Variante : Orio. Caractérologie : famille, logique, sens des responsabilités, équilibre, influence.

Orion : en or (latin). Ce prénom très rare est porté par près de 140 personnes en France. Variantes : Orie, Orien. Caractérologie : ambition, habileté, management, force, passion.

Orlan : gloire du pays (germanique). Ce prénom très rare est porté par près de 160 personnes en France. Caractérologie : paix, bienveillance, résolution, analyse, conscience.

Orlando : gloire du pays (germanique). Ce prénom est porté par environ 1 000 personnes en France. Tendance : stable. Variante : Orland. Caractérologie : intelligence, savoir, analyse, méditation, volonté.

Orphée : prénom mixte révolutionnaire dont l'origine est obscure. Ce prénom très rare est porté par près de 160 personnes en France. Variante : Orféo. Caractérologie : méthode, ténacité, fiabilité, engagement, ressort.

Orso : ours (latin). Ce prénom très rare est porté par près de 110 personnes en France. Caractérologie : sécurité, persévérance, efficacité, structure, honnêteté.

Orson : semblable à un ours (latin). Ce prénom est porté par moins de 100 personnes en France. Variante : Ursin. Caractérologie : intégrité, réflexion, idéalisme, décision, altruisme.

Oscar : lance divine (germanique). Ce prénom, porté par environ 11 000 Français, figure dans le top 100 national. Tendance : en croissance modérée. Oscar est particulièrement en vogue dans les pays anglophones et en Suède. Variante : Oskar. Caractérologie : sociabilité, réceptivité, diplomatie, loyauté, logique.

Osman : jeune serpent (arabe). Ce prénom est porté par environ 1 000 personnes en France. Tendance : stable. Osman fonda la dynastie ottomane au XIIIe siècle. Variante : Osmane. Caractérologie : force, ambition, passion, volonté, habileté.

Osmond : protégé par Dieu (anglais). Caractérologie : caractère, force, ambition, habileté, passion.

Ossian : petit faon (celte). Caractérologie : décision, dynamisme, curiosité, indépendance, courage.

Oswald : divin, gouverneur (germanique). Ce prénom rare est porté par près de 500 personnes en France. Variantes : Osval, Osvald, Osvaldo, Oswaldo. Caractérologie : réceptivité, sociabilité, volonté, loyauté, diplomatie.

Otello : riche, prospère (germanique). Ce prénom est porté par moins de 100 personnes en France. Variante : Othello. Caractérologie : sagesse, méditation, savoir, indépendance, intelligence.

Othman : jeune serpent (arabe). Ce prénom est porté par environ 1 000 personnes en France. Tendance : stable. Troisième calife de l'islam au VIIe siècle, Othman fut le mari de Ruqayya, la fille du prophète Mahomet. C'est sous son califat que la première édition du Coran fut publiée. Variantes : Otman, Otmane, Ottman, Outman, Outmane. Caractérologie : ambition, force, volonté, habileté, sensibilité.

Othon : riche, prospère (germanique). Ce prénom très rare est porté par près de 200 personnes en France. Variante occitane : Oton. Caractérologie : rectitude, humanité, rêve, attention, ouverture d'esprit.

Otto : riche, prospère (germanique). Ce prénom très rare est porté par près de 150 personnes en France. Dans l'Hexagone, Otto est plus traditionnellement usité au Pays basque. Caractérologie : méditation, intelligence, sagesse, savoir, indépendance.

Oualid : nouveau-né (arabe). Ce prénom est porté par environ 2 000 personnes en France. Il ne devrait pas être attribué à plus de 50 bébés en 2012. Caractérologie : ambition, force, passion, analyse, habileté.

Oumar : le plus haut (arabe). Ce prénom est porté par environ 2 000 personnes en France. Il est peu attribué aujourd'hui. Variante : Oumarou. Caractérologie : indépendance, curiosité, dynamisme, analyse, courage.

Ouriel : la flamme du Seigneur (hébreu). Ce prénom très rare est porté par près de 200 personnes en France. Caractérologie : force, ambition, passion, habileté, analyse.

Ousmane : jeune serpent (arabe). Ce prénom est porté par environ 2 000 personnes en France. Il est peu attribué aujourd'hui. Variantes : Ousman, Usman. Caractérologie : savoir, méditation, intelligence, volonté, indépendance.

Oussama : lion (arabe). Ce prénom est porté par environ 2 000 personnes en France. Il est très peu attribué aujourd'hui. Variantes : Ousama, Ossama, Oussema. Caractérologie : force, ambition, habileté, passion, management.

Ovide : se rapporte à un ancien patronyme romain. Ce prénom très rare est porté par près de 110 personnes en France. Variante basque : Ovidio. Caractérologie : direction, audace, volonté, dynamisme, indépendance.

Owen : bien né (grec). Ce prénom est porté par environ 4 000 personnes en France. Il figure dans le top 200 national. Tendance : stable. Caractérologie : communication, pratique, enthousiasme, adaptation, générosité.

Ozan : santé, remède (basque). Ce prénom rare est porté par près de 700 personnes en France. Caractérologie : réceptivité, sociabilité, diplomatie, loyauté, bonté.

Pablo : petit, faible (latin). Ce prénom est porté par environ 9 000 personnes en France. Il figure dans le top 200 national. Tendance : stable. Pablo est très en vogue en Espagne. Caractérologie : autorité, énergie, innovation, ambition, gestion.

Pacifique : pacifique (latin). Ce prénom est porté par moins de 100 personnes en France. Caractérologie : famille, équilibre, sens des responsabilités, raisonnement, action.

Paco : forme espagnole abrégée de Pater Comunitatis, plus connu sous le nom de Santus Franciscus Assisiensis (saint François d'Assise). Paco peut également être attribué en tant que diminutif de Pacôme. Ce prénom est porté par environ 2 000 personnes en France. Il est peu attribué aujourd'hui. Caractérologie : vitalité, stratégie, ardeur, achèvement, leadership.

Pacôme : pacifier (latin). Ce prénom est porté par environ 2 000 personnes en France. Il est peu attribué aujourd'hui. Caractérologie : achèvement, stratégie, vitalité, volonté, réalisation.

Palmyr : palmiers (hébreu). Ce prénom est porté par moins de 100 personnes en France. Variantes : Palmire, Palmyre. Caractérologie : structure, efficacité, persévérance, sécurité, réalisation.

Pamphile : l'ami de tous (grec). Ce prénom est porté par moins de 100 personnes en France. Caractérologie : ressort, habileté, force, ambition, réalisation.

Pancrace : qui est tout-puissant (grec). Ce prénom est porté par moins de 100 personnes en France. Caractérologie : intelligence, méditation, savoir, décision, cœur.

Paolo : petit, faible (latin). Ce prénom est porté par environ 6 000 personnes en France. Il figure dans le top 200 national. Tendance : en croissance modérée. Paolo est très en vogue en Italie. Variantes : Paol, Paolino. Variante bretonne : Paolig. Caractérologie : indépendance, courage, curiosité, dynamisme, charisme.

Paris : dans la mythologie grecque, Pâris est le fils de Priam, le dernier roi de Troie. Il provoque la guerre de Troie en enlevant Hélène, l'épouse de Ménélas. Ce prénom très rare est porté par près de 190 personnes en France. Caractérologie : rectitude, humanité, rêve, générosité, ouverture d'esprit.

Parsam : fils des jeûnes (arménien). Caractérologie : dynamisme, curiosité, réussite, courage, indépendance.

Pascal : passage (hébreu). Ce prénom est porté par environ 291 000 personnes en France. Il est très peu attribué aujourd'hui. Saint Pascal Baylon consacra sa vie à l'Église au XVIe siècle. Il est le patron des congrès et des œuvres eucharistiques. Trois papes ont également porté ce prénom entre le IXe et le XIIe siècle. Variantes : Pascual, Pasqual. Variante basque et bretonne : Paskal. Caractérologie : intelligence, indépendance, méditation, savoir, sagesse.

Patric : noble personne (latin). Ce prénom rare est porté par près de 900 personnes en France. Caractérologie : ténacité, organisation, méthode, fiabilité, engagement.

PAUL

Fête : 29 juin

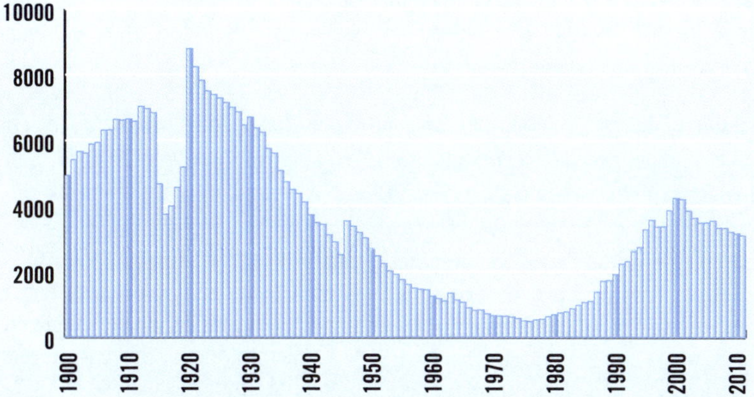

Étymologie : du latin *paulus*, « petit, faible ». Usité en Asie Mineure et en Gaule dès les premiers siècles, Paul concurrence brièvement la forme latine Paulus avant de s'éclipser. Il renaît au XIIIe siècle dans les pays chrétiens, mais sa diffusion prend toute son ampleur durant la Réforme, au XVIe siècle, puis à la fin du XIXe siècle. Après une période de défaveur entamée dans les années 1920, Paul reprend un rythme d'attribution modéré mais constant. Il brille dans les 10 premiers rangs du classement parisien et campe dans le top 30 français depuis une dizaine d'années.

En dehors de l'Hexagone, Paul figure au 6e rang des choix allemands, mais son absence des palmarès européens est surprenante. Ancré à la 3e place des prénoms espagnols, Pablo viendra-t-il lui prêter main forte ? En attendant mieux, ce dernier progresse dans le top 200 français. Il devance largement Paulin qui prénomme moins d'une centaine de Français par an.

De nombreux rois, saints et papes ont porté ce prénom. Juif de Tarse (en Turquie) et citoyen romain au Ier siècle, **saint Paul** fut d'abord connu sous le nom hébraïque de Saül. Il combattit le christianisme naissant avec ferveur avant qu'une révélation de la foi ne l'incite à se convertir. Devenu apôtre de Jésus, il répandit la foi hors de Judée en évangélisant l'Asie Mineure et la Grèce. La profondeur de sa réflexion et sa doctrine en font l'un des premiers théologiens du christianisme.

.../

Paul *(suite)*

Poète latin au ve siècle, **Paulin de Nole** consacra sa vie à la foi. Il est célébré le 22 juin.

Personnalités célèbres : Paul Auster, écrivain américain né en 1947 ; Paul Cézanne, peintre français (1839-1906) ; Paul Gauguin, peintre et sculpteur français (1848-1903) ; Paul Klee, peintre suisse (1879-1940) ; Paul Bocuse, chef cuisinier français né en 1926 ; Paul McCartney, chanteur anglais, ancien membre des Beatles, né en 1942.

Statistiques : Paul est le 17e prénom masculin le plus donné en France depuis le début du XXIe siècle. On peut estimer qu'il sera attribué à un garçon sur 132 en 2012. De son côté, **Pablo** devrait prénommer un garçon sur 700.

Patrice : noble personne (latin). Ce prénom est porté par environ 130 000 personnes en France. Il ne devrait pas être attribué à plus de 50 bébés en 2012. Variantes : Patricien, Patricio, Patrizio. Variante bretonne : Padrig. Caractérologie : altruisme, intégrité, résolution, idéalisme, sympathie.

Patrick : noble personne (latin). Ce prénom est porté par environ 370 000 personnes en France. Il est très peu attribué aujourd'hui. Évêque irlandais au ve siècle, saint Patrick évangélisa les campagnes irlandaises et fonda de nombreux monastères. Il est le très populaire patron de l'Irlande. Variantes : Patrique, Patryck. Caractérologie : famille, équilibre, influence, organisation, éthique.

Patxi : libre (latin). Ce prénom rare est porté par près de 500 personnes en France. Caractérologie : sagacité, connaissance, spiritualité, philosophie, originalité.

Paul : petit, faible (latin). Ce prénom est porté par environ 214 000 personnes en France. Il figure dans le top 50 national. Voir le zoom dédié à Paul. Variantes : Paulien, Paulino, Paulo, Paulus, Pavel. Caractérologie : dynamisme, curiosité, charisme, courage, indépendance.

Paul-Alexandre : forme composée de Paul et Alexandre. Ce prénom très rare est porté par près de 300 personnes en France. Caractérologie : achèvement, réalisation, vitalité, stratégie, analyse.

Paul-Antoine : forme composée de Paul et Antoine. Ce prénom rare est porté par près de 1 000 personnes en France. Caractérologie : réceptivité, sociabilité, diplomatie, cœur, logique.

Paul-Émile : forme composée de Paul et Émile. Ce prénom rare est porté par près de 700 personnes en France. Caractérologie : structure, sécurité, réalisation, persévérance, sympathie.

Paul-Étienne : forme composée de Paul et Étienne. Ce prénom très rare est porté par près de 140 personnes en France. Caractérologie : énergie, cœur, découverte, audace, décision.

Paul-Henri : forme composée de Paul et Henri. Ce prénom rare est porté par près de 900 personnes en France. Caractérologie : audace, énergie, découverte, sympathie, ressort.

Paulin : petit, faible (latin). Ce prénom est porté par environ 3 000 personnes en

France. Il est peu attribué aujourd'hui. Variantes : Paulien, Paulino, Polin. Caractérologie : audace, direction, détermination, amitié, dynamisme.

Paulo : petit, faible (latin). Ce prénom est porté par environ 4 000 personnes en France. Il ne devrait pas être attribué à plus de 50 bébés en 2012. Caractérologie : diplomatie, sociabilité, réceptivité, loyauté, bonté.

Pavel : petit, faible (latin). Ce prénom très rare est porté par près de 300 personnes en France. Cette forme slave de Paul est particulièrement répandue en Bulgarie. Caractérologie : sociabilité, réceptivité, diplomatie, cœur, réussite.

Pedro : petit caillou (grec). Ce prénom est porté par environ 4 000 personnes en France. Il est très peu attribué aujourd'hui. Variantes : Pedre, Peet, Peidro, Peire, Peit, Peitro, Peo. Caractérologie : fiabilité, ténacité, engagement, méthode, volonté.

Pépin : déterminé (germanique). Ce prénom très rare est porté par près de 200 personnes en France. Caractérologie : équilibre, sens des responsabilités, famille, influence, exigence.

Pépito : Dieu ajoutera (hébreu). Ce prénom est porté par moins de 100 personnes en France. Caractérologie : rectitude, rêve, humanité, ouverture d'esprit, générosité.

Perceval : perce la vallée (vieux français). Ce prénom très rare est porté par près de 160 personnes en France. Héros des légendes arthuriennes, Perceval fut élevé par sa mère dans une forêt isolée. Un jour, il croisa cinq chevaliers aux armures étincelantes et en fut bouleversé. Il se rendit à la cour du roi Arthur pour y être adoubé, et s'illustra dans d'innombrables aventures chevaleresques. Variantes : Perce, Percy. Caractérologie : innovation, autorité, réalisation, énergie, bonté.

Peregrino : voyageur, faucon (latin). Variante : Peregrin. Caractérologie : achèvement, stratégie, ardeur, leadership, vitalité.

Périclès : juste meneur (grec). Caractérologie : conscience, paix, bienveillance, détermination, bonté.

Peter : petit caillou (grec). Ce prénom est porté par environ 5 000 personnes en France. Il ne devrait pas être attribué à plus de 50 bébés en 2012. Variantes : Petri, Petro, Petrus. Variante corse : Petru. Caractérologie : innovation, autonomie, autorité, énergie, ambition.

Peyo : petit caillou (grec). Ce prénom breton est porté par près de 300 personnes en France. Variante : Peio. Caractérologie : sagacité, spiritualité, originalité, philosophie, connaissance.

Pharell : courageux (irlandais). Ce prénom très rare est porté par près de 400 personnes en France. Tendance : en forte croissance. Variante : Pharel. Caractérologie : idéalisme, sympathie, altruisme, ressort, intégrité.

Phil : diminutif des prénoms formés avec Phil. Ce prénom est porté par moins de 100 personnes en France. Caractérologie : ouverture d'esprit, rêve, action, rectitude, humanité.

Philadelphe : aimer, frère (grec). Caractérologie : bienveillance, paix, ressort, conscience, réalisation.

Philbert : qui aime les chevaux (grec). Ce prénom très rare est porté par près de 150 personnes en France. Variante : Filbert. Caractérologie : attention, idéalisme, intégrité, altruisme, action.

Philéas : qui aime (grec). Ce prénom très rare est porté par près de 400 personnes en France. Variante : Phile. Caractérologie : intelligence, action, méditation, savoir, cœur.

Philémon : qui aime la lune (grec). Ce prénom rare est porté par près de 700 personnes en France. Variante basque : Filemon. Caractérologie : raisonnement, sociabilité, réceptivité, volonté, diplomatie.

Philibert : très brillant (germanique). Ce prénom est porté par environ 1 000 personnes en France. Tendance : en croissance modérée. Caractérologie : action, humanité, rêve, sensibilité, rectitude.

Philip : qui aime les chevaux (grec). Ce prénom est porté par environ 1 000 personnes en France. Tendance : stable. Caractérologie : savoir, intelligence, méditation, indépendance, ressort.

Philippe : qui aime les chevaux (grec). Ce prénom est porté par environ 498 000 personnes en France. Il est peu attribué aujourd'hui. Ce prénom fut illustré par six rois de France, cinq rois d'Espagne et un roi macédonien, Philippe II, le père d'Alexandre le Grand. Philippe, l'un des premiers apôtres de Jésus, prêcha l'Évangile en Grèce et en Asie Mineure jusqu'à un âge avancé. Variantes : Philipe, Philipp, Philippo, Phillip. Caractérologie : énergie, innovation, autorité, amitié, action.

Philis : rameau (grec). Caractérologie : direction, dynamisme, indépendance, audace, action.

Philogone : aimer la génération (grec). Ce prénom est porté par moins de 100 personnes en France. Caractérologie : réceptivité, diplomatie, sociabilité, raisonnement, action.

Pierre : petit caillou (grec). Ce prénom, porté par environ 542 000 Français, figure dans le top 100 national. Tendance : en décroissance modérée. Le premier pape et plus d'une centaine de saints ont porté ce prénom. Le plus connu d'entre eux est le premier apôtre de Jésus. Simple pêcheur, Pierre fut choisi par Jésus pour devenir le chef de l'Église. Il prêcha en Syrie et en Grèce et mourut martyr à Rome vers 66. Ce prénom fut également porté par une dizaine de rois et trois tsars russes, dont le fondateur de la ville de Saint-Pétersbourg, Pierre le Grand. Pierre est le troisième prénom masculin le plus porté en France. Caractérologie : habileté, ambition, management, passion, force.

Pierre-Adrien : forme composée de Pierre et Adrien. Ce prénom rare est porté par près de 500 personnes en France. Caractérologie : courage, dynamisme, curiosité, réussite, décision.

Pierre-Alexandre : forme composée de Pierre et Alexandre. Ce prénom est porté par environ 3 000 personnes en France. Il ne devrait pas être attribué à plus de 50 bébés en 2012. Caractérologie : réalisation, sociabilité, réceptivité, diplomatie, analyse.

Pierre-Alexis : forme composée de Pierre et Alexis. Ce prénom rare est porté par près de 800 personnes en France. Caractérologie : paix, analyse, bienveillance, conscience, sympathie.

Pierre-Antoine : forme composée de Pierre et Antoine. Ce prénom est porté par environ 4 000 personnes en France. Il ne devrait pas être attribué à plus de 50 bébés en 2012. Caractérologie : indépendance, dynamisme, curiosité, résolution, courage.

Pierre-Emmanuel : forme composée de Pierre et Emmanuel. Ce prénom est porté par environ 3 000 personnes en France. Il ne devrait pas être attribué à plus de 50 bébés en 2012. Caractérologie : sociabilité, réceptivité, diplomatie, amitié, réalisation.

Pierre-François : forme composée de Pierre et François. Ce prénom est porté par environ 2 000 personnes en France. Il ne devrait pas être attribué à plus de 50 bébés en 2012. Caractérologie : pragmatisme, optimisme, logique, cœur, communication.

Pierre-Henri : forme composée de Pierre et Henri. Ce prénom est porté par environ 2 000 personnes en France. Il ne devrait pas être attribué à plus de 50 bébés en 2012. Caractérologie : ardeur, action, achèvement, vitalité, stratégie.

Pierre-Jean : forme composée de Pierre et Jean. Ce prénom est porté par environ 3 000 personnes en France. Il ne devrait pas être attribué à plus de 50 bébés en 2012. Caractérologie : réceptivité, décision, diplomatie, loyauté, sociabilité.

Pierre-Louis : forme composée de Pierre et Louis. Ce prénom est porté par environ 6 000 personnes en France. Il est peu attribué aujourd'hui. Voir l'article dédié aux prénoms composés. Caractérologie : enthousiasme, communication, sympathie, pratique, analyse.

Pierre-Loup : forme composée de Pierre et Loup. Ce prénom très rare est porté par près de 300 personnes en France. Caractérologie : intégrité, sympathie, altruisme, idéalisme, analyse.

Pierre-Luc : forme composée de Pierre et Luc. Ce prénom rare est porté par près de 600 personnes en France. Caractérologie : stratégie, vitalité, achèvement, amitié, ardeur.

Pierre-Marie : forme composée de Pierre et Marie. Ce prénom est porté par environ 3 000 personnes en France. Il ne devrait pas être attribué à plus de 50 bébés en 2012. Caractérologie : humanité, rectitude, décision, rêve, réussite.

Pierre-Olivier : forme composée de Pierre et Olivier. Ce prénom est porté par environ 2 000 personnes en France. Il ne devrait pas être attribué à plus de 50 bébés en 2012. Caractérologie : achèvement, vitalité, stratégie, logique, caractère.

Pierre-Yves : forme composée de Pierre et Yves. Ce prénom est porté par environ 9 000 personnes en France. Il ne devrait pas être attribué à plus de 50 bébés en 2012. Caractérologie : savoir, intelligence, méditation, détermination, réalisation.

Pierric : petit caillou (grec). Ce prénom est porté par environ 1 000 personnes en France. Tendance : stable. Caractérologie : paix, bienveillance, conseil, conscience, sympathie.

Pierrick : petit caillou (grec). Ce prénom est porté par environ 18 000 personnes en France. Il est peu attribué aujourd'hui. Variantes : Perick, Pieric, Pierick, Pierrik. Variantes bretonnes : Perig, Pierig, Pierrig. Caractérologie : force, habileté, passion, ambition, bonté.

Les prénoms arabes en France

Le nombre de prénoms attribués chaque année a particulièrement augmenté depuis les années 1990. Fruits de l'immigration et conséquences d'un intérêt pour les sonorités nouvelles, quantité de prénoms italiens, scandinaves, slaves ou anglo-saxons ont enrichi le répertoire national. Les prénoms arabes ne font pas exception. Pas seulement parce qu'ils fleurissent dans la communauté musulmane française. Car nombre de ceux qui prospèrent arborent plusieurs origines, et autant d'identités. Sans ce multiculturalisme, qui sait si Lina, Sara, Adam et Noam auraient autant séduit les Français ?

Certains prénoms arabes brillent également en se passant d'identités plurielles. C'est le cas de Mohamed, qui grandit dans le top 30 national, et dont la notoriété éclipse un peu Amine, Yasmine et Maïssa. Pour autant, un nombre croissant de prénoms arabes naissent dans le sillon de vedettes françaises. La forte croissance d'Éva et de Gabriel a, par exemple, encouragé l'éclosion de leurs équivalents arabes respectifs, Awa et Jibril. Le triomphe d'Inès, Jade et Noah a quant à lui fait renaître Ines, Jad et Noha.

Lorsqu'il n'y a pas d'équivalent arabe, certains parents choisissent un prénom dont la consonance est proche. L'engouement dont bénéficie Yanis est un exemple frappant, Anis étant arabe et Yanis, grec. De même, on peut, avec un brin d'imagination, voir en Louna l'héroïne d'un conte arabe ancien, Lounja. On observe également une émergence de choix arabes traditionnels adaptés ou réorthographiés dans des versions inédites qui les assimilent à d'autres prénoms vedettes. Dans les années 1990, Rayan est devenu l'un des choix vedettes en fusionnant l'irlandais Ryan et l'arabe Rayane. Eddy (en référence à Hedi) et Maelick (fusion de Maël et Malick) sont d'autres exemples de compromis sur lesquels bien des couples mixtes s'accordent. Du fait de leurs origines multiples (perses, hébraïques, latines, arabes, etc.), les prénoms ci-dessous sont particulièrement prisés par les couples mixtes.

Filles : Aïda, Alya, Ambre, Ambrine, Anissa, Asia, Awa, Aya, Baya, Daria, Dayana, Dayane, Donia, Delia, Emna, Elhora, Farah, Genna, Hawa, Iliana, Ilyana, Ines, Jade, Jasmine, Jihane, Kenza, Leila, Lila, Lily-Nour, Lina, Linda, Louna, Maya, Mina, Naïma, Nadia, Naya, Ness, Nima, Noha, Nora, Nour, Sara, Saria, Selma, Sofia, Soraya, Syrine.

Garçons : Adam, Adel, Adil, Amal, Amine, Anis, Basil, Bilal, Driss, Elias, Eddy, Ilian, Ilias, Jad, Jilani, Kaël, Kamil, Kenzo, Lounis, Maelick, Maksen, Marwan, Naël, Nabil, Nassim, Noam, Noé, Ounis, Rayan, Rayane, Sahel, Sofian, Samy (et Sam), Sélim, Tarik, Yanis, Younès.

.../

Les prénoms arabes en France *(suite)*

Le top 20 des prénoms arabes en France

Ci-dessous le palmarès des prénoms arabes les plus attribués dans l'Hexagone. Précisons que ces derniers se positionnent dans le top 200 français projeté pour 2012. Les multiculturels Adam, Rayan, Lina, Lila, Maya et Sofia ont été inclus même s'ils ne présentent pas nécessairement une identité musulmane prépondérante. Les voici, présentés par ordre décroissant d'attribution :

Filles : Lina, Yasmine, Maïssa, Sara, Kenza, Aya, Maya, Sofia, Inaya, Nour, Manel, Assia, Lila, Nora, Anissa, Farah, Leïla, Selma, Salma, Marwa.

Garçons : Adam, Mohamed, Rayan, Ilyes, Naël, Amine, Noam, Kenzo, Mehdi, Ayoub, Kaïs, Younès, Wassim, Yassine, Sofiane, Youssef, Hamza, Nassim, Rayane, Naïm.

À noter : en Belgique, les prénoms arabes occupent une place importante dans le palmarès bruxellois. Dans le tableau féminin, Lina, Aya, Sara et Yasmine figurent parmi les dix premières attributions. Le top 10 masculin est quant à lui dominé par Mohamed, Adam, Rayan et Ayoub.

Pierrot : petit caillou (grec). Ce prénom est porté par environ 2 000 personnes en France. Il ne devrait pas être attribué à plus de 50 bébés en 2012. Variantes : Perin, Pier, Piet, Pieter, Pierce, Pierino, Pierrino, Piero. Caractérologie : réceptivité, bonté, sociabilité, loyauté, diplomatie.

Pietro : petit caillou (grec). Ce prénom est porté par environ 1 000 personnes en France. Tendance : stable. Pietro est très répandu en Italie. Caractérologie : intuition, médiation, relationnel, fidélité, adaptabilité.

Pio : pieux (latin). Ce prénom est porté par moins de 100 personnes en France. Caractérologie : persévérance, efficacité, sécurité, structure, honnêteté.

Placide : placide, calme (latin). Ce prénom très rare est porté par près de 300 personnes en France. Variante : Placide. Caractérologie : audace, énergie, découverte, sympathie, réalisation.

Pol : petit, faible (latin). Ce prénom est porté par environ 2 000 personnes en France. Il ne devrait pas être attribué à plus de 50 bébés en 2012. Dans l'Hexagone, Pol est plus traditionnellement usité en Bretagne. Caractérologie : savoir, intelligence, méditation, indépendance, sagesse.

Polycarpe : fruits en abondance (grec). Ce prénom est porté par moins de 100 personnes en France. Caractérologie : pragmatisme, communication, optimisme, analyse, sympathie.

Pompée : gloire éclatante (grec). Ce prénom est porté par moins de 100 personnes en France. Caractérologie : savoir, intelligence, méditation, caractère, indépendance.

Preston : domaine, bien du prêtre (anglais). Ce prénom rare est porté par près de 500 personnes en France. Tendance : en forte croissance. Caractérologie : vitalité, ardeur, achèvement, détermination, stratégie.

Priam : dans la mythologie grecque, Priam est le dernier roi de Troie. Ce prénom très rare est porté par près de 110 personnes en France. Caractérologie : pragmatisme, créativité, communication, optimisme, réalisation.

Primael : charismatique, prince (breton). Ce prénom est porté par moins de 100 personnes en France. Variante : Primel. Caractérologie : sociabilité, réceptivité, réalisation, diplomatie, sympathie.

Primo : premier (latin). Ce prénom très rare est porté par près de 200 personnes en France. Caractérologie : force, ambition, habileté, management, passion.

Prince : supérieur (latin). Ce prénom très rare est porté par près de 300 personnes en France. Tendance : en forte croissance. Caractérologie : sociabilité, réceptivité, diplomatie, sympathie, loyauté.

Priscillien : ancien (latin). Ce prénom est porté par moins de 100 personnes en France. Caractérologie : rectitude, humanité, rêve, amitié, détermination.

Prosper : avec bonheur (latin). Ce prénom est porté par environ 2 000 personnes en France. Il ne devrait pas être attribué à plus de 50 bébés en 2012. Variante : Prospert. Caractérologie : ambition, passion, force, habileté, décision.

Prudent : prudent (latin). Ce prénom très rare est porté par près de 180 personnes en France. Caractérologie : achèvement, vitalité, ardeur, stratégie, bonté.

Qaïs : fierté (arabe). Ce prénom très rare est porté par près de 100 personnes en France. Caractérologie : direction, audace, dynamisme, indépendance, assurance.

Quang : lumière, glorieux (vietnamien). Ce prénom très rare est porté par près de 140 personnes en France. Caractérologie : bienveillance, paix, conseil, amitié, conscience.

Quentin : cinquième (latin). Ce prénom, porté par environ 121 000 Français, figure dans le top 50 national. Tendance : en décroissance modérée. Quentin a connu la gloire dans les pays anglo-saxons au XIXe siècle, puis en France dans les années 1990. Citoyen romain, saint Quintinus se convertit au christianisme et partit évangéliser la Gaule au IIIe siècle. C'est en sa mémoire que Saint-Quentin, la capitale de la haute Picardie, porte son nom. Variantes : Quantin, Quentyn, Quinten, Quinten, Quintino. Caractérologie : dynamisme, indépendance, sensibilité, direction, audace.

Quincy : cinquième (latin). Ce prénom très rare est porté par près de 140 personnes en France. Variantes : Quincey, Quinto. Caractérologie : ambition, sympathie, force, habileté, ressort.

Quintilien : contemporain de Cicéron, Quintilien fut rhéteur dans la Rome antique au Ier siècle. Caractérologie : diplomatie, loyauté, réceptivité, sociabilité, sensibilité.

Quoc : nation (vietnamien). Ce prénom très rare est porté par près de 200 personnes en France. Caractérologie : relationnel, adaptabilité, intuition, médiation, fidélité.

Rabah : jardin (arabe). Ce prénom est porté par environ 3 000 personnes en France. Il ne devrait pas être attribué à plus de 50 bébés en 2012. Variantes : Raba, Rabbah, Rabia, Rabih. Caractérologie : enthousiasme, pratique, communication, adaptation, générosité.

Rabie : mon maître (hébreu). Ce prénom est porté par moins de 100 personnes en France. Variante : Rabi. Caractérologie : vitalité, achèvement, stratégie, ardeur, résolution.

Rachid : bien guidé, qui a la foi (arabe). Ce prénom est porté par environ 18 000 personnes en France. Il est très peu attribué aujourd'hui. Variantes : Rached, Rachide. Caractérologie : savoir, intelligence, sagesse, indépendance, méditation.

Rafaël : Dieu a guéri (hébreu). Ce prénom, porté par environ 10 000 Français, figure dans le top 100 national. Tendance : en forte croissance. Rafaël est plus particulièrement répandu au Portugal, dans les pays hispanophones et dans le Pays basque. Caractérologie : intelligence, savoir, méditation, analyse, résolution.

Raffi : de haut rang (arabe, arménien). Ce prénom est porté par moins de 100 personnes en France. Caractérologie : ténacité, méthode, sens du devoir, engagement, fiabilité.

Rafik : ami, tranquillité (arabe). Ce prénom est porté par environ 1 000 personnes en France. Tendance : stable. Caractérologie : intégrité, altruisme, idéalisme, réflexion, dévouement.

Rahim : qui pardonne (arabe). Ce prénom très rare est porté par près de 400 personnes en

France. Caractérologie : structure, persévérance, sécurité, efficacité, honnêteté.

Raihau : ciel de paix (tahitien). Caractérologie : méthode, sens du devoir, engagement, ténacité, fiabilité.

Raimanu : oiseau du ciel (tahitien). Caractérologie : décision, découverte, audace, originalité, énergie.

Raimond : qui conseille avec sagesse (germanique). Ce prénom est porté par moins de 100 personnes en France. Variantes : Raimon, Raimondo, Raimundo, Ramond. Caractérologie : diplomatie, réceptivité, décision, sociabilité, caractère.

Rainier : conseil, décision (germanique). Ce prénom est porté par moins de 100 personnes en France. Dans l'Hexagone, Rainier est plus traditionnellement usité dans les Flandres. Variantes : Régnier, Reiner. Caractérologie : réceptivité, sociabilité, résolution, diplomatie, loyauté.

Rajiv : l'un des noms de la fleur de lotus (sanscrit). Ce prénom est porté par moins de 100 personnes en France. Caractérologie : conseil, bienveillance, sagesse, paix, conscience.

Ralph : loup renommé (germanique). Ce prénom est porté par environ 1 000 personnes en France. Tendance : stable. Variantes : Ralf, Rolph, Rolphe. Caractérologie : audace, dynamisme, direction, action, indépendance.

Rambert : illustre conseiller (germanique). Ce prénom est porté par moins de 100 personnes en France. Caractérologie : découverte, audace, originalité, détermination, énergie.

Ramdane : mois sacré (arabe). Ce prénom très rare est porté par près de 300 personnes en France. Caractérologie : intuition, relationnel, médiation, résolution, fidélité.

Rami : habileté (arabe). Ce prénom rare est porté par près de 900 personnes en France. Variante : Ramy. Caractérologie : audace, découverte, énergie, originalité, séduction.

Ramiro : grand juge (espagnol). Ce prénom très rare est porté par près de 110 personnes en France. Variante basque : Erramir. Caractérologie : sociabilité, réceptivité, diplomatie, loyauté, bonté.

Ramon : qui conseille avec sagesse (germanique). Ce prénom est porté par environ 1 000 personnes en France. Tendance : stable. Dans l'Hexagone, Ramon est plus traditionnellement usité en Occitanie. Caractérologie : résolution, intelligence, savoir, méditation, volonté.

Ramsès : nom de plusieurs pharaons d'Égypte ancienne. Ce prénom est porté par moins de 100 personnes en France. Caractérologie : optimisme, pragmatisme, créativité, communication, décision.

Ramzi : important (arabe). Ce prénom est porté par environ 2 000 personnes en France. Il ne devrait pas être attribué à plus de 50 bébés en 2012. Variante : Ramzy. Caractérologie : fiabilité, ténacité, méthode, engagement, sens du devoir.

Randy : loup renommé (germanique). Ce prénom est porté par environ 2 000 personnes en France. Il est peu attribué aujourd'hui. Variantes : Randolf, Randolph. Caractérologie : habileté, décision, ambition, force, réussite.

RAPHAËL

Fête : 29 septembre

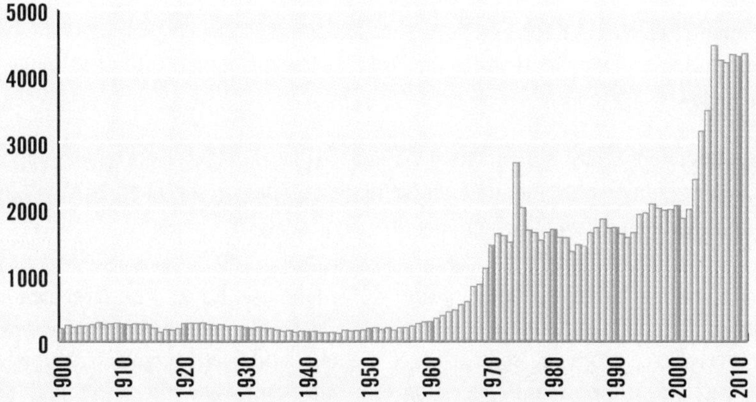

Étymologie : de l'hébreu *rephaël,* « Dieu a guéri ». Attribué en quantité constante mais modeste, ce choix intemporel est longtemps resté discret dans les pays occidentaux. En France, à l'exception d'un pic d'attribution isolé en 1974, Raphaël est relativement peu répandu jusqu'en 2000, où sa croissance l'entraîne vers le sommet. En 2012, Raphaël devrait occuper le 10e rang du palmarès national. Nul doute que l'essor des prénoms bibliques et la popularité du chanteur Raphaël Haroche ont favorisé ce succès.

Raphaël poursuit également son chemin en dehors de l'Hexagone. Il n'a pas la cote dans les pays anglophones, mais il s'envole dans l'élite des prénoms wallons et québécois. De son côté, Rafaël ne cesse de grandir en Espagne, en Suisse romande, en Allemagne et dans les pays d'Amérique latine.

Notons que Rapha et Rafa, petits noms familiers et affectueux, ne sont pas encore recensés dans les maternités françaises. Au féminin, la percée de Raphaëlle n'est pas davantage d'actualité.

Ange de la guérison dans la Bible, **Raphaël** guérit le père de Tobie de la cécité et délivre Sara du démon qui l'a rendue veuve à sept reprises le soir de ses noces. Il est le patron des voyageurs.

.../

Raphaël *(suite)*

Peintre et architecte, **Raphaël** (de son vrai nom Raffaello Sanzio) est l'un des plus célèbres peintres italiens de la Renaissance. Il laisse à la postérité la grâce et la beauté de ses madones qui l'ont rendu si célèbre. Il meurt en 1520 à l'âge de 37 ans.

Personnalités célèbres : Raphaël Haroche, chanteur français né en 1972 ; Raphaël Ibanes, ancien international français de rugby, né en 1973 ; Raphaël Imbert, saxophoniste de jazz, chef d'orchestre et compositeur né en 1974.

Statistiques : Raphaël est le 21e prénom masculin le plus donné en France depuis le début du XXIe siècle. On peut estimer qu'il sera attribué à un garçon sur 95 en 2012. À titre de comparaison, Rafaël devrait prénommer un garçon sur 357.

Rani : riche et noble (arabe). Ce prénom très rare est porté par près de 200 personnes en France. Caractérologie : sens des responsabilités, équilibre, famille, décision, influence.

Rankin : bouclier, protection (anglais). Caractérologie : fiabilité, ténacité, engagement, méthode, résolution.

Raoul : loup renommé (germanique). Ce prénom est porté par environ 12 000 personnes en France. Il ne devrait pas être attribué à plus de 50 bébés en 2012. Variantes : Raouf, Raoulin, Raul. Variante occitane : Raolf. Caractérologie : persévérance, structure, sécurité, logique, efficacité.

Raphaël : Dieu a guéri (hébreu). Ce prénom est porté par environ 102 000 personnes en France. Il figure dans le top 50 national. Voir le zoom dédié à Raphaël. Caractérologie : ressort, sympathie, intelligence, méditation, savoir.

Rayan : contraction de Ryan et Rayane. Ce prénom, porté par environ 23 000 Français, figure dans le top 50 national. Tendance : stable. Porté par une vague d'inspiration irlandaise, Rayan s'est largement diffusé à la fin des années 1990. Ses racines arabes et irlandaises lui confèrent une identité multiculturelle indissociable de son succès. Caractérologie : courage, dynamisme, indépendance, curiosité, résolution.

Rayane : beau, désaltéré (arabe). Ce prénom est porté par environ 8 000 personnes en France. Il figure dans le top 200 national. Tendance : stable. Variantes : Raïan, Raïane, Rayann, Rayanne, Rayen, Reyan, Reyane. Caractérologie : innovation, énergie, autorité, ambition, détermination.

Rayhan : beau, désaltéré (arabe), petit roi (irlandais). Ce prénom rare est porté par près de 700 personnes en France. Tendance : en croissance modérée. Variantes : Rahyan, Raïan, Raïhan, Raïhane. Caractérologie : persévérance, détermination, sécurité, action, structure.

Raymond : qui conseille avec sagesse (germanique). Ce prénom est porté par environ 129 000 personnes en France. Il ne devrait pas être attribué à plus de 50 bébés en 2012. Originaire de Catalogne, saint

Raymond fut le conseiller du pape Grégoire IX au XIIIe siècle. Chef des dominicains, il écrivit plusieurs essais sur la théologie. Plusieurs comtes de Toulouse et de Provence illustrèrent également ce prénom. Variantes : Ray, Raymon, Raymondo, Remon, Remond. Caractérologie : altruisme, idéalisme, intégrité, volonté, réalisation.

Raynald : qui conseille avec sagesse (germanique). Ce prénom est porté par environ 3 000 personnes en France. Il ne devrait pas être attribué à plus de 50 bébés en 2012. Variante : Raynal. Caractérologie : communication, pratique, réussite, enthousiasme, cœur.

Razi : mon secret (araméen). Ce prénom est porté par moins de 100 personnes en France. Caractérologie : altruisme, idéalisme, réflexion, dévouement, intégrité.

Réda : satisfaction, plénitude (arabe). Ce prénom est porté par environ 5 000 personnes en France. Il est relativement peu attribué aujourd'hui. Variantes : Rédha, Rhéda. Caractérologie : audace, dynamisme, indépendance, direction, résolution.

Rédouane : comblé (arabe). Ce prénom est porté par environ 2 000 personnes en France. Il est très peu attribué aujourd'hui. Variantes : Radoin, Radoine, Radouan, Radouane, Radwan, Radwane, Rédoine, Rédouan, Redwan, Redwane, Redwane, Ridouan, Ridouane, Ridvan, Ridwan, Ridwane. Caractérologie : volonté, analyse, sociabilité, diplomatie, réceptivité.

Réginald : qui conseille avec sagesse (germanique). Ce prénom rare est porté par près de 900 personnes en France. Caractérologie : méditation, cœur, savoir, intelligence, réussite.

Régis : royal (latin). Ce prénom est porté par environ 58 000 personnes en France. Il ne devrait pas être attribué à plus de 50 bébés en 2012. Caractérologie : persévérance, structure, résolution, sécurité, efficacité.

Réhan : basilique (arabe). Ce prénom très rare est porté par près de 190 personnes en France. Tendance : en forte croissance. Caractérologie : bienveillance, paix, conscience, conseil, détermination.

Reinhold : qui conseille avec sagesse (germanique). Ce prénom est porté par moins de 100 personnes en France. Caractérologie : persévérance, structure, sécurité, volonté, raisonnement.

Réjan : roi (latin). Ce prénom est porté par moins de 100 personnes en France. Variante : Réjean. Caractérologie : pragmatisme, créativité, communication, optimisme, résolution.

Rémi : rameur (latin). Ce prénom, porté par environ 82 000 Français, figure dans le top 200 national. Tendance : en décroissance modérée. Rémi se rapporte aux Rèmes, le nom du peuple qui vivait dans la région de Reims. C'est dans la basilique rémoise que l'évêque Remi fit baptiser Clovis et ses troupes. Notons que Rémi peut être orthographié sans accent. Variante basque : Remigio. Caractérologie : tolérance, rêve, rectitude, humanité, générosité.

Rémy : rameur (latin). Ce prénom est porté par environ 64 000 personnes en France. Il est relativement peu attribué aujourd'hui. Caractérologie : connaissance, sagacité, spiritualité, philosophie, originalité.

Rénald : qui conseille avec sagesse (germanique). Ce prénom est porté par environ 2 000 personnes en France. Il ne devrait pas être attribué à plus de 50 bébés en 2012. Variantes : Reinald, Rénal. Caractérologie : décision, altruisme, idéalisme, intégrité, réflexion.

Renaldo : qui conseille avec sagesse (germanique). Ce prénom très rare est porté par près de 400 personnes en France. Variantes : Reinaldo, Reinhard, Reinold. Caractérologie : paix, bienveillance, conscience, caractère, logique.

Renan : petit phoque (irlandais). Ce prénom est porté par environ 2 000 personnes en France. Il est relativement peu attribué aujourd'hui. Tendance : en forte croissance. Variante : Reunan. Caractérologie : savoir, intelligence, méditation, indépendance, décision.

Renato : renaître (latin). Ce prénom rare est porté par près de 1 000 personnes en France. Tendance : en forte croissance. Renato est répandu en Italie. En France, il est plus traditionnellement usité en Corse. Variante occitane : Renat. Caractérologie : ambition, autorité, innovation, énergie, détermination.

Renaud : qui conseille avec sagesse (germanique). Ce prénom est porté par environ 23 000 personnes en France. Il ne devrait pas être attribué à plus de 50 bébés en 2012. Variantes : Renauld, Renaut, Reno. Caractérologie : rêve, rectitude, humanité, ouverture d'esprit, résolution.

René : renaître (latin). Ce prénom est porté par environ 244 000 personnes en France. Il ne devrait pas être attribué à plus de 50 bébés en 2012. Ce prénom fut porté par plusieurs ducs de France, un comte de Provence et un roi napolitain. Un saint illustra également ce prénom en prêchant l'Évangile au Canada au XVIIe siècle. Il mourut martyr aux mains des Iroquois en 1642. Caractérologie : conscience, conseil, bienveillance, paix, sagesse.

Renzo : couronné de lauriers (latin). Ce prénom très rare est porté par près de 500 personnes en France. Tendance : en forte croissance. Variante : Renso. Caractérologie : sens des responsabilités, équilibre, exigence, famille, influence.

Reuben : « c'est un fils ! » (hébreu). Ce prénom est porté par moins de 100 personnes en France. Caractérologie : loyauté, réceptivité, diplomatie, bonté, sociabilité.

Reuel : ami de Dieu (hébreu). Caractérologie : intelligence, méditation, sagesse, savoir, indépendance.

Reymond : qui conseille avec sagesse (germanique). Ce prénom très rare est porté par près de 400 personnes en France. Caractérologie : sécurité, caractère, persévérance, efficacité, structure.

Reynald : qui conseille avec sagesse (germanique). Ce prénom est porté par environ 5 000 personnes en France. Il ne devrait pas être attribué à plus de 50 bébés en 2012. Variantes : Reynal, Reynaldo, Reynaud, Reynold. Caractérologie : savoir, intelligence, méditation, réalisation, sympathie.

Rhys : Ce prénom est porté par moins de 100 personnes en France. Caractérologie : intelligence, ressort, indépendance, méditation, savoir.

Riad : jardin (arabe). Ce prénom est porté par environ 2 000 personnes en France. Il est peu attribué aujourd'hui. Tendance : en croissance modérée. Variantes : Riade, Riadh, Riyadh. Caractérologie : découverte, originalité, audace, énergie, séduction.

Ricardo : puissant gouverneur (germanique). Ce prénom est porté par environ 3 000 personnes en France. Il est très peu attribué aujourd'hui. Ricardo est répandu en Espagne et au Portugal. Variantes : Ricard, Riccardo. Caractérologie : courage, logique, indépendance, curiosité, dynamisme.

Richard : puissant gouverneur (germanique). Ce prénom est porté par environ 75 000 personnes en France. Il est très peu attribué aujourd'hui. Variante : Rick. Caractérologie : connaissance, originalité, sagacité, philosophie, spiritualité.

Rida : satisfaction, plénitude (arabe). Ce prénom est porté par environ 1 000 personnes en France. Tendance : stable. Variante : Ridha. Caractérologie : audace, énergie, séduction, originalité, découverte.

Ridge : crête (anglais). Ce prénom est porté par moins de 100 personnes en France. Caractérologie : spiritualité, connaissance, originalité, sagacité, philosophie.

Rigobert : brillant, gloire (germanique). Ce prénom rare est porté par près de 600 personnes en France. Caractérologie : honnêteté, sécurité, structure, persévérance, efficacité.

Rinaldo : qui conseille avec sagesse (germanique). Ce prénom très rare est porté par près de 200 personnes en France. Caractérologie : caractère, énergie, autorité, innovation, logique.

Rino : renaître (latin). Ce prénom très rare est porté par près de 400 personnes en France. Caractérologie : sociabilité, réceptivité, loyauté, diplomatie, bonté.

Ritchy : puissant gouverneur (germanique). Ce prénom très rare est porté par près de 500 personnes en France. Variantes : Ricci, Rich, Richie, Ritchie, Rick, Ricky, Ritchi, Ritchy. Caractérologie : fidélité, relationnel, intuition, ressort, médiation.

Riwan : roi, valeur (breton). Ce prénom rare est porté par près de 700 personnes en France. Variantes : Riwal, Rywan. Caractérologie : décision, diplomatie, sociabilité, loyauté, réceptivité.

Riyad : serein, épanoui (arabe). Ce prénom est porté par environ 2 000 personnes en France. Il est relativement peu attribué aujourd'hui. Caractérologie : réalisation, pratique, enthousiasme, communication, adaptation.

Roald : qui conseille avec sagesse (germanique). Ce prénom est porté par moins de 100 personnes en France. Caractérologie : curiosité, dynamisme, courage, logique, indépendance.

Roan : voir Rohan. Ce prénom très rare est porté par près de 400 personnes en France. Caractérologie : pragmatisme, optimisme, sociabilité, communication, résolution.

Robert : brillant, gloire (germanique). Ce prénom est porté par environ 222 000 personnes en France. Il ne devrait pas être attribué à plus de 50 bébés en 2012. Ce prénom fut porté par deux rois de France et d'Écosse. Célébré le 3 avril, saint Robert fonda l'abbaye de Molesme et l'ordre de Cîteaux au XIe siècle. Variantes : Rob, Robbie, Robby, Rober, Robertino, Roby.

Caractérologie : bienveillance, conscience, conseil, paix, sagesse.

Roberto : brillant, gloire (germanique). Ce prénom est porté par environ 3 000 personnes en France. Il ne devrait pas être attribué à plus de 50 bébés en 2012. Roberto est répandu en Espagne, en Italie et au Portugal. Caractérologie : sociabilité, communication, optimisme, créativité, pragmatisme.

Robin : brillant, gloire (germanique). Ce prénom est porté par environ 36 000 personnes en France. Il figure dans le top 100 national. Tendance : stable. Variante : Robyn. Caractérologie : sécurité, structure, persévérance, efficacité, honnêteté.

Robinson : fils de Robin (anglais). Ce prénom est porté par environ 1 000 personnes en France. Il est très peu attribué aujourd'hui. Caractérologie : connaissance, sagacité, décision, spiritualité, originalité.

Rocco : reposé (germanique). Ce prénom rare est porté par près de 700 personnes en France. Tendance : en croissance modérée. Caractérologie : ouverture d'esprit, rectitude, raisonnement, humanité, rêve.

Roch : reposé (germanique), Il est Guide (hébreu). Ce prénom est porté par environ 2 000 personnes en France. Il ne devrait pas être attribué à plus de 50 bébés en 2012. Caractérologie : vitalité, achèvement, stratégie, ardeur, raisonnement.

Rocky : rocheux (anglais). Ce prénom très rare est porté par près de 300 personnes en France. Caractérologie : analyse, intégrité, altruisme, idéalisme, réflexion.

Roderick : glorieux, puissant (germanique). Ce prénom très rare est porté par près de 120 personnes en France. Variantes : Rod, Roddy, Rodéric. Caractérologie : relationnel, intuition, médiation, volonté, raisonnement.

Rodney : glorieux, puissant (germanique). Ce prénom très rare est porté par près de 400 personnes en France. Caractérologie : idéalisme, altruisme, intégrité, réflexion, caractère.

Rodolphe : loup renommé (germanique). Ce prénom est porté par environ 21 000 personnes en France. Il ne devrait pas être attribué à plus de 50 bébés en 2012. Variantes : Rodolf, Rodolfo, Rodolph, Rolf. Caractérologie : optimisme, communication, pragmatisme, volonté, raisonnement.

Rodrigue : glorieux, puissant (germanique). Ce prénom est porté par environ 8 000 personnes en France. Il est très peu attribué aujourd'hui. Variantes : Rodrigo, Rodriguez. Variante basque : Ruy. Caractérologie : raisonnement, connaissance, sagacité, spiritualité, volonté.

Roger : lance glorieuse (germanique). Ce prénom est porté par environ 210 000 personnes en France. Il ne devrait pas être attribué à plus de 50 bébés en 2012. Variantes : Roge, Rogelio, Rogerio, Ruggero. Variante occitane : Rotger. Caractérologie : rêve, humanité, générosité, rectitude, tolérance.

Rohan : en ascension, bois de santal (sanscrit), roux (irlandais). Ce prénom rare est porté par près de 900 personnes en France. Variantes : Roan, Roann, Rowan. Caractérologie : diplomatie, réceptivité, sociabilité, loyauté, résolution.

Roland : gloire du pays (germanique). Ce prénom est porté par environ 92 000 personnes en France. Il ne devrait pas être attribué à plus de 50 bébés en 2012. Variantes : Rolan, Rolando, Roldan. Caractérologie : direction, audace, dynamisme, logique, caractère.

Rolland : gloire du pays (germanique). Ce prénom est porté par environ 6 000 personnes en France. Il ne devrait pas être attribué à plus de 50 bébés en 2012. Caractérologie : méthode, ténacité, volonté, fiabilité, analyse.

Romain : romain (latin). Ce prénom, porté par environ 182 000 Français, figure dans le top 100 national. Tendance : en décroissance modérée. Ce prénom fut porté par quatre empereurs byzantins, un pape et un saint qui fonda les monastères du mont Jura au Ve siècle. Caractérologie : connaissance, spiritualité, sagacité, décision, caractère.

Roman : romain (latin). Ce prénom, porté par environ 7 000 Français, figure dans le top 200 national. Tendance : stable. Roman est très usité en Allemagne et dans les pays de l'Est, notamment en Pologne et en Russie. Variantes : Romane, Romann, Romano, Romin. Caractérologie : sagacité, connaissance, détermination, spiritualité, volonté.

Romaric : célèbre, puissant (germanique). Ce prénom est porté par environ 5 000 personnes en France. Il ne devrait pas être attribué à plus de 50 bébés en 2012. Variantes : Romarick, Romary. Caractérologie : curiosité, courage, dynamisme, indépendance, logique.

Romarin : rosée de mer (latin). Caractérologie : intelligence, savoir, méditation, décision, caractère.

Roméo : de Rome (latin). Ce prénom est porté par environ 6 000 personnes en France. Il est relativement peu attribué aujourd'hui. Caractérologie : pratique, enthousiasme, adaptation, communication, volonté.

Romuald : glorieux gouverneur (germanique). Ce prénom est porté par environ 19 000 personnes en France. Il est très peu attribué aujourd'hui. Variante : Romualdo. Caractérologie : créativité, raisonnement, pragmatisme, communication, optimisme.

Ronald : qui conseille avec sagesse (germanique). Ce prénom est porté par environ 3 000 personnes en France. Il ne devrait pas être attribué à plus de 50 bébés en 2012. Variantes : Ron, Ronaldo. Caractérologie : dynamisme, audace, direction, logique, caractère.

Ronan : petit phoque (irlandais). Ce prénom est porté par environ 15 000 personnes en France. Il est relativement peu attribué aujourd'hui. Caractérologie : vitalité, achèvement, stratégie, ardeur, décision.

Ronel : chant de Dieu (hébreu). Ce prénom est porté par moins de 100 personnes en France. Caractérologie : autorité, énergie, innovation, ambition, raisonnement.

Rony : qui conseille avec sagesse (germanique). Ce prénom est porté par environ 1 000 personnes en France. Tendance : stable. Variantes : Ronnie, Ronny. Caractérologie : idéalisme, réflexion, intégrité, altruisme, dévouement.

Roque : reposé (germanique). Ce prénom est porté par moins de 100 personnes en France. Caractérologie : méthode, ténacité, raisonnement, engagement, fiabilité.

Destin et évolution de la forme composée

Depuis l'assouplissement de la législation, en 1993, le catalogue des choix composés s'est enrichi de compositions inédites. Certaines sont devenues si célèbres (Lou-Anne, Lily-Rose) qu'elles s'exportent au-delà des frontières. Malgré ce succès, seuls 4 % des prénoms attribués sont des composés. Ce chiffre, inférieur à la représentation totale des compositions (celles qui sont données à moins de trois personnes éludent les recensements), est comparable au niveau d'attribution observé dans les années 1900. Revenons en arrière pour mieux apprécier leur évolution...

En 1900, on dénombre près de 90 compositions attribuées à plus de trois personnes en France, soit 5 % des attributions totales. Le répertoire est alors beaucoup plus restreint et la législation laisse peu de libertés aux parents. Dans ce contexte, on peut s'étonner que la forme composée n'ait pas été plus massivement utilisée pour former des assemblages originaux : les officiers d'état civil, si prompts à refuser les choix peu ordinaires, n'auraient pas pu rejeter l'association de deux prénoms établis. Mais au début du XXe siècle, le genre composé n'est pas vraiment en faveur. Seuls Marie-Louise et Jean-Baptiste, respectivement placés 45e et 78e, figurent dans les 100 premiers choix nationaux.

Durant la première partie du XXe siècle, toutes les compositions sont formées de Jean pour les garçons, Marie pour les filles. Anne-Marie, l'unique innovation qui ose placer Anne avant Marie, ne s'envole qu'à la fin des années 1940. C'est précisément à cette époque que l'engouement pour les compositions se précise, portant rapidement Jean-Pierre et Jean-Claude aux 20 premiers rangs du classement. Sans compter la multitude d'assemblages qui les suit de près. Leur envolée se poursuit dans les deux sexes et culmine en 1955, où l'on dénombre 25 d'entre eux dans le top 100 national, Jean-Pierre et Marie-Christine en tête. Cette décennie historique marque l'apogée du prénom composé.

Dans les années qui suivent, le genre composé décline mais ne disparaît pas. Il bénéficie même d'une certaine prospérité jusque dans les années 1970. Pendant cette période, on dénombre 15 à 20 assemblages dans le top 100 des classements annuels.

Anne-Sophie prend la tête des duos féminins en 1975, mais Marie reste un élément clé des compositions jusque dans les années 2000. De son côté, Jean-Baptiste règne sur le palmarès composé et la dynastie des Jean de 1981 à 2007.

Les années 1980 marquent le déclin des prénoms composés. À l'exception d'Anne-Sophie et Jean-Baptiste, les compositions s'effacent progressivement du top 100 français. Elles en disparaissent totalement en 1999 et ne seraient peut-être pas revenues si Lou-Ann(e) ne s'était pas envolée. En s'imposant dans le top 80 national en 2004, Lou-Ann(e) réactive leur

.../

Destin et évolution de la forme composée *(suite)*

existence. Sa notoriété est telle que Louane tout court naît bientôt dans son sillon ! Lou-Ann(e) est bientôt rejointe par Lily-Rose, une nouvelle fleur qui pousse en France et dans les pays francophones. Dans le même temps, Léo-Paul et Pierre-Louis grandissent discrètement, mais ils deviennent des choix chics et originaux incontournables dans le tableau masculin. Nous n'aurions jamais observé ce retour si Pierre, Charles, Paul et Louis, Lou, Lily et Rose ne s'étaient pas rebellés contre Marie et Jean.

Aujourd'hui, Jean-Pierre, Jean-Claude, Marie-Christine et Marie-Claude sont, dans leur immense majorité, grands-parents, témoins d'une autre génération. Jean n'est plus le composant indispensable des compositions et Marie s'est effacée au profit d'Anne. En attendant la percée de Pierre-Louis dans le classement général, notons que Mohamed-Amine a supplanté Jean-Baptiste en 2008… Une chose impensable il y a encore dix ans. La révolution des prénoms composés produit ses effets et n'a sans doute pas fini de nous surprendre…

Rosan : rose (latin). Ce prénom rare est porté par près de 600 personnes en France. Caractérologie : méthode, fiabilité, engagement, ténacité, détermination.

Ross : cheval (germanique). Ce prénom est porté par moins de 100 personnes en France. Caractérologie : ambition, force, habileté, management, passion.

Rowan : en ascension, bois de santal (sanscrit), roux (irlandais). Également dérivé du patronyme irlandais O'Ruadhán (« descendant de Ruadhán »). Ce prénom très rare est porté par près de 300 personnes en France. Caractérologie : achèvement, vitalité, résolution, stratégie, ardeur.

Roy : roi (latin). Ce prénom rare est porté par près de 500 personnes en France. Variante : Rex. Caractérologie : sécurité, persévérance, efficacité, honnêteté, structure.

Ruben : « c'est un fils ! » (hébreu). Ce prénom, porté par environ 8 000 Français, figure dans le top 200 national. Tendance : en croissance modérée. Personnage biblique, Ruben est le père des Rubénites, l'une des douze tribus d'Israël. En France, Ruben est plus traditionnellement usité au Pays basque. Caractérologie : équilibre, famille, éthique, influence, exigence.

Rubens : « c'est un fils ! » (hébreu). Ce prénom rare est porté par près de 700 personnes en France. Caractérologie : sagacité, connaissance, spiritualité, organisation, résolution.

Ruddy : loup renommé (germanique). Ce prénom est porté par environ 3 000 personnes en France. Il ne devrait pas être attribué à plus de 50 bébés en 2012. Caractérologie : rectitude, générosité, humanité, tolérance, rêve.

Rudolphe : loup renommé (germanique). Ce prénom très rare est porté par près de 500 personnes en France. Variantes : Rudolf, Rudolph. Caractérologie : caractère, rectitude, humanité, logique, rêve.

Rudy : loup renommé (germanique). Ce prénom est porté par environ 19 000 personnes en France. Il est peu attribué aujourd'hui.

Variantes : Rody, Rudi. Caractérologie : énergie, découverte, audace, séduction, originalité.

Ruel : ami de Dieu, terre rouge (hébreu). Caractérologie : intuition, fidélité, médiation, adaptabilité, relationnel.

Rufino : roux (latin). Ce prénom est porté par moins de 100 personnes en France. Variantes : Ruffin, Rufin, Rufus. Caractérologie : intuition, médiation, relationnel, fidélité, analyse.

Rui : loup renommé (germanique). Ce prénom est porté par environ 2 000 personnes en France. Tendance : en forte croissance. Caractérologie : adaptation, communication, enthousiasme, pratique, générosité.

Rumwald : gouverneur célèbre (germanique). Caractérologie : réceptivité, diplomatie, loyauté, sociabilité, résolution.

Rupert : brillant, gloire (germanique). Ce prénom est porté par moins de 100 personnes en France. Caractérologie : habileté, ambition, amitié, force, passion.

Russell : comme un renard (anglo-saxon). Ce prénom est porté par moins de 100 personnes en France. Variantes : Russ, Russel. Caractérologie : spiritualité, résolution, sagacité, originalité, connaissance.

Ryad : jardin (arabe). Ce prénom est porté par environ 3 000 personnes en France. Il est relativement peu attribué aujourd'hui. Caractérologie : enthousiasme, réalisation, pratique, communication, adaptation.

Ryan : petit roi (irlandais). Ce prénom, porté par environ 15 000 Français, figure dans le top 100 national. Tendance : stable. Porté par une vague irlandaise, Ryan a connu son apogée française au début des années 2000. Saint Rhian, abbé gallois dont on sait peu de choses, aurait donné son nom à Llanrhian, un petit village du Pembrokeshire (pays de Galles). Variantes : Raïan, Rian, Rihan, Riyan, Ryane, Ryann, Ryhan. Caractérologie : structure, efficacité, persévérance, sécurité, détermination.

Saad : heureux, que le destin favorise (arabe), l'aide de Dieu (hébreu). Ce prénom est porté par environ 1 000 personnes en France. Il est peu attribué aujourd'hui. Tendance : en croissance modérée. Variantes : Saadi, Saaïd, Saïdi. Caractérologie : originalité, philosophie, connaissance, spiritualité, sagacité.

Saber : calme et patient (arabe). Ce prénom rare est porté par près de 800 personnes en France. Caractérologie : rêve, humanité, rectitude, ouverture d'esprit, résolution.

Sabin : habitant d'Italie centrale (latin). Ce prénom très rare est porté par près de 200 personnes en France. Variantes : Sabien, Sabino. Caractérologie : décision, rectitude, rêve, humanité, ouverture d'esprit.

Sabri : calme et patient (arabe). Ce prénom est porté par environ 4 000 personnes en France. Il est peu attribué aujourd'hui. Variantes : Sabir, Sabri. Caractérologie : ténacité, fiabilité, engagement, sens du devoir, méthode.

Sacha : défense de l'humanité (grec). Ce prénom est porté par environ 26 000 personnes en France. Il figure dans le top 50 national. Tendance : en croissance modérée. Sacha figure dans le palmarès des prénoms mixtes. Voir l'encadré dédié à ce sujet. Caractérologie : découverte, énergie, séduction, audace, originalité.

Sadek : honnête, franc (arabe). Ce prénom très rare est porté par près de 300 personnes en France. Variantes : Sadak, Saddek, Sadok, Sédik, Seddik. Caractérologie : persévérance, structure, sécurité, honnêteté, efficacité.

Safi : pur, ami préféré (arabe). Ce prénom très rare est porté par près de 200 personnes en France. Caractérologie : stratégie, achèvement, vitalité, leadership, ardeur.

Safir : porteur du message (arabe). Ce prénom très rare est porté par près de 300 personnes en France. Caractérologie : achèvement, ardeur, stratégie, vitalité, leadership.

Safouane : pur (arabe). Ce prénom très rare est porté par près de 180 personnes en France. Tendance : en forte croissance. Variantes : Safwan, Safwane. Caractérologie : assurance, direction, audace, indépendance, dynamisme.

Sahel : conciliant (arabe). Ce prénom très rare est porté par près de 200 personnes en France. Variante : Sahil. Caractérologie : idéalisme, altruisme, dévouement, intégrité, réflexion.

Saïd : heureux, que le destin favorise (arabe). Ce prénom est porté par environ 11 000 personnes en France. Il est peu attribué aujourd'hui. Variantes : Sadi, Sadio, Saïdou. Caractérologie : sagesse, conscience, bienveillance, conseil, paix.

Salah : bon, vertueux (arabe). Ce prénom est porté par environ 4 000 personnes en France. Il est très peu attribué aujourd'hui. Variante : Sala. Prénom composé rare mais en forte croissance : Salah-Eddine. Caractérologie : indépendance, charisme, courage, curiosité, dynamisme.

Salem : pur, intact, en sécurité (arabe). Ce prénom est porté par environ 2 000 personnes en France. Tendance : en croissance modérée. Caractérologie : audace, découverte, originalité, énergie, séduction.

Salih : intègre, équitable (arabe). Ce prénom très rare est porté par près de 500 personnes en France. Tendance : en forte croissance. Variante : Saleh. Caractérologie : sécurité, structure, efficacité, honnêteté, persévérance.

Salim : pur, intact, en sécurité (arabe). Ce prénom est porté par environ 8 000 personnes en France. Il est peu attribué aujourd'hui. Variantes : Aslam, Salime, Salimou, Salman, Salmane, Slimen. Caractérologie : idéalisme, altruisme, intégrité, dévouement, réflexion.

Salomon : pacifique, calme (hébreu). Ce prénom rare est porté par près de 900 personnes en France. Caractérologie : vitalité, stratégie, achèvement, ardeur, caractère.

Salvador : sauveur (latin). Ce prénom est porté par environ 1 000 personnes en France. Tendance : en croissance modérée. Caractérologie : diplomatie, réceptivité, sociabilité, loyauté, raisonnement.

Salvator : sauveur (latin). Ce prénom rare est porté par près de 600 personnes en France. Caractérologie : rectitude, humanité, rêve, analyse, organisation.

Salvatore : sauveur (latin). Ce prénom est porté par environ 3 000 personnes en France. Il ne devrait pas être attribué à plus de 50 bébés en 2012. Salvatore est très répandu en Italie. Variante corse : Salvadore. Caractérologie : énergie, découverte, audace, volonté, analyse.

Sam : Son nom est Dieu (hébreu). Ce prénom est porté par environ 4 000 personnes en France. Il est relativement peu attribué aujourd'hui. Caractérologie : bienveillance, conscience, paix, conseil, sagesse.

Samba : le deuxième fils (Afrique de l'Ouest). Ce prénom est porté par environ 1 000 personnes en France. Il est très peu attribué aujourd'hui. Caractérologie : rêve, humanité, rectitude, ouverture d'esprit, générosité.

Sami : Son nom est Dieu (hébreu), élevé, admirable (arabe). Ce prénom est porté par environ 11 000 personnes en France. Il figure dans le top 200 national. Tendance : stable. Caractérologie : paix, conscience, sagesse, bienveillance, conseil.

Samih : généreux, magnanime (arabe). Ce prénom très rare est porté par près de 300 personnes en France. Caractérologie : curiosité, indépendance, courage, charisme, dynamisme.

Samir : conversation intime pendant la nuit (arabe). Ce prénom est porté par environ 16 000 personnes en France. Il est peu attribué aujourd'hui. Variantes : Samire, Samyr, Sémir. Caractérologie : sens des responsabilités, famille, équilibre, influence, exigence.

Sammy : Son nom est Dieu (hébreu), élevé, admirable (arabe). Ce prénom est porté par environ 1 000 personnes en France. Tendance : stable. Caractérologie : vitalité, achèvement, ardeur, stratégie, réalisation.

Sampiero : petit caillou (grec). Ce prénom est porté par moins de 100 personnes en France. Dans l'Hexagone, Sanpiero est plus traditionnellement usité en Corse. Caractérologie : paix, volonté, réalisation, bienveillance, conscience.

SAMUEL

Fête : 20 août

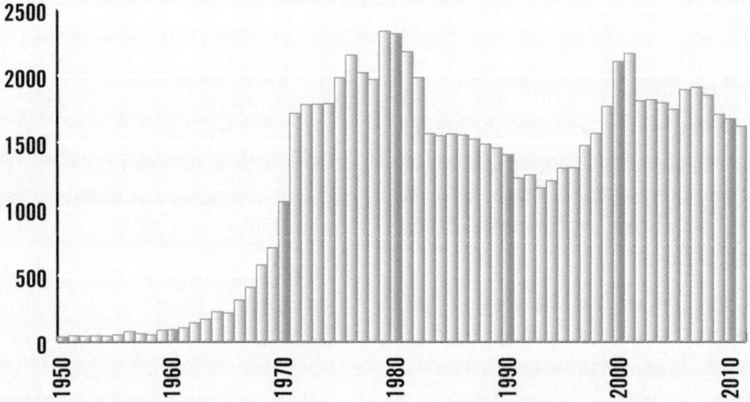

Étymologie : de l'hébreu, « Son nom est Dieu ». Classique et intemporel dans les pays anglophones, où il s'est largement répandu, ce prénom peine à s'imposer en France. Il s'envole dans les années 1960, mais un parcours en dents de scie entrave sa carrière. Dernier épisode d'une longue aventure, Samuel s'impose dans les 20 premiers rangs du palmarès parisien en 2006, et progresse dans le top 50 français. D'aucuns y verront les signes d'un nouveau départ : Samuel ne rime-t-il pas avec Gabriel et Raphaël ? En arborant leur « el » (« Dieu » en hébreu), ce trio est porté par la vague des prénoms bibliques. En attendant confirmation, le diminutif Sam n'a jamais été autant choisi (près de 300 naissances estimées pour 2012).

Samuel n'a pas attendu sa renaissance française pour triompher dans d'autres pays. Il grandit dans le top 30 wallon et a déjà franchi des cimes en Suisse romande et au Québec. En dehors de la zone francophone, il figure dans les 30 premiers rangs des pays anglophones et de l'Espagne.

Samuel, premier grand juge et prophète, désigna Saül comme le premier roi d'Israël, puis David à sa succession. Deux livres de la Bible portent son nom.

Samuel Beckett (1906-1989), romancier irlandais et auteur de *En attendant Godot*, reçut le prix Nobel de littérature en 1969.

.../

Samuel *(suite)*

Samuel Morse (1791-1872), physicien américain, est l'inventeur du code morse, système de télécommunication abandonné par la marine en 1999.

Statistiques : Samuel est le 47e prénom masculin le plus donné en France depuis le début du XXIe siècle. On peut estimer qu'il sera attribué à un garçon sur 253 en 2012.

Samson : soleil (hébreu). Ce prénom est porté par environ 1 000 personnes en France. Il est très peu attribué aujourd'hui. Tendance : en croissance modérée. Caractérologie : idéalisme, intégrité, réflexion, volonté, altruisme.

Samuel : Son nom est Dieu (hébreu). Ce prénom est porté par environ 75 000 personnes en France. Il figure dans le top 50 national. Voir le zoom dédié à Samuel. Caractérologie : ambition, passion, force, habileté, management.

Samy : Son nom est Dieu (hébreu), élevé, admirable (arabe). Ce prénom est porté par environ 14 000 personnes en France. Il figure dans le top 200 national. Tendance : stable. Caractérologie : structure, sécurité, persévérance, efficacité, réussite.

Sandro : défense de l'humanité (grec). Ce prénom est porté par environ 4 000 personnes en France. Il est relativement peu attribué aujourd'hui. Tendance : en forte croissance. Caractérologie : vitalité, achèvement, stratégie, volonté, résolution.

Sandy : défense de l'humanité (grec). Ce prénom est porté par environ 2 000 personnes en France. Il ne devrait pas être attribué à plus de 50 bébés en 2012. Caractérologie : altruisme, réalisation, idéalisme, intégrité, réflexion.

Sanjay : triomphant (sanscrit). Ce prénom très rare est porté par près de 200 personnes en France. Tendance : en forte croissance. Caractérologie : connaissance, sagacité, philosophie, originalité, spiritualité.

Santiago : contraction espagnole de *santo* (« saint ») et Iago (forme dérivée de Jacques). Santiago est le patron de l'Espagne. Ce prénom rare est porté par près de 1 000 personnes en France. Tendance : en croissance modérée. Diminutif : Tiago. Caractérologie : curiosité, courage, détermination, dynamisme, indépendance.

Santu : tous les saints (latin). Ce prénom est porté par moins de 100 personnes en France. Prénom corse. Variante : San. Caractérologie : communication, organisation, pragmatisme, optimisme, créativité.

Saphir : pierre précieuse bleue (hébreu). Ce prénom très rare est porté par près de 160 personnes en France. Caractérologie : ambition, force, habileté, passion, ressort.

Sariel : prince de Dieu (hébreu). Caractérologie : énergie, innovation, ambition, autorité, détermination.

Sarkis : servir (latin). Ce prénom est porté par moins de 100 personnes en France. Caractérologie : audace, découverte, séduction, énergie, originalité.

Sasha : défense de l'humanité (grec). Ce prénom est porté par environ 4 000 personnes en France. Il figure dans le top 200 national. Tendance : en forte croissance. Variante : Sascha. Caractérologie : optimisme, créativité, pragmatisme, sociabilité, communication.

Saturnin : Saturne (latin). Ce prénom très rare est porté par près de 500 personnes en France. Variante : Saturnino. Caractérologie : achèvement, stratégie, gestion, décision, vitalité.

Saül : demandé par Dieu (hébreu). Désigné par le prophète Samuel, Saül devint le premier roi d'Israël. Voir Paul. Caractérologie : ardeur, achèvement, leadership, vitalité, stratégie.

Sauveur : sauveur (latin). Ce prénom est porté par environ 2 000 personnes en France. Il ne devrait pas être attribué à plus de 50 bébés en 2012. Caractérologie : ambition, habileté, passion, détermination, force.

Saverio : maison neuve (basque). Ce prénom très rare est porté par près de 200 personnes en France. Caractérologie : décision, ambition, force, habileté, caractère.

Savinien : habitant d'Italie centrale (latin). Ce prénom très rare est porté par près de 300 personnes en France. Variantes : Savin, Savino. Caractérologie : optimisme, pragmatisme, créativité, communication, décision.

Scipion : baguette de bois (latin). Ce prénom est porté par moins de 100 personnes en France. Caractérologie : fiabilité, méthode, analyse, sympathie, ténacité.

Scott : écossais (celte). Ce prénom est porté par environ 1 000 personnes en France. Il est très peu attribué aujourd'hui. Tendance : en croissance modérée. Variante : Scotty. Caractérologie : dynamisme, curiosité, courage, indépendance, organisation.

Sean : Dieu fait grâce (hébreu). Ce prénom est porté par environ 2 000 personnes en France. Il est peu attribué aujourd'hui. Tendance : en croissance modérée. Sean est répandu en Irlande. Caractérologie : enthousiasme, communication, pratique, adaptation, générosité.

Searle : armure, défenseur (celte). Caractérologie : paix, bienveillance, conseil, conscience, résolution.

Sébastian : respecté, vénéré (grec). Ce prénom est porté par environ 1 000 personnes en France. Il est très peu attribué aujourd'hui. Variante : Sebastiano. Caractérologie : rectitude, humanité, décision, ouverture d'esprit, rêve.

Sébastien : respecté, vénéré (grec). Ce prénom est porté par environ 296 000 personnes en France. Il est relativement peu attribué aujourd'hui. Capitaine dans l'armée de Dioclétien au IIIe siècle, saint Sébastien fut battu à mort par ses soldats lorsque ceux-ci découvrirent qu'il était chrétien. Il est le patron des prisonniers. Ce prénom fut également porté par un roi du Portugal au XVIe siècle. Caractérologie : ténacité, méthode, fiabilité, engagement, détermination.

Secondo : second (latin). Ce prénom est porté par moins de 100 personnes en France. Variantes : Second, Segond, Segundo. Caractérologie : optimisme, communication, volonté, pragmatisme, créativité.

Segal : trésor (hébreu). Dans l'Hexagone, Segal est plus traditionnellement usité en Bretagne. Variantes : Matmon, Siegal. Caractérologie : vitalité, achèvement, ardeur, stratégie, cœur.

Sélim : pur, intact, en sécurité (arabe). Ce prénom est porté par environ 4 000 personnes en France. Il est peu attribué aujourd'hui. Variante : Célim. Caractérologie : structure, persévérance, sécurité, détermination, efficacité.

Selyan : lune (grec). Ce prénom rare est porté par près de 700 personnes en France. Tendance : en forte croissance. Variante : Celyan. Caractérologie : persévérance, structure, sécurité, efficacité, bonté.

Sémih : généreux, magnanime (arabe). Ce prénom est porté par environ 1 000 personnes en France. Il est relativement peu attribué aujourd'hui. Tendance : en forte croissance. Caractérologie : intégrité, idéalisme, altruisme, résolution, réflexion.

Sémy : élevé, admirable (arabe). Ce prénom très rare est porté par près de 140 personnes en France. Caractérologie : force, ambition, habileté, passion, réussite.

Seng : noble, luxe (vietnamien). Ce prénom est porté par moins de 100 personnes en France. Caractérologie : ouverture d'esprit, humanité, rêve, rectitude, générosité.

Septime : septième (latin). Ce prénom est porté par moins de 100 personnes en France. Caractérologie : paix, décision, bienveillance, conscience, réussite.

Séraphin : ardent (latin). Ce prénom est porté par environ 1 000 personnes en France. Il est très peu attribué aujourd'hui. Tendance : en croissance modérée. Variante : Seraphino. Caractérologie : action, rectitude, humanité, rêve, décision.

Serge : servir (latin). Ce prénom est porté par environ 184 000 personnes en France. Il ne devrait pas être attribué à plus de 50 bébés en 2012. Plusieurs saints et quatre papes ont illustré ce prénom. Officier romain au IVe siècle, saint Serge fut décapité après avoir été dénoncé pour sa foi. Fondateur du monastère de La Trinité au XIVe siècle, saint Serge de Radonège est le patron de la Russie. Variantes : Serges, Sergei, Serguei. Caractérologie : idéalisme, altruisme, réflexion, décision, intégrité.

Sergio : servir (latin). Ce prénom est porté par environ 3 000 personnes en France. Il ne devrait pas être attribué à plus de 50 bébés en 2012. Sergio est très répandu dans les pays hispanophones, en Italie et au Portugal. En France, il est plus traditionnellement usité en Corse. Variante : Serjio. Caractérologie : direction, audace, dynamisme, indépendance, résolution.

Servan : qui est respectueux (breton). Ce prénom très rare est porté par près de 300 personnes en France. Caractérologie : méditation, indépendance, savoir, intelligence, détermination.

Seth : Dieu a désigné (hébreu). Ce prénom est porté par moins de 100 personnes en France. Caractérologie : savoir, méditation, intelligence, indépendance, finesse.

Sévan : nom d'un lac d'Arménie (arménien). Ce prénom est porté par environ

1 000 personnes en France. Il est relativement peu attribué aujourd'hui. Tendance : en forte croissance. Caractérologie : méditation, indépendance, savoir, sagesse, intelligence.

Seven : sept (anglais). Ce prénom très rare est porté par près de 130 personnes en France. Caractérologie : relationnel, adaptabilité, médiation, intuition, fidélité.

Séverin : grave, sérieux (latin). Ce prénom est porté par environ 2 000 personnes en France. Il ne devrait pas être attribué à plus de 50 bébés en 2012. Variantes : Sever, Séverian, Severino. Caractérologie : réceptivité, décision, sociabilité, loyauté, diplomatie.

Seymour : qui vit près de la mer (anglais). Ce prénom est porté par moins de 100 personnes en France. Caractérologie : force, ambition, habileté, réussite, logique.

Sezny : rayon de soleil (celte). Ce prénom est porté par moins de 100 personnes en France. Caractérologie : vitalité, stratégie, ardeur, achèvement, leadership.

Shad : abri, remise (anglais). Ce prénom très rare est porté par près de 130 personnes en France. Caractérologie : charisme, courage, dynamisme, curiosité, indépendance.

Shaï : don, présent (hébreu). Ce prénom très rare est porté par près de 300 personnes en France. Caractérologie : ambition, énergie, innovation, autonomie, autorité.

Shawn : Dieu fait grâce (hébreu). Ce prénom rare est porté par près de 800 personnes en France. Tendance : en croissance modérée. Variantes : Shan, Shane, Shaun, Shun. Caractérologie : relationnel, adaptabilité, intuition, fidélité, médiation.

Sheldon : colline protégée (vieil anglais). Ce prénom très rare est porté par près de 120 personnes en France. Tendance : en forte croissance. Caractérologie : découverte, énergie, originalité, audace, volonté.

Sidi : habitant de Sidon (latin), lion (arabe). Ce prénom est porté par environ 1 000 personnes en France. Tendance : stable. Variantes : Sid, Sidy. Forme composée rare mais en forte croissance : Sidi-Mohamed. Caractérologie : audace, énergie, originalité, séduction, découverte.

Sidney : habitant de Sidon (latin). Ce prénom est porté par environ 1 000 personnes en France. Tendance : stable. Sidon, l'une des plus vieilles cités de la Phénicie, aurait été fondée par Canaan, le petit-fils de Noé. Cette ville au destin exceptionnel surmonta la destruction infligée par les Perses (en 343), puis par les Assyriens (en 677). Située sur la côte libanaise, Sidon est appelée Sayda aujourd'hui. Variante : Saens. Caractérologie : persévérance, structure, sécurité, réussite, décision.

Sidoine : habitant de Sidon (latin). Ce prénom très rare est porté par près de 300 personnes en France. Caractérologie : communication, caractère, enthousiasme, pratique, décision.

Siegfried : victoire, paix (germanique). Ce prénom rare est porté par près de 1 000 personnes en France. Tendance : en forte croissance. Siegfried est très répandu en Allemagne. Variantes : Siegfrid, Siegrid, Sigfried. Caractérologie : direction, audace, caractère, dynamisme, réussite.

Sigismond : victoire préservée (germanique). Ce prénom très rare est porté par près de

120 personnes en France. Variantes : Sigmond, Sigmund. Caractérologie : caractère, dynamisme, direction, audace, réussite.

Silas : demander (araméen). Ce prénom très rare est porté par près de 400 personnes en France. Tendance : en forte croissance. Caractérologie : bienveillance, conscience, paix, conseil, sagesse.

Silvain : forêt (latin). Ce prénom rare est porté par près de 700 personnes en France. Variantes : Seva, Silvano, Silver, Silvin, Silvino. Variante bretonne : Sev. Caractérologie : dynamisme, courage, curiosité, détermination, indépendance.

Silvère : forêt (latin). Ce prénom est porté par environ 1 000 personnes en France. Tendance : stable. Caractérologie : ouverture d'esprit, rectitude, humanité, rêve, décision.

Silvio : forêt (latin). Ce prénom est porté par environ 1 000 personnes en France. Tendance : stable. Variante : Silbio. Caractérologie : audace, énergie, découverte, originalité, raisonnement.

Siméon : qui est exaucé (hébreu). Ce prénom est porté par environ 2 000 personnes en France. Il est peu attribué aujourd'hui. Caractérologie : pragmatisme, communication, optimisme, détermination, volonté.

Simon : qui est exaucé (hébreu). Ce prénom est porté par environ 69 000 personnes en France. Après avoir été longtemps inusité, Simon renaît dans l'Hexagone dans les années 1980. Il se maintient aujourd'hui dans le top 50 national. Général et homme d'État sud-américain, Simon Bolívar combattit pour l'indépendance des colonies espagnoles d'Amérique. Il est le libérateur du Venezuela, de la Colombie, de l'Équateur et du Pérou. Dans l'Ancien Testament, Simon est le second fils de Jacob et Léa. Variantes : Shimon, Siméo, Simson, Syméon, Symon, Ximun. Caractérologie : résolution, méditation, savoir, volonté, intelligence.

Sinan : protecteur (arabe). Ce prénom rare est porté par près de 900 personnes en France. Caractérologie : pratique, communication, décision, enthousiasme, adaptation.

Sinclair : se rapporte au nom d'un village français. Ce prénom très rare est porté par près de 120 personnes en France. Caractérologie : sécurité, structure, efficacité, résolution, persévérance.

Sixte : lisse, poli (grec). Ce prénom très rare est porté par près de 300 personnes en France. Caractérologie : audace, découverte, résolution, énergie, originalité.

Sliman : intact, d'origine (arabe). Ce prénom rare est porté par près de 700 personnes en France. Caractérologie : dynamisme, curiosité, résolution, courage, indépendance.

Slimane : intact, d'origine (arabe). Ce prénom est porté par environ 2 000 personnes en France. Tendance : en croissance modérée. Variante : Slim. Caractérologie : ambition, innovation, autorité, détermination, énergie.

Sloan : guerrier (celte). Ce prénom rare est porté par près de 600 personnes en France. Caractérologie : spiritualité, sagacité, philosophie, connaissance, originalité.

Smaïl : Dieu a entendu (hébreu). Ce prénom arabe est porté par environ 2 000 personnes en France. Il ne devrait pas être attribué à plus de 50 bébés en 2012. Variante : Smaël. Caractérologie : idéalisme, altruisme, dévouement, intégrité, réflexion.

Idées de prénoms triculturels

Le tableau ci-dessous propose une sélection de prénoms francophones et leurs équivalents anglophones et hispanophones. Cette sélection sera utile aux parents qui souhaitent trouver un prénom dont l'orthographe ou la prononciation reste identique dans de nombreuses régions du monde.

Prénom francophone	Prénom anglophone	Prénom hispanophone
Adam	Adam	Adam
Adrien	Adrian	Adrián
Aïdan	Aidan	Aiden
Alex	Alex	Álex
Angel	Angel	Ángel
Alexandre	Alexander	Alejandro
Adrien	Adrian	Adrían
Charles	Charles	Carlos
Daniel	Daniel	Daniel
Éric	Erik	Erik, Erico
Ethan	Ethan	Izan
Évan	Évan	Ivan
Gabriel	Gabriel	Gabriel
Hugo	Hugo	Hugo
Jérémie, Jérémy	Jeremy	Jeremías
Joseph	Joseph	José
Jules	Jules	Julio
Julien	Julian	Julián
Louis	Lewis, Luis	Luis
Lucas	Lucas, Luke	Lucas
Marc	Mark	Marcos, Marco
Martin	Martin	Martín
Michaël	Mickaël	Miguel
Nathan	Nathan	Natán
Nicolas	Nicholas	Nicolás
Noé	Noah	Noé
Oscar	Oscar	Óscar
Paul	Paul	Pablo
Raphaël	Raphael	Rafael
Ruben	Ruben	Ruben
Samuel	Samuel	Samuel
Simon	Simon	Simon
Théo	Theo	Téo
Thomas	Thomas	Tomás
Victor	Victor	Victor, Victoriano
Guillaume	William	Guillermo
Rayan, Ryan	Ryan	–
Zacharie, Zachary	Zachary	Zacarías

Smaïn : Dieu a entendu (hébreu). Ce prénom arabe est porté par environ 1 000 personnes en France. Il ne devrait pas être attribué à plus de 50 bébés en 2012. Variante : Smaïne. Caractérologie : sociabilité, détermination, réceptivité, diplomatie, loyauté.

Soan : variante de Sohan; forme de Jean usitée dans les îles Wallis-et-Futuna. Ce prénom est porté par environ 3 000 personnes en France. Il figure dans le top 100 national. Tendance : en forte croissance. Variante : Soane. Caractérologie : engagement, méthode, ténacité, sens du devoir, fiabilité.

Socrate : salut et paix (grec). Ce prénom très rare est porté par près de 120 personnes en France. Socrate, philosophe de la Grèce antique (Ve siècle av. J.-C.), n'a laissé aucun écrit. Il est connu par les témoignages de ses contemporains et les écrits de son disciple Platon. Caractérologie : humanité, rectitude, analyse, rêve, résolution.

Sofian : dévoué (arabe). Ce prénom est porté par environ 6 000 personnes en France. Il est peu attribué aujourd'hui. Caractérologie : innovation, ambition, autorité, énergie, détermination.

Sofiane : dévoué (arabe). Ce prénom est porté par environ 20 000 personnes en France. Il figure dans le top 200 national. Tendance : stable. Variantes : Saufiane, Sofyan, Sofyane. Caractérologie : bienveillance, paix, conscience, conseil, résolution.

Sofien : dévoué (arabe). Ce prénom est porté par environ 1 000 personnes en France. Tendance : stable. Variantes : Sofiene, Sofienne, Sofyen. Caractérologie : audace, énergie, originalité, découverte, détermination.

Sohan : étoile (arabe). Ce prénom est porté par environ 2 000 personnes en France. Il figure dans le top 200 national. Tendance : en forte croissance. Variantes : Soane, Soann, Soen, Sohann, Sohane. Caractérologie : ambition, force, management, passion, habileté.

Sol : soleil (latin). Dans la mythologie romaine, Sol est le dieu du Soleil. Ce prénom est porté par moins de 100 personnes en France. Caractérologie : dynamisme, audace, indépendance, assurance, direction.

Solal : celui qui fraie un chemin (hébreu). Ce prénom est porté par environ 2 000 personnes en France. Il est relativement peu attribué aujourd'hui. Tendance : en croissance modérée. Caractérologie : courage, curiosité, dynamisme, charisme, indépendance.

Solan : solennel (latin). Ce prénom très rare est porté par près de 300 personnes en France. Tendance : en forte croissance. Variantes : Solane, Solann. Caractérologie : philosophie, originalité, connaissances, sagacité, spiritualité.

Soliman : pacifique, calme (hébreu). Ce prénom très rare est porté par près de 130 personnes en France. Tendance : en forte croissance. Variante : Solly. Caractérologie : sociabilité, réceptivité, diplomatie, analyse, volonté.

Sonny : fils, garçon (anglais). Ce prénom est porté par environ 2 000 personnes en France. Il est très peu attribué aujourd'hui. Caractérologie : bienveillance, conscience, conseil, paix, sagesse.

Sony : fils, garçon (anglais). Ce prénom est porté par environ 1 000 personnes en France. Tendance : stable. Variante : Soni. Caractérologie : dynamisme, audace, assurance, direction, indépendance.

Sophian : dévoué (arabe). Ce prénom rare est porté par près de 1 000 personnes en France. Caractérologie : action, audace, dynamisme, détermination, direction.

Sophiane : dévoué (arabe). Ce prénom rare est porté par près de 900 personnes en France. Variante : Sophien. Caractérologie : action, bienveillance, paix, conscience, décision.

Soren : forme danoise de Séverin : grave, sérieux (latin). Ce prénom est porté par environ 1 000 personnes en France. Il est relativement peu attribué aujourd'hui. Tendance : en forte croissance. Caractérologie : leadership, vitalité, achèvement, stratégie, détermination.

Sosthène : celui dont la force est préservée (grec). Ce prénom très rare est porté par près de 400 personnes en France. Tendance : en forte croissance. Variante corse : Sostene. Caractérologie : conseil, conscience, paix, sensibilité, bienveillance.

Soufian : dévoué (arabe). Ce prénom rare est porté par près de 600 personnes en France. Caractérologie : ténacité, méthode, fiabilité, détermination, raisonnement.

Soufiane : dévoué (arabe). Ce prénom est porté par environ 3 000 personnes en France. Il est très peu attribué aujourd'hui. Variantes : Souphiane, Soufien. Caractérologie : humanité, décision, rectitude, rêve, logique.

Souhéil : préparer, faciliter un projet (arabe). Ce prénom très rare est porté par près de 300 personnes en France. Tendance : en forte croissance. Variantes : Sohaïl, Sohéil, Souhaïl, Souhayl. Caractérologie : résolution, ambition, force, analyse, habileté.

Souleymane : sain, intact, en sécurité (arabe). Ce prénom est porté par environ 2 000 personnes en France. Il est relativement peu attribué aujourd'hui. Tendance : en forte croissance. Variantes : Soleiman, Souleiman, Soulemane, Souleyman, Souliman, Soulimane, Sulayman, Suliman. Caractérologie : ténacité, fiabilité, méthode, volonté, réalisation.

Sovan : or (cambodgien). Ce prénom est porté par moins de 100 personnes en France. Variante : Sovann. Caractérologie : achèvement, vitalité, stratégie, ardeur, volonté.

Spencer : qui distribue des provisions (anglais). Ce prénom est porté par moins de 100 personnes en France. Variante : Spence. Caractérologie : habileté, détermination, force, ambition, bonté.

Stan : diminutif des prénoms formés avec Stan. Ce prénom est porté par environ 2 000 personnes en France. Il est peu attribué aujourd'hui. Caractérologie : altruisme, réflexion, idéalisme, intégrité, dévouement.

Stanislas : commandeur glorieux (slave). Ce prénom est porté par environ 16 000 personnes en France. Il est relativement peu attribué aujourd'hui. Variantes : Stanis, Stanislav, Stanislawa, Stany, Stanyslas. Caractérologie : famille, décision, gestion, équilibre, sens des responsabilités.

Stanislaw : commandeur glorieux (slave). Ce prénom très rare est porté par près de 400 personnes en France. Caractérologie : direction, dynamisme, décision, audace, gestion.

Stanley : clairière rocailleuse (anglais). Ce prénom est porté par environ 2 000 personnes en France. Il est peu attribué aujourd'hui. Caractérologie : famille, équilibre, organisation, sens des responsabilités, bonté.

Steed : habitant d'une ferme (anglais). Ce prénom est porté par moins de 100 personnes en France. Caractérologie : ardeur, vitalité, leadership, stratégie, achèvement.

Steeve : couronné (grec). Ce prénom est porté par environ 10 000 personnes en France. Il ne devrait pas être attribué à plus de 50 bébés en 2012. Variantes : Steave, Steeves. Caractérologie : sécurité, efficacité, persévérance, structure, honnêteté.

Steeven : couronné (grec). Ce prénom est porté par environ 3 000 personnes en France. Il ne devrait pas être attribué à plus de 50 bébés en 2012. Variante : Steevens. Caractérologie : idéalisme, dévouement, altruisme, intégrité, réflexion.

Steevy : couronné (grec). Ce prénom rare est porté par près de 700 personnes en France. Variantes : Steevie, Stevie, Stevy. Caractérologie : sens des responsabilités, famille, équilibre, influence, réussite.

Stefan : couronné (grec). Ce prénom est porté par environ 2 000 personnes en France. Il ne devrait pas être attribué à plus de 50 bébés en 2012. Stefan est très répandu en Allemagne. En France, il est plus traditionnellement usité au Pays basque. Caractérologie : intuition, fidélité, relationnel, médiation, adaptabilité.

Stellio : étoile (latin). Ce prénom est porté par moins de 100 personnes en France. Variante : Stelio. Caractérologie : relationnel, décision, médiation, intuition, logique.

Sten : caillou (suédois). Ce prénom est porté par moins de 100 personnes en France. Caractérologie : efficacité, sécurité, honnêteté, persévérance, structure.

Stéphan : couronné (grec). Ce prénom est porté par environ 13 000 personnes en France. Il ne devrait pas être attribué à plus de 50 bébés en 2012. Caractérologie : médiation, fidélité, intuition, finesse, relationnel.

Stéphane : couronné (grec). Ce prénom est porté par environ 298 000 personnes en France. Il est peu attribué aujourd'hui. Variantes : Stéfane, Stefano, Stephani, Stéphanne. Caractérologie : savoir, indépendance, méditation, intelligence, finesse.

Stephen : couronné (grec). Ce prénom est porté par environ 6 000 personnes en France. Il est très peu attribué aujourd'hui. Variantes : Stefen, Steffen. Caractérologie : paix, bienveillance, conscience, conseil, finesse.

Stevan : couronné (grec). Ce prénom rare est porté par près de 800 personnes en France. Caractérologie : altruisme, idéalisme, intégrité, réflexion, dévouement.

Steve : couronné (grec). Ce prénom est porté par environ 22 000 personnes en France. Il est très peu attribué aujourd'hui. Variantes : Steves, Stive, Stivy, Styve. Caractérologie : vitalité, achèvement, leadership, stratégie, ardeur.

Steven : couronné (grec). Ce prénom est porté par environ 32 000 personnes en France. Il est peu attribué aujourd'hui. Variantes : Steveen, Stevenn, Stewen, Stiven. Caractérologie : structure, persévérance, sécurité, efficacité, honnêteté.

Stevens : couronné (grec). Ce prénom est porté par environ 2 000 personnes en France. Il ne devrait pas être attribué à plus de 50 bébés en 2012. Caractérologie : découverte, audace, originalité, énergie, séduction.

Stevenson : fils de Steven (anglais). Ce prénom est porté par moins de 100 personnes en France. Caractérologie : sagacité, connaissance, caractère, originalité, spiritualité.

Stig : le grand marcheur (scandinave). Caractérologie : assurance, audace, dynamisme, direction, indépendance.

Stuart : qui prend soin (anglais). Ce prénom très rare est porté par près de 140 personnes en France. Variante : Stewart. Caractérologie : rectitude, humanité, rêve, ouverture d'esprit, gestion.

Styven : couronné (grec). Ce prénom très rare est porté par près de 400 personnes en France. Caractérologie : influence, équilibre, famille, sens des responsabilités, réalisation.

Suleyman : sain, intact, en sécurité (arabe). Ce prénom rare est porté par près de 700 personnes en France. Caractérologie : sociabilité, réceptivité, diplomatie, cœur, réussite.

Suliac : soleil (breton). Ce prénom est porté par moins de 100 personnes en France. Variante : Suliag. Caractérologie : sociabilité, diplomatie, loyauté, réceptivité, bonté.

Sullivan : champ retourné sur une colline (vieil anglais). Ce prénom est porté par environ 6 000 personnes en France. Il est peu attribué aujourd'hui. Variante : Sulivan. Caractérologie : fidélité, médiation, intuition, relationnel, détermination.

Sully : nom de ville et patronyme devenu prénom. Ce prénom est porté par environ 2 000 personnes en France. Il ne devrait pas être attribué à plus de 50 bébés en 2012. Caractérologie : achèvement, vitalité, ardeur, leadership, stratégie.

Sullyvan : champ retourné sur une colline (vieil anglais). Ce prénom est porté par environ 2 000 personnes en France. Il est très peu attribué aujourd'hui. Variante : Sulyvan. Caractérologie : altruisme, idéalisme, intégrité, réalisation, sympathie.

Sulpice : aide (latin). Ce prénom très rare est porté par près de 130 personnes en France. Caractérologie : structure, persévérance, sécurité, amitié, détermination.

Sunny : ensoleillé (anglais). Ce prénom rare est porté par près de 500 personnes en France. Caractérologie : amitié, créativité, optimisme, communication, pragmatisme.

Sven : jeunesse (scandinave). Ce prénom rare est porté par près de 1 000 personnes en France. Variantes : Svenn, Swen. Caractérologie : bienveillance, paix, sagesse, conscience, conseil.

Swan : cygne (anglais). Ce prénom est porté par environ 2 000 personnes en France. Il est relativement peu attribué aujourd'hui. Tendance : en forte croissance. Caractérologie :

générosité, pratique, enthousiasme, communication, adaptation.

Swann : cygne (anglais). Ce prénom est porté par environ 3 000 personnes en France. Il est relativement peu attribué aujourd'hui. Tendance : en croissance modérée. Voir l'encadré dédié aux prénoms mixtes. Caractérologie : achèvement, vitalité, stratégie, ardeur, leadership.

Sydney : habitant de Sidon (latin). Ce prénom rare est porté par près de 700 personnes en France. Caractérologie : relationnel, intuition, fidélité, médiation, réalisation.

Sylvain : forêt (latin). Ce prénom est porté par environ 127 000 personnes en France. Il est peu attribué aujourd'hui. Dans la mythologie romaine, Sylvain était le dieu des Forêts et des Champs. Caractérologie : pratique, communication, cœur, réussite, enthousiasme.

Sylvère : forêt (latin). Ce prénom est porté par environ 1 000 personnes en France. Tendance : stable. Variantes : Sylve, Sylver. Caractérologie : connaissance, sagacité, cœur, réussite, spiritualité.

Sylvestre : habitant de la forêt (latin). Ce prénom est porté par environ 3 000 personnes en France. Il ne devrait pas être attribué à plus de 50 bébés en 2012. Variantes : Silvester, Silvestre, Sylvester. Caractérologie : énergie, autorité, innovation, réalisation, sympathie.

Sylvian : forêt (latin). Ce prénom rare est porté par près de 600 personnes en France. Variantes : Sylvano, Sylvin. Caractérologie : communication, optimisme, réalisation, pragmatisme, bonté.

Sylvio : forêt (latin). Ce prénom est porté par environ 2 000 personnes en France. Il ne devrait pas être attribué à plus de 50 bébés en 2012. Caractérologie : enthousiasme, communication, réalisation, raisonnement, pratique.

Symmaque : unir, combattre (grec). Caractérologie : bienveillance, conscience, paix, sympathie, réalisation.

Symphorien : unir, porter (grec). Ce prénom est porté par moins de 100 personnes en France. Caractérologie : intelligence, savoir, méditation, réalisation, volonté.

Tadek : père (breton). Ce prénom est porté par moins de 100 personnes en France. Variantes : Tadec, Tadeck. Caractérologie : dynamisme, curiosité, courage, indépendance, charisme.

Tadeusz : courageux (grec). Ce prénom rare est porté par près de 500 personnes en France. Variantes : Tadéo, Tadeus, Tadeuz, Thadeus, Thadeusz. Caractérologie : organisation, sens des responsabilités, équilibre, famille, finesse.

Tahar : pureté, innocence (arabe). Ce prénom est porté par environ 2 000 personnes en France. Tendance : en croissance modérée. Variantes : Taher, Tahir. Caractérologie : pratique, communication, enthousiasme, adaptation, générosité.

Tal : rosée (hébreu). Ce prénom est porté par moins de 100 personnes en France. Caractérologie : famille, équilibre, sens des responsabilités, influence, organisation.

Talal : élégant (arabe). Ce prénom très rare est porté par près de 150 personnes en France. Variante : Talel. Caractérologie : autorité, énergie, innovation, ambition, organisation.

Talha : fleur d'acacia (arabe). Ce prénom très rare est porté par près de 200 personnes en France. Caractérologie : conscience, paix, bienveillance, conseil, gestion.

Tam : centre, cœur, esprit (vietnamien). Ce prénom est porté par moins de 100 personnes en France. Caractérologie : connaissance, philosophie, sagacité, spiritualité, originalité.

Tamahere : enfant aimé (tahitien). Caractérologie : achèvement, vitalité, stratégie, résolution, finesse.

Tamarii : enfant (tahitien). Caractérologie : vitalité, ardeur, achèvement, leadership, stratégie.

Tamer : prospère (arabe). Ce prénom est porté par moins de 100 personnes en France. Caractérologie : pragmatisme, communication, optimisme, créativité, résolution.

Tan : nouveau (vietnamien). Ce prénom est porté par moins de 100 personnes en France. Caractérologie : achèvement, leadership, stratégie, vitalité, ardeur.

Tancrède : noble paix (germanique). Ce prénom rare est porté par près de 600 personnes en France. Caractérologie : sagacité, spiritualité, organisation, détermination, connaissance.

Taner : tanneur (anglais). Ce prénom très rare est porté par près de 160 personnes en France. Caractérologie : efficacité, structure, sécurité, persévérance, résolution.

Tangi : chien ou guerrier de feu (celte). Ce prénom rare est porté par près de 600 personnes en France. Caractérologie : sens des responsabilités, influence, équilibre, famille, résolution.

Tanguy : chien ou guerrier de feu (celte). Ce prénom est porté par environ 18 000 personnes en France. Il est très peu attribué aujourd'hui. Variante : Tangui. Caractérologie : savoir, intelligence, méditation, organisation, bonté.

Tao : voie, méthode, création (chinois), respectueux de ses parents (vietnamien). Ce prénom est porté par environ 2 000 personnes en France. Il est relativement peu attribué aujourd'hui. Tendance : en croissance modérée. Caractérologie : ouverture d'esprit, rectitude, humanité, rêve, générosité.

Évolution des pratiques d'attribution des prénoms de 1900 à nos jours

Depuis l'assouplissement de la législation, en 1993, le répertoire des prénoms s'est élargi d'un tiers. Une expansion sans précédent qui s'explique par l'arrivée massive de prénoms nouveaux, et par la multiplication de variantes en tout genre. Qu'ils soient régionaux ou venus d'ailleurs, anciens ou inventés, ces prénoms originaux participent au désir des parents de donner une identité unique à leurs enfants (voir l'article dédié à ce sujet).

Tant de changements en un peu plus d'un siècle... Nos arrière-grands-parents n'auraient jamais pu rêver avoir un tel embarras du choix ! Il faut dire que l'on recensait sept fois moins de prénoms attribués en 1900 qu'aujourd'hui.

La diversité, reflet de notre société moderne

En termes de diversité, la situation entre les deux époques est incomparable. S'il suffisait de citer 46 prénoms masculins et 60 prénoms féminins pour couvrir 80 % des naissances en 1900, il en faut respectivement... 448 et 969 aujourd'hui ! Le graphique ci-dessous montre l'accélération de cette tendance dans les années 1990. Notons que le nombre de prénoms est pratiquement deux fois moins élevé au masculin. La preuve que le registre féminin génère davantage d'innovations... du moins pour le moment.

Évolution du nombre de prénoms représentant 80 % des attributions entre 1900 et 2010.

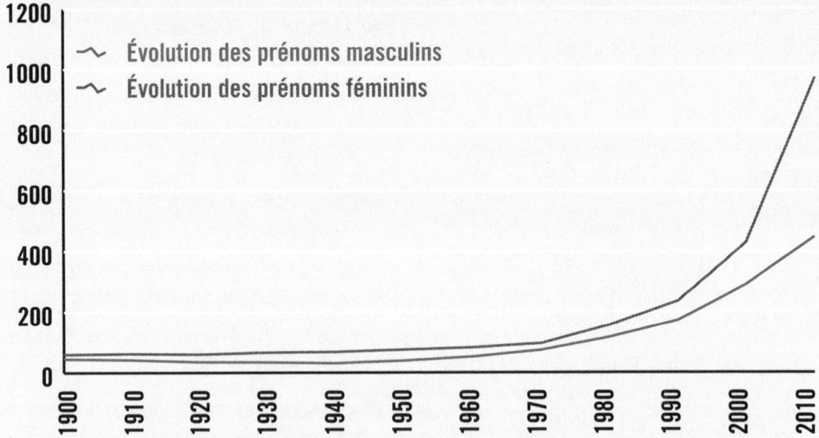

Au début du XXe siècle, la faible diversité des choix engendrait une surreprésentation des prénoms phares dans la population. Songeons à cette réalité : en 1900, l'éventail des

.../

Évolution des pratiques d'attribution des prénoms de 1900 à nos jours *(suite)*

10 prénoms les plus attribués suffisait à désigner 42 % des bébés nés dans une maternité. Autrement dit, un nouveau-né avait pratiquement une chance sur 10 de se voir attribuer le même prénom que la moitié des enfants du même sexe nés la même année. Les statistiques étaient encore plus impitoyables si le prénom choisi était en tête du palmarès. Ce qui, pendant la première partie du XXe siècle, fut le cas de Marie et Jean. Il n'est pas étonnant que Marie ait été, en 1900, attribué à une fille sur 11. Par comparaison, Emma, la reine des prénoms féminins depuis 2005, est attribué à environ une fille sur 60. Ainsi, Emma a bien plus de chances d'être unique dans une classe d'école que Marie au siècle dernier ! Dans le graphique ci-dessous, le poids relatif de ces prénoms phares chute brutalement à la fin des années 1960. Notons que l'écart entre les filles et les garçons se resserre nettement au milieu des années 1990.

Les 10 prénoms les plus attribués, exprimés en pourcentage d'attribution entre 1900 et 2010.

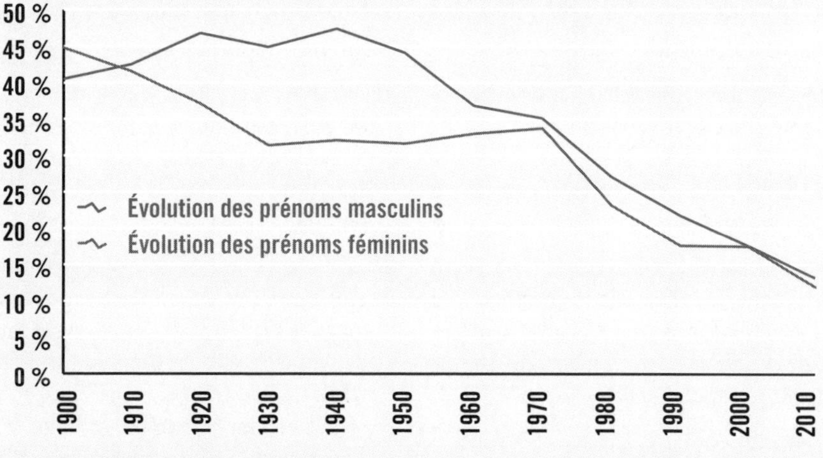

Le poids croissant des prénoms rares

Inévitablement, les prénoms rares représentent une part croissante du stock national des prénoms. Ainsi, plus de la moitié des prénoms recensés (soit un peu plus de 12 000 d'entre eux) sont portés par moins de 100 personnes en France aujourd'hui. Par contraste, le répertoire de prénoms portés par 10 000 à 100 000 Français est inférieur à 500 prénoms. Il diminue dramatiquement si l'on recherche les prénoms portés par plus de 500 000 individus : seuls Marie, Jean, Michel et Pierre peuvent en effet répondre à cet appel. Ces témoins du temps passé ne laisseront pas d'héritiers susceptibles d'être aussi massivement portés...

Taran : paradisiaque (sanscrit). Se prononce « Tarane ». Ce prénom est porté par moins de 100 personnes en France. Caractérologie : altruisme, intégrité, réflexion, résolution, idéalisme.

Tarek : étoile du matin (arabe). Ce prénom est porté par environ 2 000 personnes en France. Il ne devrait pas être attribué à plus de 50 bébés en 2012. Caractérologie : innovation, autorité, énergie, résolution, ambition.

Tarik : étoile du matin (arabe). Ce prénom est porté par environ 3 000 personnes en France. Il est très peu attribué aujourd'hui. Variantes : Tarak, Tarick, Tariq. Caractérologie : découverte, énergie, originalité, audace, séduction.

Tayeb : de nature calme et bienveillante (arabe). Ce prénom est porté par environ 1 000 personnes en France. Tendance : en forte croissance. Caractérologie : passion, force, habileté, ambition, management.

Taylor : couturier (anglo-saxon). Ce prénom rare est porté par près de 500 personnes en France. Tendance : en croissance modérée. Caractérologie : autorité, énergie, organisation, innovation, analyse.

Tayron : du comté d'Eoghan (irlandais). Ce prénom très rare est porté par près de 300 personnes en France. Caractérologie : pratique, communication, enthousiasme, adaptation, résolution.

Ted : don de Dieu (grec). Ce prénom très rare est porté par près de 500 personnes en France. Caractérologie : intuition, médiation, adaptabilité, relationnel, fidélité.

Teddy : don de Dieu (grec). Ce prénom est porté par environ 22 000 personnes en France. Il est relativement peu attribué aujourd'hui. Variantes : Teddie, Tedy, Theddy. Caractérologie : ténacité, méthode, fiabilité, engagement, sens du devoir.

Teiki : le roi des dieux rêveurs (tahitien). Ce prénom est porté par moins de 100 personnes en France. Caractérologie : rectitude, rêve, humanité, générosité, ouverture d'esprit.

Télémaque : combat, distance (grec). Dans la mythologie grecque, Télémaque est le fils d'Ulysse et de Pénélope. Ce prénom est porté par moins de 100 personnes en France. Caractérologie : rectitude, gestion, rêve, attention, humanité.

Télesphore : qui déplace (grec). Ce prénom est porté par moins de 100 personnes en France. Caractérologie : équilibre, famille, sens des responsabilités, raisonnement, sensibilité.

Télio : ce dérivé de Télo vient probablement du grec *theos*, Dieu. Telo, évêque de Llandav (pays de Galles) au VIe siècle, est le patron de plusieurs villages bretons. Ce prénom très rare est porté par près de 300 personnes en France. Variantes : Teilo, Téliau, Télo, Thélau, Théliau, Thélio, Tilio. Caractérologie : intelligence, savoir, méditation, indépendance, logique.

Telmo : protection divine (germanique). Ce prénom est porté par moins de 100 personnes en France. Caractérologie : médiation, relationnel, intuition, fidélité, volonté.

Tenshi : l'ange (japonais). Caractérologie : enthousiasme, pratique, détermination, communication, sensibilité.

Téo : Dieu (grec). Ce prénom est porté par environ 7000 personnes en France. Il figure dans le top 200 national. Tendance : stable. Caractérologie : efficacité, sécurité, persévérance, structure, honnêteté.

Teoman : nom du chanteur et compositeur turc Fazli Teoman. On trouve également Téoman écrit avec l'accent aigu. Ce prénom très rare est porté par près de 300 personnes en France. Caractérologie : originalité, audace, découverte, énergie, caractère.

Terence : tendre, gracieux (grec). Ce prénom est porté par environ 3 000 personnes en France. Il est peu attribué aujourd'hui. Variantes : Terrence, Therence. Caractérologie : indépendance, sagesse, méditation, savoir, intelligence.

Terry : tendre, gracieux (grec). Ce prénom est porté par environ 3 000 personnes en France. Il est très peu attribué aujourd'hui. Variantes : Tery, Therry, Théry. Caractérologie : séduction, énergie, découverte, originalité, audace.

Teva : grand voyageur (tahitien). Ce prénom rare est porté par près de 700 personnes en France. Écrit avec un accent, Téva signifie également « fruit de la nature » en hébreu. Caractérologie : optimisme, pragmatisme, communication, sociabilité, créativité.

Thaddée : courageux (grec). Ce prénom très rare est porté par près de 200 personnes en France. Variantes : Thad, Thade, Thadée. Caractérologie : sensibilité, sociabilité, réceptivité, loyauté, diplomatie.

Thaï : plusieurs (vietnamien). Ce prénom est porté par moins de 100 personnes en France. Caractérologie : fidélité, relationnel, adaptabilité, intuition, médiation.

Thanh : fin, clair, couleur bleue ou muraille (idée de solidité), achevé (vietnamien). Ce prénom très rare est porté par près de 300 personnes en France. Caractérologie : sens des responsabilités, équilibre, famille, influence, sensibilité.

Thao : respectueux de ses parents (vietnamien). Ce prénom très rare est porté par près de 400 personnes en France. Caractérologie : vitalité, achèvement, stratégie, ardeur, leadership.

Théau : Dieu (grec). Ce prénom rare est porté par près de 800 personnes en France. Caractérologie : innovation, autorité, énergie, sensibilité, organisation.

Thècle : gloire de Dieu (grec). Caractérologie : stratégie, vitalité, ardeur, achèvement, attention.

Théo : Dieu (grec). Ce prénom est porté par environ 99 000 personnes en France. Il figure dans le top 50 national. Voir le zoom dédié à Théo. Caractérologie : communication, pragmatisme, optimisme, créativité, attention.

Théobald : peuple courageux (germanique). Ce prénom est porté par moins de 100 personnes en France. Dans l'Hexagone, Théobald est plus traditionnellement usité en Alsace. Variantes : Téobald, Théobaldo. Caractérologie : sécurité, persévérance, structure, caractère, attention.

Théoden : roi de Rohan dans le *Seigneur des Anneaux*, de J. R. R. Tolkien. Ce prénom littéraire est né dans l'Hexagone en 2004. Il est porté par moins de 100 personnes en France. Caractérologie : volonté, finesse, stratégie, vitalité, attention.

THÉO

Fête : 9 novembre

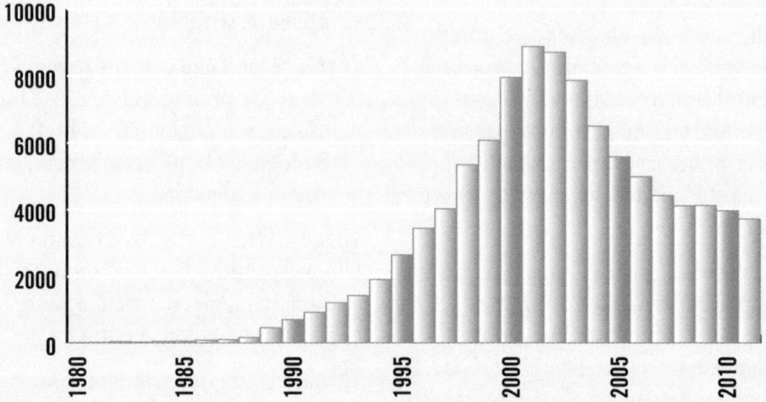

Étymologie : du grec *theos*, « Dieu ». Si Théo est un prénom à part entière, il fut longtemps utilisé comme diminutif de Théodore, Théobald, Théodose, Théophane et Théotime. Ces prénoms de tradition grecque se sont diffusés en Europe à partir du XVIe siècle ; ils doivent leur côté rétro au pic d'attribution français qui les distingua au XIXe siècle.

Dans les années 1980, la mode des prénoms courts fait pour la première fois surgir Théo dans l'Hexagone. Il prend l'avantage sur Théodore d'autant plus aisément que ce dernier est au plus bas de sa popularité. Dès lors, sa carrière est lancée. Théo s'envole jusqu'au sommet du palmarès au début des années 2000, et s'il faiblit nettement aujourd'hui, il reste le 17e prénom le plus attribué de France.

L'essor de Théo a redonné des forces à Timothée et Théotime, auxquels Timéo doit une partie de son succès (voir le zoom qui lui est consacré). Chez les filles, Théoline, Théoxane, Théonie et Théotine ont fait quelques apparitions dans les maternités ; elles ont bien vite été rattrapées par la jeune Timéa.

Théo a séduit de nombreux parents francophones. S'il n'a pas encore percé dans le top 20 québécois, il évolue en haut des tableaux suisse romand et wallon. Notons que ces performances n'empêchent pas Théodore de briller dans d'autres pays. Ce dernier est notamment préféré à Théo en Russie et dans les contrées anglophones. Notons enfin

.../

Théo *(suite)*

l'émergence de Théau. Ce prénom ancien bénéficie de la gloire de Théo et réapparaît en France depuis les années 1990.

Soldat de l'armée romaine au temps de Maximien (vers 303), **saint Théodore** fut martyrisé à Amasée (Turquie) après avoir déclaré sa foi et incendié un temple païen dédié à la déesse Rhéa. Théodore est le patron des soldats.

Personnalités célèbres : Théodore Roosevelt, président des États-Unis de 1901 à 1909, qui reçut le prix Nobel de la paix en 1906 ; Théodore Géricault (1791-1824), peintre français auquel on doit *Le Radeau de la Méduse*.

Statistiques : Théo est le 4e prénom masculin le plus donné en France depuis le début du XXIe siècle. On peut estimer qu'il sera attribué à un garçon sur 110 en 2012.

Théodore : don de Dieu (grec). Ce prénom est porté par environ 6 000 personnes en France. Il est peu attribué aujourd'hui. Tendance : en croissance modérée. Deux papes, deux empereurs et de nombreux saints ont illustré ce prénom. Soldat romain chrétien au IIIe siècle, saint Théodore mourut martyr à Amasée, en Asie Mineure. Saint Théodore est le patron des soldats. Variantes : Fedor, Feodor, Téodor, Téodore, Téodoric, Téodorick, Téodoro, Theodor, Théodoric. Caractérologie : altruisme, volonté, intégrité, idéalisme, finesse.

Théodose : don de Dieu (grec). Ce prénom est porté par moins de 100 personnes en France. Théodose Ier le Grand est le dernier empereur qui régna sur un Empire romain unifié. Il fondit la dynastie théodosienne qui vit fleurir les premiers empereurs d'Orient. Caractérologie : dynamisme, direction, sensibilité, indépendance, volonté.

Théodosio : don de Dieu (grec). Variantes : Téodosio, Théodose. Caractérologie : relationnel, intuition, attention, médiation, caractère.

Théodule : serviteur de Dieu (grec). Ce prénom très rare est porté par près de 200 personnes en France. Caractérologie : diplomatie, loyauté, volonté, sociabilité, écoute.

Théophane : apparition divine (grec). Ce prénom est porté par environ 1 000 personnes en France. Il est très peu attribué aujourd'hui. Variante : Téophane. Caractérologie : diplomatie, réceptivité, sociabilité, attention, loyauté.

Théophile : qui aime les dieux (grec). Ce prénom est porté par environ 8 000 personnes en France. Il est relativement peu attribué aujourd'hui. Variantes : Téophile, Théofil, Théophil. Caractérologie : habileté, force, ambition, analyse, finesse.

Théotime : honorer Dieu (grec). Ce prénom est porté par environ 1 000 personnes en France. Il est très peu attribué aujourd'hui. Variantes : Théotim, Théotine. Caractérologie : attention, courage, caractère, curiosité, dynamisme.

Thibaud : peuple courageux (germanique). Ce prénom est porté par environ 14 000 personnes en France. Il est relativement peu attribué aujourd'hui. Variantes : Thibauld, Thiébaud, Thiebault, Thiébaut, Thuriau, Thybault, Tibald, Tibaud, Tibauld, Tibault, Tibo. Caractérologie : sociabilité, réceptivité, diplomatie, organisation, loyauté.

Thibault : peuple courageux (germanique). Ce prénom est porté par environ 48 000 personnes en France. Il figure dans le top 100 national. Tendance : en décroissance modérée. Caractérologie : pratique, communication, enthousiasme, adaptation, organisation.

Thibaut : peuple courageux (germanique). Ce prénom est porté par environ 34 000 personnes en France. Il figure dans le top 200 national. Tendance : en décroissance modérée. Caractérologie : intégrité, idéalisme, réflexion, gestion, altruisme.

Thiefaine : apparition divine (grec). Ce prénom très rare est porté par près de 200 personnes en France. Variante : Tiephaine. Caractérologie : énergie, sensibilité, découverte, détermination, audace.

Thien : celui qui est juste, bon et vertueux (vietnamien). Ce prénom est porté par moins de 100 personnes en France. Caractérologie : réceptivité, diplomatie, loyauté, sociabilité, sensibilité.

Thierry : gouverneur du peuple (germanique). Ce prénom est porté par environ 278 000 personnes en France. Il est très peu attribué aujourd'hui. Quatre rois mérovingiens, dont deux rois des Francs, ont porté ce prénom entre le VIe et le VIIIe siècle. Disciple de saint Remi au VIe siècle, saint Thierry fonda l'abbaye du Mont-d'Or, près de Reims. Variantes : Thierno, Tierry. Caractérologie : sécurité, persévérance, structure, ressort, finesse.

Thiery : gouverneur du peuple (germanique). Ce prénom est porté par environ 1 000 personnes en France. Tendance : stable. Caractérologie : structure, persévérance, sécurité, ressort, finesse.

Thom : ananas, parfumé (vietnamien). Ce prénom très rare est porté par près de 200 personnes en France. Caractérologie : médiation, intuition, relationnel, fidélité, adaptabilité.

Thomas : jumeau (araméen). Ce prénom est porté par environ 260 000 personnes en France. Il figure dans le top 50 national. Voir le zoom dédié à Thomas. Variante : Thoma. Caractérologie : ténacité, méthode, fiabilité, sens du devoir, engagement.

Thomy : jumeau (araméen). Ce prénom très rare est porté par près de 130 personnes en France. Caractérologie : rectitude, humanité, rêve, générosité, ouverture d'esprit.

Thong : intelligent (vietnamien). Ce prénom est porté par moins de 100 personnes en France. Caractérologie : indépendance, dynamisme, audace, attention, direction.

Thony : inestimable (latin), fleur (grec). Ce prénom très rare est porté par près de 400 personnes en France. Caractérologie : innovation, énergie, autorité, sensibilité, ambition.

Tiago : supplanter, talonner (hébreu). Voir Santiago. Ce prénom est porté par environ 5 000 personnes en France. Il figure dans le top 100 national. Tendance : en forte croissance. Caractérologie : Intelligence, méditation, spiritualité, savoir, sensibilité.

THOMAS, TOM

Fête : 28 janvier, 3 juillet

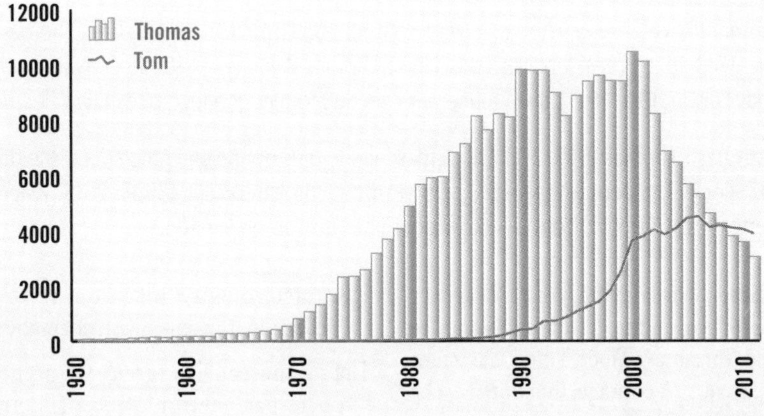

Étymologie : de l'araméen *toma*, « jumeau ». Ce vieux prénom doit sa notoriété au fait qu'il fut porté par de nombreux saints. Attribué depuis des siècles dans les pays anglophones, ce choix classique n'émerge pourtant pas en France avant les années 1980. De quelle manière comble-t-il son retard ! Propulsé par une croissance fulgurante, il s'impose à la tête des prénoms français en 1996 et s'y maintient pendant six ans. Aujourd'hui, son reflux le fait chuter au 26e rang du classement national, mais il reste l'un des 20 prénoms les plus attribués à Paris.

À contre-courant de cette dérive française, Thomas poursuit une carrière mondiale florissante. Il reste solidement ancré dans les pays anglophones, notamment en Angleterre, aux États-Unis et en Australie. Dans les pays francophones, il brille au 2e rang des choix québécois et s'affiche dans les tops 20 wallon et suisse romand.

Notons que cette situation affecte peu les perspectives de Tom. Bien qu'il soit impopulaire dans le pays de Tom Cruise, ce dérivé est attribué à près de 4 000 Français chaque année. Il devrait se maintenir à la 15e place du palmarès national en 2012.

Saint Thomas, apôtre de Jésus au Ier siècle, est célèbre pour avoir douté de la résurrection du Christ avant de lui proclamer sa foi. Il est le patron des architectes et des maçons.

.../

Thomas, Tom *(suite)*

Saint Thomas d'Aquin vécut au XIIIe siècle. Auteur de la *Somme théologique*, il est considéré comme l'un des plus grands théologiens de l'histoire chrétienne. Il est le patron des universités.

Personnalités célèbres : Thomas Hobbes (1588-1679), philosophe anglais ; Thomas Jefferson (1743-1826), président des États-Unis ; Thomas Paine (1737-1809), écrivain anglais ; Thomas Edison (1847-1931), inventeur américain du premier phonographe et de l'électricité.

Statistiques : Thomas est le 3e prénom masculin le plus donné en France depuis le début du XXIe siècle. On peut estimer qu'il sera attribué à un garçon sur 135 en 2012. Placé au 13e rang du classement, **Tom** devrait prénommer un garçon sur 106.

Tibère : autel, lieu saint (anglais). Ce prénom est porté par moins de 100 personnes en France. Variantes : Tiber, Tibor. Caractérologie : curiosité, courage, dynamisme, charisme, indépendance.

Tien : féerique (vietnamien). Ce prénom est porté par moins de 100 personnes en France. Caractérologie : pratique, communication, enthousiasme, générosité, adaptation.

Tifenn : apparition divine (grec). Ce prénom très rare est porté par près de 180 personnes en France. Variante : Thiphaine. Caractérologie : courage, dynamisme, charisme, curiosité, indépendance.

Tilian : puissance, combat (germanique). Ce prénom très rare est porté par près de 140 personnes en France. Tendance : en forte croissance. Variantes : Tylan, Tylian, Tilien. Caractérologie : organisation, médiation, volonté, fidélité, organisation.

Tilio : ce dérivé de Télo vient probablement du grec *theos*, Dieu. Voir Télio. Ce prénom rare est porté par près de 800 personnes en France. Tendance : en forte croissance. Variantes : Till, Tillo, Tylio. Caractérologie : intuition, relationnel, médiation, raisonnement, adaptabilité.

Tim : honorer Dieu (grec). Ce prénom est porté par environ 4 000 personnes en France. Il est relativement peu attribué aujourd'hui. Tim est très en vogue en Allemagne. Caractérologie : paix, bienveillance, conseil, conscience, sagesse.

Timaël : contraction de Timéo et Maël. Ce prénom très rare est porté par près de 160 personnes en France. Tendance : en forte croissance. Timaël a été attribué pour la première fois en France en 1999. Caractérologie : conscience, organisation, conseil, paix, bienveillance.

Timéo : honorer Dieu (grec). Ce prénom est porté par environ 17 000 personnes en France. Il figure dans le top 50 national. Voir le zoom dédié à Timéo. Variantes : Thiméo, Thyméo, Timo. Caractérologie : vitalité, achèvement, caractère, ardeur, stratégie.

Timo : honorer Dieu (grec). Ce prénom très rare est porté par près de 400 personnes en France. Caractérologie : communication, pragmatisme, sociabilité, optimisme, créativité.

TIMÉO

Fête : 26 janvier

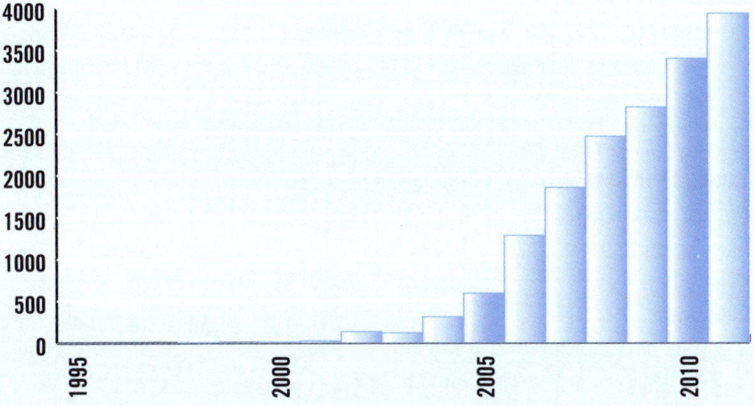

Étymologie : la traduction littérale du latin *timeo,* « craindre », est correcte, mais elle ne rend pas justice à ce prénom. Timéo puise, comme Timothée, ses origines du grec *timè,* « tenir en honneur », et *théos,* « Dieu », d'où le sens : « honorer Dieu ». Le premier Timéo de France naît 1998, au moment où Théo s'envole au sommet du classement. Figure de proue des terminaisons en « éo », Théo aspire Mathéo, Hugo et Léo dans son sillage, puis fait renaître ses ancêtres Timothée, Théodore et Théotime. Bien que ces derniers se diffusent modestement, Time avec ses quatre lettres marque les esprits et fait son chemin. La combinaison avec Théo devient attrayante et ne tarde pas à se réaliser. Ayant rencontré un vif succès, Timéo devrait s'imposer au 14e rang du classement français en 2012.

Les produits dérivés de cette gloire émergent sous diverses formes. La création de Thiméo suit de près celles de Timaël (contraction de Timothée et Maël) et Timothéo. Mais ces derniers comptent moins d'adeptes que le dérivé allemand Timo, qui décolle outre-Rhin, ou le féminin Timéa. En dehors de l'Hexagone, Timéo est sur le point de s'imposer dans les tops 30 wallon et suisse romand, et dans le top 50 allemand. Timée, la version française de Timaeus et Timoléon, n'a jamais fait recette dans l'Hexagone. Son éclosion serait-elle imminente ?

Homme politique grec au IVe siècle av. J.-C., **Timoléon** délivra Syracuse et gouverna la ville sur le mode d'une démocratie modérée. Atteint de cécité, il se retira volontairement du pouvoir et mourut en 337 av. J.-C.

.../

Timéo *(suite)*

Timée de Syracuse (ou Timaeus), historien grec du IVe siècle avant J.-C, rédigea une volumineuse histoire des origines de la Sicile et des événements qui conduisirent à la première guerre punique.

Timée de Locres, philosophe grec pythagoricien, aurait vécu au Ve siècle av. J.-C. Il est cité par Platon dans les Dialogues mais la preuve de son existence est mise en doute.

Timée le Sophiste, philosophe et grammairien grec, vécut au IIe ou IIIe siècle.

Statistiques : Timéo est le 72e prénom masculin le plus donné en France depuis le début du XXIe siècle. On peut estimer qu'il sera attribué à un garçon sur 104 en 2012. **Timothée** devrait prénommer un garçon sur 524 et figurer au 117e rang de ce palmarès.

Timothé : honorer Dieu (grec). Ce prénom est porté par environ 9 000 personnes en France. Il figure dans le top 200 national. Tendance : en croissance modérée. Caractérologie : idéalisme, finesse, volonté, intégrité, altruisme.

Timothée : honorer Dieu (grec). Ce prénom, porté par environ 15 000 Français, figure dans le top 100 national. Tendance : en croissance modérée. Disciple de Paul au Ier siècle, saint Timothée fut martyrisé à Éphèse (en Turquie). Variantes : Timmy, Timon, Timoté, Timotei, Timotéo, Thimoté, Thimotée, Thimothé, Timothey, Tymothé. Caractérologie : dynamisme, curiosité, courage, attention, caractère.

Timothy : honorer Dieu (grec). Ce prénom est porté par environ 2 000 personnes en France. Il est peu attribué aujourd'hui. Tendance : en forte croissance. Variante : Timoty. Caractérologie : réceptivité, ressort, loyauté, diplomatie, sociabilité.

Timour : de grande taille (hébreu). Ce prénom très rare est porté par près de 190 personnes en France. Tendance : en forte croissance. Variante : Timur. Caractérologie : paix, conseil, bienveillance, conscience, analyse.

Tin : juste (latin). Caractérologie : originalité, sagacité, spiritualité, philosophie, connaissance.

Tino : diminutif des prénoms se terminant par « Tino ». Ce prénom est porté par environ 2 000 personnes en France. Il est peu attribué aujourd'hui. Tendance : en croissance modérée. Caractérologie : sens du devoir, structure, honnêteté, efficacité, persévérance.

Tito : honorable (grec). Ce prénom très rare est porté par près de 200 personnes en France. Tendance : en forte croissance. Variante francisée : Titien. Caractérologie : autorité, innovation, énergie, autonomie, ambition.

Titouan : petit Antoine (occitan). Malgré ses racines occitanes, Titouan est principalement attribué en Bretagne aujourd'hui. Bon nombre de parents choisissent ce prénom en hommage au navigateur et artiste Titouan Lamazou. Ce prénom, porté par environ 17 000 Français, figure dans le top 100 national. Tendance : stable.

Caractérologie : direction, dynamisme, audace, raisonnement, détermination.

Titus : qui rend honneur (latin). Ce prénom est porté par moins de 100 personnes en France. Il est plus traditionnellement usité en Corse. Variante : Tiziano. Caractérologie : ambition, force, habileté, passion, gestion.

Tobias : Dieu est bon (hébreu). Ce prénom rare est porté par près de 1 000 personnes en France. Tobias est particulièrement en vogue en Norvège. Variantes : Tobie, Toby. Caractérologie : sociabilité, pragmatisme, communication, créativité, optimisme.

Tobie : Dieu est bon (hébreu). Ce prénom est porté par moins de 100 personnes en France. Caractérologie : influence, famille, sens des responsabilités, exigence, équilibre.

Todd : renard (anglais). Ce prénom est porté par moins de 100 personnes en France. Caractérologie : spiritualité, connaissance, originalité, philosophie, sagacité.

Tom : jumeau (araméen). Ce prénom est porté par environ 61 000 personnes en France. Il figure dans le top 50 national. Voir le zoom dédié à Thomas. Caractérologie : pragmatisme, créativité, optimisme, sociabilité, communication.

Tomas : jumeau (araméen). Ce prénom est porté par environ 1 000 personnes en France. Il est peu attribué aujourd'hui. Variantes : Toma, Tomaso, Tomi. Caractérologie : découverte, énergie, audace, originalité, séduction.

Tomislav : jumeau (araméen). Ce prénom est porté par moins de 100 personnes en France. En revanche, Tomislav est très répandu en Pologne. Caractérologie : communication, pratique, enthousiasme, organisation, analyse.

Tommy : jumeau (araméen). Ce prénom est porté par environ 5 000 personnes en France. Il est peu attribué aujourd'hui. Caractérologie : originalité, audace, énergie, découverte, séduction.

Tomy : jumeau (araméen). Ce prénom est porté par environ 1 000 personnes en France. Il est très peu attribué aujourd'hui. Caractérologie : énergie, ambition, innovation, autonomie, autorité.

Tong : obéissant (vietnamien). Ce prénom est porté par moins de 100 personnes en France. Caractérologie : réceptivité, loyauté, sociabilité, diplomatie, bonté.

Toni : inestimable (latin), fleur (grec). Ce prénom est porté par environ 2 000 personnes en France. Il est très peu attribué aujourd'hui. Tendance : en croissance modérée. Caractérologie : persévérance, sécurité, honnêteté, efficacité, structure.

Tony : inestimable (latin), fleur (grec). Ce prénom est porté par environ 48 000 personnes en France. Il figure dans le top 200 national. Tendance : stable. Variantes : Tonino, Tonio, Tonny. Caractérologie : diplomatie, sociabilité, réceptivité, loyauté, bonté.

Toufik : succès, harmonie (arabe). Ce prénom est porté par environ 2 000 personnes en France. Il ne devrait pas être attribué à plus de 50 bébés en 2012. Variantes : Tofik, Toufic, Toufike. Caractérologie : raisonnement, ambition, autorité, énergie, innovation.

Toussaint : « tous les saints » (latin). Ce prénom est porté par environ 2 000 personnes en France. Il ne devrait pas être attribué à plus de 50 bébés en 2012. Caractérologie :

pratique, enthousiasme, communication, analyse, résolution.

Tran : très précieux (vietnamien). Ce prénom est porté par moins de 100 personnes en France. Caractérologie : stratégie, achèvement, vitalité, ardeur, détermination.

Trevis : le passeur (vieux français). Ce prénom très rare est porté par près de 300 personnes en France. Variante : Travis. Caractérologie : pragmatisme, créativité, communication, optimisme, résolution.

Trévor : grande victoire (breton). Ce prénom très rare est porté par près de 200 personnes en France. Caractérologie : force, ambition, habileté, passion, caractère.

Tristan : révolte, tumulte (celte). Ce prénom, porté par environ 37000 Français, figure dans le top 100 national. Tendance : stable. Chevalier de la Table ronde, Tristan était éperdument amoureux d'Iseut la blonde, mais il dut se résoudre à épouser Iseut aux blanches mains. Le récit de cette passion tragique a transcendé les siècles et inspiré nombre de poètes et musiciens. Caractérologie : diplomatie, sociabilité, décision, loyauté, réceptivité.

Trystan : révolte, tumulte (celte). Voir Tristan. Ce prénom est porté par environ 1 000 personnes en France. Il est peu attribué aujourd'hui. Caractérologie : altruisme, intégrité, réflexion, détermination, idéalisme.

Tuan : talent, savoir (vietnamien). Ce prénom très rare est porté par près de 160 personnes en France. Caractérologie : organisation, intuition, relationnel, médiation, fidélité.

Tudy : acclamé par le peule (celte). Ce prénom est porté par moins de 100 personnes en France. Caractérologie : sagacité, spiritualité, connaissance, originalité, philosophie.

Tugdual : peuple, valeur (celte). Ce prénom rare est porté par près de 600 personnes en France. Caractérologie : dynamisme, curiosité, courage, gestion, réussite.

Tullio : se rapporte au patronyme italien Tullius. Ce prénom est porté par moins de 100 personnes en France. Caractérologie : stratégie, achèvement, vitalité, raisonnement, ardeur.

Txomin : qui appartient au Seigneur (latin). Ce prénom très rare est porté par près de 200 personnes en France. Caractérologie : dynamisme, curiosité, indépendance, caractère, courage.

Ty : bâtisseur de maisons (anglais). Ce prénom est porté par moins de 100 personnes en France. Caractérologie : humanité, ouverture d'esprit, rêve, rectitude, générosité.

Tyler : bâtisseur de maisons (anglais). Ce prénom rare est porté par près de 600 personnes en France. Tendance : en forte croissance. Caractérologie : force, ambition, passion, habileté, bonté.

Tyméo : honorer Dieu (grec). Ce prénom est porté par environ 1 000 personnes en France. Il figure dans le top 200 national. Tendance : en forte croissance. Caractérologie : influence, caractère, équilibre, famille, sens des responsabilités.

Tyron : du comté d'Eoghan (irlandais). Ce prénom rare est porté par près de 800 personnes en France. Tendance : en forte croissance. Variante : Tyrone. Caractérologie : relationnel, médiation, intuition, adaptabilité, fidélité.

Le palmarès des 100 prénoms masculins du XXe siècle

Les prénoms de ce palmarès sont classés par ordre décroissant d'attribution. Jean, Pierre et Michel sont les trois prénoms masculins les plus attribués du siècle dernier.

1. Jean	26. Maurice	51. Jean-Pierre	76. Ludovic
2. Pierre	27. Laurent	52. Albert	77. Benoît
3. Michel	28. Frédéric	53. Guillaume	78. Jérémy
4. André	29. Éric	54. Thomas	79. Fernand
5. Philippe	30. Julien	55. Gilbert	80. Benjamin
6. René	31. Pascal	56. Franck	81. Mickaël
7. Alain	32. Stéphane	57. Gilles	82. Jean-Luc
8. Jacques	33. Sébastien	58. Francis	83. Damien
9. Bernard	34. David	59. Jean-Claude	84. Xavier
10. Marcel	35. Thierry	60. Émile	85. Léon
11. Louis	36. Olivier	61. Denis	86. Eugène
12. Daniel	37. Raymond	62. Romain	87. Fabien
13. Roger	38. Guy	63. Anthony	88. Clément
14. Robert	39. Dominique	64. Cédric	89. Gabriel
15. Claude	40. Alexandre	65. Maxime	90. Adrien
16. Christian	41. Didier	66. Joël	91. Florian
17. Georges	42. Marc	67. Kevin	92. Jean-François
18. Henri	43. Yves	68. Hervé	93. Jonathan
19. Patrick	44. Charles	69. Patrice	94. Alexis
20. François	45. Serge	70. Fabrice	95. Lionel
21. Gérard	46. Bruno	71. Roland	96. Gaston
22. Christophe	47. Vincent	72. Sylvain	97. Loïc
23. Joseph	48. Antoine	73. Emmanuel	98. Michaël
24. Nicolas	49. Lucien	74. Arnaud	99. Jean-Marc
25. Paul	50. Jérôme	75. Mathieu	100. Victor

Tyson : braises (vieux français). Ce prénom très rare est porté par près de 400 personnes en France. Variante : Tayson. Caractérologie : adaptation, pratique, communication, générosité, enthousiasme.

Ugo : esprit, intelligence (germanique). Ce prénom est porté par environ 9 000 personnes en France. Il est relativement peu attribué aujourd'hui. Caractérologie : spiritualité, connaissance, sagacité, originalité, philosophie.

Ugolin : esprit, intelligence (germanique). Ce prénom est porté par moins de 100 personnes en France. Caractérologie : logique, cœur, conscience, bienveillance, paix.

Ulderick : puissance (germanique). Caractérologie : réceptivité, diplomatie, sociabilité, loyauté, bonté.

Ulrich : puissance (germanique). Ce prénom est porté par environ 3 000 personnes en France. Il ne devrait pas être attribué à plus de 50 bébés en 2012. Variantes : Ulric, Ulrick, Ulrik, Ulrike, Ulrique. Caractérologie : ambition, force, management, habileté, passion.

Ulysse : courroucé (latin). Ce prénom est porté par environ 5 000 personnes en France. Il est relativement peu attribué aujourd'hui. Héros de la mythologie grecque, Ulysse est l'un des personnages principaux de l'*Iliade* et de l'*Odyssée*. Habile et ingénieux, il invente le stratagème du cheval de Troie qui cause la perte de la ville. Dans l'*Odyssée*, Homère relate le voyage semé d'embûches qu'Ulysse doit surmonter pour regagner Ithaque, sa patrie. Variantes : Ulisse, Ulix, Ulyxes. Caractérologie : fidélité, relationnel, intuition, médiation, cœur.

Umberto : esprit brillant (germanique). Ce prénom rare est porté par près de 500 personnes en France. Tendance : en croissance modérée. Umberto est particulièrement répandu en Italie. Caractérologie : sécurité, persévérance, structure, volonté, raisonnement.

Umea : enfant (basque). Caractérologie : ténacité, méthode, engagement, sens du devoir, fiabilité.

Urbain : de la ville (latin). Ce prénom est porté par environ 2 000 personnes en France. Il ne devrait pas être attribué à plus de 50 bébés en 2012. Variante : Urban. Caractérologie : organisation, résolution, médiation, relationnel, intuition.

Uriel : Dieu est ma lumière (hébreu). Ce prénom très rare est porté par près de 300 personnes en France. Tendance : en forte croissance. En France, Uriel est plus traditionnellement usité en Bretagne. Variantes : Uriah, Urias. Caractérologie : médiation, intuition, fidélité, relationnel, adaptabilité.

Vaclav : gloire immense (tchèque). Ce prénom est porté par moins de 100 personnes en France. Caractérologie : méditation, savoir, intelligence, sagesse, indépendance.

Vadim : règne glorieux (slave). Ce prénom est porté par environ 1 000 personnes en France. Il est relativement peu attribué aujourd'hui. Tendance : en croissance modérée. Caractérologie : structure, sécurité, persévérance, efficacité, honnêteté.

Vaea : souverain qui a partagé l'océan (tahitien). Caractérologie : intuition, relationnel, médiation, fidélité, adaptabilité.

Vahé : le meilleur (prénom arménien d'origine iranienne). Ce prénom très rare est porté par près de 130 personnes en France. Tendance : en forte croissance. Caractérologie : intégrité, altruisme, idéalisme, réflexion, dévouement.

Valentin : vaillant (latin). Ce prénom, porté par environ 90 000 Français, figure dans le top 50 national. Tendance : en décroissance modérée. Le 14 février célèbre la mémoire de saint Valentin, un prêtre romain martyrisé au IIIe siècle. L'origine de la Saint-Valentin, la fête des amoureux, remonte au XVe siècle et à l'idée reçue que les oiseaux s'accouplent à ce moment-là. Variante : Valentino, Valence, Valens. Variante basque : Balentin. Caractérologie : méditation, savoir, organisation, intelligence, résolution.

Valère : valeureux (latin). Ce prénom est porté par environ 2 000 personnes en France. Il ne devrait pas être attribué à plus de 50 bébés en 2012. Caractérologie : rêve, humanité, tolérance, rectitude, décision.

Valérian : valeureux (latin). Ce prénom est porté par environ 2 000 personnes en France. Il ne devrait pas être attribué à plus de 50 bébés en 2012. Caractérologie : direction, indépendance, audace, dynamisme, résolution.

Valérien : valeureux (latin). Ce prénom très rare est porté par près de 160 personnes en France. Caractérologie : courage, curiosité, détermination, indépendance, dynamisme.

Valéry : valeureux (latin). Ce prénom est porté par environ 5 000 personnes en France. Il ne devrait pas être attribué à plus de 50 bébés en 2012. Variantes : Valéri, Valeriano. Variantes basques : Balere, Baleri. Caractérologie : intuition, relationnel, sympathie, médiation, réalisation.

Valmont : protection du gouverneur (germanique). Ce prénom est porté par moins de 100 personnes en France. Variantes : Valmon, Valmond. Caractérologie : gestion, connaissance, spiritualité, caractère, sagacité.

Valter : commander, gouverner (germanique). Ce prénom très rare est porté par près de 200 personnes en France. Caractérologie : bienveillance, paix, organisation, détermination, conscience.

Van : bourg (arménien). Van est également répandu au Vietnam. Il est traditionnellement attribué comme deuxième prénom afin d'indiquer le sexe (masculin) de l'individu. Ce prénom rare est porté par près de 600 personnes en France. Caractérologie : innovation, énergie, ambition, autorité, autonomie.

Vania : papillon (grec), Dieu fait grâce (hébreu). Ce prénom est porté par moins de 100 personnes en France. Caractérologie : médiation, relationnel, intuition, fidélité, résolution.

Vartan : qui offre des roses (arménien). Ce prénom est porté par moins de 100 personnes en France. Caractérologie : persévérance, structure, résolution, sécurité, efficacité.

Vassili : roi (grec). Ce prénom très rare est porté par près de 400 personnes en France. Variantes : Vasili, Vassilis, Vassily, Wassily. Caractérologie : ambition, autorité, innovation, énergie, autonomie.

Veli : frère (finnois). Ce prénom très rare est porté par près de 180 personnes en France. Caractérologie : enthousiasme, pratique, communication, adaptation, générosité.

Venceslas : gloire immense (slave). Ce prénom très rare est porté par près de 300 personnes en France. Caractérologie : direction, indépendance, audace, dynamisme, assurance.

Véran : vrai (latin), foi (slave). Ce prénom est porté par moins de 100 personnes en France. Variante : Verano. Caractérologie : sens des responsabilités, équilibre, famille, détermination, influence.

Viance : action de vaincre (latin). Caractérologie : humanité, rêve, ouverture d'esprit, résolution, rectitude.

Vianney : se rapporte à Jean-Marie Vianney, curé d'Ars qui fut canonisé au XXe siècle. Ce prénom est porté par environ 4 000 personnes en France. Il est peu attribué aujourd'hui. Caractérologie : idéalisme, intégrité, altruisme, réussite, décision.

Vicente : qui triomphe (latin). Ce prénom est porté par environ 1 000 personnes en France. Tendance : en forte croissance. Variante : Vicenzo. Caractérologie : influence, équilibre, famille, sens des responsabilités, exigence.

Victor : victorieux (latin). Ce prénom, porté par environ 72 000 Français, figure dans le top 50 national. Tendance : stable. Soldat chrétien au IIIe siècle, saint Victor mourut martyr à Marseille. Variantes : Bittor, Vic, Vicky, Victoric, Victorice, Viktor, Vitor. Caractérologie : famille, équilibre, influence, éthique, raisonnement.

Victor-Emmanuel : forme composée de Victor et Emmanuel. Ce prénom très rare est porté par près de 170 personnes en France. Caractérologie : idéalisme, caractère, altruisme, intégrité, logique.

Victorien : victorieux (latin). Ce prénom est porté par environ 4 000 personnes en France. Il ne devrait pas être attribué à plus de 50 bébés en 2012. Variantes : Victorin, Victorino, Victorio, Vittorio. Caractérologie : spiritualité, volonté, sagacité, connaissance, analyse.

Vijay : victoire (sanscrit). Ce prénom est porté par moins de 100 personnes en France. Caractérologie : réalisation, fiabilité, méthode, ténacité, engagement.

Vincent : qui triomphe (latin). Ce prénom, porté par environ 217 000 Français, figure dans le top 200 national. Tendance : en décroissance modérée. Prêtre au XVIIe siècle, saint Vincent de Paul consacra sa vie aux œuvres caritatives. Il fonda plusieurs confréries de charité pour aider les pauvres, et la congrégation de la Mission pour la formation des prêtres. Variantes : Vince, Vincente, Vinny, Viny. Caractérologie : équilibre, influence, famille, exigence, éthique.

Vincenzo : qui triomphe (latin). Ce prénom est porté par environ 2 000 personnes en France. Il est très peu attribué aujourd'hui. Tendance : en croissance modérée. Vincenzo est très répandu en Italie. Caractérologie : rêve, rectitude, humanité, logique, caractère.

Vinh : glorieux, honorable (vietnamien). Ce prénom est porté par moins de 100 personnes en France. Caractérologie : stratégie, leadership, vitalité, achèvement, ardeur.

Virgil : qui porte une canne (latin). Ce prénom est porté par environ 2 000 personnes en France. Il est très peu attribué aujourd'hui. Caractérologie : curiosité, courage, dynamisme, indépendance, charisme.

Virgile : qui porte une canne (latin). Ce prénom est porté par environ 7 000 personnes en France. Il est relativement peu attribué aujourd'hui. Caractérologie : indépendance, direction, audace, cœur, dynamisme.

Vital : vie (latin). Ce prénom rare est porté par près de 1 000 personnes en France. Dans l'Hexagone, Vital est plus traditionnellement usité en Occitanie. Caractérologie : dynamisme, audace, indépendance, direction, gestion.

Vito : victorieux (latin). Ce prénom rare est porté par près de 800 personnes en France. Tendance : en croissance modérée. Caractérologie : pratique, enthousiasme, communication, générosité, adaptation.

Vivian : vivant (latin). Ce prénom est porté par environ 2 000 personnes en France. Il ne devrait pas être attribué à plus de 50 bébés en 2012. Dans l'Hexagone, Vivian est plus traditionnellement usité en Occitanie. Caractérologie : dynamisme, curiosité, courage, résolution, indépendance.

Vivien : vivant (latin). Ce prénom est porté par environ 9 000 personnes en France. Il ne devrait pas être attribué à plus de 50 bébés en 2012. Caractérologie : intégrité, idéalisme, altruisme, dévouement, réflexion.

Vladan : prénom composé à partir des premières syllabes de Vladimir et Lénine. Vladimir Ilitch Oulianov Lénine est le nom complet de l'homme du célèbre homme d'État russe (1870-1924). Ce prénom est porté par moins de 100 personnes en France. Caractérologie : rectitude, humanité, rêve, ouverture d'esprit, générosité.

Vladimir : règne glorieux (slave). Ce prénom est porté par environ 2 000 personnes en France. Il ne devrait pas être attribué à plus de 50 bébés en 2012. Vladimir est très répandu en Russie. Caractérologie : sagacité, spiritualité, connaissance, philosophie, originalité.

Voltaire : prénom révolutionnaire et pseudonyme de l'écrivain et philosophe français François-Marie Arouet (1694-1778). Ce prénom très rare est porté par près de 140 personnes en France. Caractérologie : pratique, enthousiasme, volonté, communication, analyse.

Comment les célébrités prénomment-elles leurs enfants ?

Nous nous intéressons de plus en plus au monde du spectacle et cet intérêt se répercute sur les prénoms que nous donnons à nos enfants. Nous les appelons comme nos vedettes préférées mais aussi, parfois, comme leurs propres bébés.

Voici un bouquet de prénoms choisis par des people pour leur progéniture.

- Aaron chez Robert de Niro
- Adam et Lorca chez Léonard Cohen
- Adèle chez Sandrine Bonnaire
- Ael chez Florent Pagny
- Anna chez Bob Dylan
- Arthur, Izia et Ken chez Jacques Higelin
- Aurélien chez Carla Bruni et Raphaël Enthoven
- Ava chez Heather Locklear
- Balthazar chez Clémentine Célarié
- Barnabé chez Isabelle Adjani et Gabriel-Kean
- Ben chez Charlotte Gainsbourg
- Bianca chez Stéphane et Ursula Freiss
- Charles chez Jodie Foster
- Carla chez Daniela Lumbroso
- Camille, Pauline et Louis chez Stéphanie de Monaco
- Charlotte chez Jane Birkin et Serge Gainsbourg
- Chiara chez Marcello Mastroianni et Catherine Deneuve
- Chloé chez Louis Malle et Candie Bergen
- Clara chez Charlotte de Turckheim
- Clélia chez Lino Ventura
- Déva et Léonie chez Monica Bellucci et Vincent Cassel
- Éden chez Marcia Cross et Tom Mahoney
- Enzo, Lucas et Théo chez Zinedine Zidane
- Eléa chez Herbert Léonard
- Eléanor chez Christophe Lambert
- Élisa chez Christina Reali et Francis Huster
- Elliott chez Laurence Ferrari
- Emma chez Antoine de Caunes
- Ethan chez Dany Boon
- Gaston, Manon et Ninon chez Thierry Ardisson
- Iman, Pablo et Tess chez Vincent Perez et Karine Silla
- Ilona et Emma chez Estelle Lefébure
- Iris chez Jude Law

Comment les célébrités prénomment-elles leurs enfants ? *(suite)*

- Isaac chez Didier Drogba
- Isabella chez Matt Damon
- Jade chez Laeticia et Johnny Hallyday
- Jeanne chez Miou-Miou et Julien Clerc
- Justin chez Andie Mac Dowell
- Joséphine chez Fanny Ardant et François Truffaut
- Kelyan chez Claude Makélélé et Noémie Lenoir
- Léa et Nubia chez Lio
- Leonor chez Felipe et Letizia d'Espagne
- Lily Rose et Jack chez Vanessa Paradis et Johnny Depp
- Lila chez Virginie Ledoyen et chez Kate Moss
- Lola chez Zazie
- Lou chez Jane Birkin et Jacques Doillon
- Louis chez Mathilde Seigner
- Louise chez Alain Chabat
- Lucien chez Bambou et Serge Gainsbourg
- Marcel chez Marion Cotillard et Guillaume Canet
- Madeline chez Lea Thompson
- Maïa, Matteo et Raphaël chez Hélène Ségara
- Mahé chez Maud Fontenoy
- Malone chez Renaud
- Milo chez Liv Tyler
- Noa chez Sarah Lelouch
- Noé chez Judith Godrèche et Dany Boon
- Nelly et Johan chez Emmanuelle Béart
- Vincent et Juliette chez Sophie Marceau
- Oscar et Léon chez Patrick Bruel
- Pierre, Charlotte et Andrea chez Caroline de Monaco
- Pierre-Louis chez Jean-Hugues Anglade
- Quentin chez Pierre Bachelet
- Raphaël et Hannah chez Juliette Binoche
- Roan, Maya et Joy chez Ethan Hawke et Uma Thurman
- Rose chez Romane Bohringer
- Sofia chez Felipe et Letizia d'Espagne
- Ulysse et Sarah chez Mathilda May et Gérard Darmon
- Violette et Nine chez Inès de La Fressange
- Zoé chez Patricia Arquette

Waclaw : gloire immense (tchèque). Ce prénom est porté par moins de 100 personnes en France. Caractérologie : altruisme, idéalisme, intégrité, dévouement, réflexion.

Waël : celui qui cherche refuge dans la spiritualité (arabe). Ce prénom est porté par environ 2 000 personnes en France. Il est relativement peu attribué aujourd'hui. Tendance : en forte croissance. Variantes : Waïl, Wahil. Caractérologie : courage, curiosité, indépendance, dynamisme, charisme.

Wahib : charitable (arabe). Ce prénom très rare est porté par près de 400 personnes en France. Variantes : Ouahib, Waheb. Caractérologie : spiritualité, connaissance, détermination, sagacité, sensibilité.

Wahid : unique (arabe). Ce prénom rare est porté par près de 600 personnes en France. Variantes : Ouaïd, Ouahid. Caractérologie : intégrité, idéalisme, réflexion, altruisme, décision.

Walbert : mur consolidé (germanique). Caractérologie : rectitude, organisation, rêve, humanité, détermination.

Waldemar : illustre commandeur (scandinave). Ce prénom est porté par moins de 100 personnes en France. Variante : Valdemar. Caractérologie : dynamisme, indépendance, curiosité, courage, détermination.

Waldo : celui qui a arraché sa victoire (scandinave). Ce prénom est porté par moins de 100 personnes en France. Caractérologie : innovation, ambition, autorité, énergie, volonté.

Walid : nouveau-né (arabe). Ce prénom est porté par environ 10 000 personnes en France. Il figure dans le top 200 national. Tendance : stable. Variantes : Walide, Wallid. Caractérologie : structure, persévérance, efficacité, sécurité, détermination.

Wallace : du pays de Galles (anglo-saxon). Ce prénom très rare est porté par près de 150 personnes en France. Caractérologie : pragmatisme, optimisme, sociabilité, communication, créativité.

Walter : commander, gouverner (germanique). Ce prénom est porté par environ 5 000 personnes en France. Il ne devrait pas être attribué à plus de 50 bébés en 2012. Walter est très répandu en Allemagne. En France, il est plus traditionnellement usité en Alsace et dans les Flandres. Variante : Walther. Caractérologie : connaissance, sagacité, organisation, spiritualité, résolution.

Waly : du pays de Galles (anglo-saxon). Ce prénom très rare est porté par près de 160 personnes en France. Variantes : Wali, Wally. Caractérologie : méditation, indépendance, cœur, savoir, intelligence.

Wandrille : nom de saint dont l'étymologie est inconnue. Ce prénom rare est porté par près de 500 personnes en France. Caractérologie : stratégie, résolution, achèvement, ardeur, vitalité.

Warren : qui protège les jardins (germanique). Ce prénom est porté par environ 3 000 personnes en France. Il est relativement peu attribué aujourd'hui. Variante : Waren. Caractérologie : sagacité, connaissance, spiritualité, originalité, décision.

Wassil : maturation spirituelle (arabe). Ce prénom très rare est porté par près de 500 personnes en France. Tendance : en forte croissance. Variante : Wacil.

Caractérologie : intuition, relationnel, médiation, fidélité, détermination.

Wassim : beau, gracieux (arabe). Ce prénom est porté par environ 6000 personnes en France. Il figure dans le top 200 national. Tendance : en forte croissance. Variantes : Wacim, Wasim, Wassime. Caractérologie : communication, pragmatisme, créativité, optimisme, décision.

Wayne : qui construit des wagons (anglais). Ce prénom très rare est porté par près de 300 personnes en France. Tendance : en forte croissance. Caractérologie : originalité, énergie, audace, séduction, découverte.

Wenceslas : gloire immense (slave). Ce prénom très rare est porté par près de 500 personnes en France. Variante : Wenzel. Caractérologie : sociabilité, diplomatie, loyauté, bonté, réceptivité.

Wendel : marcheur (germanique). Ce prénom est porté par moins de 100 personnes en France. Variante : Wendelin. Caractérologie : idéalisme, intégrité, altruisme, réflexion, dévouement.

Wendy : branche fine (germanique). Ce prénom très rare est porté par près de 500 personnes en France. Caractérologie : ardeur, vitalité, achèvement, stratégie, leadership.

Werner : armée protectrice (germanique). Ce prénom rare est porté par près de 800 personnes en France. Werner est très répandu en Allemagne. Variante : Wernert. Caractérologie : médiation, relationnel, fidélité, adaptabilité, intuition.

Wesley : prairie de l'Ouest (anglais). Ce prénom est porté par environ 4000 personnes en France. Il est relativement peu attribué aujourd'hui. Caractérologie : ambition, habileté, cœur, force, passion.

Wilfrid : déterminé à amener la paix (germanique). Ce prénom est porté par environ 7000 personnes en France. Il ne devrait pas être attribué à plus de 50 bébés en 2012. Variantes : Vilfrid, Wielfried, Wilf, Wilfred. Caractérologie : intégrité, altruisme, volonté, idéalisme, raisonnement.

Wilfried : déterminé à amener la paix (germanique). Ce prénom est porté par environ 13000 personnes en France. Il est très peu attribué aujourd'hui. Caractérologie : dynamisme, courage, raisonnement, curiosité, volonté.

Wilhem : protecteur résolu (germanique). Ce prénom rare est porté par près de 700 personnes en France. Variantes : Wilhelm, Willelm, Willem, Willen. Caractérologie : savoir, intelligence, méditation, indépendance, sagesse.

William : protecteur résolu (germanique). Ce prénom, porté par environ 65000 Français, figure dans le top 100 national. Tendance : stable. Cette forme anglophone de Guillaume est particulièrement en vogue au Québec et en Suède. ◆ À la mort d'Édouard le Confesseur, Guillaume de Normandie affirma qu'il était le successeur désigné du roi anglais. Mais son cousin Harold le prit de vitesse et se fit couronner à sa place. Guillaume souleva une armée et partit à la conquête du trône anglais. Vainqueur, il se fit couronner en 1066 et devint l'un des souverains les plus puissants de l'Occident. Variantes : Vili, Viliam, Wiliam, Will, Willis, Willyam, Wylliam. Caractérologie : savoir, méditation, intelligence, indépendance, décision.

Williams : protecteur résolu (germanique). Ce prénom est porté par environ 3 000 personnes en France. Il ne devrait pas être attribué à plus de 50 bébés en 2012. Caractérologie : force, ambition, passion, résolution, habileté.

Willy : protecteur résolu (germanique). Ce prénom est porté par environ 17 000 personnes en France. Il ne devrait pas être attribué à plus de 50 bébés en 2012. Variantes : Willi, Willie. Caractérologie : rectitude, humanité, rêve, ouverture d'esprit, sympathie.

Wilmer : volonté, renommée (germanique). Caractérologie : stratégie, achèvement, vitalité, leadership, ardeur.

Wilson : fils de William (anglais). Ce prénom est porté par environ 2 000 personnes en France. Il est très peu attribué aujourd'hui. Variante : Williamson. Caractérologie : diplomatie, raisonnement, détermination, sociabilité, réceptivité.

Winfried : ami de la paix (germanique). Variante : Winfrid. Caractérologie : sagacité, connaissance, spiritualité, volonté, originalité.

Winston : pierre de joie (anglais). Ce prénom est porté par moins de 100 personnes en France. Caractérologie : sens des responsabilités, famille, équilibre, influence, décision.

Winter : hiver (anglais). Ce prénom est porté par moins de 100 personnes en France. Caractérologie : ambition, force, management, passion, habileté.

Wissam : honoré de médailles (arabe). Ce prénom est porté par environ 1 000 personnes en France. Il est très peu attribué aujourd'hui. Variantes : Ouisam, Ouissam, Wisam. Caractérologie : pratique, communication, enthousiasme, détermination, adaptation.

Wissem : honoré de médailles (arabe). Ce prénom est porté par environ 1 000 personnes en France. Il est peu attribué aujourd'hui. Tendance : en croissance modérée. Variantes : Ouisem, Ouissem, Wisem. Caractérologie : sagacité, spiritualité, connaissance, originalité, décision.

Wit : vie (polonais), blanc (hollandais). Caractérologie : connaissance, spiritualité, philosophie, sagacité, originalité.

Wladimir : règne glorieux (slave). Ce prénom rare est porté par près de 800 personnes en France. Variantes : Waldi, Waldimir. Caractérologie : passion, force, habileté, résolution, ambition.

Wladislaw : gouverneur puissant et renommé (slave). Ce prénom très rare est porté par près de 400 personnes en France. Variantes : Vladislas, Vladislav, Vladislaw, Wadislas, Wadislav, Wadyslas, Wadyslaw, Wladislas, Wladislav, Wladyslaw. Caractérologie : énergie, originalité, découverte, audace, décision.

Wolf : loup (germanique). Ce prénom est porté par moins de 100 personnes en France. Dans l'Hexagone, Wolf est plus traditionnellement usité en Alsace. Variantes : Wolff, Wulf. Caractérologie : médiation, fidélité, relationnel, adaptabilité, intuition.

Wolfgang : loup qui avance (germanique). Ce prénom très rare est porté par près de 500 personnes en France. Variante : Wolfang. Caractérologie : persévérance, sécurité, structure, efficacité, cœur.

Woody : règne glorieux (slave). Ce prénom très rare est porté par près de 100 personnes en France. Caractérologie : audace, direction, indépendance, dynamisme, volonté.

Wulfran : loup, corbeau (germanique). Ce prénom très rare est porté par près de 110 personnes en France. Variante : Wulfram. Caractérologie : curiosité, dynamisme, courage, résolution, analyse.

Wyatt : combat, courage (germanique). Se rapporte également à un ancien patronyme anglo-saxon. Ce prénom rare est porté par près de 700 personnes en France. Tendance : en croissance modérée. Caractérologie : force, passion, management, ambition, habileté.

Xabi : maison neuve (basque). Ce prénom très rare est porté par près de 400 personnes en France. Caractérologie : idéalisme, intégrité, altruisme, réflexion, dévouement.

Xan : Dieu fait grâce (hébreu). Ce prénom basque est porté par près de 400 personnes en France. Caractérologie : pragmatisme, optimisme, créativité, sociabilité, communication.

Xavier : maison neuve (basque). Ce prénom est porté par environ 103 000 personnes en France. Il est peu attribué aujourd'hui. Jésuite missionnaire au XVIe siècle, saint François-Xavier partit, à la demande du pape Paul III, prêcher en Indes orientales et au Japon. Il est le patron des missionnaires. Variantes : Jabier, Xabier, Xaver, Xidi. Caractérologie : connaissance, sagacité, spiritualité, détermination, volonté.

Xuan : printemps, jeunesse (vietnamien). Ce prénom très rare est porté par près de 110 personnes en France. Caractérologie : famille, équilibre, sens des responsabilités, influence, exigence.

Yaacov : supplanter, talonner (hébreu). Ce prénom très rare est porté par près de 140 personnes en France. Caractérologie : méthode, engagement, fiabilité, réussite, ténacité.

Yacin : se rapporte aux premières lettres de la 36e sourate du Coran (arabe). Ce prénom rare est porté par près de 700 personnes en France. Caractérologie : sagacité, connaissance, décision, spiritualité, cœur.

Yacine : se rapporte aux premières lettres de la 36e sourate du Coran (arabe). Ce prénom est porté par environ 12 000 personnes en France. Il figure dans le top 200 national. Tendance : stable. Caractérologie : communication, enthousiasme, pratique, résolution, sympathie.

Yaël : forme bretonne et basque de Joël : chèvre sauvage (hébreu). Ce prénom est porté par environ 3 000 personnes en France. Il est relativement peu attribué aujourd'hui. Tendance : en croissance modérée. Voir l'encadré dédié aux prénoms mixtes. Caractérologie : connaissance, spiritualité, sagacité, originalité, bonté.

Yamine : fleur de jasmin (arabe). Ce prénom rare est porté par près de 1 000 personnes en France. Variante : Yamin. Caractérologie : persévérance, décision, structure, sécurité, réussite.

Yan : Dieu fait grâce (hébreu). Ce prénom est porté par environ 5 000 personnes en France. Il est peu attribué aujourd'hui. Dans l'Hexagone, Yan est plus traditionnellement usité au Pays basque. Variante : Yanne. Caractérologie : sécurité, persévérance, efficacité, structure, honnêteté.

Yani : Dieu fait grâce (hébreu). Ce prénom rare est porté par près de 700 personnes en France. Tendance : en croissance modérée. Varante : Yanni. Caractérologie : efficacité, persévérance, détermination, structure, sécurité.

Yanick : Dieu fait grâce (hébreu). Ce prénom est porté par environ 2 000 personnes en France. Il ne devrait pas être attribué à plus de 50 bébés en 2012. Caractérologie : humanité, rectitude, sympathie, rêve, résolution.

Yanis : Dieu fait grâce (hébreu). Ce prénom est porté par environ 45 000 personnes en France. Il figure dans le top 50 national. Voir le zoom dédié à Yanis. Variantes : Yanice, Yaniss, Yanisse, Yannice. Caractérologie : découverte, audace, énergie, résolution, originalité.

Yann : Dieu fait grâce (hébreu). Ce prénom est porté par environ 81 000 personnes en France. Il figure dans le top 200 national. Tendance : en décroissance modérée. Caractérologie : humanité, rectitude, tolérance, générosité, rêve.

Yannick : Dieu fait grâce (hébreu). Ce prénom est porté par environ 83 000 personnes en France. Il est très peu attribué aujourd'hui. Variantes : Yanic, Yanik, Yaniv, Yannic, Yannig, Yannik. Caractérologie : curiosité, dynamisme, courage, sympathie, résolution.

Yannis : Dieu fait grâce (hébreu). Ce prénom est porté par environ 13 000 personnes en France. Il est relativement peu attribué aujourd'hui. Caractérologie : direction, dynamisme, indépendance, audace, détermination.

YANIS

Fête : 24 juin

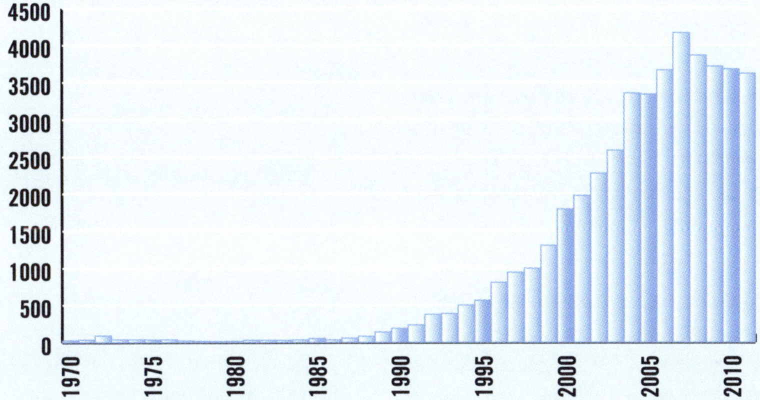

Étymologie : de l'hébreu *iohanan*, « Dieu fait grâce ». Après avoir élu les prénoms irlandais (Kylian), anglophones (Ethan), espagnols (Esteban) et italiens (Enzo, Matteo), les Français ont adopté cette forme grecque de Jean. Cette découverte est tardive puisque Yanis ne dépasse même pas le seuil des 70 naissances avant 1988. Qui aurait pu prédire l'engouement dont il fait l'objet la décennie suivante ? Sa croissance est telle qu'il intègre le top 20 français en 2006 et pourrait, cette année encore, se maintenir dans le groupe de tête.

La fortune de Yanis a favorisé l'apparition de déclinaisons dont les sonorités sont proches : Yannis, Ianis, Iannis, Yanice, Yaniss et Yanisse émergent discrètement. Plus répandu que ces derniers, Anis progresse dans la communauté musulmane de France. Il grandit aujourd'hui dans le top 200 national.

En dehors de l'Hexagone, ou de la Grèce dont il est originaire, Yanis fait des émules dans les pays francophones. Après avoir conquis la Wallonie, il se profile à l'horizon des prénoms québécois et convoite d'intégrer le top 50 suisse romand.

Personnalité célèbre : Iannis Xenakis (1922-2001), musicien français d'origine grecque.

Statistiques : Yanis est le 25e prénom masculin le plus donné en France depuis le début du XXIe siècle. On peut estimer qu'il sera attribué à un garçon sur 113 en 2012.

Yasin : se rapporte aux premières lettres de la 36e sourate du Coran (arabe). Ce prénom est porté par environ 2 000 personnes en France. Il est peu attribué aujourd'hui. Variante : Yasine. Caractérologie : énergie, détermination, découverte, audace, originalité.

Yasser : riche (arabe). Ce prénom est porté par environ 1 000 personnes en France. Il est peu attribué aujourd'hui. Tendance : en croissance modérée. Variante : Yacer. Caractérologie : bienveillance, conscience, conseil, paix, détermination.

Yassin : se rapporte aux premières lettres de la 36e sourate du Coran (arabe). Ce prénom est porté par environ 4 000 personnes en France. Il est peu attribué aujourd'hui. Caractérologie : bienveillance, paix, conseil, conscience, décision.

Yassine : se rapporte aux premières lettres de la 36e sourate du Coran (arabe). Ce prénom est porté par environ 15 000 personnes en France. Il figure dans le top 200 national. Tendance : stable. Caractérologie : sociabilité, diplomatie, réceptivité, décision, loyauté.

Yassir : riche (arabe). Ce prénom rare est porté par près de 900 personnes en France. Tendance : en forte croissance. Caractérologie : autonomie, autorité, innovation, énergie, ambition.

Yasuo : calme, pacifique (japonais). Caractérologie : humanité, rectitude, rêve, ouverture d'esprit, générosité.

Yazid : le meilleur (arabe). Ce prénom est porté par environ 3 000 personnes en France. Il est peu attribué aujourd'hui. Variante : Yazide. Caractérologie : intuition, ressort, médiation, relationnel, réalisation.

Yehiel : que le Seigneur vive (hébreu). Ce prénom est porté par moins de 100 personnes en France. Caractérologie : audace, direction, dynamisme, action, bonté.

Yéhouda : remercier (hébreu). Ce prénom très rare est porté par près de 120 personnes en France. Caractérologie : savoir, intelligence, volonté, méditation, réalisation.

Yen : paix, hirondelle (vietnamien). Caractérologie : achèvement, vitalité, ardeur, stratégie, leadership.

Yeram : bande d'oiseaux (arménien). Caractérologie : habileté, force, détermination, réalisation, ambition.

Yeraz : rêve (arménien). Caractérologie : communication, décision, pragmatisme, optimisme, action.

Ylan : arbre (hébreu). Ce prénom est porté par environ 3 000 personnes en France. Il est relativement peu attribué aujourd'hui. Tendance : en forte croissance. Variante : Ylann. Caractérologie : connaissance, spiritualité, sagacité, originalité, bonté.

Ylies : le Seigneur est mon Dieu (hébreu). Ce prénom est porté par environ 1 000 personnes en France. Il est peu attribué aujourd'hui. Tendance : en forte croissance. Variante : Yliess. Caractérologie : savoir, méditation, intelligence, sympathie, résolution.

Yoah : Dieu, frère (hébreu). Caractérologie : structure, sécurité, persévérance, efficacité, honnêteté.

Yoan : Dieu fait grâce (hébreu). Ce prénom est porté par environ 15 000 personnes en France. Il est relativement peu attribué aujourd'hui. Dans l'Hexagone, Yoan est plus traditionnellement usité en Bretagne et au Pays basque. Caractérologie : autorité, ambition, autonomie, énergie, innovation.

Yoann : Dieu fait grâce (hébreu). Ce prénom est porté par environ 41 000 personnes en France. Il est relativement peu attribué aujourd'hui. Dans l'Hexagone, Yoann est plus traditionnellement usité en Bretagne et au Pays basque. Variantes : Ioannis, Yoane, Yoanne. Caractérologie : paix, bienveillance, conscience, sagesse, conseil.

Yoav : Dieu, père (hébreu). Ce prénom très rare est porté par près de 130 personnes en France. Tendance : en forte croissance. Caractérologie : humanité, ouverture d'esprit, rêve, réalisation, rectitude.

Yoël : Dieu est Dieu (hébreu). Ce prénom rare est porté par près de 500 personnes en France. Caractérologie : pragmatisme, communication, créativité, optimisme, sympathie.

Yohan : Dieu fait grâce (hébreu). Ce prénom est porté par environ 23 000 personnes en France. Il est relativement peu attribué aujourd'hui. Dans l'Hexagone, Yohan est plus traditionnellement usité au Pays basque. Caractérologie : rectitude, tolérance, générosité, rêve, humanité.

Yohann : Dieu fait grâce (hébreu). Ce prénom est porté par environ 22 000 personnes en France. Il est relativement peu attribué aujourd'hui. Variantes : Yohanan, Yohane, Yohanne. Caractérologie : dynamisme, courage, indépendance, curiosité, charisme.

Yolan : aube (grec), violette (latin). Ce prénom très rare est porté par près de 500 personnes en France. Variante : Yoland. Caractérologie : méthode, ténacité, engagement, sympathie, fiabilité.

Yon : colombe (hébreu). Ce prénom très rare est porté par près de 300 personnes en France. Tendance : en forte croissance. Caractérologie : humanité, rectitude, rêve, ouverture d'esprit, générosité.

Yonathan : Dieu a donné (hébreu). Ce prénom très rare est porté par près de 300 personnes en France. Caractérologie : finesse, vitalité, achèvement, stratégie, ardeur.

Yoni : colombe (hébreu). Ce prénom est porté par environ 3 000 personnes en France. Il est peu attribué aujourd'hui. Variantes : Yona, Yonni, Yony. Caractérologie : rectitude, humanité, rêve, générosité, tolérance.

Yoram : nom sacré (grec). Ce prénom très rare est porté par près de 200 personnes en France. Caractérologie : rectitude, rêve, ouverture d'esprit, humanité, réalisation.

Yoran : Dieu est exalté (hébreu). Ce prénom très rare est porté par près de 300 personnes en France. Tendance : en forte croissance. Caractérologie : dynamisme, audace, direction, décision, indépendance.

Yorick : labourer le sol (grec). Ce prénom rare est porté par près de 800 personnes en France. Dans l'Hexagone, Yorick est plus traditionnellement usité au Pays basque. Variantes : Yorik, Yorrick. Caractérologie : idéalisme, altruisme, analyse, intégrité, réflexion.

Youcef : Dieu ajoutera (hébreu). Voir également Youssef. Ce prénom est porté par environ 4 000 personnes en France. Il est relativement peu attribué aujourd'hui. Tendance : en croissance modérée. Dans l'Hexagone, Youcef est plus traditionnellement usité au Pays basque. Caractérologie : optimisme, créativité, cœur, pragmatisme, communication.

Youenn : if (celte). Ce prénom est porté par environ 1 000 personnes en France. Il est peu attribué aujourd'hui. Dans l'Hexagone, Youenn est plus traditionnellement usité en Bretagne. Variantes : Youen, Youn. Caractérologie : méthode, cœur, ténacité, engagement, fiabilité.

Younès : proche de Dieu (arabe). Ce prénom est porté par environ 10 000 personnes en France. Il figure dans le top 200 national. Tendance : stable. Caractérologie : idéalisme, cœur, réflexion, intégrité, altruisme.

Youness : proche de Dieu (arabe). Ce prénom est porté par environ 2 000 personnes en France. Il est très peu attribué aujourd'hui. Variantes : Younesse, Younous, Youns, Younsse. Caractérologie : autorité, innovation, énergie, amitié, ambition.

Youri : labourer le sol (grec). Ce prénom est porté par environ 2 000 personnes en France. Il est très peu attribué aujourd'hui. Notons que la variante Yuri est très répandue en Russie. Variantes : Iouri, Youry, Yuri. Caractérologie : méditation, intelligence, raisonnement, savoir, indépendance.

Yousri : qui a bon caractère (arabe). Ce prénom très rare est porté par près de 400 personnes en France. Variante : Yosri. Caractérologie : vitalité, achèvement, stratégie, ardeur, logique.

Youssef : équivalent arabe de Joseph : Dieu ajoutera (hébreu). Ce prénom est porté par environ 12 000 personnes en France. Il figure dans le top 200 national. Tendance : en croissance modérée. Variantes : Yossef, Yousef, Youssaf. Caractérologie : sociabilité, réceptivité, diplomatie, loyauté, bonté.

Youssouf : équivalent arabe de Joseph : Dieu ajoutera (hébreu). Ce prénom est porté par environ 2 000 personnes en France. Il est peu attribué aujourd'hui. Caractérologie : conscience, bienveillance, conseil, paix, sagesse.

Yunus : proche de Dieu (arabe). Ce prénom rare est porté par près de 800 personnes en France. Caractérologie : innovation, ambition, énergie, cœur, autorité.

Yusuf : Dieu ajoutera (hébreu). Ce prénom est porté par environ 2 000 personnes en France. Il est peu attribué aujourd'hui. Tendance : en croissance modérée. Caractérologie : relationnel, intuition, fidélité, adaptabilité, médiation.

Yvain : if (celte). Ce prénom très rare est porté par près de 400 personnes en France. Caractérologie : force, ambition, réussite, habileté, décision.

Yvan : voir Evan. Ce prénom est porté par environ 23 000 personnes en France. Il est peu attribué aujourd'hui. Variantes : Yvani, Yovan. Caractérologie : vitalité, achèvement, ardeur, stratégie, réussite.

Yvane : voir Evan. Ce prénom rare est porté par près de 700 personnes en France. Il figure dans le top 200 national. Tendance : en forte croissance. Caractérologie : méthode, engagement, fiabilité, réalisation, ténacité.

Yvann : voir Evan. Ce prénom est porté par environ 1 000 personnes en France. Il est relativement peu attribué aujourd'hui. Tendance : en croissance modérée. Caractérologie : structure, efficacité, persévérance, sécurité, réalisation.

Yves : if (celte). Ce prénom est porté par environ 170 000 personnes en France. Il ne devrait pas être attribué à plus de 50 bébés en 2012. Avocat au XIIIe siècle en Bretagne, saint Yves Hélori défendit brillamment les plus pauvres avant de devenir prêtre. Il est le patron des Bretons, des avocats et des hommes de loi. Notons que la forme Evan est bien plus en vogue aujourd'hui (voir le zoom consacré à ce dernier). Variantes : Iv, Ivelin, Iœn, Yvelin, Yven, Wanig. Caractérologie : force, ambition, passion, réussite, habileté.

Yves-Marie : forme composée de Yves et Marie. Ce prénom est porté par environ 1 000 personnes en France. Tendance : stable. Caractérologie : rectitude, humanité, rêve, résolution, réalisation.

Yvon : if (celte). Ce prénom est porté par environ 31 000 personnes en France. Il ne devrait pas être attribué à plus de 50 bébés en 2012. Variantes : Ivon, Ivonig. Caractérologie : persévérance, structure, efficacité, sécurité, caractère.

Yvonnick : if (celte). Ce prénom est porté par environ 2 000 personnes en France. Il ne devrait pas être attribué à plus de 50 bébés en 2012. Variantes : Yvonic, Yvonick, Yvonnic. Caractérologie : dynamisme, courage, caractère, logique, curiosité.

Les prénoms anti-cote

Cela peut paraître curieux, mais la thématique des prénons anti-cote intéresse un nombre constant de futurs parents. Afin de faciliter leurs recherches, nous avons sélectionné ci-dessous les prénoms qui devraient être attribués à moins de 50 enfants en 2012. Ils ont été classés par ordre décroissant d'attribution pour chaque période donnée.

Les anti-cote du début du xxe siècle (1900-1929)

Garçons : René, Maurice, Raymond, Fernand, Alfred, Alphonse, Edmond, Marie, Claude, Raoul, Roland, Désiré, Adolphe, Noël, Norbert, Yvon, Edgard, Gervais, Jean-Marie, Honoré, Casimir, Walter, Valéry.

Filles : Germaine, Yvonne, Marcelle, Renée, Lucienne, Marthe, Henriette, Georgette, Andrée, Raymonde, Odette, Berthe, Simone, Fernande, Paulette, Thérèse, Geneviève, Antoinette, Émilienne, Marie-Louise, Adrienne, Albertine, Julienne, Paule, Francine, Reine, Augusta, Alphonsine, Gisèle.

Les anti-cote de la période 1930-1949

Garçons : Bernard, Gérard, Claude, Jean-Pierre, Guy, Yves, Robert, Gilbert, Roger, Roland, Jean-Claude, Noël, Fernand.

Filles : Françoise, Christiane, Claudine, Jacqueline, Joëlle, Danielle, Bernadette, Marie-Christine, Mireille, Colette, Josette, Éliane, Danièle, Odile, Liliane, Jeannine, Huguette, Pierrette, Louisette.

Les anti-cote de la période 1950-1979

Garçons : Pascal, Didier, Gilles, Jean-Pierre, Serge, Patrice, Hervé, Jean-Luc, Francis, Jean-Marc, Jean-François, Jean-Michel, Jean-Paul, Jean-Louis, Jérôme, Fabrice, Bertrand, Régis, Jacky, Roger, Jean-Jacques, Jean-Philippe, Jean-Yves, Cyrille, Hubert, Jean-Christophe, Gérald, Farid, Stephan, Carlos, Erick, Gildas, Wilfried, François-Xavier.

Filles : Sylvie, Martine, Valérie, Véronique, Sandrine, Patricia, Stéphanie, Brigitte, Chantal, Laurence, Corinne, Dominique, Annie, Monique, Nadine, Évelyne, Karine, Pascale, Fabienne, Michèle, Carole, Annick, Jocelyne, Séverine, Marie-Christine, Muriel, Danielle, Josiane, Mireille, Maryse, Sabine, Sylviane, Magali, Frédérique, Régine, Viviane, Karine, Géraldine, Marie-Hélène, Maryline, Nadège, Marie-Pierre, Micheline, Roseline.

Les anti-cote de la période 1980-1999

Garçons : Rodolphe, Jérôme, Patrick, Thierry, Ghislain, Ludovic, Hervé, Sylvain, Pierre-Yves, Stephen, Renaud, Jean-Sébastien, Yannick, Wilfrid, Jamel, Frederick, Harold, Frank, Steve, Ronald.

Filles : Virginie, Laurie, Ingrid, Priscilla, Pamela, Dorothée, Betty, Karima, Allison, Jennifer, Bérengère, Violaine, Tiphanie, Solenne, Maïté, Laury, Marjolaine, Ségolène, Pascaline, Marielle, Shirley, Lorène, Jessy, Christel, Mallaury, Marylène.

Zacharia : Dieu se souvient (hébreu). Ce prénom rare est porté par près de 500 personnes en France. Attribué au Pays basque et dans les pays arabes, ce prénom d'origine hébraïque est plus multiculturel qu'il n'y paraît. Variantes : Sakaria, Zacharias, Zackaria, Zaccharia. Caractérologie : structure, persévérance, efficacité, sécurité, honnêteté.

Zacharie : Dieu se souvient (hébreu). Ce prénom est porté par environ 3 000 personnes en France. Il est relativement peu attribué aujourd'hui. Un pape du VIIIe siècle et plusieurs saints ont illustré ce prénom. Saint Zacharie, le père de saint Jean-Baptiste, est fêté le 5 novembre. ◆ Dans l'Ancien Testament, Zacharie le Prophète stimule la reconstruction du temple de Jérusalem. Variantes : Zaccharie, Zachari, Zakarie. Caractérologie : stratégie, vitalité, ardeur, achèvement, détermination.

Zachary : Dieu se souvient (hébreu). Ce prénom est porté par environ 1 000 personnes en France. Il est peu attribué aujourd'hui. Tendance : en croissance modérée. Variantes : Zacchary, Zackary. Caractérologie : direction, audace, dynamisme, indépendance, action.

Zadig : passage (hébreu). Ce prénom très rare est porté par près de 200 personnes en France. Tendance : en forte croissance. Zadig est également le personnage central de *Zadig ou la Destinée,* un conte philosophique de Voltaire resté célèbre, publié pour la première fois en 1747. Caractérologie : ressort, diplomatie, sociabilité, réceptivité, réalisation.

Zahir : rayonnant (arabe). Ce prénom très rare est porté par près de 400 personnes en France. Variantes : Zaher, Zaïr, Zohir. Caractérologie : achèvement, vitalité, ardeur, leadership, stratégie.

Zaïd : l'ascète (arabe). Ce prénom très rare est porté par près de 400 personnes en France. Variante : Zayd. Caractérologie : méthode, ténacité, engagement, fiabilité, sens du devoir.

Zakaria : Dieu se souvient (hébreu). Ce prénom est porté par environ 7 000 personnes en France. Il figure dans le top 200 national. Tendance : en croissance modérée. Variantes : Zakari, Zakariya, Zakarya. Caractérologie : ténacité, méthode, fiabilité, sens du devoir, engagement.

Zakary : Dieu se souvient (hébreu). Ce prénom très rare est porté par près de 500 personnes en France. Caractérologie : énergie, innovation, ambition, autorité, action.

Zaki : intelligent, pur (arabe). Ce prénom très rare est porté par près de 400 personnes en France. Variante : Zéki. Caractérologie : réceptivité, sociabilité, loyauté, diplomatie, bonté.

Zébulon : exalté (hébreu). Caractérologie : découverte, audace, énergie, originalité, attention.

Zénon : hospitalier (grec). Ce prénom très rare est porté par près de 200 personnes en France. Variante : Zeno. Caractérologie : sociabilité, bonté, réceptivité, diplomatie, loyauté.

Zéphirin : vent doux (grec). Ce prénom très rare est porté par près de 200 personnes en France. Variante : Zéphyrin.

Caractérologie : paix, conscience, conseil, bienveillance, action.

Zéphyr : vent doux (grec). Ce prénom très rare est porté par près de 180 personnes en France. Dans la mythologie grecque, Zéphyr était la personnification divine des vents. Variante : Zéphir. Caractérologie : audace, indépendance, dynamisme, ressort, direction.

Ziad : croissance (arabe). Ce prénom rare est porté par près de 1 000 personnes en France. Variantes : Ziyad, Ziyed, Zyad, Zyed. Caractérologie : ténacité, fiabilité, méthode, engagement, sens du devoir.

Zidane : ce patronyme a été enregistré en tant que prénom à l'état civil pour la première fois en 1948. Ce prénom très rare est porté par près de 300 personnes en France. Caractérologie : courage, dynamisme, curiosité, indépendance, détermination.

Zied : croissance (arabe). Ce prénom très rare est porté par près de 400 personnes en France. Caractérologie : habileté, ambition, passion, force, management.

Zinedine : l'emblème de la religion (arabe). Ce prénom est porté par environ 2 000 personnes en France. Il est très peu attribué aujourd'hui. Variantes : Zine, Zineddine. Forme composée : Zine-Eddine. Caractérologie : curiosité, dynamisme, indépendance, courage, charisme.

Zlatko : doré (tchèque). Ce prénom est porté par moins de 100 personnes en France. Caractérologie : structure, persévérance, sécurité, efficacité, gestion.

Zoël : vie (grec). Ce prénom basque est porté par moins de 100 personnes en France. Caractérologie : méthode, ténacité, sens du devoir, fiabilité, engagement.

Zohéir : rayonnant (arabe). Ce prénom très rare est porté par près de 120 personnes en France. Variantes : Zohaïr, Zoher, Zohir, Zouhaïr, Zouheïr. Caractérologie : idéalisme, altruisme, réflexion, dévouement, intégrité.

Zoran : fleur, blancheur lumineuse (arabe). Ce prénom rare est porté par près de 600 personnes en France. Caractérologie : diplomatie, loyauté, réceptivité, détermination, sociabilité.

Zuri : blanc (basque). Caractérologie : diplomatie, loyauté, réceptivité, sociabilité, bonté.

1 300 prénoms en fête

Les prénoms ci-dessous sont classés par ordre alphabétique et sont accompagnés de leurs jours de fête. Cette sélection inclut des prénoms répandus et d'autres qui le sont moins mais dont la croissance est prometteuse. Les prénoms cités dans les encadrés thématiques de cet ouvrage (prénoms régionaux, courants de prénoms dans le vent, palmarès des prénoms francophones, etc.) figurent dans ce répertoire.

A

Aaron m .... 1er juillet
Abel m .... 5 août
Abélard m .... 5 août
Abraham m .... 20 décembre
Achille m .... 12 mai
Adam m .... 16 mai
Adélaïde f .... 16 décembre
Adèle f .... 24 décembre
Adeline f .... 20 octobre
Adrian m .... 8 septembre
Adriana f .... 8 septembre
Adrien m .... 8 septembre
Adrienne f .... 8 septembre
Agathe f .... 5 février
Aglaé f .... 14 mai
Agnès f .... 21 janvier
Aidan m .... 23 août
Aimé m .... 13 septembre
Aimée f .... 20 février
Alain m .... 9 septembre
Alan m 9 septembre ou 27 novembre
Alaric m .... 29 septembre
Alban m .... 22 juin
Albane f .... 22 juin
Albanie f .... 22 juin
Albert m .... 15 novembre
Albin m .... 1er mars
Aldo m .... 17 septembre
Aldric m .... 7 janvier
Alex m .... 22 avril
Alexa f .... 17 février
Alexandra f .... 20 mars
Alexandre m .... 22 avril
Alexandrine f .... 2 avril
Alexane f .... 17 février
Alexia f .... 17 février
Alexis m .... 17 février
Alexy m .... 17 février
Alfred m .... 15 août
Alice f .... 16 décembre
Alicia f .... 16 décembre
Aliénor f .... 25 juin
Aline f .... 20 octobre
Alison f .... 16 décembre
Alix f .... 9 janvier
Alix m .... 9 janvier
Alizée f .... 16 décembre
Aloïs m .... 25 août
Alphonse m .... 1er août

Alyssa f ... 16 décembre
Amadéo m ... 30 mars
Amanda f ... 9 juillet
Amandine f ... 9 juillet
Amaury m ... 9 août
Amaya f ... 13 septembre
Ambre f ... 7 décembre
Ambroise m ... 7 décembre
Amédée m ... 30 mars
Amélia f ... 19 septembre
Amélie f ... 19 septembre
Ana f ... 26 juillet
Anaëlle f ... 26 juillet
Anaïs f ... 26 juillet
Anastasia f ... 10 mars, 15 avril
Anastasie f ... 10 mars, 15 avril
Anatole m ... 3 février
André m ... 30 novembre
Andrea m ... 30 novembre
Andréa f ... 9 juillet
Andrée f ... 9 juillet
Ange m ... 5 mai
Angel m ... 27 janvier
Angéla f ... 27 janvier
Angèle f ... 27 janvier
Angelina f ... 27 janvier
Angeline f ... 27 janvier
Angélique f ... 27 janvier
Angelo m ... 27 janvier
Anita f ... 26 juillet
Anna f ... 26 juillet
Annabella f ... 26 juillet
Annabelle f ... 26 juillet
Annaïg f ... 26 juillet
Anne f ... 26 juillet
Anselme m ... 21 avril
Anthéa f ... 5 octobre
Anthime m ... 27 avril
Anthony m ... 13 juin
Antoine m ... 13 juin
Antoinette f ... 27 octobre
Antonia f ... 28 février
Antonin m ... 5 mai
Antonio m ... 13 juin
Antony m ... 13 juin
Apolline f ... 9 février
Ariane f ... 18 septembre
Arielle f ... 1er octobre
Armand m ... 23 décembre
Armande f ... 23 décembre
Armel m ... 16 août
Armelle f ... 16 août
Arnaud m ... 10 février
Arno m ... 10 février
Arthur m ... 15 novembre
Astréc f ... 27 novembre
Astrid f ... 27 novembre
Aubin m ... 1er mars
Aude f ... 18 novembre
Audran m ... 7 février
Audrey f ... 23 juin
Auguste m ... 7 octobre
Augustin m ... 28 août
Augustine f ... 28 août
Aure f ... 4 octobre
Auregane f ... 15 janvier
Aurel m ... 20 juillet
Aurèle m ... 20 juillet
Aurélia f ... 15 octobre
Aurélie f ... 15 octobre
Aurélien m ... 16 juin
Auriane f ... 4 octobre
Aurore f ... 4 octobre
Austin m ... 28 août

Auxane f .... 3 septembre
Ava f .... 6 septembre
Axel m .... 21 mars
Axelle f .... 21 mars
Aymeric m .... 4 novembre

B

Balthazar m .... 6 janvier
Baptiste m .... 24 juin
Barbara f .... 4 décembre
Barnabé m .... 11 juin
Barthélémy m .... 24 août
Basile m .... 2 janvier
Bastien m .... 20 janvier
Baudouin m .... 17 octobre
Béatrice f .... 13 février
Beatrix f .... 29 juillet
Bénédicte f .... 16 mars
Benjamin m .... 31 mars
Benoît m .... 11 juillet
Béranger m .... 26 mai
Bérangère f .... 26 mai
Bérenger m .... 26 mai
Bérengère f .... 26 mai
Bérénice f .... 4 février ou 4 octobre
Bernadette f .... 18 février
Bernard m .... 20 août
Berthe f .... 4 juillet
Bertille f .... 6 novembre
Bertrand m .... 6 septembre
Béryl f .... 29 juin
Bianca f .... 3 octobre
Bilal m .... Pas de fête connue
Blaise m .... 3 février
Blanche f .... 3 octobre
Blandine f .... 2 juin
Boris m .... 2 mai
Brenda f .... 16 mai
Brendan m .... 16 mai
Briac m .... 18 décembre
Brian m .... 18 décembre
Brice m .... 13 novembre
Brieuc m .... 1er mai
Brigitte f .... 23 juillet
Bruna f .... 6 octobre
Brunelle f .... 6 octobre
Bruno m .... 6 octobre
Bryan m .... 18 décembre

C

Calista f .... 14 octobre
Calixte f .... 14 octobre
Camélia f .... 14 juillet ou 5 octobre
Cameron m .... 14 juillet
Camille f .... 14 juillet
Camille m .... 14 juillet
Candice f .... 3 octobre
Candy f .... 3 octobre
Capucine f .... 5 octobre
Carine f .... 24 mars, 7 novembre
Carl m .... 2 mars, 4 novembre
Carla f .... 17 juillet
Carole f .... 17 juillet
Caroline f .... 17 juillet
Casimir m .... 4 mars
Cassandre f .... Pas de fête connue
Catherine f 24 mars ou 25 novembre
Cathy f .... 24 mars ou 25 novembre
Cécile f .... 22 novembre
Cécilia f .... 22 novembre
Cédric m .... 7 janvier
Céleste f .... 19 mai

Célestin m .... 19 mai
Célestine f .... 19 mai
Célia f .... 22 novembre
Célian m .... 21 octobre
Célie f .... 22 novembre
Céline f .... 21 octobre
César m .... 15 avril
Chaïma f .... Pas de fête connue
Chantal f .... 12 décembre
Charlène f .... 17 juillet
Charles m .... 2 mars, 4 novembre
Charley m .... 2 mars, 4 novembre
Charlie f .... 2 mars, 4 novembre
Charlie m .... 2 mars, 4 novembre
Charline f .... 17 juillet
Charlotte f .... 17 juillet
Charly m .... 2 mars, 4 novembre
Charlyne f .... 17 juillet
Chiara f .... 11 août
Chloé f 5 octobre (date controversée)
Chris m .... 21 août
Christelle f .... 24 juillet
Christian m .... 12 novembre
Christiane f .... 24 juillet
Christina f .... 24 juillet
Christine f .... 24 juillet
Christophe m .... 21 août
Christopher m .... 21 août
Chrystal f .... 24 juillet
Chrystel f .... 24 juillet
Cindy f .... 9 juin
Claire f .... 11 août
Clara f .... 11 août
Clarisse f .... 12 août
Claude f .... 15 février
Claude m .... 15 février
Claudette f .... 15 février
Claudia f .... 15 février
Claudie f .... 15 février
Claudine f .... 15 février
Cléa f .... 13 juillet
Clélia f .... 13 juillet
Clémence f .... 21 mars
Clément m .... 23 novembre
Clémentine f .... 23 novembre
Cléo m .... 19 octobre
Clio f .... 4 juin
Clothilde f .... 4 juin
Clotilde f .... 4 juin
Clovis m .... 25 août
Colette f .... 6 mars
Colin m .... 6 décembre
Coline f .... 6 décembre
Colleen f .... 6 décembre
Colombe f .... 31 décembre
Colombine f .... 31 décembre
Colyne f .... 6 décembre
Côme m .... 26 septembre
Conrad m .... 26 novembre
Constance f .... 23 septembre
Constant m .... 23 septembre
Constantin m .... 21 mai
Coralie f .... 18 mai
Coraline f .... 18 mai
Corentin m .... 12 décembre
Corentine f .... 12 décembre
Corinne f .... 18 mai
Cynthia f .... 9 juin
Cyprien m .... 16 septembre
Cyriaque m .... 8 août
Cyrielle f .... 18 mars
Cyril m .... 18 mars
Cyrille m .... 18 mars

D

Daisy f .... 5 octobre
Damien m .... 26 septembre
Dan m .... 11 décembre
Dana f .... 11 décembre
Daniel m .... 11 décembre
Danièle f .... 11 décembre
Danielle f .... 11 décembre
Danny m .... 11 décembre
Dany m .... 11 décembre
Daphné f .... 5 octobre
Daphnée f .... 5 octobre
Dauphine f .... 26 novembre
Dave m .... 29 décembre
David m .... 29 décembre
Davy m .... 20 septembre
Debbie f .... 21 septembre
Débora f .... 21 septembre
Déborah f .... 21 septembre
Delphine f .... 26 novembre
Denis m .... 9 octobre
Denise f .... 15 mai
Diana f .... 9 juin
Diane f .... 9 juin
Didier m .... 23 mai
Diego m .... 23 mai
Dimitri m .... 26 octobre
Dimitry m .... 26 octobre
Dolorès f .... 15 septembre
Dominique f .... 8 août
Dominique m .... 8 août
Domitien m .... 7 mai
Domitille f .... 7 mai
Donald m .... 15 juillet
Donatien m .... 24 mai
Donatienne f .... 24 mai
Donovan m .... 15 juillet
Dora f .... 11 février
Doria f .... 25 octobre
Dorian m .... 25 octobre
Doriane f .... 25 octobre
Dorine f .... 11 février
Doris f .... 25 octobre
Dorothée f .... 6 février
Doryan m .... 25 octobre
Dustin m .... 21 juin
Dylan m/f .... Pas de fête connue

E

Eddy m .... 5 janvier
Edgar m .... 8 juillet
Édith f .... 16 septembre
Edmond m .... 20 novembre
Edmonde f .... 20 novembre
Édouard m .... 5 janvier
Edwige f .... 16 octobre
Edwin m .... 12 octobre
Églantine f .... 5 octobre
Éléa f .... Pas de fête connue
Elena f .... 18 août
Eléonore f .... 25 juin
Élia f .... 20 juillet
Élian m .... 20 juillet
Éliane f .... 20 juillet
Élias m .... 20 juillet
Élie m .... 20 juillet
Élina f .... 20 juillet
Éline f .... 18 août
Eliot m .... 20 juillet
Eliott m .... 20 juillet
Élisa f .... 17 novembre
Élisabeth f .... 17 novembre
Élise f .... 17 novembre

Élisée f .... 14 juin
Ella f .... 1er février
Elliot m .... 20 juillet
Elliott m .... 20 juillet
Élodie f .... 22 octobre
Éloi m .... 1er décembre
Éloïse f .... 15 mars
Elouan m .... 28 août
Elsa f .... 17 novembre
Émeline f .... 27 octobre
Émelyne f .... 27 octobre
Émeraude f .... 29 juin
Émerence f .... 23 janvier
Émeric m .... 4 novembre
Émie f .... 19 septembre
Émile m .... 22 mai
Émilia f .... 19 septembre
Émilie f .... 19 septembre
Émilien m .... 12 novembre
Émily f .... 19 septembre
Emma f .... 19 avril
Emmanuel m .... 25 décembre
Emmanuelle f .... 25 décembre
Emmeline f .... 27 octobre
Emmy f .... 19 septembre
Emy f .... 19 septembre
Enguerrand m .... 25 octobre
Enora f .... 14 octobre
Enza f .... 13 juillet
Enzo m .... 13 juillet
Éric m .... 18 mai
Erik m .... 18 mai
Erika f .... 18 mai
Ernest m .... 7 novembre
Ernestine f .... 7 novembre
Erwan m .... 19 mai
Erwann m .... 19 mai
Erwin m .... 25 avril
Estéban m .... 26 décembre
Estée f .... 1er juillet
Estelle f .... 11 mai
Esther f .... 1er juillet
Ethan m .... Pas de fête connue
Étienne m .... 26 décembre
Eudelin m .... 19 novembre
Eudes m .... 19 novembre
Eudoxie f .... 1er mars
Eugène m .... 13 juillet
Eugénie f .... 7 février
Eulalie f .. 12 février ou 10 décembre
Eva f .... 6 septembre
Evaëlle f .... 24 mai ou 6 septembre
Evan m .... 3 mai
Ève f .... 6 septembre
Éveline f .... 6 septembre
Évelyne f .... 6 septembre
Even m .... 3 mai
Evrard m .... 14 août
Ewen m .... 3 mai

F

Fabian	m	20 janvier
Fabien	m	20 janvier
Fabienne	f	20 janvier
Fabio	m	20 janvier
Fabiola	f	27 décembre
Fabrice	m	22 août
Fanny	f	9 mars
Fanta	f	5 novembre
Fantin	m	30 août
Fantine	f	30 août
Fany	f	9 mars
Faustine	f	15 janvier
Félicia	f	10 mai
Félicie	f	10 mai
Félicien	m	9 juin
Félicienne	f	10 mai
Félicité	f	7 mars
Félix	m	12 février
Ferdinand	m	30 mai
Fernand	m	27 juin
Fernande	f	27 juin
Firmin	m	11 octobre
Flavie	f	12 mai
Fleur	f	5 octobre
Flora	f	24 novembre
Flore	f	5 octobre
Florence	f	1er décembre
Florent	m	4 juillet
Florentin	m	24 octobre
Florentine	f	24 octobre
Florestan	m	5 octobre
Florian	m	4 mai
Floriane	f	4 mai
Florie	f	5 octobre
Florine	f	1er mai
France	f	9 mars
Francesca	f	9 mars
Francesco	m	24 janvier, 4 octobre
Francine	f	9 mars
Francis	m	24 janvier, 4 octobre
Franck	m	24 janvier, 4 octobre
François	m	24 janvier, 4 octobre
Françoise	f	9 mars
Freddy	m	18 juillet
Frédéric	m	18 juillet
Frederick	m	18 juillet
Frédérique	f	18 juillet

G

Gabin	m	19 février
Gabriel	m	29 septembre
Gabriella	f	29 septembre
Gabrielle	f	29 septembre
Gaël	m	17 décembre
Gaëlle	f	17 décembre
Gaétan	m	7 août
Gaétane	f	7 août
Garance	f	5 octobre
Gary	m	5 décembre
Gaspard	m	28 décembre, 6 janvier
Gaston	m	6 février
Gatien	m	18 décembre
Gauthier	m	9 avril
Gautier	m	9 avril
Geneviève	f	3 janvier
Geoffrey	m	8 novembre
Geoffroy	m	8 novembre
Georges	m	23 avril
Georgette	f	15 février
Georgie	f	15 février
Gérald	m	5 décembre
Géraldine	f	5 décembre

Gérard m .... 3 octobre
Germain m .... 28 mai
Germaine f .... 15 juin
Ghislain m .... 10 octobre
Ghislaine f .... 10 octobre
Gianny m .... 24 juin
Gilbert m .... 7 juin
Gilberte f .... 11 août
Gildas m .... 29 janvier
Gilles m .... 1er septembre
Gina f .... 3 janvier
Ginger f .... 7 janvier
Gino m .... 16 juin
Giovanni m .... 24 juin
Gisèle f .... 7 mai
Giulia f .... 8 avril
Gladys f .... 29 mars
Glenn m .... 11 septembre
Gontran m .... 28 mars
Goulven m .... 1er juillet
Grace f .... 21 août
Grégoire m .... 3 septembre
Grégory m .... 3 septembre
Guénaelle f .... 3 novembre
Guibert m .... 7 juin
Guilaine f .... 10 octobre
Guilhem m .... 28 mai
Guillaume m .... 10 janvier
Guillemette f .... 10 janvier
Gurvan m .... 3 mai
Gustave m .... 7 octobre
Guy m .... 12 juin
Gwen f .... 21 février
Gwenaël m .... 3 novembre
Gwenaëlle f .... 3 novembre
Gwendal m .... 18 janvier
Gwendoline f .... 14 octobre
Gwenn f .... 21 février
Gwladys f .... 29 mars

H

Habib m .... 27 mars
Hadrien m .... 8 septembre
Hanna f .... 26 juillet
Harold m .... 1er novembre
Harry m .... 13 juillet
Heidi f .... 16 octobre
Helena f .... 18 août
Hélène f .... 18 août
Héloïse f .... 15 mars
Henri m .... 13 juillet
Henriette f .... 13 juillet
Henry m .... 13 juillet
Herbert m .... 20 mars
Hermance f .... 25 septembre
Hermine f .... 9 juillet
Hervé m .... 17 juin
Hilarie f .... 13 janvier
Hilary f .... 13 janvier
Hilda f .... 17 novembre
Hildegarde f .... 17 septembre
Hippolyte m .... 13 août
Honoré m .... 16 mai
Honorine f .... 27 février
Hortense f ... 11 janvier ou 5 octobre
Howard m .... 16 mai
Hubert m .... 3 novembre
Hugo m .... 1er avril
Hugues m .... 1er avril
Huguette f .... 1er avril
Humbert m .... 25 mars
Hyacinthe m .... 17 août

I

Ida f .... 13 avril
Igor m .... 5 juin
Illoa f .... 18 août
Ilona f .... 18 août
Inès f .... 10 septembre
Ingrid f .... 2 septembre
Ioan m .... 24 juin
Iphigénie f .... 9 juillet
Irène f .... 5 avril
Iris f .... 4 septembre
Irma f .... 24 décembre
Isaac m .... 20 décembre
Isabelle f .... 22 février
Isaline f .... 22 février
Isaure f .... 4 octobre
Iseult f .... 22 février
Isidore m .... 4 avril
Ivan m .... 24 juin
Ivana f .... 30 mai

J

Jack m .... 3 mai, 25 juillet
Jackie f .... 8 février
Jacky m .... 3 mai, 25 juillet
Jacob m .... 20 décembre
Jacqueline f .... 8 février
Jacques m .... 3 mai, 25 juillet
Jade f .... 29 juin
James m .... 3 mai, 25 juillet
Jan m .... 24 juin
Jane f .... 30 mai
Janice f .... 30 mai
Janine f .... 30 mai
Jasmine f .... 5 octobre
Jason m .... 12 juillet
Jean m .... 24 juin
Jean-Baptiste m .... 24 juin
Jeanne f .... 30 mai
Jeff m .... 8 novembre
Jefferson m .... 8 novembre
Jeffrey m .... 8 novembre
Jenna f .... 30 mai
Jennifer f .... 3 janvier
Jenny f .... 3 janvier
Jérémie m .... 1er mai
Jérémy m .... 1er mai
Jérôme m .... 30 septembre
Jerry m .... 30 septembre
Jessica f .... 4 novembre
Jessie f .... 4 novembre
Jessy f .... 4 novembre
Jessy m .... 4 novembre
Jim m .... 3 mai, 25 juillet
Jimmy m .... 3 mai, 25 juillet
Joachim m .... 26 juillet
Joan m .... 24 juin
Joanna f .... 30 mai
Joanne f .... 30 mai
Jocelyn m .... 13 décembre
Jocelyne f .... 13 décembre
Jodie f .... 5 mai
Joël m .... 13 juillet
Joëlle f .... 13 juillet
Jœy m .... 13 juillet
Joffrey m .... 8 novembre
Johann m .... 24 juin
Johanna f .... 30 mai
Johanne f .... 30 mai
John m .... 24 juin
Johnny m .... 24 juin
Jonas m .... 21 septembre
Jonathan m .... 1er mars

Jordan m .... 13 février
Jordane f .... 13 février
Jordane m .... 13 février
Jordi m .... 23 avril
Jordy m .... 23 avril
Joris m .... 23 avril
José m .... 19 mars
Josée f .... 19 mars
Joseph m .... 19 mars
Joséphine f .... 19 mars
Josette f .... 19 mars
Joshua m .... 1er septembre
Josiane f .... 19 mars
Josselin m .... 13 décembre
Josseline f .... 13 décembre
Josué m .... 1er septembre
Joyce f .... 19 mars
Judicael m .... 17 décembre
Judith f .... 5 mai
Jules m .... 12 avril
Julia f .... 8 avril
Julian m .... 2 août
Juliana f .... 8 avril
Juliane f .... 8 avril
Julie f .... 8 avril
Julien m .... 2 août
Juliette f .... 30 juillet
Juline f .... 8 avril
Juste m .... 14 octobre
Justin m .... 1er juin
Justine f .... 12 mars

K

Kaïa f .... 24 mars ou 25 novembre
Karelle f .... 24 mars, 7 novembre
Karen f .... 24 mars, 7 novembre
Karine f .... 24 mars, 7 novembre
Karl m .... 2 mars, 4 novembre
Katell f .... 24 mars ou 25 novembre
Kathia f .... 24 mars ou 25 novembre
Kathleen f .... 24 mars ou 25 novembre
Kathy f .... 24 mars ou 25 novembre
Katia f .... 24 mars ou 25 novembre
Katy f .... 24 mars ou 25 novembre
Kelian m .... 8 juillet
Kelly f .... 8 juillet
Kenny m .... 11 octobre
Kenza m/f .... Pas de fête connue
Ketty f .... 24 mars ou 25 novembre
Kevin m .... 3 juin
Kiara f .... 11 août
Kilian m .... 8 juillet
Killian m .... 8 juillet
Klervi f .... 3 octobre
Kristel f .... 24 juillet
Kylian m .... 8 juillet
Kyllian m .... 8 juillet

L

Ladislas m .... 27 juin
Laeticia f .... 18 août
Laetitia f .... 18 août
Lalie f ..... 12 février ou 10 décembre
Lana f .... 18 août
Landry m .... 10 juin
Lara f .... 26 mars ou 1er décembre
Larissa f .... 26 mars
Laura f .... 10 août
Laurane f .... 10 août
Laure f .... 10 août
Laureen f .... 10 août
Laureline f .... 10 août
Lauren f .... 10 août
Laurena f .... 10 août
Laurence f .... 10 août
Laurène f .... 10 août
Laurent m .... 10 août
Laurette f .... 10 août
Lauriane f .... 10 août
Laurie f .... 10 août
Laurine f .... 10 août
Laury f .... 10 août
Lauryn f .... 10 août
Lauryne f .... 10 août
Lazare m .... 23 février
Léa f .... 22 mars
Léana f .... 10 novembre
Léandre m .... 27 février
Léane f .... 10 novembre
Lena f .... 18 août
Lenaïc m .... 18 août
Lenaïg f .... 18 août
Léo m .... 10 novembre
Léocadie m .... 9 décembre
Léon m .... 10 novembre
Léonard m .... 6 novembre
Léonie f .... 10 novembre
Léonore f .... 25 juin
Léontine f .... 10 novembre
Léopold m .... 15 novembre
Léopoldine f .... 15 novembre
Lexane f .... 17 février
Lia f .... 27 juillet
Liam m .... 10 janvier
Liane f .... 27 juillet
Lila f .... 27 juillet
Lili f .... 27 juillet
Lilian m .... 27 juillet
Liliane f .... 27 juillet
Lilou f .... 15 mars ou 27 juillet
Lily f .... 27 juillet
Lina f .... 27 janvier
Linda f .... 28 août
Line f .... 27 janvier
Lio f .... 27 juillet
Lionel m .... 10 novembre
Lisa f .... 17 novembre
Lise f .... 17 novembre
Lison f .... 17 novembre
Livia f .... 5 mars
Loan f .... 28 août
Loan m .... 28 août
Loana f .... 28 août
Loane f .... 28 août
Loïc m .... 25 août
Loïck m .... 25 août
Loïs m .... 25 août
Loïse f .... 15 mars
Lola f .... 15 septembre
Lolita f .... 15 septembre
Lorène f .... 10 août
Lorenzo m .... 10 août

Lorette f .... 10 août
Loriane f .... 10 août
Lorine f .... 10 août
Loris m .... 10 août
Lorraine f .... 10 août
Lou f .... 15 mars
Lou m .... 25 août
Lou-Anne f .... 28 août
Louane f .... 28 août
Louis m .... 25 août
Louisa f .... 15 mars
Louise f .... 15 mars
Louison m .... 25 août
Louison f .... 15 mars
Louka m .... 18 octobre
Loup m .... 29 juillet
Louna f .... 9 juin
Luc m .... 18 octobre
Luca m .... 18 octobre
Lucas m .... 18 octobre
Luce f .... 13 décembre
Lucia f .... 13 décembre
Lucie f .... 13 décembre
Lucien m .... 8 janvier
Lucienne f .. 8 janvier ou 13 décembre
Lucile f .... 13 décembre
Lucille f .... 13 décembre
Lucy f .... 13 décembre
Ludivine f .... 14 avril
Ludovic m .... 25 août
Ludwig m .... 25 août
Luigi m .... 25 août
Luis m .... 25 août
Luna f .... 9 juin
Luka m .... 18 octobre
Lydia f .... 3 août
Lydie f .... 3 août
Lynda f .... 28 août
Lysiane f .... 17 novembre

M

Maddy f .... 22 juillet
Madeleine f .... 22 juillet
Madeline f .... 22 juillet
Madison f .... 14 mars
Maé f .... 24 mai
Maël m .... 24 mai
Maëliss f .... 24 mai
Maëlle f .... 24 mai
Maëlwenn f .... 24 mai
Maëlys f .... 24 mai
Maeva f .... 30 octobre
Magali f .... 16 novembre
Magalie f .... 16 novembre
Magdalena f .... 22 juillet
Maguy f .... 16 novembre
Mahaut f .... 14 mars
Maï f .... 15 août
Maia f .... 15 août
Maïana f .... 26 juillet ou 15 août
Maïlys f .... 15 août
Maïna f .... 15 août
Maïté f .... 15 août
Maïwenn f .... 15 août
Malaury f .... 15 novembre
Malcolm m .... 9 juin
Mallaury f .... 15 novembre
Malo m .... 15 novembre
Malorie f .... 15 novembre
Malory f .... 15 novembre
Malory m .... 15 novembre
Malvina f .... 5 octobre
Mandy f .... 23 décembre

Manel f .... 25 décembre
Manoël m .... 25 décembre
Manon f .... 15 août
Manuel m .... 25 décembre
Manuela m .... 25 décembre
Manuella f .... 25 décembre
Marc m .... 25 avril
Marceau m .... 16 janvier
Marcel m .... 16 janvier
Marcelin m .... 6 avril
Marceline f .... 17 juillet
Marcelle f .... 31 janvier
Marco m .... 25 avril
Mareva f ...... 15 août ou 6 septembre
Margaux f .... 16 novembre
Margot f .... 16 novembre
Marguerite f .... 16 novembre
Maria f .... 15 août
Mariam f .... 15 août
Mariane f .... 26 mai
Marianne f .... 26 mai
Marie f .... 15 août
Marielle f .... 15 août
Marilou f .... 15 mars ou 15 août
Marilyn f .... 15 août
Marilyne f .... 15 août
Marin m .... 3 mars
Marina f .... 20 juillet
Marine f .... 20 juillet
Marion f .... 15 août
Marius m .... 19 janvier
Marjolaine f .... 16 novembre
Marjorie f .... 16 novembre
Marlène f .... 22 juillet
Martha f .... 29 juillet
Marthe f .... 29 juillet
Martial m .... 30 juin
Martin m .... 11 novembre
Martina f .... 30 janvier
Martine f .... 30 janvier
Mary f .... 15 août
Maryam f .... 15 août
Maryline f .... 15 août
Maryne f .... 20 juillet
Maryse f .... 15 août
Matéa f .... 21 septembre
Mateo m .... 21 septembre
Mathéis m .... 21 septembre
Mathéo m .... 21 septembre
Mathias m .... 14 mai
Mathieu m .... 21 septembre
Mathilda f .... 14 mars
Mathilde f .... 14 mars
Mathis m .... 21 septembre
Mathurin m .... 14 mars
Matisse m .... 21 septembre
Matteo m .... 21 septembre
Matthew m .... 21 septembre
Matthias m .... 14 mai
Matthieu m .... 21 septembre
Maud f .... 14 mars
Maude f .... 14 mars
Maurane f .... 15 août
Maureen f .... 15 août
Maurice m .... 22 septembre
Maurine f .... 15 août
Max m .... 14 avril
Maxence m . 20 novembre ou 26 juin
Maxime m .... 14 avril
Maximilien m .... 14 août
Maximin m .... 29 mai
May f .... 16 novembre ou 15 août
Mayeul m .... 11 mai
Maylis f .... 15 août

Médard m .... 8 juin
Médéric m .... 29 août
Megan f .... 16 novembre
Mégane f .... 16 novembre
Mélaine f .... 6 janvier
Mélanie f . 26 janvier ou 31 décembre
Mélany f .. 26 janvier ou 31 décembre
Melchior m .... 6 janvier
Mélina f .... 21 septembre
Mélinda f .... 21 septembre
Méline f .... 21 septembre
Mélisande f .... 21 septembre
Mélisandre f .... 21 septembre
Mélissa f .... 21 septembre
Mélodie f .... 1er octobre
Mélody f .... 1er octobre
Mercedes f .... 24 septembre
Meriem f .... 15 août
Meryem f .... 15 août
Meryl f .... 15 août
Mia f .... 15 août
Michaël m .... 29 septembre
Michaëlle f .... 29 septembre
Michel m .... 29 septembre
Michèle f .... 29 septembre
Micheline f .... 19 juin
Michelle f .... 29 septembre
Mickaël m .... 29 septembre
Miguel m .... 29 septembre
Mikaël m .... 29 septembre
Mike m .... 29 septembre
Mila f .... 16 septembre
Miléna f .... 15 août ou 18 août
Milène f .... 15 août ou 18 août
Mina f .... 10 janvier
Mireille f .... 15 août
Moïra f .... 15 août
Moïse m .... 4 septembre
Mona f .... 27 août
Monica f .... 27 août
Monique f .... 27 août
Morane f .... 16 mai
Morgan f .... 8 octobre
Morgan m .... 8 octobre
Morgane f .... 8 octobre
Muriel f .... 15 août
Murielle f .... 15 août
Mylène f .... 15 août ou 18 août
Myriam f .... 15 août
Myrtille f .... 5 octobre

N

Nadège f .... 18 septembre
Nadia f .... 18 septembre
Nadine f .. 18 février ou 18 septembre
Nancy f .... 26 juillet
Naomi f .... 21 août
Naomie f .... 21 août
Narcisse m .... 29 octobre
Nastasia f .... 27 juillet
Natacha f .... 27 juillet
Nathalie f .... 27 juillet
Nathan m .... 24 août
Nathanaël m .... 24 août
Nathanaëlle f .... 24 août
Nelly f .... 18 août ou 26 octobre
Nelson m .... 3 février
Nestor m .... 26 février
Nicolas m .... 6 décembre
Nicole f .... 6 décembre
Niels m .... 6 décembre
Nikita f .... 6 décembre
Nils m .... 6 décembre

Nina f ...... 26 juillet ou 16 septembre
Ninon f ...... 15 décembre
Noah m ...... 10 novembre
Noan f ...... 21 janvier
Noé m ...... 10 novembre
Noël m ...... 25 décembre
Noélie f ...... 25 décembre
Noéline f ...... 25 décembre
Noëlle f ...... 25 décembre
Noëllie f ...... 25 décembre
Noémie f ...... 21 août
Nolan m ...... 6 décembre
Nolwen f ...... 6 juillet
Nolwenn f ...... 6 juillet
Nora f ...... 25 juin
Norbert m ...... 6 juin

O

Océane f ...... 2 novembre
Octave m ...... 20 novembre
Octavie f ...... 20 novembre
Odette f ...... 20 avril
Odile f ...... 14 décembre
Olga f ...... 11 juillet
Olivia f ...... 5 mars
Olivier m ...... 12 juillet
Olympe f ...... 17 décembre
Ombeline f ...... 21 août
Ophélie f ...... 18 juin
Orane f ...... 4 octobre
Oriane f ...... 4 octobre
Orlane f ...... 13 mai
Ornella f ...... 18 août
Oscar m ...... 3 février
Othon m ...... 2 janvier
Otto m ...... 2 janvier

P

Pablo m ...... 29 juin
Pacôme m ...... 9 mai
Paola f ...... 26 janvier ou 12 mars
Paolo m ...... 29 juin
Pascal m ...... 17 mai
Pascale f ...... 17 mai
Pascaline f ...... 17 mai
Patrice m ...... 17 mars
Patricia f ...... 17 mars
Patrick m ...... 17 mars
Paul m ...... 29 juin
Paula f ...... 26 janvier
Paule f ...... 26 janvier
Paulette f ...... 26 janvier
Paulin m ...... 11 janvier
Pauline f ...... 26 janvier
Peggy f ...... 16 novembre
Pénélope f ...... 18 août
Perle f ...... 16 novembre
Perrine f ...... 31 mai ou 29 juin
Peter m ...... 29 juin
Pétronille f ...... 31 mai
Philémon m ...... 22 novembre
Philibert m ...... 3 mai
Philippe m ...... 3 mai
Philippine f ...... 3 mai
Philomène f ...... 10 août
Pierre m ...... 29 juin
Pierrick m ...... 29 juin
Placide m ...... 5 octobre
Pol m ...... 12 mars
Prescilia f ...... 16 janvier
Prescillia f ...... 16 janvier
Prisca f ...... 18 janvier
Priscilla f ...... 16 janvier
Priscillia f ...... 16 janvier

Prosper m .... 25 juin
Prudence f .... 6 avril ou 6 mai

Q

Quentin m .... 31 octobre
Quitterie f .... 22 mai

R

Rachel f .... 15 janvier
Rachelle f .... 15 janvier
Rafaël m .... 29 septembre
Ralph m .... 7 juillet
Ramon m .... 7 janvier
Randy m .... 21 juin
Raoul m .... 7 juillet
Raphaël m .... 29 septembre
Raphaëlle f .... 23 février
Raquel f .... 15 janvier
Raymond m .... 7 janvier
Raymonde f .... 7 janvier
Rébecca f .... 23 mars
Régine f .... 7 septembre
Régis m .... 16 juin
Réjane f .... 7 septembre
Rémi m .... 15 janvier
Rémy m .... 15 janvier
Renan m .... 1er juin
Renato m .... 19 octobre
Renaud m .... 17 septembre
Renaude f .... 17 septembre
René m .... 19 octobre
Renée f .... 19 octobre
Reynald m .... 17 septembre
Rhoda f .... 23 août
Richard m .... 3 avril
Rita f .... 22 mai
Robert m .... 30 avril
Roberte f .... 30 avril
Roberto m .... 30 avril
Robin m .... 30 avril
Roch m .... 16 août
Rodolphe m .... 21 juin
Rodrigue m .... 13 mars
Roger m .... 30 décembre
Roland m .... 15 septembre
Rolande f .... 13 mai
Romain m .... 28 février
Roman m .... 28 février
Romane f .... 28 février
Romaric m .... 10 décembre
Romée f .... 25 février
Roméo m .... 25 février
Romuald m .... 19 juin
Romy f .... 25 février
Ronan m .... 1er juin
Rosa f .... 23 août
Rosalie f .... 4 septembre
Rosane f .... 23 août
Rose f .... 23 août
Roseline f .... 17 janvier
Roselyne f .... 17 janvier
Rosie f .... 23 août
Rosine f .... 11 mars
Rozen f .... 30 août
Ruben m .... 22 août
Ruby f .... 29 juin
Rudy m .... 21 juin
Ruth f .... 3 juillet
Ryan m .... 8 mars

S

Sabine f .... 29 août
Sabrina f .... 29 août
Sacha f .... 20 mars
Sacha m .... 22 avril
Safia f .... 25 mai
Sahra f .... 9 octobre
Sally f .... 9 octobre
Salomé f .... 22 octobre
Salomée f .... 22 octobre
Salomon m .... 25 juin
Sam m .... 20 août
Samantha f .... 20 août
Sammy m .... 20 août
Samson m .... 28 juillet
Samuel m .... 20 août
Samuelle f .... 20 août
Samy m .... 20 août
Sandie f .... 20 mars
Sandra f .... 20 mars
Sandrine f .... 2 avril
Sandy f .... 20 mars
Sara f .... 9 octobre, 24 mai
Sarah f .... 9 octobre
Saturnin m .... 29 novembre
Scott m .... 28 juillet
Sean m .... 24 juin
Sébastien m .... 20 janvier
Segal m .... 18 octobre
Ségolène f .... 24 juillet
Séléna f .... 25 septembre
Selma f .... 21 avril
Séraphin m .... 12 octobre
Séraphine f .... 9 septembre
Serge m .... 7 octobre
Servane f .... 1er juillet
Séverin m .... 27 novembre
Séverine f .... 27 novembre
Shania f .... 30 mai
Sibel f .... 9 octobre
Sibylle f .... 9 octobre
Sidonie f .... 21 août
Siméon m .... 18 février
Simon m .... 28 octobre
Simone f .... 19 février
Sixtine f .... 3 avril
Sofia f .... 25 mai
Soizic f .... 9 mars ou 5 novembre
Solange f .... 10 mai
Solena f .... 25 septembre
Solène f .... 25 septembre
Solenn f .... 25 septembre
Solenne f .... 25 septembre
Soline f .... 17 octobre
Sonia f .... 25 mai
Sophia f .... 25 mai
Sophie f .... 25 mai
Stacie f .... 10 mars, 15 avril
Stacy f .... 10 mars, 15 avril
Stanislas m .... 11 avril
Stecy f .... 10 mars, 15 avril
Steeve m .... 26 décembre
Steeven m .... 26 décembre
Stefan m .... 26 décembre
Stella f .... 11 mai
Stéphane m .... 26 décembre
Stéphanie f 2 janvier ou 26 décembre
Stephen m .... 26 décembre
Sterenn f .... 21 octobre
Stessy f .... 10 mars, 15 avril
Steve m .... 26 décembre
Steven m .... 26 décembre
Suzanne f .... 11 août
Suzie f .... 11 août

Suzy f ... 11 août
Sven m ... 26 février
Svetlana f ... 20 mars
Sybille f ... 9 octobre
Sydney f ... 21 août
Sydney m ... 21 août
Sylvain m ... 4 mai
Sylvaine f ... 4 mai
Sylvestre m ... 31 décembre
Sylvette f ... 4 mai
Sylvia f ... 5 novembre
Sylviane f ... 5 novembre
Sylvie f ... 5 novembre

T

Talia f ... 27 juillet
Tamara f ... 1er mai
Tanguy m ... 19 novembre
Tania f ... 12 janvier
Tatiana f ... 12 janvier
Téa f ... 11 février
Teddy m ... 9 novembre
Téo m ... 9 novembre
Terence m ... 21 juin
Terry m ... 21 juin
Tess f ... 1er ou 15 octobre
Tessa f ... 1er ou 15 octobre
Thadée f ... 28 octobre
Thaïs f ... 8 octobre
Théa f ... 11 février
Théana f ... 11 février
Thelma f ... 21 avril
Théo m ... 9 novembre
Théodora m ... 11 février
Théodore m ... 9 novembre
Théophile m ... 13 octobre
Théotime m ... 16 mai
Théoxane f ... 24 janvier
Thérésa f ... 1er ou 15 octobre
Thérèse f ... 1er ou 15 octobre
Thibaud m ... 8 juillet
Thibaut m ... 8 juillet
Thierry m ... 1er juillet
Thomas m ... 28 janvier, 3 juillet
Tiago m ... 25 juillet
Tifany f ... 6 janvier
Tifenn f ... 6 janvier
Tiffanie f ... 6 janvier
Tiffany f ... 6 janvier
Tim m ... 26 janvier
Timéa f ... 26 janvier
Timéo m ... 25 janvier
Timothé m ... 26 janvier
Timothée m ... 26 janvier
Timothy m ... 26 janvier
Tina f ... 24 juillet ou 28 août
Tiphaine f ... 6 janvier
Tiphanie f ... 6 janvier
Tiphany f ... 6 janvier
Titouan m ... 13 juin
Tom m ... 28 janvier, 3 juillet
Tommy m ... 28 janvier, 3 juillet
Tony m ... 13 juin
Tracy f ... 1er octobre ou 15 octobre
Tristan m ... 12 novembre
Trixie f ... 13 février
Trystan m ... 12 novembre
Typhaine f ... 6 janvier
Tyrone m ... 1er octobre

U

Ugo m ... 1er avril
Ulrich m ... 10 juillet
Urbain m ... 19 décembre
Uriel m ... 1er octobre
Urielle f ... 1er octobre
Ursula f ... 29 mai ou 21 octobre
Ursule f ... 29 mai ou 21 octobre

V

Vadim m ... 15 juillet
Valentin m ... 14 février
Valentine f ... 25 juillet
Valère m ... 1er avril
Valérian m ... 1er avril
Valériane m ... 1er avril
Valérie f ... 28 avril
Valéry m ... 1er avril
Vanessa f ... 4 février
Venceslas m ... 28 septembre
Véra f ... 18 septembre
Vérane f ... 11 novembre
Véronique f ... 4 février
Vicky f ... 15 novembre
Victoire f ... 15 novembre
Victor m ... 21 juillet
Victoria f ... 15 novembre
Victorien m ... 23 mars
Victorine f ... 23 mars
Vincent m ... 22 janvier, 27 septembre
Vincente f ... 4 juin
Violaine f ... 5 octobre
Violette f ... 5 octobre
Virgil m ... 5 mars
Virgile m ... 5 mars
Virginie f ... 7 janvier
Vital m ... 28 avril
Viviane f ... 2 décembre
Vivien m ... 10 mars
Vladimir m ... 15 juillet

W

Walter m ... 9 avril
Wanda f ... 17 avril
Wandrille f ... 22 juillet
Wassily m ... 2 janvier
Wendy f ... 17 avril
Werner m ... 19 avril
Wilfrid m ... 12 octobre
Wilfried m ... 12 octobre
Wilhem m ... 10 janvier
William m ... 10 janvier
Willy m ... 10 janvier
Winnie f ... 5 janvier
Winona f ... 5 janvier
Wladimir m ... 15 juillet

X

Xavier m ... 3 décembre
Xavière f ... 3 décembre

Y

Yaël f ... 13 juillet
Yaël m ... 13 juillet
Yaëlle f ... 13 juillet
Yan m ... 24 juin
Yanis m ... 24 juin
Yann m ... 24 juin
Yannick m ... 24 juin
Yannis m ... 24 juin

Ylona f .... 18 août
Yoan m .... 24 juin
Yoanie f .... 30 mai
Yoann m .... 24 juin
Yohan m .... 24 juin
Yohann m .... 24 juin
Yolaine f .... 11 juin
Yolande f .... 11 juin
Yolène f .... 11 juin
Youcef m .... 19 mars
Youri m .... 23 avril
Youssef m .... 19 mars
Ysabel f .... 22 février
Ysaline f .... 22 février
Yvain m .... 19 mai
Yvan m .... 24 juin
Yves m .... 19 mai
Yvette f .... 13 janvier
Yvon m .... 19 mai
Yvonne f .... 19 mai

Z

Zacharie m .... 5 novembre
Zachary m .... 5 novembre
Zakaria m .... 5 novembre
Zélia f .... 17 octobre
Zélie f .... 17 octobre
Zéphir m .... 26 août
Zéphirin m .... 26 août
Zoé f .... 2 mai

Sondage : Comment les parents choisissent-ils les prénoms de leurs enfants ?

Vous connaissez le sexe de votre bébé, mais au troisième trimestre de grossesse, vous hésitez encore sur le prénom à lui attribuer. Il faut dire que vous êtes exigeant(e) : ce prénom doit avoir une belle sonorité, il doit s'accorder avec votre patronyme et se conformer à bien d'autres critères. Cette situation est-elle courante ? Comment les autres parents choisissent-ils les prénoms de leurs enfants ? C'est dans l'objectif de répondre à ces questions qu'un sondage a été mis en ligne sur le site MeilleursPrenoms.com du 15 mars au 15 juin 2011.

Le questionnaire s'adressait aux parents et aux futurs parents. Au total, 1 244 personnes (dont 751 femmes) y ont répondu. La plupart des personnes interrogées (754 d'entre elles) habitaient en France, les autres résidaient principalement en Belgique, au Canada ou en Suisse. Deux tiers des personnes sondées attendaient un enfant au moment où elles ont participé au sondage.

Des éléments déterminants dans le processus de choix

La sonorité vient largement en tête des critères d'importance, loin devant l'originalité et l'harmonie du prénom avec le patronyme. Pour 65 % des personnes sondées, il est très important qu'un prénom ait une « belle sonorité ». La connotation sociale du prénom et son étymologie sont une moindre préoccupation pour les parents (19 % d'entre eux n'accordent « aucune importance » à ces considérations). Il est intéressant de noter que le poids des traditions diminue : de moins en moins de parents attribuent un prénom porté par un aïeul. Ils ne considèrent pas davantage qu'un prénom à la mode ou porté par une personne célèbre influence leurs choix. En revanche, les prénoms jugés trop créatifs ou ceux qui évoquent une appartenance communautaire ou religieuse ne laissent pas indifférent. Ils sont évités par près d'un cinquième des parents.

De la conception à l'inscription sur les registres d'état civil

La recherche d'un prénom peut sembler ardue, et pourtant elle reste une source de bonheur tranquille. La moitié des futurs parents n'hésitent pas à partager leurs idées de prénoms avec leurs proches, et dans l'immense majorité des cas, le choix ne constitue pas une source de conflits. Un tiers des futurs parents prennent d'ailleurs le temps de mûrir leur décision en choisissant le prénom de bébé durant le troisième trimestre de la grossesse. Cela n'empêche pas un cinquième des couples d'avoir fait leur choix avant même la conception. Et que l'on ne croie pas que ce choix soit la seule affaire du père ou de la mère. Dans 60 % des cas, la décision est prise à deux. Choix fait en connaissance de cause puisque 82 % des personnes sondées ont exprimé le souhait de connaître le sexe de leur enfant avant la naissance. En ce qui concerne la question du nombre de prénoms, notons qu'une majorité de parents inscrivent trois prénoms sur les registres d'état civil.

Ci-dessous les questions qui ont été posées aux parents et leurs réponses, exprimées en pourcentage.

Éléments influençant le choix d'un prénom

Quels ont été/sont selon vous les éléments ayant le plus d'importance dans la détermination du prénom de votre enfant ?

Belle sonorité	
Très important	65 %
Assez important	30 %
Peu important	3 %
Aucune importance	2 %
Expressément évité	0 %
Critère non applicable	0 %

Originalité (prénom inconnu ou peu commun dans l'Hexagone au moment de l'attribution)	
Très important	34 %
Assez important	32 %
Peu important	16 %
Aucune importance	8 %
Expressément évité	6 %
Critère non applicable	4 %

Accord entre le prénom et le patronyme	
Très important	32 %
Assez important	36 %
Peu important	18 %
Aucune importance	9 %
Expressément évité	1 %
Critère non applicable	4 %

Éléments influençant le choix d'un prénom *(suite)*

Connotation sociale du prénom	
Très important	17 %
Assez important	28 %
Peu important	30 %
Aucune importance	19 %
Expressément évité	1 %
Critère non applicable	5 %
Étymologie (origine et sens) d'un prénom	
Très important	17 %
Assez important	22 %
Peu important	35 %
Aucune importance	20 %
Expressément évité	1 %
Critère non applicable	5 %
Créativité (vous avez inventé ce prénom)	
Très important	13 %
Assez important	11 %
Peu important	17 %
Aucune importance	21 %
Expressément évité	22 %
Critère non applicable	16 %
Caractère identitaire (le prénom évoque une appartenance communautaire ou religieuse)	
Très important	5 %
Assez important	12 %
Peu important	16 %

Éléments influençant le choix d'un prénom *(suite)*

Aucune importance	34 %
Expressément évité	17 %
Critère non applicable	16 %
Prénom porté par une personnalité célèbre, un héros de littérature, de cinéma ou de télévision	
Très important	3 %
Assez important	4 %
Peu important	19 %
Aucune importance	40 %
Expressément évité	21 %
Critère non applicable	13 %
Prénom porté par un aïeul	
Très important	3 %
Assez important	5 %
Peu important	24 %
Aucune importance	40 %
Expressément évité	12 %
Critère non applicable	16 %
Prénom à la mode	
Très important	7 %
Assez important	12 %
Peu important	26 %
Aucune importance	24 %
Expressément évité	22 %
Critère non applicable	10 %

Éléments influençant le choix d'un prénom *(suite)*

Votre opinion… Pour ou contre parler de ses idées de prénoms à ses proches ?	
Pour	57 %
Contre	43 %
Le choix du prénom de votre enfant est / a-t-il été une source de conflits ?	
Oui	17 %
Non	83 %
En aviez-vous parlé à vos proches (famille) ?	
Oui	50 %
Non	50 %
En aviez-vous parlé à vos amis ?	
Oui	48 %
Non	52 %
Vous êtes déjà parent… Qui a eu une influence déterminante dans le choix du prénom ? Choix de prénom du premier bébé	
Le père	14 %
La mère	24 %
Les deux parents	60 %
Autre influence	2 %
Vous avez choisi le prénom que vous avez donné à votre premier enfant…	
Avant la grossesse	16 %
Durant les deux premiers trimestres	41 %
Durant le troisième trimestre	38 %
Le jour de la naissance ou juste après	5 %

Éléments influençant le choix d'un prénom *(suite)*

Garçon ou fille ? Durant la grossesse, vous avez demandé quel serait le sexe de votre premier enfant...	
Oui	84 %
Non	16 %

Deux, trois, quatre prénoms... Combien de prénoms avez-vous inscrits sur la fiche d'état civil à la naissance de votre premier enfant ?	
Deux prénoms	74 %
Trois prénoms	20 %
Quatre prénoms et plus	6 %

Vous avez choisi un prénom rare. Vous avez découvert ce prénom pour la toute première fois...	
Dans un magazine	3 %
Dans un livre ou une encyclopédie sur les prénoms	14 %
Sur un site internet	20 %
Ce prénom est porté par une personnalité	6 %
Vous estimez l'avoir inventé	7 %
Des amis ou connaissances ont donné ce prénom à leur enfant	3 %
Vous ne vous rappelez plus la façon dont vous avez découvert ce prénom	14 %
Vous avez entendu ce prénom dans un lieu public (exemple : un parent a appelé un enfant ainsi)	8 %
Autre	25 %

Index des zooms prénoms

Prénoms féminins

Prénoms masculins

Notes